Pola Groß
Adornos Lächeln

Studien zur deutschen Literatur

Herausgegeben von
Georg Braungart, Eva Geulen,
Steffen Martus und Martina Wagner-Egelhaaf

Band 222

Pola Groß

Adornos Lächeln

Das „Glück am Ästhetischen" in seinen literatur- und kulturtheoretischen Essays

DE GRUYTER

Gedruckt mit Unterstützung des Förderungsfonds Wissenschaft der VG WORT

ISBN 978-3-11-077753-6
e-ISBN (PDF) 978-3-11-065717-3
e-ISBN (EPUB) 978-3-11-065778-4
ISSN 0081-7236

Library of Congress Control Number: 2020932327

Bibliografische Information der Deutschen Nationalbibliothek
Die Deutsche Nationalbibliothek verzeichnet diese Publikation in der Deutschen
Nationalbibliografie; detaillierte bibliografische Daten sind im Internet über
http://dnb.dnb.de abrufbar.

© 2021 Walter de Gruyter GmbH, Berlin/Boston
Dieser Band ist text- und seitenidentisch mit der 2020 erschienenen
gebundenen Ausgabe.
Satz: Integra Software Services Pvt. Ltd.
Druck und Bindung: CPI books GmbH, Leck

www.degruyter.com

Danksagung

Die vorliegende Studie ist die leicht überarbeitete Fassung meiner Dissertation, die im Herbst 2018 von der Philosophischen Fakultät der Universität zu Köln als Promotionsschrift angenommen wurde. Professorin Dr. Manuela Günter und Professor Dr. Sven Kramer haben diese Arbeit betreut, begleitet und begutachtet. Ihnen möchte ich an dieser Stelle in erster Linie danken, denn ihre wertvollen Hinweise, konstruktiven Ratschläge und kritischen Rückfragen haben diese Studie in entscheidendem Maße bereichert. Besonderer Dank gebührt darüber hinaus Manuela Günter für ihr stetes Vertrauen in meine Arbeit, den unverbrüchlichen Glauben an das Buch und nicht zuletzt für die engagierte Betreuung eines DoktorandInnenkolloquiums, in dem ebenso hart und kritisch wie solidarisch und uneitel diskutiert wird. Für die vielen wichtigen Anregungen und die kritische wie emphatische Begleitung meiner Arbeit danke ich meinen zu FreundInnen gewordenen KollegInnen Manuela Günter, Judith Arnau, Hendrik Gehlmann, Franziska Ebel, Michael Homberg, Simon Wagner und Fabian Göres sehr.

Für die freundliche Unterstützung meiner Recherchen und Archivarbeit möchte ich mich auch herzlich bei Michael Schwarz vom Walter Benjamin Archiv in Berlin und dem Theodor W. Adorno Archiv in Frankfurt bedanken. Ebenfalls danke ich der a.r.t.e.s. Graduate School for the Humanities und der Stiftung Studium und Lehre der Universität zu Köln für die großzügige Förderung meiner Arbeit durch Reisestipendien für Archiv- und Konferenzaufenthalte. Für die organisatorische, infrastrukturelle und häufig so unbürokratische Unterstützung danke ich dem Institut für deutsche Sprache und Literatur I der Universität zu Köln, an der die Studie entstanden ist, ebenso sehr wie dem Leibniz-Zentrum für Literatur- und Kulturforschung Berlin, an dem ich die Arbeit für den Druck fertiggestellt habe. Mein Dank gilt ebenso der VG Wort für die freundliche Gewährung eines Druckkostenzuschusses und den HerausgeberInnen für die Aufnahme des Buches in die Reihe *Studien zur deutschen Literatur*.

Schließlich danke ich meiner Familie und meinen FreundInnen, die mich während der Entstehung dieser Arbeit mit viel Geduld, Zuspruch und Einfühlungsvermögen begleitet, die Korrektur gelesen, diskutiert und nachgehakt haben, die mich aber auch abgelenkt, auf Neues und Anderes hingewiesen oder einfach nur aufgefangen haben, wenn es einmal nicht gut ging. Besonderer Dank gilt hier Daniel Heck, Sandra Schnädelbach, Hannah Rau, Anna Embgenbroich und meinen Eltern Hiltrud und Hermann Groß. Ihnen ist das Buch gewidmet.

Berlin, im Dezember 2019

Inhaltsverzeichnis

Danksagung —— V

Einleitung: „daß die Negation ihr Recht hat einzig an der Kraft des Positiven" – Adorno über das Glück —— 1

I	**Kritik – Das Glück des Unterscheidens** —— 25	
1	*Kulturkritik und Gesellschaft* – Publikationskontext und frühe Rezeption —— 30	
2	„und das frißt auch die Erkenntnis an" – Zur Aporie von Kultur(-Kritik) nach Auschwitz —— 38	

II	**Intervention – Das Glück des Eingreifens** —— 67	
1	Kulturkritik und mythische Denkform —— 68	
2	Die politisch-kulturellen Zeitschriften der Nachkriegszeit —— 76	
3	*Kulturkritik und Gesellschaft* – Eingriff in den literarisch-kulturellen Nachkriegsdiskurs —— 80	
3.1	Die deutsche Schuldfrage —— 90	
3.2	Kulturtraditionalismus und sozialistischer Realismus —— 97	
3.3	Die heile Welt der Nachkriegslyrik —— 102	
3.4	Der Ästhetizismus Gottfried Benns —— 109	

III	**Aktive Passivität – Das Glück der Hingabe** —— 121	
1	Der Künstler als Instrument – Paul Valéry —— 128	
2	Rettung der unnützen Dinge – Franz Kafka —— 141	
3	Protest gegen das ‚halbe' Glück – Marcel Proust —— 156	
4	Hinwendung zum Offenen – Friedrich Hölderlin —— 170	
5	Mimikry an den Mythos – Johann Wolfgang Goethe —— 180	

IV	**Antinomie und Hermetik – Das Glück des Standhaltens** —— 193	
1	Sinnzerfall und minimales Glücksversprechen – Samuel Beckett —— 197	
2	Askese gegen Synthesis – Hans G Helms —— 223	
3	Verschweigende Sprache – Paul Celan —— 241	

V	**Heiterkeit – Das Glück des Entronnenseins** —— 263	
1	*Ist die Kunst heiter?* – Heiterkeit als ästhetisches Strukturmerkmal —— 265	
1.1	Dichotomie von Ernst und Heiterkeit – Friedrich Schiller —— 275	

1.2	Dialektik von Ernst und Heiterkeit – Georg Wilhelm Friedrich Hegel —— 285
1.3	Verwiesenheit von Natur und Heiterkeit – Friedrich Hölderlin —— 292
1.4	Komplementarität von Leiden und Heiterkeit – Friedrich Nietzsche —— 303
2	Komik, Heiterkeit, Glück und die Kunst der Moderne —— 318

VI Epiphanie – Das Glück des Unmittelbaren —— 325
1 Apparition – Zur-Erscheinung-Kommen und ästhetische Erfahrung —— 329
2 Amusement und leichte Künste —— 348
3 Adornos Rettung des Kitschs —— 367

VII Fazit: „daß ihr Gehalt unmöglich *nicht* wahr sein könne" – das Glück am Ästhetischen —— 387

Literaturverzeichnis —— 391

Personenregister —— 419

Werkregister —— 421

Einleitung: „daß die Negation ihr Recht hat einzig an der Kraft des Positiven" – Adorno über das Glück

> [D]as Glück an den Kunstwerken ist eigentlich nur, daß sie, so und nicht anders, da sind, nicht ihr Reizwert, und nur desultorisch, dann wenn ihr Wahrheitsgehalt blitzhaft sich entlädt, gewähren sie ein Glück, das freilich allen Genuß als armselig unter sich läßt.[1]

In seinem 1937 erschienenen Aufsatz *Traditionelle und kritische Theorie*, der zu den zentralen Texten für das Selbstverständnis der Kritischen Theorie gehört, erklärt Max Horkheimer, dass diese sich wesentlich gegen den „Fortbestand des Elends"[2] richte und „das Glück aller Individuen zum Ziel"[3] habe. Mit dieser Zielsetzung vertritt Horkheimer einen politischen Glücksbegriff, der auf eine grundlegende gesellschaftliche Veränderung zielt, in der sich schließlich alle Individuen frei entwickeln können. Daher muss es, ihm zufolge, „ein unablösbares Moment der historischen Anstrengung [sein], eine Welt zu schaffen, die den Bedürfnissen und Kräften der Menschen genügt"[4] und in der die „Emanzipation des Menschen aus versklavenden Verhältnissen"[5] gelingt.

Diese Überlegungen, die das subjektive Glück der Individuen mit einem objektiven, gesellschaftlichen Glück zu vermitteln suchen, sind auch für Theodor W. Adornos Überlegungen zum Begriff des Glücks konstitutiv. In seinem Essay *Veblens Angriff auf die Kultur* betont er, „daß kein individuelles Glück möglich sei, das nicht virtuell das der Gesamtgesellschaft in sich beschließt"[6]; und in der

---

1 Theodor W. Adorno, Unveröffentlichtes Manuskript zur *Ästhetischen Theorie*. Theodor W. Adorno Archiv, Frankfurt am Main, Sign. Ts 19237. Für die Einsicht in dieses und viele weitere bisher unveröffentlichte Manuskripte, Briefe und Vorlesungen Adornos sowie die immer freundliche Unterstützung meiner Arbeit sei dem Theodor W. Adorno Archiv in Frankfurt und dem Walter Benjamin Archiv in Berlin an dieser Stelle sehr herzlich gedankt.
2 Max Horkheimer, Nachtrag zu: Traditionelle und kritische Theorie (1937). In: Horkheimer, Gesammelte Schriften Bd. 4: Schriften 1936–1941, hg. v. Alfred Schmidt, Frankfurt am Main 1988, S. 162–225, hier S. 221. Der Nachtrag ist ebenfalls 1937 in der *Zeitschrift für Sozialforschung*, Band VI., Heft 3 veröffentlicht worden.
3 Horkheimer, Nachtrag zu: Traditionelle und kritische Theorie, S. 221.
4 Horkheimer, Nachtrag zu: Traditionelle und kritische Theorie, S. 219.
5 Horkheimer, Nachtrag zu: Traditionelle und kritische Theorie, S. 219.
6 Theodor W. Adorno, Veblens Angriff auf die Kultur. In: Adorno, Gesammelte Schriften. Bd. 10.1, hg. v. Rolf Tiedemann, Frankfurt am Main 1977, S. 87. Adornos Schriften werden im

Negativen Dialektik heißt es: „Glück wäre erst die Erlösung von der Partikularität als dem allgemeinen Prinzip, unversöhnbar dem einzelmenschlichen Glück jetzt und hier."[7] Die Objektivität des Glücks ist für Adorno also wie für Horkheimer wesentlich als ein gesellschaftlicher Zustand gedacht, der erst durch die politische „Veränderung des Ganzen"[8] zu erreichen ist. Zugleich darf das Glück sich in dieser Objektivität nicht erschöpfen, sondern muss auch eine subjektive Komponente haben, wie Adorno in Abgrenzung zu Aldous Huxleys Roman *Brave New World* darlegt: „Gilt seine Kritik des bloß subjektiven, dann verfällt die Idee eines bloß objektiven, vom menschlichen Anspruch getrennten hypostasierten Glücks nicht weniger der Ideologie. Grund des Unwahren ist die zur starren Alternative verdinglichte Trennung."[9] Objektives und subjektives Glück stehen nach Adorno also in einem gegenseitigen Bedingungs- und Verweisungsverhältnis: „[D]ie Anerkennung der Gesellschaft, des Ganzen als des wahren Subjekts von Glück"[10] ist die Voraussetzung der Möglichkeit des Glücks des Individuums; ebenso kann es kein allgemeines Glück geben, das auf den Anspruch des individuellen verzichtet.[11]

Mit diesen Überlegungen steht Adorno in einer philosophischen Tradition, die das Glück seit Aristoteles als „höchstes, um seiner selbst willen erstrebtes Gut und letztes Ziel aller menschlichen Handlungen"[12] versteht und damit ins Zentrum phi-

---

Folgenden angegeben mit: Adorno, Titel. GS Bandnummer, Seitenzahl. Handelt es sich um Veröffentlichungen aus dem Nachlass oder Briefwechsel gelten die Kürzel NL oder BW. Im Literaturverzeichnis findet sich die vollständige Angabe aller Bände. Um einen besseren Lesefluss zu ermöglichen, wird Adornos Argumentation in dieser Studie durchgängig in direkter Rede wiedergegeben.

7 Adorno, Negative Dialektik. GS 6, S. 346. Wenig später heißt es, dass die „Idee von Objektivität des Glücks" zu postulieren ist (S. 347). Eine ganz ähnliche Formulierung findet sich auch hier: Adorno, Aldous Huxley und die Utopie. GS 10.1, S. 114.

8 Adorno, Negative Dialektik. GS 6, S. 485.

9 Adorno, Aldous Huxley und die Utopie. GS 10.1, S. 115. Wenig später auf S. 166 heißt es: „Die krude Alternative von objektivem Sinn und subjektivem Glück, die These der Ausschließlichkeit, ist der philosophische Grund für das reaktionäre Fazit des Romans. Man habe sich zu entscheiden zwischen der Barbarei des Glücks und Kultur als dem objektiv höheren Zustand, der Unglück in sich einbegreift."

10 Adorno, Veblens Angriff auf die Kultur. GS 10.1, S. 88.

11 Dies betont Adorno auch noch einmal in einem offenen Brief anlässlich von Horkheimers 70. Geburtstag: „Mich faszinierte an Dir, daß Du vom ersten Tag an die Vorstellung einer richtigen Gesamtverfassung der Menschheit verbandest mit Ehrfurcht vorm Glück eines jeden Einzelnen [...]. Ich habe von Dir gelernt, daß die Möglichkeit, das Andere zu wollen, nicht mit dem Verzicht aufs eigene Glück erkauft werden müsse." Adorno, Offener Brief an Max Horkheimer. GS 20.1, S. 157 f.

12 Catherine Newmark, Glück. In: Enzyklopädie der Neuzeit. Bd. 4, hg. v. Friedrich Jäger, Stuttgart 2006, Sp. 969–974, hier: Sp. 969; bei Aristoteles heißt es: „So erweist sich denn das Glück als etwas Vollendetes, für sich allein Genügendes: es ist das Endziel des uns möglichen Han-

losophischer Betrachtungen rückt.[13] Der Mensch bildet für Aristoteles den Ausgangspunkt seiner handlungstheoretischen Überlegungen zum Glück beziehungsweise zu einem Zustand der *eudaimonía*[14], da nur der Mensch im Gegensatz zu Tieren und Pflanzen aktiv danach strebe, glücklich zu werden. Dies könne ihm durch tugendhaftes und tüchtiges Verhalten gelingen.[15] Das Glück werde dabei „stets um seiner selbst willen und niemals zu einem darüber hinausliegenden Zweck"[16] von den Menschen ersucht. Aristoteles zufolge kann allerdings nur die Polis als Gemeinschaft der Freien einen wahrhaft glücklichen Zustand ermöglichen, weil sie „zwar um der Notdurft willen entstanden ist, aber als Grund und Ziel für jedes selbstständige Leben um des rechten und guten Lebens willen besteht. In diesem Sinne ist das Glück für die entwickelte Polis und für jeden einzelnen der freien Menschen identisch"[17]. Aristoteles kennt also bereits den Unterschied zwischen subjektivem und objektivem Glück; bei

---

delns." Aristoteles, Nikomachische Ethik, übers. u. komm. v. Franz Dirlmeier. In: Aristoteles, Werke in deutscher Übersetzung. Bd. 6, hg. v. Hellmut Flashar, Darmstadt 1979, S. 14 (1097b).

13 Auch Horkheimer betont, dass der Glücksbegriff der Kritischen Theorie auf Überlegungen der antiken Philosophie „in ihrer Blüte unter Plato und Aristoteles" gründet: „Wenn Stoiker und Epikuräer sich nach den vergeblichen politischen Entwürfen jener beiden Philosophen auf die Lehre individualistischer Praktiken zurückzogen, so hat die neue dialektische Philosophie die Erkenntnis festgehalten, dass die freie Entwicklung der Individuen von der vernünftigen Verfassung der Gesellschaft abhängt." Horkheimer, Nachtrag zu: Traditionelle und kritische Theorie, S. 219.

14 Der Begriff *eudaimonía* bezeichnet in der antiken griechischen Philosophie die gelungene Lebensführung und einen damit verbundenen ausgeglichenen Gemütszustand. In der Regel wird er mit ‚Glück' oder ‚Glückseligkeit' übersetzt. *Eudaimonía* ist abzugrenzen vom griechischen *eutychía*, das den glücklichen Zufall bezeichnet; vgl. Newark, Glück, Sp. 969.

15 Vgl. Aristoteles, Nikomachische Ethik, S. 229 ff. (1176 b). Damit grenzt Aristoteles sich von Platon ab, der die „Erkenntnis des G.[lücks] allgemein an die Philosophie und ihre Einsicht gebunden" hat. Diese Vorstellung von dem auf Philosophie gegründeten Glück ist bei Platon streng geschieden von dem, was die Vielen unter Glück verstehen; vgl. R. Spaemann, Glück, Glückseligkeit. In: Historisches Wörterbuch der Philosophie. Bd. 3, hg. v. Joachim Ritter, Basel 1974, Sp. 679–707, hier: Sp. 680.

16 Vgl. Aristoteles, Nikomachische Ethik, S. 13 (1097 b).

17 Spaemann, Glück, Glückseligkeit, Sp. 685; vgl. auch Aristoteles, Nikomachische Ethik, S. 6 (1094 b). Platon betont ebenfalls die Wichtigkeit der Polis, allerdings aus einer anderen Perspektive. Für ihn hat der Fall Sokrates gezeigt, dass die Polis schlecht ist, da sie nicht mehr zwischen den Gerechten und den Ungerechten unterscheidet. Daher könne nur die Philosophie die verlorene Ordnung der Polis wiederherstellen. Der philosophische Staat erreiche den Einzelnen und sein Glück also nur über das Ganze der Polis; das Glück des Einzelnen sei in der Polis hinreichend bestimmt; vgl. dazu Spaemann, Glück, Sp. 681 f. Aristoteles übernimmt von Platon zwar die Idee des objektiven Glücks in der Polis, sieht jedoch anders als dieser in der menschlichen Vernunft und Tätigkeit die Möglichkeiten angelegt, Glück zu erreichen.

ihm geht beides jedoch ineinander auf, während Adorno das gegenseitige Verweisungsverhältnis betont.[18]

Dass individuelles und objektives Glück zu unterscheiden sind, zugleich aber keines der beiden ohne das andere gedacht werden kann, ist ein Gedanke Adornos, der an den Überlegungen von Immanuel Kant, Georg Wilhelm Friedrich Hegel und Karl Marx geschult ist. Alle drei haben die Unzulänglichkeit eines Glücksbegriffs betont, der sich ausschließlich auf die Befriedigung der individuellen Bedürfnisse gründet. Glück erscheint nach Kant als willkürliches und beliebiges Moment, das konträr zum Allgemeinen als oberstes Prinzip menschlichen Handelns steht. Subjektive Lust oder Unlust könnten daher nicht zum Maßstab einer objektiven Idee von Glück werden: „[E]in subjektiv notwendiges Gesetz (als Naturgesetz) ist also objektiv ein gar sehr zufällig praktisches Prinzip, das in verschiedenen Subjekten sehr verschieden sein kann und muß, mithin niemals ein Gesetz abgeben kann [...]."[19] Hegel hat diesen Gedanken aufgenommen und zugespitzt: „Die Weltgeschichte ist nicht der Boden des Glücks. Die Perioden des Glücks sind leere Blätter in ihr."[20] Allerdings hat Hegel nicht den Eudämonismus als solchen zurückgewiesen, sondern sich gegen den mit ihm verbundenen Anspruch gewendet, der das Glück des Individuums zum höchsten Prinzip erhebt. Er verlangt dagegen „die Einsicht in die geforderte Objektivität des Glücks"[21], das über bloße Subjektivität hinausweisen kann.

Mit seiner Kritik an einem rein subjektiven Glücksbegriff schließt Adorno ebenso an Marx' Kritik des antiken wie neuzeitlichen Hedonismus an, die in der Reduktion von Glück auf subjektiven Genuss ein ideologisches Moment erkennt:

> Die Philosophie des Genusses war nie etwas andres als die geistreiche Sprache gewisser zum Genuß privilegierter gesellschaftlicher Kreise. Abgesehen davon, daß die Weise und der Inhalt ihres Genießens stets durch die ganze Gestalt der übrigen Gesellschaft bedingt

---

[18] Aristoteles betont noch ein weiteres Moment, das für ihn ganz entscheidend für das Glück ist und auch, wie im Laufe der Arbeit darzulegen ist, für Adornos Überlegungen eine wichtige Rolle spielt, nämlich das Glück der Erkenntnis. Das größte Glück liegt für Aristoteles im Philosophieren, weshalb für ihn „der philosophische Mensch [...] in höchstem Maße glücklich" ist; Aristoteles, Nikomachische Ethik, S. 236 (1179 a). Wichtig hierbei ist jedoch, dass Aristoteles' Bestimmung des theoretischen Lebens und seines Glücks auf seiner „Theorie des bürgerlichen G[lücks]" gründet; Spaemann, Glück, Sp. 685. Vgl. dazu auch Kapitel V.1.4. dieser Arbeit.
[19] Immanuel Kant, Kritik der praktischen Vernunft. § 3, Anmerk. II. In: Kant, Werke IV: Schriften zur Ethik und Religionsphilosophie, hg. v. Wilhelm Weischedel, Darmstadt 1963, S. 133f.
[20] Georg Wilhelm Friedrich Hegel, Vorlesungen über die Philosophie der Geschichte. In: Hegel, Werke 12, Frankfurt am Main 1986, S. 42.
[21] Herbert Marcuse, Zur Kritik des Hedonismus. In: Marcuse, Kultur und Gesellschaft I, Frankfurt am Main 1965, S. 128–168, hier: S. 129. Der Aufsatz wurde erstmals 1938 in der *Zeitschrift für Sozialforschung* veröffentlicht.

war und an all ihren Widersprüchen litt, wurde diese Philosophie zur reinen *Phrase*, sobald sie einen allgemeinen Charakter in Anspruch nahm und sich als die Lebensanschauung der Gesellschaft im Ganzen proklamierte.[22]

Auch Walter Benjamin versucht in seinen geschichtsphilosophischen Thesen von 1940 subjektives und objektives Glück in Konstellation zueinander zu bringen, allerdings in völlig anderer Weise als seine Vorgänger. Glück ist für ihn „durch und durch von der Zeit tingiert"; es gibt keinen Begriff von Glück, der außerhalb der Zeit steht:

> Glück, das Neid in uns erwecken könnte, gibt es nur in der Luft, die wir geatmet haben, mit Menschen, zu denen wir hätten reden, mit Frauen, die sich uns hätten geben können. Es schwingt, mit andern Worten, in der Vorstellung des Glücks unveräußerlich die der Erlösung mit.[23]

Der theologische Begriff der Erlösung meint bei Benjamin die Befreiung sowohl des einzelnen Individuums als auch der gesamten Menschheit von allem Leiden in der Welt. Allerdings wird die Erlösung bei Benjamin nicht ins Jenseits verlagert, sondern im Hier und Jetzt gefordert. Voraussetzung dafür sei aber, dass Geschichte zu einer Form des Eingedenkens werde, die an das vergangene Leid mahne und es in der Gegenwart zu verhindern versuche: „Das Eingedenken kann das Unabgeschlossene (das Glück) zu einem Abschlossenen [sic!] und das Abgeschlossene (das Leid) zu einem Unabgeschlossenen machen."[24] Diese Gebundenheit des Glücks an die Konstellation von Gewesenem und Gegenwärtigem und damit an eine kritische Gesellschaftstheorie ist auch für Adorno, wie im Laufe der Arbeit zu sehen sein wird, essentiell.[25]

---

22 Karl Marx/Friedrich Engels, Die deutsche Ideologie. In: Marx/Engels Werke. Bd. 3: 1845–1846, Berlin 1981, S. 402. Künftig zitiert mit Autor/en, Schrift. MEW Bandnummer, Seitenangabe. Hervorhebung im Original. Ausführlich dazu: Alfred Schmidt, Zum Begriff des Glücks in der materialistischen Philosophie. In: Schmidt, Drei Studien über Materialismus. Schopenhauer. Horkheimer. Glücksproblem, München/Wien 1977, S. 135–195, bes. S. 178–190.
23 Walter Benjamin, Über den Begriff der Geschichte. In: Benjamin, Gesammelte Schriften. Bd. I.2, hg. v. Rolf Tiedemann/Hermann Schweppenhäuser, Frankfurt am Main 1980, S. 691–704, hier: S. 693. Künftig zitiert mit: Benjamin, Titel. GS Bandnummer, Seitenangabe.
24 Benjamin, Das Passagenwerk. GS V.1, S. 589.
25 Zum Vergleich von Adorno und Benjamin hinsichtlich der metaphysischen Aspekte ihrer Arbeit vgl. Simon Duckheim, Auf der Suche nach der versprengten Spur. Glück und Hoffnung bei Adorno und Benjamin, Würzburg 2014. Die Forschung hat bereits früh auf den Einfluss von Benjamin auf Adornos Denken hingewiesen; vgl. bspw. den grundlegenden Beitrag von Burkhardt Lindner, Herrschaft als Trauma. Adornos Gesellschaftstheorie zwischen Marx und Benjamin. In: Text + Kritik, Sonderheft: Theodor W. Adorno, 1983, S. 72–91. Die vorliegende Arbeit folgt Birgit Recki, die bereits 1988 konstatiert: „Seitdem der Nachweis dieses bestimmenden Einflusses grundsätzlich geleistet ist, kann sich jede weitere Untersuchung auf einzelne Aspekte dieses Ver-

Obwohl er mit seinen Überlegungen zum Verweisungszusammenhang von subjektivem und objektivem Glück einen erheblichen Beitrag zur philosophischen Tradition leistet, wird Adorno bisher kaum als Philosoph des Glücks wahrgenommen. Sätze wie „Es gibt kein richtiges Leben im falschen"[26] oder „nach Auschwitz ein Gedicht zu schreiben, ist barbarisch"[27] dienen der Kritik noch immer als Beleg dafür, dass Glück nach Adorno bloß „kulturindustriell produziertes Einverständnis" sei.[28] Die Sicht auf die *Dialektik der Aufklärung* als ein „radikales, böses und tiefschwarz trauriges Buch"[29] ist nicht selten um den Vorwurf der negativen Totalität ergänzt worden.[30]

---

hältnisses konzentrieren." Birgit Recki, Aura und Autonomie. Zur Subjektivität der Kunst bei Walter Benjamin und Theodor W. Adorno, Würzburg 1988, S. 136. Daher wird an den Stellen, die für das Verständnis des Adorno'schen Arguments wichtig sind, auf Benjamin verwiesen; da der Fokus dieser Arbeit aber auf Adornos Schriften liegt und ich im Sinne des konstellativen Denkens auch von einer wechselseitigen Beeinflussung und einem, vor allem im Briefwechsel dokumentierten produktiven gegenseitigen Gedankenaustausch zwischen beiden ausgehe, beschränkt sich der Rekurs auf Benjamin auf wesentliche Gedankenfiguren und Argumente. Dass viele der Überlegungen Benjamins und Adornos im gemeinsamen Austausch entwickelt wurden, zeigt auch Rolf Tiedemann am Beispiel der Theorie des dialektischen Bildes; vgl. Rolf Tiedemann, Begriff Bild Name. In: Michael Löbig/Gerhard Schweppenhäuser (Hg.), Hamburger Adorno-Symposium, Lüneburg 1984, S. 67–78. Gleiches gilt im Übrigen auch für die inhaltliche Beziehung Adornos zu Horkheimer und Siegfried Kracauer; auch hier gibt es erhebliche theoretische Wechselwirkungen, die nur in bestimmten Kontexten eingeholt, jedoch in der vorliegenden Arbeit nicht umfassend ausgelotet werden können.

26 Adorno, Minima Moralia. GS 4, S. 43 (Asyl für Obdachlose). In den Klammern werden hier und im Folgenden die Titel der einzelnen Aphorismen angegeben.

27 Adorno, Kulturkritik und Gesellschaft. GS 10.1, S. 30.

28 Auf diese immer noch gängige Lesart weist Christoph Menke hin, der sich davon jedoch distanziert: Christoph Menke, Die Kraft der Kunst, Berlin 2013, S. 42.

29 Heinz Steinert, Kulturindustrie, Münster 1998, S. 27.

30 Christoph Henning etwa geht davon aus, dass bei Adorno „Glücksmomente oder ein gelingendes Leben ganz unmöglich seien" und fragt: „Woher also dieser radikalisierte Negativismus?" Christoph Henning, Glück in der Kritischen Theorie. Befreite Individualität und ihre Hindernisse. In: Dieter Thomä/Henning/Olivia Mitscherlich-Schönherr (Hg.), Glück. Ein interdisziplinäres Handbuch, Stuttgart/Weimar 2011, S. 282–291, hier: S. 284. Vgl. auch Jóhann Páll Árnason, Von Marcuse zu Marx. Prolegomena zu einer dialektischen Anthropologie, Neuwied 1971, S. 253; Rüdiger Bubner, Kann Theorie ästhetisch werden? Zum Hauptmotiv der Philosophie Adornos. In: Burkhardt Lindner/W. Martin Lüdke (Hg.), Materialien zur ästhetischen Theorie Theodor W. Adornos. Konstruktion der Moderne, Frankfurt am Main 1980, S. 108–137, hier: S. 113–115; Hans Robert Jauß, Ästhetische Erfahrung und literarische Hermeneutik, 4. Aufl., Frankfurt am Main 1984, S. 44–71. Martin Seel dagegen zeigt, dass die Auffassung von Adorno als einem „Denker der Negativität, der es sich versagt habe, sein Philosophieren bei positiven Bestimmungen anfangen zu lassen", „vom Wortlaut seiner Schriften in Zweifel gezogen wird"; Martin Seel, Philosophie der Kontemplation, Frankfurt am Main 2004, S. 7 (Vorwort).

Das Thema des Glücks in Adornos Werk in den Fokus zu rücken, erscheint allerdings mehr als naheliegend. Dass dies bisher weitgehend übersehen wurde, liegt zum einen in jenen bekannten, häufig aus ihrem Argumentationszusammenhang herausgelösten und dadurch so apodiktisch erscheinenden Sätzen Adornos begründet, die zu den oben skizzierten kulturpessimistischen Interpretationen geführt und damit nachhaltig dazu beigetragen haben, den Stellenwert von Glück in seinen Arbeiten in den Hintergrund treten zu lassen. Zum anderen hat das auch mit Adornos eigenen Argumentations- und Darstellungsformen zu tun. Eine Definition von Glück wird man bei ihm nicht finden. Seine dialektische Betrachtungsweise sträubt sich dagegen, zentrale philosophische Begriffe wie Wahrheit, Sinn, Glück und andere zu fixieren, da sich deren Bedeutung Adorno zufolge nur in ihren jeweiligen ideengeschichtlichen und/oder textuellen Zusammenhängen entfaltet und nur in diesen erschließen lässt. Eine Annäherung kann daher nicht über formal-logisches, positivistisches oder synthetisierendes, sondern vielmehr nur über konstellatives und kontextuelles Denken erfolgen: „Der Konstellation gewahr werden, in der die Sache steht, heißt soviel wie diejenige entziffern, die es als Gewordenes in sich trägt."[31] Erkenntnis ist nur möglich, wenn man die Prozesse einbezieht, die den Gegenstand der Betrachtung zu dem gemacht haben, was er ist und die fortwährend in ihm am Werke sind: „Als Konstellation umkreist der theoretische Gedanke den Begriff, den er öffnen möchte, hoffend, daß er aufspringe etwa wie die Schlösser wohlverwahrter Kassenschränke: nicht nur durch einen Einzelschlüssel oder eine Einzelnummer sondern eine Nummernkombination."[32]

Adorno richtet sich damit nicht gegen begriffliche Erkenntnis, aber gegen das synthetisierende Verfahren der Begriffsdefinition setzt er die ‚Begriffsarbeit'[33]. Nur die Begriffsarbeit kann die Differenz zwischen der Wirklichkeit und dem Gedanken ausmessen. Dieser bedarf dabei immer eines Begriffs, der die Sache nicht mit sich identisch macht, sondern die nicht tilgbare Differenz zu ihr aufrechterhält:

> Der Gedanke, der nichts positiv hypostasieren darf außerhalb des dialektischen Vollzugs, schießt über den Gegenstand hinaus, mit dem eins zu sein er nicht länger vortäuscht; er wird unabhängiger als in der Konzeption seiner Absolutheit, in der das Souveräne und das Willfährige sich vermengen, eines vom anderen in sich abhängig. [...] Versenkung ins Einzelne, die zum Extrem gesteigerte dialektische Immanenz, bedarf als ihres Moments auch der Freiheit, aus dem Gegenstand herauszutreten, die der Identitätsanspruch abschneidet.[34]

---

31 Adorno, Negative Dialektik. GS 6, S. 165.
32 Adorno, Negative Dialektik. GS 6, S. 165 f.
33 Vgl. Hegels Formulierung von der „Arbeit des Begriffs"; Georg Wilhelm Friedrich Hegel, Phänomenologie des Geistes. In: Hegel, Werke 3, Frankfurt am Main 1986, S. 65.
34 Adorno, Negative Dialektik. GS 6, S. 39.

Adornos Zurückhaltung gegenüber einer positiven Definition von Glück hängt darüber hinaus mit seiner Konzeption eines säkularisierten Bilderverbots zusammen. Angesichts der historischen Katastrophen des 20. Jahrhunderts, aber auch der für ihn fortbestehenden und fortschreitenden Herrschaft einer einseitig ausgebildeten Vernunft, die sich allein auf Aspekte der Selbsterhaltung und Naturbeherrschung bezieht, ist die Realisierung von Glück verstellt und erst einmal nicht vorstellbar. Die Idee einer wahrhaft glücklichen menschlichen Praxis, welche die politische Änderung des Ganzen zur Voraussetzung hätte, wie von Horkheimer 1937 noch mit Emphase formuliert, kann nach Adorno spätestens seit der industriellen und massenweisen Vernichtung der europäischen Juden[35] nicht mehr positiv benannt werden. Denn es kann danach keinen Ausdruck des Glücks geben, der nicht auch auf jenes gesellschaftlich verschuldete Leid verweisen muss. Wer an der Idee eines glücklichen Zustandes festhält, muss es sich daher gerade verbieten, „von der Utopie ein Bild zu machen"[36]. Auf eine Frage von Thomas Mann, warum man von ihm nie ein positives Wort über die Vision einer zukünftigen Gesellschaft vernehme, entgegnet Adorno, dass er eine asketische Haltung gegenüber der „unvermittelte[n] Aussage des Positiven" geradezu einnehmen muss:

> [Dies ist] wahrhaft eine Askese, glauben Sie mir, denn meiner Natur läge das Andere, der fessellose Ausdruck der Hoffnung, viel näher. Aber ich habe immer wieder das Gefühl, daß man, wenn man nicht im Negativen aushält oder zu früh ins Positive übergeht, dem Unwahren in die Hände arbeitet. [...] Nun, ich will die Götzendämmerung nicht soweit treiben, daß ich die bestimmte Negation selber fetischisiere, und wenn es wahr ist, daß die Kraft des Positiven ans Negative überging, dann ist nicht minder wahr, daß die Negation ihr Recht hat einzig an der Kraft des Positiven.[37]

Gerade die letztgenannte Überlegung hat Adorno immer wieder veranlasst, gleichsam kontrafaktische Aussagen über das Positive zu treffen und damit seine Momente freizulegen, ohne dieses begrifflich zu fixieren.

Trotz dieser Askese kreisen Adornos Arbeiten beständig um die Frage nach den Bedingungen der Möglichkeit eines besseren und gerechteren Lebens und damit um das Glück. Um an den emphatischen Implikationen des von Horkheimer formulierten Glücksbegriffs festhalten zu können, ohne jedoch „dem Unwahren in

---

35 Auch wenn die vom Nationalsozialismus als Juden identifizierten Personen zahlenmäßig die größte Gruppe darstellten, dürfen die anderen Opfergruppen wie Roma, Sinti, Jehovas Zeugen, geistig- und körperlich behinderte Menschen, politische Gefangene, Homosexuelle sowie Kriegsgefangene dabei nicht vergessen werden.
36 Adorno in: Etwas fehlt ... Über die Widersprüche der utopischen Sehnsucht. Ein Gespräch mit Theodor W. Adorno 1964. In: Rainer Traub/Harald Wieser (Hg.), Gespräche mit Ernst Bloch, Frankfurt am Main 1975, S. 58–77, hier: S. 69.
37 Adorno an Thomas Mann, 01.12.1952. BW 3, S. 128.

die Hände zu arbeiten", konzentriert Adorno sich vor allem auf die Möglichkeiten der Kunst. Denn ihm zufolge kann nur noch die Kunst eine andere, bessere Welt aufscheinen lassen und damit so etwas wie einen glücklichen Zustand überhaupt antizipieren. Dass Kunstwerke Glück versprechen können und dieses in der ästhetischen Erfahrung spürbar wird, hat mit der spezifischen „Verhaltensweise" von Kunst zu tun:

> Nur Kunstwerke, die als Verhaltensweise zu spüren sind, haben ihre raison d'être. Kunst ist nicht nur der Statthalter einer besseren Praxis als der bis heute herrschenden, sondern ebenso Kritik von Praxis als der Herrschaft brutaler Selbsterhaltung inmitten des Bestehenden und um seinetwillen. Sie straft Produktion um ihrer selbst willen Lügen, optiert für einen Stand der Praxis jenseits des Banns von Arbeit. Promesse du bonheur heißt mehr als daß die bisherige Praxis das Glück verstellt: Glück wäre über der Praxis. Den Abgrund zwischen der Praxis und dem Glück mißt die Kraft der Negativität im Kunstwerk aus.[38]

Das spezifische Verhalten der Kunstwerke besteht darin, dass sie durch ihre „bloße Existenz"[39] in der Lage sind, über das Bestehende hinauszuweisen, da sie nicht der Identitäts- und Selbsterhaltungslogik der Realität folgen, sondern vielmehr „Kündigung unmittelbarer Praxis"[40] sind. Zugleich ‚verhält' sich das Kunstwerk gegenüber dem Dasein, indem es die „Negativität der Realität festhält und zu ihr Stellung bezieht"[41]. Kunst darf in ihrem Autonomiestreben also nicht zu einem Ort werden, der sich von jedem Bezug auf Gesellschaftliches losspricht. Vielmehr ist „die Kunst ja als ein Versuch [anzusehen], eben doch eine solche Sondersphäre herzustellen und in dieser Sondersphäre dem Unterdrückten, dem also, was nicht ratio ist, zu seiner Stimme zu verhelfen"[42]. Adorno betont hier die gesellschaftskritische Rolle, die gelungene Kunst einnehmen muss; denn ihr Glücksversprechen bietet sowohl eine Folie, um die existierende Gesellschaft zu kritisieren, als auch das Potential, eine bessere aufscheinen zu lassen.

Kunstwerke, die ein solches Glücksversprechen nicht zu formulieren vermögen, gelten Adorno streng genommen auch nicht als Kunst: „Der Begriff eines schlechten Kunstwerks hat etwas Widersinniges: wo es schlecht wird, wo ihm seine immanente Konstitution misslingt, verfehlt es seinen Begriff und sinkt unter das Apriori der Kunst herab."[43] Da ein missratenes Kunstwerk seinen eigenen Begriff nicht erfüllen würde, ist im Folgenden, wenn vom Kunstwerk die Rede ist, immer vorausgesetzt, dass es sich in Adornos Verständnis um ein gelungenes han-

---

[38] Adorno, Ästhetische Theorie. GS 7, S. 26.
[39] Adorno, Ästhetische Theorie. GS 7, S. 25.
[40] Adorno, Ästhetische Theorie. GS 7, S. 26.
[41] Adorno, Ästhetische Theorie. GS 7, S. 25.
[42] Adorno, Ästhetik 1958/59. NL 4, Bd. 3, S. 83f.
[43] Adorno, Ästhetische Theorie. GS 7, S. 246.

delt.⁴⁴ Nicht ganz so eindeutig verhält es sich mit der Bezeichnung ‚Kunst', denn wie zu sehen sein wird, gilt Adorno dieser Begriff sowohl zur Bestimmung von gelungenen Artefakten als auch zur Beschreibung von künstlerischen Phänomenen, die ihr Potential nicht voll entfalten, wie etwa die „mittlere Kunst"⁴⁵. Hier wird im Folgenden je nach Kontext differenziert.

Das Glücksversprechen der Kunst bezeichnet Adorno in Übernahme einer Formulierung Stendhals wie in obigem Zitat auch als ‚promesse du bonheur'. Stendhal beschreibt in seinem psychologisch-literarischen Essay *Über die Liebe* die Schönheit als einen Schein, die „nichts anderes als eine *Verheißung* des Glücks" sei.⁴⁶ Das Schöne ist Stendhal zufolge Schein, weil die Lust, die an dem Schönen erfahren wird, „zugleich auf etwas anderes verweist – etwas anderes verheißt oder verspricht. Das ist das Glück"⁴⁷. Daran knüpft Adorno an, denn ihm zufolge ist auch Kunst nur eine Verheißung von Glück, ein Verweis auf etwas anderes und nicht das Glück selbst. Indem sie sich gegen die Regeln der Selbsterhaltung, Naturbeherrschung und Begriffslogik wendet, enthält Kunst nach Adorno aber das Versprechen

> eines Zustands der über der Praxis wäre in dem Sinn, daß wir nicht mehr bloß die Natur, die innere und die äußere, die Menschen und die Dinge beherrschen möchten, sondern in einem Zustand von Versöhnung mit ihnen leben, und dieser Zustand wäre dann in dem Kunstwerk versprochen wie in jener alten französischen Definition des Schönen als einer promesse du bonheur.⁴⁸

Aufgrund dieses Potentials, das Adorno der Kunst zuspricht, gehe ich davon aus, dass sich gerade in seinen ästhetischen Überlegungen Elemente einer Theorie des Glücks finden lassen, die nicht nur eine entscheidende Bedeutung für das Verständnis seiner ästhetischen Betrachtungen, sondern auch für seine ge-

---

44 Wenn Adorno besonders herausragende oder wegweisende Werke hervorheben möchte, so bezeichnet er sie häufig als „große Kunstwerke", „große Kunst" oder „bedeutende Werke"; vgl. exemplarisch Adorno, Ästhetische Theorie. GS 7, S. 44; 81; 98; 123; 162 uvm.
45 Adorno, Arabesken zur Operette. GS 19, S. 516 uvm.
46 Im französischen Original heißt die Formulierung: „[L]a beauté n'est que la *promesse* du bonheur"; Stendhal (Henri Beyle), De l'amour. Seule édition complète, Paris 1891, S. 34. Hervorhebung im Original. Stendhals berühmte Formulierung findet sich in einer Fußnote zu einem Absatz, der davon handelt, dass es möglich ist, auch das Hässliche zu lieben. Stendhal schildert hier die Anekdote eines Mannes, der in Anwesenheit zweier Frauen die offenkundig Hässlichere (sie war „mager und pockennarbig und somit, wie man wohl sagen darf, recht häßlich") vorzieht, da sie ihn an eine frühere Liebe erinnert; Stendhal (Henri Beyle), Über die Liebe, übers. v. Walter Widmer, München 1953, S. 70. Hervorhebung im Original.
47 Menke, Die Kraft der Kunst, S. 42.
48 Adorno, Ästhetik-Vorlesung vom 09.05.1961. Unveröffentlichtes Vorlesungsmanuskript. Theodor W. Adorno Archiv, Vo 6362, S. 8.

samten Überlegungen zum Glück in gesellschaftlicher und philosophischer Perspektive haben. Denn insbesondere anhand von Adornos literatur- und kulturtheoretischen Essays, in denen er eng am und mit dem Material arbeitet, lässt sich sein politischer Glücksbegriff konkretisieren und weiter fundieren. Mein Lektüre-Verfahren fragt daher nach dem „Glück am Ästhetischen"[49] unter Berücksichtigung der spezifischen „Verhaltensweisen" von Kunstwerken: So kann die produktionsästhetische Frage, wie Kunstwerke nach Adorno beschaffen sein müssen, um überhaupt ein Glücksversprechen artikulieren zu können, mit der rezeptionsästhetischen Perspektive kombiniert werden, die nach dem Glück der ästhetischen Erfahrung fragt. Der Begriff der Verhaltensweise verdeutlicht das Spannungsverhältnis von Produktions- und Rezeptionsästhetik in Adornos Ausführungen zur Kunst und kann dadurch eine Betrachtungsweise entkräften, welche jene allein als Produktionsästhetik begreift.[50]

Solche Verhaltensweisen im Sinne Adornos lassen sich nicht auf den Begriff bringen, da sie nur in der wechselseitigen Bezogenheit des Glücksversprechens der Kunst und dem Glück der ästhetischen Erfahrung zu denken sind. In meiner Studie versuche ich deshalb, derartige Verhaltensweisen von Kunstwerken in den einzelnen Kapiteln freizulegen, um sich den Momenten des Aufscheinens von Glück bei und nach Adorno zu nähern. Die Kapitelüberschriften dienen dabei als erste Hinweise auf mögliche Verhaltensweisen von Kunst, sollen die in ihnen behandelten Texte und Überlegungen Adornos jedoch nicht darauf festlegen. Vielmehr geht es darum, seinen Begriff der Verhaltensweise ernst zu nehmen und eng am Text zu untersuchen, wie diese genau aussehen können.

Meine Arbeit geht davon aus, dass Adorno wesentliche seiner philosophisch-ästhetischen Einsichten zum Ort des Glücks überhaupt erst anhand seiner Literaturinterpretationen zur Heiterkeit der Kunst, zu Johann Wolfgang Goethe, Friedrich Hölderlin, Franz Kafka, Samuel Beckett, Hans G Helms[51], Paul Celan, Marcel Proust und Paul Valéry gewonnen hat. Weniger weil die Formulierung der promesse du bonheur selbst aus einem literarischen Werk stammt, werden in dieser Arbeit vor allem Adornos literaturtheoretische Arbeiten in den Blick genommen,

---

49 Adorno, Ästhetik 1958/59. NL 4, Bd. 3, S. 193. Der Lesbarkeit halber wird dieses titelgebende Adorno-Zitat im Folgenden ohne Anführungszeichen verwendet.
50 Dagegen argumentiert auch Albrecht Wellmer: „Denn seine zentralen Denkfiguren verlieren nie den Kontakt zur ästhetischen Erfahrung – Adornos gesamtes Denken war, wie man weiß, durch und durch imprägniert mit ästhetischer Erfahrung"; Albrecht Wellmer, Das Versprechen des Glücks und warum es gebrochen werden muß. In: Otto Kolleritsch (Hg.), Das gebrochene Glücksversprechen. Zur Dialektik des Harmonischen in der Musik, Graz 1998, S. 16–37, hier: S. 21.
51 Helms selbst hat die Abkürzung seines zweiten Vornamens immer ohne Punkt geschrieben. Dem folge ich in dieser Arbeit. Über den vollen zweiten Vornamen herrscht Unklarheit.

sondern vielmehr weil seine Ästhetik bisher kaum, und im Hinblick auf das Glück am Ästhetischen noch gar nicht aus der Perspektive der Literatur gelesen worden ist. Auch entgegen der Annahme, dass Adorno seine Thesen vorrangig anhand von musikalischen Kunstwerken schärfte,[52] möchte diese Arbeit den Stellenwert von Glück in seinen literatur- und kulturtheoretischen Essays profilieren. Damit wird ebenfalls der Tatsache Rechnung getragen, dass er sich seit den 1940er Jahren vor allem der Literatur zuwandte. Fast alle seiner genuin literaturtheoretischen Überlegungen, die sich vorrangig in den vierbändigen *Noten zur Literatur*, den *Prismen*, in *Ohne Leitbild*, *Eingriffe* und natürlich in der *Ästhetischen Theorie* finden lassen, sind erst nach dem und in Reaktion auf den Zivilisationsbruch der Shoah entstanden.[53] Offenbar bot also gerade die Literatur Adorno die Möglichkeit, das Glück am Ästhetischen neu und weiter zu denken.

Mit diesem Ausgangspunkt verfolge ich drei Ziele: Erstens werden Adornos literatur- und kulturtheoretische Essays erstmals systematisch im Hinblick auf Motive des Glücks untersucht. Hier möchte die vorliegende Arbeit vor allem eine Lücke schließen. Dadurch rücken auch Texte und Überlegungen Adornos in den Vordergrund, die von der Forschung in diesem Kontext kaum oder noch gar nicht zur Kenntnis genommen wurden. Zwar bezieht sich Simon Duckheims 2014 erschienene Studie *Auf der Suche nach der versprengten Spur. Glück und Hoffnung bei Adorno und Benjamin* auf einige von Adornos Literaturinterpretationen, etwa zu Beckett und Proust, allerdings werden diese vor allem herange-

---

[52] Vgl. zum Zusammenhang von Glück und Musik bei Adorno: Kolleritsch (Hg.), Das gebrochene Glücksversprechen. Vgl. außerdem folgende, vorrangig an Adornos musiktheoretischen Überlegungen orientierten Arbeiten: Gabriele Geml, Adorno über das Glück an den Kunstwerken. In: Leonhard Emmerling/Ines Kleesattel (Hg.), Politik der Kunst. Über Möglichkeiten, das Ästhetische politisch zu denken, Bielefeld 2016, S. 121–141, hier: S. 122; James Gordon Finlayson, The Artwork and the *Promesse du Bonheur* in Adorno. In: European Journal of Philosophy 23, 2015, H. 3, S. 392–419, hier: S. 397.

[53] Jan Philipp Reemtsma macht ebenfalls darauf aufmerksam, dass das Gros der literarischen Essays von Adorno erst nach 1952 erschienen ist: „[N]ie weniger als wenigstens einer pro Jahr, oft drei und mehr". Laut Reemtsma nehmen Adornos literarische Arbeiten in seinem Werk trotzdem nur einen geringen Teil ein, nach Reemtsmas Zählung sind es nur „rund 800 Seiten"; Jan Philipp Reemtsma, Der Traum von der Ich-Ferne. Adornos literarische Aufsätze. In: Axel Honneth (Hg.), Dialektik der Freiheit. Frankfurter Adorno-Konferenz 2003, Frankfurt am Main 2005, S. 318–362, hier: S. 319. Reemtsma unterschlägt bei seiner Zählung jedoch all die Schriften Adornos, die zwar nicht ausschließlich der Literatur gewidmet sind, aber literarische Themen zum Gegenstand haben oder sogar von ihnen ausgehen wie etwa die *Dialektik der Aufklärung*, die *Minima Moralia* und natürlich die *Ästhetische Theorie*. Dies verwundert umso mehr, da Reemtsma selbst auf die Auseinandersetzung der *Dialektik der Aufklärung* mit Homers *Odyssee* verweist. Entgegen einer solchen quantitativen Bestimmung, versucht diese Arbeit die Bedeutung der Literatur für Adornos Denken systematisch zu ergründen.

zogen, um philosophische Begriffe wie dialektisches Bild, Metaphysik, Erkenntnis, Wahrheit und andere bei Adorno und Benjamin zu klären.[54] In meiner Arbeit stehen dagegen Adornos literatur- und kulturtheoretische Schriften im Zentrum der Betrachtung; nicht um Adornos Philosophie des Glücks zu erklären, sondern um dezidiert nach dem Glück am Ästhetischen in seinen Arbeiten zu fragen. Darüber hinaus geht die vorliegende Studie davon aus, dass Auschwitz die entscheidende Zäsur in Adornos Denken darstellt und seine Überlegungen zum (ästhetischen) Glück nur im Zusammenhang mit seinen Reflexionen über Auschwitz zu verstehen sind.

2008 ist Norbert Raths Studie *Negative. Glück und seine Gegenbilder bei Adorno* erschienen, in der Glück als die „Leerstelle im Zentrum der Theorie"[55] Adornos bezeichnet wird. Rath zufolge handelt es sich bei Adorno um eine „negative Theorie des Glücks"[56], die Platzhalter für etwas konstruiert, das erst noch entwickelt werden muss. Glück bei Adorno sei daher am ehesten durch seine „Gegenbilder" bestimmbar. Leitmotivisch zieht sich der der Fotografie entlehnte Begriff des Negativs durch Raths Studie, die aus biographischer und philosophischer Perspektive primär die Macht und Bedeutung von Bildern in Adornos Leben und Werk untersucht.[57] Anders als Rath, dessen Überlegungen zum Glück in der Kunst bei Adorno sich nur auf wenige Stellen aus der *Ästhetischen Theorie* und den *Minima*

---

[54] Duckheim, Auf der Suche nach der versprengten Spur. Teile der Studie finden sich bereits in früheren Arbeiten: Simon Duckheim, Zum Begriff des Glücks bei Adorno und Benjamin, Berlin 2010; Simon Duckheim, Glück aus philosophischer Perspektive. Zur Geschichte und Aktualität der Glücksforschung. In: Forum Wissenschaft: Glücksforschung – Interdisziplinäre Betrachtungen zum Streben nach Glück 29, 2012, H.1, S. 8–11.
[55] Norbert Rath, Negative. Glück und seine Gegenbilder bei Adorno, Würzburg 2008, S. 191. Die meisten Texte aus dieser Studie sind bereits zuvor einzeln erschienen und wurden für den Band *Negative* noch einmal durchgesehen und bearbeitet.
[56] Rath, Negative, S. 12.
[57] Rath räumt ein, dass nur in zwei Kapiteln seiner Studie Ansätze einer Theorie des Glücks bei Adorno systematisch untersucht werden. Die weiteren Kapitel stehen eher im Zeichen eines ‚physiognomischen' Vorgehens, das unterschiedliche Facetten des Adorno-Bildes und seiner Rezeption beleuchtet; vgl. Rath, Negative, S. 7–13. In seiner 2018 erschienen Studie „*Bei Kafka schweigen die Sirenen*". Paradigmen der Kritik von Montaigne bis Adorno unterscheidet Rath fünf Konzepte des Glücks bei Adorno, die einen guten ersten Überblick über Adornos Überlegungen zum Glück geben, aber im Einzelnen näher verfolgt werden müssten. Insbesondere Raths Ausführungen zum „Kunst-Glück", die vornehmlich auf den „glückliche[n] Zufall" als Bedingung „der Entstehung einer Kunst, die den Namen verdient", verweisen, lassen nicht nur wesentliche Aspekte von Adornos Erörterungen zum Glück am Ästhetischen außer acht, sondern müssten auch hinsichtlich des Stellenwerts des Zufalls in Adornos ästhetischen Überlegungen ergänzt werden; vgl. dazu bspw. Kapitel IV.2 dieser Arbeit. Vgl. Norbert Rath, „Bei Kafka schweigen die Sirenen". Paradigmen der Kritik von Montaigne bis Adorno, Würzburg 2018, bes. S. 185–201, hier: S. 193.

Moralia beziehen, möchte die vorliegende Studie gerade über die Untersuchung der unterschiedlichen Verhaltensweisen von Kunst überprüfen, ob das Glück am Ästhetischen bei Adorno tatsächlich nur über seine Negative bestimmbar ist oder ob er – entgegen seiner eigenen Verfahrensweise der negativen Dialektik – hier nicht auch andere Wege zulässt. Gerade das letzte Kapitel der vorliegenden Arbeit verfolgt die Frage, ob nicht die ästhetische Erfahrung der leichten Künste Glücksmomente bereithält, die das Negative zu überschreiten vermögen.

Christiane Bindseils 2011 erschienene Studie *Ja zum Glück. Ein theologischer Entwurf im Gespräch mit Bonhoeffer und Adorno* untersucht deren Glückskonzeptionen aus einer religionswissenschaftlichen Perspektive. Die Teile der Arbeit, die sich auf Adorno beziehen, orientieren sich hauptsächlich an der *Dialektik der Aufklärung*.[58] Bindseil geht von einer Entwicklungslinie bei Adorno „von der totalen Negation von Glück zur vorsichtigen Ahnung"[59] aus und sieht letztere in seiner *Ästhetischen Theorie* formuliert. Zu keinem Zeitpunkt jedoch hat Adorno Glück verworfen, sondern immer daran festgehalten, gerade um seiner gegenwärtigen Unmöglichkeit theoretisch etwas entgegensetzen zu können.[60]

Dass dem Glück in Adornos Denken ein wichtiger Stellenwert zukommt, hat vermutlich auch die Herausgeber des *Adorno Handbuchs* veranlasst, in die kürzlich erschienene zweite Auflage nun auch einen Artikel über Adorno und das Glück aufzunehmen. Britta Scholze geht davon aus, dass das Glück „Dreh- und Angelpunkt seines Denkens" sei und zeigt insbesondere, dass für Adorno Glück und Wahrheit zusammengehören: „Wahrheit ist an den richtigen Zustand der Gesellschaft gebunden, der insofern Ermöglichungsbedingung von Glück im umfassenden Sinn ist."[61] Gemäß des in der Sache liegenden überblickhaften Charakters eines – in diesem Falle sehr gelungenen – Handbuchartikels, werden Adornos Ausführungen zum Glück in der Kunst nur knapp erörtert; hervorzuheben ist jedoch die Hinzuziehung von Adornos *Ästhetik-Vorlesung* von 1958/59, in der er

---

58 Vgl. Christiane Bindseil, Ja zum Glück. Ein theologischer Entwurf im Gespräch mit Bonhoeffer und Adorno, Bielefeld 2011.
59 Bindseil, Ja zum Glück, S. 85.
60 Auch Duckheim weist darauf hin, dass die „Ahnung von Glück" bei Adorno nicht auf die ästhetische Erfahrung beschränkt ist, sondern ebenso das „Glück der Erkenntnis", das „Glück der Deutung" und das „Glück des Gedankens" umfasst; Duckheim, Auf der Suche nach der versprengten Spur, S. 21 f. In meiner Arbeit werden diese, von Duckheim als auf die Philosophie bezogene Momente des Glücks im Kontext von Adornos ästhetischen Überlegungen diskutiert.
61 Britta Scholze, Adorno und das Glück. In: Richard Klein/Johann Kreuzer/Stefan Müller-Doohm (Hg.), Adorno Handbuch. Leben – Werk – Wirkung, 2. erw. u. aktual. Aufl., Stuttgart/Weimar 2019, S. 454–462, hier: S. 454.

deutlicher als an manch anderen Stellen betont, „was das beglückende Potential von Kunst"[62] sein kann.

Wichtige Anknüpfungspunkte für die vorliegende Arbeit bieten der 1998 erschienene Aufsatz *Das Versprechen des Glücks und warum es gebrochen werden muß* von Albrecht Wellmer und James Gordon Finlaysons Artikel *The Work of Art and the Promise of Happiness in Adorno* von 2009, die beide aus einer vorrangig musikwissenschaftlichen Perspektive auf Adornos Formulierung der promesse du bonheur schauen. Wellmer liest Adornos Ausführungen zu Glück, Utopie und Wahrheit in der *Ästhetischen Theorie* insbesondere als „Dekonstruktion idealistischer Versöhnungs- (Einheits-, Synthesis-)Figuren"; vielmehr betone Adorno das „Ineinander- und Gegeneinanderspiel von mimetischen und konstruktiven, von anschaulichen und begrifflichen Momenten im Kunstwerk und in der ästhetischen Erfahrung" als einen nicht abschließbaren Prozess.[63] Finlayson weist darauf hin, dass Kunstwerke nicht selber Glück repräsentieren oder in sich tragen. Dagegen akzentuiert er das Moment der ästhetischen Erfahrung, in der sich nur für diejenigen Glück einstelle, die sich wirklich in das Kunstwerk versenken würden.[64]

Gabriele Gemls Verdienst ist es, dass sie in ihrem 2016 erschienenen und ebenfalls vorrangig an der *Ästhetischen Theorie* und Adornos *Ästhetik-Vorlesung* von 1958/59 orientierten Aufsatz *Adorno über das Glück an den Kunstwerken* darlegt, dass Adornos Ablehnung des hedonistischen Glücks nicht der „eindringlichen Erfahrung intensiver Glücksmomente" gilt, sondern er ein „beliebig abrufbares Genussmoment" zurückweist.[65] Von dieser Annahme ist auch die vorliegende Arbeit

---

62 Scholze, Adorno und das Glück, S. 460.
63 Wellmer, Das Versprechen des Glücks, S. 21 f. Der im selben Band erschienene Aufsatz von Norbert Jürgen Schneider diskutiert Adornos (ästhetische) Glückskonzeption kritisch, da diese nach Schneider zu vage, resignativ und auf ein „philosophisches Eschaton" verschoben wird. Schneider übersieht dabei, dass Adorno sich vehement gegen eine ausschließliche Glücksrealisierung im Jenseits wendet; vgl. Norbert Jürgen Schneider, „Promesse de bonheur". Historisch-kritische Nachfragen zu einer Denkfigur in der ästhetischen Theorie Adornos. In: Das gebrochene Glücksversprechen, S. 129–140, hier: S. 135.
64 Vgl. James Gordon Finlayson, The Work of Art and the Promise of Happiness in Adorno. In: world picture 3, 2009, S. 1–22, hier: S. 8; vgl. auch die 2015 erschienene Überarbeitung: Finlayson, The Artwork and the ‚Promesse du Bonheur' in Adorno, S. 392–419. Allerdings hängt für Adorno die Fähigkeit, ein Glücksversprechen artikulieren zu können, eng mit dem „Doppelcharakter der Kunst als autonom und fait social" zusammen und dieser kennzeichnet zunächst jedes Kunstwerk; Adorno, Ästhetische Theorie. GS 7, S. 16. Allein durch sein Dasein bildet das Kunstwerk einen Widerspruch zur Realität aus und vermag diese zu transzendieren. Ob dies gelingt, liegt an der spezifischen Verhaltensweise des Kunstwerks, weshalb Finlayson in der Hinsicht zuzustimmen ist, dass das Versprechen der Kunst noch keine Garantie und scheinloses Glück nicht einfach in den Kunstwerken ‚gespeichert' ist.
65 Geml, Adorno und das Glück an den Kunstwerken, S. 124.

geleitet, die dem der Einleitung vorangestellten Motto folgt, dass das Glück am Ästhetischen bei Adorno nur als Berührung des Glücksversprechens des Kunstwerks mit einer ästhetischen Erfahrung intensiven Glücks vorzustellen ist.

Als zweites Ziel werden Adornos Ausführungen zur „leichten Kunst"[66] in dieser Untersuchung erstmals in den Kontext der Glücksthematik gestellt. Denn gerade spezifische Formen der leichten Kunst wie Amusement[67], Zirkus, Feuerwerk und Kitsch werden von ihm nicht abgewertet, sondern vielmehr wegen ihres Potentials, die Gesetze der Naturwissenschaft und Begriffslogik zu unterlaufen und damit auf ein Moment unmittelbarer Glückserfahrung zu verweisen, geschätzt. Daher verfolgt meine Arbeit die These, dass gerade die leichten Künste Adorno mehr Möglichkeiten geboten haben, „um Ansätze zu einer Theorie des (ästhetischen) Glücks zu entwerfen als die hohe"[68]. Damit wende ich mich auch gegen die immer noch vorherrschende Ansicht, Adorno orientiere sein ästhetisches Urteil an der im Kontext der klassisch-romantischen Autonomieästhetik entstandenen Einteilung in ernste und unterhaltende Kunst.[69] Meine Arbeit geht dagegen davon aus, dass Adorno nicht an der Dichotomie von E und U das Gelingen von Kunst misst, sondern einzig danach urteilt, ob ihrer Verhaltensweise glücksversprechende Potentiale innewohnen. Diese Annahme wirft ein neues Licht auf Adornos gesamte Überlegungen zur Kunst: Nicht nur kommt dem Glück am Ästhetischen hier größte Bedeutung zu; auch bisher voreilig der subalternen Sphäre zugeordnete Kunstformen können im Hinblick auf ihre glücksversprechenden Qualitäten untersucht werden.

Drittens möchte diese Arbeit Adorno als einen Philosophen profilieren, der genau besehen auf sehr ‚einsamen Posten' gegen die vorherrschenden kulturpolitischen Positionen der deutschen Nachkriegsgesellschaft angeschrieben hat.[70] Ent-

---

[66] Die Bezeichnung der „leichten Kunst" findet sich erstmals im *Kulturindustrie*-Kapitel; vgl. Adorno (mit Horkheimer), Dialektik der Aufklärung. GS 3, S. 156. Der Lesbarkeit halber verwende ich im Folgenden keine Anführungszeichen mehr.

[67] Da Adorno durchgängig von ‚Amusement' spricht, verwende ich der Einheitlichkeit halber im Folgenden gleichfalls diesen aus dem Französischen abgeleiteten Terminus anstelle des deutschen ‚Amüsements'.

[68] Ruth Sonderegger, Ästhetische Theorie. In: Richard Klein/Johann Kreuzer/Stefan Müller-Doohm (Hg.), Adorno Handbuch. Leben – Werk – Wirkung, Stuttgart 2011, S. 414–427, hier: S. 425.

[69] Vgl. hierzu den immer noch grundlegenden Band: Christa Bürger/Peter Bürger/Jochen Schulte-Sasse (Hg.), Zur Dichotomisierung von hoher und niederer Literatur, Frankfurt am Main 1982.

[70] Vgl. auch Sven Kramer, der Adorno als „Ruhestörer" der Nachkriegsgesellschaft bezeichnet, wodurch dieser „abermals zum Ausgegrenzten" geworden sei; Sven Kramer, „Wahr sind die Sätze als Impuls ... ". Begriffsarbeit und sprachliche Darstellung in Adornos Reflexion auf Auschwitz.

gegen der heutigen Sicht auf die Kritische Theorie als einflussreiche und wirkmächtige Denkschule[71] bestimmten Ende der 1940er bis weit in die 1960er Jahre hinein vor allem konservative Intellektuelle und Schriftsteller wie Emil Staiger, Gottfried Benn, Martin Heidegger, Hans Egon Holthusen, Frank Thieß, Werner Bergengruen und andere den Diskurs.[72] Auch wenn Adorno in den 1960er Jahren immer mehr an Einfluss gewann, lassen sich viele seiner – insbesondere aus der unmittelbaren Nachkriegszeit – so rigoros anmutenden Formulierungen als Reaktion auf die Isolation innerhalb des literarisch-kulturellen Feldes deuten.

Daraus ergeben sich für diese Arbeit auch methodische Konsequenzen: Wenn Adornos ästhetische Schriften in der Regel als Reaktion *auf* und Eingriff *in* einen literarisch-kulturellen Diskurs entstanden sind, müssen sie als Beiträge verstanden werden, die „für die öffentliche Auseinandersetzung"[73] geschrieben wurden. Eine werkimmanent oder philosophisch-systematisch verfahrende Interpretation muss diesen Aspekt notwendig verfehlen, weshalb Adornos Schriften in dieser Studie ‚radikal kontextualisiert' werden.[74] Dies geschieht in zweifacher

---

In: Kramer (Hg.), Auschwitz im Widerstreit. Zur Darstellung der Shoah in Film, Philosophie und Literatur, Wiesbaden 1999, S. 67–88, hier: S. 79.

71 Vgl. die ausführliche Studie *Die intellektuelle Gründung der Bundesrepublik*, welche die Wirkungsgeschichte der Frankfurter Schule insgesamt als Erfolgsgeschichte beurteilt sowie Adorno und Horkheimer als „intellektuelle[] Leit- und Symbolfiguren der Bundesrepublik" bezeichnet; Clemens Albrecht, Einleitung. In: Albrecht u. a. (Hg.), Die intellektuelle Gründung der Bundesrepublik. Eine Wirkungsgeschichte der Frankfurter Schule, Frankfurt am Main 1999, S. 12–20, hier: S. 13.

72 Vgl. auch Herbert Schnädelbach, der ebenfalls betont, dass die Kritische Theorie eine „wirkliche Breitenwirkung" erst in den „60er Jahren" erzielte; Herbert Schnädelbach, Deutsche Philosophie seit 1945. In: Wolfgang Prinz/Peter Weingart (Hg.), Die sog. Geisteswissenschaften. Innenansichten, Frankfurt am Main 1990, S. 403–418, hier: S. 408.

73 Kramer, „Wahr sind die Sätze als Impuls ... ", S. 80. Nach Kramer versuchte Adorno „Öffentlichkeit in ihre meinungsbildende Funktion wiedereinzusetzen". Adorno beschreibt das selbst in ähnlicher Weise: „Nie konnte Öffentlichkeit, und kann es auch jetzt nicht, als ein bereits Gegebenes betrachtet werden. Sie ist ein Herzustellendes nach der politischen Konzeption von Demokratie, die mündige und über ihre wesentlichen Interessen gut unterrichtete Bürger voraussetzt." Adorno, Meinungsforschung und Öffentlichkeit. GS 8, S. 533; vgl. grundlegend zum Begriff und zur Entwicklung von Öffentlichkeit Jürgen Habermas' 1962 erschienene Habilitationsschrift *Strukturwandel der Öffentlichkeit*, auf die Adorno im genannten Text auch verweist.

74 Der Begriff der „radikalen Kontextualisierung" stammt ursprünglich aus dem Umfeld der Cultural Studies und wurde von Lawrence Grossberg eingeführt; vgl. Lawrence Grossberg, Was sind Cultural Studies? In: Karl H. Hörning/Rainer Winter (Hg.), Widerspenstige Kulturen. Cultural Studies als Herausforderung, Frankfurt am Main 1999, S. 43–83, hier: S. 60. „Radikale Kontextualisierung" meint die Einbeziehung von sozialen, kulturellen, politischen, ökonomischen und historischen Situationen, in denen Texte und ihre ‚NutzerInnen' interagieren. Der Kontext wird nicht einfach nur als Hintergrundfläche, sondern als „Bedingung der Möglichkeit

Hinsicht: Zum einen diskutiere ich Adornos Schriften in Bezug zu anderen zeitgenössischen theoretischen und/oder literarischen Positionen. Dabei werden insbesondere auch die Entstehungs- und Publikationskontexte in die Untersuchung einbezogen. Ich möchte damit zeigen, dass Adorno mit seinen ästhetischen Überlegungen sowohl gegen einen Diskurs anschrieb, der die Shoah folgenreich zu bagatellisieren und dem Vergessen preiszugeben versuchte, als auch aus einer literaturtheoretischen Perspektive Stellung bezog zu zeitgenössischen Forschungsfragen unter anderem zu Autorschaft, (literarischem) Realismus, hermetischer Literatur und werkimmanenter Interpretation.

Zum anderen werden Adornos Schriften selbst sowie die ihnen zugrunde liegenden literarischen und philosophischen Texte in neue Zusammenhänge gebracht. Die Verfahrensweise der Kontextualisierung orientiert sich damit an Adornos Denken in Konstellationen. Durch ein Close-reading[75] können Spuren von beispielsweise Friedrich Schiller, Friedrich Nietzsche, Hölderlin, Hegel und Marx in Adornos Essays nachgewiesen werden, die bisher nicht im Zusammenhang einer Philosophie des Glücks untersucht wurden. Auch möchte ich aus dem Blickwinkel des Glücks am Ästhetischen neue Bezüge zwischen Adornos eigenen Schriften herstellen, die bestimmte seiner ästhetischen Betrachtungen – wie beispielsweise die zum Kitsch – in neuem Licht erscheinen lassen. Damit verbinde ich die These, dass es Adorno in seinen literatur- und kulturtheoretischen Essays im Anschluss an Benjamin vor allem um eine „rettende Kritik" von gelungenen Momenten von Kunstwerken geht.[76]

---

von etwas" verstanden; vgl. Lawrence Grossberg, Die Definition der Cultural Studies. In: Lutz Musner/Gotthart Wunberg (Hg.), Kulturwissenschaften. Forschung – Praxis – Positionen, Wien 2002, S. 46–68, hier: S. 61. In diesem Punkt folgt die vorliegende Arbeit dem Konzept weitgehend, jedoch werden die weiterführenden politischen und rezeptionsästhetischen Implikationen der Cultural Studies nicht mitgetragen.

75 Das Textinterpretationsverfahren des Close-readings entstammt dem Umfeld der literaturwissenschaftlichen Bewegung des *New Criticism* und meint „ein genaues, allen Bedeutungsnuancen und sprachlichen Effekten eines Textes nachspürendes Lesen"; Peter Wenzel, New Criticism. In: Ansgar Nünning (Hg.), Grundbegriffe der Literaturtheorie, Stuttgart 2004, S. 191–195, hier: S. 193.

76 Mit „rettender Kritik" bezeichnet Jürgen Habermas die Verfahrensweise Walter Benjamins in Abgrenzung zu Adornos „bewusstmachender Kritik"; Jürgen Habermas, Bewußtmachende oder rettende Kritik – die Aktualität Walter Benjamins. In: Siegfried Unseld (Hg.), Zur Aktualität Walter Benjamins, Frankfurt am Main 1972, S. 173–225, hier: S. 189. Ich gehe allerdings davon aus, dass auch Adorno im Anschluss an Benjamin in seinen Essays versucht – insbesondere aus der Perspektive des Glücks –, gelungene künstlerische Momente zu retten. Dass dem Begriff des Rettens eine zentrale Stellung in seinem Denken zukommt, betont Adorno in einem Brief an Horkheimer, in dem er zu dessen *Bergson*-Aufsatz Stellung bezieht: „Insbesondere ist es die Stelle über den Historiker als Retter, die mich im höchsten Maße ergriffen hat – [...] könnte ich doch das Motiv der Rettung des Hoffnungslosen als Zentralversuch aller mei-

Dass in dieser Studie vorrangig Adornos literatur- und kulturtheoretische Essays betrachtet werden, hat neben methodischen vor allem inhaltliche Gründe. Denn ich verstehe den Essay bei Adorno als eine bestimmte Form des Erkenntnisgewinns über einen Gegenstand. Anders als eine genuin wissenschaftliche Arbeit folgt der Essay, wie Adorno in seiner paradigmatischen Einleitung *Der Essay als Form* zu den *Noten zur Literatur* von 1958 darlegt, einem „antisystematischen Impuls"[77], entzieht sich distinkten Kategorien und Ordnungsschemata und folgt damit gerade nicht dem formal-logischen Denken: „Er denkt in Brüchen, so wie die Realität brüchig ist, und findet seine Einheit durch die Brüche hindurch, nicht indem er sie glättet. [...] Diskontinuität ist dem Essay wesentlich, seine Sache stets ein stillgestellter Konflikt."[78] Damit entspricht der Essay als Gattung jener oben beschriebenen und für Adornos Denken konstitutiven Begriffsarbeit, denn der Essay „möchte mit Begriffen aufsprengen, was in Begriffe nicht eingeht"[79]. Er gewährt die Möglichkeit, über Details zu reflektieren und scheut vor Endgültigkeit zurück. Indem der Essay sich seinen Gegenständen behutsam nähert und sie umkreist, bewahrt er die „Idee des Glücks einer Freiheit dem Gegenstand gegenüber, welche diesem mehr von dem seinen gibt, als wenn er unbarmherzig der Ordnung der Ideen eingegliedert würde"[80].

Ähnlich verfährt Adorno selbst in seinen Essays;[81] sie sind offener, mitunter spielerischer, stellen das Ausprobieren in den Vordergrund und kreisen weitaus mehr um die Möglichkeiten des Glücks als die *Ästhetische Theorie*, die sich um des ‚großen Ganzen' Willen manchen kühnen Gedanken oder gewagte Formulierung verbieten muss. Trotz ihres fragmentarischen und antisystematischen Charakters ist diese eher als eine Meta-Theorie zu verstehen, in der es vor allem auch um die

---

ner Versuche einsetzen, ohne dass mir ein mehr zu sagen bliebe"; Adorno an Max Horheimer, 25.02.1935. BW 4/1, S. 52f.; vgl. zur „rettenden Kritik" bei Benjamin und Adorno auch Hartmut Scheible, Was ist eigentlich „rettende Kritik"? Bemerkungen zu Berg, Benjamin, Adorno. In: Martin Lüdke/Delf Schmidt (Hg.), Literaturmagazin. Die innere Grenze, Reinbek bei Hamburg 1993, S. 128–150.

77 Adorno, Der Essay als Form. GS 11, S. 20.
78 Adorno, Der Essay als Form. GS 11, S. 25.
79 Adorno, Der Essay als Form. GS 11, S. 32.
80 Adorno, Der Essay als Form. GS 11, S. 30.
81 Auch Hans Mayer betont Adornos Vorliebe für die Form des Essays. Allerdings belegt er diese vor allem mit Adornos Abneigung dagegen, „das Ganze eines philosophischen Systems, eines Gedichts oder Romans, eines musikalischen Kunstwerks zum Gegenstand der Reflexion zu machen". Hans Mayer, Nachdenken über Theodor W. Adorno. In: Mayer, Zeitgenossen. Erinnerung und Deutung, Frankfurt am Main 1999, S. 23–47, hier: S. 30. Dieser Ansicht widersprechen allerdings viele der in dieser Arbeit diskutierten Literaturinterpretationen Adornos von Goethes *Iphigenie* bis zu Becketts *Endspiel*.

Auseinandersetzung mit ästhetisch-philosophischen Fragestellungen und der Theoriegeschichte der traditionellen Ästhetik geht. Adornos literaturtheoretische Essays hingegen entwickeln und erproben die Einsichten der *Ästhetischen Theorie* quasi am Material selbst, seine Formulierung vom „Vorrang des Objekts"[82] wird hier praktiziert: die Literatur Hölderlins, Kafkas, Becketts und vieler anderer hat den Vorrang vor der übergreifenden Theorie. Das heißt keineswegs, dass die *Ästhetische Theorie* in dieser Studie außer acht gelassen wird, aber anders als die meisten Arbeiten zu Adornos Ästhetik, gehe ich gleichsam umgekehrt vor: Im Zentrum stehen Adornos Essays, während die *Ästhetische Theorie* hinzugezogen wird, um bestimmte Argumentationsfiguren zu unterstreichen oder philosophische Grundannahmen und Gedanken zu erläutern.

Dieser Zugang korrespondiert mit der Annahme Martin Seels, dass Adornos Diagnose zwar negativ sei, sein Verfahren jedoch nicht, da es auf die Fähigkeit der „anschauenden Erkenntnis"[83] vertraue. Genau dieses Verfahren lässt sich am ehesten anhand der Form des Essays bei Adorno nachvollziehen, da jener sich nicht nur darum bemüht, dass „ihm gewissermaßen alle Objekte gleich nah zum Zentrum sind"[84], sondern auch darum, dass die Anschauung letztlich wieder begrifflich wird, jedoch ohne die Gegenstände einer eindeutigen Definition zu unterwerfen. Der Essay betrachtet seine Gegenstände als Konfigurationen von Erscheinendem und bringt sie selbst in neue Konstellationen; darum ist ihm „Glück und Spiel"[85] wesentlich. Dieser spielerische, dadurch jedoch nicht weniger ernstzunehmende Umgang Adornos mit den literarischen und kulturellen Artefakten bildet den Ausgangspunkt dieser Studie.

Im ersten Kapitel steht Adornos 1949 geschriebener und erstmals 1951 veröffentlichter Essay *Kulturkritik und Gesellschaft* im Fokus der Betrachtung. Das Kapitel verfolgt die These, dass für Adorno die künstlerische Auseinandersetzung mit der Shoah eine Grundbedingung für zeitgenössische Kunst darstellt, um überhaupt am Glücksversprechen der Kunst und am Glück der ästhetischen Erfahrung festhalten zu können. Wesentliche Überlegungen zu den Bedingungen der Möglichkeit von Kunst und Kultur nach Auschwitz finden sich gerade in diesem, von der Forschung nur wenig beachteten Essay, der häufig nur auf Adornos berühmten Satz zu Gedichten nach Auschwitz reduziert wird. In diesem Kapitel wird dagegen zunächst der von der Forschung bisher völlig unbeachtet gebliebene frühe Entstehungs- und Publikationskontext rekonstruiert,

---

[82] Adorno, Ästhetische Theorie. GS 7, S. 166. Diese Formulierung findet sich an zahlreichen Stellen in Adornos Werk.
[83] Seel, Philosophie der Kontemplation, S. 21.
[84] Adorno, Der Essay als Form. GS 11, S. 28.
[85] Adorno, Der Essay als Form. GS 11, S. 10.

um zu zeigen, dass Adornos Essay erst im Laufe seiner späteren Rezeptionsgeschichte auf das ‚Lyrik-Verbot' reduziert wurde. In einem zweiten Schritt wird der genaue Argumentationsgang von *Kulturkritik und Gesellschaft* nachvollzogen, um zu verdeutlichen, weshalb Kritik eine Praxisform und Verhaltensweise von Kultur ist, die nicht nur der Negativität des Daseins die Stirn bieten, sondern Kunst auch dazu befähigen kann, am Glücksversprechen festzuhalten.

Das zweite Kapitel profiliert den Essay *Kulturkritik und Gesellschaft* als ausdrückliche Intervention in einen literarisch-kulturellen Nachkriegsdiskurs, der dabei war, die mit Auschwitz bezeichneten Verbrechen dem Vergessen preiszugeben. Damit ist die These verbunden, dass Adornos Essay nicht primär eine Diskussion über die Möglichkeit von Lyrik nach Auschwitz eröffnete, sondern selbst auf eine bereits bestehende Debatte über die Aufgabe von Kunst und Kultur nach 1945 reagierte.

Das dritte Kapitel verfolgt anhand von Adornos Essays zu paradigmatischen Kunstwerken von Valéry, Kafka, Proust, Hölderlin und Goethe die Annahme, dass für Adorno Kunst und Literatur nur gelingen kann, wenn KünstlerInnen, BetrachterInnen und das Kunstwerk selbst eine Haltung der „aktive[n] Passivität"[86] einnehmen. Jenes paradoxe Moment wird dementsprechend als eine künstlerische Verhaltensweise verstanden, die sowohl die literarischen Stilmittel der Werke als auch ihre ästhetische Erfahrung miteinschließt.

Das vierte Kapitel untersucht die (literarischen) Verfahrensweisen der Antinomie und Hermetik bei Beckett, Helms und Celan und verfolgt damit die Frage, weshalb deren Literatur nach Adorno Implikationen von Glück eher zu bewahren vermag als andere zeitgenössische Werke.

Das fünfte Kapitel rekurriert auf Adornos 1967 geschriebenen Essay *Ist die Kunst heiter?* mit der These, dass dieser keineswegs ein generelles „Heiterkeitsverbot" formuliert – wie von der Forschung gleichsam als common sense vorausgesetzt –, sondern vielmehr den Versuch der Rettung der mit Heiterkeit verbundenen glücksversprechenden Implikationen darstellt. Dies soll vor allem durch ein Close-reading des Essays gezeigt werden, in dem Adorno sich auf eine bis in die Antike zurückreichende philosophisch-ästhetische Tradition bezieht, die Heiterkeit als Wesensmerkmal von Kunst bestimmt. Demgegenüber hat jedoch gerade die verkürzte Rezeption von *Ist die Kunst heiter?* entscheidend dazu beigetragen, so meine weitere Annahme, Adorno selbst auf Glücks- und Heiterkeitsfeindlichkeit festzulegen.

---

[86] Adorno, Ästhetik 1958/59. NL 4, Bd. 3, S. 190. Der Lesbarkeit halber verwende ich den Terminus der „aktiven Passivität" im Folgenden ohne Anführungszeichen.

Das sechste und letzte Kapitel widmet sich Adornos verstreuten Überlegungen zu den leichten Künsten. Aufgrund ihrer Fähigkeit, die hohe Kunst korrigieren und sogar als „Vorbild"[87] für diese fungieren zu können, bilden sie einen wichtigen Ausgangspunkt für Adornos Überlegungen zum Glück am Ästhetischen. Dass in diesem Kapitel der Materialkorpus erweitert wird, indem vor allem auch Stellen aus der *Ästhetischen Theorie* und dem *Kulturindustrie*-Kapitel der *Dialektik der Aufklärung* hinzugezogen werden, liegt daran, dass sich Erläuterungen zu Phänomenen wie Feuerwerk, Zirkus, Clownerie, Trickfilm und Kitsch über Adornos ganzes Werk verteilt finden. Unter dem von ihm säkularisiert verstandenen Begriff der Epiphanie werden diese Stellen zusammengetragen und dadurch erstmals im Zusammenhang untersucht. Damit verbunden ist die These, dass Adorno gerade hinsichtlich der leichten Künste von unmittelbaren ästhetischen Glückserfahrungen spricht – und das ist ein Gedanke, den er in Bezug auf die hohe Kunst und ihre Fähigkeit, den Abstand zwischen dem Glück und der Realität auszumessen, sonst entschieden zurückweist.

Versteht man diese Unmittelbarkeit jedoch als eine Form des Nichtidentischen, so entspricht dies implizit wieder Adornos Konzept einer negativen Dialektik. Sein gleichnamiges Werk macht auf all das aufmerksam, was der Marx'schen Theorie zufolge von der Tausch- und Identitätslogik der kapitalistischen Gesellschaftsordnung ebenso wie von der Begriffslogik ins Unwesentliche abgedrängt oder getilgt wird. Adorno nennt dieses „von den Begriffen Unterdrückte, Mißachtete und Weggeworfene"[88] das Nichtidentische. Im Sinne der *Negativen Dialektik* präsentiert sich dieses Nichtidentische in der Regel nicht als das schiere Gegenteil der es unterdrückenden Mechanismen, sondern ist von diesen beschädigt, so dass es zunächst großer Anstrengung bedarf, seine Eigenlogik behutsam zu ergründen.

Was Glück in Adornos literatur- und kulturtheoretischen Essays heißen kann, lässt sich daher nur anhand einer detaillierten Arbeit an seinen Texten und deren Kontexten ergründen. Gerade durch die Einbeziehung der theoretischen Voraussetzungen sowie der literarischen, historischen und kulturpolitischen Kontexte eines Textes können die Konstellationen, in denen Glück in der Kunst bei Adorno aufscheint, herausgearbeitet werden. Eine systematisch-orientierte Gesamtinterpretation dagegen würde Gefahr laufen, den Begriff des Negativs als Spiegelschrift ‚des Anderen' bei Adorno gleichsam absolut zu setzen und Glück nur über sein Gegenteil zu bestimmen. Deutlich würde so nur, was Glück alles nicht ist; die Eigenlogik einzelner Momente des Glücks am Ästhetischen, etwa

---

[87] Adorno, Ästhetische Theorie. GS 7, S. 126.
[88] Adorno, Negative Dialektik. GS 6, S. 21.

das schockhaft-plötzliche Glücksgefühl angesichts der Erfahrung der leichten Künste oder der emanzipatorische Aspekt, der mit dem „versöhnte[n] Lachen"[89] verbunden ist, würden so keine Beachtung finden.

Mit diesem Ansatz beabsichtigt die vorliegende Studie auch die zentrale Frage nach dem Verhältnis des Glücks am Ästhetischen und der historischen Katastrophe der Shoah in Adornos Denken zu beantworten. Denn einerseits betont Adorno mit Nachdruck den Bruch, der mit Auschwitz bezeichnet ist und fordert, „daß Auschwitz nicht noch einmal sei, [...] daß Auschwitz sich nicht wiederhole"[90]. Auch die Forschung weist darauf hin, dass die Shoah nach Adorno nicht nur „geschichtlicher Ausgangspunkt", sondern auch „Ausdrucks- und Aufgabenbestimmung des Denkens" und somit der künstlerischen Praxis sein müsse.[91] Andererseits arbeitet Adorno gelungene Momente von Kunst vor allem an Artefakten heraus, die *vor* der Shoah entstanden sind. Folgt er damit dann nicht eigentlich einem Kontinuitätsdenken, das der These vom Bruch widerspricht? Wie verhält es sich also mit der Zäsur *vor/nach-Auschwitz* in Adornos Denken und welche Konsequenzen ergeben sich daraus für seine ästhetischen Überlegungen? Die vorliegende Studie ist geleitet von der Annahme, dass sich diese Fragen nur beantworten lassen, wenn man das Glück am Ästhetischen in Adornos Schriften ernst nimmt.

---

[89] Adorno (mit Horkheimer), Dialektik der Aufklärung. GS 3, S. 162.
[90] Adorno, Erziehung nach Auschwitz. GS 10.2, S. 674; vgl. dazu auch die *Meditationen zur Metaphysik*, in denen Adorno sich ausführlich mit dem Stellenwert von Auschwitz für sein Denken auseinandersetzt; Adorno, Negativen Dialektik. GS 6, S. 354–400.
[91] Hartmut Kuhlmann, Ohne Auschwitz. In: Internationale Zeitschrift für Philosophie, 1997, H. 1, S. 101–110, hier: S. 102.

I Kritik – Das Glück des Unterscheidens

Auschwitz bildet die entscheidende historische Zäsur in Adornos Denken. Ausdrücklich formuliert findet sich dies in der *Negativen Dialektik*, in der die Forderung, das „Denken und Handeln so einzurichten, daß Auschwitz nicht sich wiederhole, nichts Ähnliches geschehe", zum „neuen kategorischen Imperativ" erhoben wird.[1] Aber bereits seit den 1940er Jahren zeichnen sich Adornos Schriften „durch die absolute und bewußte Zeitgenossenschaft zu Auschwitz"[2] aus; Auschwitz rückt dabei nicht nur in seinen moralphilosophischen und erkenntnistheoretischen, sondern auch in seinen ästhetischen Texten in den Mittelpunkt der Betrachtung.[3] Adorno fordert von der Kunst eine nachhaltige Auseinandersetzung mit der (mit dem Kürzel ‚Auschwitz' umschriebenen) geschichtlichen Katastrophe insbesondere auch deswegen – so die hier verfolgte These –, um an einem Glücksversprechen der Kunst überhaupt festhalten zu können. Adornos Reflexionen über Auschwitz werden demnach in dieser Studie als nicht nachlassender Versuch gesehen, die Kunst in die Lage zu versetzen, einen auf Glück ausgerichteten gesellschaftlichen Zustand antizipieren und auf ihn verweisen zu können.

Wesentliche Überlegungen zu den Bedingungen der Möglichkeit von Kunst und Kultur nach Auschwitz finden sich in dem 1949 geschriebenen und 1951 erstmals publizierten Essay *Kulturkritik und Gesellschaft*. Während dieser selbst bis heute weitgehend unbeachtet geblieben ist, erregte ab Ende der 1950er, spätestens seit Mitte der 1960er Jahre gerade seine Schlussformulierung erhebliches Aufsehen und rief anhaltende öffentliche Diskussionen hervor:

> Kulturkritik findet sich der letzten Stufe der Dialektik von Kultur und Barbarei gegenüber: nach Auschwitz ein Gedicht zu schreiben, ist barbarisch, und das frißt auch die Erkenntnis an, die ausspricht, warum es unmöglich ward, heute Gedichte zu schreiben.[4]

Gerade von Intellektuellen wurde Adornos Formulierung zu Gedichten nach Auschwitz lange Zeit als Lyrik- oder gar als grundsätzliches Darstellungsverbot für die Kunst missverstanden.[5] Für Adornos KritikerInnen war es nun

---

[1] Adorno, Negative Dialektik. GS 6, S. 358.
[2] Detlev Claussen, Nach Auschwitz. In: Dan Diner (Hg.), Zivilisationsbruch. Denken nach Auschwitz, Frankfurt am Main 1988, S. 54–68, hier: S. 54.
[3] Vgl. Kramer, „Wahr sind die Sätze als Impuls ... ", S. 67.
[4] Adorno, Kulturkritik und Gesellschaft. GS 10.1, S. 30. Künftig zitiert im Text mit Sigle KG, Seitenangabe.
[5] Eine Zusammenstellung der wichtigsten kritischen Stellungnahmen von SchriftstellerInnen und LiteraturtheoretikerInnen bis in die 1990er Jahre findet sich bei Petra Kiedaisch (Hg.), Lyrik nach

„kein *angefressener Satz* mehr, sondern ein *gefundenes Fressen*"⁶; die Lesart als Lyrik-Verbot sowie die zahlreichen Versuche seiner Widerlegung bestimmten fortan den Diskurs. SchriftstellerInnen und LiteraturtheoretikerInnen machten es sich zur Aufgabe, Adornos ‚Verbot' zu entkräften, indem sie auf die Existenz berechtigter und ‚guter' literarischer Werke nach Auschwitz hinwiesen. Die nach 1945 entstandene Literatur und gerade die Lyrik von Paul Celan, Nelly Sachs und Rose Ausländer hätten gezeigt – so die gängige Argumentation seit den 1960er Jahren –, dass die literarische Praxis sich gegenüber Adornos philosophischen Reflexionen durchaus behaupten und sein

---

Auschwitz? Adorno und die Dichter, Stuttgart 1995. Klaus Laermann argumentiert ebenfalls mit der Verbotsthese: „Adornos Verbot, das übergroße Leid und das unvorstellbare Sterben des jüdischen Volkes nicht einmal in Gedichten nennen zu dürfen, errichtet ein Tabu." Er versteht Adornos Formulierung gar als konkretes „Redeverbot"; vgl. Klaus Laermann, „Nach Auschwitz ein Gedicht zu schreiben, ist barbarisch". Überlegungen zu einem Darstellungsverbot. In: Manuel Köppen (Hg.), Kunst und Literatur nach Auschwitz, Berlin 1993, S. 11–15, hier: S. 12 (am 27.03.1992 erschien der Text bereits als Artikel in *Die Zeit*); auch in Enzo Traversos Studie wird die Verbotsthese weiter zementiert. Ihm zufolge ist Celan zwar einer der wenigen Autoren, „denen Adorno die Übertretung seines Verdikts konzedierte", ansonsten bleibe Adornos These aber „fragwürdig" und sei „völlig inakzeptabel"; vgl. Enzo Traverso, Auschwitz denken. Die Intellektuellen und die Shoah, Hamburg 2000, S. 182–184. Die angloamerikanische Rezeption hat George Steiner mit seiner ebenso verkürzenden wie simplen Formel „Kein Gedicht nach Auschwitz" angestoßen und wesentlich mitgeprägt; vgl. George Steiner, Der Dichter und das Schweigen. In: Steiner, Sprache und Schweigen. Essays über Sprache, Literatur und das Unmenschliche, Frankfurt am Main 1969, S. 74–97, hier: S. 95; auch später hält er an dieser Formulierung fest, vgl. George Steiner, The Long Life of Metaphor: An Approach to the „Shoah". In: Berel Lang (Hg.), Writing and the Holocaust, New York 1988, S. 154–171, hier: S. 156. Shoshana Felman deutet Adornos Satz ebenfalls schlicht als Verbot: „After Auschwitz, it is no longer possible to write poems"; Shoshana Felman, Education and Crisis or the Vicissitudes of teaching. In: Felman/Dori Laub (Hg.), Testimony. Crisis of witnessing in literature, psychoanalysis and history, New York/London 1992, S. 1–56, hier: S. 33. Auch Susan Gubar meint, dass Adorno die Möglichkeit von Lyrik nach Auschwitz bezweifele, und verweist auf den in seinem Verbot angelegten Nihilismus; vgl. Susan Gubar, Poetry After Auschwitz. Remembering What One Never Knew. Jewish literature and culture. o.O. 2006, S. 210. In Israel ist eine umfassende Auseinandersetzung mit Adornos Überlegungen zur Kunst nach Auschwitz weitgehend ausgeblieben, da „Kritische Theorie und zionistische Ideologie schlechterdings nicht miteinander vereinbar" seien, wie Moshe Zuckermann überzeugend darlegt; vgl. Moshe Zuckermann, Einleitung. Kritische Theorie in Israel – Analyse einer Nichtrezeption. In: Zuckermann (Hg.), Theodor W. Adorno – Philosoph des beschädigten Lebens, Göttingen 2004, S. 9–24, hier: S. 23f.

6 Burkhardt Lindner, Was heißt: Nach Auschwitz? Adornos Datum. In: Stephan Braese (Hg.), Deutsche Nachkriegsliteratur und der Holocaust, Frankfurt am Main 1998, S. 283–300, hier: S. 286. Hervorhebung im Original.

Verdikt widerlegen könne.[7] Übersehen wurde dabei freilich, dass es in *Kulturkritik und Gesellschaft* keineswegs um ein generelles Verbot von Lyrik geht, sondern Adorno eine seit Auschwitz bestehende Aporie der Kunst beschreibt. Das Neue des hier formulierten Gedankens einer Dialektik von Kultur und Barbarei ist gerade kein Verbot, sondern ein *Gebot*[8] an eine künftige Kulturpraxis, die Katastrophe Auschwitz zur „Ausdrucks- und Aufgabenbestimmung des Denkens"[9] und somit der künstlerischen Praxis zu machen.[10] Die Reduzierung auf ein reines Verbot entstellt nicht nur das Argument Adornos, sondern

---

7 Vgl. zuerst Hans Magnus Enzensberger, Die Steine der Freiheit. In: Merkur 13, 1959, H. 7, S. 770–775. Eine Zusammenstellung der wichtigsten VertreterInnen der ‚Widerlegungs-Theorie' bis Mitte der 1990er findet sich bei Peter Stein, „Darum mag falsch gewesen sein, nach Auschwitz ließe kein Gedicht mehr sich schreiben" (Adorno). Widerruf eines Verdikts? Ein Zitat und seine Verkürzung. In: Weimarer Beiträge 42, 1996, S. 485–508, hier: S. 507 (FN 88) und bei John Zilcosky, Poetry after Auschwitz? Celan und Adorno revisited. In: Deutsche Vierteljahrsschrift für Literaturwissenschaft und Geistesgeschichte 79, 2005, S. 670–691, hier: S. 671 (FN 3–5). Vgl. darüber hinaus den Aufsatz von Otto Lorenz, in dem die „innovativen Ansätze der Gegenwartslyrik" betont werden, die „im Schatten gewissermaßen von Adornos kulturpessimistischem Verdikt" seit 1945 entstanden waren; vgl. Otto Lorenz, Gedichte nach Auschwitz oder: Die Perspektive der Opfer. In: Text + Kritik, 1988, Sonderband: Gegenwartsliteratur, S. 35–53; hier: S. 36; 38. Auch Jakob Hessing meint, „nach Auschwitz wollte Adorno keine Gedichte mehr zulassen", aber angesichts der Lyrik von Paul Celan „sah [Adorno, P.G.] sich genötigt, sein Urteil zu revidieren"; vgl. Jakob Hessing, Gedichte nach Auschwitz. In: Merkur 46, 1992, H. 2, S. 980–992, hier: S. 992. Besonders augenscheinlich wird diese Argumentation bei Laermann: „Doch Adornos Wort ist widerlegt worden. Wir haben die durchaus nicht barbarische Lyrik gerade jüdischer Autoren deutscher Zunge, für die vor allem Namen wie Paul Celan und Nelly Sachs einstehen." Weiter heißt es: „Adornos Satz hat den Opfern der Lager sowie denen, die sie überlebten, und nicht zuletzt denen, die wie Celan das Überleben nicht überlebten, Unrecht getan"; vgl. Laermann, Nach Auschwitz, S. 14. Tomislav Zelić geht noch 2005 davon aus, dass Celans Dichtung Adorno „dazu bewogen haben könnte, seinen Satz schließlich zu revidieren"; vgl. Tomislav Zelić, Zur Lyrik nach Auschwitz. Celans *Sprachgitter* und Benns *Nur zwei Dinge*. In: Zagreber Germanistische Beiträge 14, 2005, S. 73–88, hier: S. 77. Selbst die jüngst erschienene Studie zum Thema folgt dieser Argumentationslinie: „Man kann daher tatsächlich sagen, Adorno habe seine Meinung über Dichtung aufgrund von Celans Lyrik revidiert." Kim Teubner, „Celans Gedichte wollen das äußerste Entsetzen durch Verschweigen sagen". Zu Paul Celan und Theodor W. Adorno, Würzburg 2014, S. 5. Vgl. dagegen ausführlich Kapitel IV.3. dieser Arbeit.
8 Hier folge ich der Formulierung von Stein, Darum mag falsch gewesen sein, S. 485.
9 Kuhlmann, Ohne Auschwitz, S. 102.
10 Vgl. auch Stein, Darum mag falsch gewesen sein, S. 485 sowie Zilcosky, der Adornos Satz als „challenge" für eine künftige Kulturpraxis begreift; vgl. Zilcosky, Poetry after Auschwitz, S. 672. Auch in der *Negativen Dialektik* weist Adorno auf jene Aporie hin: „Wer für die Erhaltung der radikal schuldigen und schäbigen Kultur plädiert, macht sich zum Helfershelfer, während, wer der Kultur sich verweigert, unmittelbar die Barbarei befördert, als welche die Kultur sich enthüllte. Nicht einmal Schweigen kommt aus dem Zirkel heraus." Adorno, Negative Dialektik. GS 6, S. 360.

macht es zugleich leichter, „die dichterische Leistung nach 1945 zu nobilitieren"[11]. Es verwundert daher nicht, dass Adornos Satz in seiner Verkürzung schließlich als „allzu berühmt gewordene Behauptung"[12] und damit als überholt und/oder widerlegt abgetan wurde.

Auch wenn einschlägige Forschungsarbeiten mittlerweile hinlänglich zeigen konnten, dass es sich bei Adornos Satz zu Gedichten nach Auschwitz keineswegs um ein grundsätzliches Verdikt handelt[13] und somit die zeitgenössische Diskussion an den eigentlichen Überlegungen des Textes vorbei argumentierte, hält sich die Verbots-These als vereinfachende Sentenz erstaunlicherweise noch immer im

---

[11] Stein, Darum mag falsch gewesen sein, S. 491.

[12] Auch wenn Szondis Interpretation hier zu kurz greift, indem er Adornos Ausführungen letztlich ebenfalls auf die Verbotsthese reduziert, argumentiert er dann doch im Sinne Adornos, wenn er feststellt: „Nach Auschwitz ist kein Gedicht mehr möglich, es sei denn auf Grund von Auschwitz." Peter Szondi, Celan-Studien, Frankfurt am Main 1972, S. 102f.

[13] Vgl. exemplarisch Stein, Darum mag falsch gewesen sein; Rolf Tiedemann, „Nicht die Erste Philosophie sondern eine letzte". Anmerkungen zum Denken Adornos. In: Theodor W. Adorno, „Ob nach Auschwitz noch sich leben lasse". Ein philosophisches Lesebuch, Frankfurt am Main 1997, S. 7–27; Lindner, Was heißt: Nach Auschwitz; Stefan Krankenhagen, Auschwitz darstellen. Ästhetische Positionen zwischen Adorno, Spielberg und Walser, Köln 2001; Zilcosky, Poetry after Auschwitz; Klaus Hofmann, Poetry after Auschwitz – Adorno's dictum. In: German Life and Letters 58, 2005, H. 2, S. 182–194; Moritz Schramm, Barbarische Lyrik. Bemerkungen zu Theodor W. Adornos Diktum und zur Poetik Paul Celans. In: Text und Kontext 30, 2008, S. 7–38; Marc Kleine, Ob es überhaupt noch möglich ist. Literatur nach Auschwitz in Adornos ästhetischer Theorie, Bielefeld 2012 und Patrick Pritchett, How to Write Poetry after Auschwitz. The Burnt Book of Michael Palmer. In: Journal of Modern Literature 37, 2014, H. 3, S. 127–145.

Andere instruktive Forschungsbeiträge gehen nicht explizit auf die Diskussionen um ein vermeintliches Darstellungs- oder Lyrik-Verbot ein, widerlegen es aber durch ihre eigene implizite Argumentation. Lüdke bspw. interpretiert die These im Kontext von Adornos Konzeption einer ästhetischer Moderne; vgl. W. Martin Lüdke, Zu reden wäre von der Echternacher Springprozession, Adorno und der Literatur nach Auschwitz. In: Akzente 26, 1979, S. 579–590; Claussen warnt in einem der ersten Forschungsbeiträge zum Thema vor der „Verdinglichung" von Adornos „berühmtem Diktum" und schlägt stattdessen vor, Auschwitz als theoretisches „Zentrum des Adornoschen Werkes" ernst zu nehmen und seine Texte dahingehend zu untersuchen; vgl. Claussen, Nach Auschwitz, S. 56; 62. In einem späteren Text bezieht er die Diskussionen um das vermeintliche Verdikt in seine Überlegungen ein und versucht die Verbotsthese zu entkräften; vgl. Detlev Claussen, Nach Auschwitz kein Gedicht? Ist Adornos Diktum übertrieben, überholt und widerlegt? In: Harald Welzer (Hg.), Nationalsozialismus und Moderne, Tübingen 1993, S. 240–247; Sven Kramer diskutiert die Schwierigkeit der Darstellung von Auschwitz anhand von Adornos eigener Begriffsarbeit und seiner Verwendung rhetorischer Elemente zur Bewältigung des Problems; vgl. Kramer, „Wahr sind die Sätze als Impuls ... ", S. 67. Jochen Hörisch betrachtet Adornos Satz aus kulturtheologischer Perspektive; vgl. Jochen Hörisch, Gedichte nach Auschwitz – Überlegungen zu einem berühmten Diktum Th. W. Adornos. In: Petra Bahr u. a. (Hg.), Protestantismus und Dichtung, Gütersloh 2008, S. 109–121.

Diskurs über Literatur nach Auschwitz.[14] Und jene hat nicht unwesentlich dazu beigetragen, Adorno als kulturpessimistischen, allen Glücksvorstellungen entsagenden Philosophen abzuwerten.

Dieses Kapitel zielt jedoch weniger auf eine Neubewertung des vermeintlichen Lyrik-Verbots als vielmehr auf eine historische Vergegenwärtigung der inhaltlichen, zeitgenössischen und theoretischen Argumentationszusammenhänge, in denen der heute so berühmte Satz entstanden ist. In Abgrenzung zu ausschließlich werkimmanenten oder philosophisch-systematisch vorgehenden Arbeiten wird der Satz zu Gedichten nach Auschwitz in zweifacher Weise kontextualisiert: Erstens rekonstruiere ich seinen, von der Forschung bisher völlig unbeachtet gebliebenen, frühen Entstehungs- und Publikationskontext.[15] Dadurch kann gezeigt werden, dass der Schwerpunkt der Rezeption nicht immer schon auf diesem *einen* Satz gelegen hat, geschweige denn, dass er grundsätzlich als Lyrik-Verbot missverstanden wurde. Geleitet von der Annahme, dass jener Satz nur im Kontext der Überlegungen aus *Kulturkritik und Gesellschaft* zu erschließen ist, liegt der Fokus zweitens auf dem Nachvollzug des textinternen Argumentationszusammenhangs des in seiner Gesamtheit wenig beachteten Essays.[16]

---

14 Claussen stellt noch 1993 fest, dass Adornos Satz „durchgehend als kunst- und lustfeindliches Tabu gedeutet" wird und das Zitat „der Demontage eines Autors [dient], der nun selbst als übertrieben charakterisiert, als überholt beiseite gestellt oder gar als widerlegt gelten kann"; vgl. Claussen, Nach Auschwitz kein Gedicht, S. 240; vgl. auch Krankenhagen, Auschwitz darstellen, S. 116 (FN 104), der ebenfalls auf die ‚Diktums'-Rezeption als dominierende Interpretationsrichtung bis weit in die 1990er Jahre hinein verweist. Aber auch im Feuilleton wird – und dies teils von ausgewiesenen ForscherInnen – immer wieder mit solchen Vereinfachungen gearbeitet: „Adorno verkündete einst das Dogma, daß nach Auschwitz keine Gedichte mehr geschrieben werden dürften. Später gab er zu, daß sein Verdikt voreilig war."; vgl. Agnes Heller, Die Weltzeituhr stand still. Schreiben nach Auschwitz? Schweigen über Auschwitz? Philosophische Betrachtungen eines Tabus. In: Die Zeit 19, 07.05.1993, S. 61–62.
15 Auch die jüngst erschienene Studie von Wolfgang Johann, die sich explizit zum Ziel gesetzt hat, die Kontexte von ‚Adornos Diktum' zu klären, geht nicht auf den Entstehungs- und frühen Publikationskontext des Essays ein; vgl. Wolfgang Johann, Das Diktum Adornos. Adaptionen und Poetiken. Rekonstruktion einer Debatte, Würzburg 2018, bes. S. 99–112; 145–155.
16 Eine Ausnahme bildet Klaus von Schillings groß angelegte Studie zum Selbstverständnis der Deutschen nach dem Zweiten Weltkrieg, in der er *Kulturkritik und Gesellschaft* in einem eigenen Unterkapitel bespricht; vgl. Klaus von Schilling, Scheitern an der Vergangenheit. Das deutsche Selbstverständnis zwischen Re-Education und Berliner Republik, Berlin/Wien 2002, bes. S. 386–412. Obwohl Johann die Kontextualisierung des Essays als Ziel seiner Arbeit angibt, werden zentrale Theoreme und Überlegungen Adornos bspw. zum Nichtidentischen oder zum Rätselcharakter der Kunst nicht im Zusammenhang von *Kulturkritik und Gesellschaft*, sondern in einem isolierten Kapitel diskutiert. Der Bezug zum Argumentationsgang des Essays tritt dadurch nicht deutlich genug hervor. Auch werden die theoretischen Voraussetzungen von Adornos Ausführungen in *Kulturkritik und Gesellschaft* – bspw. seine Auseinandersetzung

1 *Kulturkritik und Gesellschaft* – Publikationskontext und frühe Rezeption

Adornos Essay *Kulturkritik und Gesellschaft* stammt „aus der berühmten Schublade der Emigration"[17] und wurde 1949 noch vor der Rückkehr nach Deutschland verfasst. Hier angekommen wurde Adorno sogleich in verschiedene administrative Aufgaben an der Universität Frankfurt eingebunden und engagierte sich für den Wiederaufbau des *Instituts für Sozialforschung*, so dass er im Dezember 1949 „noch keine theoretische Zeile geschrieben"[18] hatte. Auch die Betreuung der Studierenden nahm Adorno voll in Anspruch, was ihn sehr erfreute: „Meistens handelt es sich um die Studenten, die eigentlich ununterbrochen zu mir kommen um weiter zu lernen. Doch bin ich weit entfernt darüber zu klagen – es ist schön und glückvoll."[19] Auch zwei Jahre später hatte sich an der Situation wenig geändert; beunruhigt war Adorno darüber jedoch nicht: „Aber nach der einigermaßen stürmischen Produktionsperiode der letzten Jahre in Los Angeles bin ich über das Intervall ebenso wenig böse wie über die neuerliche europäische Erfahrung."[20] In dieser „stürmischen Produktionsperiode" waren zudem genug Texte entstanden, deren Veröffentlichung Adorno nun erst einmal vorantreiben konnte.[21]

---

mit Hegel, Marx und Lukács – nicht hinreichend erläutert; vgl. Johann, Das Diktum Adornos, bes. S. 59–67; 74–99. Andere jüngere Arbeiten haben zwar auf die bislang vorherrschende Missachtung des ursprünglichen Argumentationszusammenhangs aufmerksam gemacht, nehmen selbst aber keine ausführliche Interpretation von *Kulturkritik und Gesellschaft* vor. Marc Kleine verweist auf den lange unbeachtet gebliebenen Sinnzusammenhang des Essays, wendet sich dann jedoch ausschließlich der Interpretation von Adornos Darstellungsweise zu, ohne näher auf den Essay einzugehen; vgl. Kleine, Ob es überhaupt noch möglich ist, S. 12f. Auch Klaus Hofmann diskutiert die Frage nach der grundsätzlichen Existenzberechtigung von Kunst nach Auschwitz hauptsächlich anhand ausgewählter Textstellen aus der *Ästhetischen Theorie*; vgl. Hofmann, Poetry after Auschwitz; Alex Demirović betrachtet den Essay im Kontext seiner Veröffentlichung innerhalb der *Prismen*. Bemerkenswert ist, dass Demirović sich – wenn auch nur auf wenigen Seiten – auf die Analyse des gesamten Essays konzentriert und den Satz zu Gedichten nach Auschwitz nur am Rande bespricht; vgl. Alex Demirović, Der nonkonformistische Intellektuelle. Die Entwicklung der Kritischen Theorie zur Frankfurter Schule, Frankfurt am Main 1999, hier: S. 556–575.

17 Adorno an Kracauer, 19.07.1951. BW 7, S. 461.
18 Adorno an Pollock, 13.12.1949. Unveröffentlichter Briefwechsel. Theodor W. Adorno Archiv, Br. 1151/10.
19 Adorno an Pollock, 13.12.1949. Unveröffentlichter Briefwechsel. Theodor W. Adorno Archiv, Br. 1151/10.
20 Adorno an Kracauer, 19.07.1951. BW 7, S. 461.
21 Adornos erste Veröffentlichungen seit der Rückkehr nach Deutschland wurden bis auf abschließende Korrekturen alle bereits während seiner Emigrationsjahre fertig gestellt. 1949 erschien seine Monographie *Philosophie der neuen Musik* in Deutschland, 1950 zunächst nur in

Dazu zählte auch die Vorveröffentlichung von *Kulturkritik und Gesellschaft* in der von Karl Gustav Specht 1951 herausgegebenen Festschrift anlässlich des 75. Geburtstags von Leopold von Wiese.[22] Adorno plante jedoch schon früh den Essay in einen eigenen Band mit thematisch zusammenhängenden Aufsätzen einzubinden, der 1955 schließlich unter dem Titel *Prismen* veröffentlicht wurde:

> Hinzufügen möchte ich noch, daß die ‚Prismen' in Wahrheit keine ad hoc veranstaltete Sammlung von Essays sind, sondern daß mir der Plan eines solchen Buches spätestens seit 1948, als ich den Huxley schrieb, ganz deutlich vor Augen stand, und daß er bei der Konzeption aller danach entstandenen Essays mir gegenwärtig war.[23]

Adornos Insistieren auf dem thematischen Gesamtzusammenhang der *Prismen* muss zum einen im Kontext einer Auseinandersetzung um die Veröffentlichungsrechte von *Kulturkritik und Gesellschaft* gesehen werden.[24] Zum anderen ist es auch als Rechtfertigung gegenüber zeitgenössischen Pressestimmen zu verstehen,

---

den USA die groß angelegte Studie *The Authoritarian Personality* und ebenfalls 1950 die Max Horkheimer gewidmeten *Minima Moralia*.
22 Vgl. Theodor W. Adorno, Kulturkritik und Gesellschaft. In: Karl Gustav Specht (Hg.), Soziologische Forschung in unserer Zeit. Ein Sammelwerk. Leopold von Wiese zum 75. Geburtstag, Köln/Opladen 1951, S. 228–240.
23 Adorno an Lübbe, 27.06.1956. Unveröffentlichter Briefwechsel. Theodor W. Adorno Archiv, Br. 936/16–17. Die *Prismen* sind 1955 erschienen und wurden 1977 in den Band 10.1 der *Gesammelten Schriften* aufgenommen.
24 Als verantwortlicher Verlag der Festschrift für Leopold von Wiese bestand der Westdeutsche Verlag nach Erscheinen der *Prismen* 1955 im Suhrkamp Verlag auf Rechtsansprüchen bezüglich des Essays. Adorno erschienen diese Ansprüche abwegig, unter anderem auch deshalb, weil er nie ein Honorar erhalten hatte: „Sonst würde ich selbstverständlich von vornherein ausdrücklich das Recht auf weitere Publikation mir vorbehalten [haben] [...], da dieser Beitrag, wie die meisten Aufsätze, die ich nach 1948 schrieb, schon mit Hinblick auf jene Gesamtpublikation verfaßt war, die heute ‚Prismen' heißt und aus eben jenem Grunde sich als sehr einheitlich darstellt." Adorno an Suhrkamp. Brief 95, 16.06.1955. In: „So müsste ich ein Engel und kein Autor sein". Adorno und seine Frankfurter Verleger. Der Briefwechsel mit Peter Suhrkamp und Siegfried Unseld, hg. v. Wolfgang Schopf, Frankfurt am Main 2003, S. 179. Die bereits seit dem 19. Jahrhundert gängige Praxis der Vorveröffentlichung wird hier also als durchaus üblich sowie rechtlich legitim beschrieben und auch der Westdeutsche Verlag erhob keine weiteren Forderungen mehr; vgl. dazu den bisher unveröffentlichten Briefwechsel zwischen Adorno und Specht im Theodor W. Adorno Archiv (Br. 1453). Die fehlende Honorierung kann im Übrigen zusätzlich als Hinweis gewertet werden, dass Adorno fest vom Verbleib der Rechte bei seiner Person ausging. Denn in anderen Fällen – sei es bei Rundfunkvorträgen, sei es bei Zeitschriftenveröffentlichungen – war er durchaus auf die Einhaltung eines angemessenen Honorarrahmens bedacht und verband damit auch vertragliche Bindungen. Vgl. hierzu bspw. einen späteren Briefwechsel mit dem *Radio Bremen*-Redakteur Helmut Lamprecht bzgl. zweier Rundfunkvorträge und ihrer Honorierung: Adorno und Lamprecht. Unveröffentlichter Briefwechsel. Theodor W. Adorno Archiv, Rv. 87/6–87/12.

die eine wahllose Zusammenstellung der Aufsätze des Bandes monierten oder Adorno vorwarfen, hauptsächlich mit „alten Bekannten"[25] aufzuwarten, das heißt, bereits veröffentlichte Essays unter dem Deckmantel des Neuen zu präsentieren. In diesem Kontext muss Adornos nachträglicher Vorschlag gelesen werden, die gesamte Essaysammlung *Kulturkritik und Gesellschaft* zu nennen:

> Insbesondere ist der Aufsatz ‚Kulturkritik und Gesellschaft', 1949 geschrieben, vom ersten Augenblick an als theoretische Einleitung zu dem Essaybuch gedacht gewesen, das eigentlich auch so heißen sollte; den Titel ‚Prismen' habe ich nur auf Wunsch von Suhrkamp gewählt. Das zu wissen ist vielleicht darum nicht ganz unwichtig, weil es eben doch zeigt, daß die Anlässe dieses Philosophierens nicht kontingent von außen an mich gekommen sind, sondern daß eine einheitliche Konzeption zugrunde liegt, zu der freilich auch wesentlich gehört, sich an verschiedene farbige Materialien zu heften.[26]

Dieser bisher unveröffentlichte Brief bietet einigen Aufschluss über den Entstehungskontext des Essays und auch der *Prismen*, dennoch verwundert Adornos Plädoyer für *Kulturkritik und Gesellschaft* als Titel, denn noch anderthalb Jahre zuvor schrieb er an Suhrkamp:

> Für den Titel ‚Prismen' möchte ich doch sehr optieren. Er trifft recht genau, daß hier die [Sachen selbst] Sachverhalte selbst durch das Medium von Gebilden des objektiven Geistes hindurch, also gebrochen, wahrgenommen werden [Sachverhalte selbst]. Wenn Sie den Titel ›Prismen‹ akzeptieren, kann man vielleicht diese Erklärung noch in den Waschzettel mit hinein nehmen.[27]

---

25 Wolfgang Irtenkauf, Der Prismen-Feuerwerker Theodor Adorno. In: Eßlinger Zeitung, 23.04.1955 (Theodor W. Adorno Archiv, Za 10/3). Laut Demirović wurde Irtenkaufs Rezension noch in der *Schwäbischen Zeitung* vom 23.04.1955, den *Göppinger Nachrichten* vom 27.04.1955 und am 22.04.1956 unter dem Titel *Eine gewichtige, aber strapaziöse Kulturkritik* in den *Nürtlinger Kreisnachrichten* veröffentlicht; vgl. Demirović, Der nonkonformistische Intellektuelle, S. 591; vgl. auch Marianne Regensburger, Adornos Geschäft mit dem Nichts. In: Die Zeit, 12. Mai 1955 (Theodor W. Adorno Archiv, Za 10/5).
26 Adorno an Lübbe, 27.06.1956. Unveröffentlichter Briefwechsel. Theodor W. Adorno Archiv, Br. 936/16–17.
27 Adorno an Suhrkamp. Brief 77, 21.01.1955, S. 149. Eckige Klammern im Original vorhanden. Auch gegenüber Kracauer äußerte Adorno sich wohlwollend über den von ihm selbst gewählten Titel: „Jetzt sind die beiden ersten großen Publikationen des Instituts im Begriff zu erscheinen, und außerdem ein ganz stattlicher Band mit Essays von mir – alle schon vorher publiziert –, denen ich den Namen ‚Prismen' gegeben habe, der ausdrücken soll, daß darin die Sache selbst durch das Medium geistiger Gebilde hindurch angeschaut und in seine Elemente zerlegt ist." Adorno an Kracauer, 23.02.1955. BW 7, S. 475. In seinem Essay *Titel. Paraphrasen zu Lessing* von 1962 wiederum betont er, dass er den Titel *Kulturkritik und Gesellschaft* bevorzugt hat und der Titel *Prismen* ein Kompromiss gewesen ist; Adorno, Titel. Paraphrasen zu Lessing. GS 11, S. 327 f.

Die nachträgliche Präferenz von *Kulturkritik und Gesellschaft* als Titel lässt sich also als Moment einer auch taktisch motivierten Rechtfertigung lesen; wichtiger erscheint in diesem Zusammenhang jedoch die kontinuierlich wachsende Bedeutung, die der Essay in Adornos Denken erhielt und seine mit den Jahren eher zu- als abnehmende Aktualität.

Auch Adornos direkt anschließende Erklärung im Brief an Hermann Lübbe lässt sich aus dieser Perspektive lesen. Zum einen betont Adorno den konzeptionellen Charakter des Essays und seine Verbindung nicht nur zu den anderen Texten des Bandes, sondern auch zu seinem gesamten Denken; zum anderen kann man die Bezeichnung des „nicht kontingent von außen" durchaus wörtlich nehmen. Denn das Außen hat nicht bloß zufälligen Einfluss auf den Essay, sondern hiermit sind konkrete Personen, Texte und ein bestimmter zeitgenössischer Diskurs bezeichnet, auf den der Essay reagiert und an den er sich richtet. Die „Anlässe des Philosophierens" sind demnach nicht ausschließlich theoretischer Natur, sondern motiviert durch ein eben nicht zufälliges ‚Außen' und werden erst im geistigen und denkenden Prozess zu einer einheitlichen Konzeption. Adornos Selbstverständnis korrespondiert also mit dem in dieser Arbeit gewählten Verfahren, seine Texte in ihrem zeitlichen und inhaltlichen Entstehungskontext zu betrachten und dann von diesem erst auf die theoretischen Reflexionen zu schließen und nicht umgekehrt.

Insgesamt kann zweierlei festgehalten werden: Erstens widerspricht der Vorabdruck des Essays in der Festschrift nicht der zeitgenössischen Veröffentlichungspraxis und der späteren Integration in den thematischen Band *Prismen*. Ivo Frenzel bestätigt denn auch den Vorteil, wenn „Arbeiten, die zwischen 1950 und 1953 an verschiedenen Stellen in Deutschland erschienen sind" gebündelt veröffentlicht würden: „So hat man das sonst Verstreute nun leicht bei der Hand."[28] Der oder die nur mit einem Kürzel signierte RezensentIn in *Die Gegenwart* bescheinigt dem Aufsatz *Kulturkritik und Gesellschaft* ganz im Sinne der späteren Argumentation Adornos eine exponierte Stellung, da „sein Aufriß in jeder der Abhandlungen eine thematische Konkretion"[29] erfahre. In Bezug auf die anderen Essays des Bandes heißt es: „Die Grundpositionen ‚Kulturkritik' und ‚Gesellschaft' bestimmen sie alle; sämtliche deskriptiven Phänomene sind auf diese

---

[28] Ivo Frenzel, Kritik und Verheißung. In: Frankfurter Hefte 11, 1956, S. 133–135, hier: S. 133. Laut Demirović hat aber bereits der Klappentext des Schutzumschlags der *Prismen* von 1955 auf einen „fest gefügten theoretischen Zusammenhang" der einzelnen Essays verwiesen. Viele der RezensentInnen dürften sich also an dieser Vorgabe orientiert haben; vgl. Demirović, Der nonkonformistische Intellektuelle, S. 586.

[29] Mb. (vollständiger Name unbekannt), Prismen. In: Die Gegenwart, 23.04.1955 (Theodor W. Adorno Archiv, Za 10/2).

Positionen hinbezogen und werden von ihnen gerichtet, so daß dieses Buch im strengsten Sinne eine Einheit in Variationen bildet."[30] Adornos wiederholt vorgebrachtes Insistieren auf dem Gesamtzusammenhang, in dem die Essays der *Prismen* stehen, ist als Erklärung seiner inhaltlichen Konzeption also durchaus nicht gering zu bewerten; die Vehemenz seiner (Über-)Betonung erklärt sich allerdings nur aufgrund der vorausgegangenen rechtlichen Auseinandersetzung und als direkte Reaktion auf die Kritik des Feuilletons.

Zweitens wird deutlich, dass der Essay *Kulturkritik und Gesellschaft* gleichsam *die* thematische Klammer der *Prismen* bildet. Auch Frenzel betont sein „besonderes Gewicht" und wie „unentbehrlich zum Verständnis von Adornos Denken"[31] er sei. Diese Bedeutungsebene ist durch die reine Fokussierung auf das vermeintliche ‚Auschwitz-Diktum' im Laufe der Zeit völlig verloren gegangen.

Angesichts der späteren Prominenz dieses Diktums erstaunt es, dass Adornos Essay – und damit ebenso der Satz zu Gedichten nach Auschwitz – vor der Veröffentlichung in den *Prismen* kaum bis gar nicht zur Kenntnis genommen wurde. Denn Reaktionen der Presse auf die 1951 erschienene Festschrift sind nicht bekannt; auch in Adornos Privatkorrespondenz finden sich keine Hinweise auf eine öffentliche Rezeption. Er selbst wies einige Freunde und Bekannte zwar auf das Erscheinen des Aufsatzes hin,[32] schriftlich reagierte aber nur Peter Suhrkamp. Noch vor der Publikation des Textes schrieb er am 3. Juli 1951 an Adorno:

> Bevor ich Landhaus Danzig verließ, kam ich noch dazu, Ihre Reflexionen über ›Kulturkritik und Gesellschaft‹ zu lesen. Damit sind Sie auf einen zentralen Punkt in Ihren Betrach-

---

30 Mb, Prismen.
31 Frenzel, Kritik und Verheißung, S. 134.
32 Adorno überreichte das Manuskript des Aufsatzes am 28.03.1951 Suhrkamp zu dessen Geburtstag; vgl. Schopf (Hg.), „So müsste ich ein Engel und kein Autor sein", Anmerk. 4, S. 181. Kracauer und Ernst von Schenk kündigte Adorno das Erscheinen der Festschrift in Briefen an; vgl. Adorno an Kracauer, 19.07.1951. BW 7, S. 461; Adorno an von Schenk, 07.12.1951. Unveröffentlichter Briefwechsel. Theodor W. Adorno Archiv, Br. 1309/5–6. In einem Brief an Didier Le Cerf, der zunächst als Übersetzer der *Philosophie der neuen Musik* ins Französische vorgesehen war, setzte Adorno die Kenntnis seines Essays voraus: „Aber Sie werden unterdessen ja meine Abhandlung ‚Kulturkritik und Gesellschaft' gelesen haben, die ja zu diesen Dingen so einiges formuliert." Hier lässt sich jedoch nicht mit Bestimmtheit sagen, ob Adornos Aufsatz Le Cerf tatsächlich bekannt gewesen war – und man somit davon ausgehen kann, dass ein bestimmter Intellektuellenkreis diesen Text gelesen hatte –, oder ob Adorno die Kenntnis nicht einfach in überlegenem Ton voraussetzte, um sein vorangegangenes Argument zu unterstreichen. Denn der hier zitierte Satz steht am Ende eines Briefes, in dem Adorno sich ausdrücklich gegen Le Cerfs Wunsch ausspricht, die *Philosophie der neuen Musik* zwar übersetzen, sich aber von ihrem Inhalt distanzieren zu wollen. Adorno weist darauf hin, dass Le Cerf als Übersetzer nicht zugleich die Aufgabe des Kritikers übernehmen könne; vgl. Adorno an Le Cerf, 07.12.1951. Unveröffentlichter Briefwechsel. Theodor W. Adorno Archiv, Br. 870/1.

tungen gekommen. Diesen Punkt werden Sie wahrscheinlich in Ihren Gedanken noch oft umkreisen und berennen. Ich kenne keine so gründliche Abhandlung über diesen Gegenstand. Die Arbeit ist hoch aktuell, und die Veröffentlichung wäre wichtig. Ausrichten wird man freilich wenig damit. Die Gemeinten werden bei der Berührung damit sofort zu Dickhäutern werden. Die Lektüre machte mir einige Schwierigkeiten, weil Sie bei der scharfen und eindringlichen Analyse, die an sich systematisch und abstrakt geführt wird, sehr geistreich die Realität stets mit einem Seitenblick in die Betrachtung einbeziehen. Man ist also beim Lesen zu einem doppelten Blick genötigt.[33]

Suhrkamp bestätigt hier nicht nur den zentralen Stellenwert der Überlegungen aus *Kulturkritik und Gesellschaft* für Adornos gesamtes Denken, sondern bekräftigt auch die These, dass der Essay konkret auf einen durch kulturpessimistische und mythologische Denkmuster bestimmten Nachkriegsdiskurs reagierte und daher hochaktuell war. Außer der anerkennenden Kritik Suhrkamps sind keine weiteren Reaktionen auf den Essay bekannt, so dass man davon ausgehen darf, dass bis auf wenige Ausnahmen im näheren (intellektuellen) Umfeld Adornos Anfang der 1950er Jahre kaum jemand Notiz von der Abhandlung nahm.

Das änderte sich erst mit dem Erscheinen der *Prismen*, worauf die Presse „zögerlich, aber kontinuierlich" reagierte, so dass vom Verlag insgesamt „gut 50 Kritiken" gesammelt wurden.[34] Die Beurteilungen des Essaybandes reichten von gründlichen inhaltlichen Auseinandersetzungen über frenetische Lobpreisungen[35] bis hin zu scharfer Polemik.[36] Wie bereits oben dargestellt, betonten die meisten Rezensionen die einleitende und herausgehobene Funktion von *Kulturkritik und*

---

33 Suhrkamp an Adorno. Brief 14, 03.07.1951. S. 29 f.
34 So die Anmerkung von Schopf, „So müsste ich ein Engel und kein Autor sein", S. 177. Im Theodor W. Adorno Archiv liegen insgesamt 44 Rezensionen aus Presse und Rundfunk vor, die für diese Arbeit ausgewertet wurden. 33 Kritiken stammen aus den ersten beiden Jahren direkt nach der Veröffentlichung der *Prismen*; mit Ausnahme einer ausführlichen Besprechung von Hermann Schweppenhäuser von 1960 sind die weiteren sieben aus den 1960er Jahren stammenden Rezensionen nur kurze Ankündigungen der Taschenbuch-Ausgabe; drei weitere Kritiken besprechen die erste englische Übersetzung der *Prismen*.
35 „Das ist dialektisch-brillant hingeworfen, so knapp und treffend, wie alles, was Adorno schreibt. Äußerste Abstraktion, Verzicht auf jede Phrase, sparsam gehaltene Sätze, Hegel als Denkmodell"; Peter X. Merseburger, Der Verzicht auf die Utopie. In: Hannoversche Presse, 03.06.1955 (Theodor W. Adorno Archiv, Za 10/48). Rudolf Hartung macht die *Prismen* in seiner Sendung im Nordwestdeutschen Rundfunk am 31. Mai 1955 zum Buch des Tages und bespricht sie ausführlich; vgl. Rudolf Hartung, NWDR-Sendung, 31.05.1955 (zit. nach: Sendemanuskript. Theodor W. Adorno Archiv, Za 10/12); vgl. auch die bereits erwähnten wohlwollenden Besprechungen von Mb. und Ivo Frenzel.
36 Marianne Regensburger etwa wirft Adorno eine „groteske[] Selbstgefälligkeit" und „Schindluder treiben mit der Sprache" vor; vgl. Regensburger, Adornos Geschäft mit dem Nichts. Auch die *Düsseldorfer Nachrichten* vom 18. Juni 1955 titeln: „Immer übers Ziel hinaus"; vgl. A.N. (vollständiger Name unbekannt), Immer übers Ziel hinaus. In: Düsseldorfer Nachrichten, 18.06.1955.

Gesellschaft; Adornos Satz zu Gedichten nach Auschwitz wurde – sofern er in den Kritiken überhaupt Erwähnung fand – bis auf eine Ausnahme immer im Kontext des gesamten Essays besprochen. Rudolf Hartung und Ivo Frenzel zitieren die entsprechende Passage vollständig; letzterer bezeichnet Adornos Satz als „von der Kritik ebenso oft zitierte wie mißverstandene These"[37]. Bemerkenswert ist dieser Hinweis insofern, als man daraus schließen könnte, dass bereits Mitte der 1950er Jahre kontrovers über Adornos ‚Verdikt' diskutiert wurde.[38] Da sich in den vielen anderen Besprechungen der *Prismen* in den 1950er Jahren keine Anhaltspunkte für eine breite und öffentlichkeitswirksame Diskussion nur dieses einen Satzes finden lassen,[39] gehe ich davon aus, dass Frenzel hier vereinzelte Kritiken im Blick hatte. Vermutlich reagiert er konkret auf die mit antisemitischen Ressentiments gespickte Rezension von Marianne Regensburger, die als negatives Vorbild der späteren, ausschließlich verkürzenden Rezeption des Satzes gelten kann. Denn sie ist die einzige Rezensentin der ersten Jahre, die Adornos Satz nicht in Gänze wiedergibt:

> Wem das Leben so beschädigt ist, wie es sich Adorno darstellt, wem es als barbarisch gilt, „nach Auschwitz ein Gedicht zu schreiben", für den gehört es sich, überhaupt zu schweigen. Sich – rein theoretisch – los*sagen* ist dann entweder schlechte Geste – oder gutes Geschäft.[40]

Neben dem indirekten Bezug auf Regensburgers Kritik ist aber gerade Frenzels völlig andere Interpretationsrichtung, die ihn von den meisten, gerade den späteren RezensentInnen unterscheidet, von Interesse für diese Arbeit. Denn nach dem (vollständigen) Zitat des Auschwitz-Satzes fährt er fort:

> Auch aus diesen Formulierungen ist das Element der Verheißung nicht verbannt, immer wieder wird die Idee eines besseren gesellschaftlichen Seins transparent, – freilich ohne daß je die Frage der richtigen gesellschaftlichen Praxis ausführlich behandelt würde. Gleichwohl wird dieses Problem dauernd bewußt gehalten.[41]

---

[37] Frenzel, Kritik und Verheißung, S. 134.
[38] Das würde Johanns These bestärken, der davon ausgeht, dass Adornos Satz als „geflügeltes Wort" vor allem mündlich tradiert wurde; vgl. Johann, Das Diktum Adornos, bes. S. 150–155. Johann bezieht sich allerdings nur auf (Feuilleton-)Beiträge aus und seit den 1960er Jahren. Für die frühe Rezeptionsphase gibt es keine Belegstellen dafür, dass der Satz zu Gedichten nach Auschwitz bereits in den 1950er Jahren in der Öffentlichkeit zirkulierte.
[39] Von den 1955 bis 1956 erschienenen 33 Rezensionen zu den *Prismen* gehen bspw. 27 überhaupt nicht auf den Satz zu Gedichten nach Auschwitz ein.
[40] Regensburger, Adornos Geschäft mit dem Nichts. Hervorhebung im Original. Trotz dieser stark vereinfachenden Interpretation des Satzes, beschäftigt sich Regensburger auch mit weiteren Aspekten der Essaysammlung, weshalb auch hier nicht von einer ausschließlichen Konzentration auf den Satz zu Gedichten nach Auschwitz gesprochen werden kann.
[41] Frenzel, Kritik und Verheißung, S. 134.

Frenzel erkennt die dialektische Kraft der Formulierungen Adornos, die weniger als radikale Negation, geschweige denn als ‚Verbot' zu verstehen seien, sondern als Gedankenfiguren, welche die Möglichkeit einer anderen, besseren gesellschaftlichen Praxis artikulierten. Er versteht diese bewusste Leerstelle als zentrales Motiv von Adornos Schreiben und wichtigen Bestandteil seines dialektischen Denkens. Frenzel ist auch einer der Ersten (und immer noch Wenigen), der den Essay nicht allein auf den Auschwitz-Satz reduziert, sondern diesen dezidiert im Zusammenhang mit der im Text aufgeworfenen Frage nach den Bedingungen von Kulturkritik nach Auschwitz diskutiert.[42] Dieser Argumentationszusammenhang wurde danach kaum mehr so betont.

Insgesamt wurde *Kulturkritik und Gesellschaft* in der frühen Rezeptionsphase vor allem als *Teil* der Essaysammlung angesehen. Von den in den ersten beiden Jahren erschienenen dreiunddreißig Kritiken der *Prismen* thematisierten überhaupt nur sechs den Satz zu Gedichten nach Auschwitz; aber auch in diesen findet keine bewusste Fokussierung oder Herausstellung des Satzes ohne seine kontextuelle Einbindung statt.[43] Das änderte sich erst ab 1959 mit dem Erscheinen von

---

42 Vgl. Frenzel, Kritik und Verheißung, S. 134f. Vgl. auch die Rezension von Walther Friedländer, der ebenfalls Adornos Frage nach der Möglichkeit von Kulturkritik ins Zentrum rückt: „Adorno bescheidet sich nicht beim Aufzeigen des Widerspruchs in Ursprung und historischer Entwicklung des Kritikerstandes, sondern er geht Gehalt und Methode von Kulturkritik selbst kritisch an. Man könnte sagen, daß seine eigene Kulturkritik mit der Kritik an der bisherigen zusammenfällt. Nur Unverstand wird ihm dies als Arroganz auslegen. Sie liegt dem notwendig fern, der selbst die Möglichkeiten des kritischen Geschäfts einschränkt." Walther Friedländer, Mit heilsam bösem Blick. In: Frankfurter Allgemeine Zeitung, 09.07.1955 (Theodor W. Adorno Archiv, Za 10/64). Johann zeigt sich verwundert darüber, dass „ein Nachdenken über die fragliche Schlusspassage im *Kulturkritik und Gesellschaft*-Aufsatz" bei Friedländer fehlt. Er erklärt dies mit Friedländers Unsicherheit hinsichtlich von „Stil, Sprache und Inhalt" von Adornos Essay; Johann, Das Diktum Adornos, S. 153. Dass Friedländer und viele der RezensentInnen der Argumentation Adornos durchaus gewachsen waren, wurde oben hinlänglich gezeigt. Vielmehr zeigt sich hier, dass bis 1955 Adornos Satz zu Gedichten nach Auschwitz eben nicht derart isoliert wahrgenommen wurde, wie es dann in späteren Debattenbeiträgen der Fall war. Dies muss Johann entgehen, da er neben Friedländers Rezension zeitgenössisch nur die von Regensburger heranzieht.

43 Neben der eingehenden Besprechung von Frenzel sowie der verkürzten Wiedergabe des Satzes bei Regensburger wird in Jürgen Petersens Buchbesprechung der Abschnitt zu Gedichten nach Auschwitz vollständig zitiert. Petersen konstatiert im Anschluss lapidar, dass es gut sei, solche Sätze zu lesen, denn sie seien „wie ein mahnender Nachttraum"; vgl. Jürgen Petersen, Das Buch der Woche. Sendungsprotokoll Hessischer Rundfunk, Sendung vom 05.06.1955 (Theodor W. Adorno Archiv, Za 10/49). Rudolf Hartung zitiert den Satz zu Gedichten nach Auschwitz einschließlich der direkt anschließenden parataktischen Wendung vollständig. Er spürt hier – wie aber auch bei manchen Formulierungen aus den *Minima Moralia* – einen gewissen „Extremismus", insgesamt fällt seine Rundfunk-Besprechung aber sehr wohlwollend

Hans Magnus Enzensbergers Rezension der Gedichte von Nelly Sachs, in der Adornos Formulierung durch die Verkürzung auf den Satz „nach Auschwitz sei es nicht mehr möglich, ein Gedicht zu schreiben"[44] entstellt wurde und kulminierte dann in den aufgeregten Diskussionen der 1960er Jahre, in denen nur noch Adornos ‚Verbot' Gegenstand der Auseinandersetzung war.

2 „und das frißt auch die Erkenntnis an" – Zur Aporie von Kultur(-Kritik) nach Auschwitz

Die grundlegende Intention von *Kulturkritik und Gesellschaft* lässt sich bereits auf der ersten Seite erkennen: Mit seiner Kritik an der zeitgenössischen Kultur und ihrer Kulturkritik geht es Adorno in erster Linie darum, dass „Verzweiflung und unmäßiges Leiden", Vernichtung und Krieg „von den Menschen abgewandt" (KG, 11) werden. Nimmt man dieses Anliegen so folgenschwer wie formuliert, dann zeigt sich die darin mitschwingende Vorstellung einer (radikal) anderen, besseren Gesellschaft, die den weiteren Fortgang der Argumentation als Utopie begleitet. Utopisches Denken bedeutet für Adorno die bestimmte Negation des gegenwärtigen gesellschaftlichen Zustandes, das aber zugleich auf die „Idee der wahren Allgemeinheit"[45], also eines freien und friedlichen Zusammenlebens aller Menschen,

---

aus; vgl. Hartung, NWDR-Sendung, 31.05.1955. Auch Curt Hohoff geht in seinen beiden fast identischen Rezensionen auf Adornos Formulierung ein, beurteilt sie aber im Sinne der Widerlegungsthese kritisch: „Solche und ähnliche Sätze kann man öfters hören. Ihre emotionale Berechtigung schließt die sachliche Falschheit nicht aus. Zweifellos sind nach Auschwitz Gedichte geschrieben worden und werden, solange die Menschheit besteht, geschrieben werden. Gedichte entstehen ja nicht, wie der kleine Mann meint, aus Gefühlen, und auch nicht, wie die Soziologen meinen, als Folgen politisch-psychischer Strukturen, sondern sie sind Ergebnisse eines schöpferischen Prozesses im Dichter, und dieser Prozeß als solcher hat mit der traurigen Realität Auschwitz nichts zu tun – weil es keine Kollektivschuld gibt. Das weiß auch Adorno; aber an solchen Stellen geht das Ressentiment mit dem gewesenen Emigranten durch." Curt Hohoff, Th. W. Adorno – Prismatisch. In: Wort und Wahrheit 10, 10.10.1955, S. 784–786, hier: S. 785 (Theodor W. Adorno Archiv, Za 10/81). In seiner Besprechung aus *Die Tat* variiert er den letzten Satz: „An solchen Stellen geht zweierlei mit dem Autor durch, sein Ressentiment und seine Lust am zugespitzten Ausspruch." Curt Hohoff, Der schräge Blick des Apokalyptikers. In: Die Tat, 06.11.1955 (Theodor W. Adorno Archiv, Za 10/85). Auch in den kurzen Ankündigungen der Taschenbuch-Ausgabe aus den 1960er Jahren findet sich kein Verweis auf den Satz zu Gedichten nach Auschwitz.
44 Enzensberger, Die Steine der Freiheit, S. 770.
45 Adorno (mit Horkheimer), Dialektik der Aufklärung. GS 3, S. 102.

verweist.⁴⁶ Um sich der Konvergenz mit der Realität ansatzweise zu nähern – denn von der Utopie kann kein positives Bild gezeichnet werden –, darf aber zuallererst „das Unsagbare" (KG, 11) nicht vergessen, verschwiegen oder geleugnet werden. Gleich zu Beginn wird also sowohl der eklatante Bruch mit der bisherigen Geschichte markiert, den die Shoah für Adorno darstellt, als auch der wesentliche Beweggrund für die Abhandlung dargelegt: dass es einmal anders sein könnte.

Die an das jüdische Bilderverbot erinnernde Aporie, der maschinellen Vernichtung der europäischen Juden aufgrund der Unfassbarkeit des damit verbundenen Grauens keinen Namen geben zu können, aber für die Analyse dieses Faktums zugleich eine Bezeichnung finden zu müssen, spiegelt sich bereits in der Wortwahl vom „Unsagbaren", die auch aus rhetorischer Perspektive aufschlussreich ist. Denn das, was hier im ersten Abschnitt noch nicht ausgesprochen werden kann und soll, findet im letzten Abschnitt des Textes in dem Ortsnamen ‚Auschwitz' schließlich seine Chiffre. Der Aufsatz erreicht „in dieser Passage seine bewußt komponierte, rhetorische Klimax"⁴⁷, was einmal mehr den argumentativen Gesamtzusammenhang und -aufbau des Essays verdeutlicht. Sven Kramer zufolge bedient Adorno sich mit der Namensgebung der rhetorischen Figur der Synekdoche, nach der ein Teil für das Ganze steht. Streng genommen bleibe der Ortsname als Bezeichnung für die maschinelle Ermordung der europäischen Juden jedoch ungenügend, da diese nicht nur in Auschwitz, sondern ebenso in vielen anderen Vernichtungs- und Konzentrationslagern stattgefunden hat.⁴⁸ Zudem kann es nach Adorno keinen Begriff für die unbegreiflichen Verbrechen geben. Während Prousts Roman *Auf der Suche nach der verlorenen Zeit* Adorno an das Glück erinnert, das die Ortsnamen der Städte und Gegenden aus der Kindheit versprechen,⁴⁹ ist mit

---

46 In den *Minima Moralia* heißt es an entscheidender Stelle: „Keiner unter den abstrakten Begriffen kommt der erfüllten Utopie näher als der vom ewigen Frieden." Adorno, Minima Moralia. GS 4, S. 179 (Sur l'eau); vgl. auch das spätere Radiogespräch zwischen Ernst Bloch und Adorno, in dem dieser seine bis 1949 nur lose formulierten Gedanken näher erläutert: „Ja, die Utopie steckt jedenfalls wesentlich in der bestimmten Negation dessen, was bloß ist, und das dadurch, daß es sich als ein Falsches konkretisiert, immer zugleich hinweist auf das, was sein soll." vgl. Adorno in: Etwas fehlt ... , S. 70. Vgl. zum Utopie-Begriff auch Kapitel IV.1. dieser Arbeit.
47 Kramer, „Wahr sind die Sätze als Impuls ... ", S. 83.
48 Vgl. Kramer, „Wahr sind die Sätze als Impuls ... ", S. 83 f.
49 „Was metaphysische Erfahrung sei, wird, wer es verschmäht, diese auf angebliche religiöse Urerlebnisse abzuziehen, am ehesten wie Proust sich vergegenwärtigen, an dem Glück etwa, das Namen von Dörfern verheißen wie Otterbach, Watterbach, Reuenthal, Monbrunn. Man glaubt, wenn man hingeht, so wäre man in dem Erfüllten, als ob es wäre." Adorno, Negative Dialektik. GS 6, S. 366. Die Ortsnamen repräsentieren hier für Adorno also gewissermaßen eine *säkulare* metaphysische Erfahrung von Glück.

dem Namen Auschwitz unvorstellbarer Schrecken bezeichnet und Glück absolut negiert. Die Anerkennung des Zustandes einer vollständigen Abwesenheit von Glück eskamotiert dieses jedoch nicht ein für alle Mal, sondern bildet vielmehr die Voraussetzung dafür, einen Zustand zu denken, in dem es einmal radikal anders sein könnte. So gesehen signalisiert gerade die ungenügende Bezeichnung ‚Auschwitz', die der Aporie, das Unaussprechliche gleichwohl aussprechen zu müssen, entspringt, „daß – gleichsam aus Notwehr – weitergedacht werden müsse"[50].

Das Weiterdenken wird damit zur grundsätzlichen Prämisse eines *nach Auschwitz* und bestimmt die Argumentation des Essays. Doch nicht nur wird die grundlegende Stoßrichtung des Textes schon zu Anfang markiert, auch die im Laufe der Abhandlung entfalteten zentralen Begriffe ‚Kultur', ‚Kritik', und ‚Geist' werden bereits auf den ersten Seiten eingeführt. Dabei geht es Adorno, wie in Kapitel II. zu zeigen sein wird, nicht um eine abstrakt-philosophische, allen zeitlichen Kontexten enthobene Abhandlung dieser Begriffe, sondern vielmehr um die konkrete Reflexion und Kritik der bestehenden Kultur nach Auschwitz. Adornos Interesse gilt darüber hinaus gerade der *zeitgenössischen* Verwendung des Geist-Begriffs in der literarisch-kulturellen Öffentlichkeit der unmittelbaren Nachkriegszeit.[51]

Nach Adorno kritisiert die vorherrschende Kulturkritik[52] an der Kultur der Nachkriegszeit den fehlenden Bezug auf einen „höheren geschichtlichen Zustand"

---

50 Kramer, „Wahr sind die Sätze als Impuls ... ", S. 85. An anderer Stelle bekräftigt Kramer diese Einsicht, wenn er Auschwitz als den „äußerste[n] Einwand gegen jede Stillstellung des Denkens im Verstehen" bezeichnet (S. 88). Diese Argumentation kann auch die Kritik Burkhardt Lindners entkräften, der „die Auffassung, Auschwitz sei für Adorno ,Name' [...] völlig irreführend" findet, denn „Auschwitz darf niemals Name (i. S. Benjamins) werden"; vgl. Lindner, Was heißt: Nach Auschwitz, S. 297. Auch Kramer sieht die ,Namensgebung' im Anschluss an Rolf Tiedemann durchaus nicht unproblematisch; aber gerade im Sinne Benjamins versteht er Auschwitz bei Adorno nicht als zementierte Festlegung eines Namens, sondern vielmehr als Aufforderung zur weiteren Auseinandersetzung und als Denkauftrag. Vgl. auch Tiedemann, Begriff Bild Name, S. 76 f.
51 Gerade weil der in diesem Essay entfaltete Kultur- und Kritikbegriff für Adornos weiteres Schaffen und insbesondere für sein eigenes Selbstverständnis als Kulturkritiker maßgeblich sein wird, werden diese Begriffe hier einer genauen Betrachtung unterzogen. Auch Klaus von Schilling betont in diesem Sinne die richtungsweisende Funktion des Essays: „[D]iese Grundschicht seines Kultur- und Kritikverständnisses formuliert zu haben, darin liegt die Bedeutung des Aufsatzes und dies gibt ihm den Charakter eines Gründungsdokuments, in dem das Terrain abgesteckt und die Vorgaben der eigenen Arbeit formuliert werden." Von Schilling, Scheitern an der Vergangenheit, S. 409; vgl. auch Demirović, Der nonkonformistische Intellektuelle, S. 566.
52 Adorno spricht in *Kulturkritik und Gesellschaft* in der Regel allgemein von *der* Kulturkritik oder *dem* Kulturkritiker, ohne zu spezifizieren, welche Personen und/oder Gruppen damit genau gemeint sind. Wie im Folgenden zu zeigen sein wird, lässt er den Begriff jedoch bewusst

(KG, 11), ihren Normenverfall und die mangelnde Beziehung zum rein ‚Geistigen'. Bereits an dieser Stelle beanstandet Adorno das Totalitätsdenken der zeitgenössischen Kulturkritik, welche die Prämissen der Kritik aus transzendent-systematischen Bestimmungen zu gewinnen sucht, die außerhalb des Bereichs der Kultur liegen. Der Kulturkritiker[53] der unmittelbaren Nachkriegszeit agiert aus der Position eines diesem Bereich vermeintlich gänzlich Enthobenen heraus, verstrickt sich dabei jedoch in Widersprüche, denn er kann „kaum die Unterstellung vermeiden, er hätte die Kultur, welche dieser abgeht" (KG, 11). Ein solcher ebenso anklagende Gestus wie restaurative Wunsch, an eine vergangene deutsche Kulturtradition anknüpfen zu wollen, wird von Adorno zurückgewiesen; denn so wird an einer Vorstellung von Kultur festgehalten, die den geschichtlichen Bruch, den Auschwitz markiert, gänzlich ignoriert. Damit befördert die Kulturkritik letztlich die Dominanz der bestehenden, überwiegend auf Verleugnung und Ignoranz setzenden Kultur, anstatt die weitgehend fehlende künstlerische Bearbeitung jener einschneidenden Zäsur anzumahnen.

Darüber hinaus übersieht die Kulturkritik nach Adorno die Tatsache, dass sie selbst dem kritisierten Bereich angehört und nicht einfach die Rolle einer unbeteiligten, gleichsam neutralen, objektiven Beobachterin einnehmen kann. Nicht nur benötigt sie die Kultur als Gegenstand des Wahrnehmens und Urteilens, sie wird auch von ihr bezahlt. Denn Kultur wie ihre KritikerInnen selbst sind Adorno zufolge in die Mechanismen des ökonomischen Systems eingebunden und damit von diesem nicht losgelöst zu betrachten. Der Kulturkritiker wird „nach seinem marktmäßigen Erfolg gemessen"; damit geht einher, dass Sachverstand zunehmend hinter „Bescheidwissen, Konformismus" zurücktritt. (KG, 13)

Adorno rekurriert mit diesen Überlegungen auf Marx' Analyse der Tauschlogik kapitalistischer Wirtschaftssysteme und auf dessen Bestimmung des Fetischcharakters der Ware.[54] Diesen erläutert Adorno bereits in seinem

---

offen. Er bezeichnet damit sowohl bestimmte Formen der konservativ-restaurativen Kulturkritik als auch seine eigene Stellung und Position als Kulturkritiker. Letzteres wird am Ende dieses Kapitels genauer erörtert.

53 Berufsbezeichnungen werden in Adornos Schriften immer im generischen Maskulinum ausgedrückt. Sofern es sich um direkte Zitate, bestimmte Begriffe oder Argumentationsfiguren von Adorno handelt, werden in dieser Arbeit seine Bezeichnungen übernommen, um Verwirrungen zu vermeiden; sofern es sich um Analysen oder Interpretationen von mir handelt, wird eine gendersensible Sprache bevorzugt.

54 Marx zufolge weist die Ware in den auf Tausch basierenden Wirtschaftsformen einen Doppelcharakter aus Gebrauchs- und Tauschwert auf; vgl. Marx, Das Kapital. MEW 23, S. 50. Da Waren erst durch menschliche Arbeit entstünden, liege dem Doppelcharakter der Ware selbst „ein *Doppelcharakter der in den Waren dargestellten Arbeit* zugrunde": Dieser bestehe einerseits aus konkret nützlicher Arbeit, die einen nützlichen Gegenstand produziert, wie

1938 erschienenen Essay *Über den Fetischcharakter in der Musik und die Regression des Hörens*. Der Fetischcharakter ist „die bloße Reflexion dessen, was man auf dem Markt für das Produkt zahlt: recht eigentlich betet der Konsument das Geld an, das er selber für die Karte zum Toscaninikonzert ausgegeben hat"[55]. Der Fetischcharakter besteht also darin, dass „der reine Gebrauchswert, dessen Illusion in der durchkapitalisierten Gesellschaft die Kulturgüter bewahren müssen, durch den reinen Tauschwert ersetzt" wird, „der gerade als Tauschwert die Funktion des Gebrauchswertes trügend übernimmt".[56] Dass sich die Ware aus Gebrauchs- *und* Tauschwert zusammensetzt, wird hier folgenreich ignoriert, der Warentausch wird zum alleinigen Zweck erhoben. Vor allem im Bereich der Kulturgüter setzt sich der Tauschwert Adorno zufolge auf besondere Weise durch:

> Denn dies Bereich erscheint in der Warenwelt eben als von der Macht des Tausches ausgenommen, als eines der Unmittelbarkeit zu den Gütern, und dieser Schein ist es wiederum, dem die Kulturgüter ihren Tauschwert verdanken. Zugleich jedoch fallen sie

---

etwa die Tätigkeit des Webens; andererseits zähle zu diesem Doppelcharakter die abstrakte Arbeit, bei der von den konkreten Besonderheiten der nützlichen Arbeit abstrahiert werde. Diese Arbeit lasse sich nur in einem abstrakten Wert darstellen: „Abstrakte Arbeit ist das, was die Waren *als Waren* (das heißt als bestimmte gesellschaftliche Form von Arbeitsprodukten) gemeinsam haben." Der abstrakte Wert sei die Voraussetzung dafür, dass alle Arbeitsprodukte als ein Tauschbares dargestellt werden können; vgl. Michael Heinrich, Grundbegriffe der Kritik der politischen Ökonomie. In: Michael Quante/David P. Schweikard (Hg.), Marx Handbuch. Leben – Werk – Wirkung. Stuttgart 2016, S. 173–193, hier: S. 173. Hervorhebung im Original. Die Ware selbst wird von Marx als „ein sinnlich übersinnliches Ding" bestimmt. Als Gebrauchsgegenstand sei sie sinnlich, also materiell erfahrbar; ihr Übersinnliches dagegen bestehe in ihrem gesellschaftlichen und immateriellen, also nicht konkret fassbaren Charakter. Dieser verschwindet Marx zufolge allerdings im Tauschakt: „Das Geheimnisvolle der Warenform besteht also einfach darin, daß sie den Menschen die gesellschaftlichen Charaktere ihrer eignen Arbeit als gegenständliche Charaktere der Arbeitsprodukte selbst, als gesellschaftliche Natureigenschaften dieser Dinge zurückspiegelt, daher auch das gesellschaftliche Verhältnis der Produzenten zur Gesamtarbeit als ein außer ihnen existierendes gesellschaftliches Verhältnis von Gegenständen." Dass der gesellschaftliche Charakter der Arbeit nur noch als gegenständlicher erscheine und das gesellschaftliche Verhältnis der WarenproduzentInnen „die phantasmagorische Form eines Verhältnisses von Dingen" annehme, nennt Marx den Fetischcharakter der Ware; Marx, Das Kapital. MEW 23, S. 85 f.

[55] Adorno, Über den Fetischcharakter in der Musik und die Regression des Hörens. GS 14, S. 24 f.
[56] Adorno, Über den Fetischcharakter in der Musik und die Regression des Hörens. GS 14, S. 25.

vollständig in die Warenwelt hinein, werden für den Markt verfertigt und richten sich nach dem Markt. So dicht ist der Schein der Unmittelbarkeit wie der Zwang des Tauschwerts unerbittlich.[57]

Nach Adorno durchschauen die zeitgenössischen KulturkritikerInnen genau diesen Schein nicht und beharren weiterhin auf ihrer vermeintlichen Objektivität und Unabhängigkeit, ohne ihre Beteiligung und Mitwirkung an einer Kultur zu erkennen, die sie bezahlt und mitunter auch hofiert. Die Abhängigkeit vom ökonomischen System „affiziert den Gehalt der Kritik" (KG, 12). Die Tauschlogik beherrscht nach Adorno also zunehmend auch den künstlerisch-intellektuellen Bereich, der vom Kern kapitalistischer Ökonomie, nämlich den Waren produzierenden Unternehmen, nur dem Schein nach entkoppelt ist. Aus diesem Grund muss auch der „Geist" sich „auf seine marktmäßige Verkäuflichkeit" (KG, 13) einrichten: Er „ähnelt objektiv dem Bestehenden sich an, auch wo er subjektiv nicht zur Ware sich macht" (KG, 13). Gerade unter den Bedingungen kapitalistisch-wirtschaftender Gesellschaftsordnungen drücken sich die für ihr Funktionieren maßgeblichen Kategorien immer stärker in das Bewusstsein durch.

Diese Einsicht ist der zeitgenössischen Kulturkritik jedoch verstellt, weil sie mit einem idealistisch inspirierten, allerdings stark verkürzten Begriff des Geistes operiert, um insbesondere die Intellektuellen von der breiten Masse abzugrenzen.[58] Dagegen beruft Adorno sich auf einen Geist-Begriff, wie er in der Tradition von Hegel entfaltet sowie von Marx in seinen politisch-ökonomischen Schriften aufgegriffen wurde, und bezieht damit die Entwicklungs- und Problemgeschichte des Geist-Begriffs mit ein.[59]

Die geistige Tätigkeit des Subjekts ist Hegels *Phänomenologie des Geistes* zufolge „die reine *einfache Negativität*"[60], also die Fähigkeit, ein Besonderes im Unterschied zu einem anderen Besonderen durch (negierende) Differenzierung bestimmen zu können. Dieses so bestimmte Besondere denkt Hegel als Identität, die unabhängig von Raum und Zeit Geltung beanspruchen soll. Die geistige

---

57 Adorno, Über den Fetischcharakter in der Musik und die Regression des Hörens. GS 14, S. 25.
58 Vgl. zum Geist-Begriff in der unmittelbaren Nachkriegszeit vor allem Kapitel II.3. dieser Arbeit.
59 Der Gedanke, dass die Bezeichnung ‚Geist' auf ein denkendes und frei urteilendes Individuum zutrifft, das selbstbewusst handelt, taucht erstmals bei René Descartes auf. Die etymologische Herkunft von ‚Hauch' und ‚Atem' ebenso wie die dämonologische Bedeutungsebene von ‚Gespenst' und ‚Geistererscheinung' spielt in der Philosophiegeschichte von da an kaum mehr eine Rolle; vgl. Ludger Oeing-Hanhoff, Geist. In: Historisches Wörterbuch der Philosophie. Bd. 3, S. 154–157, hier: S. 156.
60 Hegel, Phänomenologie des Geistes. Bd. 3, S. 23. Hervorhebung im Original.

Tätigkeit sei aber „nie in Ruhe, sondern in immer fortschreitender Bewegung begriffen"[61]; daher befinde jene sich, um der Wahrheit näher zu kommen, in einem ständigen Prozess der Reflexion, in dem (unzulängliche) Identitätskonzepte problematisiert und verworfen sowie neue (bessere) gebildet würden. Dabei gilt es in Hegels Sicht die Widersprüche zu benennen, zu kritisieren und zugleich aufzuheben, um sie auf einer höheren Stufe der Identität wieder zu versöhnen: „[N]ur diese sich *wiederherstellende* Gleichheit oder die Reflexion im Anderssein in sich selbst – nicht eine *ursprüngliche* Einheit als solche oder *unmittelbare* als solche – ist das Wahre."[62]

Das eigentliche Geheimnis der geistigen Tätigkeit – oder wie Hegel es nennt, ihre „Zauberkraft"[63]– sei das Verweilen bei den Gegenständen. Der Geist als negativer, zersetzender, freier und auch versöhnender müsse also nicht nur in einem ständigen Prozess des Anderssein im Selbstsein Identität immer wieder neu herstellen, sondern sich auch in den Prozessen der Entäußerung den Gegenständen in einer nicht subsumptiven Weise nähern, um diese sich ohne Zwang zu eigen machen zu können:

> Das Geistige allein ist das *Wirkliche*; es ist das *Wesen* oder *Ansichseiende*, – das sich *Verhaltende* und *Bestimmte*, das *Anderssein* und *Fürsichsein* – und [das] in dieser Bestimmtheit oder seinem Außersichsein in sich selbst Bleibende; – oder es ist *an und für sich*. – Dies Anundfürsichsein aber ist es erst für uns oder *an sich*, es ist die geistige *Substanz*. Es muß dies auch *für sich selbst*, muß das Wissen von dem Geistigen und das Wissen von sich als dem Geiste sein, d. h. es muß sich als *Gegenstand* sein, aber ebenso unmittelbar als aufgehobener, in sich reflektierter Gegenstand. Er ist *für sich* nur für uns, insofern sein geistiger Inhalt durch ihn selbst erzeugt ist; insofern er aber auch für sich selbst für sich ist, so ist dieses Selbsterzeugen, der reine Begriff, ihm zugleich das gegenständliche Element, worin er sein Dasein hat, und er ist auf diese Weise in seinem Dasein für sich selbst in sich reflektierter Gegenstand. – Der Geist, der sich so entwickelt als Geist weiß, ist die *Wissenschaft*.[64]

Aus dieser Verwiesenheit von Reflexion und Selbstreflexion folgert Hegel, dass das subsumierende Kategorisieren von Gegenständen deren Gehalt verfehle und daher der gesamte Prozess der geistigen Tätigkeit Beachtung finden müsse:

> Denn statt mit der Sache sich zu befassen, ist solches Tun immer über sie hinaus; statt in ihr zu verweilen und sich in ihr zu vergessen, greift solches Wissen immer nach einem Anderen und bleibt vielmehr bei sich selbst, als daß es bei der Sache ist und sich ihr hingibt.[65]

---

[61] Hegel, Phänomenologie des Geistes. Bd. 3, S. 18.
[62] Hegel, Phänomenologie des Geistes. Bd. 3, S. 23. Hervorhebung im Original.
[63] Hegel, Phänomenologie des Geistes. Bd. 3, S. 36.
[64] Hegel, Phänomenologie des Geistes. Bd. 3, S. 28 f. Hervorhebung und eckige Klammer im Original.
[65] Hegel: Phänomenologie des Geistes. Bd 3, S. 23.

Ein solches Vorgehen beanstandet Adorno auch an seinen KritikerkollegInnen, die als selbsternannte „Träger des Geistes" Kulturgegenstände nur nach subjektiven Kriterien beurteilen und sich hinter einem falsch verstandenen „Begriff der freien Meinungsäußerung" verstecken (KG, 13). Es geht ihm zufolge nicht mehr um das Verweilen und Durchdringen der Sache im Hegel'schen Sinne, sondern – gemäß der Analyse des Fetischcharakters der Ware – letztlich nur noch um die Artikulation von Meinung um ihrer selbst willen.

Adorno schließt mit seinen Ausführungen auch an Marx' Überlegungen zu Hegels *Phänomenologie des Geistes* an. In den *Ökonomisch-philosophischen Manuskripten*[66] versteht Marx Hegels Geist-Begriff materialistisch, also wesentlich als Ausdruck von gesellschaftlicher Arbeit:

> Das Große an der Hegelschen „*Phänomenologie*" und ihrem Endresultate – der Dialektik der Negativität als dem bewegenden und erzeugenden Prinzip – ist also einmal, daß Hegel die Selbsterzeugung des Menschen als einen Prozeß faßt, die Vergegenständlichung als Entgegenständlichung, als Entäußerung und als Aufhebung dieser Entäußerung; daß er also das Wesen der *Arbeit* faßt und den gegenständlichen Menschen, wahren, weil wirklichen Menschen, als Resultat seiner *eignen Arbeit* begreift.[67]

Genau diese Leistung des Menschen, dass er auf sich selbst, die Natur und die Gesellschaft einwirken könne, versteht Marx als die Hegel'sche Form der Betätigung des Geistes, also als Arbeit. Somit besitzen sowohl Geist als auch Arbeit nach Marx formenden Charakter. Ähnlich interpretiert Adorno in seinen 1963 erschienenen *Drei Studien zu Hegel* die von Hegel in der *Phänomenologie des Geistes* analysierten Stufen des Bewusstseins als Arbeit: „Der Weg des natürlichen Bewußtseins bis zur Identität des absoluten Wissens ist selber Arbeit. Das Verhältnis des Geistes zur Gegebenheit erscheint nach dem Modell eines gesellschaftlichen Vorgangs, und zwar eines Arbeitsprozesses."[68]

Adorno problematisiert in *Kulturkritik und Gesellschaft* also eine Vorstellung von geistiger Freiheit, nach der die geistige Tätigkeit nicht mehr wie bei Hegel als ständiger Prozess der Reflexion und Selbstreflexion begriffen sowie auch nicht wie bei Marx als in gesellschaftliche und ökonomische Zusammenhänge eingebunden betrachtet wird. Dabei geht es ihm gerade nicht darum, abstrakt alles Geistige zu verwerfen, sondern vielmehr ist ihm daran gelegen, die schon bei Hegels Geist-Begriff und Marxens Begriff von gesellschaftlicher Arbeit (immer schon)

---

[66] Marx schrieb diese bereits 1844, sie wurden allerdings erst 1932 entdeckt und werden dementsprechend erst seitdem rezipiert.
[67] Marx, Ökonomisch-Philosophische Manuskripte. MEW Erg. Bd. 1, S. 574. Hervorhebung im Original.
[68] Adorno, Drei Studien zu Hegel. GS 5, S. 268.

mitimplizierten Momente von Negativität, Reflexion und Begründbarkeit freizulegen. Adorno zufolge gelingt dies aber gerade nicht, wenn jegliche Verbindungen des Geistigen zu den sozio-ökonomischen Rahmenbedingungen ignoriert werden. Er kritisiert den Geist-Begriff der zeitgenössischen Kultur und Kulturkritik so vehement, weil dieser seine eigenen Existenzbedingungen nicht mehr durchschaut und darum sein ihm inhärentes emanzipatorisches Potential nicht mehr zu nutzen versteht. Dies kann erst dann wieder gelingen, wenn das Abhängigkeitsverhältnis begriffen wird, in dem das eigene Denken und Urteilen steht. Das rein Geistige im Sinne eines absolut autonomen und freien Denkens ist nach Adorno Illusion; an den auf Freiheit und Selbstbestimmung verweisenden Implikationen der geistigen Tätigkeit, wie Hegel und Marx sie herausstellen, hält er dennoch umso energischer fest. Denn nur sie implizieren „die objektive Möglichkeit", die gegenwärtige ökonomische Gesellschaftsordnung „zu überwinden" (KG, 19).

Indem die Kulturkritik die wechselseitige Verwiesenheit von Kultur, Gesellschaft und Ökonomie schlicht ignoriert, verstärkt sie, so Adorno, die ebenso verkürzte wie falsche Vorstellung von Kultur als einer von den realen Lebensbedingungen völlig entkoppelten Sphäre. Die Frage nach der Schuld an den Verbrechen des deutschen Nationalsozialismus ist, der gängigen kulturkritischen Argumentation zufolge, daher auch keine Angelegenheit der Kultur, sondern gehört, wenn überhaupt, allein in den Verantwortungsbereich der Gesellschaft oder weniger einzelner Personen. Eine ernsthafte Auseinandersetzung mit der Schuld *aller* Deutschen wird nach Adorno so geschickt umgangen, verharmlost und ignoriert. Ihm zufolge hat aber auch „alle Kultur am Schuldzusammenhang der Gesellschaft" (KG, 19) teil und mit ihr genauso die Kulturkritik.

Der Begriff „Schuldzusammenhang"[69] taucht erstmals in der gemeinsam von Adorno und Horkheimer noch im amerikanischen Exil geschriebenen und 1947 veröffentlichten *Dialektik der Aufklärung* auf und steht im Kontext der Aufhebung des starren Gegensatzes von Aufklärung und Mythos, den bereits die Vorrede des Buches infrage stellt: „[S]chon der Mythos ist Aufklärung, und: Aufklärung schlägt in Mythologie zurück."[70] Geleitet ist die Untersuchung von der Grundfrage, „warum die Menschheit, anstatt in einen wahrhaft menschlichen Zustand einzutreten, in eine neue Art von Barbarei versinkt"[71]. Diese ist für Adorno und Horkheimer durch vier Fehlverläufe der Geschichte verursacht: Dazu zählen erstens die Herrschaft des deutschen Nationalsozialismus und die damit verbundene maschinelle Ermordung von Millionen von Juden, zweitens das Scheitern der sozialisti-

---

69 Adorno (mit Horkheimer), Dialektik der Aufklärung. GS 3, S. 77.
70 Adorno (mit Horkheimer), Dialektik der Aufklärung. GS 3, S. 16.
71 Adorno (mit Horkheimer), Dialektik der Aufklärung. GS 3, S. 11.

schen Bewegungen in Europa, drittens die antidemokratische Etablierung des Sozialismus in der Sowjetunion und seine diktatorische Gewaltherrschaft unter Stalin sowie viertens schließlich die Verfestigung der ökonomischen Prinzipien des Kapitalismus in der westlichen Welt. Nicht zuletzt ist die *Dialektik der Aufklärung* im Exil aber auch unter dem Eindruck einer riesigen, gänzlich auf Profit ausgerichteten US-amerikanischen Unterhaltungsindustrie geschrieben worden, die alles übertraf, was Adorno und Horkheimer bis dahin an Kulturproduktion, -vermarktung und -konsum kannten.

In ihrer Studie unterziehen Adorno und Horkheimer den neuzeitlichen, auf Naturbeherrschung und schiere Selbsterhaltung reduzierten Vernunftbegriff einer radikalen Kritik, da dieser das Entstehen totalitärer (monokapitalistischer) Herrschaftsformen nicht nur nicht verhindert, sondern im Gegenteil noch befördert hat. Die Ausrichtung einer nur an Naturbeherrschung und Selbsterhaltung orientierten Aufklärung hat den Autoren zufolge in ganz neue Formen der Abhängigkeit geführt. Die Dialektik der Aufklärung besteht daher gerade darin, dass der Rationalisierungsprozess und die zunehmende Beherrschung der Natur nicht zugleich zur Ausbildung eines umfassenden Vernunftbegriffs beigetragen haben. Mit dieser Entwicklung ist vielmehr eine Reduktion des Vernunftbegriffs parallel gegangen – Horkheimer nennt diesen später „instrumentelle Vernunft"[72] –, in dem die für die Konstitution eines friedvollen Zusammenlebens maßgeblichen kommunikativen, wertenden und moralischen Kategorien unberücksichtigt geblieben sind oder nur eine randständige Rolle spielten.[73] Die Entstehung der totalitären und faschistischen Regime im 20. Jahrhundert kann vor diesem Hintergrund nicht als irrationaler Rückfall des aufgeklärten Geistes in ein unzivilisiertes Stadium gewertet, sondern muss vielmehr als Konsequenz einer Aufklärung betrachtet werden, die alles auf Selbsterhaltung und Herrschaft ausgerichtet hat.[74] Es geht Adorno und Horkheimer jedoch nicht um die Zurückweisung von Aufklärung schlechthin; vielmehr muss Aufklärung „sich auf sich selbst besinnen, wenn die Menschen nicht vollends verraten werden sollen"[75]. Gegen die fatalen und zerstörerischen Fehlverläufe setzen die Autoren also Reflexion und (Selbst-)Kritik: „Die

---

[72] Max Horkheimer, Zur Kritik der instrumentellen Vernunft. In: Horkheimer, Gesammelte Schriften Bd. 6: ‚Zur Kritik der instrumentellen Vernunft' und ‚Notizen 1949–1969', hg. v. Alfred Schmidt/Gunzelin Schmid Noerr, Frankfurt am Main 1991, S. 21–186.
[73] Diesen umfassenden Vernunftbegriff bezeichnet Adorno in den *Minima Moralia* dann als „objektive Vernunft"; vgl. Adorno, Minima Moralia. GS 4, S. 162 (Intention und Abbild).
[74] Vgl. dazu auch Heidrun Hesse, Vernunft und Selbstbehauptung. Kritische Theorie als Kritik der neuzeitlichen Rationalität, Frankfurt am Main 1984, bes. S. 90–117.
[75] Adorno (mit Horkheimer), Dialektik der Aufklärung. GS 3, S. 15.

dabei an Aufklärung geübte Kritik soll einen positiven Begriff von ihr vorbereiten, der sie aus ihrer Verstrickung in blinder Herrschaft löst."[76]

Den Schuldzusammenhang sehen Adorno und Horkheimer insbesondere darin angelegt, dass sich der Mensch mit der zunehmenden Beherrschung der äußeren wie inneren Natur insofern schuldig macht, als er dieser damit Gewalt antut. Insofern ist der Begriff des Schuldzusammenhangs hier weiter gefasst als die in der Nachkriegszeit häufig verwendete Bezeichnung der Kollektivschuld, die vor allem die Schuld aller Deutschen an den nationalsozialistischen Verbrechen meinte.[77] Schuld ist nach Adorno und Horkheimer jedoch bereits dem Mythos eingeschrieben, denn in seinen Erzählungen drückt sich ein Wille zur Herrschaft aus: „Der Mythos wollte berichten, nennen, den Ursprung sagen: damit aber darstellen, festhalten, erklären."[78] Eine Fortführung fand den Autoren zufolge das an Herrschaft orientierte mythologische Denken in einem begriffslogischen und identifizierenden Denken, das sich dann gerade in der Epoche der Aufklärung beharrlich weiterentwickelte und zu einer alles identifizierenden Vernunft zuspitzte und verkürzte: „Wie die Mythen schon Aufklärung vollziehen, so verstrickt Aufklärung mit jedem ihrer Schritte tiefer sich in Mythologie."[79] Damit ist die „Mythologie einer vermeintlichen Notwendigkeit gesellschaftlicher Verhältnisse [gemeint], die an sich kontigent sind"[80].

Zum Opfer fällt dem identifizierenden Denken Adorno zufolge das Nichtidentische. Damit sind all jene Momente an den Objekten wie Subjekten bezeichnet, die „sich durch keine begriffliche Erkenntnis auflösen"[81] lassen und sich deren Logik entziehen. Das identifizierende Denken dagegen versucht sich dieser Phänomene zu bemächtigen, indem es sie kategorisiert und unter Rubriken subsumiert. Dadurch verfehlt dieses Denken jene Momente in ihrer Eigenart und unterwirft sie (gewaltvoll) einem ihnen fremden Zusammenhang.[82] Der „Schuldzusammen-

---

76 Adorno (mit Horkheimer), Dialektik der Aufklärung. GS 3, S. 16.
77 In *Kulturkritik und Gesellschaft* ist die Rede vom „Schuldzusammenhang" allerdings durchaus im Kontext der deutschen Schuldfrage zu sehen; vgl. ausführlich dazu Kapitel II.3.1. dieser Arbeit. An dieser Stelle wird jedoch zunächst der umfassende Terminus aus der *Dialektik der Aufklärung* dargestellt, der für Adornos spätere Verwendung des Begriffs eine wichtige Rolle spielt.
78 Adorno (mit Horkheimer), Dialektik der Aufklärung. GS 3, S. 24.
79 Adorno (mit Horkheimer), Dialektik der Aufklärung. GS 3, S. 28.
80 Andreas Hetzel, Dialektik der Aufklärung. In: Adorno Handbuch, S. 389–397, hier: S. 391.
81 Tilo Wesche, Negative Dialektik: Kritik an Hegel. In: Adorno Handbuch, S. 317–325, hier: S. 320.
82 Ausführlich entfaltet Adorno den Begriff des Nichtidentischen in Abgrenzung zu Hegels Identitätslogik in der *Negativen Dialektik*: „Dialektik ist das konsequente Bewußtsein von Nichtidentität." Daher ist für Adorno „das Scharnier negativer Dialektik" die „Richtung der Begriff-

hang" bezeichnet also bereits diese frühe ‚Schuld' am identifizierten Objekt, gleichzeitig wird aber auch auf das Subjekt Bezug genommen, dessen innere Natur unter die Herrschaft der instrumentellen Vernunft gerät und dabei nicht nur die eigene Naturhaftigkeit verleugnet, sondern auch Leid abwendendes, nach Glück strebendes und moralisches Handeln dem instrumentellen Handeln unterordnet. In der Vorstellung von Adorno und Horkheimer folgen die Individuen nur noch der instrumentellen Selbsterhaltungslogik, wodurch sie mit dieser nicht kommensurable und ihr teilweise widerstreitende Subjektfähigkeiten wie beispielsweise Mitleid, Tugend, Nächstenliebe und Solidarität einbüßen. Das Subjekt wird also als Unterwerfendes und Unterworfenes zugleich gesehen. Wenn in *Kulturkritik und Gesellschaft* folglich vom „Schuldzusammenhang der Gesellschaft" (KG, 19) gesprochen wird, sind damit genau die Gesellschaftsstrukturen angesprochen, die der nahezu vollkommenen Herrschaft der instrumentellen Vernunft und der kapitalistischen Verwertungslogik folgen.

Die nationalsozialistische Herrschaft wird von den Autoren daher nicht als einmaliger ‚Betriebsunfall' in der Zivilisationsgeschichte gesehen, sondern als bereits in der Aufklärung angelegt. Denn sowohl die vom Nationalsozialismus betriebene Abschaffung subjektiver Rechte als auch die bürokratisch durchgeführte Vernichtung der europäischen Juden bestätigen auf erschreckende Weise die These von der instrumentellen Vernunft.[83] Auch wenn den Autoren das volle

---

lichkeit zu ändern [und] sie dem Nichtidentischen zuzukehren"; Adorno, Negative Dialektik. GS 6, S. 17; 24. Das Nichtidentische steht demnach „in Verbindung mit Adornos Gedanken vom Vorrang des Objekts [...]. Der Begriff des Nichtidentischen dient als Platzhalter für den Rest, der in einem notwendigen Vorrang des Positiven nicht aufgeht und sich durch keine erkenntnistheoretische Aufklärung wegargumentieren lässt". Wesche, Negative Dialektik, S. 320. Vgl. zum Begriff des Nichtidentischen bei Adorno auch Jürgen Ritsert, Das Nichtidentische bei Adorno – Substanz- oder Problembegriff? In: Zeitschrift für Kritische Theorie 4, 1997, S. 29–51.

83 Frühere Arbeiten von Horkheimer, Friedrich Pollock und Franz Neumann legen den Schwerpunkt bei der Erklärung des deutschen Nationalsozialismus – aus jeweils unterschiedlichen Perspektiven – vor allem auf staats- und kapitalismustheoretische Begründungen. Die Auseinandersetzung mit diesen Arbeiten liegt auch der *Dialektik der Aufklärung* zugrunde, kann an dieser Stelle jedoch nicht in Gänze entfaltet werden. Für die Argumentation von *Kulturkritik und Gesellschaft* und viele der anderen in dieser Arbeit besprochenen Essays Adornos ist insbesondere das Theorem der ‚instrumentellen Vernunft' von Bedeutung, weshalb auf dessen Erklärung hier besonderer Fokus gelegt wurde; eine umfassendere Auseinandersetzung mit der Theorie des Nationalsozialismus findet sich in Horkheimers 1940 verfasstem Aufsatz *Staatskapitalismus* (später: *Autoritärer Staat*), in Pollocks kontrovers diskutiertem Essay *Möglichkeiten und Grenzen des Staatskapitalismus* von 1941 und in Neumanns staatstheoretischem Werk *Behemoth: The Structure and Practice of National Socialism*, das zwischen 1941 und 1944 entstand; ausführlich dazu: Helmut Dubiel/Alfons Söllner, Die Nationalismusforschung des Instituts für Sozialforschung – ihre wissenschaftliche Stellung und gegenwärtige Bedeutung. In: Wirtschaft, Recht

Ausmaß der Vernichtungspolitik des Nationalsozialismus beim Verfassen der *Dialektik der Aufklärung* noch nicht bekannt gewesen sein dürfte, so wussten sie bereits damals von Deportationen und Massenmorden.[84] Dementsprechend sind die Konsequenzen eines Denkens, das Auschwitz sowohl aus der Kontinuität der abendländischen Geschichte als auch als zivilisatorischen Bruch erklärt, bereits in nuce angelegt. Die Gefahr Auschwitz dauert Adorno und Horkheimer zufolge solange an, wie die kapitalistischen, nur auf instrumentelle Vernunft ausgerichteten Gesellschaften fortbestehen. Zugleich markiert Auschwitz aber auch den absoluten Bruch im abendländischen Denken.[85] Dass das „Unsagbare" überhaupt geschehen konnte und ist; dass es tatsächlich Menschen waren, die es ausgeführt haben;[86] und dass das Unbegreifbare begreifbar werden und sich zugleich der Erkenntnis verweigern muss – all dies kennzeichnet den eklatanten Einschnitt, der mit Auschwitz zwangsläufig nur dürftig bezeichnet ist und von dem nach Adorno künftig alles Denken und *auch* alle Kultur auszugehen hat.

Daher opponiert er energisch gegen die Vorstellung einer unschuldigen Kultur, das heißt einer Kultur, die versucht, sich aus dem „Schuldzusammenhang" ‚herauszustehlen'. In Anlehnung an Kant versteht Adorno Kultur zunächst schlicht in Abgrenzung zur Natur, womit in einem weiten Sinne der Kulturbegriff all das fasst, was der Mensch aus sich selbst heraus schaffen kann: „Die Hervorbringung der Tauglichkeit eines vernünftigen Wesens zu beliebigen Zwecken überhaupt (folglich in seiner Freiheit) ist die Kultur."[87] Dazu zählen sowohl materielle Artefakte technischer und künstlerischer Art als auch rein geistige Gebilde wie Sprache, Religion, Recht, Wirtschaft, Wissenschaft und Moral. Kunst und Unterhaltung als kulturelle Artefakte in einem engeren Sinne bilden also bloß einen *Teil* des hier umrissenen Kulturbegriffs; Adorno bezieht sich in der Regel auf Kultur als allgemeine Sphäre geistiger Tätigkeit, in einem engen Sinne aber vor allem auf den Bereich der ästhetischen Produktion.

---

und Staat im Nationalsozialismus, S. 7–31; Rolf Wiggershaus, Die Frankfurter Schule. Geschichte. Theoretische Entwicklung. Politische Bedeutung, München/Wien 1986, S. 314–327.

84 Vgl. dazu Wiggershaus, Die Frankfurter Schule, S. 347. Sigrid Weigel geht dagegen davon aus, dass die *Dialektik der Aufklärung* „noch nicht gekennzeichnet von Spuren eines Wissens um die ‚Endlösung'" ist; vgl. Sigrid Weigel, „Kein philosophisches Staunen" – „Schreiben im Staunen". Zum Verhältnis von Philosophie und Literatur nach 1945: Benjamin, Adorno, Bachmann. In: Deutsche Vierteljahrsschrift für Literaturwissenschaft und Geistesgeschichte 70, 1996, S. 120–137, hier: S. 127.

85 Vgl. Krankenhagen, Auschwitz darstellen, S. 55.

86 Vgl. Adornos spätere Formulierung, in der er explizit auf die Menschen verweist, „die es *tun*"; Adorno, Erziehung nach Auschwitz. GS 10.2, S. 690. Hervorhebung im Original.

87 Immanuel Kant, Kritik der Urteilskraft. § 83. In: Kant, Werke V: Kritik der Urteilskraft und Schriften zur Naturphilosophie, hg. v. Wilhelm Weischedel, Darmstadt 1966, S. 554.

Im Essay ist der Kulturbegriff bei Adorno dreifach konnotiert: Zuallererst entspringt Kultur aus und nährt sich von der strikten Trennung geistiger und körperlicher Arbeit (vgl. KG, 20).[88] Jene konnte nur auf Kosten dieser entstehen, welche überhaupt erst die Grundlage für Kultur und alle anderen geistigen Produktionen geschaffen hat. Nur die körperliche Arbeit der Vielen ermöglicht es den Wenigen, von dieser entlastet zu sein und sich allein auf geistige Dinge zu konzentrieren; Kultur ist demnach ein gemeinschaftlich produziertes Gut und untrennbar mit der Gesellschaft verbunden, aus der sie hervorgeht. Das aber verschleiert Adorno zufolge die gegenwärtige Kultur, indem sie entweder „die Trennung bloß verleugnet und unmittelbare Verbundenheit mimt" (KG, 20) oder aber sich als autonome und der Gesellschaft völlig enthobene Sphäre nicht nur besser dünkt als diese, sondern sich auch jeder gesellschaftlichen Verantwortung zu entledigen sucht. So gesehen ist Kultur also vor allem ein Machtinstrument der gebildeten, ‚geistigen' Klasse über die Ungebildeten. Diese Herrschaft ist zwar keine rohe Gewaltherrschaft mehr, manifestiert sich aber in der Dominanz der Identitätslogik des Begriffs, welche andere Formen der Erschließung von und Zugänge zur Realität ausschließt und für unangemessen erklärt. Dieses Herrschaftsverhältnis ist Adorno zufolge gesellschaftlich vermittelt, wird von den Pri-

---

88 Vgl. auch Alfred Sohn-Rethel, Geistige und körperliche Arbeit. Zur Epistemologie der abendländischen Gesellschaft, revid. u. ergänz. Neuaufl., Weinheim 1989, hier: S. 128. Sohn-Rethels wesentliche These besteht in der Annahme, „daß die tragenden, aus dem reinen Verstande entsprießenden Grundkategorien der mathematischen Naturwissenschaft nicht auf dem geistigen Wege, das wäre über den idealistischen Fetischismus des reinen Verstandes, erklärbar sind, sondern sich aus dem gesellschaftlichen Sein verstehen, wo sie unsere funktionale Gesellschaft nach Prinzipien des Privateigentums möglich machen". Obwohl Sohn-Rethels Studie erst 1970 erschien, arbeitete er doch bereits seit den 1930er Jahren intensiv an der Thematik und stand darüber in engem intellektuellen Austausch mit Adorno. In einem Brief an diesen erörtert Sohn-Rethel die theoretischen Grundlagen seiner späteren Arbeit, worauf Adorno am 17. November 1936 mit Begeisterung antwortet: „Lieber Alfred, ich glaube nicht zu übertreiben, wenn ich Ihnen sage, daß Ihr Brief die größte geistige Erschütterung bedeutete, die ich in Philosophie seit meiner ersten Begegnung mit Benjamins Arbeit [...] erfuhr. Diese Erschütterung registriert die Größe und Gewalt Ihrer Konzeption – sie registriert aber auch die Tiefe einer Übereinstimmung, die unvergleichlich viel weiter geht als Sie ahnen konnten und auch als ich selber ahnte." Theodor W. Adorno – Alfred Sohn-Rethel. BW, S. 32. Auch aus einem Brief vom 20. August 1944 an Adorno geht hervor, dass ein Großteil der Manuskripte des späteren Textes Adorno vorgelegen haben müssen, so dass man gerade auch aufgrund der langjährigen Diskussion beider Autoren miteinander davon ausgehen kann, dass Adornos in *Kulturkritik und Gesellschaft* angestellte Überlegungen zum Verhältnis von geistiger und körperlicher Arbeit durch den Austausch mit Sohn-Rethel beeinflusst sind; vgl. Theodor W. Adorno – Alfred Sohn-Rethel. BW, S. 111–114.

vilegierten allerdings als natürlicher Vorgang naturalisiert, womit seine soziale Entstehung und damit auch Abänderbarkeit verschleiert wird.

Bei der zweiten Konnotation des Kulturbegriffs hat Adorno Kultur im engen Sinne, also vor allem künstlerische Gebilde vor Augen. Diese können ihm zufolge ein Versprechen enthalten, dass die Gesellschaft einmal radikal anders sein könnte; denn in Kultur aufgehoben ist „die Bewahrung des Bildes einer Existenz, die hinausweist über den Zwang, der hinter aller Arbeit steht" (KG, 20). Dieses ihr eigene emanzipatorische Potential kann Kultur aber nur in striktem Gegensatz zu den Anforderungen der Realität gewinnen. Solche Kultur muss sich daher außerhalb der gesellschaftlich-ökonomischen Verpflichtungen verorten, um entlastet von Arbeits- und Reproduktionsdruck sowie von Handlungs- und Zeitdruck überhaupt Vorstellungen davon produzieren und antizipieren zu können, wie es einmal anders sein könnte. Derartige Produktionen und Antizipationen als Verweis auf einen glücklichen Zustand der Menschheit kann Kultur allerdings nur aufscheinen lassen; real umsetzen kann sie ihn nicht. Aber jenes der Kultur eigene Moment der „Verneinung" von gesellschaftlicher Ungerechtigkeit und Leiden bildet das Ferment ihrer Wahrheit, weshalb Adornos ganze Arbeit dem Versuch gilt, dieses der Kultur inhärente Potential freizulegen, zu bewahren und zu retten (vgl. KG, 23).

Anders als Klaus von Schilling und im Anschluss an ihn auch Moritz Schramm, die beide von einem zweifach konnotierten Kulturbegriff bei Adorno sprechen,[89] gehe ich davon aus, dass noch ein drittes Moment, das eng mit den beiden ersten zusammenhängt, für das Verständnis des Adorno'schen Kulturbegriffs von Bedeutung ist, nämlich die von Adorno und Horkheimer im Anschluss an Georg Lukács formulierte Kritik der Verdinglichung. Lukács versteht in seiner Schrift *Die Verdinglichung und das Bewußtsein des Proletariats* von 1922 unter Verdinglichung das unter kapitalistischen Produktionsbedingungen notwendige Abstrahieren der Arbeiterin und des Arbeiters von sich selbst als Persönlichkeit mit Gefühlen, Wünschen und interpersonalen Beziehungen. Die/der ArbeiterIn gleiche sich gewissermaßen einem Gegenstand an, der nur dazu da sei, auf dem Markt verkauft zu werden. Demnach werde alles nur noch

---

89 Von Schilling zufolge ist der Kulturbegriff bei Adorno dadurch gekennzeichnet, dass er sowohl das ‚Selbstbewusstsein' einer Gesellschaft formulieren als auch „Bild des Schuldzusammenhangs" sein kann; vgl. von Schilling, Scheitern an der Vergangenheit, S. 404. Im Anschluss an von Schilling spricht auch Schramm von „zwei gegensätzlichen Konnotationen" des Kulturbegriffs, wonach Kultur einmal das „Versprechen von einer befriedeten, von Gewalt befreiten Welt" enthalte, zugleich aber auch „Instrument zur Aufrechterhaltung von Herrschaft" sei; vgl. Schramm, Barbarische Lyrik, S. 18.

unter eine solche ‚Ding'-Logik subsumiert, das heißt auch gesellschaftliche Normen und Werte würden ausschließlich unter ökonomischen Gesichtspunkten und hinsichtlich ihrer Rentabilität betrachtet werden.[90] Die Ursache hierfür sieht Lukács in der alles umfassenden Warenform der kapitalistischen Produktionsweise, der das „Zur-Ware-Werden einer Funktion des Menschen"[91] zugrunde liegt. Er nimmt jedoch an, dass die „bis ins tiefste physische und psychische Sein des Menschen hineinreichende Rationalisierung der Welt [...] ihre Grenze an dem formellen Charakter ihrer eigenen Rationalität"[92] hat. Seine Theorie der Verdinglichung ergänzt er daher um eine Theorie des Klassenbewusstseins. Dabei hält Lukács an der Einschätzung von Marx fest, dass der Kapitalismus die Voraussetzungen zur Befreiung des Proletariats letztlich selbst mitproduzieren würde. Lukács geht davon aus, dass der Verdinglichungsdruck irgendwann so groß werden würde, dass der Arbeitende sich seiner selbst als Ware bewusst und „seine eigenen Beziehungen zum Kapital in der Ware"[93] erkennen werde. Er entwickele dann *„das Selbstbewußtsein der Ware"*[94], wodurch gerade die ArbeiterInnenschaft – im Gegensatz zum Bürgertum – in die Lage versetzt werde, sich gegen den Verdinglichungsprozess zu behaupten:

> Die rein abstrakte Negativität im Dasein des Arbeiters ist also nicht nur die objektiv typischste Erscheinungsform der Verdinglichung, das struktive Vorbild für die kapitalistische Vergesellschaftung, sondern – eben deshalb – *subjektiv* der Punkt, wo diese Struktur ins Bewußtsein gehoben und auf diese Weise praktisch durchbrochen werden kann.[95]

Lukács rechnet also mit einem nicht tilgbaren Rest an Widerstand im Bewusstsein der Arbeiterin und des Arbeiters, wodurch diese/r sich einer totalen Verdinglichung letztlich doch noch widersetzen könne.[96] So kann Lukács an der Vorstellung einer proletarischen Revolution festhalten, an deren Ende die klassenlose Gesellschaft stehe.

---

90 Vgl. Georg Lukács, Die Verdinglichung und das Bewußtsein des Proletariats. In: Lukács, Frühschriften II. Bd. 2: Geschichte und Klassenbewußtsein, Neuwied/Berlin 1968, S. 257–397, hier: S. 274; vgl. dazu auch: Jürgen Habermas, Theorie des kommunikativen Handelns. Bd. 1: Handlungsrationalität und gesellschaftliche Rationalisierung, 4. Aufl., Frankfurt am Main 1995, S. 474–488.
91 Lukács, Die Verdinglichung und das Bewußtsein des Proletariats, S. 267.
92 Lukács, Die Verdinglichung und das Bewußtsein des Proletariats, S. 276.
93 Lukács, Die Verdinglichung und das Bewußtsein des Proletariats, S. 352.
94 Lukács, Die Verdinglichung und das Bewußtsein des Proletariats, S. 352.
95 Lukács, Die Verdinglichung und das Bewußtsein des Proletariats, S. 357.
96 Vgl. Habermas, Theorie des kommunikativen Handelns. Bd. 1, S. 491.

Angesichts der vier skizzierten historischen Fehlverläufe und dem Zivilisationsbruch Auschwitz bezweifeln Adorno und Horkheimer diese geschichtsoptimistische Schlussfolgerung.[97] Dennoch halten beide an den grundsätzlichen Annahmen der Theorie der Verdinglichung fest, ergänzen sie jedoch um eine Theorie des Faschismus und der Massenkultur. Erstere geht davon aus, dass der Nationalsozialismus es verstanden hat, die Widerstände, welche die subjektive Natur des Menschen dem Verdinglichungsprozess entgegensetzen könnte, zu integrieren und für sich umzufunktionieren.[98] Die im *Kulturindustrie*-Kapitel der *Dialektik der Aufklärung* formulierte Theorie der Massenkultur nimmt an, dass das instrumentelle Handeln auch die Produktion kultureller Artefakte bestimmt und sich diese zunutze macht.[99] Dagegen versucht Adorno in *Kulturkritik und Gesellschaft* jedoch nicht einen vergangenen, gleichsam ‚reinen' Zustand von Kultur zurückzugewinnen, denn einen solchen hat es aufgrund des der Kultur von Beginn an eingeschriebenen Herrschaftsverhältnisses nie gegeben. Angesichts des immer deutlicher hervortretenden Eindringens von instrumentellem Denken und Handeln in den Bereich der Kultur sieht Adorno die Kultur jedoch hinsichtlich ihrer zweiten Konnotation insofern bedroht, als jene ihr die Realität verneinendes und damit utopisches Potential zu verlieren droht. Seine im Essay so vehement vorgetragene Kritik an der gegenwärtigen Kultur und ihren VertreterInnen kann vor dem Hintergrund der Theorie der Verdinglichung *und* angesichts der mit Auschwitz bezeichneten Katastrophe als ein ebenso beharrlicher wie verzweifelter Versuch gelesen werden, an einem Restpotential von Widerstand durch Kultur festzuhalten.

---

[97] Vgl. Habermas, Theorie des kommunikativen Handelns. Bd. 1, S. 490; vgl. auch Helmut Dubiel, Wissenschaftsorganisation und politische Erfahrung. Studien zur frühen Kritischen Theorie, Frankfurt am Main 1978, S. 100–117; 126 f. In der *Negativen Dialektik* formuliert Adorno später noch einmal seine Zweifel an einer „Auflösung der Verdinglichung" allein durchs Bewusstsein: „Das Unheil liegt in den Verhältnissen, welche die Menschen zur Ohnmacht und Apathie verdammen und doch von ihnen zu ändern wären; nicht primär in den Menschen und der Weise, wie die Verhältnisse ihnen erscheinen." Adorno, Negative Dialektik. GS 6, S. 191.

[98] Vgl. hierzu genauer Horkheimer, Zur Kritik der instrumentellen Vernunft, S. 93–123; Adorno u. a., Der autoritäre Charakter. Studien über Autorität und Vorurteil, übers. u. hg. v. Institut für Sozialforschung, Frankfurt am Main, Dt. Erstausg., Amsterdam 1968. Vgl. darüber hinaus den von Helmut Dubiel und Alfons Söllner eingeleiteten Dokumentarband zu den Faschismus-Analysen des Instituts für Sozialforschung: Horkheimer u. a., Wirtschaft, Recht und Staat im Nationalsozialismus. Analysen des Instituts für Sozialforschung 1939–1942, hg. v. Helmut Dubiel/Alfons Söllner, Frankfurt am Main 1984; Habermas, Theorie des kommunikativen Handelns. Bd. 1, S. 492–495.

[99] Vgl. ausführlich zum *Kulturindustrie*-Kapitel Kapitel VI.2. dieser Arbeit.

Im Kontext dieser Arbeit ist noch ein weiteres Moment der Adorno'schen Auseinandersetzung mit der Theorie der Verdinglichung relevant. Denn obwohl Adorno Lukács' Zielvorstellung einer klassenlosen Gesellschaft angesichts ihrer Vereinnahmung im real existierenden Sozialismus sowjetischer Prägung und angesichts von Auschwitz bezweifelt, hält er durch das Weiterdenken der Theorie der Verdinglichung, durch die Analyse der kapitalistischen Tauschlogik und der Trennung von körperlicher und geistiger Arbeit zugleich an den Grundeinsichten des theoretischen Marxismus fest. Anstelle des Begriffs der klassenlosen Gesellschaft macht Adorno allerdings, so die These dieser Arbeit, den des Glücks stark,[100] der politisch weniger vereinnahmt ist und mit dem er zugleich an der Utopie festhalten kann, in der die Ausbeutung des Menschen durch den Menschen, überflüssige Herrschaft und gesellschaftliches Elend abgeschafft sind.

Damit knüpft Adorno an Horkheimers in dessen Aufsatz *Traditionelle und kritische Theorie* geforderten Anspruch an eine kritische Philosophie an, die die „Veränderung des Ganzen"[101] und „das Glück aller Individuen zum Ziel"[102] hat. Dementsprechend müsse sich eine Kritische Theorie darum bemühen,

> eine Welt zu schaffen, die den Bedürfnissen und Kräften der Menschen genügt. Bei aller Wechselwirkung zwischen der kritischen Theorie und den Fachwissenschaften [...] zielt sie nirgends bloß auf Vermehrung des Wissens als solchen [sic!] ab, sondern auf die Emanzipation des Menschen aus versklavenden Verhältnissen.[103]

Auch für Adorno muss ein umfassender Begriff von Glück sowohl das Glück des Einzelnen als auch das der gesamten Menschheit einschließen. Mit Glück ist also nicht einfach ein subjektives (Wohl-)Empfinden angesprochen, sondern in dem Begriff Adorno'scher Prägung wird ein Kollektivgut thematisiert, das Implikate enthält, die zuvor der klassenlosen Gesellschaft zukamen. Da Glück nach Ansicht Adornos aber keinen Bezug mehr auf eine bestimmte Klasse, bestimmte Subjekte

---

100 Auch mit Bezug auf Lukács, allerdings mit einer anderen Schwerpunktsetzung argumentiert Britta Scholze: „Glück ist bei Adorno für die Kritik in Zeiten transzendentaler Obdachlosigkeit wichtig, es ist an die Stelle des Sinns gerückt." Scholze, Adorno und das Glück, S. 461. Wenn Scholze unter ‚Sinn' die Vorstellung eines geschichtsphilosophisch gerichteten Verlaufs der Geschichte versteht, stimmt das mit der hier angestellten Argumentation überein; dass Adorno sich allerdings nicht gegen jede Form von Sinn wendet, zeigen insbesondere Kapitel III.4. und IV.1. dieser Arbeit.
101 Horkheimer, Traditionelle und kritische Theorie, S. 182. Überhaupt ist der Einfluss Horkheimers auf Adornos Arbeit und die Bedeutung des gemeinsamen Austauschs nicht gering zu schätzen. Deutlich wird dies insbesondere auch in ihrem vier Bände umfassenden Briefwechsel; vgl. Adorno – Horkheimer Briefwechsel. BW 4.1.–4.4.
102 Horkheimer, Traditionelle und kritische Theorie, S. 221.
103 Horkheimer, Traditionelle und kritische Theorie, S. 219.

oder geschichtsphilosophisch geprägte Gesellschaftsentwürfe hat, an deren Ende das Ideal einer befreiten Menschheit steht, fehlt diesem Glücksbegriff ein potentieller Träger; er ist gewissermaßen diffus geworden, womit zugleich die Möglichkeit der Realisierung eines versöhnten und glücklichen Zustandes der Menschheit prekär geworden ist. Dieser ist entgegen marxistisch gefärbten Geschichtsphilosophien eben nicht garantiert. Gerade Auschwitz hat gezeigt, dass die Menschheit Glück nachhaltig verfehlen kann. Dies betrifft in erheblichem Maße auch die Kultur, denn „ihre emanzipatorischen Gehalte verlieren ihren Realgrund"[104].

Daher kann für Adorno nur *das* kulturelle Gebilde eine Vorstellung von Glück aufscheinen lassen, das „die Idee von Harmonie negativ ausdrückt, indem es die Widersprüche rein, unnachgiebig, in seiner innersten Struktur prägt" (KG, 27). Deswegen wird die sich naiv gebende „Kulturfreudigkeit" (KG, 23) sowohl eines westlichen Kulturtraditionalismus als auch der sowjetischen Kulturpolitik von ihm scharf kritisiert, da beide Varianten, obwohl sie konträren Gesellschaftssystemen entstammen, „Kultur als ganze unbesehen bejahen und zugleich alle nicht eingeschliffenen Bewußtseinsformen verfemen" (KG, 22). Reine „Kulturfreudigkeit" liefert den RezipientInnen nur ein vordergründiges, ‚falsches' Glück, indem das Leiden an der Gesellschaft gleichsam übermalt und damit der Ausblick auf ein gelungenes Leben verstellt wird. Nicht nur Kultur muss also ihre drei, mitunter gegeneinander prozessierenden Strukturmomente permanent mitreflektieren und bearbeiten, auch die Kulturkritik hat Adorno zufolge darauf zu reagieren. Angesichts des von ihm attestierten Scheiterns der zeitgenössischen Kulturkritik plädiert er für eine ‚dialektische Kulturkritik'. Um diese zu explizieren, unterscheidet er eine „transzendente" und eine „immanente" Verfahrensweise (vgl. KG, 23–29).

Nach Adorno erscheint die transzendente Methode auf den ersten Blick als die radikalere, weil diese die kulturellen Gebilde ausschließlich von außen betrachtet und dabei versucht, produzierte Ideologien zu durchschauen, ja gleichsam Kultur als Ganze unter der Vermutung des Ideologieverdachts zu analysieren. Adorno knüpft mit seinem Ideologiebegriff an die Marx'sche Ideologiekritik an. Dieser geht davon aus, dass das gesellschaftliche Sein, also die herrschenden materiell-gesellschaftlichen Verhältnisse, das Bewusstsein bestimmen und nicht umgekehrt. Die Vorstellung von einem Geistigen, das unabhängig vom gesellschaftlichen Sein ist, bezeichnet Marx daher als Ideologie.[105] Anknüpfend an Marx' Ideologiebegriff und Lukács' Verdinglichungsthese erkennt Adorno in der Tauschlogik und im Warenfetisch der kapitalistischen Wirtschaftsordnung die Quelle der gesellschaftlich pro-

---

[104] Kramer, „Wahr sind die Sätze als Impuls...", S. 74.
[105] Vgl. Marx/Engels, Die deutsche Ideologie. MEW Bd. 3, S. 26.

duzierten und vorherrschenden Ideologien. Diese sind nach ihm „objektiv notwendiges und zugleich falsches Bewusstsein"[106]:

> Der materielle Produktionsprozeß als solcher offenbart sich am Ende als das, was er in seinem Ursprung im Tauschverhältnis, als einem falschen Bewußtsein der Kontrahenten voneinander, neben dem Mittel zur Erhaltung des Lebens zugleich immer schon war: Ideologie. Umgekehrt aber wird zugleich das Bewußtsein mehr stets zu einem bloßen Durchgangsmoment in der Schaltung des Ganzen. Ideologie heißt heute: die Gesellschaft als Erscheinung. (KG, 25)

In Anknüpfung an Lukács geht Adorno davon aus, dass sich der Verdinglichungsprozess so weit in die Gesellschaft durchdrückt, dass selbst noch die Nischen von Widerstand – einst der Bereich von Kultur – nicht unberührt bleiben. Eine Kritik von außen erscheint daher nicht möglich: „Die Wahl eines ihrem Bann entzogenen Standpunkts ist so fiktiv wie nur je die Konstruktion abstrakter Utopien." (KG, 26)[107] Adorno entkräftet hier zum einen die ihm selbst häufig zum Vorwurf gemachte Kritik, er würde im *Kulturindustrie*-Kapitel von einer elitären Position aus Kultur als Ganze unter Ideologieverdacht stellen, sich selbst dabei jedoch ausnehmen.[108] Eine solche Verfahrensweise lehnt er dagegen als unzureichend und „fiktiv" ab. Zum anderen richtet er sich auch gegen jene kulturkritischen Positionen, die in der Zurückweisung einer als ideologisch verschmähten Kultur erneut ihren Gesellschaftsbezug leugnen und sie damit zu einem ‚hehren' Bereich stilisieren, welcher der Realität und der Gesellschaft vollkommen enthoben ist. Anstatt die realen Widersprüche in die Kritik aufzunehmen, läuft die kul-

---

106 Adorno zitiert hier Marx. Vollständig heißt es bei Adorno: „Als objektiv notwendiges und zugleich falsches Bewußtsein, als Verschränkung des Wahren und Unwahren, die sich von der vollen Wahrheit ebenso scheidet wie von der bloßen Lüge, gehört Ideologie, wenn nicht bloß der modernen, so jedenfalls einer entfalteten städtischen Marktwirtschaft an. Denn *Ideologie ist Rechtfertigung.* Sie erheischt ebenso die Erfahrung eines bereits problematischen gesellschaftlichen Zustandes, den es zu verteidigen gilt, wie andererseits die Idee der Gerechtigkeit selbst, ohne die eine solche apologetische Notwendigkeit nicht bestünde, und die ihr Modell am Tausch von Vergleichbarem hat." Adorno, Beitrag zur Ideologienlehre. GS 8, S. 465. Hervorhebung im Original.
107 Ideologiekritik muss für Adorno daher wie folgt aussehen: „Sie ist im Hegelschen Sinn bestimmte Negation, Konfrontation von Geistigem mit seiner Verwirklichung, und hat zur Voraussetzung ebenso die Unterscheidung des Wahren und Unwahren im Urteil wie den Anspruch auf Wahrheit im Kritisierten." Adorno, Beitrag zur Ideologienlehre. GS 8, S. 466.
108 Vgl. bspw. Umberto Eco, Apokalyptiker und Integrierte. Zur kritischen Kritik der Massenkultur, Frankfurt am Main 1984, S. 25. Eco übersieht hier, dass Adorno die (Massen-)Kultur gerade nicht als Ganze unter Ideologieverdacht stellt, sondern sehr genau prüft und darlegt, mit welcher Form der Kritik ihren Produkten zu begegnen ist. Vgl. ausführlich dazu Kapitel VI.2. dieser Arbeit.

turtranszendente Position Gefahr, einer scheinbar intakten, mit sich identischen Kultur der Vergangenheit nachzutrauern und dabei ein falsches Ideal des Ursprünglichen und Unmittelbaren zu beschwören. Das ‚natürliche Leben' wird in der Kritik dann gegen den abgehobenen Geist ins Feld geführt, ‚einfachere' ästhetische Formen werden gegenüber den abstrakteren der modernen Kunst bevorzugt.[109]

Das immanente Verfahren der Kulturkritik erscheint Adorno dagegen als das wesentlich dialektischere, weil es versucht, kulturelle Gebilde aus sich selbst heraus zu bestimmen und den „Widerspruch zwischen ihrer objektiven Idee und jener Prätention zu begreifen, und zu benennen, was die Konsistenz und Inkonsistenz der Gebilde an sich von der Verfassung des Daseins ausdrückt" (KG, 27). Da die immanente Methode Kultur gewissermaßen eine eigene Logik zugesteht, kann man ihr jedoch vorwerfen, dass sie ihr „Verhältnis zu einem ihr Auswendigen, dem materiellen Lebensprozeß" (KG, 23) unterschlägt und die gewichtige Rolle der Ideologie verkennt. Daher muss sich immanente Kritik gegenüber der Kultur immer beweglich halten und ihre eigene Stellung im Gesamten reflektieren. Denn während die immanente Methode der Logik der Aporien der Kultur nachgeht, bezieht sie ständig auch die gesellschaftlichen mit ein, da es Kultur unabhängig von Gesellschaft nach der immanenten Verfahrensweise nicht geben kann (vgl. KG, 27).

Zugleich – und das ist für Adorno das Entscheidende an der immanenten Methode – rekurriert sie immer auch auf ihre eigene Einbindung in die gesellschaftlichen Widersprüche und ihre Unfähigkeit, jene aus sich heraus aufheben zu können: „Selbst der radikalsten Reflexion aufs eigene Versagen ist die Grenze gesetzt, daß sie nur Reflexion bleibt, ohne das Dasein zu verändern, von dem das Versagen des Geistes zeugt." (KG, 27f.) Denn praktische Eingriffe obliegen dem politischen Handeln. Die Kulturkritikerin und der Kulturkritiker sind zwar in der Lage, die Situation zu beschreiben und die kulturellen Artefakte an ihrem jeweils eigenen Anspruch und Wahrheitsgehalt zu messen; sie können die Situation durch ihre Worte jedoch nicht praktisch ändern. Auch wird es der Kulturkritik nicht gelingen, wahre Aussagen über Kultur auszusprechen, die dem Schuldzusammenhang enthoben sind.[110] Angesichts der Verdinglichung auch im Bereich der Kultur ist nach Adorno ein Begriff von reiner, gleichsam ‚verdinglichungsfreier' Wahrheit nicht mehr möglich. Demnach kann auch die Kulturkritik Wahrheit

---

109 Adorno kritisiert hier explizit Formen der sozialistischen Kulturkritik; wie in Kapitel II.3.2. zu zeigen sein wird, bezieht er sich aber ebenso auch auf kulturkritische Beiträge westdeutscher AutorInnen, deren Beschwörung des Natürlichen rückwärtsgewandte und mythologisierende Züge aufweist.

110 Vgl. von Schilling, Scheitern an der Vergangenheit, S. 403f.

nicht einfach unvermittelt aussprechen, die Teilhabe an der Unwahrheit muss ihr immer präsent sein.[111]

Dieses Argument ist vor allem auch selbstkritisch zu verstehen. Indem Adorno die geistige Fähigkeit zur Reflexion *selbst* als defizitär begreift und ihr demnach keinen privilegierten Platz außerhalb des „Schuldzusammenhangs" zuweist, bezieht er auch sich selbst und seine Tätigkeit und Stellung als Kulturkritiker radikal in die eigene Kritik ein. Adorno nimmt hier also entgegen der immer wieder gegen ihn erhobenen Vorwürfe gerade keine elitäre Position ein, von der aus er tadelnd über andere richtet, sondern seine Kritik gilt konsequent *auch* dem eigenen Denken und Schreiben.

Dieser nahezu aporetischen Situation kann nach Adorno nur eine dialektische Kulturkritik begegnen: Diese muss es sich weiterhin zur Aufgabe machen, vorherrschende Ideologien zu erkennen und radikal zu kritisieren, anstatt sie nur müde zu konstatieren (vgl. KG, 24); ebenso ist die Abspaltung der Kultur vom realen Lebensprozess als Teil des Problems zu durchschauen, wobei Kulturkritik zugleich immer der eigenen „Stellung im Ganzen" (KG, 23) inne werden muss.[112] Dialektische Kulturkritik „darf weder dem Geistkult sich verschreiben noch der Geistfeindschaft" (KG, 29), denn diese setzt bloß auf Ursprünglichkeit, Einfachheit und Natürlichkeit, während jener die so genannte deutsche Kulturtradition idealisiert und damit die aller Kultur zugrundeliegende Trennung von körperlicher und geistiger Arbeit sowie das daraus resultierende Herrschaftsverhältnis verschleiert.[113] Auch die dialektische Kulturkritik kann nach Adorno die Verdinglichung und die in der Identitätslogik sich artikulierende Herrschaft des Allgemeinen nicht abschaffen; sie kann aber die im Kritikbegriff widerstreitenden Momente der Immanenz und Transzendenz in die Kritik selbst aufnehmen: Kulturkritik muss sowohl von innen, also immanent und gleichsam mimetisch auf das Objekt reagieren, als auch einen Abstand zu ihm herstellen, also eine transzendente Position einnehmen, um überhaupt urteilen zu können: „Der dialektische Kritiker an der Kultur muß an dieser teilhaben und nicht teilhaben. Nur dann läßt er der Sache und sich selber Gerechtigkeit widerfahren." (KG, 29)

Indem Adorno seine eigene Position als Kulturkritiker konsequent mitreflektiert, vollzieht er noch in einem anderen Punkt genau das, was er unter dialektischer Kulturkritik versteht: Er legt damit die Prämissen seines Konzepts

---

[111] Vgl. von Schilling, Scheitern an der Vergangenheit, S. 404.
[112] Vgl. von Schilling, Scheitern an der Vergangenheit, S. 404.
[113] Vgl. hierzu auch Schramm, der diesen Zusammenhang insbesondere am Begriff des Barbarischen bei Adorno erläutert. Die Geistfeindschaft interpretiert er als „Rückfall in die nackte Barbarei", den Geistkult bezeichnet er dann als „*neue* Barbarei, die barbarische Herrschaft des Begriffs über das Individuelle"; Schramm, Barbarische Lyrik, S. 22.

‚dialektischer Kritik' offen, erklärt den Standpunkt seiner Kritik und verfährt gemäß Hegels Geistbegriff selbstreflexiv. Wenn Adorno nämlich die „Prätention auf Vornehmheit" (KG, 12) und „die souveräne Geste des Kritikers" (KG, 14) zurückweist, dann kritisiert er, dass die Grundlagen des Kritikbegriffs hier zugunsten einer bestimmten Attitüde im Dunkeln gehalten werden. Der Forderung nach einer selbstreflexiven Kulturkritik, die sowohl den eigenen Standpunkt innerhalb der Kultur als auch die Einbindung in den „Schuldzusammenhang" der Gesellschaft einbezieht, entspricht Adorno selbst gerade durch sein Eingeständnis, nicht praktisch gegen die gesellschaftlichen Fehlentwicklungen angehen zu können und dadurch selbst Anteil am „Schuldzusammenhang" zu haben.

An Hegels Bestimmung des Geistes als selbstreflexive, prozessierende und nie stillstehende Denktätigkeit, also an die „Arbeit des Begriffs"[114], anknüpfend, verstehe ich *Kulturkritik und Gesellschaft* als einen Versuch Adornos, nicht nur in die Diskussionen der Nachkriegszeit folgenreich einzugreifen, sondern auch einen Diskurs über die grundlegenden Prämissen von Kritik anzuregen. Denn trotz der Komplexität der Argumentation entfaltet Adorno in diesem Essay in einer Deutlichkeit wie kaum mehr danach die Grundlagen seines eigenen theoretischen Denkens und die Kriterien seiner Kritik. So gesehen muss *Kulturkritik und Gesellschaft* – wie in der Einleitung bereits vorgeschlagen – *auch* als ein Beitrag zu einem auf demokratischen Grundprinzipien beruhenden Konzept von Öffentlichkeit gelesen werden. Zudem wendet Adorno sich hier dezidiert gegen rein subjektivistische, allein auf die Persönlichkeit des Kritikers setzende Tendenzen der Kulturkritik. In diesem Lichte betrachtet erscheint die Adorno'sche Abhandlung viel weniger als eine radikale Abrechnung eines elitären Intellektuellen mit der Kultur und ihrer Kritik, sondern als ernstgemeinter Vorschlag für eine künftige Kulturpraxis.

In ähnlicher Weise lässt sich auch die letzte Passage des Essays deuten, in welcher der berühmte Satz zu Gedichten nach Auschwitz steht. Dieser ist nur im Kontext des argumentativen Gesamtzusammenhangs des Aufsatzes zu verstehen.[115] Vollständig lautet dieser:

> Je totaler die Gesellschaft, umso verdinglichter auch der Geist und um so paradoxer sein Beginnen, der Verdinglichung aus eigenem sich zu entwinden. Noch das äußerste Be-

---

114 Hegel, Phänomenologie des Geistes. Bd. 3, S. 65.
115 In diesem Punkt stimme ich mit von Schilling überein, der ebenfalls auf eine kontextbezogene Interpretation insistiert; vgl. von Schilling, Scheitern an der Vergangenheit, S. 389. Anders als von Schilling, der „die Aussage am Ende des programmatischen Essays jedoch einigermaßen verblüffend" findet, da Auschwitz seiner Meinung nach vorher nicht Thema des Aufsatzes war, gehe ich davon aus, dass die letzte Passage *gerade* die Konklusion des vorher Dargelegten ist.

wusstsein vom Verhängnis droht zum Geschwätz zu entarten. Kulturkritik findet sich der letzten Stufe der Dialektik von Kultur und Barbarei gegenüber: nach Auschwitz ein Gedicht zu schreiben, ist barbarisch, und das frißt auch die Erkenntnis an, die ausspricht, warum es unmöglich ward, heute Gedichte zu schreiben. Der absoluten Verdinglichung, die den Fortschritt des Geistes als eines ihrer Elemente voraussetzte und die ihn heute gänzlich aufzusaugen sich anschickt, ist der kritische Geist nicht gewachsen, solange er bei sich bleibt in selbstgenügsamer Kontemplation. (KG, 30)

Einmal mehr wird an dieser Stelle der bewusst komponierte, auf seinen Höhepunkt zusteuernde Aufbau des Essays deutlich: Denn hier werden die zu Beginn des Textes eingeführten zentralen Schlüsselbegriffe ‚Kultur', ‚Kritik', ‚Geist' und auch ‚Verdinglichung' erneut aufgegriffen und abschließend in eine sie verbindende Konstellation gebracht. Nur durch diese ist die Argumentationsfigur von der Dialektik von Kultur und Barbarei zu verstehen.

Im gängigen Sprachgebrauch stehen sich Kultur und Barbarei als Antipoden gegenüber; das Barbarische wird von der kulturellen Position aus gerne mit einem Überlegenheitsgestus als das Wilde, Rohe und Unverständliche abgetan.[116] Indem Adorno sich genau dieses Begriffs bedient und ihn in obigem Abschnitt in eine dialektische Konstruktion einbindet, relativiert er jenen alltäglichen Sprachgebrauch, in dem das Barbarische mit einem Mangel an Rationalität und Vernunft gleichgesetzt wird. Wie Schramm überzeugend darlegen kann, verweist die Verwendung des Begriffs des Barbarischen bei Adorno nämlich gerade nicht auf die Abwesenheit von Zivilisation, sondern „auf eine totalitär sich entfaltende Aufklärung, auf eine uneingeschränkte Herrschaft des subsumierend-identifizierenden Denkens"[117]. Die dialektische Verwiesenheit von Kultur und Barbarei ist aber auch schon in Adornos dreifach konnotiertem Kulturbegriff mitgedacht; denn durch die

---

[116] Vgl. Kramer, „Wahr sind die Sätze als Impuls ...", S. 69f.
[117] Schramm, Barbarische Lyrik, S. 8. Schramm zeichnet zunächst die Begriffsgeschichte des Barbarischen nach, um dann seine Verwendung bei Adorno zu analysieren. Nach Schramm haben sich Ende des 18. Jahrhunderts zwei sich konträr gegenüberstehende Deutungslinien herauskristallisiert: Die dominierende und aus der Antike abgeleitete Definition des Barbarischen sei bestimmt durch die Vorstellung einer Abwesenheit von Zivilisation und Kultur. Seit Schiller liege jedoch eine entgegengesetzte Definition vor, nach der mit Barbarei die „ausufernde Herrschaft der Vernunft" bezeichnet werde, wie sie sich insbesondere im Zuge der Aufklärung ausbildete und dann ihre Manifestation in der Schreckensherrschaft der Jakobiner fand; „Damit stehen die Barbaren bei Schiller nicht mehr gegen die Vernunft oder Aufklärung, sondern sind Ausdruck einer fehlgeleiteten Aufklärung, die es versäumt hat, die beiden Seiten des Menschen – die individuelle Natur und das allgemeine Gesetz – in harmonischen Einklang miteinander zu stellen." (S. 12) Diese zweite Bedeutungslinie des Barbarischen lässt sich, so Schramm, dann ebenfalls bei Richard Wagner und Friedrich Nietzsche nachzeichnen und seiner Ansicht nach folgt auch Adorno „in wesentlichen Teilen dieser Verschiebung des ursprünglichen Sprachgebrauchs" (S. 13).

Trennung von körperlicher und geistiger Arbeit sowie eine immer weiter fortschreitende Verdinglichung hatte und hat Kultur immer schon Anteil am Barbarischen.[118] Dennoch ist mit der „letzten Stufe der Dialektik von Kultur und Barbarei" (KG, 30) oder Adornos Rede von der „zivilisierten Barbarei" (KG, 18) eine weitere Eskalationsstufe bezeichnet, die sich von der bisherigen Entwicklungsgeschichte durch die mit Auschwitz markierte Zäsur wesentlich unterscheidet. Angesichts dieser Katastrophe, der nationalsozialistischen Herrschaft in Deutschland und der Entstehung vieler weiterer totalitärer Regime, ist diese *neue* Barbarei Adorno zufolge bestimmt durch die entfesselte Manifestation roher Gewalt.[119] Stand diese zwar schon am Beginn aller Kulturentwicklung, so zeigt sie sich nun in ungebändigter Weise als totale Herrschaft. Gerade durch den in der Schlusspassage hergestellten Bezug aller Schlüsselbegriffe aufeinander wird noch einmal dezidiert hervorgehoben, dass Auschwitz gerade keinen Rückfall in eine unzivilisierte Wildheit und Irrationalität meint, sondern vielmehr als Endpunkt einer Entwicklung von Verdinglichung und instrumenteller Vernunft gesehen werden muss. Gleichzeitig ist mit der provozierenden und affektaufgeladenen Bezeichnung des Barbarischen auch der eklatante Bruch bezeichnet, den die Realität der Vernichtungslager darstellte.[120] Beide Entwicklungslinien sind gemeint, wenn Adorno von „der letzten Stufe der Dialektik von Kultur und Barbarei" (KG, 30) spricht.

Auch wenn Kultur und Barbarei von Adorno niemals, wie es der gängige Sprachgebrauch suggerieren mag, als direkte Gegensätze gedacht wurden, so ändert sich – allein dadurch, dass Auschwitz möglich war – doch die Konstellation, in der beide zueinanderstehen.[121] Diese veränderte Konstellation nimmt der Satz

---

118 Adorno folgt hier einer Argumentationsfigur Walter Benjamins, die dieser in seinen geschichtsphilosophischen Thesen von 1940 formuliert: „Es ist niemals ein Dokument der Kultur, ohne zugleich ein solches der Barbarei zu sein." Benjamin, Über den Begriff der Geschichte. GS I.2, S. 696. Vgl. zur dialektischen Verschränkung von Kultur und Barbarei bei Adorno und Benjamin auch Andreas Joachim Haller, Das schreckliche Rätsel. Zur Dialektik von Kultur und Barbarei in der Kritischen Theorie Theodor W. Adornos. In: Carla Dauven van Knippenberg/Christian Moser/Daniel Wendt (Hg.), Texturen des Barbarischen. Exemplarische Studien zu einem Grenzbegriff der Kultur, Heidelberg 2014, S. 151–169. Kritisch anzumerken ist, dass Haller Schramms Aufsatz nicht zur Kenntnis genommen hat, der bereits wesentliche Erkenntnisse zur Dialektik von Kultur und Barbarei bei Adorno geliefert hat.
119 Vgl. auch Schramm, Barbarische Lyrik, S. 19 f.
120 Insbesondere Sven Kramer weist in seiner Arbeit auf die rhetorische Komposition von Adornos Essays hin, indem er nachweist, dass dieser bewusst mit provokativen und affektaufgeladenen Formulierungen arbeitet: „In dem Maße, in dem das wissenschaftlich unhaltbare Wort Barbarei über die Wissenschaftlichkeit hinausschießt, transportiert Adornos Rede eine Dringlichkeit, die bewußt in eine Situation hineingeschrieben ist. Insofern ist sie Provokation und Appell." Kramer, „Wahr sind die Sätze als Impuls...", S. 80.
121 Vgl. Kramer, „Wahr sind die Sätze als Impuls...", S. 69.

zu Gedichten nach Auschwitz auf und wird nun abschließend noch einmal unter drei Gesichtspunkten betrachtet.

Erstens ist mit dem Satz ausgesprochen, dass Schreiben und damit jedes kulturelle Handeln insofern *an sich* barbarisch sind, als Kultur nicht losgelöst vom gesellschaftlichen „Schuldzusammenhang" existiert und somit immer Anteil am Barbarischen hat oder parasitär von ihm profitiert. Mit dieser Formulierung ist also die Vorstellung des Gegensatzes von Kultur und Barbarei negiert. Dass Adorno gerade das Verfassen von Gedichten problematisiert, wurde in Öffentlichkeit und Forschung immer wieder diskutiert. Seit der Romantik bedeutete das Dichten „die höchste kulturelle Bewußtseins- und Ausdrucksstufe einzunehmen"[122]. Aufgrund dessen galt gerade die Lyrik als die „avancierteste und reflektierteste Kunstform"[123], die sich am wirkungsvollsten von der Propagandasprache des Nationalsozialismus habe absetzen können. Außerdem, so die gängige zeitgenössische Vorstellung, habe sie am wenigsten mit gesellschaftlichen Belangen zu tun; im Gegenteil, sie scheine in Form und Sprache weit davon entfernt zu sein. Es ist also kein Zufall, dass Adorno gerade der vermeintlich realitätsfernen Poesie eine Verbindung zur Barbarei attestiert.[124] Er verweist damit darauf, dass *keine* Kunstform aus dem „Schuldzusammenhang" ausgenommen werden kann; dass noch nicht einmal mehr Lyrik geschrieben werden kann, ohne Anteil am Barbarischen zu haben.[125] Adorno reagiert damit – wie im Folgenden zu zeigen sein wird – insbesondere auch auf Formen von Natur-, ‚Kahlschlag'- und ästhetizistischer Lyrik, welche die Auseinandersetzung mit den NS-Verbrechen bewusst vermied, die *deutsche* Opferrolle betonte oder von der jüngsten Vergangenheit nichts mehr wissen wollte.[126]

Zweitens ist für Adorno *nach Auschwitz* „ein nicht hintergehbares geschichtliches Ereignis"[127] und als solches Ausgangspunkt jeglichen weiteren Denkens und

---

122 Kramer, „Wahr sind die Sätze als Impuls ... ", S. 79.
123 Ursula Amrein, Lyriktheorien der Nachkriegsmoderne. Adorno, Benn, Celan, Dresden 2013, S. 30.
124 Vgl. Moshe Zuckermann, Zum Begriff der Lyrik bei Adorno. In: Stephan Braese (Hg.), In der Sprache der Täter. Neue Lektüren deutschsprachiger Nachkriegs- und Gegenwartsliteratur, Opladen/Wiesbaden 1998, S. 31–41, hier: S. 32 f.
125 Vgl. auch Charlotte Ryland, Re-Membering Adorno. Political and cultural agendas in the debatte about post-holocaust art. In: German Life and Letters 62, 2009, H. 2, S. 140–156, hier: S. 140.
126 Damit kann auch der Annahme Detlev Schöttkers widersprochen werden, der davon ausgeht, dass Adorno die Nachkriegslyrik sehr wahrscheinlich nicht zur Kenntnis genommen hat; vgl. Detlev Schöttker, Deutungskonkurrenzen. Zur Holocaustdebatte zwischen Celan, Adorno und Hannah Arendt. In: Merkur 62, 2008, H. 7, S. 578–587, hier: S. 580.
127 Kramer, „Wahr sind die Sätze als Impuls ... ", S. 70.

Handelns. Kunst und Kultur ‚nach' im Sinne von jenseits von Auschwitz kann es in seiner Vorstellung nicht geben. Die gesamte Argumentation des Aufsatzes gipfelt also gleichsam in diesem letzten Abschnitt, in dem die Auseinandersetzung mit und das Nicht-Vergessen von Auschwitz zu Aufforderungen werden, die für die künftige Kultur verpflichtend sind.[128] Weiterhin verweist Adorno mit dem zweiten Teil des berühmten Satzes nicht nur auf die eigene, angeschlagene und beschädigte Reflexionsfähigkeit, sondern relativiert auch das Ausgesprochene selbst wieder, „denn es entspringt einer zugegebenermaßen ‚angefressenen' Erkenntnis. Die Urteile sowohl des Kulturkritikers als auch des dialektischen Theoretikers sind unsicher geworden"[129]. Adorno bezieht sich und seine Position als Kulturkritiker also – wie oben bereits gezeigt – konsequent ein; denn auch sein Denken ist von der Barbarei affiziert und kann keine letztgültige Erkenntnis mehr beanspruchen. Angesichts von Auschwitz ist jeder Anspruch auf letzte Wahrheiten endgültig fragwürdig geworden.

Drittens wird in diesem letzten Abschnitt die oben bereits angedeutete Aporie aller Kultur und insbesondere der Gegenwartskunst sinnfällig, nach der sie „unmöglich" und zugleich unbedingt notwendig geworden ist. Unmöglich ist sie aufgrund der Einbindung in den „Schuldzusammenhang", ihrer ‚barbarischen' Konstitution und natürlich nicht zuletzt deshalb, weil Auschwitz wirklich geschehen ist. Notwendig ist sie aber gerade aufgrund des zweiten Strukturmoments von Kultur, das insbesondere für künstlerische Gebilde im engen Sinne gilt, nämlich ihrer Fähigkeit, durch Negation eine bessere Welt aufscheinen lassen zu können.[130] Dass Negation und Kritik für Adorno wesentliche Voraussetzung dafür bilden, dass Kunst überhaupt ein Glücksversprechen formulieren und Kultur(kritik) an ihm festhalten kann, zeigen seine ausführlichen Auseinandersetzungen mit dem auf Freiheit und Selbstreflexion setzenden Geist-Begriff, mit Lukács Verdinglichungsthese und mit den unterschiedlichen Konnotationen des Kulturbegriffs. Eine auf Glück verweisende Funktion können Kunst und Kultur(kritik) Adorno zufolge jedoch nur übernehmen, wenn sie sich ihrer Verstrickung in die

---

128 Vgl. Stein, Darum mag falsch gewesen sein, S. 485. Eine solche künstlerische Bezugnahme auf Auschwitz kann nach Adorno aber gerade nicht in einer realistischen oder ‚engagierten' Darstellung bestehen; vielmehr müssen Kunstwerke insbesondere in ihrer Formsprache auf Auschwitz reagieren. Vgl. ausführlich zur Kunst nach Auschwitz Kapitel IV. dieser Arbeit.
129 Kramer, „Wahr sind die Sätze als Impuls ... ", S. 73.
130 Adornos in diesem Essay dreifach konnotierter Kulturbegriff widerspricht der Annahme Steins, der in *Kulturkritik und Gesellschaft* noch keine „Andeutung einer Richtung, von der eine Lösung allein erwartbar wäre", sieht. Dass Adorno der Kunst utopisches Potential zuspricht, sieht Stein erst mit dem Valéry-Aufsatz von 1953 realisiert; vgl. Stein, Darum mag falsch gewesen sein, S. 490.

gesellschaftlichen und ökonomischen Prozesse bewusst werden, wenn sie nicht müde werden, die faktisch geschehenen Verbrechen zu erinnern und den mit Auschwitz bezeichneten Zivilisationsbruch als unabdingbare Voraussetzung anzuerkennen; und wenn sie vermeiden, das vermeintlich Geistige oder Kulturelle so zu verabsolutieren, dass die Shoah relativiert, bagatellisiert oder dem Vergessen preisgegeben wird.

II Intervention – Das Glück des Eingreifens

Adorno reagierte mit *Kulturkritik und Gesellschaft* auf einen literarisch-kulturellen Diskurs der deutschen Nachkriegsgesellschaft, der dabei war, die mit Auschwitz bezeichneten Verbrechen dem Vergessen preiszugeben.[1] Im Folgenden stehen daher nicht die *Reaktionen* auf Adornos Argumentation im Vordergrund;[2] vielmehr wird der Essay *selbst* als *Eingriff* in einen Nachkriegsdiskurs verstanden, in dem überwiegend mythisch-kulturkonservative Denkmuster vorherrschend waren. Adornos Text eröffnete also nicht primär einen Diskurs über die Möglichkeit von Lyrik nach Auschwitz, sondern reagierte selbst auf eine bereits bestehende Debatte über die Rolle von Kunst und Kultur nach 1945.[3] In diesem Kontext werden ebenfalls Überlegungen aus seinem Essay *Die auferstandene Kultur* von 1950 berücksichtigt; dieser ergänzt wegen seiner zeitlichen sowie inhaltlichen Nähe und dem Bezug auf den kulturpolitischen Diskurs der Nachkriegszeit die Argumentation von *Kulturkritik und Gesellschaft* auf instruktive Weise.[4] Die internen wie externen Kontextualisierungen sollen dazu beitragen, den häufig gegen Adorno erhobenen Vorwurf des abgehobenen Theoretisierens zu entkräften und stattdessen zu zeigen,

---

[1] Auch Alex Demirović betont den reziproken Charakter der Essays der *Prismen*: „Sechs Texte hat Adorno also schon im oder unmittelbar für den deutschen Kontext geschrieben; insbesondere diese Texte sind, so kann unterstellt werden, in einem höheren Maße dialogisiert, insofern sie mit Blick auf konkrete Personen, Situationen und Verhältnisse in der Bundesrepublik geschrieben worden sind. [...] Nun handelt es sich mehr noch darum, in eine Vielzahl gegenwärtiger kultureller Praktiken und damit in die weitere Entwicklung dieser Kultur einzugreifen." Demirović, Der nonkonformistische Intellektuelle, S. 556 f. Demirović hat hier vor allem Adornos Auseinandersetzung mit Autoren und Künstlern wie Oswald Spengler, Thorstein Veblen, Arnold Schönberg u. a. in den *Prismen* im Auge. Ich gehe davon aus, dass gerade auch *Kulturkritik und Gesellschaft* auf konkrete personelle Konstellationen und vorherrschende Denkmuster der unmittelbaren Nachkriegszeit reagiert.
[2] Vgl. zur mittlerweile hinreichend aufgearbeiteten Rezeptionsgeschichte des Adorno'schen Zitats insbesondere die instruktiven Arbeiten von Stein, Darum mag falsch gewesen sein, S. 485–508; Ryland, Re-Membering Adorno, S. 140–156.
[3] Damit verfolgt meine Arbeit den entgegengesetzten Weg zu Johanns Studie, die vor allem die „Diktumsrezeption" und die durch das ‚Diktum' angestoßenen Debatten in den Blick nimmt; vgl. Johann, Das Diktum Adornos, bes. S. 99–163.
[4] Laut der Angabe in den *Gesammelten Schriften* ist *Die auferstandene Kultur* 1949 entstanden. Da Adorno seine Erfahrungen aus der gerade wieder aufgenommenen Lehre an der Frankfurter Universität in den Aufsatz einfließen lässt, gehe ich davon aus, dass *Die auferstandene Kultur* kurz nach *Kulturkritik und Gesellschaft* – und damit entgegen Adornos eigener Aussage, nach der Rückkehr aus dem Exil erstmal nicht zum Schreiben gekommen zu sein (vgl. Kapitel I.1. dieser Arbeit) – verfasst wurde.

dass seine Texte durchaus als praxisnahe Interventionen in den literarisch-kulturellen Nachkriegsdiskurs begriffen werden können.

Dieser fand vor allem in den bereits kurz nach dem Krieg in großer Zahl erschienenen politisch-kulturellen Zeitschriften statt. Björn Bühner weist in seiner einschlägigen Studie zu bildungsbürgerlichen Semantiken der Nachkriegszeit darauf hin, dass die Diskussionen in diesen Zeitschriften von 1945 bis 1949 vor allem durch kulturkritische Argumentationsmuster bestimmt wurden.[5] Daher wird im Folgenden zunächst der vieldeutige Begriff der Kulturkritik erläutert, wozu auch die Untersuchung der in zahlreichen Texten der Nachkriegszeit vorherrschenden, spezifischen Form von mythischem Denken gehört. In einem zweiten Schritt betrachte ich den speziellen Typus der politisch-kulturellen Zeitschrift der deutschen Nachkriegsgesellschaft. Adornos Interventionen in diesen Nachkriegsdiskurs werden in einem dritten Schritt untersucht, wobei die Frage nach der deutschen Schuld, seine Kritik am kulturellen Traditionalismus und den Lyrikproduktionen der ersten Nachkriegsjahre im Zentrum stehen. Hierfür werden weitere programmatische Schriften der Zeit wie etwa Karl Jaspers' *Die Schuldfrage* und Werner Bergengruens Gedichtsammlung *Dies irae* herangezogen. Besondere Aufmerksamkeit gilt darüber hinaus den ersten Veröffentlichungen Gottfried Benns nach dem Krieg, der spätestens seit 1949 wieder zu *der* Zentralfigur des literarischen Feldes avancierte.

1 Kulturkritik und mythische Denkform

Kulturkritik kann als „normativ aufgeladener Reflexionsmodus"[6] der Moderne verstanden werden, der in einer langen Tradition eines fortschrittsskeptischen Denkens steht und sich gegen die Errungenschaften und Erscheinungsformen moderner Gesellschaften wendet.[7] Georg Bollenbeck unterscheidet drei

---

5 Vgl. Björn Bühner, Kulturkritik und Nachkriegszeit. Zur Funktionalisierung bildungsbürgerlicher Semantik in den politisch-kulturellen Zeitschriften 1945–1949, Heidelberg 2014, S. 7.
6 Georg Bollenbeck, Eine Geschichte der Kulturkritik. Von Rousseau bis Günther Anders, München 2007, S. 10.
7 Die Moderne wird hier als „disziplinübergreifend angewandtes Epochenkonzept" verstanden, das die politischen, gesellschaftlichen und ästhetischen Entwicklungen des 19. und 20. Jahrhunderts umfasst. Ende des 19. Jahrhunderts bildete sich die Moderne als ein „Deutungsmuster der Gegenwart und ihres histor. Wandels heraus, das sich durch ein ausgeprägtes Maß an kultureller Selbstreflexivität und Selbstdistanz auszeichnete"; vgl. Friedrich Jaeger, Moderne. In: Enzyklopädie der Neuzeit. Bd. 8, S. 652. Der Moderne-Begriff wurde in der Literatur vor allem zur Kennzeichnung der eigenen Kulturvorstellungen verwendet, wobei als Bezugspunkte (der Kritik) insbesondere gesellschaftliche Modernisierungsschübe wie Industrialisierung,

Verwendungsweisen des Kulturkritikbegriffs, die jeweils unterschiedliche Zeitspannen und Kontexte umfassen: „[N]ämlich ein weiter, ein enger und ein spezifisch deutscher Begriffsgebrauch."[8] Der *weite Begriff* umfasst seit der Antike jegliche Äußerungen, die kritisch gegen eine Gesellschaft vorgebracht werden können: „Demnach reicht Kulturkritik von Hesiod, Diogenes oder Seneca, über die mittelalterliche Hofkritik bis zur heutigen Zeit- oder Medienkritik. So wirkt sie ‚von weit zurück' bis in unsere Gegenwart hinein."[9]

Kulturkritik im *engen Sinne* ist laut Bollenbeck erst mit der europäischen Aufklärung entstanden. Es gebe aber durchaus Gemeinsamkeiten von *enger* und *weiter* Variante, nämlich „die Kritik am Zusammenhang von zivilisatorischen Errungenschaften und Sittenverfall, die These von der ursprünglich gesunden Gesellschaft und dem Niedergang"[10]. Die entscheidende Differenz liege aber „in einem neuartigen Zeitbewusstsein mit offener Zukunft"[11], die die *enge* Variante kennzeichne. Diese unterscheide sich wiederum in zwei Stoßrichtungen: Während Anhänger der philosophischen Richtung des antiken Kynismus die Errungenschaften und Konventionen der Moderne ablehnen und stattdessen eine Rückkehr zu einem als ursprünglich gedachten Naturzustand des Menschen fordern, halten Jean-Jacques Rousseau und Friedrich Schiller den Zivilisationsprozess zwar nicht weniger für kritikwürdig, aber auch für unumkehrbar.[12] Beide problematisieren einen Identitätsverlust, der den Leistungen eines Verstandes geschuldet sei, der alle Handlungen auf Rationalisierung, Berechenbarkeit und Wiederholbarkeit ausrichte. Diese Differenzierungs- und Rationalisierungsleistungen bewirkten eine Entfremdung von Mensch und Natur und – daraus resultierend – des Menschen von sich selbst und von der Gesellschaft. Insbesondere in seinen Briefen *Über die ästhetische Erziehung des Menschen* von 1793 expliziert Schiller die hier angesprochenen Entfremdungsphänomene:

> Die Kultur selbst war es, welche der neuern Menschheit diese Wunde schlug. Sobald auf der einen Seite die erweiterte Erfahrung und das bestimmtere Denken eine schärfere Scheidung der Wissenschaften, auf der anderen das verwickeltere Uhrwerk der Staaten eine strengere Absonderung der Stände und Geschäfte notwendig machte, so zerriß auch der innere Bund der menschlichen Natur, und ein verderblicher Streit entzweite ihre harmonischen Kräfte. [...] Auseinandergerissen wurden jetzt der Staat und die Kirche, die

---

Medien- und Technikrevolutionen, Urbanisierung u. a. fungierten; vgl. Dirk Niefanger, Moderne in der Literatur. In: Enzyklopädie der Neuzeit. Bd. 8, S. 662.
8 Bollenbeck, Eine Geschichte der Kulturkritik, S. 13.
9 Bollenbeck, Eine Geschichte der Kulturkritik, S. 13.
10 Bollenbeck, Eine Geschichte der Kulturkritik, S. 14.
11 Bollenbeck, Eine Geschichte der Kulturkritik, S. 14.
12 Vgl. Bollenbeck, Eine Geschichte der Kulturkritik, S. 14.

Gesetze und die Sitten; der Genuß wurde von der Arbeit, das Mittel vom Zweck, die Anstrengung von der Belohnung geschieden. Ewig nur an ein einzelnes kleines Bruchstück des Ganzen gefesselt, bildet sich der Mensch selbst nur als Bruchstück aus.[13]

Entfremdung oder in seinen Worten Entzweiung heißt für Schiller also die Zerrissenheit des Individuums, welches sich nur noch als „Bruchstück" erfahren kann und an einer allseitigen Entwicklung gehindert ist. Diese innere Zerrissenheit sei Resultat einer Aufklärung, die aufgrund jener Prozesse der Ausdifferenzierung (von Staat und Kirche, von Recht und Moral, der Einzelwissenschaften) und Rationalisierung (also der Trennung von Zweck und Mittel, der Erweiterung der gesellschaftlichen Arbeitsteilung) zwar zu Erfahrungs- und Erkenntniserweiterung beitrug, jedoch die von Schiller geforderte *„Totalität des Charakters"*[14] verfehlt habe. Ihm geht es daher um „Wiederherstellung"[15], die ohne Kunst jedoch nicht möglich sei; Schiller stellt also erstmals einen Zusammenhang zwischen Entfremdung und Ästhetik her. Deswegen fordert er die „Ausbildung des Empfindungsvermögens"[16] und der Gemütskräfte, da „es die Schönheit ist, durch welche man zu der Freiheit wandert"[17]. Nur so sei es möglich, „diese Totalität in unsrer Natur, welche die Kunst zerstört hat, durch eine höhere Kunst wieder herzustellen"[18]. Schillers Lösungsvorschlag ist also vor allem „bildungsindividualistisch an den Einzelnen adressiert, ohne dass dessen Selbstbestimmung in einen umfassenden sozialen und politischen Zusammenhang eingebettet wird"[19].

---

13 Friedrich Schiller, Über die ästhetische Erziehung des Menschen in einer Reihe von Briefen. In: Schiller, Werke und Briefe, hg. v. Otto Dann u. a., Bd. 8: Theoretische Schriften, hg. v. Rolf-Peter Janz, Frankfurt am Main 1992, S. 556–618, hier: S. 572f.
14 Schiller, Über die ästhetische Erziehung des Menschen, S. 567. Hervorhebung im Original.
15 Schiller, Über die ästhetische Erziehung des Menschen, S. 567.
16 Schiller, Über die ästhetische Erziehung des Menschen, S. 582.
17 Schiller, Über die ästhetische Erziehung des Menschen, S. 560; vgl. eine ähnliche Argumentation schon in Schillers Kritik an den Gedichten Gottfried August Bürgers; Schiller, Über Bürgers Gedichte. In: Bd. 8: Theoretische Schriften, S. 972–988, hier: S. 972.
18 Schiller, Über die ästhetische Erziehung des Menschen, S. 578. Nach Eva Geulen geht es bei Schiller allerdings „im und beim ästhetischen Zustand nicht um die Überwindung einer entfremdenden Trennung, sondern um einen anderen Modus der Erfahrung der unvermeidlichen und unendlichen Kluft zwischen Empfindung und Verstand"; vgl. ausführlich dazu: Eva Geulen, Entfremdung bei Schiller. In: Thomas Khurana u. a. (Hg.), Negativität. Kunst – Recht – Politik, Berlin 2018, S. 349–356.
19 Bollenbeck, Eine Geschichte der Kulturkritik, S. 89. Ganz anders wird Entfremdung bei Marx gefasst, der sich mit diesem Begriff – an den auch Adorno anknüpft und der eine wichtige Grundlage für Lukács' Theorie der Verdinglichung bildet – auf die ökonomischen Konstitutionsbedingungen der bürgerlichen Gesellschaft und damit den Bereich der materiellen Produktion bezieht. Mit der kapitalistischen Warenproduktion wird nach Marx ein Prozess der Vergegenständlichung

Schiller kann als Vordenker einer „Kulturkritik als Reflexionsmodus der Moderne" gelten, da seine Überlegungen durch spätere „kulturkritische Entwürfe nicht entwertet",[20] sondern im Laufe der Jahrhunderte vielmehr aufgegriffen, weitergedacht und präzisiert wurden. Insbesondere an seinen Begriff von Kulturkritik als „Kritik an Zivilisation und Kultur überhaupt"[21] konnte die *spezifisch deutsche Form*, die Bollenbeck als dritte Variante von Kulturkritik vorstellt und der auch die meisten NachkriegsautorInnen anhingen, gut anknüpfen. Sie mündete Ende des 19., zu Beginn des 20. Jahrhunderts in einer Gegenwartsdiagnose, welche die sich seit der Aufklärung entwickelnden Prozesse der Demokratisierung, Rationalisierung und Technisierung kritisch betrachtete: „Nun wird die Aufklärung in die Nähe eines Begriffs gerückt, der einzelne Errungenschaften und viele Fehlentwicklungen der Moderne bündeln soll: Die Aufklärung gerät zu einem Bestandteil der zunehmend abgelehnten westlichen Zivilisation."[22] Insbesondere die wertende Kontrastierung von gewürdigter Kultur einerseits und abgelehnter Zivilisation andererseits zeichnete die deutsche Variante aus: „Kulturkritik in einem *spezifisch deutschen Sinne* operiert mit einem engen, normativen Kulturbegriff, der als kontrastiver Bezugspunkt das Krisenbewusstsein lenkt."[23] Dementsprechend bezog sich der Kulturbegriff vorrangig auf die Künste und Wissenschaften, die als Vermittler der Bildung fungierten:

---

der Arbeit in Gang gesetzt, der auf der Seite der ArbeiterInnen als „Entwirklichung" oder Entfremdung erscheint: „Die Arbeit produziert nicht nur Waren; sie produziert sich selbst und den Arbeiter als eine Ware, und zwar in dem Verhältnis, in welchem sie überhaupt Waren produziert. [...] Der Gegenstand, den die Arbeit produziert, ihr Produkt, tritt ihr als ein fremdes Wesen, als eine von dem Produzenten unabhängige Macht gegenüber. Das Produkt der Arbeit ist die Arbeit, die sich in einem Gegenstand fixiert, sachlich gemacht hat, es ist die Vergegenständlichung der Arbeit. Die Verwirklichung der Arbeit erscheint in dem nationalökonomischen Zustand als Entwirklichung des Arbeiters, die Vergegenständlichung als Verlust und Knechtschaft des Gegenstandes, die Aneignung als Entfremdung, als Entäußerung." Marx, Ökonomisch-philosophische Manuskripte. MEW Erg. Bd. 1, S. 511 f. Nach Marx hat Entfremdung also drei Aspekte: Die Arbeitenden sind vom Produkt ihrer Tätigkeit, vom Produktionsprozess und von ihrer Gattung entfremdet. Mit den Begriffen ‚Arbeit' und ‚Entfremdung' ist bei Marx implizit auch die Frage nach der Veränderung der politisch-gesellschaftlichen Produktionsverhältnisse aufgeworfen, unter deren Bedingungen die entfremdete Arbeit stattfindet. Die AutorInnen der unmittelbaren Nachkriegszeit beziehen sich allerdings ausschließlich auf den Entfremdungsbegriff in der Tradition Schillers, wenn sie über moderne Dissoziationsphänomene klagen oder über die Aufgaben von Bildungsinstitutionen diskutieren.
20 Bollenbeck, Eine Geschichte der Kulturkritik, S. 111.
21 Achim Trebeß, Entfremdung und Ästhetik. Eine begriffsgeschichtliche Studie und eine Analyse der ästhetischen Theorie Wolfgang Heises, Stuttgart/Weimar 2001, S. 75.
22 Bollenbeck, Eine Geschichte der Kulturkritik, S. 14.
23 Bollenbeck, Eine Geschichte der Kulturkritik, S. 14. Hervorhebung im Original.

Nun wird verstärkt der Zivilisation zugerechnet, was mit den Ansprüchen von Bildung und Kultur an der neuen Gegenwart missfällt. So erscheint ihr die Moderne als Schicksal. Und so befördert sie unter den Bedingungen der deutschen Geschichte [...] eine Bereitschaft für autoritäre Losungen und Lösungen.[24]

Die „,typisch deutsche' Antithese Kultur–Zivilisation [erhielt] ihr normatives Gesicht"[25] insbesondere in der Ablehnung großstädtischer Phänomene. Großstädte wie Berlin wurden zu Beginn der Jahrhundertwende und dann prominent von Oswald Spengler in seiner 1918 im ersten und 1922 im zweiten Band erschienenen Studie *Der Untergang des Abendlandes* als Raum der Ent- und Überfremdung dämonisiert. In der urbanisierten und rationalisierten Massengesellschaft sei es dem modernen Menschen nicht mehr möglich, seiner Wurzeln gewahr zu werden;[26] er werde zwangsläufig zu einem „geistige[n] Nomade[n]"[27].

Spenglers Gegenwartsanalyse der modernen europäischen Gesellschaften ist entschieden demokratiekritisch und wendet sich gegen die modernen Industriegesellschaften. Er parallelisiert die Geschichte des Abendlandes mit der Entstehung und dem Niedergang acht weiterer Hochkulturen und gelangt zu dem verfallsperspektivischen Schluss, dass der Untergang des Abendlandes das Ende eines gleichsam vorherbestimmten Geschichtsprozesses bildet. Spengler geht von einem zyklischen Verlauf der Weltgeschichte und der verschiedenen Hochkulturen aus, in dem „Zeitalter, Epochen, Lagen, Personen sich dem Typus nach wiederholen"[28]. Er begreift Kulturen als Organismen, in denen „Jugend, Aufstieg, Blütezeit, Verfall" für ihn „objektive Bezeichnungen organi-

---

24 Bollenbeck, Eine Geschichte der Kulturkritik, S. 15. Bollenbeck und Fritz Stern weisen darauf hin, dass die spezifisch deutsche Variante der Kulturkritik insbesondere wegen der „terribles simplificateurs" wie Paul Anton Lagarde (*Deutsche Schriften*, 1878–1886), Julius Langbehn (*Rembrandt als Erzieher*, 1890) und Oswald Spengler (*Der Untergang des Abendlandes*, 1918/22) in Verruf geraten ist (Bollenbeck, Eine Geschichte der Kulturkritik, S. 10). Deren kontrastive Gegenüberstellung von Kultur und Zivilisation und ihre Polemik gegen die Errungenschaften der Moderne habe eine Ideologie unterstützt, „die nicht nur dem Nationalsozialismus ähnlich ist, sondern sogar von den Nationalsozialisten selbst als wesentlicher Bestandteil ihres politisch-kulturellen Erbes anerkannt wurde"; Fritz Stern, Kulturpessimismus als politische Gefahr. Eine Analyse nationaler Ideologie in Deutschland, Bern 1961, S. 5. Vgl. darüber hinaus zu Begriff und Geschichte der Kulturkritik Niels Werber, Einleitung. In: Zeitschrift für Literaturwissenschaft und Linguistik 41, 2011, H. 161 (Semantik der Kulturkritik), S. 5–12; Ralf Konersmann, Kulturkritik, Frankfurt am Main 2008.
25 Gilbert Merlio, Die mythenlose Mythologie des Oswald Spengler. In: Silvio Vietta/Herbert Uerlings (Hg.), Moderne und Mythos, München 2006, S. 207–225, hier: S. 209.
26 Vgl. Merlio, Die mythenlose Mythologie, S. 213f.
27 Oswald Spengler, Der Untergang des Abendlandes. Umrisse einer Morphologie der Weltgeschichte, 10. Aufl., München 1991, S. 677.
28 Spengler, Der Untergang des Abendlandes, S. 4.

scher Zustände" sind.²⁹ Am Ende, das heißt im Stadium des Verfalls stehe die Zivilisation als „das unausweichliche *Schicksal* einer Kultur"³⁰ – eine Argumentationsfigur, die in vielen Artikeln der politisch-kulturellen Zeitschriften später wieder auftauchen wird.

Wenn Bühner von kulturkritischen Denkmustern spricht, dann hat er insbesondere die an Spengler exemplarisch aufgezeigte zivilisationspessimistische Sicht vor Augen.³¹ Diese Lesart von Kulturkritik ist freilich nicht zwingend; denn sie verfehlt notwendig die zentrale Stellung und produktive Kraft, die beispielsweise Walter Benjamin dem Begriff der Kritik etwa zeitgleich zu Spengler beimisst. In seiner 1920 veröffentlichten Dissertation *Der Begriff der Kunstkritik in der deutschen Romantik* betont Benjamin in Anlehnung an die frühromantischen Kritikkonzepte von Friedrich Schlegel und Novalis, dass Kunstkritik wesentlich als fruchtbare Weiterbildung des Kunstwerks zu verstehen ist.³² Kritik sei dabei niemals reines Be- oder Aburteilen durch das subjektive Geschmacksurteil eines „Kunstrichter[s]"³³, sondern vor allem selbstreflexiv. Dieser Begriff von Kritik setze allerdings ein Verständnis des Kunstwerks voraus, das seinerseits selbstreflexiv ist, weil es die Selbstkritik bereits in sich trage. Eine solche Kunstkritik sei als Fortführung der Selbstkritik des Kunstwerks immer auch Potenzierung desselben.³⁴ Mit diesem der frühromantischen Konzeption entlehnten Kritikbegriff richtet Benjamin sich dezidiert gegen zwei zeitgenössische Vorstellungen: Zum einen gegen die Inthronisierung des Kritikersubjekts als alleinige Beurteilungsinstanz; zum zweiten gegen die Vereinnahmung der Kritik durch ausschließlich verfallsperspektivisch argumentierende AutorInnen. Denn Kunst- und Kulturkritik sind bei Benjamin niemals mit einer antimodernen Haltung verbunden. Auch Adornos Begriff der Kulturkritik³⁵ folgt keinem modernefeindlichen Impuls, vielmehr gelten ihm die Errungenschaften der Aufklärung als nicht hintergehbare Ausgangspunkte.

Um also nicht der Gefahr zu erliegen, jegliche kulturkritische Argumentation der dargestellten *spezifisch deutschen Variante* von Kulturkritik zu subsumieren,

---

29 Spengler, Der Untergang des Abendlandes, S. 36.
30 Spengler, Der Untergang des Abendlandes, S. 43. Hervorhebung im Original.
31 Vgl. Bühner, Kulturkritik und Nachkriegszeit, S. 14.
32 In Benjamins Werk finden sich unterschiedliche Verwendungsweisen des Kritik-Begriffs; vgl. dazu Sven Kramer, Walter Benjamin zur Einführung, 3. überarb. Aufl., Hamburg 2010, bes. S. 42–50. An dieser Stelle sei aber vor allem auf Benjamins durch die Frühromantik inspirierten Kritikbegriff verwiesen, da dieser zeitgenössisch für eine völlig andere Vorstellung von Kritik einstand als der Spengler'sche Begriff.
33 Benjamin, Der Begriff der Kunstkritik in der deutschen Romantik. GS 3, S. 57.
34 Vgl. Benjamin, Der Begriff der Kunstkritik in der deutschen Romantik, bes. S. 71; 74; 84–87.
35 Vgl. Kapitel I.2. dieser Arbeit.

spreche ich im Folgenden, anders als Bühner, von den zivilisationspessimistischen Denkmustern, wenn es um jene spezifische moderneskeptische Lesart geht.[36] Denn bei genauerer Betrachtung zeigt sich, dass die Grundbegriffe und Kategorien der meisten NachkriegsautorInnen einem mythischen Denken entspringen. Sie beziehen sich dabei weniger auf das ästhetische Projekt der Frühromantik, die ‚Neue Mythologie'[37], sondern folgen einer archaischen Vorstellung vom Mythos, auf der auch ihr Geschichtsverständnis fußt.[38] Ihr mythisches Denken ist vor allem gekennzeichnet durch eine „eigentümliche *Konfusion zwischen Natur und Kultur*"[39], wobei erstere ursprünglich als nicht-menschliche Welt wahrgenommen, dann aber mit humanen Zügen ausgestattet und letztere „gewissermaßen naturalisiert und verdinglicht in den objektiven Wirkungszusammenhang anonymer Mächte aufgesogen wird"[40]. Mit dieser Entdifferenzierung von Natur und Kultur ist auch eine

---

[36] Der Gefahr der Pauschalisierung erliegt Bühner bspw. in Bezug auf Max Horkheimer. Horkheimers Essay *Neue Kunst und Massenkultur* dient Bühner als Beleg für dessen Ablehnung von Uniformierungs- und Vergesellschaftungsprozessen, welche die ‚Massen' bloß zum Spielball der Mächtigen degradierten. Problematisch erscheint Bühners unmittelbar anschließende Schlussfolgerung, dass „die Autoren in all dem ein Argument gegen demokratische Politikkonzepte" sehen, vor allem deswegen, weil die pauschale und undifferenzierte Sammelbezeichnung „die Autoren" hier einen Theoretiker einschließt, der in besagtem Essay mitnichten gegen demokratisches Denken und Handeln angeschrieben hat; vgl. Bühner, Kulturkritik und Nachkriegszeit, S. 37; Max Horkheimer, Neue Kunst und Massenkultur. In: Die Umschau 3, 1948, H. 4, S. 455–468, hier: S. 459. Ein aufmerksamer Blick in Horkheimers zentrale Publikationen hätte zudem gezeigt, dass Kulturkritik bei ihm keineswegs mit modernefeindlichen Tendenzen verbunden ist. Dieser kleine Exkurs soll freilich nicht darüber hinwegtäuschen, dass in der Tat die Vielzahl der von Bühner diskutierten AutorInnen, die 1945 bis 1949 in den politisch-kulturellen Zeitschriften veröffentlichten, in der Tradition des spezifisch deutschen, moderneskeptischen Begriffs von Kulturkritik standen.
[37] Vgl. dazu bspw. Manfred Engel, „Neue Mythologie" in der deutschen und englischen Frühromantik. William Blakes *The Marriage of Heaven and Hell* und Novalis' *Klingsohr-Märchen*. In: Arcadia 26, 1991, S. 225–245.
[38] Die ‚mythische Denkform' ist – wie im Folgenden zu sehen sein wird – von der frühromantischen Vorstellung zu unterscheiden, nach der das Erzählen von Mythen Aufgabe von Dichtung sei; vgl. Bühner, Kulturkritik und Nachkriegszeit, S. 16; Volker C. Dörr, Mythomimesis. Mythische Geschichtsbilder in der westdeutschen (Erzähl-)Literatur der frühen Nachkriegszeit (1945–1952), Berlin 2004, S. 49.
[39] Habermas, Theorie des kommunikativen Handelns. Bd. 1, S. 79. Hervorhebung im Original. Habermas expliziert die *„Konfusion zwischen Natur und Kultur"* weiter: „Dieses Phänomen können wir zunächst als eine Vermischung von zwei Objektbereichen, eben der Bereiche der physischen Natur und der soziokulturellen Umwelt verstehen. Der Mythos erlaubt keine klare grundbegriffliche Differenzierung zwischen Dingen und Personen, zwischen Gegenständen, die manipuliert werden können, und Agenten, sprach- und handlungsfähigen Subjekten, denen wir Handlungen und sprachliche Äußerungen zurechnen."
[40] Habermas, Theorie des kommunikativen Handelns. Bd. 1, S. 78.

Verschiebung erkenntnistheoretischer Kategorien verbunden. Verstärkt wird dies durch die dem mythischen Denken eigene „Analogie- und Kontrastbildung", wodurch „alle Erscheinungen zu einem einzigen Netz von Korrespondenzen" verwoben werden.[41] Gerade Spenglers Konzeption von organisch sich wiederholenden Zyklen und Jahreszeiten sowie sein Vergleich „‚gleichzeitiger' Geistesepochen"[42] bestätigt die These vom analogisierenden und mit starken Kontrasten arbeitenden mythischen Denken. Ganz im Spengler'schen Sinne wird in diesem die als defizitär wahrgenommene Zivilisation gegen eine – paradoxerweise – als ‚natürliches Arkadien' wahrgenommene Kultur ausgespielt; nach Spengler stehen denn auch „alle großen Konflikte der Weltanschauung, der Politik, der Kunst, des Wissens, des Gefühls im Zeichen dieses einen Gegensatzes"[43].

Volker C. Dörr scheint jene mythische Konzeption Spenglers vor Augen zu haben, wenn er „das Moment einer ewigen Wiederkehr, einer zyklischen Verlaufsform des Geschehens in der Welt"[44] als Gemeinsamkeit der meisten Mythos-Konzeptionen hervorhebt. Wenn

> die Wirklichkeit als Wiederholung des Archetyps erscheint, dann lässt sich auch dies als eine Naturalisierung deuten, denn die zyklische Struktur des Durchgangs durch Kataklysmen hat ihre Wurzeln womöglich in der Wahrnehmung der zyklischen Wiederkehr von Jahreszeiten und Fruchtbarkeitsphasen, also in der Anschauung eines ‚kosmischen' Rhythmus.[45]

Jene Entdifferenzierung von Natur und Kultur deutet schließlich auf eine stark metaphysische Komponente des mythischen Denkens hin. Denn es ist wesentlich auch durch die Vorstellung geprägt, dass göttliche, dämonische und/oder übersinnliche Kräfte die geschichtlichen Verläufe so lenken, dass darin gleichsam eine „transzendente Notwendigkeit"[46] zum Ausdruck kommt. Daher bietet ein mythisches Weltbild auch stabile Orientierungshilfen in einer Zeit, die zunehmend als diffus, kontingent und überkomplex wahrgenommen wird:[47] „Die mythische Struktur stiftet Korrespondenzen, Zusammenhänge, Entsprechun-

---

[41] Habermas, Theorie des kommunikativen Handelns. Bd. 1, S. 77.
[42] Spengler, Der Untergang des Abendlandes, S. 71.
[43] Spengler, Der Untergang des Abendlandes, S. 48.
[44] Volker C. Dörr, Mythos als diskursive und narrative Kategorie in der frühen Nachkriegsliteratur Westdeutschlands. In: Monika Schmitz-Ewans/Uwe Lindemann (Hg.), Komparatistik als Arbeit am Mythos, Heidelberg 2004, S. 305–318, hier: S. 308.
[45] Dörr, Mythos als diskursive und narrative Kategorie, S. 308.
[46] Dörr, Mythos als diskursive und narrative Kategorie, S. 309.
[47] Vgl. Hans Blumenberg, Arbeit am Mythos, Sonderausgabe nach der 5. Aufl., Frankfurt am Main 1996, S. 56.

gen, welche die gesamte Wirklichkeit in einem in sich stabilen Sinngefüge organisiert."[48] Der Glaube an eine (fremdgesteuerte) zyklische Struktur der Weltgeschichte entlastet den einzelnen Menschen nicht nur von individueller Verantwortung, sondern macht die „Welt zugleich versteh- und erleidbar"[49]. Mythische Weltbilder stabilisieren demnach auch autoritäre Persönlichkeits- und Charakterstrukturen; man kann also davon ausgehen, dass zivilisationspessimistische und mythische Argumentationsmuster mit totalitären und sogar nationalsozialistischen Ideologien korrespondieren:

> Die Gemeinsamkeit zwischen Nationalsozialismus und Kulturkritik ist aus heutiger Sicht zu sehen in dem antimodernen Impuls, dem beide geschuldet waren. Hier wie dort wurde in der Moderne eine Bedrohung gesehen, weil diese feste Überzeugungen, tradierte Selbst- und Weltbeschreibungen fragwürdig werden ließ. Pluralisierung erschien solchem Denken nicht als Freiheitsgewinn, sondern als Orientierungsverlust. Die Flucht in autoritäre, hierarchische oder eben gar faschistische Staats- und Gesellschaftsformen galt als einziger Ausweg.[50]

In der unmittelbaren Nachkriegszeit bedienten sich erstaunlicherweise aber gerade Intellektuelle, die sich selbst dezidiert *nicht* als AnhängerInnen des Nationalsozialismus verstanden, solcher zivilisationspessimistischer Denk- und Argumentationsmuster. Dies kann dadurch erklärt werden, dass das Weltbild vieler AutorInnen durch den Nationalsozialismus nicht nachhaltig erschüttert wurde. Sie sahen sich durch diesen vielmehr in ihrer Kritik an der Moderne bestätigt, da sie ihn als direkte Konsequenz der modernen Massengesellschaft verstanden. Dieser Blickwinkel wurde auch durch die NS-Verbrechen nicht sonderlich beeinträchtigt; Verantwortung für diese oder Schuld an ihnen wurde nur selten in Betracht gezogen, weil die mythischen Welt- und Geschichtsbilder von individueller und kollektiver Verantwortung entlasteten. Ein solch mythisch geprägtes Selbst- und Wirklichkeitsverständnis wurde in den literarischen und programmatischen Texten der unmittelbaren Nachkriegszeit (re)produziert.

2 Die politisch-kulturellen Zeitschriften der Nachkriegszeit

In allen vier Besatzungszonen erschienen bereits kurz nach dem Krieg in großer Zahl Zeitschriften, die Stellung zur aktuellen politischen, gesellschaftlichen und/oder kulturellen Lage bezogen. Zeitschriften wie *Die Wandlung, Die*

---

48 Thorsten Wilhelmy, Legitimitätsstrategien der Mythosrezeption. Thomas Mann, Christa Wolf, John Barth, Christoph Ransmayr, John Banville, Würzburg 2004, S. 39.
49 Dörr, Mythos als diskursive und narrative Kategorie, S. 309.
50 Bühner, Kulturkritik und Nachkriegszeit, S. 7.

2 Die politisch-kulturellen Zeitschriften der Nachkriegszeit 77

Gegenwart, *Welt und Wort* und *Frankfurter Hefte*[51] wurden von einer breiten, vornehmlich gebildeten LeserInnenschaft regelmäßig gelesen und erzielten eine durchschnittliche Auflagenhöhe von 30.000 bis 50.000 Exemplaren.[52] Nach Ingrid Laurien bedeuteten solche Zahlen „auch gemessen an ‚normalen' Zeiten, enorme Auflagen"[53]. Tonangebend bei der Herausgabe der neuen Zeitschriften war eine „zwischen 1900 und 1915 geborene Männergeneration, deren Lebenserfahrung weitgehend von den Ereignissen der 1930er und frühen 1940er Jahre geprägt worden war"[54]. Bezeichnend ist jedoch, dass sich unter diesen Herausgebern kaum Exilanten befanden: „Die meisten [Herausgeber, P.G.] hatten ehemals mittlere Posten bei Publikationsorganen bekleidet, die

---

51 Eine vollständige Auflistung der von 1945 bis 1949 erschienenen politisch-kulturellen Zeitschriften mit Lizenzträger, Herausgeber, Auflagenhöhe, Erscheinungszeitraum und -ort findet sich bei Ingrid Laurien, Politisch-kulturelle Zeitschriften in den Westzonen 1945–1949. Ein Beitrag zur politischen Kultur der Nachkriegszeit, Frankfurt am Main 1991, S. 304–313. Um einen ersten Eindruck der im Folgenden besprochenen Zeitschriften zu bekommen, werden an dieser Stelle die wesentlichen Daten genannt: *Die Aussaat*: monatl. erschienen v. Mai 1946 bis Januar 1948 mit einer Auflagenhöhe v. 20.000 (künftige Angabe mit Abkürzungen); *Berliner Hefte*: monatl. ersch. v. Juni 1946 bis Dezember 1949 m. einer Auflh. v. 50.000; *Frankfurter Hefte*: monatl. ersch. seit April 1946 m. einer Auflh. v. 50.000, hg. v. Eugen Kogon u. Mitwirkg. v. Walter Dirks; *Die Gegenwart*: halbmonatl./monatl. als Doppelnummer ersch. v. Dezember 1945 bis 1958 m. einer Auflh. v. 220.000; *Geistige Welt*: vierteljährl. ersch. v. April 1946 bis 1954 m. einer Auflh. v. 20.000; *Der Monat*: ersch. v. 1948 bis 1971, hg. v. Melvin Lasky, später gemeinsam m. Helmuth Jaesrich m. einer Auflh. v. 25.000, 1978 neu gegründet, ersch. bis 1987; *Nordwestdeutsche Hefte*: monatl. ersch. v. April 1946 bis 1948 (dann bis 1966 unter dem Titel *Kristall* fortgesetzt), hg. v. Hinrich u. Axel Springer m. einer Auflh. v. 100.000; *Prisma*: monatl. ersch. v. November 1946 bis Dezember 1948 (fortgesetzt unter dem Titel *Glanz*) m. einer Auflh. v. 20.000; *Der Ruf*: halbmonatl. ersch. v. August 1946 bis März 1949, bis 1947 hg. v. Alfred Andersch/Hans Werner Richter, danach v. Erich Kuby/Walter v. Cube u. Eitel/Fritz v. Schilling m. einer Auflh. v. 50.000; *Die Umschau*: monatl. ersch. v. September 1946 bis September 1948 m. einer Auflh. v. 60.000; *Die Wandlung*: monatl. ersch. v. November 1945 bis Dezember 1949, hg. v. Dolf Sternberger u. Mitwirkg. v. Karl Jaspers/Werner Krauss/Marie Luise Kaschnitz/Alfred Weber m. einer Auflh. v. 35.000; *Welt und Wort*: monatl. ersch. v. März 1946 bis 1973 m. einer Auflh. v. 10.000.

52 Vgl. Laurien, Politisch-kulturelle Zeitschriften in den Westzonen, S. 9. Morten Reitmayer macht auf den gemeinsamen soziokulturellen Horizont von LeserInnen und ZeitschriftenautorInnen aufmerksam; vgl. Morten Reitmayer, Kulturzeitschriften im Intellektuellen Feld der frühen Bundesrepublik. In: Daniela Münkel/Jutta Schwarzkopf (Hg.), Geschichte als Experiment. Studien zu Politik, Kultur und Alltag im 19. und 20. Jahrhundert. Festschrift für Adelheid von Saldern, Frankfurt am Main 2008, S. 61–73, hier: S. 68 f.

53 Laurien, Politisch-kulturelle Zeitschriften in den Westzonen, S. 9.

54 Anson Rabinbach, Die Debatte um die deutsche Schuld in den Kulturzeitschriften nach 1945. In: Geschichte als Experiment, S. 135–144, hier: S. 135.

sich der Inneren Emigration verpflichtet fühlten."⁵⁵ Auch unter den Autorinnen und Autoren der Zeitschriftenbeiträge fällt die Abwesenheit von Exilschriftstellerinnen und -schriftstellern auf.⁵⁶

Die Zeitschriften selbst entsprachen vornehmlich dem Typus der politisch-kulturellen Zeitschrift:

> Dieser Typus der klassischen politisch-kulturellen Zeitschrift ist seit Wielands *Teutschem Merkur* gekennzeichnet durch die Mischung von politischen oder wissenschaftlichen Essays und kürzeren literarischen Texten. Die erste Nummer der Zeitschrift enthält meist eine programmatische Erklärung des oder der Herausgeber. Zum Kernbestand solcher Zeitschriften gehören auch Rezensionen oder Auseinandersetzungen mit Personen des politischen oder literarischen Lebens; [...] Wesentlich ist ihr die Mischung von Belehrung, Beeinflussung und unterhaltender Lektüre, die sich aber in den gesetzten Rahmen einfügen muß, und wesentlich ist auch die Mischung von Politik und Literatur oder Kultur im weiteren Sinne. Die klassische politisch-kulturelle Zeitschrift ist ganz zugeschnitten auf die sich in ihr artikulierenden Persönlichkeiten. Diese allgemeinen Merkmale der klassischen politisch-kulturellen Zeitschrift veränderten sich im Laufe ihrer Geschichte wenig; unterschiedlich war der Grad und die Intensität, mit der der oder die Herausgeber ihre Ideen vertraten.⁵⁷

Daher ging es in den politisch-kulturellen Zeitschriften der Nachkriegszeit insbesondere auch um den Anspruch auf Deutungshoheit und Orientierungshilfe. Die Zeitschriften stellten „den Schauplatz der Kämpfe dar, in denen über die vorherrschende Sicht der sozialen Welt, das heißt über die ‚symbolische Ordnung' entschieden wurde"⁵⁸. Das weite Feld der Zeitschriftenlandschaft nach 1945 ermöglichte es dann gerade den einflussreichen Autoren, die häufig für viele Zeitschriften zugleich schrieben, ihre Ideen „nicht mehr in einem engen politischen oder kulturell definierten Milieu, sondern tendenziell im gesamten Intellektuellen Feld (und darüber hinaus)"⁵⁹ zu verbreiten.

---

55 Rabinbach, Die Debatte um die deutsche Schuld, S. 136. Der Begriff der ‚Inneren Emigration' geht auf Frank Thieß zurück und soll den mentalen Zustand der in Deutschland gebliebenen, aber dem Nationalsozialismus kritisch gegenüberstehenden KünstlerInnen beschreiben. Ausführlich zum Begriff der ‚Inneren Emigration' siehe Kapitel II.3.3. dieser Arbeit.
56 Im Folgenden werde ich nur noch von ‚Autoren' oder ‚Schriftstellern' sprechen, da alle in dieser Studie untersuchten Artikel von Männern geschrieben wurden. Es gab zeitgenössisch zwar auch Artikel von Autorinnen, allerdings bildeten diese insgesamt einen verschwindend geringen Anteil.
57 Laurien, Politisch-kulturelle Zeitschriften in den Westzonen, S. 50 f.
58 Reitmayer, Kulturzeitschriften im Intellektuellen Feld der frühen Bundesrepublik, S. 63. Mit dem Begriff der ‚symbolischen Ordnung' bezieht Reitmayer sich auf Pierre Bourdieus Feldtheorie; vgl. bspw. Pierre Bourdieu/Loïc Wacquant, Die Logik der Felder. In: Bourdieu/Wacquant (Hg.), Reflexive Anthropologie, 3. Aufl., Frankfurt am Main 2013, S. 124–146.
59 Reitmayer, Kulturzeitschriften im Intellektuellen Feld der frühen Bundesrepublik, S. 67 f.

Die Gründe für die Beliebtheit der Zeitschriften in den ersten Nachkriegsjahren (und teilweise noch weit darüber hinaus) sind vielfältig. Aus medienhistorischer Perspektive erscheint die Zeitschrift wegen der relativen Kürze, Papierknappheit und den erschwerten Distributionsbedingungen kurz nach dem Krieg als *die* adäquate Publikationsform. Außerdem wurde ein auf demokratischen Grundprinzipien basierendes Modell einer pluralen Öffentlichkeit nach der Gleichschaltung der Presse im Nationalsozialismus sowohl von der Bevölkerung als auch von den Besatzungsmächten als durchaus notwendig empfunden. Insbesondere diese versuchten die Neugründung von Zeitschriften mit ihren Plänen der Demokratisierung, Entnazifizierung und *re-education* zu verbinden. Daher war die Vergabe der Lizenz zur Veröffentlichung einer Zeitschrift durch die Alliierten auch daran gebunden, dass Lizenznehmer und Herausgeber zweifelsfrei keine Nationalsozialisten gewesen waren und künftig keine nationalsozialistischen Inhalte zu verbreiten gedachten.[60]

Das wesentliche Medium und Sprachrohr der von Adorno in seinem Essay kritisierten Kulturkritik waren also die politisch-kulturellen Zeitschriften, in denen die grundlegenden Debatten der Nachkriegszeit geführt wurden. Damit bilden diese Zeitschriften den entscheidenden Kontext, in den Adorno sich 1949 mit *Kulturkritik und Gesellschaft* eingeschrieben hat.[61] Zudem begriff Adorno sich selbst als Teil einer partizipativ-pluralen Öffentlichkeit und publizierte bereits 1948 in der *Umschau* Auszüge aus der *Dialektik der Aufklärung*.[62] 1950 erschien in den *Frankfurter Heften* sein Essay *Auferstehung der Kultur in Deutschland*, im selben Jahr sein überarbeiteter Vortrag *Spengler nach dem Untergang* in *Der Monat*.[63]

---

60 Vgl. Laurien, Politisch-kulturelle Zeitschriften in den Westzonen, S. 32–36; Klaus Mehnert/Heinrich Schulte, Deutschland-Jahrbuch, Essen 1949, S. 398.
61 Die Betrachtungsperiode der Zeitschriftenartikel liegt in dieser Studie also vor allem auf der Zeit von 1945 bis einschließlich 1949. Interessant ist jedoch, dass die drei Typoskripte von *Kulturkritik und Gesellschaft* von denen die ersten beiden 1949, das letzte zu einem nicht mehr zu rekonstruierenden Zeitpunkt entstanden sind, minimal von den beiden veröffentlichten, identischen Versionen von 1951 und 1955 abweichen. Auch wenn die Änderungen inhaltlich kaum erwähnenswert sind, so wird deutlich, dass Adorno vor der Erstveröffentlichung noch einmal an dem Text gearbeitet haben muss und daher der Wissens- und Kenntnisstand auf das Jahr 1951 ausgeweitet werden darf.
62 Vgl. Theodor W. Adorno, Zum Stil der Kulturindustrie. In: Die Umschau 3, 1948, H. 1, S. 48–51. Bereits 1947 ist in der *Umschau* unter Adornos Namen der Artikel *Philosophie und Arbeitsteilung* erschienen, der ebenfalls der *Dialektik der Aufklärung* entnommen ist. Adorno selbst weist in der Ausgabe von 1948 jedoch darauf hin, dass nicht er selbst, sondern Horkheimer der Verfasser ist.
63 Unter dem Titel *Die auferstandene Kultur* wurde der Essay später in die *Gesammelten Schriften* 20.2 aufgenommen. Der Essay *Spengler nach dem Untergang* ist 1955 in den *Prismen* erschienen und findet sich heute in den *Gesammelten Schriften* 10, aus denen im Folgenden zitiert wird.

3 *Kulturkritik und Gesellschaft* – Eingriff in den literarisch-kulturellen Nachkriegsdiskurs

Gleich zu Beginn von *Kulturkritik und Gesellschaft* kritisiert Adorno, dass sich die zeitgenössische Kulturkritik nur mit dem Normenverfall der Kultur auseinandersetzt, anstatt von dem „Unsagbaren", nämlich Auschwitz, auszugehen (KG, 11). In der Tat werden in den Zeitschriften die Konzentrations- und Vernichtungslager kaum erwähnt; und wenn über diese berichtet wird, dann werden die dort begangenen Verbrechen als schicksalhaftes Verhängnis oder als allgemeine Folgen der „Unmenschlichkeit der Zeit"[64] bagatellisiert. Diese Argumentation fußt unter anderem auf der zeitgenössischen Vorstellung eines absoluten Gegensatzes von Masse und Elite.

Der Semantik von Masse kommt in der Nachkriegszeit eine besondere Bedeutung zu.[65] Die meisten Autoren diagnostizieren eine alles umfassende ‚Vermassung' und beobachten am modernen ‚Massenmenschen' Uniformisierungstendenzen sowie eine umfassende Dissoziation. Die Folge daraus sei eine starke Fremdbestimmtheit, die den ‚Massenmenschen' daran hindere, selbstständig und verantwortungsbewusst zu handeln. Denn „Vermassung ist zunächst immer Nivellierung, Ausschaltung des qualitativ Einmaligen am Einzelnen, Aufhebung der individuellen Unterschiede und der persönlichen Eigenprägung"[66]. Sich selbst nehmen die Autoren als Intellektuelle aus dem Gros der Masse aus; denn ihre Bildung und Kultur begründe einen Wirklichkeits- und Wahrheitszugang, der eine allgemeine Übersicht über die als chaotisch wahrgenommenen Zustände der modernen Gesellschaft erlaube. Im Selbstverständnis der Autoren ist nur ihnen der Zugriff auf einen transzendenten Wirklichkeitsbereich gegeben, „in dem universell gültige Normen und

---

64 R.H. [vollständiger Name nicht mehr ermittelbar, P.G.], Kollektivschuld. In: Die Gegenwart, 1946, H. 2/3, S. 10–12, hier: S. 10.
65 Die Menschenmasse ist dabei nicht zu verstehen „als Grundkonstante und spezifische Erscheinungsweise menschlichen Seins", sondern als „ein prinzipiell unabgeschlossenes historisches Werden", das sich „in bestimmten diskursiven Formationen, in denen dann auch die überlieferten Topoi ihre je spezifische Bedeutung entfalteten", konfiguriert; Michael Gamper, Masse lesen, Masse schreiben. Eine Diskurs- und Imaginationsgeschichte der Menschenmenge 1765–1930, München 2007, hier: S. 15. In ihrer Ablehnung der diffusen ‚Masse' greifen die Nachkriegsautoren auf wesentliche zivilisationspessimistische Argumentationsfiguren der Weimarer Republik zurück und entwickeln diese für sich weiter.
66 Philipp Lersch, Der Mensch in der Gegenwart. In: Geistige Welt 1, 1946/47, H. 1, S. 2–22, hier: S. 9. Vgl. ganz ähnlich auch Karl Korn, Masse – ein reaktionärer Begriff? In: Der Ruf 2, 1947, H. 22, S. 6; Serge Maiwald, Der massensoziologische Hintergrund der heutigen Kulturkrise. In: Universitas. Zeitschrift für Wissenschaft, Kunst und Literatur 4, 1949, H. 10, S. 1167–1178.

Werte gründen"⁶⁷– und deren umfassende Gültigkeit wird durch Auschwitz in den Augen der Autoren keineswegs tangiert, geschweige denn relativiert oder verworfen. Im Gegenteil, ein Neubeginn könne nur funktionieren, „wenn es uns noch einmal gelingt, Eliten zu bilden, die den Masseninstinkt und den Massenwahn zu bannen verstehen"⁶⁸.

Entsprechend dieses elitären, gegen die Masse gerichteten Dichter- und Denkerkonzepts verstehen die Autoren sich als geistige Elite ihres Landes, die als einzige einen Gegenpol zu ihren als dissoziiert wahrgenommenen und massenkonformen ZeitgenossInnen bilden könne.⁶⁹ Befähigt dazu seien die Intellektuellen durch ihren Geist, der als überlegene Erkenntnisfähigkeit verstanden und gleichsam als Geschenk des Transzendenten wahrgenommen wird.

Durch ihre privilegierte Stellung als „,Elite' des Geistes und des Gewissens"⁷⁰ und ihrer Verbindung zum Transzendenten seien sie nicht nur in der Lage, säkulare Ereignisse zu verstehen und zu deuten, sondern auch künftige zu prognostizieren. So glorifiziert der Schriftsteller Frank Thieß sich selbst als Dichter-Seher, der den Nationalsozialismus vorausgesehen habe:

> Die Ahnung kommenden Unheils lag mit einer Schwere auf mir, die diese geistige Krise über Jahre hin zu einer zeitweiligen Qual machte. Vergeblich suchte ich sie durch Arbeit oder körperliches Training zu vermindern. Mit der „Erziehung zur Freiheit" wollte ich noch einmal dem Deutschen zeigen, wo seine wirklichen Werte lägen, und daß die in allen Scharnieren klappernde Demokratie zum Untergang verurteilt war, wenn sich nicht eine neue Aristokratie, eine Elite der Geistigkeit, auf allen Gebieten entschlossen an die Spitze stellte.⁷¹

---

67 Bühner, Kulturkritik und Nachkriegszeit, S. 32.
68 Michael Uhl, Rezension: Führer und Verführte. In: Der Ruf 1, 1946/47, H. 2, S. 14–15, hier: S. 15.
69 Sie sehen sich „als Minderheit, deren Einsicht und Erkenntnisvermögen sich mit ihrer Bereitschaft zu Verantwortung deckt und die, anerkannt oder unbeachtet, offen oder verborgen, bewußt oder unbewußt ein Vorbild für das Leben der Vielen abgibt und das Gesicht der Generationen bestimmt". Anonym, Der Kreuzweg der deutschen Intelligenz. Ein Jahrhundert Soziologie des Geistes. In: Prisma 2, 1948, H. 16, S. 8–13, hier: S. 8.
70 Anonym, Der Kreuzweg der deutschen Intelligenz, S. 8.
71 Frank Thieß, Umwege zum Ich. Ein Selbstporträt In: Welt und Wort 1, 1946, H. 2, S. 45–48, hier: S. 48. An anderer Stelle heißt es: „Man behauptete, der Nationalsozialismus habe sich tot gelaufen, doch ich glaubte ihn der Höhe seiner Macht zustreben zu sehen, und weil ich in ihm einen Rückfall in die primitiven Zustände der Menschheit erblickte, stellte ich mich als Schriftsteller auf die Seite eines radikalen Liberalismus [...]. So entstand im Jahre 1919 ‚Der Tod von Falern', mein erster leidenschaftlicher Roman gegen die Diktatur, der 24 Jahre später vielfach als prophetische Vorschau kommender Ereignisse angesehen wurde [...]." (S. 47); vgl. auch Dörr, Mythomimesis, S. 142.

Aber auch die Intellektuellen unterlägen einer Form von Determiniertheit; fremdbestimmt seien sie allerdings nur durch das Transzendente und eben nicht durch Dissoziation oder andere Subjekte.

Dass der ‚Massenmensch' dagegen letztlich immer durch das Kollektiv gelenkt werde, wird in den politisch-kulturellen Zeitschriften durch biologistische Herleitungen zu erklären versucht. Im Anschluss an Eugène Nielen Marais' erstmals 1925 veröffentlichte Studie *Die Seele der weißen Ameise* übertragen viele Autoren die Erkenntnisse über das Zusammenleben von Insekten auf die moderne Massengesellschaft, in der sie einen „Vermassungs- und Verameisungsprozeß"[72] beobachten.[73] Gleich der Ameise, die nicht als Individuum, sondern ausschließlich als „Zelle ihres Staates" begriffen wird, sei auch der ‚Massenmensch' Teil eines „kollektiven Organismus",[74] dessen Mechanismen er sich nicht entziehen könne. Der Journalist Wolf Schneider spricht daher von der „Entstehung eines weltumspannenden Ameisenstaates" und erkennt in der Moderne das „Symptom eines bereits erreichten bedenklichen Stadiums von Verameisung".[75] Hans Windisch versucht in seiner 1946 erschienenen Schrift *Führer und Verführte* den Nationalsozialismus als direkte Folge der ‚Vermassung' zu erklären:[76]

> Im Prinzip der Masse und der Massenbewegungen haben wir das überpersönliche, geschichtsformende Prinzip der weißen Kultur der Neuzeit zu sehen und zwar als ein aus der Tiefe der Zeit auftauchendes destruktives Prinzip, als die Gefahr für alle. [...] Es war die zu Tode erschrockene Abwehr gegen ein neu in die Geschichte eintretendes Prinzip, – gegen das dämonische, außermenschliche Prinzip der Masse und des geballten Massenwahns [...]. Deutschland war die Warnung, an alle. Die Warnung heißt: Geist der Massen.[77]

---

[72] Wolf Schneider, Ameise gegen Individuum. In: Die deutsche Stimme 4, 1949, H. 3/4, S. 17–18, hier: S. 17.

[73] Dass diese Analogiebildung allerdings keine Erfindung der deutschen Nachkriegsgesellschaft ist, sondern bis in die Antike zurückreicht, hat unlängst Niels Werbers wissenshistorische Studie gezeigt: Niels Werber, Ameisengesellschaften. Eine Faszinationsgeschichte, Frankfurt am Main 2013.

[74] Frank Thieß, Geist und Geschichte. In: Aussaat 1, 1946/47, H. 10/11, S. 4–11, hier: S. 5; 8.

[75] Schneider, Ameise gegen Individuum, S. 17; 18. Auch Erich Kuby spricht von „den brutalen Instinkten der Masse"; Erich Kuby, Denazifizierung der Demokraten. In: Der Ruf 2, 1947, H. 11, S. 3.

[76] Ganz ähnlich Thieß: „Ich sah den Triumph der platten Mehrheit in einer Vergottung der Masse enden, die mir in ihrer kollektiven Raubgier und Geistlosigkeit als das Symbol einer trostlosen Zukunft erschien." Thieß, Umwege zum Ich, S. 47.

[77] Hans Windisch, Führer und Verführte. Eine Analyse deutschen Schicksals, Chiemsee 1946, S. 17 f. Auch die Inschrift auf der zweiten Seite des Buches lässt in dieser Hinsicht keine Interpretationen offen: „Für den Frieden der Welt / Gegen den Geist der Masse". Windischs Schrift wurde in den Zeitschriften intensiv besprochen (Vgl. bspw. Uhl, Rezension: Führer und

3 Eingriff in den literarisch-kulturellen Nachkriegsdiskurs — 83

Auch Thieß argumentiert mit einem diffusen Geist-Begriff gegen die ‚Massen', um die Entstehung des Nationalsozialismus zu erklären. Einerseits seien es „allein die Kräfte des Geistes", durch die der Mensch in die Lage versetzt werde, Böses zu tun. Andererseits schlussfolgert er, dass „überall wo der Mensch die göttliche Gabe des Geistes zu Zwecken der Zerstörung und Vernichtung von seinesgleichen mißbraucht", er nicht nur böse handelt, sondern „auch den Geist in sich" verrät.[78] Nach dieser Interpretation schwebt das Geistige gleichsam über den realen Ereignissen und bleibt völlig unangetastet von Verantwortung und Schuld:

> Daher denn der Mensch, wenn er diese ursprüngliche und göttliche Verpflichtung leugnet oder verkennt, nicht zum Tier wird, sondern zu etwas weit Schlimmerem: zum Menschentier, einem wahrhaft apokalyptischen und höllischen Wesen. Die Wichtigkeit dieser Frage und ihrer Beantwortung möchte ich gerade heute besonders betonen, da sie uns erklärt, was die Lagerkommandanten von Belsen, Auschwitz, ja, die Führer des Dritten Reiches für eine schaudervolle Entwicklung eingeleitet hatten, als sie sich von jeder Verantwortung vor Gott, und damit vom Geiste, freisprachen.[79]

Thieß versammelt in diesem kurzen Abschnitt die wesentlichen Argumentationsmuster der mythologischen Kulturkritik: Die Kriegsverbrechen sowie die in den Konzentrations- und Vernichtungslagern begangenen Verbrechen werden als für den Menschen nicht einzusehendes Toben der Unterwelt verstanden und durch

---

Verführte, S. 14–15) ebenso wie auch Friedrich Percyval Reck-Malleczewens *Das Ende der Termiten. Versuch über die Biologie des Massenmenschen* von 1946; vgl. dazu Eugen Kogon, Das Ende der Termiten. In: Frankfurter Hefte 2, 1947, H. 15, S. 526–527.

78 Thieß, Geist und Geschichte, S. 9. Vgl. zum Begriff des Geistes in der Nachkriegszeit ganz anders Peter Suhrkamp, Forderung an die Geistigen. In: Nordwestdeutsche Hefte 3, 1948, H. 2, S. 22–23. Suhrkamp zufolge ist Geist keine „göttliche Gabe", sondern das Ergebnis von Bildung. Er sei ein „Kosmos im Inneren des Menschen", womit er „Liebe und Phantasie und Glaube" (S. 22) meint. Auch Suhrkamp geht von einem Führungsanspruch der Geistigen gegenüber der breiten Masse aus, bekennt jedoch das Versagen der Geistigen während der Weltkriege ein. Anders als viele andere Autoren beharrt er nicht auf der deutschen Kulturnation bzw. einer spezifisch deutschen Vorstellung von ‚Geist', sondern fordert von den Intellektuellen, sich „weltoffen" zu geben und „eine für die Welt verständliche Sprache zu sprechen" (S. 23). Bemerkenswert ist ebenfalls der Schulterschluss mit den „emigrierten deutschen Geistigen" (S. 23), die von vielen anderen Autoren mit Argwohn und Ablehnung betrachtet wurden; vgl. bspw. Thieß, Umwege zum Ich, S. 48. Großes Aufsehen erregte ein Artikel von Thieß, indem er neben einem Angriff auf Thomas Mann insbesondere die Integrität der ‚Inneren Emigration' gegenüber den tatsächlichen EmigrantInnen hervorhub; vgl. Frank Thieß, Die innere Emigration. In: Münchener Zeitung, 18.08.1945; vgl. auch Helmut Böttiger, „Nie wird der Geist eines modernen Staates unserer Auffassung von Geist entsprechen". Drahtzieher im Literaturbetrieb (1): Frank Thiess. In: Doppelleben. Literarische Szenen aus Nachkriegsdeutschland. Begleitbuch zur Ausstellung, erarb. v. Böttiger, Göttingen 2009, S. 12–33.

79 Thieß, Geist und Geschichte, S. 10.

den Verweis auf ein unbezwingbares, nicht-humanes Wesen zudem schicksalhaft verklärt. Schuld trügen nur wenige „Führer", die den Geist ganz bewusst verraten hätten. Das entlastet selbstverständlich jene Intellektuellen, die sich selbst als ‚geistige Elite' verstehen, weshalb sie unumwunden weiter von einer ‚geistigen Kontinuität' ausgehen konnten.

Genau auf solche extramundanen Vorstellungen vom Wesen des Geistes reagiert Adorno, wenn er von einer „Fiktion" (KG, 13) der geistigen Selbstverantwortung und vom „Geist, der im Wahn seiner Absolutheit vom bloß Daseienden ganz sich entfernt" (KG, 20) spricht. Dann regrediert der Geist zum Selbstzweck und reinen Spiel mit sich selbst. Dieses lässt sich jedoch verhindern „wenn er [der Geist, P.G.] sich nicht selber als seine eigene Erfüllung setzt, sondern bereit ist, an ein Anderes, außer ihm Seiendes sich zu verlieren: für allen Geist gilt das ‚Wirf weg, damit du gewinnst!'"[80]

Adorno richtet sich mit solchen Äußerungen auch gegen Martin Heidegger, der zwar erst im Dezember 1949 öffentlich wieder in Erscheinung trat, dessen Philosophie kurz nach dem Krieg aber die „alle Diskussionen bestimmende Denkrichtung in Deutschland"[81] war.[82] Nach Günther Anders konnte Heidegger mit seiner fundamentalontologischen Philosophie des Seins für die im Nachkriegsdeutschland empfundene moralische und religiöse Leere einen Ersatz anbieten, der für viele höchst attraktiv war.[83] Adorno hält diese Ersatzfunktion des Seins für trüge-

---

80 Adorno, Die auferstandene Kultur. GS 20.2, S. 457.
81 Schnädelbach, Deutsche Philosophie seit 1945, S. 406.
82 Heidegger musste sich aufgrund seiner nationalsozialistischen Vergangenheit 1945 vor einer vom Senat der Universität Freiburg selbst organisierten Reinigungskommission verantworten. Nach verschiedenen Prüfungen und Verhandlungen beschloss der Senat im Januar 1946 die Emeritierung Heideggers unter Versagung der Lehrbefugnis, woraufhin dieser einen Zusammenbruch erlitt. Von 1945 bis 1948 war Heidegger von allen universitären Veranstaltungen ausgeschlossen und mied auch bis Ende 1949 die Öffentlichkeit. Im September 1951 wurde die Pensionierung in eine Emeritierung mit voller Lehrerlaubnis umgewandelt, so dass Heidegger ab dem Wintersemester 1951/52 wieder regulär Vorlesungen abhielt; vgl. dazu ausführlich Daniel Morat, Von der Tat zur Gelassenheit. Konservatives Denken bei Martin Heidegger, Ernst Jünger und Friedrich Georg Jünger 1920–1960, Göttingen 2007, bes. S. 299–313.
83 „Die Niederlage, der Zusammenbruch des Terrorsystems und die Tatsache, daß man in einem Land lebt, über das letztlich von andern entschieden *wird*, hat begreiflicherweise eine extreme moralische und politische Indolenz gezeigt. Heideggers Religion, die, mindestens verbal beansprucht, daß von ihr schlechthin *alles*, das Seinsschicksal abhängt; also mehr abhängt, als je von irgendeiner entschiedenen Aktion in einer bestimmten Situation abhängen könnte; und die dabei doch nichts anderes verlangt, als daß man des Seins gedenke (was jeder zu tun vorgeben oder sich selbst weismachen kann), ist in solcher Situation für Tausende unwiderstehlich." Günther Anders, Über Heidegger, hg. v. Gerhard Oberschlick, München 2001, S. 358f. Hervorhebung im Original.

3 Eingriff in den literarisch-kulturellen Nachkriegsdiskurs — 85

risch und höchst suggestiv.[84] Vor allem aber kritisiert er Heidegger, weil dieser die Zäsur Auschwitz leugnet. Öffentlich hat Heidegger sich nach dem Krieg zwar kaum zu den deutschen Verbrechen und seiner eigenen Rolle im Nationalsozialismus geäußert; bekannt geworden ist jedoch ein Schreiben an Herbert Marcuse, mit dem er auf dessen Vorwurf, zur Shoah zu schweigen, antwortete:

> Zu den schweren berechtigten Vorwürfen, die Sie aussprechen, „über ein Regime, das Millionen von Juden umgebracht hat, das den Terror zum Normalzustand gemacht hat und alles, was ja wirklich mit dem Begriff Geist und Freiheit u. Wahrheit verbunden war, in sein Gegenteil verkehrt hat", kann ich nur hinzufügen, daß statt „Juden" „Ostdeutsche" zu stehen hat und dann genauso gilt für einen der Alliierten, mit dem Unterschied, daß alles, was seit 1945 geschieht, der Weltöffentlichkeit bekannt ist, während der blutige Terror der Nazis vor dem deutschen Volk tatsächlich geheimgehalten worden ist.[85]

Heideggers Brief versammelt die typischen Reaktionsmuster der Nachkriegszeit: Er rechnet die jüdischen Opfer mit denen der deutschen Vertriebenen auf und weist eine allgemeine Kenntnis der nationalsozialistischen Verbrechen zurück. Auch in seinem am 1. Dezember 1949 erstmals wieder öffentlich gehaltenen Vortrag *Das Ge-Stell* vertritt Heidegger unumwunden die These einer von der Antike bis zu Neuzeit reichenden Kontinuität technischer Entwicklungen und banalisiert dadurch folgenreich den Massenmord an den europäischen Juden:

> Inzwischen ist jedoch auch die Feldbestellung in das gleiche Be-stellen [sic!] übergegangen, das die Luft auf Stickstoff, den Boden auf Kohle und Erze stellt, das Erz auf Uran, das Uran auf Atomenergie, diese auf bestellbare Zerstörung. Ackerbau ist jetzt motorisierte Ernährungsindustrie, im Wesen das Selbe wie die Fabrikation von Leichen in Gas-

---

[84] Vgl. dazu auch die gegen Heidegger gerichtete und 1964 veröffentlichte Schrift *Jargon der Eigentlichkeit*. Dennoch sei an dieser Stelle auch betont, dass Adornos und Heideggers Philosophie durchaus Berührungspunkte hat – bspw. stellt ‚Wahrheit' für beide ein Schlüsselbegriff dar –, die Adorno allerdings mit der Differenz Ontologie versus Dialektik markiert. In seinen Schriften und Vorlesungen versucht Adorno in diesem Sinne, Heideggers Philosophie einer „immanenten Kritik" zu unterziehen, die „sowohl das Berechtigte wie das Fragwürdige" darzustellen beabsichtigt; Adorno, Vorlesung vom 8.11.1960. NL 4. Bd. 7, S. 12. Vgl. grundsätzlich zum Verhältnis von Adorno und Heidegger: Tilo Wesche, Dialektik oder Ontologie: Heidegger. In: Adorno Handbuch, S. 364–373; Marc Grimm, Utopie oder Ursprung? Zur Wahrheit in Kunst und Sprache bei Theodor W. Adorno und Martin Heidegger. In: Grimm/Martin Niederauer (Hg.), Ästhetische Aufklärung. Kunst und Kritik in der Theorie Theodor W. Adornos, Weinheim/Basel 2016, S. 108–128.
[85] Martin Heidegger, Brief an Herbert Marcuse, 20.01.1948. In: Heidegger, Gesamtausgabe Bd. 16: Reden und andere Zeugnisse eines Lebensweges 1910–1976, Frankfurt am Main 2000, S. 430–431, hier: S. 431. Marcuses Brief vom 28.08.1947 ist abgedruckt in: Bernd Martin (Hg.), Martin Heidegger und das ‚Dritte Reich'. Ein Kompendium, Darmstadt 1989, S. 155–156.

kammern und Vernichtungslagern, das Selbe wie die Blockade und Aushungerung von Ländern, das Selbe wie die Fabrikation von Wasserstoffbomben.[86]

Nicht nur setzt er die Vernichtungspolitik des Nationalsozialismus mit anderen Formen von Gewaltherrschaft gleich, er bringt den fabrikmäßig betriebenen Massenmord an den Juden sogar in eine Linie mit der Techniknutzung des Ackerbaus. Auf ein solch ebenso überhebliches wie zynisches und falsches Kontinuitätsdenken zielt Adornos Formulierung vom Geist, der bereit sein muss, sich selbst wegzuwerfen, um zu gewinnen.

Heideggers Relativierung technischer Entwicklungen steht in Korrespondenz mit einem Denken, dass den Geist in überlegendem Gestus von der sogenannten technisierten Welt abhebt. Mit einer scharfen Kontrastierung von Geist und Technik[87] arbeitet beispielsweise auch der Psychologe Philipp Lersch in seinem programmatischen Essay *Der Mensch in der Gegenwart*, in dem er die Errungenschaften und Auswirkungen der technisierten Welt mit Begriffen wie „Verzweckung" und „Entinnerlichung" ausschließlich pejorativ prädiziert.[88] Als Ausweg aus einer ideell verarmten Gesellschaft empfiehlt Lersch einen „Vorgang der Vergeistigung", der gegen den sinnentleernden technologischen Rationalismus am „Sichtbarmachen von Sinngehalten"[89] festhalte.[90] Die fortschreitende Technisierung setzt er mit modernen Rationalisierungsprozessen gleich:

---

[86] Martin Heidegger, Bremer und Freiburger Vorträge: 1. Einblick in das was ist. Bremer Vorträge 1949. In: Heidegger, Gesamtausgabe 3. Abt.: Unveröffentlichte Abhandlungen, Frankfurt am Main 1994, S. 27. Die vier Bremer Vorträge sind in ihrer mündlichen Originalversion erst 1994 vollständig veröffentlicht worden. Da Heidegger aber auch in seinem auf *Das Ge-Stell* folgenden Vortrag *Die Gefahr* mit nivellierendem Impetus auf die „Fabrikation von Leichen" zu sprechen kommt (S. 56), kann – gerade aufgrund seiner Popularität in der Nachkriegszeit – von einer weit verbreiteten Kenntnis der grundlegenden Argumentationsfiguren Heideggers ausgegangen werden.

[87] Der Begriff der Technik wird von den Autoren doppeldeutig gebraucht: In einem engen Sinne bezieht er sich nur auf technologisch hergestellte Artefakte; in einem weiten Sinne meint ‚Technik' aber auch „nach Kriterien der Zweckrationalität strukturierte Organisationen wie eine Firma, eine Bürokratie oder sogar eine Armee", genau genommen also die gesamte Organisationsform eines Staatsapparats oder des kapitalistischen Wirtschaftssystems; vgl. Thomas Rohkrämer, Eine andere Moderne? Zivilisationskritik, Natur und Technik in Deutschland 1880–1933, Paderborn/München 1999, S. 28. Die Technik als umfassende Auswirkung des Zivilisationsprozesses steht in der Vorstellung der Autoren daher in schroffem Gegensatz zur äußeren Natur, die im Dienst des Fortschritts immer weiter ausgebeutet werde; vgl. Lersch, Der Mensch in der Gegenwart, S. 2.

[88] Lersch, Der Mensch in der Gegenwart, S. 3–9.

[89] Lersch, Der Mensch in der Gegenwart, S. 15.

[90] Lersch, Der Mensch in der Gegenwart, S. 15: „So kann die rationalistische Verzweckung der Welt nur durch den Vorgang der Vergeistigung, nur durch ein verinnerlichtes Denken überwunden werden."

Mit dem Hinweis auf Apparat, Technik, Mechanisierung, Organisation und Arbeitsteilung mag hinreichend zur Geltung gebracht sein, wie sich der allgemeine Vorgang der Rationalisierung im einzelnen innerhalb der modernen Daseinsordnung ausgliedert und die Form unseres äußeren Lebens bestimmt.[91]

Dass technische Rationalität auch für den millionenfachen Genozid an den europäischen Juden verantwortlich war, findet in den Zeitschriftenbeiträgen allerdings kein nennenswertes Bedauern.[92]

Analog zu Lersch lehnt auch Carl August Weber den technologischen Rationalismus ab, indem er den gesamten Prozess der Aufklärung für die selbstgewählte Unterwerfung des Menschen unter den technischen Fortschritt verantwortlich macht. Denn dieser habe zwangsläufig zu einer „Entgeistung unserer Gesellschaft"[93] geführt. Adornos Erörterungen zum Verhältnis von Geist und Aufklärung lesen sich dann wie eine direkte Replik auf Lerschs und Webers Einlassungen:

> Aufklärung als solche, nicht als Instrument realer Herrschaft soll schuld sein: daher der Irrationalismus der Kulturkritik. Hat diese einmal den Geist aus seiner Dialektik mit den materiellen Bedingungen herausgebrochen, so faßt sie ihn einstimmig, geradlinig als Prinzip der Fatalität, und seine eigene Resistenz wird unterschlagen. Versperrt ist dem Kulturkritiker die Einsicht, daß die Verdinglichung des Lebens selbst nicht auf einem Zuviel, sondern einem Zuwenig an Aufklärung beruhe und daß die Verstümmelungen, welche der Menschheit von der gegenwärtigen partikularen Rationalität angetan werden, Schandmale der totalen Irrationalität sind. (KG, 17)

Adorno kritisiert damit jene von den Autoren behauptete Dichotomie von negativ-*rationalem* und positiv-*geistigem* Denken; stattdessen muss der dialektische Verweisungszusammenhang von Geist und realen Bedingungen betont werden, damit die „eigene Resistenz", nämlich das dem Geistigen inhärente emanzipatorische (Widerstands-)Potential freigelegt und behauptet werden kann. Er wendet sich also sowohl gegen eine Überhöhung des Geistigen in Form seiner Verabsolutierung als auch gegen die „Geistfeindschaft" (KG, 29), die sich bei den meisten Autoren als grundlegende Ablehnung von Rationalisierungsprozessen niederschlägt. Adorno fordert dagegen – wie bereits in der *Dialektik der Aufklärung* formuliert – die Selbstaufklärung der Vernunft: Nur die permanente Reflexion auf die „Verflechtung von Rationalität und gesellschaftlicher Wirklichkeit"[94] und das Verhältnis von Natur und Naturbeherrschung kann seiner

---

91 Lersch, Der Mensch in der Gegenwart, S. 5.
92 Vgl. Dörr, Mythomimesis, S. 109.
93 Carl August Weber, Ehrenrettung des Konservativismus. In: Der Ruf 3, 1948, H. 16, S. 7.
94 Adorno (mit Horkheimer), Dialektik der Aufklärung. GS 3, S. 16.

Ansicht nach einen Ausweg eröffnen. Lerschs Prinzip der ‚Vergeistigung' dagegen verfehlt diese Rückbindung an die gesellschaftliche Wirklichkeit:

> Gerade seine Souveränität [die des Kulturkritikers, P.G.], der Anspruch tieferen Wissens dem Objekt gegenüber, die Trennung des Begriffs von seiner Sache durch die Unabhängigkeit des Urteils, droht der dinghaften Gestalt der Sache zu verfallen, indem Kulturkritik auf eine Kollektion gleichsam ausgestellter Ideen sich beruft und isolierte Kategorien wie Geist, Leben, Individuum fetischisiert. (KG, 15f.)

Der hier beschriebene ‚Geistfetischismus' fungiert ähnlich wie der Warenfetischismus, der das Gesellschaftliche und Soziale an der Warenproduktion als ein Verhältnis von Sachen und nicht als ein gesellschaftlich produziertes erscheinen lässt: Hier wird der Geist zu etwas von den gesellschaftlichen Verhältnissen völlig Unabhängigem stilisiert, das sich dem menschlichen Zugriff scheinbar entziehen kann.[95]

Adornos Kritik an der Fetischisierung der Begriffe ‚Geist' und ‚Individuum' wird angesichts des in der Nachkriegszeit populären Elite-Theorems, nach dem nur wenigen Intellektuellen ein privilegierter Zugang zur Erkenntnis und damit ein Führungsanspruch zukommt, umso einsichtiger. Er reagiert damit beispielsweise auf Autoren wie Erich Kuby, der die Demokratisierungsanstrengungen der Alliierten unverfroren mit der nationalsozialistischen Unterdrückungspolitik gleichsetzt:

> Die breite Masse des Volkes politisch zu erziehen, ist bis jetzt nicht gelungen. [...] Nichts ist besser und vieles ist im Laufe von zwei Jahren schlimmer geworden. Warum? Weil infolge eines erschreckenden Mangels an Phantasie, der letzten Endes ein Mangel an Kraft und Überzeugung ist, der Versuch einer politischen Erneuerung mit geradezu sklavischer Nachahmung Hitlerscher Methoden unternommen wurde. Es hat sich erwiesen, daß alle politischen Führer (das Wort muß gebraucht werden, weil es kein anderes gibt), die sich seit 1945 vor die Masse gestellt haben mit dem Bestreben, sie zu „erziehen", schwächer waren als diese. Nicht sie haben die Masse, sondern die Masse hat sie erzogen und erzwungen, daß sie mit denselben Phrasen angeredet werde wie gestern von den Nationalsozialisten.[96]

Besserung sei nur von einer neuen Form der Elitenbildung zu erwarten, die selbstverständlich von den Intellektuellen ausgehen müsse: „Nicht Parteien gilt es zu sammeln, sondern Eliten. Von ihnen muß die politische Erneuerung ausgehen, die

---

95 Vgl. zum Fetischismusbegriff auch Kapitel I.2. dieser Arbeit.
96 Kuby, Denazifizierung der Demokraten, S. 3. Auch Windisch steht einer demokratisch-politischen Erziehung kritisch gegenüber und zieht kurz nach der nationalsozialistischen Diktatur bereits wieder eine ‚Führerpersönlichkeit' in Betracht: „Es scheint, wir brauchen jetzt eine Zeitlang keine Politiker, weder zuhaus noch draußen, aber wir brauchen Volks-*Erzieher*, ruhige, klare, ausgeglichene, philosophische Köpfe, Menschenkenner mit sehr viel Güte und Verstand. Einer würde schon genügen. Er hätte dann wahrscheinlich auch Verständnis für die tiefe *Tragik* dieses Volkes." Windisch, Führer und Verführte, S. 192. Hervorhebung im Original.

von einer menschlichen Erziehung nicht zu trennen ist."[97] Hier sind Anleihen bei Schiller erkennbar, dem zufolge einer politischen Veränderung zunächst die *ästhetische* Erziehung des Menschen vorauszugehen hat.[98] Überhaupt greifen die Autoren der Nachkriegszeit auf Schiller zurück, wenn es um die Legitimierung ihrer eigenen Kunst- und Kulturauffassung geht.

Kunst wird von ihnen als wesentlicher Teil der Kultur und als ein von Staat und Gesellschaft völlig losgelöster Bereich betrachtet. In der Sicht vieler Autoren hat nur die Kunst – neben der Religion – noch eine Verbindung zum Transzendenten und damit zur Wahrheit; nur sie sei in der Lage, die innere Zerrissenheit des Menschen aufzuheben und „eine Rückkehr oder Zuflucht zu den unzerstörbaren Werten der Geistes- und Kulturwerte"[99] zu forcieren. Dies könne allerdings nur durch einen Bildungsprozess gelingen, wobei hiermit insbesondere die ‚Selbstbildung' des Intellektuellen und nicht die Bildung der breiten Masse gemeint ist. Damit knüpfen die Autoren an Schiller an, dessen Konzeption des *„ganzen Menschen"*, der durch die Kunst wiederhergestellt werden soll, ein wesentlich exklusives Konzept ist, das „den Kinderverstand des Volkes" nicht einschließt.[100] Kunst ist bei Schiller Resultat des individuellen Reifens und Bildens eines dazu befähigten männlichen Genies.[101] Im Anschluss an Schiller betrachten auch die Nachkriegsautoren Kunst gleichsam als Allheilmittel gegen die so genannten Auswüchse des Zivilisationsprozesses: „Erziehung durch Kunst ist es, die uns über den rationalistischen Vordergrund einer verzweckten, entzauberten, entseelten und entgötterten Welt hinausführen und der Sphäre der Ideen nahe bringen soll."[102] Durch ihre Bildung habe die geistige Elite nicht nur einen privilegierten

---

97 Kuby, Denazifizierung der Demokraten, S. 3. Auch Weber befürwortet „die Möglichkeit der Heranbildung einer neuen Elite"; vgl. Weber: Ehrenrettung des Konservativismus. Auf jene Vorstellung von einer ‚geistigen Elitenbildung' scheint Max Frisch zu reagieren, wenn er schreibt: „Und unter Politik versteht man schlechterdings das Niedrige, womit der geistige Mensch, der berühmte Kulturträger, sich nicht beschmutzen soll." Max Frisch, Kultur als Alibi. In: Der Monat 7, 1949, S. 82–85, hier: S. 84. Wie aus den Nachweisen zu den *Prismen* in den *Gesammelten Schriften* hervorgeht, hat Adorno Frischs Artikel für seine Arbeit an *Kulturkritik und Gesellschaft* herangezogen (vgl. Nachweise GS 10.2, S. 822); explizit erwähnt er ihn in *Die auferstandene Kultur*: „Die Neutralisierung der Kultur, die befördert wird, indem man sie blind bewahrt, ist von dem Schweizer Dichter Max Frisch ‚Kultur als Alibi' genannt worden." Adorno, Die auferstandene Kultur. GS 20.2, S. 460.
98 Vgl. Schiller, Über die ästhetische Erziehung des Menschen, bes. S. 582.
99 Maiwald, Der massensoziologische Hintergrund der heutigen Kulturkrise, S. 1169.
100 Schiller, Über Bürgers Gedichte, S. 973; 976. Hervorhebung im Original.
101 Vgl. insb. Schiller, Über Bürgers Gedichte, S. 974–978. Vgl. hierzu auch Kapitel II.1. dieser Arbeit.
102 Lersch, Der Mensch in der Gegenwart, S. 18. Vgl. auch Wolfram Dieterich, Geburt des Menschen. Bekenntnis zu den geistigen Voraussetzungen einer zukünftigen Literatur. In:

Zugang zu den Kunstwerken, sondern sei auch exklusiv dazu befähigt, die Diskussionen der Nachkriegsöffentlichkeit zu leiten und zu bestimmen.[103]

Diese Sichtweise korrespondiert mit der hegemonialen Kunstauffassung der meisten Autoren, nach der Theater, Oper, bildende Kunst und Literatur das „eigentliche[] Kulturleben"[104] repräsentierten, während Presse, Radio und Kino als Medien der Massenkultur abgewertet werden.[105] Diese Dichotomisierung von Kunst und Massenkultur kritisiert Adorno in *Kulturkritik und Gesellschaft*, indem er die „Scheidung von hoher und populärer Kultur, von Kunst und Unterhaltung, von Erkenntnis und unverbindlicher Weltanschauung" (KG, 21) als bildungsbürgerliche Strategie entlarvt, sich letztlich nicht mit dem Bildungsanspruch, den die Massen einfordern könnten, auseinandersetzen zu müssen.[106] Gemäß seiner Annahme, dass alle Kultur der Trennung von körperlicher und geistiger Arbeit entspringt, verwirft er das alleinige Bildungsprivileg der Intellektuellen, weil es „die eigentliche Erfahrung geistiger Gebilde sowieso den Massen vorenthält" (KG, 24). Adorno verweist damit auf die gesellschaftlich und ökonomisch produzierten Unterschiede, durch die verschiedene Rezeptionsbedürfnisse überhaupt erst generiert und ständig reproduziert werden. Anstatt das Rezeptionsverhalten der Massen pauschal abzuwerten, muss Kulturkritik nach Adorno die Phänomene der Unterhaltungskultur überhaupt erst einmal zur Kenntnis nehmen und erforschen. Dies bewahrt auch davor, kanonisierte Werke als bildungsbürgerliches Allgemeingut zu verklären und sie fraglos dem Bereich der ‚hohen Kunst' zuzuordnen: „Vulgäre Begriffe wie der der Zerstreuung sind angemessener als hochtrabende Erklärungen darüber, daß der eine Schriftsteller Vertreter des Klein- und der andere des Großbürgertums sei." (KG, 25)[107]

3.1 Die deutsche Schuldfrage

Adornos intransigenter Verweis auf den „Schuldzusammenhang", in den alle Kultur involviert ist, erfährt eine sachhaltige, zeit- und kontextbezogene

---

Prisma 2, 1948, H. 17, S. 14–16, der ebenfalls auf die Bildungsaufgabe von Literatur und Kunst verweist.
103 Vgl. Bühner, Kulturkritik und Nachkriegszeit, S. 74 f.
104 Maiwald, Der massensoziologische Hintergrund der heutigen Kulturkrise, S. 1169.
105 Vgl. bspw. Schneider, Ameise gegen Individuum, S. 17; M.F. [vollständiger Name nicht mehr ermittelbar, P.G.], Ist die Presse schlecht genug? In: Die Gegenwart 4, 1949, H. 14, S. 6–7.
106 Diese Argumentation Adornos widerspricht auch den zahlreichen Interpretationen, die davon ausgehen, dass Adorno die dichotome Trennung von hoher und niedriger Kunst befürwortete; vgl. Bürger, Einleitung, S. 14.
107 Vgl. ausführlich zum Potential der leichten Künste Kapitel VI. dieser Arbeit.

Konkretion, wenn man ihn in den vorherrschenden Schulddiskurs der frühen Nachkriegszeit einbettet. Gerade durch die mythischen Argumentationsmuster versuchten die Autoren die Entstehung des Nationalsozialismus zu verklären und den Großteil der Deutschen von der Schuld an den begangenen Verbrechen zu entlasten. Denn der ‚Massenmensch' sei von sich aus nicht in der Lage, sich seiner Neigung zur Kollektivierung zu entziehen – eine Schwäche, auf die der Nationalsozialismus in den Augen der Autoren seine Propaganda geschickt ausrichten konnte.[108] Aufgrund des zunehmenden Orientierungsverlusts in der modernen Gesellschaft sei eine Vielzahl der Menschen auf der Suche nach Sinn gewesen. Dass sie diesen ausgerechnet in der faschistischen Ideologie fanden, wird dabei jedoch in keiner Weise problematisiert:

> Der Nationalsozialismus ist schließlich gewissen seelischen Bedürfnissen der Massen entgegengekommen. Materielle Not hatte diese Bedürfnisse gesteigert, nicht aber hervorgerufen. Der Mensch lebte in Unbehagen und Furcht. Er konnte seine Welt nicht mehr übersehen und daher auch nicht mehr begreifen. [...] Die geistige Welt war hintergründig und fragwürdig geworden. Der Mensch war seelisch entleert worden. Es wurde offenbar, daß er nicht so sehr nach Wahrheit als nach Gewißheit, nicht so sehr nach Erkenntnis als nach Geborgenheit verlangte. Er sehnte sich nach einem neuen Glauben. Und diesen Glauben offerierten ihm die autoritären Systeme.[109]

Errungenschaften der Aufklärung wie Demokratisierung, Pluralisierung und kapitalistische Wirtschaftsordnung werden in vielen Zeitschriftenartikeln pauschal als Ursache für die zunehmende Orientierungslosigkeit der Individuen und damit letztlich für die Entstehung des Nationalsozialismus gesehen – freilich ohne zu bedenken, dass gerade die Wirtschaftsform sich unter den Nationalsozialisten keineswegs verändert hat. Die ‚Geistigen' hätten das kommende Unheil zwar geahnt, seien jedoch nicht gehört worden.

Auch die Faszination, die die Figur Adolf Hitler auf die meisten Deutschen ausübte, findet mythologisch motivierte Erklärungen. Dem Weltbild der meisten Autoren zufolge ist der Geschichtsverlauf durch schicksalhafte Kräfte vorherbestimmt, die in einem transzendenten Bereich agierten, in den der einzelne Mensch kaum eingreifen könne. Der Nationalsozialismus wird dann als „Ausbruch unterweltlicher Kräfte"[110] oder als „Einbruch des Dämonischen, der als

---

[108] Nach Windisch wurde die Masse vor und während des Nationalsozialismus bewusst verführt, denn die Nationalsozialisten verstanden es, „sich methodisch vor allem an die Jugend, an unkritische Köpfe und an die Masseninstinkte und Massenwünsche" zu wenden; Windisch, Führer und Verführte, S. 146.
[109] Karl Brunner, Die notwendige Erziehungskur. In: Nordwestdeutsche Hefte, 1946, H. 9, S. 31–33, hier: S. 31f.
[110] Thieß, Umwege zum Ich, S. 48.

solcher weder zufällig noch vermeidbar"[111] war, verklärt. Hitler selbst sei als „Träger hypnotischer Kräfte" gleichsam einem „magischen Bereich" entsprungen.[112] Wer seiner Faszination erlegen gewesen war, muss sich nach Max Meister dafür auch nicht schämen – im Gegenteil:

> Die vor diesen blicklosen Augen, die nie ein Gegenüber zu fixieren wußten, sondern gleichsam durch es hindurchsahen, kapitulierten wie vor Übermenschlichem, waren der Wahrheit näher, als die ihn mit Menschenmaß maßen und klein erfanden.[113]

Solche Argumentationen entlasten nicht nur die Mehrheit der Bevölkerung, sondern auch Hitler selbst. Er wird zum „Werkzeug des Verhängnisses"[114] innerhalb des Kampfes der miteinander ringenden transzendenten Mächte stilisiert. Eine andere Interpretationsrichtung weist darauf hin, dass Hitler selbst aus der Masse hervorgegangen sei, weshalb er ihre Wünsche und Beweggründe so gut kannte. Die Intellektuellen dagegen hätten aufgrund ihrer Bildung und Kultur der Anziehungskraft der Masse widerstehen können, durchschauten aber zugleich deren Bedürfnis, angeleitet werden zu wollen:

> Es ist an dem, daß die Masse geführt sein will; nur die allerunbelehrbarsten und einfältigsten Demokraten machen sich und anderen vor, die Masse lege Wert darauf, daß ihr Geschick von Mehrheitsbeschlüssen abhängig gemacht wird. Sie will nicht regieren, sondern sie will regiert sein.[115]

Diese Begründung legitimiert damit zugleich auch den künftigen Führungsanspruch der Intellektuellen.

Einen umfangreichen Beitrag zur Debatte um die so genannte deutsche Kollektivschuld leistete Karl Jaspers mit seiner 1946 erschienenen Schrift *Die Schuldfrage*. Obwohl Jaspers generell statuiert, „daß jeder Deutsche in irgendeiner Weise schuldig"[116] sei, erfährt diese Einsicht durch den Versuch der Unterscheidung von vier verschiedenen Schuldbegriffen gerade keine Konkretion. Die *kriminelle Schuld* treffe diejenigen, welche tatsächliche Verbrechen begangen hätten, was für das Gros der Deutschen nicht gelte. Die *politische Schuld* sei die „Mithaftung jedes Staatsangehörigen"[117] für die Handlungen einer von ihm gewählten Regierung und gelte demnach für alle Deutschen. Diese Schuld wird

---

111 Max Meister, Hitler. In: Die Gegenwart, 1946, H. 10/11, S. 21–22, hier: S. 22.
112 Meister, Hitler, S. 22.
113 Meister, Hitler, S. 22.
114 Meister, Hitler, S. 22.
115 Erich Kuby, Die Krise der Demokratie. In: Der Ruf 3, 1948, H. 2, S. 2.
116 Karl Jaspers, Die Schuldfrage, Heidelberg 1946, S. 65.
117 Jaspers, Die Schuldfrage, S. 56.

jedoch nur als eine indirekte bezeichnet und besteht Jaspers zufolge hauptsächlich darin, die Taten der Regierenden nicht verhindert zu haben. Über die *politische Schuld* richte daher „die Gewalt und der Wille des Siegers"[118]. Die *politische Schuld* sei aber nicht mit einer *moralischen Schuld* gleichzusetzen, da „viele von uns in ihrem innersten Wesen Gegner all dieses Bösen waren und durch keine Tat und durch keine Motivation in sich eine moralische Mitschuld anzuerkennen brauchen"[119]. *Moralische Schuld* bezieht sich also nur auf den Einzelnen, nie auf das Kollektiv. Die Beurteilung von moralischer Schuld sei daher in erster Linie eine „Frage von uns an uns selbst"[120]. Die Argumentationsfigur von der *metaphysischen Schuld* entbindet dann vollends von einer spezifisch deutschen Schuld, denn jene ergibt sich nach Jaspers aus dem Mensch-Sein schlechthin und wird als „Mangel an der absoluten Solidarität mit dem Menschen als Menschen"[121] aufgefasst, über den letztlich nur Gott zu richten habe. Die *metaphysische Schuld* ist in dieser Argumentation also insofern etwas Allgemeines, als sie alle und somit auch die Alliierten betreffen kann. Gerade mit dieser Begriffsseparierung trägt Jaspers zeitgenössisch entscheidend dazu bei, die Deutschen von der Verantwortung für die Verbrechen des Nationalsozialismus zu entlasten.[122] Dies erklärt auch die breite Zustimmung, die seine Thesen in der Nachkriegszeit erfuhren.[123]

Autoren wie Hans-Werner Richter und Alfred Andersch knüpfen unmittelbar an Jaspers an und bezeichnen die nationalsozialistischen Taten nur als „Verbrechen einer Minderheit"[124]. Dementsprechend befürworten sie die Nürnberger Kriegsverbrecherprozesse gegen ranghohe Nationalsozialisten, lehnen die Entna-

---

118 Jaspers, Die Schuldfrage, S. 31.
119 Jaspers, Die Schuldfrage, S. 56.
120 Jaspers, Die Schuldfrage, S. 30.
121 Jaspers, Die Schuldfrage, S. 64.
122 Daran ändert auch sein persönliches Bekenntnis, schuldig zu sein, allein weil er überlebt habe, nichts, da hier wieder von einem sehr individuellen Verständnis von Schuld ausgegangen wird, die nur vor sich selbst oder vor Gott zu rechtfertigen sei; vgl. Jaspers, Die Schuldfrage, S. 64f.
123 Vgl. grundlegend zur Debatte um die ‚deutsche Schuldfrage': Bühner, Kulturkritik und Nachkriegszeit, S. 105–135, bes. S. 121f; Thomas Koebner, Die Schuldfrage. Vergangenheitsverweigerung und Lebenslügen in der Diskussion 1945–49. In: Koebner/Gert Sautmeister/Sigrit Schneider (Hg.), Deutschland nach Hitler. Zukunftspläne im Exil und aus der Besatzungszeit 1939–1949, Opladen 1987, S. 301–329, bes. S. 310–312.
124 Alfred Andersch, Das junge Europa formt sein Gesicht, 15. August 1946. In: Hans Schwab-Felisch (Hg.), Der Ruf – Eine deutsche Nachkriegszeitschrift, München 1962, S. 21–26, hier: S. 23. Wenn im Folgenden auf die von Schwab-Felisch unter Mitarbeit von Hans-Werner Richter herausgegebene Ausgabe ausgewählter Artikel aus *Der Ruf* zurückgegriffen wird, dann wird dies folgendermaßen kenntlich gemacht: Autor, Titel, Datum des Erscheinens in *Der Ruf* (Schwab-Felisch), Seitenangabe.

zifizierung der Bevölkerung jedoch entschieden ab. Richter bezeichnet sie beispielsweise als „wahrhaft diabolisches und kunstfertiges System, aus enttäuschten Nazis, denen alle Ideale zusammengebrochen waren, wieder aktive Faschisten zu machen"[125] – von der Anerkennung einer Schuld sind solche Äußerungen weit entfernt.[126] Jaspers selbst liefert hierfür die Argumentationsgrundlage, wenn er behauptet, dass der „deutsche Antisemitismus [...] in keinem Augenblick eine Volksaktion"[127] gewesen sei. Adorno insistiert als vor allem auch auf einem „Schuld*zusammenhang*", um jener entlastenden Verschiebung der Schuldfrage in den persönlichen Verantwortungsbereich des Einzelnen energisch zu widersprechen.

Erstaunlich ist, dass gerade die Autoren der sogenannten ‚jungen Generation', die sich kurz nach dem Krieg um die Zeitschrift *Der Ruf* zu gruppieren begannen und von denen einige später die einflussreiche *Gruppe 47* mitbegründeten, sich keiner Schuld bewusst waren. Sie fühlten sich nicht verantwortlich für den Krieg, sondern sahen sich selbst als dessen eigentliche Opfer.[128] Walter Kolbenhoff kann

---

125 Hans Werner Richter, Das ist die Bilanz! In: Neues Europa 4, 1949, H. 1, S. 5. Vgl. ganz ähnlich: R.H., Kollektivschuld, S. 10–12; Kuby, Denazifizierung der Demokraten, S. 3; Erich Kuby, Die Geburt der Schuld. In: Der Ruf 2, 1947, H. 23, S. 1.
126 Neben dem Großteil der schuldrelativierenden Artikel gibt es auch einige wenige differenzierte Beiträge zur deutschen Schuldfrage, die – auch wenn sie in den öffentlichen Debatten in der Minderheit waren – hier zumindest Erwähnung finden sollen: Vgl. bspw. Hannah Arendt, Organisierte Schuld. In: Die Wandlung 1, 1946, H. 4, S. 333–344 (zuerst erschienen in *Jewish Frontier* im Januar 1945); Eugen Kogon, Gericht und Gewissen. In: Frankfurter Hefte 1, 1946, H. 1, S. 25–37; Walter Dirks, Der Weg zur Freiheit. Ein Beitrag zur deutschen Selbsterkenntnis. In: Frankfurter Hefte 1, 1946, H. 4, S. 50–60. Ernst Wiecherts am 11. November 1945 gehaltene *Rede an die deutsche Jugend* wird hier bewusst nicht – wie es der Aufsatz von Magdalena Kardach und Marcin Gołaszewski nahelegt – als kritische Reflexion der deutschen Schuldfrage aufgenommen, da Wiechert zwar als einer der Wenigen eine deutsche Schuld anerkennt („Laßt uns erkennen, daß wir schuldig sind und daß vielleicht hundert Jahre erst ausreichen werden, die Schuld von unseren Händen zu waschen."), die Geschichte des Nationalsozialismus mit dem Verweis auf die „Uhr unseres Schicksals" und unter Zuhilfenahme des Elite- und Massentheorems insgesamt jedoch mythisch verklärt. Ernst Wiechert, Rede an die deutsche Jugend, München 1945, S. 33; 8; vgl. Magdalena Kardach/Marcin Gołaszewski: Macht und Kultur unter dem Einfluss der Kulturpolitik vor und nach 1945 am Beispiel des literarischen Werkes von Ernst Wiechert. In: Detlef Haberland (Hg.), Ästhetik und Ideologie 1945. Wandlung oder Kontinuität poetologischer Paradigmen deutschsprachiger Schriftsteller, Oldenburg 2017, S. 77–87.
127 Jaspers, Die Schuldfrage, S. 84. Deutlich bezieht sich auch der nur mit R.H. signierte Autor der *Gegenwart* auf Jaspers, indem er behauptet, dass die Deutschen wenn überhaupt „vor sich selber ‚schuldig' geworden" sind: „Nur sie selbst sind aufgerufen, sich anzuklagen, nur sie selbst die letzte Instanz, vor der sie sich zu rechtfertigen haben"; R.H., Kollektivschuld, S. 11f.
128 Vgl. auch Helmut Böttiger, Die Gruppe 47. Als die deutsche Literatur Geschichte schrieb, 2. Aufl., München 2013, S. 49.

daher auch von einer reinen Fremdbestimmung durch den Nationalsozialismus ausgehen: „Man hat Schindluder mit uns getrieben. Wir werden aufpassen, daß man es nicht noch einmal mit uns tut."[129] Insbesondere Andersch und Richter, die die ersten sieben Monate als Herausgeber des *Rufs* fungierten, sehen in der in ihren Augen unschuldigen Generation der 18- bis 35-Jährigen – die sie bewusst gegen die ältere, schuldig-gewordene Generation abgrenzen – die Zukunft ihres Landes.[130] Die ‚neue Elite' komme allerdings „nicht aus der Stille von Studierzimmern [...], sondern unmittelbar aus dem bewaffneten Kampf um Europa"[131]. Andersch und Richter mystifizieren den Krieg als „religiöse[s] Erlebnis"[132], das die gemeinsame Erfahrungsbasis aller jungen Europäer bilde. Daher müsse die Gestaltung der Zukunft gerade den (genau genommen gar nicht mehr so) jungen, aus dem Krieg heimgekehrten Männern obliegen:

> Die erstaunlichen Waffentaten junger Deutscher in diesem Kriege und die ‚Taten' etwas älterer Deutscher, die gegenwärtig in Nürnberg verhandelt werden, stehen in keinem Zusammenhang. Die Kämpfer von Stalingrad, El Alamein und Cassino, denen auch von ihren Gegnern jede Achtung entgegengebracht wurde, sind unschuldig an den Verbrechen von Dachau und Buchenwald.[133]

Da die ‚junge' deutsche Generation in den Augen von Andersch keine Schuld trägt, ist es ihm auch problemlos möglich, einen „Brückenschlag zwischen den alliierten Soldaten, den Männern des europäischen Widerstandes und den deutschen Frontsoldaten, zwischen den politischen KZ-Häftlingen und den ehemaligen ‚Hitlerjungen'"[134] zu fordern. Dass zwischen den von ihm angesprochenen

---

129 Walter Kolbenhoff, Wir wollen leben. In: Der Ruf 1, 1946/47, H. 3, S. 6–7.
130 Vgl. Hans-Werner Richter, Warum schweigt die junge Generation?, 01. September 1946 (Schwab-Felisch), S. 29–33.
131 Andersch, Das junge Europa formt sein Gesicht, S. 21.
132 Andersch, Das junge Europa formt sein Gesicht, S. 23. Vgl. auch Richter: „Der Mensch, der junge Mensch, der zwischen diesen beiden Kriegen aufgewachsen ist, der durch ein Inferno der Not, des Hasses, der Leidenschaft, der Begeisterung und des Rausches schritt, der Jahre der Einsamkeit und der geistigen Einengung auf den Kasernenhöfen ertrug und der schließlich durch die Hölle des Krieges, durch den Todestaumel der Front und durch seelische Abgeschiedenheit der Gefangenenlager ging, er hat sich gewandelt. Er ist zutiefst in seinen seelischen Bindungen erschüttert worden. Er hat immer an der äußersten Grenze der menschlichen Existenz gelebt, dort wo das Pendel des Lebens nicht in der Mitte ruht, sondern wohin es ausschlägt, wenn es in fortwährender Bewegung ist, in der Nähe des Hasses, in der Nähe der brausenden Begeisterung, in der Nähe des Todes." Richter, Warum schweigt die junge Generation? (Schwab-Felisch), S. 30.
133 Alfred Andersch, Notwendige Aussage zum Nürnberger Prozeß, 15. August 1946 (Schwab-Felisch), S. 26–29, hier: S. 27.
134 Andersch, Das junge Europa formt sein Gesicht, S. 23.

Personengruppen erhebliche Differenzen hinsichtlich ihrer unterschiedlichen (Leid-)Erfahrungen bestehen, tangiert Anderschs Argumentation dabei an keiner Stelle. Der Schulterschluss gilt denn auch nur den politischen Gefangenen, während die Verbrechen an den europäischen Juden durch den fehlenden Verweis auf die Vernichtungslager in beiden Essays auf eklatante Weise ausgespart werden. Genau dieser hegemoniale Nachkriegsdiskurs hat früh und nachhaltig dazu beigetragen, Auschwitz systematisch aus dem deutschen Bewusstsein zu verdrängen.

Entgegen dem eigenen Selbstverständnis folgen viele der ‚jungen' Autoren mit ihrer Verklärung der Kriegserlebnisse sowie der Verschiebung von Verantwortung und Schuld ausschließlich auf eine kleine „Gruppe in düsterem und unheimlichem Glanz"[135], exakt dem mythischen Weltbild der von ihnen kritisierten ‚älteren Generation'.[136] Der radikale Neuanfang und „die Gestaltung einer neuen Wirklichkeit"[137], die Richter in seinem programmatischen Essay *Literatur im Interregnum* von der Literatur fordert, ist genau besehen nur die strikte Weigerung, sich mit den jüngst geschehenen Verbrechen auseinanderzusetzen. In diesem Sinne versteht wohl auch Kuby den proklamierten ‚Neuanfang', wenn er bereits zwei Jahre nach dem Krieg unverhohlen konstatiert: „Hier und heute ist Schuld genug."[138]

Angesichts solcher die Schuldfrage entweder mythisch verklärender oder sie schlichtweg leugnender Formulierungen, erscheint Adornos Reaktion, von einem „Schuldzusammenhang der Gesellschaft" (KG, 19) zu sprechen, alles andere als abwegig. Die Kontextualisierung kann hier nicht nur davor bewahren, Adornos Argumentation als reine Rhetorik abzuqualifizieren oder ihm vorschnell eine kulturpessimistische Perspektive zu unterstellen, sondern auch zeigen, dass er mit seiner letztlich sehr klaren Formulierung in einen Nachkriegsdiskurs einzugreifen versuchte, der von Verbrechen und Schuld nichts hören wollte.[139] Auch seine Formulierung zu Gedichten nach Auschwitz muss im Kontext des hier dargestellten Nachkriegsdiskurses in einem neuen Lichte gesehen werden: Zum einen benennt Adorno mit dem *Aussprechen* des Namens Auschwitz überhaupt eines der Vernichtungslager konkret und bricht damit das Schweigen über den Genozid an

---

135 Andersch, Notwendige Aussage zum Nürnberger Prozeß, S. 28.
136 Vgl. auch Bühner, Kulturkritik und Nachkriegszeit, S. 167.
137 Hans-Werner Richter, Literatur im Interregnum. In: Der Ruf 1, 1946/47, H. 15, S. 10–11, hier: S. 11; vgl. auch Richter, Warum schweigt die junge Generation, S. 29.
138 Kuby, Die Geburt der Schuld, S. 1.
139 Eine wichtige Ausnahme bildet Eugen Kogons 1946 veröffentlichtes Werk *Der SS-Staat – Das System der deutschen Konzentrationslager*, in dem er die nationalsozialistischen Verbrechen in den Konzentrationslagern analysiert. Vgl. ebenfalls Kogons Zeitschriftenartikel *Gericht und Gewissen*, in dem er eindringlich darauf hinweist, dass der Großteil der Deutschen von der Existenz der Konzentrationslager gewusst haben muss; Kogon, Gericht und Gewissen, S. 25–37.

den Juden. Zum zweiten reagiert er damit auch ganz konkret auf den von Richter geforderten „Beginn einer literarischen Revolution"[140], die jedoch de facto, wie dargestellt, auf einer völligen Ausblendung der Shoah fußte. Als Reaktion darauf lässt sich Adornos pittoreske Äußerung in *Die auferstandene Kultur* verstehen: „Die jüngste Prosa, der alles sich nachsagen läßt, nur nicht, daß sie jung sei, erinnert zuweilen an einen mit purpurrotem und goldengrünem Laub reich und sorgsam zugeschütteten Kommißstiefel."[141]

Ein wirklicher literarischer Neuanfang hätte Adorno zufolge darin bestanden, das in Auschwitz und den vielen anderen Konzentrations- und Vernichtungslagern tatsächlich Geschehene und die eigene Schuld daran als unverrückbaren Ausgangspunkt zu nehmen. Gegen das Schweigen und die Relativierung und Leugnung setzt Adorno mit der Synekdoche ‚Auschwitz' bewusst ein Zeichen, das über die rein rhetorische Funktion der Provokation und des *pars pro toto* hinausweist und das einen bewussten *Eingriff* in den unmittelbaren Nachkriegsdiskurs darstellt:[142] Denn ausgesprochen ist hiermit der gleichermaßen politische, gesellschaftliche wie ästhetische Appell an seine ZeitgenossInnen, in *vollem* Umfang Verantwortung für das jüngst Geschehene zu übernehmen. Dies setzt die Anerkennung des Bruchs voraus, der mit Auschwitz bezeichnet ist, und richtet sich konsequent gegen die Vorstellung einer Kontinuität der deutschen Kultur.

3.2 Kulturtraditionalismus und sozialistischer Realismus

Deutlichen Bezug auf die kulturkritischen Denkmuster der Nachkriegszeit nimmt Adorno in *Kulturkritik und Gesellschaft* immer auch dann, wenn es um künstlerische Gebilde im engen Sinn geht. Explizit kritisiert er die von den

---

140 Richter, Literatur im Interregnum, S. 11.
141 Adorno, Die auferstandene Kultur. GS 20.2, S. 459. Mit dieser Formulierung hat Adorno sicher auch die umfangreichen und nach dem Zweiten Weltkrieg weiterhin populären literarischen Arbeiten Ernst Jüngers gemeint. Auf einem der Typoskripte zu *Die auferstandene Kultur* ist hinter der hier zitierten Stelle denn auch der Name Jüngers handschriftlich vermerkt. Allerdings stammt die Handschrift nicht von Adorno selbst oder seiner Frau; vermutlich wurde die Anmerkung von einer/m MitarbeiterIn eingetragen, die genaue Urheberschaft ist jedoch nicht mehr auszumachen; vgl. Typoskript zu *Die auferstandene Kultur* (Theodor W. Adorno Archiv, Ts 25510 – Ts 25523, S. 8).
142 Sven Kramer ist grundsätzlich zuzustimmen, wenn er in Adornos Rhetorik die „Strategien der Begriffspolarisierung, der Provokation, des Appells, der Dramatisierung" erkennt; vgl. Kramer, „Wahr sind die Sätze als Impuls … ", S. 85. Gleichwohl kann über die Kontextualisierung gezeigt werden, dass die provokative Wortwahl Adornos zeitgenössisch durchaus üblich war und er selbst wiederum auf einen polarisierenden und polemischen Stil vieler Nachkriegsautoren antwortete.

meisten Autoren proklamierte Kontinuität einer deutschen Kulturnation, nach der die Deutschen das Volk der „Dichter und Denker"[143] seien. Diese romantisierende Vorstellung wurde bereits seit dem 19. Jahrhundert immer dann bemüht, wenn es darum ging, gegen die politische Rückständigkeit der Deutschen das Bild von den bewusst politikfernen, weil intellektuellen Deutschen zu profilieren.[144] Diese Vorstellung griffen die Intellektuellen 1949 dankbar auf und aktualisierten sie. Wie um sich selbst der Nachfolge der ‚großen Denker' zu vergewissern, feierte die gerade neu gegründete Bundesrepublik 1949 euphorisch das *Goethe-Jahr*.[145] In diesem Sinne wurde auch in den Zeitschriften bereits kurz nach dem Krieg immer wieder Bezug auf die Weimarer Klassik genommen: „Leitsterne auf der Fahrt sind uns die großen Meister, die je und je gelebt und ihre Werke geschaffen haben."[146] Der Germanist Fritz Strich beruft sich angesichts der unruhigen politischen Nachkriegsjahre ebenfalls auf die

---

143 Carl August Weber, Deutsche Jugend und Demokratie. In: Der Ruf 2, 1947, H. 20, S. 7. Vollständig heißt es: „Die deutsche Veranlagung aber tendiert zur Elite, so lange die Deutschen das Volk der Dichter und Denker bleiben. Wir haben auch heute keinen Grund auf diesen Titel zu verzichten."

144 Vgl. bspw. den Literaturhistoriker Wolfgang Menzel in seiner Literaturgeschichte von 1828: „Die Deutschen thun nicht viel, aber sie schreiben desto mehr. Wenn dereinst ein Bürger der kommenden Jahrhunderte auf den gegenwärtigen Zeitpunkt der deutschen Geschichte zurückblickt, so werden ihm mehr Bücher als Menschen vorkommen. [...] Er wird sagen, wir haben geschlafen und in Büchern geträumt. [...] Das sinnige deutsche Volk liebt es zu denken und zu dichten, und zum Schreiben hat es immer Zeit." Wolfgang Menzel, Die deutsche Literatur. Stuttgart 1836, S. 3f.; vgl. dazu auch: Wolfgang Mieder, „Entflügelte Worte": Modifizierte Zitate in Literatur, Medien und Karikaturen, Wien 2016.

145 Das Prinzip, sich auf die ‚großen' (männlichen) Dichter und Denker als geistige Führer zu beziehen und dies in Festakten zu begehen, war nicht neu. Gerade die Nationalsozialisten beriefen sich mit ihren großen Dichter-Jubiläenfeiern (1934 Schiller, 1936 Kleist, 1943 Hölderlin uva.) auf die lange Tradition deutscher Kultur, um die nationale Identität der ‚Volksgenossen' zu festigen. Den KulturpolitikerInnen der unmittelbaren Nachkriegszeit muss es dann geradezu als Fügung erschienen sein, dass Goethes 200. Geburtstag ausgerechnet in das Jahr 1949 fiel. Denn Goethe war einer der wenigen kanonisierten Autoren, der „einen Platz allenfalls am Rande der nationalsozialistischen Ideologie" gehabt hatte und demnach nicht vereinnahmt schien; vgl. Claudia Albert/Marcus Gärtner, Die Rezeption der klassischen deutschen Literatur im ‚Dritten Reich' und im Exil. In: Hansers Sozialgeschichte der deutschen Literatur vom 16. Jahrhundert bis zur Gegenwart, hg. v. Rolf Grimminger, Bd. 9: Nationalsozialismus und Exil 1933–1945, hg. v. Wilhelm Haefs, München 2009, S. 194–207, hier: S. 206; vgl. auch Stephen Brockmann, „Der Besitz der Nation" – Der Streit um die Aneignung literarischer Tradition in Deutschland 1945–1949. In: Manuel Köppen/Rüdiger Steinlein (Hg.), Passagen. Literatur – Theorie – Medien. Festschrift für Peter Uwe Hohendahl, Berlin 2001, S. 257–275. Auch in der DDR wurden 1949 große Festakte zu Ehren des *Goethe-Jahres* veranstaltet.

146 Walter Geiser, Die Aufgabe des Künstlers in unserer Zeit. In: Die neue Schau 19, 1949, H. 4, S. 104–105, hier S. 104f. Weiter heißt es: „Wir sollen es in unserem Schaffen halten wie

klassischen Vorbilder. Er vergleicht die gegenwärtige Situation mit der Herrschaft Napoleons über die Deutschen, als „sich dieses Volk allein noch in seinen Dichtern wirklich als Volk zusammen"[147] fand. Wie zu Schillers und Goethes Zeiten sei es auch jetzt die Aufgabe der Literatur, „unsere tiefste Sehnsucht zu erfüllen, die Sehnsucht nach Gemeinsamkeit, weil es ihr eigenes ist, Gemeinsamkeit zu stiften"[148]. Dass die Berufung auf das „einigende, Gemeinschaft stiftende Band"[149] der Literatur große Ähnlichkeit mit dem nationalsozialistischen Konzept der ‚Volksgemeinschaft' aufweist, wird hier nicht zur Kenntnis genommen. So sieht auch Thieß das deutsche Volk in der Tradition Goethes:

> Es gibt keine tiefere Einsicht als die, welche Goethe in die Worte faßte, daß man sterben müsse, um leben zu können. So blieb denn dieses unerbittliche, dieses gnadenvolle „Stirb und Werde" die einzige Hoffnung inmitten des Zusammenbruchs eines tausendjährigen Reichs.[150]

Dass bereits ein Jahr nach der Befreiung von Auschwitz der Leitspruch „Stirb und werde" als vorbildlicher Weg zur Bewältigung der beschwerlichen Nachkriegszeit ausgegeben werden konnte, musste den Einspruch des Exilanten und als Juden verfolgten Adorno hervorrufen: „Die ewigen Werte, auf welche die Kulturkritik deutet, spiegeln das perennierende Unheil. Der Kulturkritiker nährt sich von der mythischen Verstocktheit der Kultur." (KG, 18) Als konkrete Replik auf jene als ebenso leichtfertig wie ignorant zu wertenden Äußerungen von Thieß lesen sich Adornos Formulierungen weniger als apodiktisches Urteil über die Kulturkritik als solche, sondern vielmehr als scharfsinnige Analyse

---

unsere Vorbilder, die Meister, deren Werke in den Mitteln von ihrer jeweiligen Zeit bestimmt sind, im Gehalt jedoch alle von den gleichen, ewigen Normen künden."
147 Fritz Strich, Freiheit der Dichtung. In: Welt und Wort 4, 1949, H. 8, S. 264–266, hier: S. 265.
148 Strich, Freiheit der Dichtung, S. 265.
149 Strich, Freiheit der Dichtung, S. 265.
150 Thieß, Umwege zum Ich, S. 48. In seinem Artikel *Heimkehr zu Goethe* stilisiert Thieß Goethe zum Gegenspieler Hitlers und erklärt ihn zur geistigen Führerfigur: „In meiner Antwort an Thomas Mann habe ich gesagt, daß wir, nachdem der Verführer vernichtet wurde, uns dessen bewußt seien, keinen anderen Führer mehr zu haben als den heller als je strahlenden Stern deutscher Weltgeltung, Goethe." Frank Thieß, Heimkehr zu Goethe. In: Nordwestdeutsche Hefte, 1946, H. 1, S. 29–32, hier: S. 29. Auch der bekannte Historiker Friedrich Meinecke rief 1946 zur Bildung von „Goethe-Gemeinden'" auf, die sich, wenn möglich „sogar in einer Kirche" treffen sollten; vgl. Friedrich Meinecke, Die deutsche Katastrophe. Betrachtungen und Erinnerungen, Wiesbaden 1946, S. 175. Johann weist zu Recht darauf hin, dass die vermeintlich „unverdächtige deutsche Kultur" damit „Züge einer Ersatzreligion" erhielt; vgl. Johann, Das Diktum Adornos, S. 108.

seiner Zeit. Die ideologische Vereinnahmung der Schriftsteller der Klassik fungiert Adorno zufolge nur als „handlicher Herzenswärmer"[151] und zur Beruhigung einer deutschen ‚Kulturnation', die sich nicht mit ihrer Schuld auseinandersetzen will. Gegen jene Vorstellung von Kultur wendet Adorno weiter ein:

> Nur als neutralisierte und verdinglichte läßt sie sich vergötzen. Der Fetischismus gravitiert zur Mythologie. Meist berauschen sich die Kulturkritiker an Idolen [...]. Weil die Kulturkritik gegen die fortschreitende Integration allen Bewußtseins im materiellen Produktionsapparat sich auflehnt, ohne diesen zu durchschauen, wendet sie sich nach rückwärts, verlockt vom Versprechen der Unmittelbarkeit. (KG, 17)[152]

Der Fetischismusvorwurf trifft auch die ausgeprägte ‚Klassikerpflege' der sowjetischen Besatzungszone (SBZ), wobei diese hinsichtlich der Produktion *neuer* Literatur bald vor allem den von Andrej Ždanov Anfang der 1930er Jahre für die Sowjetunion als Kunstdoktrin formulierten ‚sozialistischen Realismus' forcierte, der die Wirklichkeit realistisch, ‚objektiv' und konkret darstellen sollte. Wichtig seien beim Verfassen sozialistischer Literatur eine gegenwärtig-revolutionäre Perspektive, die Ansiedlung des Personals in der sozialistischen Produktion und die Etablierung eines positiven Helden (der Arbeit), der den LeserInnen zur Identifikation mit dem Sozialismus dienen könne. Schon seit 1946, mit Nachdruck dann seit 1948 wurde das Programm des sozialistischen Realismus in der SBZ umgesetzt. Alternative Kunstentwürfe und ästhetische Gestaltungsformen wurden als formalistisch, subjektivistisch, modern und damit als bürgerlich diffamiert und strikt abgelehnt; Kunst sollte nur den Interessen der Politik dienen.[153] Diese rigide Absage an eine moderne Formsprache und die Zurückweisung kritischer, negativer oder innovativer künstlerischer Inhalte kritisiert Adorno, wenn er den „Terror der neuen russischen Gewaltherrscher" (KG, 22) mit dem kulturellen Traditionalismus des Westens vergleicht und sich gegen die naive Befürwortung einer rein positiv-idyllischen Kultur ausspricht.

---

151 Adorno, Die auferstandene Kultur. GS 20.2, S. 456.
152 Auch in seinem 1957 gehaltenen und 1958 in der Zeitschrift *Akzente* veröffentlichten Vortrag *Zum Gedächtnis Eichendorffs* kritisiert Adorno die Rückwärtsgewandtheit der Nachkriegskultur, die mit einer Zurückweisung von zeitgenössischer Kunst einhergeht: „Die Beziehung zur geistigen Vergangenheit in der falsch auferstandenen Kultur ist vergiftet. Der Liebe zum Vergangenen gesellt vielfach sich die Rancune gegen das Gegenwärtige; der Glaube an einen Besitz, den man doch verliert, sobald man ihn unverlierbar wähnt; das Wohlgefühl im vertraut Überkommenen, in dessen Zeichen gern jene dem Grauen entfliehen, deren Einverständnis es bereiten half." Adorno, Zum Gedächtnis Eichendorffs. GS 11, S. 69.
153 Vgl. Wilfried Barner, Im Zeichen des „Vollstreckens": Literarisches Leben in der SBZ und frühen DDR. In: Barner u. a. (Hg.), Geschichte der deutschen Literatur von 1945 bis zur Gegenwart, 2. aktual. u. erw. Aufl., München 2006, S. 116–130, hier: S. 129.

Denn jene entzieht der Kultur „das Ferment der eigenen Wahrheit" (KG, 23), nämlich das ihr inhärente strukturelle Moment der Negation, das ihr emanzipatorisches Potential ausmacht. Gegen die Verpflichtung auf Positivität in der Kunst durch den Sowjetsozialismus und die Kulturpolitik der Sozialistischen Einheitspartei Deutschlands (SED) wendet er weiter ein:

> Indem sie das Ganze wie mit einem Schwamm wegwischen wollen, entwickeln sie Affinität zur Barbarei, und ihre Sympathien sind unweigerlich mit dem Primitiveren, Undifferenzierteren, wie sehr es auch im Widerspruch zum Stand der geistigen Produktivkraft selber stehen mag. Die bündige Verleugnung der Kultur wird zum Vorwand, das Gröbste, Gesündeste, selber Repressive zu befördern [...]. (KG, 26f.)

Adorno reagiert bereits hier, und nicht erst in späteren Essays wie *Erpresste Versöhnung* von 1958, auf Stellungnahmen von Georg Lukács. Lukács, der unmittelbar nach dem Krieg zu einem der wichtigsten Fürsprecher des sozialistischen Realismus avancierte und auch von der SED zumindest zeitweilig große Anerkennung erfuhr, hatte bereits in der sogenannten Expressionismus-Debatte von 1937/38 den bürgerlich-humanistischen Roman, den er mit dem historischen Materialismus zu verknüpfen suchte, gegenüber dem literarischen Expressionismus verteidigt. Seine Thesen fanden in der SBZ breiten Zuspruch, da das optimistische Menschenbild, das der realistische Roman zu repräsentieren schien, den kulturpolitischen Zielen der SED, durch Kunst Solidarität mit der neuen Staats- und Gesellschaftsform zu erwirken, entsprachen.[154] In einer 1949 gehaltenen Rede, die durch den ausschnittsweisen Abdruck im *Neuen Deutschland* einige Bekanntheit erlangte, fordert Lukács von den SchriftstellerInnen die „Aneignung der hochwertigen Weltanschauung"[155], so dass im Sinne der marxistisch-leninistischen Sicht „der werktätige Mensch" im Zentrum der Kunst stehe. Wichtiger als die Wahl des Themas sei aber die „richtige aktuelle Fragestellung", weshalb durchaus auch eine „künstlerisch primitive[ ] Form" in Kauf genommen werden könne.

Auch hinsichtlich der Aufgaben der Literaturkritik formulierte Lukács klare Vorstellungen, die der Rigorosität der offiziellen SED-Kulturpolitik in nichts nachstanden. Die Literaturkritik müsse „die Lehren der großen klassischen Meister des Marxismus-Leninismus studieren" und damit dezidiert „Literaturpolitik" betreiben; außerdem sei „die Ausmerzung kapitalistischer Überreste in

---

[154] Vgl. Barner, Im Zeichen des „Vollstreckens", bes. S. 124–129. Zur Expressionismus-Debatte vgl. Detlev Schöttker, Expressionismus, Realismus und Avantgarde – literatur- und medienästhetische Debatten im sowjetischen Exil. In: Hansers Sozialgeschichte. Bd. 9, S. 230–244.
[155] Alle Zitate dieses und des nächsten Absatzes aus Georg Lukács, Der höchste Grad des Realismus. In: Neues Deutschland, 8. Juli 1949, S. 3.

der persönlichen Haltung der einzelnen Kritiker" eine der wichtigsten Aufgaben künftiger Kulturkritik und -politik. So sehr Adorno immer wieder den Verweisungszusammenhang von Kultur und Gesellschaft betont, so entschieden wendet er sich gegen die hier von Lukács geforderte Instrumentalisierung von Kultur für politische Zwecke:

> Heute aber ist die Bestimmung von Bewußtsein durch Sein zu einem Mittel geworden, alles nicht mit dem Dasein einverstandene Bewußtsein zu eskamotieren. Das Moment der Objektivität von Wahrheit, ohne das Dialektik nicht vorgestellt werden kann, wird stillschweigend durch vulgären Positivismus und Pragmatismus – in letzter Instanz: bürgerlichen Subjektivismus – ersetzt. (KG, 23)

Adorno überführt mit solchen Sätzen die SED-Kulturpolitik des Selbstwiderspruchs, indem er sie mit ihren eigenen Ansprüchen konfrontiert: Was die sozialistische Kultur unter ‚bürgerlichem Subjektivismus' ablehnt, produziert sie letztlich selbst, indem sie eine ausschließlich positive Darstellung der Realität fordert, in der Leiden keinen Platz hat. Gerade dadurch protegiert die sozialistische Kultur laut Adorno restaurative und historisch obsolete Produktionen.

Die Geringschätzung des individuellen Glücksanspruchs zugunsten parteipolitischer Überlegungen kritisiert Adorno insbesondere im Hinblick auf die Funktion von Kunst. Kunstwerke scheitern ihm zufolge, wenn in ihnen parteipolitische Inhalte direkt umgesetzt werden sollen. Gleichwohl zielen Kunstwerke auf Politik: „Ein jedes Geistiges hat seine Wahrheit an der Kraft der Utopie, die durch es hindurchleuchtet."[156]

3.3 Die heile Welt der Nachkriegslyrik

Mit seinem Satz zu Gedichten nach Auschwitz reagiert Adorno konkret auf die Lyrikproduktion der unmittelbaren Nachkriegszeit. Denn auffällig ist, dass gerade in der Lyrik nicht von einem ‚Kahlschlag'[157], einer ‚Stunde Null' oder

---

156 Adorno, Die auferstandene Kultur. GS 20.2, S. 462. Vgl. zu diesem Punkt auch ausführlich Kapitel IV. dieser Arbeit.
157 Wolfgang Weyrauch prägte den Begriff „Kahlschlag", der den literarischen Neuanfang nach 1945 symbolisieren sollte; vgl. Wolfgang Weyrauch, Nachwort. In: Weyrauch (Hg.), Tausend Gramm. Sammlung neuer deutscher Geschichten, Hamburg u. a. 1949, hier: S. 213. Dass Weyrauch selbst weniger auf einen radikalen Neuanfang setzte, sondern vielmehr auf ästhetische Topoi des Nationalsozialismus und antisemitische Diskurse zurückgriff, hat jüngst Nicole Weber gezeigt: Nicole Weber, „Kein Indianer mehr"? Kontinuitäten partikularer Moraldiskurse und literarischer Antisemitismus im Nachkriegswerk Wolfgang Weyrauchs. In: Ästhetik und Ideologie 1945, S. 301–323.

einem Neuanfang gesprochen werden kann, sondern man vielmehr von einer personellen wie inhaltlichen Kontinuität von der Weimarer Republik bis in die Nachkriegszeit ausgehen muss.[158] Viele der unmittelbar nach dem Krieg erfolgreichen Lyriker wie die ehemaligen NSDAP-Mitglieder Karl Krolow und Hans Egon Holthusen waren bereits während des Nationalsozialismus bekannte Schriftsteller. Auch bekennende NS-Lyriker wie Herbert Böhme und Gerhard Schumann fanden nach dem Krieg noch eine Zeit lang ihr Publikum.[159] Aber auch bedeutende Dichterinnen und Dichter wie Friedrich Georg Jünger, Günter Eich, Marie Luise Kaschnitz, Elisabeth Langgässer, Oda Schaefer und andere, die während des Nationalsozialismus ganz oder zeitweilig mit Publikationsverboten belegt wurden, „haben auf ihre Weise Anteil an der Literatur, an der Kultur zwischen 1933 und 1945 im faschistischen Deutschland"[160], da sie beispielsweise durch Veröffentlichungen in Print und Rundfunk Teil der kulturellen NS-Öffentlichkeit waren. Vielen von ihnen, wie Gottfried Benn, Werner Bergengruen und Wilhelm Lehmann, gelang es nach dem Krieg daher auch rasch, ihre während der nationalsozialistischen Herrschaft verfassten Gedichte erfolgreich auf dem literarischen Markt der Nachkriegszeit zu platzieren.

Das liegt auch darin begründet, dass die meisten der hier genannten Autorinnen und Autoren sich nach 1945 in der Öffentlichkeit erfolgreich als Teil der ‚Inneren Emigration' zu präsentieren verstanden. Dieser Begriff wurde 1933 von Frank Thieß geprägt, um die Situation der in Deutschland gebliebenen, dem nationalsozialistischen Regime nach eigenen Selbstaussagen jedoch kritisch gegenüberstehenden Schriftstellerinnen und Schriftstellern in Abgrenzung zu den ins Exil gegangenen zu beschreiben. Gemeint ist damit zunächst tatsächlich eine *literarische* Emigration nach *innen*, also eine Abwendung von tagesaktuellen und politischen Themen zugunsten einer Wiederentdeckung mythischer Stoffe und einer Hinwendung zur Naturlyrik. Der Rückzug aus der Gesellschaft ist dabei ein poetisches Konzept, das bis ins 18. Jahrhundert zurückreicht und auch Teile der *romantischen Poesie* auszeichnete – bewusst stellten sich deutsche Autorinnen und Autoren während der Herrschaft des Nationalsozialismus mit ihrer Flucht in die Innerlichkeit in diese Traditionslinie. Unscharf wird der Begriff jedoch, da nach dem Krieg fast alle in Deutschland gebliebenen KünstlerInnen diese Konstruktion für sich beanspruchten, so dass er dann sowohl oppo-

---

158 Vgl. Hermann Korte, Deutschsprachige Lyrik seit 1945, 2. völlig neu bearb. Aufl., Stuttgart 2004, S. 9.
159 Vgl. Wilhelm Haefs, Lyrik in den 1930er und 1940er Jahren. In: Hanser Sozialgeschichte. Bd. 9, S. 392–416, hier: S. 415.
160 Korte, Deutschsprachige Lyrik, S. 7.

sitionelle als auch affirmative (NS-)Literatur umfasste.[161] Die personelle Kontinuität der deutschen Lyrik ist also unübersehbar:

> Dass die Liste der Autoren, die zwischen 1945 und 1949 Gedichtbände veröffentlichten, fast keinen neuen Namen präsentiert, ist auf dem Hintergrund der kurzen Zeitspanne nicht verwunderlich. Entscheidender aber ist, dass sie keine neue Tendenz und schon gar keine neue Epoche deutscher Lyrik ankündigt.[162]

Dies gilt in besonderem Maße für das Genre der ‚Naturlyrik', deren Topoi sich großer Beliebtheit erfreuten. Das Naturgedicht der Nachkriegszeit bezog dabei seine wichtigsten Impulse aus der ‚naturmagischen' Schule der dreißiger Jahre. Auch auf der Liste der erfolgreichen LyrikerInnen fanden sich nach 1945 mit Werner Bergengruen, Wilhelm Lehmann, Elisabeth Langgässer und Peter Huchel dieselben Namen wie zum Ende der Weimarer Republik.[163] Es waren aber insbesondere die Rezeptionsbedürfnisse des Publikums, die diesem Genre in der Nachkriegszeit zu einer Renaissance verhalfen. In den ‚schönen Landschaften' der Poesie wurde ein Zufluchtsort gesehen, der von den durch den Krieg verursachten Zerstörungen und Entbehrungen abzusehen und sich in eine idyllische Natur hineinzuträumen erlaubte.[164] Trug dieser eskapistische Impuls wesentlich zum Erfolg der Naturlyrik in der Nachkriegszeit bei, waren es vor allem deren Intentionen, die Entlastungs- sowie Identifikationspotential boten; denn Signum vieler Naturgedichte war die geschichtslose und mythische Überhöhung des irdischen Seins und die dezidierte Aussparung der jüngst vergangenen historischen

---

161 Bspw. verstanden auch Gottfried Benn und Ernst Jünger sich nach dem Krieg als Teil der Inneren Emigration, obwohl Benn – wie ich im Folgenden zeigen werde – den Nationalsozialismus anfangs befürwortete und auch Jünger sich von ihm eher aus „Snobismus denn aus politischer Überzeugung" abwandte; vgl. Inge Stephan, Die Literatur der ‚Inneren Emigration'. In: Wolfgang Beutin u. a. (Hg.), Deutsche Literaturgeschichte. Von den Anfängen bis zur Gegenwart, 6. überarb. Aufl., Stuttgart 2001, S. 442–447, hier: S. 442; vgl. weiterhin zum Begriff der ‚Inneren Emigration' Gregor Streim, Deutschsprachige Literatur 1933–1945, Berlin 2015.
162 Korte, Deutschsprachige Lyrik, S. 9 f. Hervorhebung im Original. Alexander von Bormann schätzt die „reich gefächerte Entwicklung" der Nachkriegspoesie anders ein und geht davon aus, dass die frühe Nachkriegslyrik „durchaus wichtige und weiterführende Impulse" gesetzt hat; vgl. Alexander von Bormann, Frühe Nachkriegslyrik (1945–1950). In: Geschichte der deutschen Literatur von 1945 bis zur Gegenwart, S. 76–98, hier: S. 76. Ich folge allerdings der Annahme Kortes, dass sich – zumindest was das Gros der Gedichte betrifft – wirklich innovative Ansätze in der Lyrik erst ab den 1950ern finden lassen.
163 Vgl. Horst Ohde, Die Magie des Heilen. Naturlyrik nach 1945. In: Hansers Sozialgeschichte. Bd. 10: Literatur in der Bundesrepublik Deutschland bis 1967, hg. v. Ludwig Fischer, München/Wien 1986, S. 349–367, bes. S. 351–356; Korte, Deutschsprachige Lyrik seit 1945, S. 20.
164 Vgl. Ohde, Die Magie des Heilen, S. 349–367; Korte, Deutschsprachige Lyrik seit 1945, bes. S. 20–30.

Ereignisse.¹⁶⁵ Dementsprechend bedienten Lyriker wie Lehmann und Bergengruen das Topoi von der ‚heilen Welt', mit dem sie die Verbrechen des Nationalsozialismus erfolgreich zu ignorieren verstanden.¹⁶⁶ Adorno bezieht sich also konkret auf das populäre Genre der ‚Naturlyrik', wenn er das „Ideal des Natürlichen" ablehnt, das von den „Naturburschen" in der „Sprache des falschen Ausbruchs" vertreten wird (KG, 26).

Ein weiteres, in der unmittelbaren Nachkriegszeit wichtiges, wenn auch (in seinem genauen Bedeutungsumfang) äußerst vages Genre ist die so genannte ‚Trümmerlyrik' von Autoren wie Günter Eich, Walter Höllerer und Wolfdietrich Schnurre. Die ‚Trümmer'-Metapher steht im weitesten Sinne für die „materielle und geistige ‚Trümmerwelt'"¹⁶⁷ kurz nach dem Krieg. Die Gedichte befassen sich mit zeitgenössischen Sujets und sind durch einen lakonisch-knappen Stil gekennzeichnet, der einen Gegenpart zum wort- und metaphernreichen lyrischen Traditionalismus bildet.¹⁶⁸ Gleichwohl bedeutet der Versuch der

---

165 Damit widerspreche ich der Annahme von Otto Lorenz, der davon ausgeht, dass die „Hinwendung zur Natur" in der unmittelbaren Nachkriegszeit nicht unbedingt eine „Abwendung von der Geschichte" bedeuten müsse, „sondern die Konfrontation des Gewaltzusammenhangs der bisherigen Menschheitsgeschichte mit einer von Machtansprüchen freien Lebensweise" darstellen könne. Lorenz folgt hier der in der Naturlyrik sich spiegelnden mythischen Denkform und interpretiert die Beschäftigung mit der „ohnmächtigen Kreatur" bereits als politischen Reflex der Nachkriegszeit; vgl. Lorenz, Gedichte nach Auschwitz, S. 43.
166 Ein Gedicht aus Lehmanns 1946 erschienenem Lyrikband *Entzückter Staub* ist mit *Heile Welt* betitelt und endet mit dem Schlussvers „Die Welt bleibt heil"; Wilhelm Lehmann, Entzückter Staub, Heidelberg 1946, S. 8. 1950 benannte Bergengruen seinen gesamten Gedichtband *Die heile Welt*; Werner Bergengruen, Die heile Welt. Gedichte, München 1950. Im 1964 erschienenen *Jargon der Eigentlichkeit* kritisiert Adorno die Geschichtsvergessenheit Bergengruens und eine zeitgenössische Rezension zu *Die heile Welt*: „Der Band von Bergengruen ist nur ein paar Jahre jünger als die Zeit, da man Juden, die man nicht gründlich genug vergast hatte, lebend ins Feuer warf, wo sie das Bewußtsein wiederfanden und schrien. Der Dichter, dem man bestimmt keinen billigen Optimismus nachsagen könnte, und der philosophisch gestimmte Pädagoge, der ihn auswertet, vernahmen nichts als Lobgesang." Adorno, Jargon der Eigentlichkeit. GS 6, S. 429.
167 Korte, Deutschsprachige Lyrik seit 1945, S. 12.
168 Vgl. Bormann, Frühe Nachkriegslyrik, S. 77; Simon Karcher, Sachlichkeit und elegischer Ton. Die späte Lyrik von Gottfried Benn und Bertolt Brecht – ein Vergleich, Würzburg 2006, S. 32. Karcher macht darauf aufmerksam, dass das Sonett „die in formaler Hinsicht auffälligste Erscheinungsform des lyrischen Traditionalismus" war, da seine ‚Ordnung' als Antipode zur Sinn- und Orientierungssuche der Zeit begriffen wurde. Trotz ihrer differierenden weltanschaulichen und politischen Haltungen präferierten daher so unterschiedliche Lyriker wie Werner Bergengruen, Reinhold Schneider und Johannes R. Becher die Form des Sonetts. Prototypisch sei hier auf Bechers gleichnamiges Gedicht *Das Sonett* aus seiner Lyriksammlung *Die Hohe Warte* von 1946 verwiesen.

Bilanzierung der Kriegsereignisse, die Suche nach Orientierung und die Absage an eine blumige, auf Innerlichkeit setzende Sprache in der Perspektive Adornos weder eine reflektierende Aufarbeitung der NS-Kriegsverbrechen noch eine Auseinandersetzung mit dem Zivilisationsbruch Auschwitz. Hermann Korte weist denn auch darauf hin, dass viele AutorInnen der ‚Trümmerlyrik' sich einer längst bekannten Formsprache bedienten, die im Kontrast zur proklamierten Radikalität stand.[169] Jüngst hat auch Sandie Attia bestritten, dass die ‚Trümmer'-Literatur poetisch tatsächlich neue Wege beschritten habe. Am Beispiel des in der Nachkriegszeit sehr populären Gedichtbands *Abgelegene Gehöfte* von Eich zeigt sie, dass viele der Gedichte in kaum veränderter Form bereits 1930 erschienen waren und für die Neuauflage 1948 nur ‚recycelt' wurden.[170] Von einer vollkommen neuen poetischen Formsprache kann also keineswegs die Rede sein. Auch der dem konservativen Traditionalismus nahestehende protestantische Lyriker Rudolf Alexander Schröder bekennt sich unverhohlen zu einer lyrischen Kontinuität, die der Zäsur Auschwitz in keiner Weise Rechnung trägt:

> Das Gefühl des Eingegliedertseins in einen jahrtausendalten Zusammenhang hat auch die Ausgangspunkte meiner dichterischen Arbeit bestimmt. Namentlich in der Richtung, dass ich mich niemals als ein Neubeginner, Neutöner oder Verhänger neuer Tafeln, sondern als Fortsetzer, mitunter sogar – und zwar mit Vergnügen – als Wiederholer empfunden habe.[171]

Diese Haltung gilt für den Großteil der Lyrikerinnen und Lyriker der unmittelbaren Nachkriegszeit:

> Was noch eben als Versatzstück einer für altertümlich empfundenen Poesie bekämpft wurde, kehrt nun in veränderter Form oder gar in unverstelltem Nachvollzug wieder. Diese Entwicklung wird in solchen Gedichten besonders deutlich, die Fragen nach Schuld und Mitschuld aufwerfen, den Krieg als Opfergang verstehen und Motive dichterischer Sinngebungen des Leids und des Todes reformulieren.[172]

---

169 Vgl. Korte, Deutschsprachige Lyrik, S. 15.
170 Vgl. Sandie Attia, „Günter Eich [...], der neulich aus dem Chaos auftauchte und mir sehr schöne neue Arbeiten sandte": Wandlungen und Paradoxe des Gedichtbandes *Abgelegene Gehöfte*. In: Ästhetik und Ideologie 1945, S. 357–372. Zudem kann Attia nachweisen, dass Eichs wohl berühmtestes und für die ‚Trümmerlyrik' prototypisch stehendes Gedicht *Inventur* nicht – wie es sein Inhalt intendiert und von der Forschung auch lange so diskutiert – in einem Gefangenenlager entstanden ist; vgl. bes. S. 370–372.
171 Zit. nach: Hans Bender, Einleitung. In: Bender (Hg.), Deutsche Gedichte 1930–1960, Stuttgart 1984, S. 16. Keine weiteren Angaben zur Ursprungsquelle vorhanden.
172 Korte, Deutschsprachige Lyrik, S. 18.

Ein besonders prominentes Beispiel für eine lyrische Auseinandersetzung mit der Schuldfrage ist Werner Bergengruens keinem der genannten Subgenres eindeutig zuzuordnendes Gedicht *An die Völker der Erde*. Es erschien 1945 in seiner Gedichtsammlung *Dies Irae* und stammte wie alle Gedichte dieses Bandes aus dem Jahr 1944. Durch den Abdruck und seine Besprechung in verschiedenen Zeitschriften erlangte das Gedicht seinerzeit große Bekanntheit. Häufig war es im direkten Zusammenhang mit Artikeln zur Kollektivschuld- oder Entnazifizierungsdebatte platziert.[173] Bergengruen folgt in dem Gedicht allen gängigen mythischen Denkmustern, indem er mit der Formulierung von „Europas uralter Schicksalsbühne"[174] eine Vorherbestimmung der historischen Ereignisse durch transzendente Kräfte unterstellt und damit (ebenso zwingend wie geschickt) dem menschlichen Handeln den Zugriff entzieht, Verantwortung für die jüngsten historischen Ereignisse zu übernehmen. Denn es sei eine Tatsache, dass die Welt „der Ordnung des Schöpfers entglitt". Eine spezifisch deutsche Schuld erkennt Bergengruen nicht an; er stilisiert die Deutschen im Gegenteil zum quasi ‚auserwählten Volk', das „stellvertretend für alle ein Leiden der Sühne" ertrug und auch die „Verschuldungen" der Siegermächte auf sich nahm. Hitler wird zum schicksalhaften „Dämon" verklärt und der Nationalsozialismus als Problem des gesamten Abendlandes gedeutet: „Aber das Brennende war der Herzschild des Abendlandes! / Sicher meintet ihr euch hinter Meeren und schirmendem Walle / und vergaßt das Geheimnis: was einen trifft, das trifft alle." Da Bergengruen das deutsche Volk als Spielball metaphysischer Schicksalsmächte inszeniert, kann er ebenso unumwunden wie undifferenziert die Frage nach der Schuld an den jüngsten Ereignissen auf alle „Völker der Erde" übertragen und damit die Schuld der Deutschen folgenreich relativieren:

> Völker der Erde, ihr haltet Gericht. / Völker der Erde, vergeßt dieses Eine nicht: / Immer am lautesten hat sich der Unversuchte entrüstet, / immer der Ungeprüfte mit seiner Stärke gebrüstet, / immer der Ungestoßne gerühmt, daß er niemals gefallen. / Völker der Welt, der Ruf des Gerichts gilt uns allen.

Gerade weil Bergengruens Gedicht die Deutschen umfassend durch die Schuld Aller ‚entlastet', war es zeitgenössisch so beliebt. Die Stilisierung der Deutschen zum ‚auserwählten Volk' erscheint angesichts der zum Zeitpunkt der Entstehung des Gedichts noch in vollem Ausmaß stattfindenden Shoah als infame

---

[173] Bspw. findet es sich ausschnittsweise abgedruckt direkt nach Rudolf Pechels Beitrag *Fragen um die deutsche Schuld*; vgl. Werner Bergengruen, An die Völker der Erde. In: Die Deutsche Rundschau 69, 1946, H. 5, S. 92. Im Folgenden wird aus dem Gedichtband zitiert: Werner Bergengruen, Dies Irae. Eine Dichtung, 2. Aufl., München 1947, S. 41–43.
[174] Alle Zitate dieses Abschnitts aus: Bergengruen, An die Völker der Erde, S. 41–43.

Verschiebung der Opferperspektive. Dass dies zeitgenössisch keineswegs so gesehen wurde, verdeutlichen die Rezensionen, die das Gedicht den Deutschen als „wegweisend und heilend" empfahlen, da es „Vielen Hilfe und Trost schenken" könne.[175] Gegen eine solche scheinbar selbstverständliche Verschiebung der Opferperspektive auf die Deutschen erhebt Adorno mit der Betonung der Zäsur Auschwitz Einspruch. Denn die völlige Ausblendung der Shoah zugunsten von pathetischen Entlastungsstrategien und/oder eines Rückzugs in die Innerlichkeit, ist Signum nicht nur von Bergengruens Gedichten, sondern eines großen Teils der Nachkriegslyrik bis 1949.[176]

Viele Nachkriegslyrikerinnen und -lyriker sowie die Autoren der ‚jungen Generation' stilisierten dagegen das Kriegsende 1945 als künstlerischen ‚Neuanfang' und versuchten damit eine Trennlinie zur nationalsozialistischen Herrschaft zu markieren – eine Ansicht, die sich im Übrigen auch in der Literaturwissenschaft rasch durchsetzte und „in Ost wie in West das Jahr 1945 zur Epochenzäsur"[177] ernannte. Nach Adorno entspricht diese aufgrund der inhaltlichen wie personellen Kontinuität weder der Realität, noch stellt für ihn die (für sich besehen abstrakte und inhaltsleere) Jahreszahl 1945 die einschneidende Zäsur dar. Diese kann – wenn überhaupt – nur durch Auschwitz bezeichnet werden. Dass Auschwitz geschehen konnte und weiterhin möglich ist, markiert den eklatanten Bruch. Mit der drastischen Formulierung vom barbarischen Gedichteschreiben wendet Adorno sich also insbesondere auch gegen das Selbstverständnis deutscher Literatur und Literaturwissenschaft, die mit der Epochenschwelle 1945 und der fehlenden Thematisierung der Verbrechen in den Konzentrations- und Vernichtungslagern Auschwitz im Grunde für erledigt erklärten. Indem Adorno Auschwitz beim Namen nennt und auf einem „Schuldzusammenhang" insistiert, schreibt er Auschwitz also überhaupt erst in die Literaturgeschichte ein.

---

175 Vgl. Herbert Günther, Rezension: Dies Irae. In: Welt und Wort 1, 1946, H. 2, S. 58–59, hier: S. 59.
176 Vgl. auch Korte, Deutschsprachige Lyrik, S. 24: „Die Verse von Holthusen, Hausmann, Fritz Diettrich und Werner Bergengruen leisten allesamt ihren Beitrag dazu, aus dem Faschismus eine numinose Macht in einem imaginären Unterreich zu machen und seine Opfer unter die vage Vokabel ‚Leid' zu subsumieren, zu der sich dann um so leichter das Reimwort ‚Ewigkeit' gesellen kann." Karcher geht ebenso davon aus, dass „[e]ine wertkonservative, restaurative und teilweise religiöse Grundhaltung [...] für den überwiegenden Teil der Lyrik, wie sie sich nach dem Zweiten Weltkrieg in Deutschland darbot, der bestimmende Wesenszug" war. Zugleich weist er darauf hin, dass es natürlich auch Gedichte gab, „die sich deutlich vom konservativ-restaurativen Gesamtbild abhoben". Gemeint ist damit vor allem die Lyrik von (jüdischen) ExilantInnen und dezidierten KritikerInnen des Nationalsozialismus wie Mascha Kaléko, Nelly Sachs u. a., die ebenfalls schon kurz nach dem Krieg Gedichte veröffentlichten, zeitgenössisch jedoch kaum beachtet wurden; vgl. Karcher, Sachlichkeit und elegischer Ton, S. 37 f.
177 Vgl. Korte, Deutschsprachige Lyrik, S. 5.

3.4 Der Ästhetizismus Gottfried Benns

Bereits kurz nach dem Krieg avancierte Gottfried Benn zu einer Zentralfigur des literarischen Feldes. Das verwundert zunächst, ging dem doch eine verhältnismäßig lange Zeit voraus, in der er nichts veröffentlichte. In euphorischen Reden und Artikeln wie *Der neue Staat und die Intellektuellen*, *Lebensweg eines Intellektualisten* und *Antwort an die literarischen Emigranten* hatte er den Nationalsozialismus 1933 zunächst begeistert begrüßt.[178] Doch bald bekam Benn zu spüren, dass seine dem Expressionismus nahestehende Dichtung der Ideologie der neuen Machthaber im Wege stand. Nach verschiedenen Denunziationsversuchen und Hetzartikeln gegen ihn folgte 1936 das Publikationsverbot.[179] Benns „Weg in die Isolation" beruhte also vor allem auf Entscheidungen der Nationalsozialisten, die sich von Benn abwandten, „nicht umgekehrt".[180] Nachdem die Alliierten das Publikationsverbot aufgrund seines anfänglichen Engagements für den NS-Staat zunächst noch aufrechterhielten, konnte Benn erst nach zwölf Jahren wieder eigene Texte veröffentlichen – dies jedoch mit schnell wachsendem Erfolg.[181] Seine *Statischen Gedichte* erschienen 1948 zunächst in

---

[178] Dafür wurde er von emigrierten Schriftstellern wie Karl Krauss, Joseph Roth und Klaus Mann heftig kritisiert. Dieser schrieb am 9. Mai 1933 aus dem französischen Exil an ihn: „Was konnte Sie dahin bringen, Ihren Namen, der uns der Inbegriff des höchsten Niveaus und einer geradezu fanatischen Reinheit gewesen ist, denen zur Verfügung zu stellen, deren Niveaulosigkeit absolut beispiellos in der europäischen Geschichte ist und von deren moralischer Unreinheit sich die Welt mit Abscheu abwendet?" In einem Offenen Brief in der *Deutschen Allgemeinen Zeitung* vom 25. Mai reagierte Benn auf die Vorwürfe, indem er seine Haltung als Loyalität gegenüber dem deutschen Volk rechtfertigte und meinte, dass die NS-Regierung den EmigrantInnen „auch jetzt nicht viel getan hätte", wenn sie im Land geblieben wären. Auch in seinem 1950 herausgegebenen autobiographischen Band *Doppelleben* findet er neben dem grundsätzlichen „Dilemma der Geschichte" zahlreiche Erklärungsversuche für sein damaliges Verhalten; von Reue oder Einsicht ist hier kaum etwas zu lesen; vgl. beides in: Gottfried Benn, Doppelleben. Zwei Selbstdarstellungen, Wiesbaden 1950, S. 77–97.
[179] Vgl. Helmut Böttiger, „ ... alles Spätere ist bon mot und Wiener Walzer". Die Renaissance des Gottfried Benn. In: Doppelleben, S. 268–291, hier S. 270f. Mit Benns Ausschluss aus der Reichsschrifttumskammer 1938 wurde das Publikationsverbot dann endgültig.
[180] Dirk von Petersdorff, Wie modern ist die ästhetische Moderne? Gottfried Benns Kunst-Vorstellungen in ihrer Entstehung und ihren Folgen. In: Zeitschrift für deutsche Philologie 118, Sonderheft, 1999, S. 165–185, hier: S. 183.
[181] Benn hat (entgegen eigener Selbstaussagen) gezielt auf sein ‚Comeback' hingearbeitet, indem er häufig aus seinen älteren, dem Expressionismus nahestehenden Werken zitierte und so eine vom Nationalsozialismus unbeeindruckte Kontinuität seines Denkens behauptete. Gleichzeitig gelang es ihm so, sich als berechtigter Vertreter der modernen Literatur zu inszenieren; vgl. Klaus-Dieter Hähnel, Das Comeback des Dr. Gottfried Benn nach 1945 (1949): Wirkung wider Willen? In: Zeitschrift für Germanistik 6, 1996, H. 1, S. 100–113.

der Schweiz, bevor sie in Deutschland ein Jahr später in Druck gingen. 1949 wurde schließlich zum Benn-Jahr schlechthin: Neben den *Statischen Gedichten* wurden noch vier weitere Texte Benns veröffentlicht: Der Lyrikband *Trunkene Flut* versammelte Gedichte aus den Jahren 1912 bis 1936;[182] außerdem erschienen die Gesprächsszene *Drei alte Männer*, der Prosaband *Der Ptolemäer* und Essays und Aphorismen unter dem Titel *Ausdruckswelt*. Benns vom Publikum mit Begeisterung aufgenommene Literatur, seine wieder häufiger werdende Teilnahme an Rundfunksendungen und die beträchtliche Anzahl der Rezensionen seiner Neuveröffentlichungen und seines Gesamtwerks bezeugen die Popularität, die Benn spätestens seit 1949 wieder genoss.[183] Im Jahr von Adornos Rückkehr aus dem Exil war Benn also zweifelsohne einer der bekanntesten deutschen Schriftsteller und wieder eine feste Größe auf dem literarischen Markt.

Die am 21. August 1951 beim Internationalen Ferienkurs der Universität Marburg von Benn gehaltene Rede *Probleme der Lyrik*, die bereits einen Monat später als Sonderdruck erschien, avancierte rasch zu einer Art „Ars poetica"[184] für eine junge Generation von LyrikerInnen. Aufbauend auf seinem Literaturkonzept der Zwanziger Jahre versucht er in diesem Vortrag zu klären, welche Stellung dem ‚lyrischen Ich' in der Gegenwart zukommt, unter welchen Bedingungen ein Gedicht entstehen kann und was „eigentlich ein modernes Gedicht" ist. Benn antwortet darauf „mit negativen Ausführungen, nämlich, wie sieht ein modernes Gedicht *nicht* aus"[185]. Er richtet sich entschieden gegen „das

---

[182] Hierbei handelt es sich im Wesentlichen um einen Neudruck der *Ausgewählten Gedichte* von 1936.

[183] Am 8. Mai 1949 war Benn erstmals seit dem Zweiten Weltkrieg wieder mit Gedichten im Rundfunk zu hören (die Aufzeichnung fand bereits 1948 statt) und am 12. Oktober 1949 wurde das Rundfunkgespräch *Phase II* ausgestrahlt. Bruno Hillebrand listet 1949 acht Rezensionen über Benns Person und Werk auf; 1948 waren es nur zwei, 1950 waren es fünf. Dies bezeugt die zunehmende Aufmerksamkeit, die Benn in der Öffentlichkeit zuteil wurde; vgl. Bruno Hillebrand (Hg.), Über Gottfried Benn. Kritische Stimmen 1912–1956, Frankfurt am Main 1987, S. 9f.

[184] Hans Bender, Vorwort. In: Bender (Hg.), Mein Gedicht ist mein Messer. Lyriker zu ihren Gedichten, München 1961, S. 9; vgl. auch Amrein, Lyriktheorien der Nachkriegsmoderne, S. 29; Ludwig Fischer, Dominante Muster des Literaturverständnisses. In: Hansers Sozialgeschichte. Bd. 10, S. 179–213, hier: S. 187.

[185] Gottfried Benn, Probleme der Lyrik, Wiesbaden 1949, S. 15. Grundsätzlich zum Begriff der Moderne bei Benn vgl. Petersdorff, Wie modern ist die ästhetische Moderne, S. 165–185; Friedericke Reents (Hg.), Gottfried Benns Modernität, Göttingen 2007; Chunchun Hu, Anschluss an die Moderne oder Anti-Moderne? Zur Poetik der deutschen Nachkriegsmoderne am Beispiel Gottfried Benn. In: Hans-R. Fluck/Jianhua Zhu (Hg.), Vielfalt und Interkulturalität der internationalen Germanistik, Tübingen 2014, S. 245–260.

Emotionelle, das Stimmungsmäßige, das Thematisch-Melodiöse"[186], also gegen einen blumig-sentimentalen Ton der Dichtung. Stattdessen propagiert er das „absolute Gedicht", das monologischen Charakter besitzen solle, „an niemanden gerichtet" sei und sich vom Mittelmäßigen zu distanzieren habe.[187] Benn betont das Primat der Form und die Bedeutung des ‚reinen Wortes' für die moderne Lyrik: „Das Wort ist Phallus des Geistes, zentral verwurzelt. Dabei national verwurzelt."[188] Dieser Logik möchte man unweigerlich hinzufügen: Männlich verwurzelt.

Mit dem Begriff der ‚Artistik' übernimmt Benn einen Ausdruck Friedrich Nietzsches, mit dem er versucht, „gegen den allgemeinen Nihilismus der Werte eine neue Transzendenz zu setzen; die Transzendenz der schöpferischen Lust"[189]. Deutlich wird hier, wie Benn in seiner virilen Poetologie historische und/oder politische Fragestellungen und Ereignisse bewusst ausklammert und Kunst vollkommen aus den Zusammenhängen von Politik, Staat und Geschichte herauslöst:[190] „Das absolute Gedicht braucht keine Zeitwende, es ist in der Lage, ohne Zeit zu operieren [...]."[191]

Entgegen einer biographisch-psychologischen Interpretation, die Benns starke Akzentuierung der Autonomie und des Artistischen der Kunst als Reaktion auf seine „übermächtige ‚existenzielle Stimmung'"[192] erklärt, lässt sich in dieser Haltung viel eher eine konsequente Verneinung jeglicher Vergangenheitsaufarbeitung, eine Ablehnung des demokratischen Staates und die Betonung einer jenseits historischer Ereignisse verorteten ‚unschuldigen' Tradition erkennen,

> die in das frühe 20. Jahrhundert zurückreicht und die er bruchlos an die Gegenwart der Nachkriegszeit anschließt. Mit dieser Traditionsbildung behauptet er eine von der Realität des Dritten Reichs weder tangierte noch korrumpierte Literatur.[193]

---

186 Benn, Probleme der Lyrik, S. 7.
187 Benn, Probleme der Lyrik, S. 39. Benns energische Kritik am Maßvollen der Kunst und am „Analytiker der Mitte" richtet sich vor allem gegen den Kunsthistoriker Hans Sedlmayr und seine 1948 erschienene Schrift *Verlust der Mitte*. Sedlmayr kritisiert die moderne und abstrakte Kunst scharf und fordert eine Kunst, „die ihrem Wesen nach ‚Mitte' zwischen dem Geist und den Sinnen ist"; Hans Sedlmayr, Verlust der Mitte. Die bildende Kunst des 19. und 20. Jahrhunderts als Symbol der Zeit, Salzburg 1948, S. 150.
188 Benn, Probleme der Lyrik, S. 23.
189 Benn, Probleme der Lyrik, S. 12.
190 Vgl. Karcher, Sachlichkeit und elegischer Ton, S. 82.
191 Benn, Probleme der Lyrik, S. 42.
192 Jürgen Schröder, Gottfried Benn und die Deutschen. Studien zu Werk, Person und Zeitgeschichte, Tübingen 1986, S. 66.
193 Amrein, Lyriktheorien, S. 30; vgl. auch: Karcher, Sachlichkeit und elegischer Ton, S. 84; Böttiger, „alles spätere ist bon mot", S. 275.

Indem er immer wieder aus seinen eigenen Schriften zitierte, betonte Benn nachdrücklich die Kontinuität seines Denkens. Dies zeigt sich beispielsweise daran, dass er in verschiedenen Rundfunkinterviews teilweise ganze Abschnitte aus seiner 1950 erschienenen biographischen Schrift *Doppelleben* nachsprach; auch in *Probleme der Lyrik* tauchen immer wieder wortwörtliche Formulierungen aus *Ausdruckswelt* und seinen früheren Schriften auf.

Benns Vortrag erschien fast zeitgleich mit Adornos *Kulturkritik und Gesellschaft* und spiegelt aufgrund seines durchschlagenden Erfolgs die Stimmung der Zeit sehr genau wieder. Anlehnend an Jan Bürgers noch sehr vorsichtige Frage, ob Adornos Formulierung vom Geist, der „bei sich bleibt in selbstgenügsamer Kontemplation" (KG, 30) nicht möglicherweise auch Benn gemeint haben könnte,[194] gehe ich davon aus, dass Adorno in *Kulturkritik und Gesellschaft* offensichtlich auf Benns ästhetizistischen, jede Verbindung des Künstlerischen mit gesellschaftlichen und politischen Zusammenhängen negierenden Standpunkt reagiert. Diesen hat Benn jedoch nicht erst 1951 in seiner programmatischen Rede *Probleme der Lyrik* formuliert; Ansätze seines ästhetizistischen Denkens lassen sich schon früher, insbesondere 1949 in seinem Essayband *Ausdruckswelt* und in den von Kritik und Publikum begeistert aufgenommenen *Statischen Gedichten* finden.[195]

Bereits mit dem Titel letzterer verweist Benn auf den zeitlosen, eben nicht historischen und damit unpolitischen Status seiner Lyrik.[196] Seine aus den Jahren 1937 bis 1947 stammenden Gedichte haben fast alle „das große Selbst" zum Thema, das im ständigen Kampf mit der Welt der Zeit trotzt.[197] Immer wieder

---

[194] Vgl. Jan Bürger, „Kluger Mann, witziger Mann". Drei Briefe von Gottfried Benn und Theodor W. Adorno. In: Zeitschrift für Ideengeschichte 6, 2012, H. 3, S. 101–108, hier S. 107.

[195] Reinhold Grimm hat bereits aus literarhistorischer Perspektive darauf hingewiesen, dass Benn in *Probleme der Lyrik* „vollkommen eklektisch und kompilatorisch" auf bereits bestehende Poetiken zurückgriff. Grimm macht auf die feste Verankerung des Benn'schen Vortrags in der poetologischen Tradition der Moderne und auf die Übernahme zahlreicher Gedanken etwa von T.S. Eliot aufmerksam, was Benn jedoch nicht kenntlich macht; vgl. Reinhold Grimm, Die problematischen Probleme der Lyrik. In: Bruno Hillebrand (Hg.), Gottfried Benn, Darmstadt 1979, S. 206–239, hier S. 213; vgl. auch Helmuth Kiesel, Geschichte der literarischen Moderne, München 2004, S. 434.

[196] Manfred Koch erkennt in dem Titel „allenfalls einen Willen zum Statischen, der sich in einer bestimmten ‚Formgebärde' niederschlägt"; Manfred Koch, Schattenspiele am Ende der Geschichte. Zu Gottfried Benns *Statischen Gedichten*. In: Günter Butzer/Joachim Jacob (Hg.), Berührungen. Komparatistische Perspektiven auf die frühe deutsche Nachkriegsliteratur, München 2012, S. 305–322, hier: S. 309. Dies entspricht der Annahme dieser Arbeit, dass Benn die geforderte Formstrenge selbst nicht konsequent durchhält.

[197] Vgl. Gottfried Benn, Statische Gedichte, Wiesbaden 1949, S. 16 (Verse).

werden das „Selbstgespräch des Leides"[198], die „Melancholie der Seele"[199], die „Glückausfälle"[200] und die einsame Künstlerexistenz in der Vergänglichkeit des menschlichen Lebens verhandelt.[201] Gleich dem Absoluten ist hier der Standort des Dichters einer außerhalb von Raum und Zeit. Wenn historische Verläufe doch zum Thema gemacht werden, versuchen die *Statischen Gedichte* „die chaotische Unaufhörlichkeit der Geschichte nochmals zu vergegenwärtigen"[202] oder sie mythisch zu verklären.[203] Indem Benns Gedichte den Weltlauf als fatalistisches, dem menschlichen Zugriff entzogenes Schicksal begreifen, den Vergänglichkeitstopos ebenso heroisch wie resignierend anrufen, die Zeitenthobenheit von Kunst betonen und eine „klassizistische[ ] Formstrenge"[204] vertreten, trafen sie genau den Geschmack ihrer Zeit. Gerade die ‚form-schönen' *Statischen Gedichte* fanden beim Publikum großen Anklang.[205] Dies mag Benn zusätzlich darin bestärkt haben, die Vorrangstellung des Formalen gegenüber dem Inhalt hervorzuheben: „Form nur ist Glaube und Tat."[206]

Die Betonung des Formcharakters von Kunst scheint von Adornos eigener Ästhetik – wie im Laufe der Arbeit ausführlich gezeigt werden wird – gar nicht weit entfernt. Bei genauerem Hinsehen zeigen sich jedoch starke Differenzen: Adorno zufolge muss Kunst in ihrer Formsprache zwingend auf Auschwitz reagieren, wohingegen Benn die reine Form propagiert, die kaum mehr Bezug auf eine außerkünstlerische Realität hat. In *Ausdruckswelt* werden „Ordnung und Form" gar als „die neuen Götter" stilisiert[207] – eine Wortwahl, auf die Adorno

---

198 Benn, Statische Gedichte, S. 18 (Gedichte).
199 Benn, Statische Gedichte, S. 21 (Am Saum des nordischen Meers).
200 Benn, Statische Gedichte, S. 45 (Gärten und Nächte).
201 Vgl. Benn, Statische Gedichte, S. 34 (All die Gräber).
202 Hugh Ridley, Gottfried Benn. Ein Schriftsteller zwischen Erneuerung und Reaktion, Opladen 1990, S. 104.
203 Auch Elena Agazzi geht von einem mythischen Denken bei Benn aus, wenn sie den Spuren Spenglers in seinen Texten nachgeht und darauf hinweist, dass Benn „in der Tat viele Vorschläge Spenglers im Laufe der infolge der nationalsozialistischen Zensur in Einsamkeit verbrachten Jahre wieder auf[nimmt]"; Elena Agazzi, „Farben und Klänge gibt es in der Natur, Worte nicht". Benns Arbeit am lyrischen Experiment zur Zeit der *Statischen Gedichte*. In: Raul Calzoni/Massimo Salgaro (Hg.), „Ein in der Phantasie durchgeführtes Experiment". Literatur und Wissenschaft nach Neunzehnhundert, Göttingen 2010, S. 159–175, hier: S. 167.
204 Karcher, Sachlichkeit und elegischer Ton, S. 49.
205 Vgl. Karcher, Sachlichkeit und elegischer Ton, S. 49.
206 Benn, Statische Gedichte, S. 73 (Leben – Niederer Wahn). Gleichzeitig setzt Benn – anders als zwei Jahre später in *Probleme der Lyrik* ausdrücklich kritisiert – in einigen der *Statischen Gedichte* noch auf eine gefühlig-eingängige Note seiner Dichtung, die mitunter „zur Sentimentalität, zum schmalzigen Ton" führt; vgl. Ridley, Gottfried Benn, S. 104.
207 Gottfried Benn, Ausdruckswelt. Essays und Aphorismen. Wiesbaden 1949, S. 7 (Vorwort).

offensichtlich reagiert, wenn er die pure Glorifizierung von „Ordnung und Gestalt" (KG, 17) zurückweist. Solche Formulierungen erinnern nicht nur an die militärische Sprache des Nationalsozialismus, sie bleiben in ihrer Opazität auch völlig abstrakt.

Neben Benns ausgestellter „Sucht zur Form"[208] finden sich in den 1940 bis 1945 geschriebenen Essays und Aphorismen von *Ausdruckswelt* zentrale Gedanken aus *Probleme der Lyrik* bereits vorweggenommen. Im 1941 geschriebenen Essay *Kunst und Drittes Reich* bezeichnet er beispielsweise den Künstler als Artisten, der „kalte einsame Arbeit" erledigt, und erachtet das Artistische selbst als einen Versuch der „Überführung der Dinge in eine neue Wirklichkeit [...], in einen neuen echten Zusammenhang, in eine biologistische Realität".[209] Auch in seinen Aphorismen zur Lyrik wendet Benn sich gegen die später ausdrücklich kritisierte Stimmungslyrik[210] und betont das Ideal des Wortes: „Das Wort des Lyrikers vertritt keine Idee, vertritt keinen Gedanken und kein Ideal, es ist Existenz an sich, Ausdruck, Miene, Hauch". Für den Lyriker sei also nur das Wort „real und magisch", gleichsam „ein moderner Totem".[211]

Seine ästhetizistisch apolitische Position untermauert Benn weiter, indem er die Welt als „spirituelle Konstruktion, als transzendentale Apperzeption"[212] verklärt; für eine so begriffene reine, gleichsam erfahrungsunabhängige Welt ist alles Empirische befleckt. Die menschliche Existenz wird bei ihm denn auch „als geistiger Aufbau" idealistisch überhöht, das Sein als ein „Traum von Form" gerühmt.[213] Seine eigene Haltung kennzeichnet Benn als eine nihilistische, die in der „Verneinung von Geschichte, Wirklichkeit, Lebensbejahung"[214] besteht. Anstatt sich mit den jüngsten *realen* historischen Ereignissen zu beschäftigen, verlagert Benn die Probleme der menschlichen Existenz auf eine scheinbar höhere, den historisch-empirischen Ereignissen gänzlich entrückte Bewusstseinsstufe. Nur vor diesem Hintergrund werden folgende Gedankengänge, die gerade einmal

---

208 Benn, Ausdruckswelt, S. 20 (Kunst und Drittes Reich).
209 Benn, Ausdruckswelt, S. 21 f. (Kunst und Drittes Reich).
210 Vgl. ausführlich dazu Friedericke Reents, Benns Probleme der Stimmungslyrik. In: Benn Forum. Beiträge zur literarischen Moderne 3, 2013, S. 167–184. Vgl. auch Chunchun Hu, der betont, dass sich Benn in seiner Ablehnung des Stimmungsmäßigen in der Lyrik insbesondere auch von Emil Staigers viel beachteter Monographie *Grundbegriffe der Poetik* von 1946 distanziert, in der Staiger das Poetische mit dem Stimmungsvollen gleichsetzt; vgl. Hu, Anschluss an die Moderne oder Anti-Moderne, S. 248 f.
211 Benn, Ausdruckswelt, S. 89 (Aphoristisches).
212 Benn, Ausdruckswelt, S. 101 (Pallas); vgl. auch Benn, Ausdruckswelt, S. 51 (Provoziertes Leben).
213 Benn, Ausdruckswelt, S. 101 (Pallas).
214 Benn, Ausdruckswelt, S. 8 (Vorwort).

vier Jahre nach der Befreiung der Konzentrations- und Vernichtungslager veröffentlicht wurden, bedingt nachvollziehbar:

> *Existenz heißt Nervenexistenz*, d. h. Reizbarkeit, Zucht, enormes Tatsachenwissen, Kunst. Leiden heißt am Bewußtsein leiden, nicht an Todesfällen. Arbeiten heißt Steigerung zu geistigen Formen. Mit einem Wort: *Leben heißt provoziertes Leben*.[215]

Reales Leiden am (sinnlosen) Tod wird von Benn nicht als existenzielles Problem begriffen und tangiert daher auch nicht seine Kunstproduktion. Den Pessimismus als „legitimes Prinzip der Seele" und Handlungsmotor zu bezeichnen, „der jede geschichtliche Arbeit vereint, den Staat, jede Gemeinschaft",[216] entsprach der Bewusstseinskonstellation seiner Zeit. Gemäß dem zivilisationspessimistisch-mythischen Denken wurde der Eingriff in historische Prozesse als vergeblich betrachtet. Diese fatalistische Haltung ‚bezeugte' der Nationalsozialismus gleichsam noch. Denn dieser sei von dunklen Schicksalsmächten vorherbestimmt gewesen und habe gezeigt, dass der Geschichtsverlauf nicht durch den Menschen zu steuern sei. Neben diesem Interpretationsangebot, das Benn in seinen Texten mitliefert, nennt Gunter E. Grimm im Anschluss an Dieter Wellershoff noch zwei weitere Gründe für Benns große Popularität in der Nachkriegszeit: Erstens habe Benn an die humanistische deutsche Geistestradition angeknüpft, zweitens habe er – unter anderem durch die Berufung auf Goethes ‚Distanzhalten' – eine konsequente „Ohne-mich-Haltung"[217] praktiziert, die als Pathos des Rückzugs aus allen politischen und gesellschaftlichen Zusammenhängen verstanden werden müsse. Beides zusammengenommen wurde in der konservativen Adenauer-Ära „in eine verharmlosende Entschuldungs-Strategie umfunktioniert"[218].

Gleichwohl bezieht Benn sich an einigen Stellen doch ganz konkret auf die außerkünstlerische Realität und zwar immer dann, wenn er seine eigene Person und sein Verhalten während des Dritten Reichs zu rechtfertigen sucht. In seinem be-

---

[215] Benn, Ausdruckswelt, S. 52 f. (Provoziertes Leben). Hervorhebung im Original.
[216] Benn, Ausdruckswelt, S. 72; 69 (Pessimismus).
[217] Dieter Wellershoff, Gottfried Benn. Phänotyp dieser Stunde. Eine Studie über den Problemgehalt seines Werkes, Köln/Berlin 1958, S. 215.
[218] Vgl. Gunter E. Grimm, Gottfried Benns Lyrik-Lektüren. In: Benn Forum. Bd. 3: 2012/13, S. 153–166, hier: S. 164. Vgl. auch Jens Decherts Beitrag, der davon ausgeht, dass Benns Poetik „gegenüber den Diskontinuitäten der Geschichte die zeitlose Kontinuität des Geistes" anbot; Jens Dechert, Probleme der Lyrik. Die Neubestimmung der Lyrik nach 1945. In: Walter Delabar/Ursula Kocher (Hg.), Gottfried Benn (1886–1956). Studien zum Werk, Bielefeld 2007, S. 211–230, hier: S. 229 f.; Fischer, Dominante Muster des Literaturverständnisses, S. 189.

rühmt gewordenen *Berliner Brief* vom Juli 1948,[219] den Benn bewusst als Nachwort in *Ausdruckswelt* platzierte, inszeniert er sich als Ausgestoßener, der von allen politischen und sozialen Gruppen geächtet und jahrelang an der Veröffentlichung seiner „eigenen tragischen Gedanken"[220] gehindert wurde. Ähnlich wie die Autoren der ‚jungen Generation' stilisiert Benn sich mit solchen Formulierungen selbst zum Opfer. Seine in dem Brief formulierten politischen Überzeugungen sind von rassistischer Terminologie geprägt und reaktionär; demokratische Regierungsformen lehnt er offen ab, die Verbrechen des Nationalsozialismus werden verharmlost und die Sozialität des Menschen wird infrage gestellt:

> Das Abendland geht nämlich meiner Meinung nach gar nicht zugrunde an den totalitären Systemen oder den SS-Verbrechen, auch nicht an seiner materiellen Verarmung oder an den Gottwalds und Molotows, sondern an dem hündischen Kriechen seiner Intelligenz vor den politischen Begriffen. Das Zoon politikon, dieser griechische Mißgriff, diese Balkanidee, – das ist der Keim des Untergangs, der sich jetzt vollzieht.[221]

Die Herrschaft des Nationalsozialismus wird, wie diese und die nachfolgende Passage zeigen, nur als belanglose Übergangsphase begriffen, die sich qualitativ nicht wesentlich von der Weimarer Republik und der Nachkriegsordnung unterscheide. Bestand habe allenfalls Berlin, Benns Heimatstadt: „Aber es ist die Stadt, deren Glanz ich liebte, deren Elend ich jetzt heimatlich ertrage, in der ich das zweite, das dritte und nun das vierte Reich erlebe und aus der mich nichts zur Emigration bewegen wird."[222] Mit einem bewusst platzierten Seitenhieb auf die Exilantinnen und Exilanten verklärt Benn sich hier als standhaften Intellektuellen, der gleich einem Märtyrer unbeirrbar an seinen Überzeugungen festhält und den Tod nicht fürchtet. Als Überlebender aus den verschiedenen ‚Reichs-Phasen' habe er gelernt, dass ein Eingriff in die Geschichte sinnlos sei.

---

[219] Benn antwortet in dem Brief auf eine Anfrage des *Merkur*-Herausgebers Hans Paeschke, einen Beitrag für die Zeitschrift zu schreiben. Sein *Berliner Brief* enthält oberflächlich zwar eine Absage an Paeschke, in der Art seines Stils und Inhalts ist er aber eigentlich bestens als Beitrag für den *Merkur* geeignet. Kokett stellt Benn es Paeschke dann auch frei, seinen Brief abzudrucken; vgl. dazu auch Böttiger, alles Spätere ist bon mot, S. 274.

[220] Benn, Ausdruckswelt, S. 109 (Nachwort: Berliner Brief). Vgl. ebenfalls: „Aber wenn man wie ich die letzten 15 Jahre lang von den Nazis als Schwein, von den Kommunisten als Trottel, von den Demokraten als geistig Prostituierter, von den Emigranten als Renegat, von den Religiösen als pathologischer Nihilist öffentlich bezeichnet wird, ist man nicht so scharf darauf, wieder in diese Öffentlichkeit einzudringen." Benn, Ausdruckswelt, S. 107 (Nachwort: Berliner Brief).

[221] Benn, Ausdruckswelt, S. 107 f. (Nachwort: Berliner Brief).

[222] Benn, Ausdruckswelt, S. 111 (Nachwort: Berliner Brief). Zur Berlin-Thematik in Benns Werk vgl. Helmut Peitsch, Vom Faschismus zum Kalten Krieg – auch eine deutsche Literaturgeschichte. Literaturverhältnisse, Genres, Themen, Berlin 1996, bes. S. 145–173.

So sehr Benn also darum bemüht war, sich selbst in einem politisch korrekten Lichte erscheinen zu lassen,[223] so sehr weist er alle Fragen nach den gesellschaftlich-politischen Bezügen von Kunst zurück und plädiert für die vollkommene Autonomie des künstlerisch-schaffenden Subjekts. Damit verfolgte er jedoch bewusst *auch* eine Strategie der nachträglichen Rechtfertigung der eigenen Arbeiten, um eine bruchlose Kontinuität von seinen früheren, expressionistischen Werken bis in die Gegenwart postulieren zu können.

Anders als Benn bestreitet Adorno den Selbstzweckcharakter einer jeden, noch so artistisch sich gerierenden Kunst; denn diese wäre als Bedingung ihrer Möglichkeit auf einen Gesellschaftszustand verwiesen, in dem es Leiden nicht mehr gäbe. Demnach können die nachfolgenden Aussagen Adornos als direkte Replik auf Benns Kunstauffassung gelesen werden:

> Denn kein authentisches Kunstwerk und keine wahre Philosophie hat ihrem Sinn nach je sich in sich selbst, ihrem Ansichsein erschöpft. Stets standen sie in Relation zu dem realen Lebensprozeß der Gesellschaft, von dem sie sich schieden. Gerade die Absage an den Schuldzusammenhang des blind und verhärtet sich reproduzierenden Lebens, das Beharren auf Unabhängigkeit und Autonomie, auf der Trennung vom geltenden Reich der Zwecke impliziert, als bewußtloses Element zumindest, die Anweisung auf einen Zustand, in dem Freiheit realisiert wäre. (KG, 16)

Deutlich wird hier, dass gerade die Freiheit *von* den Anforderungen des Daseins und der Zweckrationalität für Adorno eine wichtige Ingredienz von Glück ist. Daher muss der von ihm schon hier formulierte „Doppelcharakter der Kunst als autonom und als fait social"[224] gerade gelten, um die Möglichkeit eines Glücksversprechens der Kunst überhaupt behaupten zu können. Nur indem Kunst in einer permanenten und schmerzhaften Gegenbewegung die Imperative des realen Lebensprozesses sowie die Logik der Selbsterhaltung bestreitet und dabei ihre gleichzeitige Einbettung in eben diesen Lebensprozess nicht vergisst, kann sie ein geglücktes Leben in Freiheit aufscheinen lassen oder – in Adornos Worten – sogar „Anweisung" darauf geben. Dieses dialektische Moment der Kunst

---

[223] In der am 25. März aufgenommenen und 4. April 1950 ausgestrahlten Rundfunkdiskussion *Der Schriftsteller und die Emigration* behauptete Benn gar, „jeder, der hier geblieben ist in Opposition zu dem Regime, war auch Untergrundbewegung" und beanspruchte damit die Konstruktion der ‚Inneren Emi_gration' für sich; Gottfried Benn, Der Schriftsteller und die Emigration. Rundfunkdiskussion mit Peter de Mendelssohn unter der Leitung von Thilo Koch. In: Gottfried Benn, Sämtliche Werke, hg. v. Gerhard Schuster in Verbind. m. Ilse Benn (Bd. I–V) u. Holger Hof (Bd. VI–VII/2), Band VII/1: Gespräche und Interviews, Stuttgart 2003, S. 240–259, hier: S. 248.

[224] Adorno, Ästhetische Theorie. GS 7, S. 16.

verkennt Benn. Um dessentwillen geht Adorno in diesem frühen Text in Stellung gegen seine ästhetizistische Position.[225]

Adorno hat, so lässt sich resümieren, mit *Kulturkritik und Gesellschaft* ausnahmslos gegen alle herrschenden Positionen der Nachkriegszeit angeschrieben.[226] Viele der die zeitgenössische Diskussion dominierenden Positionen und die mit ihnen verbundenen Namen sind im Laufe der Jahre (glücklicherweise) aus dem Diskurs verschwunden.[227] Übrig geblieben ist nur noch Adornos Satz zu

---

225 Später hat Adorno Benn gegen Invektiven von Lukács verteidigt; vgl. Adorno, Erpreßte Versöhnung. GS 11, S. 251–280. An zwei weiteren Stellen in seinem Werk fällt Benns Name eher beiläufig; vgl. Adorno, Ästhetische Theorie. GS 7, S. 75; Adorno, Wörter aus der Fremde. GS 11, S. 222. Bekanntheit erhielt eine Äußerung Adornos über Benn, die er in einem Brief an Peter Rühmkorf vom 13. Februar 1964 formulierte: „Benn hat politische Greuel angerichtet, aber in einem höheren Sinn hat er immer noch mehr mit uns zu tun als sehr viele andere; er war besser als seine Ideologie." Vgl. Peter Rühmkorf, Die Jahre die Ihr kennt: Anfälle und Erinnerungen, Reinbek bei Hamburg 1972, S. 153.

Begegnet sind sich Adorno und Benn erstmals im Juni 1954 auf einer Tagung in Bad Wildungen, woraufhin beide durch Vermittlungen von Andersch und Enzensberger ein gemeinsames Rundfunkgespräch anvisierten, das dann aber nicht zustande kam; vgl. Bürger, Kluger Mann, S. 10 f., der die Geschichte ihrer Begegnung und des kurzen Briefwechsels rekonstruiert hat. Glaubt man einem bisher unveröffentlichten Brief von Adorno an Hans G Helms, dann hat Adorno sich bewusst gegen ein gemeinsames Rundfunkgespräch entschieden: „Zur Angelegenheit Lukács–Benn – die Greuel, die der letztere begangen hat, sind mir recht gegenwärtig, legitimieren aber nicht die Dummheiten, die Lukács zusammengeschrieben hat. [...] Für mich ist die Sache Benn, vor allem auch aus persönlichen Rücksichten auf eine sehr nahe gemeinsame Freundin, chapitre clos. Ich möchte mich öffentlich nicht mehr dazu äußern [...]. Ein seinerzeit zwischen uns projektiertes Radiogespräch habe ich im letzten Augenblick, eben wegen jener Greuel, abgeblasen." Adorno an Helms, 27.02.1959. Unveröffentlichter Briefwechsel. Theodor W. Adorno Archiv, Br 588/44–45.

Christian Leistenschneider attestiert Adorno und Benn aufgrund ihrer Begegnung in Bad Wildungen eine „gewisse Affinität", wobei Leistenschneider Benns mit antisemitischen Stereotypen gespickte Charakterisierung von Adorno in einem in seiner Studie zitierten Brief vornehm verschweigt. In diesem schreibt Benn an Friedrich Wilhelm Oelze: „[Adorno ist, P.G.] ein *sehr* intelligenter, wenig gutaussehender, Jude, aber eben von *der* Intelligenz, die eigentlich wirklich nur Juden haben, gute Juden"; Leistenschneider betont insbesondere die Ähnlichkeit ihres fragmentarischen und essayistischen Schreibstils, der sich sowohl in der *Dialektik der Aufklärung* als auch in Benns Prosaband *Roman des Phänotyp* zeige. Bis auf die Entstehungszeit haben die beiden Texte jedoch sowohl aus gattungstheoretischer Sicht als auch bezüglich ihrer inhaltlichen Schwerpunktsetzung wenig gemein. Vgl. Christian Leistenschneider, Formen des Ich. Identitätsproblematik und Figurenpoetik in der Prosa Gottfried Benns, Heidelberg 2015, S. 88; vgl. Gottfried Benn, Briefe an F.W. Oelze 1950–1956. Bd. II/2, hg. v. Harald Steinhagen/Jürgen Schröder, Wiesbaden 1980, S. 209.

226 Vgl. auch Kramer, „Wahr sind die Sätze als Impuls ... ", S. 79.

227 Vgl. zu den damals tonangebenden NachkriegsautorInnen den bereits zitierten Band *Ästhetik und Ideologie 1945*.

Gedichten nach Auschwitz, der mit der Zeit nicht nur an Prominenz gewonnen hat, sondern auch an Fehldeutungen. Aus seinem ursprünglichen Entstehungskontext herausgelöst wurde er verkürzt und falsch als apodiktisches, übertriebenes oder schlicht provozierendes Urteil gelesen. Die Kontextualisierung konnte dagegen zeigen, dass Adornos Essay zum einen als *Reaktion auf* und *Eingriff in* einen vorherrschenden Diskurs betrachtet werden muss, der mit der Betonung einer deutschen Kontinuität dabei war, die mit Auschwitz benannten Verbrechen des Nationalsozialismus zu verharmlosen, zu ignorieren und letztlich dem Vergessen preiszugeben. Indem die Deutschen den Opferstatus für sich selbst beanspruchten, wurden Lyrikerinnen und Lyriker wie Paul Celan, Mascha Kaléko und Nelly Sachs konsequent aus dem zeitgenössischen literarisch-kulturellen Feld ausgeschlossen.[228] Auch dagegen hat Adorno mit der Betonung des Zivilisationsbruchs Einspruch erhoben und Auschwitz damit überhaupt erst in die Literaturgeschichte eingeschrieben.

Zum zweiten lassen sich Adornos konsequent-rigorose Formulierungen – die im Übrigen denen seiner ZeitgenossInnen in nichts nachstehen – als Ausdruck eines *Anschreiben-müssens* gegen Bestrebungen deuten, die seines Erachtens das Glück der Menschen nachhaltig verfehlen. Denn dass Adorno in diesen Diskurs bewusst und unnachgiebig einzugreifen versuchte, hat wiederum stark mit seiner Vorstellung von Glück zu tun. Da dieses in der Realität verstellt ist, kommt gerade der Kunst die Aufgabe zu, ein glückliches Leben in der befreiten Gesellschaft aufscheinen zu lassen. Ein solches Glücksversprechen können jedoch nur die Werke verheißen und auf den Weg bringen, die sich mit den in Auschwitz und andernorts faktisch geschehenen Verbrechen auseinandersetzen, das Leiden an der gesellschaftlichen Realität ausdrücken und beides im Sinne eines umfassenden Kritikbegriffs reflektierend in sich bearbeiten. Insofern sind Kritik an den gesellschaftlichen Verhältnissen und Intervention in diese, bestimmte Verhaltensweisen von Kunst und Kultur(-Kritik), die für Adorno irreduzible Voraussetzungen dafür sind, am Glücksversprechen der Kunst überhaupt festhalten zu können. Adorno verfolgt dabei gerade keinen ausschließlichen und alles umfassenden Pessimismus, den er Autorinnen und Autoren sowie Rezipientinnen und Rezipienten aufzuzwingen versucht, sondern es geht ihm vielmehr um die Zurückweisung von Leid und die Aufrechterhaltung eines berechtigten Glücksanspruchs, auf den Kunstwerke verweisen können.

---

228 Auch im 1950 publizierten Essay *Spengler nach dem Untergang* beschreibt Adorno die Tendenz, Auschwitz schon für erledigt zu erklären: „Unterdessen gilt bereits an Auschwitz zu erinnern für langweiliges Ressentiment. Keiner gibt mehr etwas fürs Vergangene." Adorno, Spengler nach dem Untergang. GS 10.1, S. 53.

III Aktive Passivität – Das Glück der Hingabe

Der Begriff der Passivität ist aus der Gegenwartsphilosophie kaum mehr wegzudenken. Dies liegt auch daran, dass mit ihm vielfältige Bedeutungen und Fragestellungen verknüpft sind. So wird Passivität umgangssprachlich vor allem mit Untätigkeit oder Lethargie gleichgesetzt, während sie philosophisch eher als eine Haltung des Unterlassens und/oder Aussetzens, aber auch als Form der Rezeptivität, der Sinnlichkeit, des Leidens oder schmerzhaften Empfangens eines Äußeren verstanden wird. Passivität kann darüber hinaus auch schlicht als Unvermögen oder Unmöglichkeit aufgefasst werden.[1] Die verschiedenen philosophischen Ansätze eint eine grundsätzliche Skepsis gegenüber einer offenbar wie selbstverständlich erfolgenden Bevorzugung von Aktivität, die auf der Privilegierung des souveränen und selbstmächtigen Subjekts gründet und dementsprechend Begriffe wie Können, Wille und Handlung ins Zentrum theoretischer Überlegungen rückt. Dagegen betonen aktuelle Theorien verstärkt die Vorteile einer passiven Haltung. Hier lassen sich zwei unterschiedliche Ansätze unterscheiden: Lebensphilosophisch orientierte Studien zur Müdigkeit, Faulheit, Willensschwäche und zum Zaudern gehen von einer grundsätzliche Überschätzung des aktiven Subjekts und seinem Vermögen aus und kritisieren demnach die Appelle der westlichen Leistungsgesellschaften, immerzu engagiert, handelnd und flexibel sein zu müssen, als neue Formen der (Selbst-)Entfremdung.[2] Die passive Haltung ist hier als bewusster Widerstand gegen jene aktive, nur noch betriebsförmige Lebensform zu verstehen und impliziert damit eine selbstgewählte Handlungsverweigerung.

Die zweite philosophische Richtung dagegen versucht die passivischen Momente zu erschließen, die unserem Wahrnehmen, Denken und Handeln selbst zugrunde liegen. In diesem Fall konvergiert „das Passivitätsdenken mit einer philosophischen Entmachtung des neuzeitlichen Subjekts"[3], um das Verhältnis von Aktivität und Passivität neu auszumessen. Überlegungen zu einer solchen „Ur-Passivität"[4] finden sich bereits bei Nietzsche, der in dem

---

[1] Vgl. Kathrin Busch, Elemente einer Philosophie der Passivität. In: Busch/Helmut Draxler (Hg.), Theorien der Passivität, München 2013, S. 15–31; Martin Wälde, Passivität. In: Historisches Wörterbuch der Philosophie. Bd. 7, Sp. 164–168.
[2] Vgl. exemplarisch Han Byung-Chul, Müdigkeitsgesellschaft. Burnoutgesellschaft, Berlin 2016; Manfred Koch, Faulheit. Eine schwierige Disziplin, Springe 2012; Richard Paul Hofmann, Willensschwäche. Eine handlungstheoretische und moralphilosophische Untersuchung, Berlin 2015; Deutsche Zeitschrift für Philosophie 57, 2009, H.1, Schwerpunkt: Willensschwäche – Epistemologie und Politik irrationalen Handelns.
[3] Busch, Elemente einer Philosophie der Passivität, S. 16.
[4] Busch, Elemente einer Philosophie der Passivität, S. 24.

Aphorismus *Zur Beruhigung des Skeptikers* aus *Morgenröthe. Gedanken über die moralischen Vorurteile* betont, wie sehr wir in unserem Tun eigentlich „gethan" werden:

> „Ich weiss durchaus nicht, was ich thue! Ich weiss durchaus nicht, was ich thun soll!" – Du hast Recht, aber zweifle nicht daran: du wirst gethan! in jedem Augenblicke! Die Menschheit hat zu allen Zeiten das Activum und das Passivum verwechselt, es ist ihr ewiger grammatikalischer Schnitzer.[5]

Insbesondere Husserl setzt dann in seiner Abhandlung zur passiven Synthesis die präreflexiven und vorsprachlichen Vorgänge als konstitutive Einheitsstiftungen unseres Selbst voraus, „die sämtliche Lebensvollzüge immer schon umgreifen"[6]. Die Betonung der passiven Aspekte bei der Konstitution des Ichs findet in neueren Arbeiten insbesondere Beachtung bei Maurice Blanchot, Emmanuel Lévinas und Jacques Derrida, die mit der Betonung von Momenten der Berührbarkeit, des Ausgesetztseins und der Schlaflosigkeit sogar einen Vorrang der Passivität gegenüber der Aktivität fordern.[7] Der wesentliche Unterschied zwischen den beiden unterschiedlichen Theorien zur Passivität liegt darin, „dass

---

[5] Friedrich Nietzsche, Morgenröthe. Gedanken über die moralischen Vorurtheile. In: Nietzsche, Sämtliche Werke. Kritische Studienausgabe. Bd. 3, hg. v. Giorgio Colli/Mazzino Montinari, München 1988, S. 9–332, hier: S. 115. Künftig zitiert: Nietzsche, Titel. KSA Bandnummer, Seitenangabe.

[6] Wälde, Passivität, Sp. 165 f. Vgl. Husserliana. Edmund Husserl Gesammelte Werke 11: Analysen zur passiven Synthesis. Aus Vorlesungs- und Forschungsmanuskripten (1918–1926), hg. v. Margot Fleischer, Den Haag 1966.

[7] Vgl. bspw. Emmanuel Lévinas, Jenseits des Seins oder anders als Sein geschieht, Freiburg 1998. Hier betont Lévinas, dass am Anfang unserer Subjektwerdung immer eine Form der Berührbarkeit steht, die im Sinne eines Ausgesetztseins gegenüber Anderen zu verstehen ist. In *Die Spur des Anderen* wird dies insofern noch deutlicher, als Lévinas Identität hier als ein ursprünglich intersubjektives Ereignis denkt: „Wenn die Subjektivität nicht Substanz ist, so deswegen, weil sie *an-und-in-sich* ist, diesseits der Autonomie der Selbstaffektion, diesseits der Identität; sie ist *an-und-in-sich* in der absoluten Passivität, die ihr anarchisch vom Anderen kommt"; Emmanuel Lévinas, Die Spur des Anderen. Untersuchungen zur Phänomenologie und Sozialphilosophie, übers., hg. u. eingel. v. Wolfgang Nikolaus Krewani, 3. Aufl., Freiburg 1998, S. 321. Hervorhebung im Original. Maurice Blanchot betrachtet den menschlichen Schlaf nicht unter dem Aspekt der Erholung, sondern als Form der Produktivitätssteigerung: „Dass wir fähig sind, uns vom Alltagslärm zurückzuziehen, von der alltäglichen Sorge, von allen Dingen, von uns und selbst von der Leere, diese Fähigkeit ist das Zeichen unserer Beherrschung, ein ganz menschliches Zeugnis unserer Kaltblütigkeit. Man muss schlafen, das ist die Losung, die das Bewusstsein sich gibt, und dieses Gebot, dem Tag zu entsagen, ist eine der ersten Regeln des Tages." Maurice Blanchot, Der literarische Raum, übers. v. Marco Gutjahr/Jonas Hock, Zürich 2012, S. 277. Die Schlaflosigkeit dagegen widersetze sich jener Produktivität. Vgl. dazu auch Jacques Derrida, Bleibe. Maurice Blanchot, übers. v. Hans-Dieter Gondek, Wien 2003.

Erstere ein Aussetzen des Tuns anvisieren, während letztgenannte Ansätze Passivität als eine wesentliche Bedingung und ein notwendiges Momentum im Tun selbst ansehen"[8]. Trotz ihrer Unterschiede betonen jedoch beide Theorierichtungen, dass Passivität die Voraussetzung für ein Denken und Handeln bilden könne, das vermeintlich selbstverständliche Entscheidungen oder Maximen infrage stelle und stattdessen alternative Wege zu beschreiten versuche.

Adorno verfolgt in seinem 1965 erschienenen Essay *Anmerkungen zum philosophischen Denken* einen ganz ähnlichen Ansatz, wenn er die grundsätzlichen Möglichkeiten des Denkens betont: „Die Kraft des Denkens, nicht mit dem Strom zu schwimmen, ist die des Widerstands gegen das Vorgedachte. Emphatisches Denken fordert Zivilcourage."[9] Nach Adorno besteht dieses widerständige Denken jedoch nicht in einem aktiven Wollen und Handeln, sondern ist vor allem durch Passivität gekennzeichnet. Diese Einsicht ist an Überlegungen Kants gewonnen, der den Begriff der Spontaneität so an den Denkprozess bindet, dass sie „nicht einfach mit bewußter Tätigkeit"[10] gleichzusetzen ist; dem entspricht, dass die Vorgänge, in denen das Bewusstsein „Sinnesmaterialien" bildet – also denkt –, diesem nicht bewusst oder sofort zugänglich sind: „[D]as ist ihre ‚Tiefe', passivisch durchaus."[11] Jenes passivische Moment versucht Adorno weiter zu erläutern:

> Niemand kann den Schmerz eines anderen in der eigenen Einbildungskraft reproduzieren. Darauf läuft die transzendentale Apperzeption hinaus. Mit dieser Bestimmung durch bloße Zugehörigkeit wird das Ich denke selber bereits zu einem Passivischen, völlig unterschieden von der aktiven Reflexion auf ein „Mein". Kant hat das Passivische an der Aktivität des Denkens so treu getroffen, wie seine imponierende Redlichkeit noch in den exponiertesten Sätzen stets achtet, was in den Phänomenen sich darbietet; [...] In der Schicht, die Kant als die transzendentale galt, werden Aktivität und Passivität keineswegs derart administrativ voneinander getrennt, wie es nach der Außenarchitektur des Werkes zu erwarten wäre. Hinter jenem passivischen Moment verbirgt sich, ohne daß das von Kant erörtert würde, eine Abhängigkeit noch des scheinbar Unabhängigen, der ursprünglichen Apperzeption, von jenem wie immer auch unbestimmten Objektiven, das im Kantischen System in die Lehre vom erfahrungsjenseitigen Ding an sich flüchtete. Keine Objektivität des Denkens als eines Aktes wäre überhaupt möglich, wäre Denken nicht in sich selber, der eigenen Gestalt nach, immer auch gebunden an das, was nicht selbst Denken ist: darin ist zu suchen, was an Denken zu enträtseln wäre. Wo es wahrhaft produktiv ist, wo es erzeugt, dort ist es immer auch ein Reagieren. Passivität steckt im Kern des Aktiven, ein sich Anbilden des Ichs ans Nicht-Ich. Davon strahlt noch etwas auf die

---

[8] Busch, Elemente einer Philosophie der Passivität, S. 31.
[9] Adorno, Anmerkungen zum philosophischen Denken. GS 10.2, S. 604. Dieser Essay wurde ursprünglich als Vortrag für den Deutschlandfunk konzipiert, der am 9. Oktober 1964 erstmals ausgestrahlt wurde.
[10] Adorno, Anmerkungen zum philosophischen Denken. GS 10.2, S. 600.
[11] Adorno, Anmerkungen zum philosophischen Denken. GS 10.2, S. 600.

empirische Gestalt philosophischen Denkens aus. Um produktiv zu sein, muß es immer von seiner Sache her determiniert werden. Das ist seine Passivität.[12]

Demnach ist nach Adorno Denken nicht allein ein konstitutiver Akt, sondern immer auch eine *Reaktion* auf einen Gegenstand, eine Handlung oder eine Wahrnehmung. Daher hat Denken sich der Sache unterzuordnen oder ‚anzubilden' – sogar dort, wo das Subjekt diese selbst erst konstituiert. Nicht das Subjekt und seine Gedanken stehen im Vordergrund, sondern die Denkbewegung hat vom Gegenstand auszugehen.[13] Adornos prägnante, in diesem Essay erstmals verwendete Formel vom „Vorrang des Objekts" meint genau das: Denken muss sich einem Objekt anschmiegen, „auch wenn es ein solches noch gar nicht hat, gar es zu erzeugen meint"[14]. Allerdings kann der „Vorrang des Objekts" nur durch ein Subjekt hergestellt werden kann: „Einzig subjektiver Reflexion, und der aufs Subjekt, ist der Vorrang des Objekts erreichbar."[15]

Insgesamt besteht philosophisches Denken nach Adorno in aktiver Konzentration und passiver Geduld. Durch beides zusammen erst wird „der lange und

---

12 Adorno, Anmerkungen zum philosophischen Denken. GS 10.2, S. 600f. In Auseinandersetzung mit Kants *Kritik der Urteilskraft* hat Georg Christoph Lichtenberg eine Vorstellung des Denkprozesses geprägt, die der Adorno'schen nahekommt. In Lichtenbergs bekanntem Aphorismus heißt es: „Wir werden uns gewisser Vorstellungen bewußt, die nicht von uns abhängen; andere glauben, wir wenigstens hingen von uns ab; wo ist die Grenze? Wir kennen nur allein die Existenz unserer Empfindungen, Vorstellungen und Gedanken. *Es denkt,* sollte man sagen, so wie man sagt: *es blitzt.* Zu sagen *cogito,* ist schon zu viel, so bald man es durch *Ich denke* übersetzt. Das *Ich* anzunehmen, zu postulieren, ist praktisches Bedürfnis." Georg Christoph Lichtenberg, Schriften und Briefe. Bd. 2: Sudelbücher II: Materialhefte, Tagebücher, Darmstadt 1971, S. 412; vgl. dazu: Friedemann Spicker, „Es denkt". Zur Wirkungsgeschichte einer Sudelbuchnotiz Lichtenbergs. In: Lichtenberg-Jahrbuch 2014, 2016, S. 131–154.
13 Adornos Verfahren, das Objekt in den Fokus der Betrachtung zu rücken, kann als Vorläufer einer dekonstruktivistischen literaturwissenschaftlichen Lesart gelten. Denn indem Dekonstruktivisten wie Jacques Derrida oder Paul de Man Texte daraufhin befragen, wie diese ihre eigene Bedeutung selbst hinterfragen, durchkreuzen und mit Paradoxien erst Sinn zu schaffen vermögen, rücken sie ebenfalls den Gegenstand in den Mittelpunkt ihrer Betrachtung. Zugleich wird dabei – zumindest bei de Man – unterstellt, man könne die fremde Perspektive, von der aus man jene Textstrategien betrachtet und beurteilt, auch tatsächlich einnehmen. Bei Adorno tritt dagegen die Erfahrung eines Fremden hinzu, das als Nichtidentisches philosophische (und literarische) Deutung bewusst unterbricht und dadurch zu einer momentanen Suspension des Verstehens führt: „Die kritische Deutungspraxis versteht den Abbruch der Deutung materialistisch als historische Signatur des Inkommensurablen." Sven Kramer, Adornos Begriff der Deutung und die Stellung der Hermeneutik in der kritischen Literaturwissenschaft. In: Kramer (Hg.), Bild – Sprache – Kultur. Ästhetische Perspektiven kritischer Theorie. Hermann Schweppenhäuser zum 80. Geburtstag, Würzburg 2009, S. 201–223, hier: S. 222.
14 Adorno, Anmerkungen zum philosophischen Denken, GS 10.2, S. 602.
15 Adorno, Negative Dialektik. GS 6, S. 186.

gewaltlose Blick auf den Gegenstand"¹⁶ möglich. Ein ähnlicher Gedanke findet sich bereits 1949 in den *Minima Moralia*:

> Der lange, kontemplative Blick jedoch, dem Menschen und Dinge erst sich entfalten, ist immer der, in dem der Drang zum Objekt gebrochen, reflektiert ist. Gewaltlose Betrachtung, von der alles Glück der Wahrheit kommt, ist gebunden daran, daß der Betrachtende nicht das Objekt sich einverleibt: Nähe an Distanz.¹⁷

Gemeint ist damit nicht, dass das Subjekt sich im Denkprozess selbst tilgt, „vielmehr muß es alle Innervation und Erfahrung in die Betrachtung der Sache hineinnehmen, um, dem Ideal nach, in ihr zu verschwinden"¹⁸. Dies ist aber durchaus passivisch gedacht, denn das Subjekt darf sich weder der Sache bemächtigen noch sie unter vorgefasste Kategorien subsumieren. Gerade dieses passivische Moment am Denken bewahrt eine Vorstellung „von dem Glück auf, welches der konventionellen Vorstellung vom Denken unerträglich ist"¹⁹. Denn entgegen der Auffassung, dass man eine Sache direkt, das heißt ohne Rücksicht auf deren Eigenlogik erfassen, begreifen und einordnen kann, nimmt jener „lange, kontemplative Blick" sich Zeit und Muße, den Gegenstand zu betrachten, sich in ihn zu versenken und sich ihm zu überlassen. Diese passivische Erkenntnishaltung unterscheidet sich vom selbstverliebten Vertiefen des Intellektuellen in den eigenen Gedanken, das Adorno mit Hegel als „leere Tiefe"²⁰ kritisiert. Ebenso wendet er sich gegen die Vorstellung, ein gleichsam voraussetzungsloses Nachdenken würde zu Erkenntnis führen:

---

16 Adorno, Anmerkungen zum philosophischen Denken, GS 10.2, S. 602.
17 Adorno, Minima Moralia. GS 4, S. 100 (Die Räuber). Gerade aufgrund solcher Formulierungen interpretiert Martin Seel Adornos Philosophie als eine der Kontemplation. Obwohl eine Haltung der Kontemplation für Adorno konstitutiv sei, um überhaupt denken und reflektieren zu können, sehe er zugleich aber auch die Gefahr, dass eine kontemplative Haltung in Selbstgenügsamkeit verfallen könne, wenn sie sich zu weit von der Realität und Außenwelt des Denkens entferne; Seel, Adornos Philosophie der Kontemplation, bes. S. 11–13. Was Seel hier als Kontemplation beschreibt, sehe ich – und das wird im Folgenden zu zeigen sein – als die passive Seite der aktiven Passivität. Damit Kontemplation nicht esoterisch und selbstbezüglich wird, braucht sie ein aktives Moment, das Offenheit, Aufmerksamkeit und Anstrengung repräsentiert. Die Konzeption der aktiven Passivität versucht also gerade dem Grundproblem der Kontemplation, zu rasch vom reflektierenden Innehalten in selbstgenügsame Einrichtung im eigenen Denken zu verfallen, zu begegnen. Vgl. auch Adorno dazu: „Ohne kontemplatives Moment artet die Praxis in begriffslosen Betrieb aus; Meditation als gehegte Sondersphäre jedoch, von möglicher Praxis abgeschnitten, führe schwerlich besser." Adorno, Anmerkungen zum philosophischen Denken, GS 10.2, S. 603.
18 Adorno, Anmerkungen zum philosophischen Denken, GS 10.2, S. 602f.
19 Adorno, Anmerkungen zum philosophischen Denken, GS 10.2, S. 603.
20 Adorno, Anmerkungen zum philosophischen Denken, GS 10.2, S. 603.

Die Vorstellung von dem, der sich hinsetzt und „über etwas nachdenkt", um zu eruieren, was er noch nicht wußte, ist so schief wie die umgekehrte von den angeflogenen Intuitionen. Denken gerät in der Arbeit an einer Sache und an Formulierungen; sie sorgen für sein passivisches Element. Extrem gesagt: Ich denke nicht, und das ist wohl Denken.[21]

Denken ist hier als rekursiver Prozess gedacht, in dem eine Sache erfasst, das Erfasste immer wieder korrigiert und Grundlage für ein (verbessertes) Neuerfassen der Sache wird.[22] Auch hierbei steht wieder die Sache im Vordergrund, in die sich vertieft wird. Trotz des Vorrangs des Objekts ist das Denken jedoch nicht determiniert, sondern muss autonom sein; es ist folglich weder erzwungen noch vorgegeben, sondern arbeitet sich aus sich heraus am Gegenstand ab. Im Idealfall soll das philosophische Denken sich daher „in die Sachgehalte [...] versenken, um in ihnen, nicht über ihnen, des Wahrheitsgehalts innezuwerden. Das wäre, heute, Freiheit des Denkens. Wahr würde es, wo es befreit ist vom Fluch der Arbeit und in seinem Objekt zur Ruhe kommt"[23]. Der Denkprozess wird von Adorno also nicht als unendlicher, nie abgeschlossener infiniter Regress gedacht, sondern das Zur-Ruhe-Kommen im Objekt bildet letztlich den Zielpunkt der aktiven Passivität des Denkens.

---

21 Adorno, Anmerkungen zum philosophischen Denken, GS 10.2, S. 606 f.
22 So gesehen steht Adornos Verfahren in der Tradition der Hermeneutik und wurde verschiedentlich auch als „kritische Hermeneutik" bezeichnet; vgl. bspw. Richard Klein, Ideologiekritik oder kritische Hermeneutik? Methodologische Aspekte einer Musikphilosophie nach Adorno. In: Oliver Decker/Tobias Grave (Hg.), Kritische Theorie zur Zeit. Für Christoph Türcke zum sechzigsten Geburtstag, Springe 2008, S. 256–275; Hans-Herbert Kögler, Autonomie und Anerkennung: Kritische Theorie als Hermeneutik des Subjekts. In: Rainer Winter/Peter V. Zima (Hg.), Kritische Theorie heute, Bielefeld 2007, S. 79–96. Ich folge in diesem Kontext jedoch Sven Kramers Lesart, der insbesondere Adornos Überschreitung der Hermeneutik betont und diese Verfahrensweise für die Literaturwissenschaft fruchtbar macht. Denn Adornos Programm der philosophischen Deutung richtet sich gegen den Versuch, vollständige Einheit zwischen dem Eigenen und dem Fremden in der Interpretation herzustellen, da der Gegenstand nicht vollständig erfassbar ist. Adorno wendet sich dabei kritisch gegen das interpretierende und vereinnahmende Subjekt. Insbesondere kritisiert er affirmative Tendenzen der Hermeneutik und wertet die harmonisierenden Akte des Verstehens als Einverständnis mit dem Bestehenden. Dagegen würde eine kritische Aneignung der Hermeneutik voraussetzen, die Macht- und Gewaltverhältnisse mitzureflektieren, in die die Deutenden unweigerlich eingelassen sind; vgl. Kramer, Adornos Begriff der Deutung, S. 218. Adornos Forderung nach dem „Vorrang des Objekts" überführt Peter Szondi in die Forderung nach einer „materialen Hermeneutik": „Indem die Deutung sich auf den je besonderen Rätselcharakter eines Werks richtet und die mimetische Dimension ästhetischer Erfahrung sich an konkreten, distinkten Eigenschaften eines Werks bildet, werden die dem Werk immanenten Elemente als Ausgangskategorien für seine Deutung fruchtbar gemacht." Peter Szondi, Einführung in die literarische Hermeneutik. In: Szondi, Studienausgabe. Bd. 5, hg. v. Jean Bollack, Frankfurt am Main 1995, S. 7–191, hier: S. 12 f.
23 Adorno, Anmerkungen zum philosophischen Denken, GS 10.2, S. 607.

Das Spannungsverhältnis von Aktivität und Passivität, von Konzentration und Geduld, das nach Adorno das philosophische Denken ausmacht, findet sich auch in seinen kultur- und literaturtheoretischen Überlegungen wieder. In seiner *Ästhetik-Vorlesung* von 1958/59 betont er mit Blick auf die Rezeption von Kunst:

> [E]s käme weniger darauf an, was einem das Kunstwerk ‚gibt', als darauf, was man dem Kunstwerk gebe, das heißt: ob man in einer bestimmten Art von aktiver Passivität, oder von angestrengtem Sich-Überlassen an die Sache, ihr das gibt, was sie von sich aus eigentlich erwartet.[24]

Die paradox anmutende Konstruktion der aktiven Passivität ist jedoch nicht nur für die Erfahrung und Rezeption von Kunst, sondern, so die These dieses Kapitels, auch für ihre Produktion und damit für Adornos gesamte Ästhetik von entscheidender Bedeutung. Jene Haltung einer aktiven Passivität durchzieht seine philosophisch-ethischen Reflexionen ebenso wie seine literaturtheoretisch-ästhetischen Überlegungen seit den 1950er Jahren.

Passivität in Adornos ästhetischen Überlegungen meint vor allem eine Haltung der Reflexion. Sie wird in gelungenen Werken als ein Innehalten, als Abstandnehmen gedacht, um sicherzustellen, dass die Reflexion sich des Inhalts und Stoffs nicht gewaltsam bemächtigt, sondern sich beiden gewaltlos und anerkennend zuwendet.[25] Aber auch von der Rezeption fordert Adorno eine „angestrengte Passivität"[26], um künstlerische Gebilde überhaupt erfassen zu können. Adornos Insistieren auf einer Haltung der aktiven Passivität muss allerdings auch als Kritik am umgangssprachlich gebräuchlichen Begriff von Passivität verstanden werden, der vor allem die Affirmation und Unterwerfung unter die bestehenden Macht- und Herrschaftsverhältnisse meint.

These dieses Kapitels ist es daher, dass für Adorno Kunst und Literatur nur gelingen können, wenn KünstlerInnen, BetrachterInnen und das Kunstwerk selbst eine Haltung der aktiven Passivität einnehmen. Anders als Martin Seel, der sich in seiner Studie *Aktive Passivität* hauptsächlich aus ethisch-moralischer Perspektive auf Überlegungen Adornos aus den *Minima Moralia* bezieht und vornehmlich Konzepte der Lebensführung erörtert,[27] möchte ich dagegen

---

24 Adorno, Ästhetik 1958/59. NL 4, Bd. 3, S. 190.
25 Über Rudolf Borchardt schreibt Adorno bspw.: „Die schönsten Gebilde des leidenschaftlich Formenden sind die, wo seine aktive Sprache passivisch wird." Adorno, Die beschworene Sprache. GS 11, S. 555.
26 Adorno, Zum Gedächtnis Eichendorffs. GS 11, S. 71.
27 Im Anschluss an Adorno hat Martin Seel seinem Band den Titel *Aktive Passivität* gegeben. Nach ihm erhellt Adornos Formel die „Verfassung unseres Denkens und Handelns weit über eine Theorie der Künste hinaus"; daher kann Seel jene „aktiv-passive Natur des Menschen" im Kontext der unterschiedlichen philosophischen Ansätze von Kant, Hegel, Nietzsche, Lukács,

jenes paradoxe Moment insbesondere in seinen literaturtheoretischen Essays zu Valéry, Kafka, Proust, Hölderlin und Goethe untersuchen[28] – und zwar als literarisches Stilmittel, als künstlerisches ‚Verhalten' der Werke und als ästhetische Erfahrung. Dieses Kapitel bezieht sich also ausschließlich auf literarische Werke, die *vor* Auschwitz erschienen sind, Adorno jedoch als Exempel dafür dienen, wie Kunst auch nach Auschwitz gelingen kann. Gerade die auf das Glücksversprechen der Kunst und das Glück der ästhetischen Erfahrung ausgerichteten Potentiale einer Haltung der aktiven Passivität, so die These dieses Kapitels, sind es, die Adorno in die Jetzt-Zeit hinüberretten und auch für die Gegenwartskunst fruchtbar machen möchte.

1 Der Künstler als Instrument – Paul Valéry

Adornos 1953 erschienener Essay *Der Artist als Statthalter* denkt die in *Kulturkritik und Gesellschaft* aufgeworfene Frage, wie Kunst nach Auschwitz überhaupt noch möglich sein kann, konsequent weiter. Sowohl die reine wie die engagierte Kunst antworten auf diese Frage nach Adorno nur ungenügend, denn erstere tendiert dazu, „Verwalter der Ewigkeitswerte" zu werden, während letztere bloß

Heidegger, Adorno, Habermas und Honneth in verschiedenen Beiträgen vor allem aus ethisch-moralischer Perspektive diskutieren. In seinen Rekursen auf Adorno dienen Seel daher insbesondere dessen ethisch-moralische Überlegungen aus den *Minima Moralia*, aber auch einige Stellen aus Adornos *Ästhetik-Vorlesung* von 1958/59 als Grundlage der Auseinandersetzung. Vgl. Martin Seel, Aktive Passivität. Über den Spielraum des Denkens, Handelns und anderer Künste, Frankfurt am Main 2014, S. 8. Für meine Arbeit sind jene knappen Überlegungen aufschlussreich, in denen Seel aktive Passivität auf Adornos Begriff der ästhetischen Erfahrung bezieht. Nach Seel verlangt die Begegnung mit Kunstwerken es, dass man sich ihnen unvoreingenommen zuwendet, da nur so ihre Eigenlogik sich voll entfalten kann. Erst dadurch könnten die RezipientInnen die „Prozessualität" des Kunstwerks nachvollziehen: „Sie bestimmen sich aktiv auf ein passives Bestimmtwerden hin." Seel, Aktive Passivität, S. 253.

28 Um Adornos sich stetig weiter entwickelnde Konzeption der aktiven Passivität nachvollziehen zu können, werden die Essays in der Reihenfolge ihrer Veröffentlichung betrachtet. Eine Ausnahme bildet der Kafka-Essay, an dem Adorno von 1942 bis 1953 gearbeitet hat, und der vermutlich – leider sind die genauen Veröffentlichungsdaten nicht bekannt – wenige Wochen oder Monate vor dem Valéry-Essay erschienen ist. Da sich aber im Valéry-Essay erstmals die Formulierung „passive Aktivität" finden lässt, wird dieser Essay hier zuerst betrachtet. Für Adorno sind die Formulierungen ‚passive Aktivität' und ‚aktive Passivität' hier noch synonym. Wie noch zu sehen sein wird, verschiebt sich der Fokus in den späteren Essays stärker in Richtung Passivität, um der neuzeitlichen philosophischen Privilegierung des selbstmächtigen und aktiven Subjekts etwas entgegenzusetzen und Passivität als Begriff, Haltung und ästhetische Verfahrensweise vor einem Verständnis zu bewahren, das damit ausschließlich Lethargie oder Resignation verbindet.

„Unheilsdichter" hervorbringt, „von denen man schon manchmal nicht mehr weiß, ob ihnen nicht die Konzentrationslager als Begegnung mit dem Nichts ganz recht sind".[29] Adorno lehnt bereits in diesem frühen Aufsatz die engagierte Kunst wegen ihres Anspruchs ab, unmittelbar auf die Menschen einwirken zu können. Zugleich entlarvt er die rigide Einteilung in engagierte und reine Kunst selbst als „Symptom der verhängnisvollen Tendenz zur Stereotypie, zum Denken in starren und schematischen Formeln"[30] und damit als Produkt der Kulturindustrie.[31] Dem entzieht Paul Valéry sich von vorneherein, da ihm „tiefere Einsicht in das gesellschaftliche Wesen von Kunst zufällt als der Doktrin ihrer unmittelbaren praktisch-politischen Nutzanwendung"[32]. Diese Annahme erläutert Adorno anhand von Valérys 1937 erschienener Prosastudie *Tanz, Zeichnung und Degas*, die für Adorno vor allem eine Auseinandersetzung mit dem Begriff der Subjektivität darstellt. Seine Deutung von Subjektivität in Valérys Werk werde ich im Folgenden anhand dreier Momente näher explizieren: Als erstes steht die „Paradoxie des universalen Spezialistentums"[33], zweitens die Vorstellung vom Künstler als Instrument und drittens schließlich die Konstruktion der „passive[n] Aktivität"[34] im Fokus der Betrachtung, die alle zusammen den Artisten zum „Statthalter des gesellschaftlichen Gesamtsubjekts"[35] werden lassen. Nach Adorno kreist Valérys Werk um das Paradoxon,

> daß mit jeder künstlerischen Äußerung und mit jeder Erkenntnis der Wissenschaft der ganze Mensch und das Ganze der Menschheit gemeint sei, daß aber diese Intention nur durch selbstvergessene und bis zum Opfer der Individualität, zur Selbstpreisgabe des je einzelnen Menschen rücksichtslos gesteigerte Arbeitsteilung sich verwirklichen lasse.[36]

Als Beleg für diese Annahme zieht Adorno eine Stelle aus Valérys Studie heran, in der dieser betont, dass die große Kunst eine sei, „die gebieterisch *alle Fähigkeiten*

---

29 Adorno, Der Artist als Statthalter. GS 11, S. 115.
30 Adorno, Der Artist als Statthalter. GS 11, S. 115.
31 Gegen die strikte Entgegensetzung von engagierter und reiner Kunst wendet Adorno sich dann noch einmal ausführlich in seinem Essay *Engagement* von 1962: „Jede der beiden Alternativen negiert mit der anderen auch sich selbst: engagierte Kunst, weil sie, als Kunst notwendig von der Realität abgesetzt, die Differenz von dieser durchstreicht; die des l'art pour l'art, weil sie durch ihre Verabsolutierung auch jene unauslöschliche Beziehung auf die Realität leugnet, die in der Verselbstständigung von Kunst gegen das Reale als ihr polemisches Apriori enthalten ist. Zwischen den beiden Polen zergeht die Spannung, an der Kunst bis zum jüngsten Zeitalter ihr Leben hatte." Adorno, Engagement. GS 11, S. 410.
32 Adorno, Der Artist als Statthalter. GS 11, S. 120.
33 Adorno, Der Artist als Statthalter. GS 11, S. 120.
34 Adorno, Der Artist als Statthalter. GS 11, S. 126.
35 Adorno, Der Artist als Statthalter. GS 11, S. 126.
36 Adorno, Der Artist als Statthalter. GS 11, S. 118.

eines Menschen für sich beansprucht und deren Werke so sind, daß *alle Fähigkeiten* eines anderen sich von ihnen angesprochen fühlen und aufgeboten werden müssen, um sie zu begreifen"[37]. Nach Adorno geht es Valéry hier um den „ungeteilten Menschen"[38], dessen Fähigkeiten und Handlungen nicht bloß auf zweckmäßige Verwertbarkeit ausgerichtet sind. Der „ganze Mensch"[39] kann jedoch nicht (wieder)hergestellt werden, indem die Kunst die gesellschaftliche Arbeitsteilung leugnet[40] – als ob sie daran nicht beteiligt wäre –, sondern gerade in der „Intensivierung der arbeitsteiligen Produktion" ist „das Potential einer möglichen Gegenwirkung gegen jenen Zerfall der menschlichen Kräfte" enthalten.[41] Adorno folgt mit dieser Vorstellung Marxens Konzeption, der nicht die Arbeitsteilung als solche ablehnt, jedoch gegen ihre spezifisch fabrikmäßige Form opponiert, die das Individuum abhängig und unfrei macht. Gegen letztere formulieren Marx und Engels in der *Deutschen Ideologie* eine kommunistische Version von gelungener Arbeitsteilung:

> Sowie nämlich die Arbeit verteilt zu werden anfängt, hat jeder einen bestimmten ausschließlichen Kreis der Tätigkeit, der ihm aufgedrängt wird, aus dem er nicht heraus kann; er ist Jäger, Fischer oder Hirt oder kritischer Kritiker und muß es bleiben, wenn er nicht die Mittel zum Leben verlieren will – während in der kommunistischen Gesellschaft, wo jeder nicht einen ausschließlichen Kreis der Tätigkeit hat, sondern sich in jedem beliebigen Zweige ausbilden kann, die Gesellschaft die allgemeine Produktion regelt und mir eben dadurch möglich macht, heute dies, morgen jenes zu tun, morgens zu jagen, nachmittags zu fischen, abends Viehzucht zu treiben, nach dem Essen zu kritisieren, wie ich gerade Lust habe, ohne je Jäger, Fischer, Hirt oder Kritiker zu werden.[42]

Diese Form von Arbeitsteilung setzt allerdings eine polytechnische Ausbildung voraus, die es den ArbeiterInnen ermöglicht, den Produktionsprozess selbst zu kontrollieren: „Der polytechnisch gebildete Arbeiter ist in der Lage, die durch Maschinen gesetzte Entfremdung dadurch aufzuheben, daß er sie perfektioniert."[43]

---

[37] Paul Valéry, Tanz, Zeichnung und Degas, aus dem Französischen v. Werner Zemp, Frankfurt am Main 1996, S. 81. Hervorhebung im Original.
[38] Adorno, Der Artist als Statthalter. GS 11, S. 118.
[39] Adorno, Der Artist als Statthalter. GS 11, S. 118.
[40] Damit richtet Adornos sich vor allem auch gegen Schillers Entfremdungsbegriff und sein Ideal von der „*Totalität* des Charakters", die „durch eine höhere Kunst wieder herzustellen" sei; Schiller, Über die ästhetische Erziehung des Menschen, S. 567; 578. Hervorhebung im Original. Vgl. auch Kapitel II.1. dieser Arbeit.
[41] Adorno, Der Artist als Statthalter. GS 11, S. 119.
[42] Marx/Engels, Die deutsche Ideologie. MEW 3, S. 33.
[43] Ulrich Anacker, Natur und Intersubjektivität. Elemente zu einer Theorie der Aufklärung, Frankfurt am Main 1974, S. 150.

Auf die durch Spezialisierung bewirkte Unfreiheit der Menschen verweist der Marx'sche Entfremdungsbegriff, dem zufolge der Mensch sich nicht nur vom Produkt der Arbeit und seiner Tätigkeit, sondern auch von seiner eigenen Gattung entfremdet.[44] Marx geht davon aus, dass der Mensch im Unterschied zum Tier, das auf einen bestimmten Aktionsradius festgelegt ist, seine Kräfte und Fähigkeiten frei und universell entwickeln und daher sein Denken und Handeln selbst bestimmen und dementsprechend sein Dasein gestalten kann:

> Der Mensch ist ein Gattungswesen, nicht nur indem er praktisch und theoretisch die Gattung, sowohl seine eigne als die der übrigen Dinge, zu seinem Gegenstand macht, sondern [...] auch indem er sich zu sich selbst als der gegenwärtigen, lebendigen Gattung verhält, indem er sich zu sich als einem *universellen*, darum freien Wesen verhält.[45]

Nur dadurch also, dass der Mensch „seine Lebenstätigkeit selbst zum Gegenstand seines Wollens und seines Bewußtseins" machen könne, sei es eine „bewußte Lebenstätigkeit", eine von ihm frei und selbst bestimmte Tätigkeit.[46] Adornos im Anschluss an Valéry geprägte Formulierung vom „ganze[n] Menschen"[47] rekurriert auf jene Marx'sche Vorstellung vom Menschen als Gattungswesen, das sich universell zu entwickeln und frei zu handeln vermag. Die entfremdete Arbeit hingegen kehrt dieses Verhältnis um, indem der Mensch seine Lebenstätigkeit, genau genommen sein ganzes „*Wesen* nur zu einem Mittel für seine *Existenz* macht"[48].

Nach Adorno reflektiert Valéry in seiner Kunst diese „Entfremdung zwischen den Menschen sowohl wie zwischen dem objektiven Geist und der Gesellschaft"[49]. Anstatt Entfremdung einfach zu negieren, plädiert Valéry vielmehr für eine Steigerung der Arbeitsteilung *in* der Kunst selbst. Valérys Exempel hierfür ist der französische Maler Edgar Degas, der sich nicht dem künstlerischen Einfall oder der intuitiven Idee überließe, sondern für den das Zeichnen eine „*Reihe rechnerischer Operationen*"[50] sei, die ihm zu „einer strengen Übung"[51] gerieten, und auf die er sich akribisch konzentriere: „Er war Spezialist und wollte es sein, in einem Bereich, der sich bis zu einer gewissen Universalität zu

---

44 Vgl. Marx, Ökonomisch-philosophische Manuskripte. MEW Erg. Bd. 1, S. 514; vgl. zum Begriff der Entfremdung auch Kapitel I.2. dieser Arbeit.
45 Marx, Ökonomisch-philosophische Manuskripte. MEW Erg. Bd. 1, S. 515.
46 Marx, Ökonomisch-philosophische Manuskripte. MEW Erg. Bd. 1, S. 516.
47 Adorno, Der Artist als Statthalter. GS 11, S. 118.
48 Marx, Ökonomisch-philosophische Manuskripte. MEW Erg. Bd. 1, S. 516. Hervorhebung im Original.
49 Adorno, Der Artist als Statthalter. GS 11, S. 120.
50 Valéry, Tanz, Zeichnung und Degas, S. 53. Hervorhebung im Original.
51 Valéry, Tanz, Zeichnung und Degas, S. 67.

steigern vermag."⁵² Dass Valéry hier ausgerechnet den Begriff des Spezialisten anführt, liegt daran, dass es Degas ihm zufolge darum ging, die Technik seiner Kunst vollständig zu beherrschen, um seine Fertigkeiten ganz in den Dienst der Eigenlogik des Materials stellen zu können.⁵³ Indem Degas also im Zuge der Arbeitsteilung auf eine Spezialisierung seiner Fähigkeiten setzt, jene zugleich aber ganz auf das ästhetische Erfassen der Eigenlogik des Materials ausrichtet, gewinnt er Adorno und Valéry zufolge etwas von der Universalität der menschlichen Gattung zurück und widersetzt sich so „dem Zerfall der menschlichen Kräfte"⁵⁴. Nach Adorno wird nur diese Steigerung der Arbeitsteilung in der Kunst selbst den „heute herrschenden gesellschaftlichen Bedingungen der materiellen Produktion"⁵⁵ gerecht:

> Daß aber die Arbeitsteilung nicht durch ihre Verleugnung, daß die Kälte der rationalisierten Welt nicht durch empfohlene Irrationalität sich bannen läßt, ist eine gesellschaftliche Wahrheit, die durch den Faschismus aufs nachdrücklichste demonstriert worden ist. Durch ein Mehr, nicht durch ein Weniger an Vernunft lassen die Wunden sich heilen, welche das Werkzeug Vernunft im unvernünftigen Ganzen der Menschheit schlägt.⁵⁶

Da Adorno hier immer schon von der kapitalistischen und nicht vorindustriellen Arbeitsteilung ausgeht, vermag nur ein „Mehr an Mittelbarkeit"⁵⁷, also ein Mehr an Rationalität und Technik in der Kunstproduktion der „Logik der Verdinglichung und der mit ihr verbundenen Entfremdung von Subjekt und Objekt"⁵⁸ zu entkommen.

Mit dem Begriff der Technik reagiert Adorno nicht nur auf die zunehmende Technisierung seit dem ausgehenden 19. Jahrhundert, sondern nimmt auch Bezug auf die im *ars*-Begriff enthaltene Denotation des Handwerks, das die moderne Kunst bei aller Abgrenzung nie ganz aus sich ausgeschlossen hat.⁵⁹ In der *Ästhetischen Theorie* verdeutlicht Adorno den dialektischen Zusammenhang von Materialbeherrschung und Technik:

> Alle künstlerischen Verfahrensweisen, die das Material formen und von ihm sich leiten lassen, rücken retrospektiv unter dem technologischen Aspekt zusammen, auch jene, die

---

52 Valéry, Tanz, Zeichnung und Degas, S. 67.
53 Vgl. auch Juliane Rebentisch, Die Liebe zur Kunst und deren Verkennung. Adornos Modernismus. In: Texte zur Kunst 13, 2003, H. 52, S. 79–85, hier: S. 81.
54 Adorno, Der Artist als Statthalter. GS 11, S. 119.
55 Adorno, Der Artist als Statthalter. GS 11, S. 121.
56 Adorno, Der Artist als Statthalter. GS 11, S. 120 f.
57 Rebentisch, Die Liebe zur Kunst, S. 81.
58 Rebentisch, Die Liebe zur Kunst, S. 80.
59 „[D]er Stamm ihres griechischen Namens ist der gleiche wie der von Technik." Adorno, Minima Moralia. GS 4, S. 258 (Kunstfigur).

von der handwerklichen Praxis mittelalterlicher Güterproduktion noch nicht sich trennten, mit der, aus Widerstand gegen die kapitalistische Integration, Kunst die Verbindung nie gänzlich abbrach. Die Schwelle zwischen Handwerk und Technik an der Kunst ist nicht, wie in der materiellen Produktion, strikte Quantifizierung der Verfahren, unvereinbar mit dem qualitativen Telos; auch nicht die Einführung von Maschinen; vielmehr das Überwiegen freier Verfügung über die Mittel durchs Bewußtsein; im Gegensatz zum Traditionalismus, unter dessen Hülle jene Verfügung heranreifte.[60]

In diesem Sinne versteht Adorno Valérys Einschätzung, nach der angesichts der fortschreitenden Naturbeherrschung und Technisierung eine Kunst, welche die herrschenden gesellschaftlichen, ökonomischen, aber auch künstlerischen Bedingungen nicht reflektiert und moderne Entfremdungsphänomene zugunsten eines künstlerischen Subjektivismus ignoriert, dem Anachronismus verfällt. Denn die Annahme, dass das Kunstwerk sich lediglich der individuellen Idee eines Künstler-Subjekts verdankt, reproduziert „das Problem der subjektiven Verfügungsgewalt über das Objekt auf der Ebene der Produktion"[61]. Valéry verwirft Adorno zufolge daher als einer der ersten radikal die Vorstellung eines Künstler-Genies, das im Sinne der klassisch-romantischen Autonomieästhetik ‚sein' Werk durch Intuition, Idee und Einbildungskraft ganz aus sich alleine hervorbringt:[62]

> Damit rückt Valéry jener unendlich verbreiteten Vorstellung vom Wesen des Kunstwerks zuleibe, die es, nach dem Muster des Privateigentums, dem gutschreibt, der es hervorgebracht hat. Er weiß besser als jeder andere, daß dem Künstler von seinem Gebilde nur das wenigste „gehört"; daß in Wahrheit der künstlerische Produktionsprozeß, und damit auch die Entfaltung der im Kunstwerk beschlossenen Wahrheit, die strenge Gestalt einer von der Sache erzwungenen Gesetzmäßigkeit hat, und daß ihr gegenüber die viel berufene schöpferische Freiheit des Künstlers nicht ins Gewicht fällt.[63]

Valéry entwickelt entgegen der romantisch-idealistischen Vorstellung vom autonomen Künstler-Subjekt dann tatsächlich eine völlig andere Vision:

---

60 Adorno, Ästhetische Theorie. GS 7, S. 316.
61 Rebentisch, Die Liebe zur Kunst, S. 80.
62 Nach Friedrich Kittler hat bereits Friedrich Nietzsche im *Ecce homo* „die Autorfrage ad acta gelegt"; vgl. Friedrich Kittler, Wie man abschafft, wovon man spricht: Der Autor von *Ecce homo*. In: Nietzscheforschung 20, 2013, S. 211–228, hier: S. 226.
63 Adorno, Der Artist als Statthalter. GS 11, S. 122. Vgl. später ganz ähnlich: „[I]hm ist das Werk kein dem Subjekt als Privateigentum Geschenktes sondern ein Forderndes, das ihm Glück verweigert und es zu unbegrenzter Anstrengung anspornt." Adorno, Valérys Abweichungen. GS 11, S. 187.

> Vielleicht wird sich dieser Zustand ändern und man wird eines Tages anstelle des wunderlichen Wesens, das mit so weitgehend vom Zufall abhängigen Werkzeug sich behilft, dereinst einen peinlich in Weiß gekleideten, mit Gummihandschuhen versehenen Herrn in seinem Mal-Laboratorium antreffen, der sich an einen strikten Stundenplan hält, über streng spezialisierte Apparate und ausgesuchte Instrumente verfügt; jedes an seinem Platz, jedes einer bestimmten Verwendung vorbehalten?[64]

Adorno erscheint diese „ironisch vorgetragene ästhetische Utopie" keineswegs abwegig, da sie als Versuch angesehen werden kann, „dem Kunstwerk die Treue zu halten und es zugleich durch Änderung der Verfahrensweisen von der Lüge zu befreien, von der alle Kunst, und die Lyrik zumal, entstellt scheint".[65] Ganz deutlich nimmt Adorno hier noch einmal Bezug auf seinen Satz zu Gedichten nach Auschwitz, indem er betont, dass Kunst angesichts der jüngsten Vergangenheit nicht so tun kann, als ob sie vollkommen unabhängig nur aus sich selbst heraus agieren würde.[66] Stattdessen fordert Adorno mit Blick auf Valéry: „Der Künstler soll sich zum Instrument umschaffen: selbst zum Ding werden, wenn er nicht dem Fluch des Anachronismus inmitten einer verdinglichten Welt verfallen will."[67] Adorno verlangt hier eine selbst-initiierte ‚aktive Verdinglichung', um die vorherrschend-reale Verdinglichung, die sich jedoch in der Regel bewusstlos vollzieht, enthüllen und im Kunstwerk zeigen und kritisieren zu können. Mit Blick auf Charles Baudelaire erläutert Adorno diesen Gedanken in der *Ästhetischen Theorie*:

> Moderne [sic] ist Kunst durch Mimesis ans Verhärtete und Entfremdete; dadurch, nicht durch Verleugnung des Stummen wird sie beredt; daß sie kein Harmloses mehr duldet, entspringt darin. Weder eifert Baudelaire gegen Verdinglichung noch bildet er sie ab; er protestiert gegen sie in der Erfahrung ihrer Archetypen, und das Medium dieser Erfahrung ist die dichterische Form.[68]

Der Künstler soll sich Adorno zufolge den Anforderungen des Artefakts unterordnen und seine erlernten Fähigkeiten, sein künstlerisches Können ausschließlich in den Dienst des Kunstwerks stellen. Diese Sicht korrespondiert mit der Valérys:

---

64 Valéry, Tanz, Zeichnung und Degas, S. 22.
65 Adorno, Der Artist als Statthalter. GS 11, S. 122.
66 Vgl. Adorno, Kulturkritik und Gesellschaft. GS 10.1, S. 30.
67 Adorno, Der Artist als Statthalter. GS 11, S. 122. Dieser Gedanke findet sich anschaulich auch in *Valérys Abweichungen* formuliert: „Der Valérysche Künstler ist ein Bergmann ohne Licht, aber die Schächte und Stollen seines Baus schreiben ihm im Dunkeln seine Bewegung vor [...]." Adorno, Valérys Abweichungen. GS 11, S. 188.
68 Adorno, Ästhetische Theorie. GS 7, S. 39.

> Der Künstler tritt vor und tritt zurück, er neigt sich bald nach dieser, bald nach jener Seite, er blinzelt, er benimmt sich, als sei sein gesamter Körper nur ein Zubehör seiner Augen, er selber vom Scheitel bis zur Sohle ein bloßes Instrument im Dienste des Zielens, Punktierens, Linierens, Präzisierens.[69]

Sowohl Valérys wissenschaftlicher Blick als auch Adornos Forderung nach selbst initiierter Verdinglichung des Künstlers richten sich also gegen jede Form einer „Inthronisierung des Genies"[70]; vielmehr verstehen sie den Künstler als einen „technisch höchst spezialisierten Arbeiter"[71] – allerdings im Sinne des Marx'schen Begriffs gelungener Arbeitsteilung.

Um Valérys Einsatz von Technik und Rationalität im künstlerischen Prozess genauer nachvollziehen zu können, lohnt ein Blick auf sein Urteil über die Entwicklungstendenzen der damals zeitgenössischen Kunst. Nach Adorno sieht Valéry in dieser „ein Zurücktreten der konstruktiven Kräfte, ein Überlassen an die sinnliche Rezeptivität" und damit eine „Schwächung der menschlichen Kräfte, des Gesamtsubjekts, auf das er alle Kunst bezieht"[72]. Valéry verdeutlicht diesen Befund am Beispiel der Literatur:

> Eine *Beschreibung* setzt sich aus Sätzen zusammen, die man, im allgemeinen, miteinander *vertauschen* kann: ich vermag ein Zimmer vermittels einer Reihe von Sätzen zu schildern, deren Aufeinanderfolge beinahe belanglos ist. Der Blick schweift, wie er will. Nichts ist natürlicher und der „Wahrheit" näher als dieses Schweifen, denn ... die „Wahrheit" ist *das vom Zufall Gegebene* ... Aber wenn dieses unverbindliche Ungefähr, samt der daraus sich ergebenden Gewöhnung zur Leichtigkeit, in den Werken vorzuherrschen beginnt, so dürfte es die Schriftsteller schließlich dazu bringen, aller Abstraktion zu entsagen, ebenso wie es den Leser noch der geringsten Verpflichtung zur Aufmerksamkeit entbinden wird, um ihn einzig und allein für *Augenblickswirkungen empfänglich zu machen*, für die *Rhetorik des Schocks* ... Diese Art von Kunstschaffen, die prinzipiell ihr Recht hat und der wir so manche wunderschönen Dinge zu danken haben, führt indessen gleicherweise wie der mit der Landschaft getriebene Mißbrauch *zu einer Schwächung der geistigen Seite der Kunst*. Hier wird nun mehr als einer ausrufen, was schon daran liege! Ich meinerseits glaube, es ist wichtig genug, daß an der Hervorbringung des Kunstwerks der *ganze Mensch* sich beteiligt.[73]

Es geht Valéry – und Adorno – hier keineswegs darum, jegliche Form von Sinnlichkeit aus der Kunst zu verbannen; aber angesichts der Tendenzen zeitgenössischer Kunst, fast ausschließlich auf das Empfindungsvermögen der RezipientInnen, auf Zufall und Schock zu setzen, sieht Valéry die „geistige Seite"

---

69 Valéry, Tanz, Zeichnung und Degas, S. 41.
70 Adorno, Der Artist als Statthalter. GS 11, S. 126.
71 Rebentisch, Die Liebe zur Kunst, S. 81.
72 Adorno, Der Artist als Statthalter. GS 11, S. 123.
73 Valéry, Tanz, Zeichnung und Degas, S. 79. Hervorhebung im Original.

der Kunst bedroht. Darunter versteht er zum einen das formale Beherrschen der künstlerischen Technik, zum anderen aber auch die inhaltliche Fähigkeit zur Abstraktion und Negativität. Es gehe jedoch nicht darum, „*Inhalt* und *Form*" zu synthetisieren, vielmehr müssten sie „als einander ebenbürtige Bedingungen" anerkannt werden.[74] Mit Bezug auf die Gedichtform des Sonetts verdeutlicht Valéry diese Überlegung: „[D]as Sonett verhilft uns zur Entdeckung, daß eine Form als solche ergiebig an *Ideen* sein kann – scheinbar ein Widersinn, in Wahrheit ein tiefes Prinzip."[75] Erst die dialektische Verwiesenheit von „Form" und „Inhalt" kennzeichnet also das gelungene Kunstwerk, zu dessen Hervorbringung es des „ganzen Menschen" mit seinen sowohl „geistigen" wie „sinnlichen" Erkenntnisvermögen bedarf. Seine Bedenken gegenüber einer Schwächung der „geistigen Seite" von Kunst führt Valéry daher an anderer Stelle weiter aus:

> Die moderne Kunst sucht fast ausschließlich die sinnenhafte Seite unseres Empfindungsvermögens auszuwerten auf Kosten der allgemeinen oder *gemüthaften* Sensibilität, auf Kosten auch unserer konstruktiven Kräfte sowie unserer Befähigung, Zeitintervalle zu addieren und mit Hilfe des Geistes Umformungen zu vollziehen. Sie versteht es ausgezeichnet, Aufmerksamkeit zu erregen: Höchstspannungen, Kontraste, Rätsel, Überraschungen. Bisweilen gewinnt sie dank ihrer subtilen Mittel oder der Kühnheit der Ausführung sehr kostbare Beute: höchst verwickelte oder höchst flüchtige Zustände, *irrationale* Werte, eben erst aufkeimende Empfindungen, Resonanzen, *Korrespondenzen*, Ahnungen von ungewisser Tiefe ... Aber diese Gewinne wollen bezahlt sein.[76]

Nach Adorno enthüllt sich an solchen Stellen ganz „der objektive gesellschaftliche Wahrheitsgehalt" von Valérys Werk, da er „die Antithese zu den anthropologischen Veränderungen unter der spätindustriellen, von totalitären Regimes oder Riesenkonzernen gesteuerten Massenkultur" setzt.[77] Denn die ausschließliche Ausrichtung der Kulturindustrie auf sinnlich-eingängige Reize lässt die RezipientInnen verdummen, insbesondere weil ihnen Glück und Freiheit als käufliche und leicht

---

74 Valéry, Tanz, Zeichnung und Degas, S. 64. Hervorhebung im Original. Vermutlich ebenfalls in Anlehnung an Valéry hebt auch Benjamin in seinem einflussreichen Essay *Der Autor als Produzent* die technische Seite der Kunstproduktion hervor: „Mit dem Begriff der Technik habe ich denjenigen Begriff genannt, der die literarischen Produkte einer unmittelbaren gesellschaftlichen, damit einer materialistischen Analyse zugänglich macht. Zugleich stellt der Begriff der Technik den dialektischen Ansatzpunkt dar, von dem aus der unfruchtbare Gegensatz von Form und Inhalt zu überwinden ist. Und weiterhin enthält dieser Begriff der Technik die Anweisung zur richtigen Bestimmung des Verhältnisses von Tendenz und Qualität, nach welchem wir am Anfang gefragt haben." Benjamin, Der Autor als Produzent. GS II.2, S. 686.
75 Valéry, Tanz, Zeichnung und Degas, S. 64. Hervorhebung im Original.
76 Valéry, Tanz, Zeichnung und Degas, S. 80. Hervorhebung im Original.
77 Adorno, Der Artist als Statthalter. GS 11, S. 124.

zugängliche Waren angepriesen werden. Daraus resultiert Adorno zufolge ein Absterben der konstruktiven Fähigkeiten des Menschen, der sich daraufhin mit den gesellschaftlichen, ökonomischen und kulturindustriellen Gegebenheiten um so leichter abfindet.[78] Adornos Betonung der konstruktiven Seite von Kunst ist also entgegen gängiger Forschungsmeinungen auch rezeptionsästhetisch gedacht;[79] denn es geht ihm vorrangig darum, den Betrachter und die Betrachterin von Kunst wieder in den Status eines Subjekts zu versetzen, das in der Rezeption alle seine Fähigkeiten aktiv zu beanspruchen weiß:

> Die Kunst, die er [Valéry, P.G.] den Menschen, wie sie sind, entgegenhält, meint Treue zu dem möglichen Bilde vom Menschen. Das Kunstwerk, welches das äußerste von der eigenen Logik und der eigenen Stimmigkeit wie von der Konzentration des Aufnehmenden verlangt, ist ihm Gleichnis des seiner selbst mächtigen und bewußten Subjekts, dessen, der nicht kapituliert.[80]

Deutlich wird hier, wie eng Adorno Negativität, Konstruktion und Subjektivität zusammendenkt.[81] Nur indem Kunst auf eingängige Sinnlichkeit verzichtet, sie negiert, und stattdessen die konstruktive Seite betont, vermag sie Subjektivität negativ zu erhalten. Denn Valérys Kunst steht Adorno zufolge für das ein, „was wir einmal sein könnten. Sich nicht verdummen, sich nicht einlullen lassen, nicht mitlaufen: das sind die sozialen Verhaltensweisen, die im Werk Valérys sich niedergeschlagen haben."[82] Dem entspricht Adornos Kritik am ästhetischen Idealismus, der das Subjekt als alleinige Voraussetzung und Grund des Kunstwerks denkt; bei Adorno ist das Subjekt zwar auch ein „konstitutives Moment der Kunst"[83], jedoch keineswegs ihr allein begründender Ausgangspunkt.

Der Hinweis auf das, „was wir einmal sein könnten", zeigt den Fluchtpunkt von Adornos Überlegungen an. Nach ihm muss die zeitgenössische Kunst mehr auf Technik und Konstruktion setzen, wenn Subjekt-Fähigkeiten erhalten bleiben sollen. Ähnlich interpretiert Peter V. Zima Adornos Valéry-Essay: „Nur wenn es gelingt, jenseits des Kommunikationsbetriebs Formen hervorzubringen, die den

---

78 Vgl. zu den Mechanismen der Kulturindustrie ausführlich Kapitel VI.2. dieser Arbeit.
79 Vgl. exemplarisch Christoph Menkes ansonsten sehr instruktiven Wörterbucheintrag zum ästhetischen Subjekt, in dem er aber davon ausgeht, dass Adornos gesamte Ästhetik im Wesentlichen „ein Modell der Herstellung" sei; Christoph Menke, Subjektivität. In: Ästhetische Grundbegriffe 5, hg. v. Karlheinz Barck u. a., Stuttgart 2003, S. 734–786, hier: S. 781.
80 Adorno, Der Artist als Statthalter. GS 11, S. 124 f.
81 Vgl. Peter V. Zima, Diskurse der Negativität. Von Mallarmé und Valéry zu Adorno und Lyotard. Konstruktion und Krise des Subjekts zwischen Moderne und Postmoderne. In: Arcadia 33, 1998, H. 2, S. 285–311, hier: S. 300.
82 Adorno, Der Artist als Statthalter. GS 11, S. 125.
83 Menke, Subjektivität, S. 780.

Leser zum kritischen Nachdenken anstacheln, kann noch von Subjektivität die Rede sein."[84] Es geht Adorno in seinen Überlegungen zu Valéry also gerade nicht um die Abschaffung von Subjektivität, sondern letztlich um ihre Rettung: „Das, was er vom Künstler verlangt, die technische Selbsteinschränkung, die Unterwerfung unter die Sache, gilt nicht der Einschränkung, sondern der Erweiterung."[85] Gelingen kann diese jedoch nur, wenn der Künstler von seiner eigenen Persönlichkeit abstrahiert. Der Künstler muss also auf seinen unmittelbaren Ausdruck verzichten, da er nur durch „Selbstbeschränkung seiner Individualität" etwas zu kreieren vermag, „das seine empirische Subjektivität transzendiert und gerade dadurch der Idee einer versöhnten Subjektivität die Treue hält".[86] In diesem Sinne versteht Adorno auch den titelgebenden Begriff des Artisten, der ebenfalls an die handwerkliche Denotation des *ars*-Begriffs erinnert. ArtistInnen stellen nach Adorno eine „Beziehung auf möglichen Gebrauch"[87] ihrer Werke her; zugleich ordnen sie sich ganz den Anforderungen der Sache unter, damit das Kunststück – beispielsweise während einer Zirkusnummer – gelingt. In der *Ästhetischen Theorie* betont Adorno dann die enge Verbindung von Artistik und gelungener Kunst, die in der absoluten Formimmanenz beider besteht:

> Von Beethoven wäre darauf zu extrapolieren, daß ihrer technischen Praxis nach alle authentischen Gebilde tours de force sind: manche Künstler der spätbürgerlichen Ära, Ravel, Valéry, haben das als ihre eigene Aufgabe erkannt. So kommt der Begriff des Artisten nach Hause. Das Kunststück ist keine Vorform von Kunst und keine Aberration oder Entartung sondern ihr Geheimnis, das sie verschweigt, um es am Ende preiszugeben. Thomas Manns provokatorischer Satz von der Kunst als höherem Jux spielte darauf an. Technologische wie ästhetische Analyse werden fruchtbar daran, daß sie des tour de force an den Werken innewerden. Auf dem obersten Formniveau wiederholt sich der verachtete Zirkusakt: die Schwerkraft besiegen; und die offene Absurdität des Zirkus: wozu all die Anstrengung, ist eigentlich schon der ästhetische Rätselcharakter.[88]

---

84 Zima, Diskurse der Negativität, S. 299. Später radikalisiert Zima diese Überlegung noch: „In Valérys Dichtung meint Adorno, die kompromißlose Negation eines Kommunikationssystems zu erkennen, das die Subjektivität aushöhlt, indem es die Sinne manipuliert. [...] Das autonome Werk als Negation und hermetische Form stellt sich ihm als die letzte Garantie einer autonomen Subjektivität dar, die sich weigert, vor den großen kapitalistischen Trusts, welche die Medien verwalten, die Waffen zu strecken." Peter V. Zima, Ästhetische Negation. Das Subjekt, das Schöne und das Erhabene von Mallarmé und Valéry zu Adorno und Lyotard, Würzburg 2005, S. 104.
85 Adorno, Der Artist als Statthalter. GS 11, S. 126.
86 Rebentisch, Die Liebe zur Kunst, S. 81.
87 Adorno, Valéry Proust Museum. GS 10.1, S. 187. In diesem Zusammenhang nennt Adorno Valéry auch einen „Handwerker".
88 Adorno, Ästhetische Theorie. GS 7, S. 276f.

Für Adorno ist der Artist Valéry jedoch „nicht der je Einzelne, der es [das Kunstwerk, P.G.] hervorbringt, sondern durch seine Arbeit, durch passive Aktivität wird er zum Statthalter des gesellschaftlichen Gesamtsubjekts"[89]. Hier taucht erstmals die eigentümliche Konstruktion der „passiven Aktivität" auf.[90] Passiv ist der Künstler durch sein Anschmiegen an Technik und Konstruktion und dadurch, dass er gemäß der Formel vom „Vorrang des Objekts" seine eigene Subjektivität den Anforderungen des Materials und der Sache unterordnet; aktiv bleibt er, indem er wie Degas seine künstlerischen Fertigkeiten immer weiter spezialisiert und der Notwendigkeit der „Arbeit" am Kunstwerk nicht entsagt.[91] Rebentisch bestimmt das Verhältnis von Subjekt und Objekt im Kunstwerk im Anschluss daran folgendermaßen:

> Allein durch eine in der Produktion gelungene Vermittlung von Subjekt und Objekt bewahrt sich nach Adornos Konzeption im Kunstwerk nämlich die utopische Idee einer überindividuell wahren, das heißt von Herrschaftsansprüchen ebenso wie von Selbstunterwerfung befreiten Subjektivität.[92]

Gleiches gilt auch für die Rezeption von Kunst: Denn wer gemäß der Konstruktion der aktiven Passivität das Kunstwerk selbst als Ausgangspunkt nimmt und sich ihm ohne eigene Vorannahmen nähert, vermag in angestrengter Aufmerksamkeit die Konstruktion und Form des Kunstwerks nachzuvollziehen. Voraussetzung dafür ist jedoch, dass die RezipientInnen ihre konstruktiven Fähigkeiten einsetzen, also jene Subjekt-Fähigkeiten, die den Menschen als Gattungswesen auszeichnen.

Wenn Adorno also vom „gesellschaftlichen Gesamtsubjekt" oder vom „gesamtgesellschaftlichen Subjekt" spricht,[93] hat er die anthropologische Konzeption des Menschen als (wiederhergestelltes) Gattungswesen im Marx'schen Sinne vor Augen. Das „gesellschaftliche Gesamtsubjekt" wäre eines, „welches die gesamte Menschheit einschlösse und *allen* Individuen ein glückliches Leben gewährte"[94]. Da die Empirie von einer Realisierung dessen weit entfernt ist, muss gerade die Kunst „als Modell möglicher Praxis, in der etwas wie ein Gesamtsubjekt sich kon-

---

[89] Adorno, Der Artist als Statthalter. GS 11, S. 126.
[90] Adorno verwendet die Termini ‚passive Aktivität' und ‚aktive Passivität' hier noch synonym.
[91] In *Valérys Abweichungen* expliziert Adorno dieses Bedingungsverhältnis genauer: „[J]e gründlicher das Gebilde vom Subjekt sich ablöst, desto mehr hat das Subjekt darin vollbracht." Adorno, Valérys Abweichungen. GS 11, S. 186.
[92] Rebentisch, Die Liebe zur Kunst, S. 81.
[93] Auch hier verwendet Adorno beide Bezeichnungen synonym; vgl. Adorno, Der Artist als Statthalter. GS 11, S. 126.
[94] Duckheim, Glück aus philosophischer Perspektive, S. 11.

stituiert, in die Gesellschaft zurück[wirken]"[95]. Adorno betont diesen Gedanken mit Nachdruck: „So wenig es in der Kunst auf die Wirkung, so sehr es auf ihre eigene Gestalt ankommt: ihre eigene Gestalt wirkt gleichwohl."[96] Anders als in der idealistischen Ästhetik ist die Utopie vom „gesellschaftlichen Gesamtsubjekt" in der zeitgenössischen Kunst jedoch nur durch absolute Formimmanenz, Konstruktion und Negativität ansatzweise vorstellbar:[97]

> In solcher Stellvertretung des gesamtgesellschaftlichen Subjekts aber, eben jenes ganzen, ungeteilten Menschen, an den Valérys Idee vom Schönen appelliert, ist zugleich ein Zustand mitgedacht, der das Schicksal der blinden Vereinzelung tilgt, in dem endlich das Gesamtsubjekt gesellschaftlich sich verwirklicht. Die Kunst, die in der Konsequenz von Valérys Konzeption zu sich selbst kommt, würde Kunst selber übersteigen und sich erfüllen im richtigen Leben der Menschen.[98]

Diese Konstruktion duldet keine Kompromisse: „Sein Gesamtwerk ist ein einziger Protest gegen die tödliche Versuchung, es sich zu leicht zu machen, indem man dem ganzen Glück und der ganzen Wahrheit entsagt. Lieber am Unmöglichen zugrunde gehen."[99] Adorno weist zwar darauf hin, dass sich die Kunst, der Valéry nachhängt, „kaum realisieren" lässt, aber „sie verkörpert die Resistenz gegen den unsäglichen Druck, den das bloß Seiende übers Menschliche ausübt".[100] Und genau darum muss es nach Adorno in der Kunst nach Auschwitz gehen: Sie darf sich nicht an das ‚falsche Glück' verkaufen – wie dies in der Kulturindustrie und Adorno zufolge auch in der engagierten und reinen Kunst geschieht –, sondern muss den gesellschaftlichen Widersprüchen und vorschnellen Glücks -und Versöhnungsversprechen standhalten. Denn die Resistenz, die Valéry hier dem bloß Seienden um des „ganzen Glücks" willen entgegenhält, ist genau jene „passive Aktivität", die Adorno am Ende des Essays so vehement einfordert, und die allein die Voraussetzung dafür bildet, dass der Artist „Statthalter des gesellschaftlichen Gesamtsubjekts" werden kann.[101] Die Ausgangsfrage des Essays nach den Möglichkeiten von gelungener Kunst nach Auschwitz führt also die Überlegung, inwieweit Kunst Glück aufscheinen lassen kann, beständig mit. Kunst muss eine Utopie

---

95 Adorno, Ästhetische Theorie. GS 7, S. 359.
96 Adorno, Ästhetische Theorie. GS 7, S. 359.
97 Vgl. auch Zima, Diskurse der Negativität, S. 304: „Durch ihre Form und ihre Negativität definieren sich Kunstwerke als das Andere der Gesellschaft und wahren dadurch nicht nur ihre eigene Autonomie, sondern auch die Autonomie der rezipierenden, ihrer ‚selbst mächtigen und bewußten Subjekte'".
98 Adorno, Der Artist als Statthalter. GS 11, S. 126.
99 Adorno, Der Artist als Statthalter. GS 11, S. 125.
100 Adorno, Der Artist als Statthalter. GS 11, S. 125.
101 Adorno, Der Artist als Statthalter. GS 11, S. 126.

formulieren können, die – wie hier emphatisch formuliert – sogar „Kunst selber übersteigen"[102] würde – dies kann ihr nur durch aktive Passivität gelingen.

2 Rettung der unnützen Dinge – Franz Kafka

Der problematische gewordene Status des Subjekts beschäftigt Adorno auch in seinem 1953 publizierten Essay *Aufzeichnungen zu Kafka*, in dem er diskutiert, wie Kafkas Prosa zwei unterschiedliche Fehlverläufe von Subjektivität in der Moderne verhandelt. Zum einen zeigen seine Erzählungen nach Adorno, was passiert, wenn die Person „aus einem Substantiellen zum bloßen Organisationsprinzip somatischer Impulse"[103] wird. Dabei ist der Zusammenhang von Beseeltem (Geist/Verstand) und Nicht-Beseeltem (Natur), der das Substantielle des Menschen ausmacht, außer Kraft gesetzt; stattdessen wird der Einzelne, wie beispielsweise im Fordismus oder im Ersten Weltkrieg – wenn auch in sehr unterschiedliche Weise – zu bloßem Menschenmaterial degradiert. Adorno sieht in Kafkas Texten gleichsam Valérys Vision vom Verfall der konstruktiven Fähigkeiten des Menschen radikalisiert, denn bei jenem ist „die Geltung des Beseelten ausgeschaltet; ja Kafka hat eigentlich von Anbeginn kaum Notiz davon genommen"[104]. Dementsprechend findet in seinen Texten keine moralische Verurteilung dieser Entwicklung statt, sondern sie wird gerade ausgestellt: „[A]us dem Kehricht der Realität" schafft Kafka seine Kunst, denn „die Wunden, welche die Gesellschaft dem Einzelnen einbrennt, werden von diesem als Chiffren der gesellschaftlichen Unwahrheit, als Negativ der Wahrheit gelesen. Seine Gewalt ist eine des Abbaus"[105]. Folglich versucht Kafka gar nicht erst seine Figuren mit Subjektfähigkeiten auszustatten, sondern dringt „auf das Stoffliche, bloß Daseiende durch, das im ungeminderten Sturz des nachgebenden, aller Selbstbehauptung sich entäußernden Bewußtseins auf dem subjektiven Grunde sich darbietet"[106]. Indem Kafka seine Figuren auf bloß somatische Impulse reduziert, spricht er ihnen die oben genannten Eigenschaften ab, die den Menschen als Gattungswesen ausmachen: „Die Flucht durch den Menschen hindurch ins Nichtmenschliche – das ist Kafkas epische Bahn."[107] Wie Judith Butler treffend bemerkt, geht es Adorno hier nicht um die Glorifizierung des

---

102 Adorno, Der Artist als Statthalter. GS 11, S. 126.
103 Adorno, Aufzeichnungen zu Kafka. GS 10.1, S. 262.
104 Adorno, Aufzeichnungen zu Kafka. GS 10.1, S. 262.
105 Adorno, Aufzeichnungen zu Kafka. GS 10.1, S. 262.
106 Adorno, Aufzeichnungen zu Kafka. GS 10.1, S. 262.
107 Adorno, Aufzeichnungen zu Kafka. GS 10.1, S. 262.

Inhumanen, sondern um die Kritik an der Vorstellung eines seiner selbst mächtigen Subjekts, das angesichts der gesellschaftlichen Ordnung eine Illusion ist:

> Adorno shows that in Kafka the inhuman becomes a way to survive the current organization of "human" society, an animated living on of what has largely been devasted; in this sense, „the inhuman" facilitates an immanent critique of the human and becomes the trace or ruin through which the human lives on (*fortleben*).[108]

Zum anderen zielt nach Adorno Kafkas künstlerische Anstrengung darauf zu zeigen, was passiert, wenn das Individuum nur noch um sich selbst kreist und sich dadurch „im absolut subjektiven Raum und in absolut subjektiver Zeit"[109] zu befinden meint. Indem das Subjekt sich nur auf sich selbst bezieht und nichts außer dem eigenen Ich wahrnimmt, büßt es erst recht alle Subjektfähigkeiten ein. Denn nur in der Entäußerung an andere Subjekte und Objekte – beispielsweise in gegenseitiger Anerkennung oder in der Arbeit – können sich Subjektfähigkeiten Adorno zufolge überhaupt erst entfalten. Kafka begegnet jener „vollendet entfremdeten Subjektivität"[110] mit Hermetik, bewussten Störungen in der Erzählung und künstlerischer Verfremdung, welche als literarische Textstrategien „die objektive Entfremdung sichtbar zu machen"[111] erlauben:

> Das Differenzlose der autarken Subjektivität verstärkt das Gefühl der Ungewißheit und die Monotonie des Wiederholungszwangs. Der widerstandslos in sich kreisenden Innerlichkeit wird versagt und zum Rätsel, was immer der schlecht unendlichen Bewegung Einhalt geböte. Ein Bann liegt über Kafkas Raum; das in sich verschlossene Subjekt hält den Atem an, als dürfe es nichts anfassen, was nicht ist wie es. Unter diesem Bann schlägt reine Subjektivität in Mythologie, der konsequente Spiritualismus in Naturverfallenheit um.[112]

---

[108] Judith Butler, Giving an account of oneself, New York 2005, S. 105f. Hervorhebung im Original. Das englische „inhuman" bezeichnet sowohl das ‚Nichtmenschliche', das bei Adorno für das Dinghafte und Inkommensurable steht, das von der kapitalistischen Subsumsionslogik (noch) nicht endgültig erfasst wurde und daher ein Gegengewicht zu dieser und zum ‚Menschlichen' bilden kann, als auch das ‚Unmenschliche', das Adorno zufolge jedoch unbedingt der „konkreten Denunziation" bedarf; vgl. Adorno, Probleme der Moralphilosophie. NL 4, Bd. 10, S. 261. Wenn Butler also weiter schreibt, „the ‚inhuman' is not the opposite of the human but an essential means by which we become human in and through the destitution of our humaness" (S. 106), so hat sie dabei jene Bedeutungsebene des ‚Nichtmenschlichen' im Sinne und nicht – wie die deutsche Übersetzung fälschlicherweise nahelegt –, das ‚Unmenschliche'; vgl. Judith Butler, Kritik der ethischen Gewalt, Frankfurt am Main 2007, S. 142.
[109] Adorno, Aufzeichnungen zu Kafka. GS 10.1, S. 275.
[110] Adorno, Aufzeichnungen zu Kafka. GS 10.1, S. 274.
[111] Adorno, Aufzeichnungen zu Kafka. GS 10.1, S. 284.
[112] Adorno, Aufzeichnungen zu Kafka. GS 10.1, S. 275.

Diese Form der Subjektivität, die nichts außer sich selbst kennt und alles Äußerliche für unwesentlich hält, gleicht dem Zwangs- und Schicksalszusammenhang des Mythos: „Die absolute Subjektivität ist zugleich subjektlos."[113] Denn indem Kafkas Figuren nur noch um sich selbst kreisen, werden sie zu dem, wogegen sie sich eigentlich aufzulehnen versuchen – zu bloßen Objekten: „Das Subjekt lebt einzig in der Entäußerung; als sicherer Rest des Subjekts, der vorm Fremden sich verkapselt, wird er zum blinden Rest der Welt."[114] Dieser absoluten Subjektivität, die nach Adorno moderne kapitalistische Gesellschaften kennzeichnet, begegnet Kafka, indem sich seine Figuren im Zuge der absoluten Subjektivierung immer mehr der ausgeschlossenen Dingwelt anähnlen. Er zwingt „die reine Subjektivität, als notwendig auch sich selber entfremdete und zum Ding gewordene, zu einer Gegenständlichkeit, der die eigene Entfremdung zum Ausdruck gerät. Die Grenze zwischen dem Menschlichen und der Dingwelt verwischt sich."[115] Das Besondere an Kafkas Texten ist für Adorno gerade dieses Changieren zwischen der Reduzierung des Subjekts auf bloß somatische Impulse einerseits und absoluter Subjektivität andererseits: „Genau dies gleichsam äußerliche Bestimmtsein inwendiger Figuren verleiht Kafkas Prosa den abgründigen Schein nüchterner Objektivität."[116]

Wie reagiert nach Adorno Kafka also auf die beiden Fehlverläufe von Subjektivität in der künstlerischen Darstellung? Kafkas Texte kritisieren weder die konkreten gesellschaftlichen Bedingungen, wie beispielsweise die engagierte Kunst, noch negieren sie den Bezug zur Wirklichkeit, wie etwa die poésie pure. Anstelle einer unterwürfigen Haltung dem Dasein gegenüber hat Kafka nach Adorno stattdessen „die erprobteste Verhaltensweise wider den Mythos empfohlen, die List"[117]. Seine Texte widerstehen dem Mythos gerade nicht in Form offenen Widerstands; im Gegenteil, „ganz unscheinbar, klein, zum wehrlosen Opfer sich machen"[118], das ist die Devise seiner Erzählungen: „Wie vor Jahrtausenden wird von Kafka Rettung gesucht bei der Einverleibung der Kraft des Gegners."[119] Nach Adorno entlarvt gerade diese Form listiger „Gewaltlosigkeit" die übermächtige reale Gewalt: „[D]em eigenen Spiegelbild soll der Mythos erliegen."[120] Gewaltlosigkeit meint hier zum

---

113 Adorno, Aufzeichnungen zu Kafka. GS 10.1, S. 275.
114 Adorno, Aufzeichnungen zu Kafka. GS 10.1, S. 275.
115 Adorno, Aufzeichnungen zu Kafka. GS 10.1, S. 276.
116 Adorno, Aufzeichnungen zu Kafka. GS 10.1, S. 276.
117 Adorno, Aufzeichnungen zu Kafka. GS 10.1, S. 284.
118 Adorno, Aufzeichnungen zu Kafka. GS 10.1, S. 285.
119 Adorno, Aufzeichnungen zu Kafka. GS 10.1, S. 285.
120 Adorno, Aufzeichnungen zu Kafka. GS 10.1, S. 285. In einem Aphorismus aus den *Minima Moralia* verbindet Adorno angeregt durch das Lied *Zwischen Berg und tiefem, tiefem Tal* jenes Verhalten des Sich-Ergebens mit seiner Vorstellung von Glück: „Man sollte es den beiden Hasen gleichtun; wenn der Schuß fällt, närrisch für tot hinfallen, sich sammeln und besinnen,

einen auf der Darstellungsebene die Ergebenheit mancher der Figuren Kafkas, die ihr Schicksal demütig oder auch teilnahmslos annehmen;[121] zum anderen beschreibt Adorno damit auch die Verhaltensweise der Kafka'schen Kunstwerke selbst, die sich gerade durch ihre Gewaltlosigkeit von der Alltagspraxis unterscheiden. In der *Ästhetischen Theorie* erläutert Adorno diesen Gedanken genauer:

> Gewalt ist ihr [der Praxis, P.G.] immanent und erhält sich in ihren Sublimierungen, während Kunstwerke, noch die aggressivsten, für Gewaltlosigkeit stehen. Sie setzen ihr Memento wider jenen Inbegriff des praktischen Betriebs und des praktischen Menschen, hinter dem der barbarische Appetit der Gattung sich verbirgt, die so lange noch nicht Menschheit ist, wie sie von ihm sich beherrschen läßt und mit Herrschaft sich fusioniert.[122]

Formulierungen wie die von der „Gewaltlosigkeit" oder dem erliegenden Mythos dürfen also nicht darüber hinwegtäuschen, dass Adorno Kafka wesentlich als Autor der Aufklärung betrachtet, der die gesellschaftlichen Machtstrukturen als vom Menschen gemachte und nicht als Resultat mythischer Schicksalszusammenhänge begreift. Kafka führt jedoch die „Risse und Deformationen der Moderne" mit den durch den Mythos verursachten bewusst zusammen:

> Das geschichtliche Verdikt ergeht von der vermummten Herrschaft. So bildet es sich dem Mythos ein, der blinden, endlos sich reproduzierenden Gewalt. In deren neuester Phase, der bürokratischen Kontrolle, erkennt er [Kafka, P.G.] die erste wieder; was sie ausscheidet, als urgeschichtlich. Risse und Deformationen der Moderne sind ihm Spuren der Steinzeit, die Kreidefiguren auf der Schultafel von gestern, die keiner wegwischte, die wahre Höhlenzeichnung.[123]

Auch wenn die Mächte in Kafkas Texten wie mythische erscheinen, ist nach Adorno sein „Entzauberungsschlag das ‚So ist es'", denn „er berichtet, wie es

---

und wenn man noch Atem hat, von dannen laufen. Die Kraft zur Angst und die zum Glück sind das gleiche, das schrankenlose, bis zur Selbstpreisgabe gesteigerte Aufgeschlossensein für Erfahrung, in der der Erliegende sich wiederfindet. Was wäre Glück, das sich nicht mäße an der unmeßbaren Trauer dessen was ist? [...] Die List der ohnmächtigen Hasen erlöst mit ihnen selbst den Jäger, dem sie seine Schuld stibitzt." Adorno, Minima Moralia. GS 4, S. 228 (Regressionen). Die Anerkennung der realen Verhältnisse, die Glück verneinen, ist hier die Bedingung, um an der Möglichkeit von Glück festzuhalten. Diese gewaltlose Anerkennung ist dann sogar die Voraussetzung dafür, den Aggressor selbst zu „erlösen".
121 Anders argumentiert Joseph Vogl, nach dem der Topos der Gewalt die Kafka'schen Texte, „in unterschiedlichen Wendungen, als plötzlicher Einbruch und endlos fortdauernder Schmerz, als Ursprung und Vollzug des Gesetzes, als theatralischer Akt, als heimliche Sprache des Körpers und als komplexe soziale Konstellation" durchdringt; Joseph Vogl, Ort der Gewalt. Kafkas literarische Ehtik, München 1990, hier: S. 1f.
122 Adorno, Ästhetische Theorie. GS 7, S. 359.
123 Adorno, Aufzeichnungen zu Kafka. GS 10.1, S. 273.

eigentlich zugeht".[124] Insofern meint Adornos Rede vom Mythos die sich ständig reproduzierende Gewalt, die von der Gesellschaft ausgeht und bloß als mythische erscheint.[125]

Durch Mimikry passen sich Kafkas Figuren nach Adorno an diese Gewalt an; darin besteht ihre List.[126] Im Sinne des Kulturanthropologen Roger Callois, der unter Mimikry die Anpassung von Tieren an die sie umgebende Natur zu ihrem Selbstschutz versteht,[127] schmiegen sich auch Kafkas Figuren an die sie bedrohende Gewalt an, um ihr zu entgehen. Dass Adorno zufolge Kafkas Erzählungen an „das heilsame Eingedenken in die Tierähnlichkeit"[128] mahnen, meint in diesem Kontext gerade auch die Fähigkeit der Kafka'schen Figuren, sich wie Tiere an die sie umgebende Umwelt anzupassen, um zu überleben. Gleich den Figuren Kafkas müssen nach Adorno auch die Kunstwerke der Moderne „sich mimetisch der Verdinglichung, ihrem Todesprinzip"[129] überlassen. Das bedeutet, dass moderne Kunstwerke – gerade um einen Anspruch auf Lebendigkeit aufrecht zu erhalten – alles, was an die menschliche (innere) Natur erinnert, notwendig aus sich ausscheiden müssen, denn ohne die „Negation des Lebendigen, wäre der Einspruch der Kunst gegen die zivilisatorische Unterdrückung tröstlich-hilflos"[130]. Diese Eliminierung des Naturhaften gelingt nur in der absoluten Mimesis an Verdinglichung, dem Prinzip also, das die Realität selbst vorgibt. Das hat auch mit der Stellung der Kunst innerhalb dieser zu tun:

> Während sie der Gesellschaft opponiert, vermag sie doch keinen ihr jenseitigen Standpunkt zu beziehen; Opposition gelingt ihr einzig durch Identifikation mit dem, wogegen sie aufbegehrt. [...] Wollte Kunst unmittelbar Einspruch erheben gegen das lückenlose Netz, so verfinge sie sich erst recht: darum muß sie, wie es exemplarisch in Becketts Endspiel geschieht, die Natur, der sie gilt, aus sich eliminieren oder sie angreifen.[131]

---

124 Adorno, Aufzeichnungen zu Kafka. GS 10.1, S. 280.
125 Vgl. auch Kapitel I.2. dieser Arbeit zum Fetischcharakter der Ware. So wie nach Marx in kapitalistischen Systemen im Tauschakt der gesellschaftliche Charakter der Ware verschwindet und „die phantasmagorische Form eines Verhältnisses von Dingen" (Marx, Das Kapital. MEW 23, S. 86) annimmt, so erscheinen die ökonomischen und gesellschaftlichen Machtstrukturen nach Adorno bei Kafka auf den ersten Blick als schicksalhaft und mythisch, die aber von ihm auf den zweiten Blick als gesellschaftlich produzierte entschlüsselt werden.
126 Vgl. Adorno, Aufzeichnungen zu Kafka. GS 10.1, S. 285.
127 Vgl. auch Kleine, Ob es überhaupt noch möglich ist, S. 80, der Adornos Mimesis-Begriff in der *Dialektik der Aufklärung* ebenfalls auf Roger Callois und Sigmund Freud zurückführt.
128 Adorno, Aufzeichnungen zu Kafka. GS 10.1, S. 285.
129 Adorno, Ästhetische Theorie. GS 7, S. 201.
130 Adorno, Ästhetische Theorie. GS 7, S. 201.
131 Adorno, Ästhetische Theorie. GS 7, S. 201.

Dies liegt auch darin begründet, dass Kunstwerke selbst durch ihre Verfahrensweisen und ihr Material der Dingwelt entstammen. Wie in seinem Valéry-Essay betont Adorno daher auch mit Blick auf Kafka, dass nur ein *Mehr* an Verdinglichung in der künstlerischen Darstellung die reale Verdinglichung verdeutlichen kann: „Der Bann von Verdinglichung soll gebrochen werden, indem das Subjekt sich selbst verdinglicht. Was ihm widerfährt, soll es vollziehen."[132] Indem Kafka seine Figuren als durch und durch verdinglicht darstellt, wird die Verdinglichung, die die Welt ohnehin beherrscht, noch überboten und damit enthüllt.[133]

Wenn Adorno also Kafkas Anstrengung als „stummes Schlachtgeschrei gegen den Mythos"[134] bezeichnet, so lässt sich darin die Verfahrensweise der aktiven Passivität erkennen. Aktiv ist sie, da Kafka jede kontemplative Haltung seinen Texten gegenüber durch deren „aggressive physische Nähe"[135] von vornherein unterbindet, den und die LeserIn aber zugleich „gerade zur hoffnungslosen Anstrengung"[136] auffordert, sich seiner Literatur gleichwohl zuzuwenden.[137] Auch versteht Adorno Kafka keineswegs als einen resignierten Autor, sondern vielmehr als „Aufklärer", der durch seine Prosa versucht, „den Mythos [...] zu rektifizieren, den Prozeß gegen ihn gleichwie vor einer Revisionskammer nochmals anzustrengen".[138] Seine Texte sind in Adornos Interpretation also kein Ausdruck von Resignation, sondern ‚ringen' in permanentem Schmerz und immer neuer Anklage mit dem Mythos.

---

132 Adorno, Aufzeichnungen zu Kafka. GS 10.1, S. 285.
133 Vgl. Adorno, Aufzeichnungen zu Kafka. GS 10.1, S. 286. In der *Ästhetischen Theorie* variiert Adorno jenen Gedanken: „Verdinglichtes Bewußtsein, das die Unausweichlichkeit und Unabänderlichkeit des Seienden voraussetzt und bestätigt, ist als Erbe des alten Banns die neue Gestalt des Mythos des Immergleichen. Kafkas epischer Stil ist, in seinem Archaismus, Mimesis an die Verdinglichung. Während sein Werk den Mythos zu transzendieren sich versagen muß, macht es in ihm den Verblendungszusammenhang der Gesellschaft kenntlich durch das Wie, die Sprache;" Adorno, Ästhetische Theorie. GS 7, S. 343.
134 Adorno, Aufzeichnungen zu Kafka. GS 10.1, S. 278.
135 Adorno, Aufzeichnungen zu Kafka. GS 10.1, S. 256.
136 Adorno, Aufzeichnungen zu Kafka. GS 10.1, S. 265.
137 Eine ganz ähnliche Formulierung findet sich auch im Essay *Standort des Erzählers im zeitgenössischen Roman*: „Durch Schocks zerschlägt er [Kafka, P.G.] dem Leser die kontemplative Geborgenheit vorm Gelesenen. Seine Romane, wenn anders sie unter den Begriff überhaupt noch fallen, sind die vorwegnehmende Antwort auf eine Verfassung der Welt, in der die kontemplative Haltung zum blutigen Hohn ward, weil die permanente Drohung der Katastrophe keinem Menschen mehr das unbeteiligte Zuschauen und nicht einmal dessen ästhetisches Nachbild mehr erlaubt"; Adorno, Standort des Erzählers im zeitgenössischen Roman. GS 11, S. 46.
138 Adorno, Aufzeichnungen zu Kafka. GS 10.1, S. 283.

Aber nur das passivische Moment von Kafkas „stumme[m] Schlachtgeschrei", nämlich Mimikry an die Gewalt, vermag das Leiden an den übermächtig erscheinenden Verhältnissen zu enthüllen. Zugleich eröffnet diese Passivität einen Ausblick auf Versöhnung: „Kafkas Humor wünscht die Versöhnung des Mythos durch eine Art von Mimikry."[139] Unter Mythos versteht Adorno hier zum einen eine mythologische Vorwelt, in der die Götter- und Naturgewalten den Menschen beherrschten und unterdrückende und unterdrückte Natur identisch waren.[140] Indem die gesellschaftlichen Kräfte in Kafkas Erzählungen jenen mythischen Gewalten gleichen, kann die Mimikry an sie aber nicht nur ihr Gewaltpotential entlarven, sondern dem vorweltlichen Mythos insofern Gerechtigkeit widerfahren lassen, als dieser von den gesellschaftlichen Kräften unterschieden werden kann.

Zum anderen verbindet Adorno mit dem Mythos immer auch den Gedanken an die Naturhaftigkeit (und Leibgebundenheit) der Menschen, die diese im Zuge der technischen Rationalisierung sukzessive zu leugnen versuchten. Indem viele Figuren Kafkas zu Tieren werden, eine Tierähnlichkeit aufweisen oder einmal Tiere gewesen sind, wird der bürgerliche Mythos des sich selbst absolut setzenden Subjekts, das an keine naturhaften Voraussetzungen mehr gebunden sei, infrage gestellt und zugleich das Naturhafte der menschlichen Existenz betont.[141] Besonders deutlich wird dies in der Erzählung *Ein Bericht für eine Akademie*, in welcher der in einem Käfig gefangen gehaltene Affe Rotpeter beginnt, die Menschen in seiner Umgebung nachzuahmen, um, wie er selbst sagt, einen Ausweg zu finden. Schnell beherrscht er das menschliche Verhalten perfekt, nur sein Fell mahnt noch an seine Tierhaftigkeit. Gerade durch die meisterhafte Nachahmung bürgerlicher Verhaltensweisen und Handlungsgewohnheiten entlarvt er das bürgerliche Leben und das ihm zugrundeliegende Selbstbewusstsein nach Doug Haynes als gewalttätiges und kaltes: „Rotpeter becomes the locus of diverging interests, which he transforms, or sublimates into irony, dissimulating his own role as the artist".[142] Diese Deutung widerspricht jedoch keineswegs der Adorno'schen Interpretation, die Kafkas Taktik nicht bloß, wie Haynes vorschlägt, als „passive resistance"[143] versteht. Denn durch die Mimikry an die Ge-

---

139 Adorno, Aufzeichnungen zu Kafka. GS 10.1, S. 285.
140 Adorno weist in seiner späteren Interpretation von Goethes *Iphigenie* ebenfalls darauf hin, dass Versöhnung im emphatischen Sinne auch den Mythos einschließen muss; vgl. Adorno, Zum Klassizismus von Goethes Iphigenie. GS 11, S. 512; vgl. dazu auch Kapitel II.4. dieser Arbeit.
141 Vgl. Doug Haynes, From Odysseus to Rotpeter. Adorno and Kafka, mimicry and hapiness. In: Julie Taylor (Hg.), Modernism and Affect, Edinburgh 2015, S. 185–202, hier: S. 198.
142 Haynes, From Odysseus to Rotpeter, S. 200.
143 Haynes, From Odysseus to Rotpeter, S. 198.

walt scheitern zwar letztlich die Figuren in Kafkas Geschichten, die Erzählung selbst dagegen behauptet sich aktiv und vehement durch die Darstellungsmittel der Mimesis, Ironie und Negativität gegen das Dasein. Dieses Spiel aus „Spaß und Verzweiflung"[144] ist nach Adorno gerade Signum von Kafkas Humor, der die Versöhnung mit der Natur einschließt.

Eine ganz andere Perspektive eröffnet Kafka in Adornos Sicht mit dem Motiv des „Nichtsterbenkönnens"[145], dessen zwei konträre Semantiken ich im Folgenden erläutern möchte. Zunächst versteht Adorno das Nichtsterbenkönnen als ‚neue' Hölle. Hierfür lassen sich in Adornos Essay zahlreiche Beispiele finden, etwa wenn er Kafkas erzählerische Verfahrensweise als Analogie auf die Geschichte der cumäischen Sibylle liest, wie sie in Ovids *Metamorphosen* und im Roman *Satyricon* des römischen Dichters Titus Petronius Arbiter überliefert ist. Von Apollo, der ihr einen Wunsch freigestellt hatte, wünschte Sibylle sich, so alt zu werden, wie Sandkörner in einem Sandhaufen sind. Dabei vergaß sie allerdings, sich ebenfalls ewige Jugend zu wünschen. Schließlich von Alter, Krankheit und Schmerzen gezeichnet, kennt Sibylle dann keinen anderen Wunsch mehr als endlich zu sterben, doch der Tod wird ihr versagt: „Die verewigte Vergängnis ereilt ein Fluch."[146]

Auch die Ewigkeit sieht Adorno bei Kafka dargestellt als „die des endlos wiederholten Opfers, aufgehend am Bilde des jüngsten"[147]. Das Opfer bei Kafka kennt demnach keinen Anfang und kein Ende; Erlösung ist nicht zu erwarten. Adorno unterstreicht diesen Gedanken, wenn er folgenden Aphorismus Kafkas

---

[144] Franz Kafka, Tagebucheintrag vom 06.12.1921. In: Kafka, Tagebücher, hg. v. Hans-Gerd Koch/Michael Müller/Malcolm Pasley, Frankfurt am Main 1990, S. 875. Kafka bezieht sich hier auf den Prozess des Schreibens selbst. Hans-Thies Lehmann versteht die Gleichzeitigkeit beider Begriffe als künstlerische Verfahrensweise Kafkas: „Der Text macht sich einen Spaß daraus (der zugleich Verzweiflung ist), einen von den Buchstaben evozierten Gegenstand nicht etwa darzustellen, sondern im Fortschreiben der Sätze zu demontieren." Hans-Thies Lehmann, Der buchstäbliche Körper. Zur Selbstinszenierung der Literatur bei Franz Kafka. In: Gerhard Kurz (Hg.), Der junge Kafka, Frankfurt am Main 1984, S. 214. Bettine Menke versteht Kafkas Formulierung von „Spaß und Verzweiflung" als „Modi des Entzugs der Bilder". Mit Blick auf die oben genannte Stelle ist Menke jedoch zu widersprechen, wenn sie davon ausgeht, dass „es innerhalb des Begriffsrepertoirs Adornos keine Stelle" gibt, an der er den Spaß an Kafkas Texten mitlesen würde. Dagegen muss eingewandt werden, dass Adorno „Kafkas Humor" hier ausdrücklich betont; Adorno, Aufzeichnungen zu Kafka. GS 10.1, S. 285; Bettine Menke, Kafka-Lektüren. Über das Leben und dessen Allegorie. In: Ästhetik und Kommunikation 21, 1992, H. 79: Ästhetik nach Adorno, S. 79–94, hier: S. 88.
[145] Adorno, Aufzeichnungen zu Kafka. GS 10.1, S. 276. Der Lesbarkeit halber wird dieser Begriff Adornos im Folgenden ohne Anführungszeichen verwendet.
[146] Adorno, Aufzeichnungen zu Kafka. GS 10.1, S. 263.
[147] Adorno, Aufzeichnungen zu Kafka. GS 10.1, S. 269.

zitiert: „Nur unser Zeitbegriff läßt uns das Jüngste Gericht so nennen, eigentlich ist es ein Standrecht."[148] Deutlich wird hier bereits, wie eng Adorno Kafkas Erzählungen an die historischen Ereignisse des Nationalsozialismus bindet, jedoch ohne die Differenz zwischen literarischem Text und geschichtlicher Faktizität einzuziehen. Dies gelingt ihm auch in Bezug auf seine Interpretation des Kafka'schen Fragments vom Jäger Gracchus,[149] obwohl Adorno hier explizit auf den Genozid an den europäischen Juden verweist:

> Das Grauen jedoch ist, daß der Bürger keinen Nachfolger fand; „niemand hat's getan". Das meint vielleicht die Erzählung von Gracchus, dem nicht mehr wilden Jäger, einem Mann der Gewalt, dem das Sterben mißlang. So ist es dem Bürgertum mißlungen. Zur Hölle wird bei Kafka die Geschichte, weil das Rettende versäumt ward. Diese Hölle hat das späte Bürgertum selber eröffnet. In den Konzentrationslagern des Faschismus wurde die Demarkationslinie zwischen Leben und Tod getilgt. Sie schufen einen Zwischenzustand, lebende Skelette und Verwesende, Opfer, denen der Selbstmord mißrät, das Gelächter Satans über die Hoffnung auf Abschaffung des Todes.[150]

Anders als in der Erzählung vom Jäger Gracchus, der trotz seines viele Jahre zurückliegenden Todes nicht sterben kann, da sein Todeskahn die Fahrt ins Jenseits verfehlte,[151] geht es Adorno hier jedoch nicht vorrangig um das misslingende Sterben, sondern um den misslingenden Selbstmord. Ähnlich wie die cumäische Sibylle zum Weiterexistieren verdammt ist, waren es die InsassInnen der Konzentrations- und Vernichtungslager, die nicht einmal mehr über den eigenen Tod verfügen konnten.[152] Adorno hat mit dem von ihm beschriebenen

---

148 Franz Kafka, Betrachtung 40. In: Kafka, Nachgelassene Schriften und Fragmente II, hg. v. Jost Schillemeit, Frankfurt am Main 1992, S. 122; Adorno, Aufzeichnungen zu Kafka. GS 10.1, S. 269.
149 Vgl. Kleine, Ob es überhaupt noch möglich ist, S. 71; 73.
150 Adorno, Aufzeichnungen zu Kafka. GS 10.1, S. 273.
151 Vgl. Franz Kafka, Fragment vom Jäger Gracchus. In: Kafka, Nachgelassene Schriften und Fragmente I, hg. v. Malcolm Pasley, Frankfurt am Main 1993, S. 305–313; 378–384.
152 Bereits in den *Minima Moralia* zieht Adorno eine Verbindung zwischen Kafkas Erzählung und der nationalsozialistischen Vernichtungspolitik, legt hier den Schwerpunkt jedoch auf komische Darstellungen des Nationalsozialismus, die er vehement zurückweist: „Komik kostet die falsche Abschaffung des Todes aus, die Kafka längst zuvor in der Geschichte vom Jäger Gracchus mit Panik beschrieb: um ihretwillen beginnt wohl auch Musik komisch zu werden. Was die Nationalsozialisten an Millionen von Menschen verübt haben, die Musterung Lebender als Toter, dann die Massenproduktion und Verbilligung des Todes, warf seinen Schatten voraus über jene, die von Leichen zum Lachen sich inspirieren lassen. Entscheidend ist die Aufnahme der biologischen Zerstörung in den bewußten gesellschaftlichen Willen. Nur eine Menschheit, der der Tod so gleichgültig geworden ist wie ihre Mitglieder: eine die sich selber starb, kann ihn administrativ über Ungezählte verhängen." Adorno, Minima Moralia. GS 4, S. 266 (Abdeckerei); vgl. zur komischen Darstellung des Nationalsozialismus auch Kapitel V.1. dieser Arbeit.

„Zwischenzustand" vermutlich die so genannten „Muselmänner" vor Augen, die Eugen Kogon in seinem bereits 1946 erschienenen Werk *Der SS-Staat* als „Leute von bedingungslosem Fatalismus" beschreibt:

> Ihre Untergangsbereitschaft war aber nicht etwa ein Willensakt, sondern Willensgebrochenheit. Sie ließen mit sich geschehen, was eben geschah, weil alle Kräfte in ihnen gelähmt oder bereits vernichtet waren. Widerstand von ihnen erwarten, hätte geheißen, ihren seelischen Zustand verkennen; sie konnten einfach nicht mehr.[153]

In der *Negativen Dialektik* betont Adorno erneut die Analogie zwischen den Figuren Kafkas und den „Muselmännern", die wie „ein endloser Zug gebeugt aneinander Geketteter, die den Kopf nicht mehr heben können unter der Last dessen, was ist"[154], sich fortbewegten. Nicht nur misslang den Geknechteten der Selbstmord, auch der Tod selber stellte kaum mehr ein Angstszenario dar und noch weniger versprach er Erlösung von den Leiden.

Mit der Bemerkung, dass „der Bürger keinen Nachfolger fand" und dass er die Hölle selber eröffnet habe, rekurriert Adorno auf die marxistische Klassentheorie, nach der nach dem Bürgertum das Proletariat die Macht übernehmen werde. Diese Vorstellung ist jedoch von den realen Ereignissen und nicht zuletzt durch die Existenz von Auschwitz überholt worden und damit obsolet.[155] Freilich ist die Hölle Kafkas nicht mit der der Konzentrations- und Vernichtungslager gleichzusetzen; aber Kafkas Erzählung gehört „zu ihrer Vorgeschichte und wird zur Veränderung des Todes nach Auschwitz in Beziehung gesetzt"[156]. Kafkas

---

153 Eugen Kogon, Der SS-Staat. Das System der deutschen Konzentrationslager, 13. Aufl., München 1983, S. 400. Vgl. eine ganz ähnliche Beschreibung der Muselmänner in Primo Levis erstmals 1947 erschienener, allerdings erst 1961 ins Deutsche übersetzten Autobiographie *Ist das ein Mensch?*: „Sie, die Muselmänner, die Verlorenen, sind der Nerv des Lagers: sie, die anonyme, die stets erneuerte und immer identische Masse schweigend marschierender und sich abschuftender Nichtmenschen, in denen der göttliche Funke erloschen ist und die schon zu ausgehöhlt sind, um wirklich zu leiden. Man zögert, sie als Lebende zu bezeichnen; man zögert, ihren Tod, vor dem sie nicht erschrecken, als Tod zu bezeichnen, weil sie zu müde sind, ihn zu fassen. Primo Levi, Ist das ein Mensch? Ein autobiographischer Bericht, aus dem Italienischen v. Heinz Riedt, 13. Aufl., München 2004, S. 108.
154 Adorno, Negative Dialektik. GS 6, S. 338.
155 Kleine übernimmt die zumindest für die aktuelle Geschichtswissenschaft problematische Geschichtsauffassung Adornos unkritisch: „Das reale Subjekt, das die Geschichte in die Hölle verwandelte, ist das Bürgertum (das damit zugleich endet) und die von ihm geschaffene Hölle ist die Realität der deutschen Vernichtungslager. *Sie* impliziert die Notwendigkeit einer geschichtsphilosophischen Konstruktion der Geschichte als Hölle. Damit ist der Gedanke fortgeschritten zu einer Kritik, die die Erfahrung Kafkas als Vorgeschichte des Nationalsozialismus enthält." Kleine, Ob es überhaupt noch möglich ist, S. 75. Hervorhebung im Original.
156 Kleine, Ob es überhaupt noch möglich ist, S. 75.

Prosa zeigt Adorno zufolge deutlich, dass Auschwitz nicht als zufälliges und einmaliges Versehen im Geschichtsverlauf zu verstehen ist, sondern dass die Gründe dafür in der Gesellschaftsstruktur liegen und lange angelegt waren. Geschichte muss nach Adorno also als Hölle bezeichnet werden, da es sie konsequent gedacht nur als Vor- und Nachgeschichte von Auschwitz gibt.[157] In diesem Sinne ist auch Adornos Bemerkung zu verstehen, dass über dem Begriff von Geschichte bei Kafka ein Tabu liegt: „Der Name von Geschichte darf nicht genannt werden, weil das, was Geschichte wäre, das Andere noch nicht begonnen hat."[158] Hier scheint also die Möglichkeit eines anderen, glücklicheren historischen Zustands auf; dieser Zustand jedoch darf, solange er durch den Mythos der immer gleichen Unabänderlichkeit der gesellschaftlichen Zustände blockiert ist, ähnlich dem Bilderverbot nicht benannt werden.

Das Motiv des Nichtsterbenkönnens verweist aber auch noch auf eine völlig andere Bedeutungsebene, es kann nämlich auch das utopische Moment eines von allen Sorgen befreiten ewigen Lebens, von Unsterblichkeit oder ewiger Jugend meinen. Nach Auschwitz haben diese glücksverheißenden Visionen jedoch ihre Kraft eingebüßt; die Vorstellung vom Nichtsterbenkönnen kann kaum mehr eine Utopie formulieren, da jene sich als äußerster Schrecken bereits realisiert hat. Dass Adorno aber ausgerechnet diesen eher neutral anmutenden Begriff im Kontext seiner Überlegungen zur ‚neuen Hölle' verwendet, hat seinen Grund genau in dessen Doppeldeutigkeit. Denn mit diesem Begriff kann Adorno sowohl die absolute Negativität des in den Vernichtungslagern misslingenden Sterbens bezeichnen, als zugleich auch jene utopischen Momente retten, an die der Begriff, wenn auch nur noch zaghaft, erinnert. Das Nichtsterbenkönnen des eigentümlichen Wesens Odradek aus Kafkas Erzählung *Die Sorge des Hausvaters*[159] verbindet Adorno nämlich mit der Vorstellung künftiger Erlösung, wie er bereits 1934 in einem Brief an Benjamin als Replik auf dessen Kafka-Interpretation schreibt:

> Gewiß ist Odradek als Rückseite der Dingwelt Zeichen der Entstelltheit – als solches aber eben ein Motiv des Transzendierens, nämlich der Grenzwegnahme und Versöhnung des Organischen und Unorganischen oder der Aufhebung des Todes: Odradek „überlebt". Anders gesagt, bloß dem dinghaft verkehrten Leben ist das Entrinnen aus dem Naturzusammenhang versprochen.[160]

---

[157] Vgl. Kleine, Ob es überhaupt noch möglich ist, S. 77.
[158] Adorno, Aufzeichnungen zu Kafka. GS 10.1, S. 269.
[159] Vgl. Franz Kafka, Die Sorge des Hausvaters. In: Kafka, Gesammelte Werke. Bd. 4: Erzählungen, hg. v. Max Brod, Frankfurt am Main 1976, S. 129–130.
[160] Adorno an Benjamin, 17.12.1934. BW 1, S. 93.

Odradek ist weder Mensch noch Ding, es erscheint sinnlos und ohne Tätigkeit, aber es ist in sich abgeschlossen. In seinem Brief betont Adorno entgegen Benjamins Interpretation, dass Odradek nicht einer archaischen „‚Vorwelt und Schuld'"[161] entspringt, sondern vielmehr der Welt der industriellen Warenproduktion angehört. In einem späteren Brief bemerkt Adorno dazu, dass Kafkas entscheidende Erkenntnis darin liegt, Odradek als „nutzlos überlebende[] Ware"[162] darzustellen. Insofern ist Tobias Wilkes Interpretation zu widersprechen, der davon ausgeht, dass Adorno Odradek zur *„absoluten* Ware" erkläre, womit eine Form der Gegenständlichkeit bezeichnet sei, „in der sich Dinge einzig zum ökonomischen Tausch bestimmt und daher aller potentiellen Zweckmäßigkeit enthoben zeigen".[163] Odradeks Besonderheit liegt Adorno zufolge jedoch gerade darin, dass es *nicht* mehr tauschbar ist und sich damit vielmehr der Logik der Marx'schen Werttheorie entzieht.[164] Odradek besitzt keinen Tauschwert, da es in Adornos Worten „nutzlos" ist; es besitzt auch keinen Gebrauchswert, da es „sinnlos"[165] ist. Adorno plädiert im Brief an Benjamin dafür, die Ware als dialektisches Bild zu begreifen:

> Die Ware als dialektisches Bild verstehen heißt eben auch sie als Motiv ihres Unterganges und ihrer „Aufhebung" anstatt der bloßen Regression aufs Ältere zu verstehen. Ware ist einerseits das Entfremdete, an dem der Gebrauchswert abstirbt, andererseits aber das Überlebende, das fremd geworden die Unmittelbarkeit übersteht. An den Waren, nicht unmittelbar an den Menschen haben wir das Versprechen der Unsterblichkeit und der Fetisch ist [...] fürs neunzehnte Jahrhundert ein treulos letztes Bild wie nur der Totenkopf.[166]

Die „nutzlos überlebende Ware" Odradek zeigt Adorno zufolge sehr genau, dass eine Kritik, die gegen die kapitalistische Tauschlogik ausschließlich auf den Gebrauchswert setzt, allenfalls nostalgisch verfährt und damit „nur aufs vorarbeitsteilige Stadium zurücklenkt", anstatt eine „genaue Bestimmung der industriellen Warenform als einer historisch von den älteren scharf abgehobenen" zu liefern.[167] Wilke ist daher zuzustimmen, wenn er davon ausgeht, dass Adorno in der „totalen Entfremdung bereits deren Aufhebung und Gegen-

---

161 Adorno an Benjamin, 17.12.1934. BW 1, S. 92.
162 Adorno an Benjamin, 02.–04.08.1935. BW 1, S. 143.
163 Tobias Wilke, Tückische Objekte. Dinglichkeit und Repräsentation bei Kafka. In: Colloquia Germanica 37, 2004, H. 1, S. 51–72, hier: S. 59. Hervorhebung im Original.
164 Interessanterweise schlägt Wilke diese Interpretation selber vor, verkennt jedoch, dass sie bei Adorno so bereits angelegt ist; vgl. Wilke, Tückische Objekte, S. 59 f.
165 Kafka, Die Sorge des Hausvaters, S. 129.
166 Adorno an Benjamin, 02.–04.08.1935. BW 1, S. 142 f.
167 Adorno an Benjamin, 02.–04.08.1935. BW 1, S. 143.

bild"¹⁶⁸ angedeutet sieht: „Indem er dieses Moment dialektischen Umschlags einführt, vermag er in der Verdinglichung ein Positives zu erkennen – die Herauslösung der Dinge aus dem mythischen ‚Naturzusammenhang'."¹⁶⁹ Das erlaubt es Adorno in seinem frühen Brief an Benjamin dann auch von Odradek als Figur der Erlösung zu sprechen, die das Organische mit dem Unorganischen zu versöhnen und sogar den Tod aufzuheben vermag.

Auch in seinem Kafka-Essay klingt jene Hoffnung an: „Die Zone des Nichtsterbenkönnens ist zugleich das Niemandsland zwischen Mensch und Ding: in ihm begegnen sich Odradek, den Benjamin als einen Engel Kleeschen Stils betrachtete, mit Gracchus, dem bescheidenen Nachbild Nimrods."¹⁷⁰ Ganz bewusst denkt Adorno hier die Negativität des Nichtsterbenkönnens des Jägers Gracchus mit Odradek als Hoffnungsträger künftiger Veränderungen zusammen.¹⁷¹ Zugleich verweigert Adorno mit dieser Analogisierung eine eindeutige Interpretation. Denn auf einmal wird der nicht sterben könnende Jäger Gracchus mit Nimrod verbunden, der nach dem Alten Testament „der erste Held auf der Erde", „ein tüchtiger Jäger vor dem Herrn" gewesen war.¹⁷² Der Überlieferung nach gilt er als gottloser Herrscher, der als erster Autorität unabhängig vom Walten Gottes erlangte.

Für Benjamin ist Odradek „die Form, die die Dinge in der Vergessenheit annehmen. Sie sind entstellt."¹⁷³ Dieser entstellten, vergessenen Dinge zu gedenken, könnte allerdings eine „Möglichkeit der Erlösung"¹⁷⁴ bereithalten. Die Entstellungen, die Benjamin an Kafkas Figuren wie Odradek und Gregor Samsa identifiziert, sind für ihn nicht „nur solche unseres Raums", sondern „gewiß auch solche unserer Zeit".¹⁷⁵ So gesehen messen diese Entstellungen die Spanne zwischen Gegen-

---

168 Wilke, Tückische Objekte, S. 59.
169 Wilke, Tückische Objekte, S. 59.
170 Adorno, Aufzeichnungen zu Kafka. GS 10.1, S. 276.
171 Wilke weist zu Recht darauf hin, dass in Kafkas Erzählung die Frage der (Un-)Sterblichkeit Odradeks keineswegs entschieden ist: „Dass der Hausvater die bloße Möglichkeit, Odradek könne ihn überleben, als ‚schmerzlich' empfindet, lässt doch keineswegs den Schluss zu, dieser Fall werde oder müsse realiter eintreten." Indem Adorno „in die Evidenzfähigkeit jener Logik, die Kafkas Erzählung gerade in Zweifel zieht", vertraut, verfehlt seine Einordnung Odradeks in eine „Zone des Nichtsterbenkönnens" Wilke zufolge die Erzählung Kafkas; vgl. Wilke, Tückische Objekte, S. 62. Diese Kritik mag ihre Berechtigung haben; Seine Interpretation von Odradeks Überleben erlaubt es Adorno allerdings, an einer Vorstellung von Versöhnung festzuhalten, die ihm zufolge in Kafkas Prosa angelegt ist.
172 Genesis 10,9. In: Die Bibel. Einheitsübersetzung der Heiligen Schrift, hg. im Auftr. d. Bischöfe Deutschlands, Stuttgart 1982, S. 25.
173 Benjamin, Franz Kafka. Zur zehnten Wiederkehr seines Todestages. GS II.2, S. 431.
174 Benjamin, Franz Kafka. Zur zehnten Wiederkehr seines Todestages. GS II.2, S. 434.
175 Benjamin, Franz Kafka. Zur zehnten Wiederkehr seines Todestages. GS II.2, S. 433.

wart und künftiger Erlösung aus.[176] In diesem Sinne kann man auch Benjamins Analogisierung von Odradek mit einem Engel im Klee'schen Sinne verstehen, auf die Adorno in oben genanntem Zitat anspielt. Den *Angelus Novus*, ein Bild aus einer Serie von Engelsdarstellungen von Paul Klee, hatte Benjamin 1921 erworben und sich Zeit seines Lebens damit beschäftigt. Insbesondere in seinem letzten Text *Über den Begriff der Geschichte* kann man den „Engel der Geschichte" als dialektisches Bild verstehen, das den immensen Abstand von Gegenwart und Erlösung aufzeigt:

> Seine Augen sind weit aufgerissen, sein Mund steht offen, und seine Flügel sind aufgespannt. Der Engel der Geschichte muß so aussehen. Er hat das Antlitz der Vergangenheit zugewendet. Wo eine Kette von Begebenheiten vor uns erscheint, da sieht er eine einzige Katastrophe, die unablässig Trümmer auf Trümmer häuft und sie ihm vor die Füße schleudert. Er möchte wohl verweilen, die Toten wecken und das Zerschlagene zusammenfügen. Aber ein Sturm weht vom Paradiese her, der sich in seinen Flügeln verfangen hat und so stark ist, daß der Engel sie nicht mehr schließen kann. Dieser Sturm treibt ihn unaufhaltsam in die Zukunft, der er den Rücken kehrt, während der Trümmerhaufen vor ihm zum Himmel wächst.[177]

Für Adorno sind Odradek und Gracchus gleichsam solche „Engel der Geschichte", die im „Niemandsland zwischen Mensch und Ding" den Abstand zwischen der Realität und dem Glück ausmessen. Anders als Benjamin bezweifelt Adorno jedoch eine messianische Theorie des Glücks – in diesem Sinne lässt sich seine Interpretation von Gracchus als säkularisiertem Herrscher verstehen – und verweist stattdessen auf das „Niemandsland zwischen Mensch und Ding", worauf ich nun abschließend eingehen möchte.

Nach Adorno knüpft sich an Kafkas „Lehre vom mißlingenden Tod" ein „Versprechen von Unsterblichkeit", das allein der „Rettung der Dinge" gilt; „derer, die nicht länger in den Schuldzusammenhang verflochten, die untauschbar, unnütz sind"[178] – wie Odradek. Kafkas Ideenwelt gleicht „einer von Ladenhütern", Verstaubtes und Vergessenes befindet sich in den Interieurs, die wie das verlassene Treppenhaus „Schlupfwinkel der Kindheit" und damit „solche der Hoffnung" darstellen.[179] Adorno knüpft hier an Benjamins Odradek-Interpretation an, in der dieser die Vergessenheit der Dinge mit Kafkas *Prozess*-Roman in Verbindung bringt:

---

176 Vgl. Sigrid Weigel, Angelus Novus. In: Enzyklopädie jüdischer Geschichte und Kultur. Bd. 1, hg. v. Dan Diner, Stuttgart 2011, S. 94–100, hier: S. 98.
177 Benjamin, Über den Begriff der Geschichte. GS I.2, S. 697 f.
178 Adorno, Aufzeichnungen zu Kafka. GS 10.1, S. 286.
179 Adorno, Aufzeichnungen zu Kafka. GS 10.1, S. 286.

Odradek „hält sich abwechselnd auf dem Dachboden, im Treppenhaus, auf den Gängen, im Flur auf". Es bevorzugt also die gleichen Orte wie das Gericht, welches der Schuld nachgeht. Die Böden sind der Ort der ausrangierten, vergessenen Effekten. Vielleicht ruft der Zwang, vor dem Gericht sich einzufinden, ein ähnliches Gefühl hervor wie der, an jahrelang verschlossene Truhen auf dem Boden heranzugehen.[180]

Für Adorno ist es jedoch gerade „die Schuldlosigkeit des Unnützen", das „den Kontrapunkt zum Parasitären" setzt und so einzig noch als Hoffnungsbild funktioniert. Denn diese inkommensurablen Gebilde und Zwischen-Wesen wie Odradek versagen sich durch ihre strukturelle Unbestimmtheit einer allein auf die unbegrenzte Tauschbarkeit aller Dinge und Fähigkeiten ausgerichteten Gesellschaft: „Denn inmitten der allgemeinen Fungibilität haftet Glück ausnahmslos am Nichtfungiblen."[181] Daher tritt Adorno für die unnützen Dinge ein: „Heilmittel gegen die halbe Nutzlosigkeit des Lebens, das da nicht lebt, wäre einzig die ganze."[182]

Nach Butler sieht Adorno gerade in dem „Verlassen der menschlichen Form so etwas wie Hoffnung", da „das Aussetzen der gesellschaftlichen Parameter des Subjekts [...] überlebensnotwendig sei".[183] Nur das Absehen von scheinbar gängigen gesellschaftlichen Konventionen und der unhinterfragten Vorrangstellung des Subjekts kann also noch Hoffnung auf Überleben versprechen. Butler zufolge ist im Kafka'schen Originaltext „eine gewisse Hoffnung für Odradeks Überleben [...], seiner nahezu vollständigen Entmenschlichung zum Trotz"[184] angelegt. Wie Adorno versteht sie Odradek also als eine Figur des Überlebens. Betrachtet man die Doppeldeutigkeit des Nichtsterbenkönnens abschließend im Kontext von Adornos Überlegungen zur aktiven Passivität, lassen sich folgende Schlüsse ziehen: Das Nichtsterbenkönnen stellt einerseits die Negativität in Reinform dar, denn die InsassInnen der Lager waren zur Passivität verdammt; Erlösung war nicht in Sicht. Odradek dagegen zeigt eine völlig andere semantische Dimension des Nichtsterbenkönnens auf. Kafka setzt gegen den äußersten Schrecken weder sein Gegenteil, das Positive, noch klagt er die Gewalt an; vielmehr sieht er Rettung nur noch bei den Dingen, sofern sie inkommensurablen Wesen entsprechen. Adorno achtet an Kafkas literarischer Verfahrensweise – gewissermaßen an seinem Versuch des künstlerischen Überlebens – zum einen dass das Leiden in der literarischen Darstellung nicht einfach negiert oder geschönt, sondern vielmehr deutlich gezeigt wird; zum anderen dass in den nicht auf eine eindeutige Interpretation, Bestimmung oder Gattung festzulegenden Geschöpfen zwischen

---

180 Benjamin, Franz Kafka. Zur zehnten Wiederkehr seines Todestages. GS II.2, S. 431.
181 Adorno, Minima Moralia. GS 4, S. 135 f. (Auktion).
182 Adorno, Aufzeichnungen zu Kafka. GS 10.1, S. 286.
183 Butler, Kritik der ethischen Gewalt, S. 85.
184 Butler, Kritik der ethischen Gewalt, S. 86.

Mensch und Ding so etwas wie Hoffnung aufscheint, dass es einmal anders sein kann, dass es ein anderes, glücklicheres Leben jenseits der Vorrangstellung absoluter Subjektivität und naturbeherrschender Selbsterhaltung geben kann: „Kennt Kafkas Werk Hoffnung, dann eher in jenen Extremen als in den milderen Phasen: im Vermögen, noch dem Äußersten standzuhalten, indem es Sprache wird."[185]

3 Protest gegen das ‚halbe' Glück – Marcel Proust

Wie bereits an seinen Ausführungen zu Kafka deutlich wurde, kreisen Adornos ästhetische Überlegungen immer auch um die literarische Bearbeitung des Verhältnisses von Allgemeinem und Besonderem und in diesem Zusammenhang von Identischem und Nichtidentischem. Wie man dem Inkommensurablen gerecht und es literarisch ausdrücken kann, verdeutlicht Adorno an Marcel Prousts von 1913 bis 1927 erschienenem siebenteiligen Romanepos *Auf der Suche nach der verlorenen Zeit*[186]*,* das eine zentrale Rolle in Adornos ästhetischen Denken einnimmt.[187] Er veranschaulicht dies anhand seiner *Kleinen Proust-Kommentare*, die er zunächst für den Hessischen und Süddeutschen Rundfunk verfasste und die dann 1958 unverändert in der Zeitschrift *Akzente* erschienen.[188] Da seiner Ansicht nach die Einheit des Romans „keine fürs menschliche Auge veranstaltete, sondern unsichtbar mitten im Zerstreuten" ist, setzt er selbst an die Stelle einer „Interpretation des Ganzen" oder eines Hinweises auf „vorgebliche Glanzstellen" die „Versenkung ins Bruchstück".[189] Gemäß seines essayistischen Verfahrens hofft Adorno so, „etwas von jenem Gehalt aufleuchten zu lassen, der sein Unverlierbares von nichts anderem empfängt als von der Farbe des hic et nunc"[190].

---

185 Adorno, Aufzeichnungen zu Kafka. GS 10.1, S. 266.
186 Der französische Originaltitel lautet: *À la recherche du temps perdu*, daher wird im Folgenden abkürzend auch von der *Recherche* gesprochen.
187 Vgl. Adorno, Zu Proust. 1. ›In Swanns Welt‹. GS 11, S. 669.
188 Die anlässlich der Feier des Abschlusses der deutschen Ausgabe von *Auf der Suche nach der verlorenen Zeit* konzipierten Radiosendungen waren so aufgebaut, dass Marianne Hoppe ausgewählte Abschnitte aus Prousts Roman vorlas und Adorno seine Kommentare dazu einsprach. Dies geschah bereits im Dezember 1957, die ‚gekürzte Fassung', wie Adorno sie nannte, wurde vom HR am 7. April 1958 gesendet, die SDR-Fassung, die Adorno für die bessere hielt, lief am 11. April 1958. Für die Auskunft der genauen Sendedaten danke ich Michael Schwarz vom Walter Benjamin Archiv in Berlin.
189 Adorno, Kleine Proust-Kommentare. GS 11, S. 204.
190 Adorno, Kleine Proust-Kommentare. GS 11, S. 204.

Dolf Oehler findet hingegen Adornos „Auslassungen zur ‚Recherche' merkwürdig farblos"[191]; betrachtet man dessen Überlegungen allerdings aus der Perspektive des Glücks am Ästhetischen, so ergibt sich ein durchaus ‚gesättigtes' Bild. Adornos Annäherungen an das Nichtidentische in Prousts Roman werden im Folgenden hinsichtlich des Glücks anhand dreier Spannungsverhältnisse verdeutlicht: Denn das Verhältnis von Ganzem und Detail ist in Adornos an Benjamin geschulter Lesart aufs engste verknüpft mit der Beziehung von Gegenwart und Vergangenem. Dieser Zusammenhang wird durch die Verhältnisse von Kindheit und Glück sowie Liebe und Glück vermittelt. Neben den *Kleinen Proust-Kommentaren* stehen dabei vor allem auch Adornos Gelegenheitsarbeiten *Zu Proust* aus den *Noten zur Literatur* im Fokus der Betrachtung.[192]

Nach Adorno hat Proust mit seiner Konzentration auf das Detail das herkömmliche Verständnis des Verhältnisses von Besonderem und Allgemeinem herausgefordert wie kaum ein anderer. Eines seiner wesentlichen Mittel ist der Versuch, der unwillkürlichen Erinnerung – der mémoire involontaire – in der Erzählung zum Ausdruck zu verhelfen. Anders als auf die mémoire volontaire kann das Individuum auf die unwillkürliche Erinnerung nicht bewusst zugreifen. Es ist, wie Benjamin schreibt, „dem Zufall anheimgegeben, ob der einzelne von sich selbst ein Bild bekommt, ob er sich seiner Erfahrung bemächtigen kann"[193]. Bestandteil der unwillkürlichen Erinnerung kann daher „nur werden, was nicht ausdrücklich und mit Bewußtsein ist ‚erlebt' worden, was dem Subjekt nicht als ‚Erlebnis' widerfahren ist"[194]. Diese Zufälligkeit der unwillkürlichen Erinnerung nimmt Proust in seinem Roman ernst und versucht ihr nachzuspüren, etwa mit dem berühmten Beispiel der Madeleine, dessen Geschmack in dem Erzähler eine Reihe von Kindheitserinnerungen wachruft, zu denen er zuvor keinen bewussten Zugang hatte.[195] Dadurch beweist Proust Adorno zufolge ein „enthusiastisches

---

191 Dolf Oehler, Charisma des Nicht-Identischen, Ohnmacht des Aparten. Adorno und Benjamin als Literaturkritiker: Am Beispiel Proust. In: Text + Kritik, 1983, Sonderheft: Theodor W. Adorno, S. 150–158, hier: S. 151.
192 Die beiden kurzen Texte Adornos zu *In Swanns Welt* und zu *Im Schatten junger Mädchenblüte* sind beide in *Dichten und Trachten*, der Jahresschau des Suhrkamp Verlags erschienen und wurden von den HerausgeberInnen der *Noten zur Literatur* in den Anhang unter dem Titel *Zu Proust* aufgenommen.
193 Benjamin, Über einige Motive bei Baudelaire. GS I.2, S. 610.
194 Benjamin, Über einige Motive bei Baudelaire. GS I.2, S. 613.
195 Der Erzähler beschreibt den Moment, in dem er die Madeleine probierte, folgendermaßen: „Ein unerhörtes Glücksgefühl, das ganz für sich allein bestand und dessen Grund mir unbekannt blieb, hatte mich durchströmt." In ausführlichen Reflexionen spürt er daraufhin nach, an was ihn der Geschmack erinnert und welches Gefühl dieser in ihm auslöst; Marcel Proust,

Vertrauen auf den Wahrheitsgehalt des Inkommensurablen"[196]. Damit hängt auch zusammen, dass er sich „gegen das gewalttätig Unwahre einer subsumierenden, von oben her aufgestülpten Form"[197] wehrt, ohne dabei aber das Ganze grundsätzlich infrage zu stellen. Es kristallisiert sich jedoch erst „aus den ineinandergewachsenen Einzeldarstellungen": „Eine jede birgt Konstellationen dessen in sich, was am Ende als Idee des Romans hervortritt."[198] Damit macht Proust ernst „mit der Lehre aus Hegels Logik, das Besondere sei das Allgemeine und umgekehrt, beides sei durcheinander vermittelt"[199]. Aber erst durch die völlige Konzentration auf das Individuellste, nämlich die unwillkürliche Erinnerung, kann die Vermittlung mit dem Ganzen gelingen. Proust berichtet „vom Allerspeziellsten, von inkommensurablen, höchst subtilen und privaten Erfahrungen" und dennoch gewinnen seine LeserInnen den Eindruck, er plaudert, „in autobiographischer Maske die Geheimnisse eines jeden aus".[200]

Adorno vertieft diesen Gedanken anhand von Prousts Figurengestaltung. Dieser stellt nämlich die Vorstellung „von der Einheit und Ganzheit der Person"[201] gerade nicht dadurch infrage, dass er das Einheitsprinzip vollends verwirft; vielmehr folgt er ihm zunächst akribisch und sucht durch detaillierte Beschreibung eine genaue Entwicklung der Charaktere zu entfalten. Dabei stellt sich schließlich jedoch heraus, „daß die Charaktere keine sind"[202]. Nach Adorno greift Prousts „psychologisches Werk die Psychologie selber an", da er zeigt, dass es kein mit sich identisches Subjekt gibt, das unabhängig von den „imagines" existiert, die es entwirft.[203] Mit diesem Begriff schließt Adorno an die psychoanalytische Konzeption Freuds an, der darunter die unbewusste Vorstellung versteht, die wir von nahen Bezugspersonen, insbesondere von Vater, Mutter und Geschwistern entwerfen und die in der Regel durch eine idealisierende oder deidealisierende Verkennung der Person gekennzeichnet ist. In diesem Kontext fällt bei Freud auch der Begriff des Familienromans, mit dem er das ‚Bild' bezeichnet, welches das Kind von seiner eigenen Familiengeschichte einschließlich der Beurtei-

---

Auf der Suche nach der verlorenen Zeit. Bd. 1: In Swanns Welt, übers. v. Eva Rechel-Mertens, Frankfurt am Main 1964, S. 63.
196 Adorno, Valérys Abweichungen. GS 11, S. 166.
197 Adorno, Kleine Proust-Kommentare. GS 11, S. 203.
198 Adorno, Kleine Proust-Kommentare. GS 11, S. 203.
199 Adorno, Kleine Proust-Kommentare. GS 11, S. 203.
200 Adorno, Zu Proust. 2. ›Im Schatten junger Mädchenblüte‹. GS 11, S. 670.
201 Adorno, Kleine Proust-Kommentare. GS 11, S. 206.
202 Adorno, Kleine Proust-Kommentare. GS 11, S. 206.
203 Adorno, Kleine Proust-Kommentare. GS 11, S. 207.

lung der Eltern entwirft.[204] Im Anschluss an Freud und insbesondere an Proust greift Benjamin diesen Gedanken in seiner *Berliner Kindheit um neunzehnhundert* auf, indem er der Tatsache Rechnung trägt, dass es niemandem gelingen kann, unabhängig von den selbst entworfenen Bildern seine eigene Geschichte zu erzählen. Anstatt also zu versuchen, exakte biographische Daten oder Begebenheiten wiederzugeben, konzentriert Benjamin sich vielmehr darauf, „der *Bilder* habhaft zu werden, in denen die Erfahrung der Großstadt in einem Kinde der Bürgerklasse sich niederschlägt"[205].

Benjamins Schreiben ist eng an Proust orientiert, der nach Adorno genau in derselben Weise vorgeht: „Proust weiß, daß es ein An sich der Menschen, jenseits dieser Bilderwelt, nicht gibt; daß das Individuum eine Abstraktion ist, daß sein Fürsichsein allein so wenig Wirklichkeit hat wie sein bloßes Fürunssein, wie es dem vulgären Vorurteil für Schein gilt."[206] Indem Proust mit seinem literarischen Verfahren versucht, die inneren und unbewussten Bilder als Erinnerungen seiner Figuren hervorzukehren und mit dem Beziehungsgeflecht, in der diese in der Diegese stehen, zu vermitteln, gelingt es ihm, „jene Wirklichkeit zu rekonstruieren, die durch jeglichen aufs bloß Psychologische oder Soziologische gerichteten Blick"[207] nicht zu erschließen wäre. Die „oberste Wahrheit" aber sieht Proust Adorno zufolge in den Bildern, die gleichsam über den Menschen sind, „jenseits ihres Wesens und jenseits ihres zum Wesen selber gehörigen Erscheinens. Der Entwicklungsprozeß des Romans ist die Beschreibung der Bahn dieser Bilder".[208] Daher versteht Adorno Prousts Werk auch als das „letzte Panorama"[209]. Dies ist eine interessante Analogie, welche die *Recherche* nicht nur in die Nähe von Frank Wedekinds Dramen rückt, die nach Adorno ihre Zeit im Tableau festzuhalten versuchen,[210] sondern auch eine Verbindung zur Massenkultur herstellt. Die großen Panoramen des 19. Jahrhunderts galten als eines der ersten Massenmedien, die durch ihre Polyperspektive und ihre häufig begehbaren Ebenen die Illusion erzeugten, man sei wirklich an den dargestellten Ort versetzt

---

204 Das Entwerfen solcher Bilder ist nach Freud zunächst ein normaler psychischer, in der Regel frühkindlicher Vorgang. Daraus können jedoch Neurosen entstehen; vgl. dazu Sigmund Freud, Der Familienroman der Neurotiker. In: Freud, Gesammelte Werke VII: Werke aus den Jahren 1906–1909, Frankfurt am Main 1999, S. 225–231. Künftig zitiert mit: Freud, Titel. GS Bandnummer, Seitenangabe.
205 Benjamin, Berliner Kindheit um neunzehnhundert. GS VII.1, S. 385. Hervorhebung im Original.
206 Adorno, Kleine Proust-Kommentare. GS 11, S. 207.
207 Adorno, Kleine Proust-Kommentare. GS 11, S. 207.
208 Adorno, Kleine Proust-Kommentare. GS 11, S. 207.
209 Adorno, Kleine Proust-Kommentare. GS 11, S. 207.
210 Vgl. ausführlich dazu Kapitel VI.3. dieser Arbeit.

worden. So ergeht es einem nach Adorno auch mit Prousts Roman, allerdings nicht, weil dieser ein realistisches Abbild der Realität erzeugt, sondern weil er aufscheinen lässt, wie sie sein könnte.

Adorno erläutert diesen Gedanken mit dem Terminus der zweiten Entfremdung.[211] Denn ihm zufolge sind Proust „klassische Rationalität und Ordnungsgefüge vorweg verdächtig", die Auflehnung dagegen wird zum „Formgesetz des Proustschen Gesamtwerks".[212] Indem er das „Kategoriensystem suspendiert", das die Gesellschaft vorgibt, wird er zu ihrem Kritiker. Denn er durchbricht den Anspruch der gesellschaftlichen Ordnung „auf Selbstverständlichkeit, den Trug, sie wäre Natur". Entgegen dem, „was alle sagen"[213], konzentriert Proust sich auf die „individuellen Erfahrungen, die nicht mittels des identifizierenden Denkens faßbar sind"[214]. Diese enthalten eine abweichende Wahrheit von dem, „worin alle einig sind"[215], und können dadurch erst die Möglichkeit von Veränderung denkbar werden lassen. Die Konzentration auf die Erinnerung der individuellsten Erfahrung bei Proust enthält nach Adorno ein Moment von Widerstand gegen die Gesellschaft, den er als „die zweite Entfremdung der entfremdeten Welt als Mittel zu ihrer Restitution" begreift. In der Erinnerung liegt die Kraft, das Nichtidentische in den Vordergrund der Betrachtung zu rücken und damit die Möglichkeit einer anderen Form von Erzählung zu eröffnen, die die Gegenwart neu in den Blick zu nehmen und ihre Veränderung denkbar werden zu lassen vermag. Adorno veranschaulicht diesen Gedanken durch die Anekdote von einem alten Mönch, der kurz nach seinem Tod einem seiner Ordensbrüder im Traum erscheint und ihm die Worte „Alles ganz anders" zuflüstert. Dieser Spruch bildet für Adorno gleichsam das Motto der gesamten *Recherche*, die entgegen dem, worin die Mehrzahl sich einig ist, erzählen möchte, wie es „wirklich gewesen sei": „[D]er ganze Roman ist ein einziger Revisionsprozeß des Lebens gegen das Leben." So wie Kafkas Prosa den Prozess gegen den Mythos wie vor einer Revisionskammer immer wieder neu anstrengt, so kämpft auch Prousts Roman um die Erzählung des ‚richtigen' Lebens.

Dies vermag er, indem Proust das Verhältnis von Gegenwart und Vergangenem durch die Konzentration auf das Besondere in neue Bewegung bringt. Denn nach Adorno gelingt es Proust, „nur das an Gehalt durchzulassen, was dem allgemeinen Zugriff sich entzieht", zugleich aber den Anspruch auf ein Allgemei-

---

211 Vgl. zum Begriff der Entfremdung auch Kapitel II.1. und III.1 dieser Arbeit.
212 Adorno, Valérys Abweichungen. GS 11, S. 166.
213 Alle Zitate bis hier hin aus: Adorno, Kleine Proust-Kommentare. GS 11, S. 205.
214 Duckheim, Auf der Suche nach der versprengten Spur, S. 142.
215 Adorno, Kleine Proust-Kommentare. GS 11, S. 205. Alle weiteren Zitate dieses Abschnitts beziehen sich auf diese Seite.

nes, „Verbindliches" aufrechtzuerhalten.[216] Prousts Werk gewinnt gerade da seine Stärke, wo es nicht nur das „Alles ganz Anders" erzählt, sondern auch die „Kraft" des „So ist es" enthält.[217] Damit meint Adorno allerdings nichts Affirmierendes, sondern Prousts Geschick, das „schlechte Allgemeine"[218] der zeitgenössischen Gesellschaft freizulegen. Diese wird jedoch nicht offen kritisiert, sondern ihr unzureichend Allgemeines wird über den Kontrast zu einer anderen Idee von Allgemeinheit in Misskredit gebracht. Die „Kraft zur Einheit"[219] besteht bei Proust in dem Überlassen an die vielfältigen Erinnerungen des Gewesenen, in denen sich erst so etwas wie ein Ganzes – das ganze Leben der Figuren – ansatzweise einstellt. Dieses Ganze besteht jedoch aus verschiedenen Konstellationen der mannigfaltigen ‚Bilder', die gerade nicht miteinander identisch sind und vielmehr in ihrer Disparatheit und Dissonanz eine andere Idee von Allgemeinheit aufscheinen lassen als die Subsumtionslogik, die das Spezifische zu einem harmonischen Ganzen, einer Identität, zusammenzwingt. Voraussetzung für diese andere Allgemeinheit ist aktive Passivität: „Die produktive Kraft zur Einheit ist identisch mit dem passiven Vermögen, schrankenlos, ohne Rückhalt ans Detail sich zu verlieren."[220] Passivisch ist Prousts literarisches Verfahren, da es ganz auf das Detail der Erinnerung vertraut, sich ihr anschmiegt und überlässt; jenes ist aber ebenso aktiv, weil es mit mikroskopischer Akribie versucht, jedes Detail wiederzugeben, wodurch erst die vielfältigen Konstellationen sichtbar und dadurch Momente einer ‚richtigen' Allgemeinheit freigelegt werden können.

Um sich ganz dem Detail überlassen zu können, verfolgt Proust nach Adorno eine bestimmte Strategie, die man als kindliche Naivität bezeichnen kann.[221] Damit denkt er Überlegungen Schillers weiter, der diese Haltung als Stärke versteht, im Einklang mit der Natur zu leben und sich „einig mit sich selbst und glücklich im Gefühl seiner Menschheit" zu fühlen, ohne beides bewusst zu reflektieren.[222] Für Adorno besteht die Naivität in der Fähigkeit des Kindes, noch „über unendliche Möglichkeiten von Erfahrung"[223] zu verfügen. Kinder bemerken entlegenste Details und ihnen gelingen Beobachtungen, zu

---

216 Adorno, Zu Proust. 2. ›Im Schatten junger Mädchenblüte‹. GS 11, S. 670 f.
217 Adorno, Kleine Proust-Kommentare. GS 11, S. 211.
218 Adorno, Kleine Proust-Kommentare. GS 11, S. 211.
219 Adorno, Kleine Proust-Kommentare. GS 11, S. 203.
220 Adorno, Kleine Proust-Kommentare. GS 11, S. 203.
221 Adorno verwendet durchgängig die altertümliche Schreibweise Naivetät, die auf das französische Wort *naïveté* zurückgeht; vgl. A. Leenhouwers, Naivität/Pietät. In: Historisches Wörterbuch der Philosophie. Bd. 6, Sp. 363–364.
222 Vgl. dazu Friedrich Schiller, Über naive und sentimentalische Dichtung. In: Schiller, Werke und Briefe. Bd. 8: Theoretische Schriften, S. 706–810, bes. S. 726.
223 Adorno, Zu Proust. 2. ›Im Schatten junger Mädchenblüte‹. GS 11, S. 672.

denen die Erwachsenen nicht mehr in der Lage sind: „Der Zwang, sich anzupassen, verbietet, die Realität so genau abzuhören, abzuklopfen."[224] Proust hat diese Beobachtungsgabe der Kinder sich als Technik zu eigen gemacht: „Noch das erwachsene Leben wird von Proust mit so staunenden und fremden Augen angeschaut, daß unter dem versunkenen Blick das gegenwärtige sich in Vorzeit, in Kindheit gleichsam verwandelt."[225] Mit diesem die Chronologie von Gewesenem und Jetzt außer Kraft setzenden Blick hat Proust „der Möglichkeit ungeschmälerter Erfahrung aus der Kindheit die Treue gehalten und mit aller Reflexion und Bewußtheit des Erwachsenen die Welt so undeformiert wahrgenommen wie am ersten Tage"[226].

Diese Fähigkeit ist jedoch keineswegs als nostalgischer oder romantisierender Blick zurück zu verstehen; vielmehr begreift Adorno Prousts ‚Kinderblick' als „Disziplin" und bewusste „Technik", „der Automatisierung und Technisierung des eigenen Denkens zu widerstehen".[227] Adorno versteht Prousts „unermüdliche Anstrengung" daher als „eine zur Unmittelbarkeit, zur zweiten Naivetät".[228] Es geht Adorno also gerade nicht um eine Form von Ursprünglichkeit, die man an Prousts Literatur unmittelbar erfahren könnte, sondern um seine Fähigkeit, Unmittelbarkeit *herzustellen*. Prousts kindliches Überlassen an das Detail muss also als bewusst eingesetzte Technik der aktiven Passivität gesehen werden, die nun „über das verfügt, was jeder Einzelne in der Kindheit einmal wußte und verdrängte, und was ihm nun mit der Macht des Vertrauten wiederkehrt"[229]. Dadurch verändert Proust das Verhältnis von Allgemeinem und Besonderem nachhaltig: „Was an Proust so extrem individuiert erscheint, ist es nicht an sich, sondern nur weil wir so zu reagieren nicht mehr wagen oder nicht mehr dazu imstande sind. Eigentlich stellt Proust das Versprechen des Allgemeinen wieder her, um das wir betrogen wurden."[230] Es geht Adorno hier also um einen umfassenden Begriff von Erfahrung, der die subjektive Erfahrung mit einer allgemein

---

224 Adorno, Zu Proust. 2. ›Im Schatten junger Mädchenblüte‹. GS 11, S. 673.
225 Adorno, Zu Proust. 2. ›Im Schatten junger Mädchenblüte‹. GS 11, S. 672.
226 Adorno, Zu Proust. 2. ›Im Schatten junger Mädchenblüte‹. GS 11, S. 673.
227 Adorno, Zu Proust. 2. ›Im Schatten junger Mädchenblüte‹. GS 11, S. 673.
228 Adorno, Zu Proust. 2. ›Im Schatten junger Mädchenblüte‹. GS 11, S. 673. Auch Schiller versteht die Naivität als eine literarische Technik: „Die Handlungen und Reden der Kinder geben uns daher auch nur solange den reinen Eindruck des Naiven, als wir uns ihres Unvermögens zur Kunst nicht erinnern, und überhaupt nur auf den Kontrast ihrer Natürlichkeit mit der Künstlichkeit in uns Rücksicht nehmen. Das Naive ist *eine Kindlichkeit, wo sie nicht mehr erwartet wird*"; Schiller, Über naive und sentimentalische Dichtung, S. 712f. Hervorhebung im Original.
229 Adorno, Zu Proust. 2. ›Im Schatten junger Mädchenblüte‹. GS 11, S. 673.
230 Adorno, Zu Proust. 2. ›Im Schatten junger Mädchenblüte‹. GS 11, S. 673f.

gesellschaftlichen Erfahrung zu vermitteln versucht. Denn gerade erstere kann durch ihre Einbettung in lebensweltliche und historische Kontexte auf eine kollektive, gesellschaftliche Verfasstheit verweisen:[231]

> Was Proust an Illiers aufging, ward ähnlich vielen Kindern der gleichen gesellschaftlichen Schicht an anderen Orten zuteil. Aber damit dies Allgemeine, das Authentische an Prousts Darstellung, sich bildet, muß man hingerissen sein an dem einen Ort, ohne aufs Allgemeine zu schielen. Dem Kind ist selbstverständlich, daß, was es an seinem Lieblingsstädtchen entzückt, nur dort, ganz allein und nirgends sonst zu finden sei; es irrt, aber sein Irrtum stiftet das Modell der Erfahrung, eines Begriffs, welcher endlich der der Sache selbst wäre, nicht das Armselige von den Sachen Abgezogene. Die Hochzeit, bei der der Proustsche Erzähler als Kind zum ersten Mal die Duchesse de Guermantes erblickt, mag ganz so, und mit derselben Gewalt fürs spätere Leben, an anderer Stelle und zu anderer Zeit stattgefunden haben. Einzig angesichts des absolut, unauflöslich Individuierten ist darauf zu hoffen, daß es genau dies schon gegeben habe und geben werde; dem nachzukommen erst erfüllte den Begriff des Begriffs. Er haftet aber am Versprechen des Glücks, während die Welt, die es verweigert, die der herrschenden Allgemeinheit ist, gegen die Prousts Rekonstruktion der Erfahrung entêtiert anging. Glück, das einzige an metaphysischer Erfahrung, was mehr ist denn ohnmächtiges Verlangen, gewährt das Innere der Gegenstände als diesen zugleich Entrücktes. Wer indessen an derlei Erfahrung naiv sich erlabt, als hielte er in Händen, was sie suggeriert, erliegt Bedingungen der empirischen Welt, über die er hinaus will, und die ihm doch die Möglichkeit dazu allein beistellen.[232]

Es geht Proust Adorno zufolge also nicht um ein nostalgisches Schwelgen in Erinnerungen, sondern um eine bewusste „Rekonstruktion" von Erfahrung.

Im Anschluss an Benjamin hat Adorno damit auch eine andere Form von Geschichtsschreibung im Sinn; und zwar eine, die Geschichte nicht bloß als Abfolge historischer Ereignisse und ‚großer Männer' erzählt, sondern über das Moment des Innehaltens, des passiven Überlassens an das Detail erst solcher Konstellationen gewahr wird, die „eine bestimmte Epoche aus dem homogenen Verlauf der Geschichte herauszusprengen"[233] vermag. Proust schärft nach Adorno den Blick für eine andere Auffassung von Zeit, die auch dazu in der Lage wäre, Erfahrung in der Gegenwart neu zu machen. Benjamin nennt dafür die Voraussetzung: „Die nahr-

---

[231] Vgl. dazu auch Benjamin: „Dieser [der Begriff der mémoire involontaire, P.G.] trägt die Spuren der Situation, aus der heraus er gebildet wurde. Er gehört zum Inventar der vielfältig isolierten Privatperson. Wo Erfahrung im strikten Sinn obwaltet, treten im Gedächtnis gewisse Inhalte der individuellen Vergangenheit mit solchen der kollektiven in Konjunktion. [...] Willkürliches und unwillkürliches Eingedenken verlieren so ihre gegenseitige Ausschließlichkeit." Benjamin, Über einige Motive bei Baudelaire. GS I.2, S. 611.
[232] Adorno, Negative Dialektik. GS 6, S. 366 f.
[233] Benjamin, Über den Begriff der Geschichte. GS I.2, S. 703.

hafte Frucht des historisch Begriffenen hat die Zeit als den kostbaren, aber des Geschmacks entratenden Samen in ihrem *Innern*."[234] Bei Proust ist diese Fähigkeit gerade nicht mit Sensibilität zu verwechseln, sondern eine bewusst angewandte literarische Verfahrensweise: „Seine pathetische Empfindlichkeit, sein Preisgegebensein an die Valeurs des Konkreten untersteht einer heroischen Disziplin. Buchstäblich soll nichts verloren gehen."[235]

Prousts Werk arbeitet Adorno zufolge auch deswegen einer anderen Form des Allgemeinen zu, weil es dem Zufall, von dem die unwillkürliche Erinnerung abhängt, „eine quere, irrationale Allgemeinheit"[236] verleiht. Proust steht damit in der Tradition des modernen Romans, der durch die von Lukács in seiner 1916 erschienenen *Theorie des Romans* herausgearbeiteten Kategorie des Kontingenten charakterisiert ist. Diesem zufolge sei der neuzeitliche Roman von einem umfassenden Sinnverlust gekennzeichnet und stelle sich als eine „Epopöe der gottverlassenen Welt"[237] dar. Nach Adorno wird das Prinzip des Zufalls in der *Recherche* vor allem auch durch die an die unwillkürliche Erinnerung anschließenden zahlreichen Assoziationsketten literarisch umgesetzt.[238] Bei Proust ist der Zufall Adorno zufolge jedoch nicht „gänzlich sinnverlassen", er führt vielmehr „einen Schein von Notwendigkeit mit sich": „[A]ls wäre doch ins Dasein, wirr, äffend, geisternd in seinen dissoziierten Bruchstücken, ein Bezug auf Sinn eingesprengt".[239] Er bezeichnet dies als „Konstellation einer bloß negativ zu spürenden Notwendigkeit in dem ganz Zufälligen", die „das besessen individuierte Werk Prousts hoch über die eigene Individuation" reißt – dort „legt er das Allgemeine frei", durch welches das Besondere vermittelt ist.[240] Diese Allgemeinheit

---

234 Benjamin, Über den Begriff der Geschichte. GS I.2, S. 703. Hervorhebung im Original. Vgl. zum Begriff der Erfahrung bei Adorno und Benjamin auch Kapitel III.4. und VI.1. dieser Arbeit.
235 Adorno, Zu Proust. 2. ›Im Schatten junger Mädchenblüte‹. GS 11, S. 674.
236 Adorno, Kleine Proust-Kommentare. GS 11, S. 211. Vgl. zum Zufall als literarischer Verfahrensweise auch Kapitel IV.2. dieser Arbeit.
237 Georg Lukács, Die Theorie des Romans. Ein geschichtsphilosophischer Versuch über die Formen der großen Epik, München 1994, S. 77. In diesem Zusammenhang findet sich auch Lukács berühmte Formulierung vom Roman als „Ausdruck der transzendentalen Obdachlosigkeit des Menschen" (S. 32).
238 Vgl. Adorno, Voraussetzungen. GS 11, S. 438 f. Vgl. zur literarischen Verfahrensweise der Assoziation auch Kapitel IV.2. dieser Arbeit.
239 Adorno, Kleine Proust-Kommentare. GS 11, S. 212.
240 Adorno, Kleine Proust-Kommentare. GS 11, S. 212. Vgl. ähnlich auch Benjamin, der die Abhängigkeit vom Zufall in der unwillkürlichen Erinnerung keineswegs als „etwas Selbstverständliches" versteht: „Diesen ausweglos privaten Charakter haben die inneren Anliegen des Menschen nicht von Natur. Sie erhalten ihn erst, nachdem sich für die äußeren die Chance vermindert hat, seiner Erfahrung assimiliert zu werden." Benjamin, Über einige Motive bei Baudelaire. GS I.2, S. 610.

ist nach Adorno aber die des Negativen. Indem Proust „das Sinnlose mit Sinn und Bedeutung" besetzt, legt er die brüchige Ideologie der Gesellschaft offen und zeigt, „was die Welt gemacht hat aus sich und aus uns".[241]

Deutlich wird dies vor allem, da Proust „jeden tröstlichen Zuspruch"[242] verweigert. Das deutet nach Adorno darauf hin, dass Proust eine Idee von Glück vertritt, die ähnlich wie die von Valéry lieber am Unmöglichen zugrunde geht als die Vorstellung des ganzen Glücks preisgibt.[243] Da Proust vor allem die Kindheit als Folie für die „Möglichkeit ungeschmälerter Erfahrung"[244] und damit für die Möglichkeit von Glück gilt, hat er Adorno zufolge alles zu verbannen versucht, was seine Technik der „Reaktionsfähigkeit des Kindes abstumpfen" könnte: „Die Treue zur Kindheit ist eine Idee des Glücks, das Proust um nichts in der Welt sich wollte abhandeln lassen."[245] Durch die Erinnerung an ein Gewesenes, das durch die Erzählung Prousts in der Gegenwart Gestalt gewinnt und damit die Sicht auf das Vergangene verändert, kann die Kindheit zugleich zu einem Bild werden, das auf die Zukunft verweist. Das Festhalten an einem umfassenden Begriff von Erfahrung, der bei Proust an die Vorstellung der Kindheit gebunden ist, ermöglicht es ihm daher „so zu sein, wie einmal alle sein müßten"[246]. Damit geht aber die rigide Zurückweisung von all dem einher, was eine vollumfängliche Erfahrung und damit Glück im eigentlichen Sinn verhindert: „Indem er aber mit keinem Glück sich zufrieden gibt als dem ganzen, wird sein Glücksbedürfnis eines mit dem nach der ungeschmälerten, von keiner Konvention versperrten Wahrheit." Diese Wahrheit beinhaltet das Leiden an der Gesellschaft, sie ist „Schmerz, Enttäuschung, Wissen vom falschen Leben". Mit „schrankenlose[r] Leidensfähigkeit" erzählt er daher die „Geschichte vom unerreichten oder gefährdeten Glück".[247]

Gegenstand dieser Geschichte ist vor allem die unglückliche Liebe, die nach Adorno als Eifersucht in der *Recherche* die „Einheit des Mannigfaltigen"[248] stiftet.

---

241 Adorno, Kleine Proust-Kommentare. GS 11, S. 212.
242 Adorno, Kleine Proust-Kommentare. GS 11, S. 212.
243 Vgl. dazu Kapitel III.1. dieser Arbeit. Zum Unterschied von Valérys und Prousts literarischen Verfahren sei auf Adornos 1953 geschriebenen Essay *Valéry Proust Museum* verwiesen, in dem Adorno anhand von Valérys Abneigung gegen und Prousts Vorliebe für das Museale ihre unterschiedlichen literarischen Ansätze zu beschreiben versucht; Adorno, Valéry Proust Museum. GS 10.1, S. 181–194.
244 Adorno, Zu Proust. 2. ›Im Schatten junger Mädchenblüte‹. GS 11, S. 673.
245 Adorno, Zu Proust. 2. ›Im Schatten junger Mädchenblüte‹. GS 11, S. 673.
246 Adorno, Zu Proust. 2. ›Im Schatten junger Mädchenblüte‹. GS 11, S. 674. Alle weiteren Zitate dieses Abschnitts beziehen sich auf diese Seite.
247 Adorno, Zu Proust. 2. ›Im Schatten junger Mädchenblüte‹. GS 11, S. 675.
248 Adorno, Zu Proust. 2. ›Im Schatten junger Mädchenblüte‹. GS 11, S. 675.

Insbesondere in dem Band *Die Gefangene* wird das Thema Eifersucht in all seinen Facetten durchgespielt. Der Erzähler berichtet hier davon, wie er seine Geliebte Albertine bei sich hat einziehen lassen, ihrer Treue jedoch misstraute und sie auf Schritt und Tritt überwachte. Ihre mutmaßlichen sexuellen Eskapaden zermürbten und quälten ihn sehr, zugleich wird er nicht müde zu betonen, dass er Albertine schon gar nicht mehr geliebt habe:

> Ohne mich im geringsten in Albertine verliebt zu fühlen, ohne die Augenblicke, die wir zusammen verlebten, unter die Zahl meiner Freuden einzureihen, beschäftigte ich mich doch unaufhörlich damit, wie sie ihre Zeit verbrachte; gewiß war ich aus Balbec geflüchtet, um sicher zu sein, daß sie diese oder jene Person nicht mehr sehen könne, von der ich so sehr fürchtete, sie werde lachend, vielleicht sogar lachend über mich, mit ihr etwas Schlechtes tun, daß ich geschickt versucht hatte, mit einem einzigen Schlag durch meine Abreise solche üblen Beziehungen samt und sonders zu lösen.[249]

Nach Adorno unterläuft das im Roman geschilderte Verhältnis von Liebe und Eifersucht in zweifacher Weise die gängige Vorstellung davon. Einerseits wird durch die detaillierte Schilderung der Eifersucht deutlich, dass diese das Gegenteil von Liebe ist, da sie auf einem Besitzverhältnis beharrt, „das die Geliebte zum Ding macht, und frevelt so gegen die Spontaneität, an der Liebe ihre Idee hat"[250]. Mit Spontaneität meint Adorno in Anlehnung an Kant „die Fähigkeit zum Tun, Hervorbringen, Erzeugen", die aber – insbesondere im Falle der Liebe – „unwillkürlich, nicht mit dem bewußten Willen des je Einzelnen identisch" ist.[251] Indem der Erzähler während seiner Beziehung mit Albertine immer versuchte, sie zu ‚besitzen' und ständig zu kontrollieren, hat er genau jene Spontaneität eingebüßt und seine Liebe der Tauschlogik der bürgerlichen Gesellschaft unterworfen:

> Liebe erkaltet am Wert, den das Ich sich selber zuschreibt. Sein Lieben erscheint ihm als ein mehr Lieben, und wer mehr liebt, setzt sich ins Unrecht. Er macht sich der Geliebten verdächtig, und auf sich selbst zurückgeworfen, erkrankt seine Neigung an possessiver Grausamkeit und selbstzerstörender Einbildung.[252]

Dagegen betont Adorno mit Bezug auf eine Zeile aus Hölderlins Gedicht *Tränen* das selbstlose Moment der Liebe, das Freiheit zu seiner unbedingten Voraussetzung hat: „Das Geheimnis der Gerechtigkeit in der Liebe ist die Aufhebung des

---

249 Proust, Auf der Suche nach der verlorenen Zeit. Bd. 9: Die Gefangene, S. 25.
250 Adorno, Kleine Proust-Kommentare. GS 11, S. 212.
251 Adorno, Wörter aus der Fremde. GS 11, S. 230.
252 Adorno, Minima Moralia. GS 4, S. 191 (Ne cherchez plus mon cœur).

Rechts, auf die Liebe mit sprachloser Gebärde deutet. ‚So muß übervorteilt / Albern doch überall sein die Liebe.'"[253]

Die Eifersucht bei Proust bleibt andererseits aber nicht „bloß der ohnmächtige Versuch, die Flüchtige festzuhalten", sondern „es möchte diese Eifersucht, wie Proust das Leben, Liebe wiederherstellen".[254] Diese Wiederherstellung gelingt allerdings nur „um den Preis der Individuation der Geliebten. Sie muß, um unbeschädigt zu sein von der eigenen Lüge, in Natur sich zurückverwandeln, ins Gattungswesen"[255]. Adorno denkt dabei an die zahlreichen Erinnerungen des Erzählers an die schlafende Albertine, die in seinen Beschreibungen alles verliert, „wodurch sie nach der Ordnung der Welt zum Charakter wird"[256]. Diese Formulierung Adornos stimmt fast wörtlich mit der des Erzählers überein:

> Sobald Albertine die Augen schloß und das Bewußtsein verlor, hatte sie nacheinander die verschiedenen menschlichen Charaktere abgelegt, die mich enttäuscht hatten seit dem Tage, an dem ich ihre Bekanntschaft gemacht. Sie war dann nur noch von dem unbewußten Leben der Pflanzenwelt, der Bäume beseelt, einem Leben, das von dem meinen verschiedener und ihm fremder war und mir doch mehr gehörte. Ihr Ich entschlüpfte mir nicht mehr unaufhörlich, wie bei jedem Geplauder mit ihr, durch die Ausgänge uneingestandener Gedanken oder ihres Blicks. Sie hatte dann alles, was von ihr draußen gewesen war, wieder in sich versammelt, sie hatte sich selbst in ihren Körper geflüchtet, sich darin eingeschlossen, sie ging darin auf. Indem ich ihn unter meinem Blick, in meinen Händen hielt, erlebte ich jenes Gefühl, sie ganz und gar zu besitzen, das ich niemals hatte, wenn sie aufgewacht war. Ihr Leben war mir untertan, zu mir entsandte es seinen leichten Hauch. [...] Was ich dann empfand, war eine so reine, immaterielle, geheimnisvolle Liebe, als befände ich mich im Angesicht der unbeseelten Schöpfung vor den Schönheiten der Natur. Tatsächlich aber hörte sie, sobald sie tiefer schlief, sogar auf, auch nur noch eine Pflanze zu sein, die sie gewesen war; ihr Schlaf, an dessen Gestade ich mit immer neuer Lust träumte, so daß ich nicht müde wurde, sie immer wieder zu kosten, war eine ganze Landschaft für mich. Ihr Schlaf rückte etwas so Ruhevolles, so sinnlich Köstliches dicht an meine Seite wie etwa die Vollmondnächte in der Bucht von Balbec, die friedlich geworden war wie ein See, über dem sich die Zweige kaum regen, und wo man, im Sande ausgestreckt, ewig die Brandung sich brechen hört.[257]

Unter dem Blick des Erzählers verliert Albertine ihre Persönlichkeit und wird zu einer Projektionsfläche für seine ‚Bilder' von ihr. In dem Moment, in dem er sie betrachten und mit seinen Vorstellungen belegen kann, ruht seine Eifersucht; Albertine und ihre gemeinsame Liebe wird zur Fiktion des Erzählers:

---

[253] Adorno, Minima Moralia. GS 4, S. 187 (Golden Gate).
[254] Adorno, Kleine Proust-Kommentare. GS 11, S. 212f.
[255] Adorno, Kleine Proust-Kommentare. GS 11, S. 213.
[256] Adorno, Kleine Proust-Kommentare. GS 11, S. 213.
[257] Proust, Auf der Suche nach der verlorenen Zeit. Bd. 9: Die Gefangene 1, S. 91f.

> Gewöhnlich aber, wenn Albertine schlief, schien sie ihre Unschuld wiedergefunden zu haben. In der Stellung, die ich ihr gegeben und die sie im Schlaf sehr schnell sich zu eigen gemacht hatte, sah sie aus, als vertraute sie sich mir vollkommen an. Ihr Gesicht hatte jeden Ausdruck von Schlauheit oder Gewöhnlichkeit verloren, und zwischen ihr und mir [...] schien ein vollkommenes gegenseitiges Hingegebensein, unauflösliche Verbundenheit zu bestehen.[258]

Zugleich ist es nach Adorno gerade die Eifersucht, welche die Liebe rettet, da jene den Erzähler überhaupt erst zur genauen Beobachtung und Reflexion ‚befähigt'. Diese Rettung gelingt ihm jedoch nur in der Imagination, in der Albertine eine neue „Individualität" erhält, nämlich „jene andere und bessere, der Liebe gilt, die des Bildes, das jeder Mensch verkörpert und das ihm selber so fremd ist". Dass Liebe immer auch auf Projektion beruht, veranschaulicht Proust, so Adorno, in dem Bild, das der Erzähler von der schlafenden Albertine entwirft:

> Sich lösend ins Amorphe gewinnt sie die Gestalt ihres unsterblichen Teils, an welche Liebe sich heftet: die blickloser, bilderloser Schönheit. [...] Diese Schönheit gewährt, was das Dasein verweigert, Geborgenheit, aber im Verlorenen. Die arme, hinfällige, verwirrte Liebe findet Unterschlupf, wo die Geliebte dem Tode sich anähnelt. Seit dem zweiten Akt des Tristan ist, im Zeitalter des Verfalls von Liebe, diese nicht inniger verherrlicht worden als in der Beschreibung von Albertines Schlaf, die mit erhabener Ironie den Erzähler Lügen straft, der seine Liebe verleugnet.[259]

Sieht man einmal von dem bei Proust wie bei Adorno sich artikulierenden, recht fragwürdigen Bild von weiblicher Schönheit ab,[260] so kommt es letzterem hier vor allem darauf an zu zeigen, dass Prousts Roman es letztlich auf der Ebene der Erzählung – sogar gegen die offenkundigen Beteuerungen des intra-

---

258 Proust, Auf der Suche nach der verlorenen Zeit. Bd. 9: Die Gefangene 1, S. 151.
259 Adorno, Kleine Proust-Kommentare. GS 11, S. 213. Vgl. zum Zerfall von Liebe im Zeitalter des Kapitalismus auch Erich Fromm, Die Kunst des Liebens, Frankfurt am Main/Berlin/Wien 1980, bes. S. 95–118. Fromms Studie ist erstmals 1956 erschienen.
260 Das in der Literatur so häufig bemühte Motiv der schönen weiblichen Leiche erklärt Elisabeth Bronfen als eine männliche Bewältigung der Angst vor dem Tod. Um die männliche Identität vor der Gewalt des Todes zu schützen, wird dieser auf die Frau verschoben und durch die Darstellung ihrer ‚Schönheit' verklärt. Die Schriften des Autors „werden von ihrem toten Körper handeln, aber auch von seiner Schreibweise, seinem Blick, seiner Männlichkeit und seinem Überleben. Über die Leiche der toten Frau wird er seinen Status als Subjekt sichern." Zugleich „steht er von nun an unter dem Signum des Todes. Sein Kontakt mit dem toten Körper *der Anderen* wird zum Zeichen seiner eigenen, unvermeidlichen und ohnmächtigen Unterwerfung unter den Tod. Er begehrt die weibliche Leiche (als Bild der Ganzheit), damit zugleich aber auch seine eigene zerbrechliche und sterbliche Natur. Jedoch – das Medium dieser Artikulation bleibt die tote Frau." Elisabeth Bronfen, Nur über ihre Leiche. Tod, Weiblichkeit und Ästhetik, München 1994, S. 26. Hervorhebung im Original.

diegetischen Erzählers – vermag, etwas von der verlorenen Liebe wiederherzustellen. Gerettet werden kann die Idee von Liebe allerdings nur als negative. Gerade weil Proust Adorno zufolge auch in der Liebe auf dem ‚ganzen' Glück besteht, kann er an der Idee von Liebe nur negativ und nur als Erinnerung festhalten:

> Auf die Frage nach der Möglichkeit von Glück antwortet er mit der Darstellung der Unmöglichkeit von Liebe. Ganz Selbst, absolut differenziert sein bedeutet zugleich Isolierung und abgründige Entfremdung. Fessellose Glücksmöglichkeit und Glücksbereitschaft verwehrt die eigene Erfüllung.[261]

Nur durch diesen radikalen Glücksanspruch Prousts erklärt sich auch die zunächst irritierende Analogie von Liebe und Tod, wie sie in der Beschreibung der schlafenden Albertine ihren Ausdruck findet: „Ihr Schlaf bedeutete nur ein Auslöschen ihres sonstigen Lebens, ein monotones Schweigen, aus dem von Zeit zu Zeit vertraute Zärtlichkeitsworte aufflatterten."[262] Liebe und Tod sind bei Proust nach Adorno daher so eng verbunden, weil bei jenem „alles Einzelne und Vergängliche nichtig wie in der Hegelschen Philosophie"[263] wird:[264] „Die Polarität von Glück und Vergänglichkeit verweist ihn auf die Erinnerung. In ihr allein stellt unbeschädigte Erfahrung weit über die Unmittelbarkeit hinaus sich her, und durch sie scheint im ästhetischen Bilde Altern und Tod überwunden". Es ist also wieder die Fähigkeit der Erinnerung, die allerdings in einer mündlich tradierten oder schriftlich fixierten Erzählung ihren Ausdruck finden muss, damit sie die Idee von Liebe zu retten vermag. Zugleich ist damit eine konsequente Absage an jedes ‚halbe' Glück verbunden:

> Dies Glück der Rettung, das sich nichts will abkaufen lassen, heißt aber auch: unbedingter Verzicht auf den Trost. Lieber wird um des ganzen Glücks willen das ganze Leben preisgegeben, als ein Zug von ihm hingenommen, der nicht gemessen wäre am Maß der äußersten Erfüllung. Das ist die innere Geschichte der Suche nach der verlorenen Zeit. Totale Erinnerung antwortet auf totale Vergängnis, und Hoffnung liegt einzig bei der Kraft, dieser Vergängnis innezuwerden und sie festzuhalten in der Schrift.

Indem die Erzählung also in allen Einzelheiten die Unmöglichkeit von Liebe durchexerziert, kann sie zugleich eine Vorstellung von glücklicher Liebe, die auf Freiheit, Vertrauen und Hingabe gegründet wäre, aufscheinen lassen. Literarisch

---

261 Adorno, Zu Proust. 2. ›Im Schatten junger Mädchenblüte‹. GS 11, S. 675.
262 Proust, Auf der Suche nach der verlorenen Zeit. Bd. 9: Die Gefangene 1, S. 151.
263 Adorno, Zu Proust. 2. ›Im Schatten junger Mädchenblüte‹. GS 11, S. 675. Alle weiteren Zitate dieses Abschnitts beziehen sich auf diese Seite.
264 Sicherlich kann man die Analogie von Liebe und Tod, die in den Beschreibungen der schlafenden Albertine hergestellt wird, auch als Vorausdeutung auf ihren Unfalltod lesen.

kann dies wieder nur durch aktive Passivität gelingen: Aktiv ist der unermüdliche Versuch, die Erinnerung „in der Schrift" festzuhalten, sie keinesfalls verloren zu geben; dies geschieht allerdings um den Preis der positiven Darstellung von Liebesglück – dieser gegenüber muss sich der Erzähler passiv verhalten. Darum beschließt Adorno seine Reflexionen mit dem Satz: „Proust ist ein Märtyrer des Glücks."

4 Hinwendung zum Offenen – Friedrich Hölderlin

Seine bisherigen Überlegungen denkt Adorno in dem 1964 erschienenen Essay *Parataxis*[265] mit Bezug auf die poetische Verfahrensweise Friedrich Hölderlins konsequent weiter, ergänzt jene aber um den Gedanken der Selbstreflexion des Subjekts als Teil der Natur. Hölderlins gesamte poetische Verfahrensweise ist Adorno zufolge wesentlich durch „Fügsamkeit" gegenüber der Sprache gekennzeichnet: „Die Sublimierung primärer Fügsamkeit aber zur Autonomie ist jene oberste Passivität, die ihr formales Korrelat in der Technik des Reihens fand. Die Instanz, der Hölderlin nun sich fügt, ist die Sprache."[266] Hölderlin unterwirft sich wie Valéry gänzlich den Formbedingungen des Materials und schafft sich damit gleichsam ‚zum Instrument der Sprache um'. Hölderlins Anpassung an die Anforderungen des Kunstwerks geschieht Adorno zufolge vor allem durch das technische Prinzip der Reihung, das keine Hierarchien kennt und auf subsumtionslogische Verfahren der Sinn- und Welterschließung verzichtet, vielmehr dem passiven sich Anschmiegen an das Material verpflichtet ist: „Unwiderstehlich zieht es Hölderlin zu solchen Bildungen."[267] Mit Rekurs auf Benjamins Interpretation von Hölderlins Gedicht *Blödigkeit* bestimmt Adorno das Parataktische dann als grundsätzliche Haltung Hölderlins: „‚In die Mitte des Lebens versetzt, bleibt ihm nichts als das reglose Dasein, die völlige Passivität, die das Wesen des Mutigen' sei."[268]

---

[265] Der Essay war zunächst als Vortrag konzipiert, den Adorno 1963 auf der Jahresversammlung der Hölderlin-Gesellschaft hielt. Ausführlich zu den Kontexten des *Parataxis*-Essays vgl. Kapitel V.1.3. dieser Arbeit.
[266] Adorno, Parataxis. GS 11, S. 475.
[267] Adorno, Parataxis. GS 11, S. 471.
[268] Adorno, Parataxis. GS 11, S. 475. Adorno zitiert hier Benjamin, Zwei Gedichte von Friedrich Hölderlin. GS II.1, S. 125. Vollständig lautet es bei Benjamin zur Haltung des Dichters: „In die Mitte des Lebens versetzt, bleibt ihm nichts als das reglose Dasein, die völlige Passivität, die das Wesen des Mutigen ist; als sich ganz hinzugeben der Beziehung. Sie geht von ihm aus und auf ihn zurück."

Hölderlins „Ideal" der Kunst wagt „in der Gestalt der Sprache sich vor bis zur Absage ans schuldhafte, gespaltene, in sich antagonistische Leben".[269] Seine Begriffe lösen sich laut Adorno von der individuellen Erfahrung, da sie um die Bedeutung des Allgemeinen wissen; seine durch Begriffe repräsentierten Abstrakta emanzipieren sich von der Singularität der individuellen Erfahrung und machen diese dadurch erst „beredt"[270]. Gegen die Synthesis von Allgemeinem und Besonderem setzt Hölderlin Adorno zufolge parataktische Konstruktionen als Störungen ein, „welche der logischen Hierarchie subordinierender Syntax ausweichen"[271]. Dagegen nimmt Hölderlins Dichtung vielmehr den Rhythmus eines musikalischen Verlaufs an,[272] der sich gegen Harmonie sträubt und stattdessen Gereihtes als Unverbundenes nebeneinander stellt: „Vermittlung wird ins Vermittelte selbst gelegt anstatt zu überbrücken."[273] Seine Dichtung stellt „Korrespondenzen" zwischen weit entfernt scheinenden Figuren und Schauplätzen her – etwa zwischen Jesus Christus und antiken Gottheiten – und neigt dazu, „Zeiten durcheinander zu schütteln, Entlegenes und Unverbundenes zu verbinden".[274]

Wie Proust behauptet Hölderlin sich damit gegen ein Verfahren, welches das Besondere einfach unter das Allgemeine subsumiert und/oder das Besondere nur als Fall des Allgemeinen auffasst. Er entwickelt dagegen eine poetische Verfahrensweise, die durch parataktische Konstruktionen gegen eine Sprache opponiert, die den Eigenwert des Besonderen durch subsumptionslogische Verfahren reduziert und unterdrückt; durch diese latente Form der Kritik an und Selbstreflexion von Sprache kann Hölderlin ihre potentiell andere Ausdrucks- und Bedeutungsmöglichkeiten überhaupt erst freilegen. Dabei verkennt er nicht den grundsätzlich dialektischen Charakter von Sprache:

> Die parataktische Auflehnung wider die Synthesis hat ihre Grenze an der synthetischen Funktion von Sprache überhaupt. Visiert ist Synthesis von anderem Typus, deren sprachkritische Selbstreflexion, während die Sprache Synthesis doch festhält. Deren Einheit zu brechen, wäre dieselbe Gewalttat, welche die Einheit verübt; aber die Gestalt der Einheit wird von Hölderlin so abgewandelt, daß nicht bloß das Mannigfaltige in ihr widerscheint –

---

269 Adorno, Parataxis. GS 11, S. 466.
270 Vgl. Adorno, Parataxis. GS 11, S. 466.
271 Adorno, Parataxis. GS 11, S. 471.
272 Vgl. hierzu auch Johann Kreuzer, Ästhetisches Tun: Die Verfahrensweise des poëtischen Geistes. In: Daniel Martin Feige (Hg.), Ästhetische und handlungstheoretische Perspektiven, Bielefeld 2015, S. 73–92, bes. S. 88; Achim Vesper, Kunst als Erschütterung der Kategorie des Sinns? Adornos Ästhetik und Hölderlin. In: Friedrich Vollhardt (Hg.), Hölderlin in der Moderne. Kolloquium für Dieter Henrich zum 85. Geburtstag, Berlin 2014, S. 195–209, hier: S. 202f.
273 Adorno, Parataxis. GS 11, S. 473.
274 Vgl. Adorno, Parataxis. GS 11, S. 479.

das ist in der herkömmlichen synthetischen Sprache ebenfalls möglich –, sondern daß die Einheit selber anzeigt, sie wisse sich als nicht abschlußhaft.[275]

Hölderlin gelingt es so, gegen das klassizistische Ideal der Einheit die Vielfalt und das Nebeneinander des Mannigfachen zu setzen, und dadurch die Einheit nicht als absolut (als dem Mannigfachen immer schon zugrundeliegendes Ordnungsprinzip), sondern als Konstruktion sichtbar werden zu lassen.[276] Gerade durch die parataktische Gestaltung und das harte Aneinanderreihen heteronom erscheinender Inhalte erschüttert Hölderlin Adorno zufolge die Kategorie des Sinns, „denn dieser konstituiert sich durch den sprachlichen Ausdruck synthetischer Einheit"[277].

Dadurch wird in Hölderlins Dichtung das Primat des souveränen, gesetzgebenden Subjekts in Frage gestellt. Nach Adorno begreift Hölderlin sehr genau den „Doppelcharakter"[278] der Sprache, die als begrifflich-prädikative dem subjektiven Ausdruck entgegensteht. Die Eigenart der Sprache ist es, vermöge ihrer Allgemeinheit sich des mimetisch Ausdruckshaften zu bemächtigen und es auf ein „je schon Vorgegebenes und Bekanntes"[279] zu reduzieren. Die Besonderheit der Hölderlin'schen Dichtung besteht nun gerade nicht darin, die expressive Sprachfunktion der prädikativen vorzuordnen, sondern die prädikative Sprachverwendung selbst zu dekonstruieren.[280] Denn auch die subjektiven Ausdrücke bedürfen der (prädikativen) Sprache, um sich überhaupt zu äußern. In Adornos Charakterisierung begreift Hölderlin genau diese dialektische Bewegung, weshalb seine Sprachkritik „sich darum in der Gegenrichtung zum Subjektivierungsprozeß"[281] bewegt. Hölderlin „korrigiert den Vorrang des Subjekts"[282], indem er den suggestiven Schein auflöst, die sprachlich erscheinende Wahrheit sei identisch mit Subjektivität. Die sprachliche Verfahrensweise Hölderlins revidiert jene angenommene

---

275 Adorno, Parataxis. GS 11, S. 476 f.
276 In seiner 1963 parallel zur Abfassung des Hölderlin-Vortrags gehaltenen Vorlesung *Probleme der Moralphilosophie* konstatiert Adorno mit Blick auf Hölderlin, dass gegen den Gedanken der absoluten Einheit gerade jene „aufs allerschroffste sich aufgelehnt, und diesen Gedanken der Verabsolutierung des Einen und der Einheit so interpretiert [haben], daß die wahre Einheit eigentlich die Versöhnung des Vielen sei und nicht eine Identität, die indem sie sich herstellt, eigentlich bereits dem Gewalt antut, worüber sie ergeht." Adorno, Probleme der Moralphilosophie. NL 4, Bd. 10, S. 88.
277 Adorno, Parataxis. GS 11, S. 477.
278 Adorno, Parataxis. GS 11, S. 477.
279 Adorno, Parataxis. GS 11, S. 477.
280 Vgl. Vesper, Kunst als Erschütterung, S. 204.
281 Adorno, Parataxis. GS 11, S. 477.
282 Adorno, Parataxis. GS 11, S. 478. Alle weiteren Zitate dieses Abschnitts beziehen sich auf diese Seite.

Synthesis von Subjekt und Sprache und offenbart dadurch, dass „das Subjekt, das sich als Unmittelbares und Letztes verkennt, durchaus ein Vermitteltes sei". Dabei geht es Adorno in seinem Verständnis von Hölderlins Dichtung nicht um eine strikte Zurückweisung von Subjektivität, sondern wesentlich um die Errettung von deren Ausdrucksfähigkeit; dies kann jedoch nur durch eine parataktische, sich gegen Synthesis auflehnende Verfahrensweise gelingen: „Indem die Sprache die Fäden zum Subjekt durchschneidet, redet sie für das Subjekt, das von sich aus – Hölderlin war wohl der erste, dessen Kunst das ahnte – nicht mehr reden kann."

Indem Adorno Hölderlins Dichtung eine Musikähnlichkeit attestiert, kann er zugleich darauf verweisen, dass Synthesis bei Hölderlin nicht völlig negiert wird, dass sie aber nicht mehr sprachlich, sondern wesentlich musikalisch erfahren werden kann, denn „große Musik ist begriffslose Synthesis"[283]. Gelungene musikalische Werke verweisen Adorno zufolge durch ihre mimetisch-ausdruckshaften Elemente auf die „freigelassene, verströmende Natur, die nicht länger im Bann von Naturbeherrschung" steht.[284] Die Sprache dagegen ist „an die Form von Urteil und Satz und damit an die synthetische Funktion des Begriffs gekettet"[285]. Deutlich wird hier, wie eng Adorno Synthesis und Naturbeherrschung zusammendenkt. Um Synthesis von ihrer allein (natur-)beherrschenden Funktion zu lösen, muss sich in der Dichtung die „begriffslose Synthesis" gerade gegen ihr Medium, die Sprache, kehren: „[S]ie wird zur konstitutiven Dissoziation". Die Stärke der Hölderlin'schen Parataxis liegt also gerade darin, dass sie Synthesis auf der begrifflichen Ebene der Konstitution von Urteilen zurückweist, ihr musikalisch jedoch Gerechtigkeit widerfahren lässt: „Musikhaft ist die Verwandlung der Sprache in eine Reihung, deren Elemente anders sich verknüpfen als im Urteil."[286]

Bereits in seiner *Ästhetik-Vorlesung* von 1958/59 weist Adorno dem „Dissonanten und Disharmonischen das Primat vor Formen des Konsonanten und Harmonischen"[287] zu. Er erläutert hier eindringlich, weshalb allein das Disso-

---

283 Adorno, Parataxis. GS 11, S. 471.
284 In seinem Beethoven-Buch schreibt Adorno in ähnlicher Weise: *„Musik ist die Logik der urteilslosen Synthesis."* Adorno, Beethoven. NL 1, Bd. 1, S. 32. Hervorhebung im Original.
285 Adorno, Parataxis. GS 11, S. 471. Alle weiteren Zitate dieses Abschnitts beziehen sich auf diese Seite.
286 Adorno, Parataxis. GS 11, S. 471. Nach Philipp Hogh produziert die sprachliche Kunst daher „urteilslose Urteile". Sie generiere zwar immer noch Urteile, „das heißt, sie sagt etwas, aber das, was sie sagt, ist gemessen an den eindeutigen Bedeutungen, die ihren Elementen außerhalb der Kunst zukommt, unbestimmt. [...] Solche Urteile sind dann keine bestimmenden Urteile, weil hier zwischen den Elementen kein Verhältnis der Subsumtion besteht." Philipp Hogh, Urteilsformen. Zum Verhältnis der Sprache zur Sprache der Kunst. In: Ästhetische Aufklärung, S. 36–52, hier: S. 46.
287 Vesper, Kunst als Erschütterung, S. 203.

nante – wozu die parataktischen Konstruktionen Hölderlins durchaus zählen dürfen – einen Ausblick auf einen glücklicheren gesellschaftlichen Zustand zu formulieren vermag:

> Jede Dissonanz ist gewissermaßen ein Stück Eingedenken des Leidens, dem die Naturbeherrschung, dem überhaupt schließlich eine herrschaftliche Gesellschaft die Natur aussetzt, und nur in Gestalt dieses Leidens, nur in Gestalt der Sehnsucht – und Dissonanz ist ja immer wesentlich Sehnsucht und Leiden –, nur darin findet die unterdrückte Natur überhaupt ihre Stimme. Und deshalb haftet an der Dissonanz nicht nur dieses Moment des Ausdrucks der Negativität, dieses Leidens, sondern immer zugleich auch das Glück, der Natur ihre Stimme zu geben, etwas nicht Erfaßtes zu finden, etwas in das Kunstwerk hereinzuziehen, was – wenn ich den Ausdruck noch einmal verwenden darf – noch nicht domestiziert ist, sondern was gewissermaßen Neuschnee ist und was dadurch an das mahnt, was anders wäre als der immergleiche Betrieb der bürgerlichen Gesellschaft, in der wir alle Gefangene sind. [...] Das dissonierende Moment ist Schmerz und Glück in eins [...].[288]

Nach Adorno gestatten also gerade die „Störungsaktionen"[289] Hölderlins, die auf „begriffslose Synthesis" zielen, ein offenes Verstehen, in dem das Besondere und die Mannigfaltigkeit der Erscheinungen nicht einfach einem Allgemeinen oder einer Identitätslogik, welche das Besondere und die (chaotische) Mannigfaltigkeit unter bekannte Kategorien subsumiert, untergeordnet werden.[290] Die passiv-kontemplative Haltung gegenüber Formen übergreifender Synthesis ermöglicht es Hölderlins Dichtung erst, den „Doppelcharakter" von Sprache als zugleich begrifflich-prädikativer und mimetisch-ausdruckhafter freizulegen, um dann durch parataktische Konstruktionen gegen die naturbeherrschende Synthesis ebenso zu rebellieren wie gegen die Identifizierungslogik der Sprache. Denn die wesentliche Errungenschaft Hölderlins ist es, dass er der naturbeherrschenden Synthesis das naturhaft Chaotische nicht einfach in abstrakter Negation als Positives entgegensetzt, sondern jene zur Selbstreflexion anhält.[291] Ebenso muss aktive Passivität als wesentliche Voraussetzung für die Rezeption der Hölderlin'schen Lyrik angesehen werden; denn auf deren Dissonanz muss man sich zunächst ohne Vorannahmen (also auch ohne begriffliche Synthesen) einlassen, um ein nicht kategorial vorgestanztes offenes Verstehen überhaupt zu ermöglichen.[292]

Das Offene ist bei Adorno aufs Engste mit Glück verbunden. Dies lässt sich beispielhaft an seiner Interpretation von Hölderlins Hymne *Mnemosyne* und sei-

---

[288] Adorno, Ästhetik 1958/59. NL 4, Bd. 3, S. 66 f.
[289] Adorno, Parataxis. GS 11, S. 479.
[290] Vgl. Vesper, Kunst als Erschütterung, S. 203.
[291] Vgl. Adorno, Parataxis. GS 11, S. 484.
[292] Insbesondere Martin Heidegger wird von Adorno für seine nationalen und klassizistischen Vorannahmen und die Verherrlichung der Dichterpersönlichkeit scharf kritisiert; vgl. Adorno, Parataxis. GS 11, S. 452; siehe ausführlich dazu Kapitel V.1.3. dieser Arbeit.

nem Aphorismus *Sur l'eau* aus den *Minima Moralia* zeigen. Denn vom Standpunkt des Glücks aus betrachtet lassen sich Adornos Überlegungen noch einmal in einer anderen Weise verstehen als von der Forschung bisher vorgeschlagen. In der ersten Strophe der dritten Fassung von *Mnemosyne* heißt es:

> Aber bös sind
> Die Pfade. Nemlich unrecht,
> Wie Rosse, gehn die gefangenen
> Element' und alten
> Geseze der Erd. Und immer
> Ins Ungebundene gehet eine Sehnsucht. Vieles aber ist
> Zu behalten. Und Noth die Treue.
> Vorwärts aber und rükwärts wollen wir
> Nicht sehn. Uns wiegen lassen, wie
> Auf schwankem Kahne der See.[293]

Adorno versteht die letzten Zeilen des Gedichts als eine doppelte Absage: Zum einen an das Verschieben des Glücks in die Zukunft, wodurch dieses nur „abstrakte Utopie" wird; zum anderen an die nostalgische Beschwörung eines vermeintlich glücklichen Zustandes in der Vergangenheit, die „jedoch um der Unwiederbringlichkeit des einmal Gestürzten willen" nicht wiederherzustellen ist.[294] Adornos Ausführungen sind dahingehend kritisiert worden, dass diese einer „Absage an das Rückwärtssehen"[295] Vorschub leisten oder das „rückwärtsgerichtete Erinnern"[296] verurteilen würden. Diese Einwände verkennen jedoch die konzeptionelle Nähe Adornos zu den geschichtsphilosophischen Thesen Benjamins. In diesen wird eine Verlagerung des Glücks in die Zukunft – was Benja-

---

[293] Friedrich Hölderlin, Mnemosyne. In: Hölderlin, Sämtliche Werke. Bd. 2: Gedichte nach 1800, hg. v. Friedrich Beissner, Stuttgart 1951, S. 197. Künftig zitiert: Hölderlin, Titel. StA Bandnummer, Seitenangabe.
[294] Adorno, Parataxis. GS 11, S. 483.
[295] Vgl. Bernhard Böschenstein, Theodor W. Adorno als Deuter Hölderlins. In: Georg Kohler/ Stefan Müller-Doohm (Hg.), Wozu Adorno? Beiträge zur Kritik und zum Fortbestand einer Schlüsseltheorie des 20. Jahrhunderts, Weilerswist 2008, S. 252–266, hier: S. 264. Böschenstein bietet insgesamt eine völlig andere Interpretation als Adorno an, da dieser seiner Meinung nach, die Zeilen der ersten Strophe ausschließlich „affirmativ verstanden und keinen Vorwurf aus der Formel ‚wollen wir / Nicht sehn' herausgehört" habe. Böschenstein geht dagegen davon aus, „dass der Wunsch, weder vorwärts noch rückwärts sehen zu wollen und sich ‚auf schwankem Kahne der See' wiegen zu lassen, verurteilt wird" bei Hölderlin (S. 263).
[296] Vgl. Vesper, Kunst als Erschütterung, S. 206. Außer im Hinblick auf den Stellenwert des Erinnerns in Adornos Hölderlin-Interpretationen, in dem meine Arbeit deutlich von der Vespers differiert, bildet sein Aufsatz ansonsten eine wichtige und instruktive Grundlage für meine Studie.

min der Sozialdemokratie als vermeintliche „Erlöserin *künftiger* Generationen"[297] schwer anlastet – ebenso abgelehnt wie eine nostalgische Beschwörung des Vergangenen. Benjamin richtet sich keineswegs gegen das Erinnern als solches, er weist aber entschieden darauf hin, dass das „Bild der Vergangenheit"[298] in der Jetztzeit konstruiert wird, das heißt, dass die Gegenwart einen entscheidenden Anteil an der Konstruktion des Vergangenen hat. Benjamin will Teile des Gewesenen gerade nicht verloren geben, aber er lehnt einen Begriff von Geschichte im Sinne des Historismus ab, der davon ausgeht, die Vergangenheit ließe sich gemäß einer idealen Chronik (wie es wirklich gewesen ist) rekonstruieren. Stattdessen geht es ihm darum, an Momenten des Vergangenen festzuhalten, die gerade keinen Eingang in eine auf Herrschafts- oder Staatsgeschichte setzende Geschichtsschreibung gefunden haben. Wichtig sei ein Standpunkt im Jetzt, der eine Anknüpfungsmöglichkeit für gegenwärtige Erfahrung biete: „Auf den Begriff einer Gegenwart, die nicht Übergang ist sondern in der die Zeit einsteht und zum Stillstand gekommen ist, kann der historische Materialist nicht verzichten."[299]

Für Benjamin ist dieser passivische, gegen lineare Fortschrittskonzeptionen gedachte Stillstand Voraussetzung für die „Tage des Eingedenkens"[300]. In diesem Sinne versteht Adorno die letzten beiden Hölderlin'schen-Zeilen vom Sich-Treibenlassen auf der See. Damit ist ihm zufolge eine kritische und selbstreflexive Fähigkeit beschrieben, nämlich „der reinen Passivität sich anzuvertrauen, um Gegenwart ganz zu erfüllen"[301]. Passivität bildet die Voraussetzung für das Eingedenken, das „dem Unterdrückten, dem die Treue zu bewahren sei"[302], gilt. Wie schon im Kapitel zu Proust gezeigt, richten sich also weder Adorno noch Benjamin gegen das Erinnern. Dies verdeutlicht auch eine spätere Stelle im Essay, in der Adorno fordert, „daß das Unterdrückte ins Bewußtsein aufgenommen, erinnert werde". Wichtig ist jedoch, „die Erfahrung von der Unrestituierbarkeit jenes Verlorenen" ernst zu nehmen und nicht blind eine (vermeintlich oder tatsächlich) ‚gute alte Zeit' heraufzubeschwören; nur so kann jene Erfahrung von der Unwiederbringlichkeit des Vergangenen „zur alleinigen Anweisung auf das Wahre, Versöhnte, den Frieden" werden.[303] Auch in der *Ästhetischen Theorie* plädiert Adorno aus rezeptionsästhetischer Perspektive nachdrücklich für das Erinnern: „Die Wir-

---

297 Benjamin, Über den Begriff der Geschichte. GS I.2, S. 700.
298 Benjamin, Über den Begriff der Geschichte. GS I.2, S. 695.
299 Benjamin, Über den Begriff der Geschichte. GS I.2, S. 702.
300 Benjamin, Über den Begriff der Geschichte. GS I.2, S. 701.
301 Adorno, Parataxis. GS 11, S. 483.
302 Adorno, Parataxis. GS 11, S. 483. Adorno bezeichnet den Dichter hier als den „Eingedenkenden".
303 Adorno, Parataxis. GS 11, S. 487.

kung der Kunstwerke ist die der Erinnerung, die sie durch ihre Existenz zitieren"[304]. Johann Kreuzer weist darauf hin, wie sehr Adornos und Hölderlins Vorstellungen in diesem Punkt miteinander korrespondieren:

> Die Forderung [Hölderlins, P.G.], ‚eine Erinnerung zu haben', ist zugleich ein Anspruch. ‚Eine Erinnerung zu haben', erfordert und *ist* ein produktives Tun: ein Hervorbringen, ein ‚Umschaffen' hätte Nietzsche vielleicht gesagt. Es ist die Produktivität eines ‚Erinnerungsfähigmachens', die sich hierin zeigt – sowohl nach der Seite derer, die erinnern, wie im Hinblick darauf, was erinnert wird. Erinnerungsfähig machen unterscheidet sich davon, etwas zum Objekt des Erinnerns zu machen. [...] Die Praxis, von der hier, oder das Wirklichwerden, von dem hier die Rede ist, betrifft sowohl die Seite produktiven wie die Seite rezeptiven Vermögens. Ästhetisches Handeln gelingt im Beleben beider.[305]

Adorno entsagt also keineswegs der Erinnerung, vielmehr betont er eine ‚produktive' Passivität, die eben nicht als Fatalismus oder bloße Untätigkeit verstanden werden darf, sondern erst die Voraussetzung für eine ‚Erinnerungsfähigkeit' und damit für die Erfahrung von Glück in der Gegenwart bilden kann. Ähnlich argumentiert Achim Vesper:

> Passiv verhält sich das Bewusstsein gegenüber Formen übergreifender Synthesis; offen gegenüber der Natur wiederum verhält es sich, indem es Gegenstände als etwas wahrnimmt, das unter mehr als eine oder unter unabschließbar viele Beschreibungen gebracht werden kann.[306]

Auch in seinem Aphorismus *Sur l'eau*, der ein Bild aus der gleichnamigen Novelle von Guy de Maupassant von 1876 aufnimmt, beschreibt Adorno, ganz ähnlich dem Schluss von *Mnemosyne*, das friedliche Sich-Treibenlassen auf dem Wasser als Glück. Ebenfalls in *Sur l'eau* geht es interessanterweise – und sicher mit Blick auf Benjamins Thesen – zunächst um eine scharfe Kritik am Fortschrittsglauben der Sozialdemokratie und des sowjetischen Sozialismus. Gegen deren Glücksentwürfe, die mit dem Leistungskatalog der instrumentellen Vernunft entlehnten Begriffen wie „Dynamik" und „Betriebsamkeit" operieren, setzt Adorno das friedliche und stille Dahintreiben auf dem Meer: „Keiner unter den abstrakten Begriffen kommt der erfüllten Utopie näher als der vom ewigen Frieden."[307] Passivität kann deswe-

---

304 Adorno, Ästhetische Theorie. GS 7, S. 359.
305 Kreuzer, Ästhetisches Tun, S. 90. Hervorhebung im Original.
306 Vesper, Kunst als Erschütterung, S. 206.
307 Adorno, Minima Moralia. GS 4, S. 178 f. (Sur l'eau). Auch Vesper meint, dass Adorno das Bild des schwankenden Kahns sowohl in *Sur l'eau* als auch in seiner Interpretation von *Mnemosyne* dazu nutzt, eine Utopie zu formulieren, „die eigentlich außerhalb der Reichweite seines Negativismus steht"; vgl. Vesper, Kunst als Erfüllung, S. 206. Da Vesper *Sur l'eau* jedoch nicht näher untersucht, kann er den Verbindungslinien zu Benjamins geschichtsphilosophischen Thesen und der Kritik am Fortschrittsglauben der Sozialdemokratie nicht genügend Auf-

gen die Voraussetzung für Glück und Frieden bilden, weil sie sich der Logik der Naturbeherrschung verweigert: „Denn alle Synthesis [...] geschieht wider die reine Gegenwart, als Beziehung aufs Vergangene und Künftige, jenes Rückwärts und Vorwärts, das von Hölderlins Tabu ereilt wird."[308]

Sowohl in *Sur l'eau* als auch in seiner Interpretation von *Mnemosyne* geht es Adorno also vorrangig um die Möglichkeit gegenwärtigen Glücks. Es soll weder in die Zukunft verlagert noch in der Vergangenheit gesucht werden, sondern sich in der Gegenwart erfüllen. Den Vorwürfen, die ihm in seiner *Mnemosyne*-Interpretation einen „Verzicht auf Erinnerung und Hoffnung"[309] anlasten, kann man entgegenhalten, dass Adornos Konzeption weitaus radikaler ist: Denn er fordert das Glück *in der Gegenwart*, das nicht immer schon durch Verweis auf eine bessere Zukunft oder bessere Vergangenheit überholt ist, als legitimen Anspruch aller Menschen. Dafür ist ein befriedetes Verhältnis zur Natur unabdingbar. Adorno beschreibt diesen Gedanken als Versöhnung von Genius und Natur: „Genius aber ist Geist, sofern er durch Selbstreflexion sich selbst als Natur bestimmt", er ist „das versöhnende Element am Geist, das nicht in Naturbeherrschung sich erschöpft".[310] Adornos Argumentation geht nach Vesper dahin,

> dass die Passivität in Selbstreflexion und nicht in einem Rückgang auf einen nicht von Reflexion geprägten Zustand besteht und der Frieden nicht durch Schicksal über die Menschen kommt, sondern durch menschliches Verhalten gegenüber der Natur herbeigeführt wird – durch ein Verhalten, das von einem Bewusstsein für den partiellen Charakter begrifflicher Bestimmung geleitet ist.[311]

Kritik am begriffslogisch-subsumierenden Denken und eine passive Haltung gegenüber Naturbeherrschung sind nach Adorno entscheidende Voraussetzungen für einen glücklichen Zustand, in dem Natur und Geist, Natur und Kultur aufeinander verwiesen sind:[312] „Ohne Einheit wäre in der Sprache nichts als diffuse Natur; absolute Einheit war der Reflex darauf. Demgegenüber zeichnet bei Hölderlin sich ab, was erst Kultur wäre: empfangene Natur."[313] Dass Hölderlin die Sprache übers Subjekt erhebt, ist für Adorno gerade der Einsatzpunkt, das passivische Moment von dessen Dichtung zu betonen. Dieses erst vermag der unterdrückten Natur zu ihrem Recht zu verhelfen. Mit Blick auf Hölderlins Ode

---

merksamkeit schenken. Diese Verbindungslinien sind jedoch meines Erachtens entscheidend, um Adornos Vorstellung vom Glück in der Gegenwart zu verstehen.
308 Adorno, Parataxis. GS 11, S. 483.
309 Vesper, Kunst als Erschütterung, S. 206.
310 Adorno, Parataxis. GS 11, S. 488.
311 Vesper, Kunst als Erschütterung, S. 206.
312 Vgl. auch Vesper, Kunst als Erschütterung, S. 206.
313 Adorno, Parataxis. GS 11, S. 477.

Dichtermuth, in der es heißt: „Drum! so wandle nur wehrlos / Fort durch's Leben, und sorge nicht!"[314] erkennt Adorno bei diesem eine Verfahrensweise, die sich wie bei Kafka das „Prinzip zur Gewaltlosigkeit"[315] zu eigen macht und die sich wesentlich gegen Naturbeherrschung richtet: „Denn Versöhnung, an der Naturverfallenheit ihr Ende erreicht, ist nicht über Natur als ein schlechthin Anderes, das vermöge seiner Andersheit abermals nur Herrschaft über Natur sein könnte und durch Unterdrückung an ihrem Fluch teilhätte."[316] Uneingeschränkter Frieden muss daher die Versöhnung mit der Natur einschließen. Am Ende seines Essays betont Adorno ähnlich eindringlich wie in Bezug auf Valéry das utopische Potential von Hölderlins Lyrik:

> Die metaphysische Passivität als Gehalt der Hölderlinischen Dichtung verschränkt sich wider den Mythos mit der Hoffnung auf eine Realität, in welcher die Menschheit jenes Bannes der eigenen Naturbefangenheit ledig wäre, der in ihrer Vorstellung vom absoluten Geiste sich spiegelte.[317]

Adorno denkt Versöhnung hier in dem äußerst emphatischen Sinne, in dem vor allem die großen monotheistischen Religionen das Glück der Erlösung in der Perspektive eines von Angst und Leid vollkommen befreiten Lebens versprochen haben. Eine solche Vorstellung muss sich gegen den Mythos als Schicksalszusammenhang richten, in dem Glück keine Rolle spielte, da die durch die Übermacht der Natur und der feindlich gesinnten Götter bewirkte Ohnmacht des Menschen im Vordergrund der Erwartungen und des Handelns standen. Die den Mythos entzaubernde Aufklärung und der sich an sie anschließende, ihre Intentionen aufnehmende und weiterentwickelnde deutsche Idealismus haben jenes religiöse Glücksversprechen wieder aufgegriffen und gleichsam säkularisiert, indem es in der Handlung als tätige Überwindung von Hindernissen und in der Reflexion als „Arbeit des Begriffs"[318] thematisiert wurde. Mit Bezug auf Hegels Begriff vom „absoluten Geiste" meint Adorno ein Subjekt, das sich von seiner Naturhaftigkeit und -befangenheit gelöst hat. Dagegen steht ihm zufolge die „metaphysische Passivität" von Hölderlins Dichtung. Diese reagiert auf eine Überhöhung des Subjekts, das sich als absoluter Geist nicht nur von der mythischen Naturverfallenheit, sondern auch von seiner Naturhaftigkeit vollständig loszulösen versucht hat. Hölderlin hat dagegen eine Form der Passivität anempfohlen, die Hoffnung auf eine Versöhnung auszudrücken vermag,

---

314 Hölderlin, Dichtermuth. StA 2, S. 62.
315 Adorno, Parataxis. GS 11, S. 489.
316 Adorno, Parataxis. GS 11, S. 490.
317 Adorno, Parataxis. GS 11, S. 491.
318 Hegel, Phänomenologie des Geistes. Bd. 3, S. 65.

die sich nicht erst wie in der christlichen Religion zukünftig, im Paradies verwirklicht, sondern bereits auf Erden eingelöst wird. Hier zeigt sich sehr nachdrücklich Adornos Bestehen auf dem Glücksanspruch der Subjekte in der Gegenwart.

5 Mimikry an den Mythos – Johann Wolfgang Goethe

In seinem 1967 erschienenen Essay *Zum Klassizismus von Goethes Iphigenie*[319] führt Adorno seine bisherigen Überlegungen zusammen, indem er, so meine These, Humanität als eine Form von aktiver Passivität diskutiert. Anders als in den Aufsätzen zu Valéry, Kafka oder Hölderlin betrachtet er hier nicht das ganze Werk eines Autors oder eine bestimmte literarische Gattung, sondern ausschließlich Johann Wolfgang Goethes Schauspiel *Iphigenie auf Tauris*. Adornos ästhetisch-gesellschaftskritisches Interesse gilt dem schwierigen Verhältnis der individuellen Belange der Subjekte und den diesen möglicherweise widerstreitenden Anforderungen der gesellschaftlichen Ordnung. Das zentrale mythologische Motiv des Dramas ist der Götterfluch, der über das Geschlecht der Tantaliden verhängt wurde und auch noch Iphigenie und ihren Bruder Orest bedroht. Vor diesem Hintergrund verhandelt Goethes Schauspiel die Bedingungen und Möglichkeiten eines selbstbestimmten und humanen Handelns, das den Schicksalszusammenhang des Mythos aufzulösen trachtet.[320]

Iphigenie versucht dem Fluch zu entgehen, indem sie ihren individuellen Wunsch nach Freiheit und Autonomie zurückstellt. Sie lebt als Priesterin beim ‚Barbarenkönig' Thoas – im Verständnis der Griechen waren alle Nicht-Griechen Barbaren –, hegt jedoch keinen größeren Wunsch denn als freie Person von der Insel Tauris in ihre Heimat Griechenland zurückkehren zu können: „Und es gewöhnt sich nicht mein Geist hierher. / [...] Denn ach! mich trennt das Meer von den Geliebten/ [...] Wie eng gebunden ist des Weibes Glück!"[321] Um das „gräßliche Geleit der Rachegeister"[322] endlich loszuwerden, erhält hin-

---

[319] Erstmals veröffentlicht wurde der Essay, den Adorno zuvor als Vortrag an einigen Universitäten gehalten hatte, 1967 in der *Neuen Rundschau* und dann posthum im vierten Band der *Noten zur Literatur*.
[320] Vgl. auch Thomas Zabka, Goethe: Dialektik des Klassizismus. In: Adorno Handbuch, S. 175–183, hier: S. 176f.
[321] Johann Wolfgang Goethe, Iphigenie auf Tauris. In: Goethe, Gedenkausgabe der Werke, Briefe und Gespräche. Bd. 6: Die Weimarer Dramen, hg. v. Ernst Beutler, 2. Aufl., Stuttgart/ Zürich 1952, S. 148–212, S. 148f., V. 6; 10; 29. Künftig zitiert nach Seitenzahlen und Versen.
[322] Goethe, Iphigenie auf Tauris, S. 164, V. 564f.

gegen ihr Bruder Orest vom Orakel in Delphi als Weissagung des Gottes Apollon den Auftrag, „die Schwester"[323] von Tauris nach Hause zu holen. Zu diesem Zeitpunkt weiß Orest noch nicht, dass seine eigene Schwester Iphigenie sich dort aufhält, und nimmt fälschlicherweise an, Apollos Schwester Diana sei gemeint. Angekommen auf Tauris beabsichtigt er nun deren Statue aus dem Tempel in Tauris zu rauben. Iphigenie deckt den Plan zunächst, mit dem ja die ersehnte Rückkehr in die Heimat in Aussicht gestellt ist; schließlich jedoch liefert sie sich selbst, ihren Bruder und dessen Begleiter Pylades dem Taurerkönig Thoas aus, da sie befürchtet, Raub, Lüge und Flucht würden den Götterfluch nur fortsetzen. In der Hoffnung auf Milde appelliert sie an die Menschlichkeit des Barbarenkönigs. Thoas erweist sich daraufhin als humaner König im emphatischen Sinne des Wortes: Er verzeiht nicht nur den Täuschungsversuch und gewährt den Griechen kampflos die Heimfahrt, sondern er lässt sich von Iphigenie sogar noch die Abschiedsformel „Lebt wohl"[324] entringen, die künftiges Gastrecht und „Freundschaft"[325] bestätigen soll.

Trotz Goethes programmatischer Rückkehr zur Antike und des mythischen Inhalts des Stückes attestiert Adorno diesem etwas „unverwelkt Modernes"[326]. Modern ist es ihm zufolge, weil es zum einen die (weiter unten erläuterten) Antinomien der Humanität nicht glättet, sondern diese ebenso auf der formalen wie inhaltlichen Ebene des Dramas verhandelt; zum anderen weil es „Ansätze einer Deutung der Geschichte"[327] formuliert, die wesentlich auf Versöhnung ausgerichtet sind. Insbesondere deshalb ist Goethes klassizistisches Drama auch für Adornos Vorstellung von Literatur nach Auschwitz von Belang.

In diesem Zusammenhang ist auch der Entstehungskontext seines Vortrags zu Goethes *Iphigenie*, den er im Januar 1967 in Hamburg und Braunschweig und dann im Juli 1967 an der Freien Universität Berlin hielt, wo er damals für erhebliches Aufsehen sorgte, von Interesse. Kurz nach der Ermordung Benno Ohnesorgs und nur wenige Tage nachdem vor dem Berliner Landgericht der Prozess gegen Mitglieder der Kommune I wegen Aufforderung zur Brandstiftung begonnen hatte, versuchten Studierende des Sozialistischen Deutschen Studentenbundes (SDS) Adornos Vortrag zu stören. Anders als andere Intellektuelle, darunter auch Peter Szondi, der Adorno zu dem Vortrag eingeladen

---

323 Goethe, Iphigenie auf Tauris, S. 169, V. 723.
324 Goethe, Iphigenie auf Tauris, S. 212, V. 2174.
325 Goethe, Iphigenie auf Tauris, S. 212, V. 2173.
326 Adorno, Zum Klassizismus von Goethes Iphigenie. GS 11, S. 497.
327 Adorno, Zum Klassizismus von Goethes Iphigenie. GS 11, S. 513.

hatte, hatte dieser es abgelehnt, für die Verteidigung der angeklagten Studierenden ein positives Gutachten zu schreiben. Der SDS warf ihm daraufhin Untätigkeit und Resignation vor und versuchte durch Spruchbänder, Zwischenrufe und Türknallen Adornos Vortrag zu stören.[328] Dass Adorno auf dem Höhepunkt der Proteste gegen den Vietnamkrieg ausgerechnet über ein klassizistisches Drama sprach, nahmen ihm viele Studierende zusätzlich übel. Dass das Stück aber – zumindest in der von Adorno angebotenen Interpretation – gerade aufgrund seiner Verhandlung der Frage, was humanes Handeln eigentlich sei und was den Begriff der Humanität genau ausmache, höchst aktuell war, wurde von den meisten nicht zur Kenntnis genommen.

Entgegen gängiger Deutungen ist Goethes *Iphigenie* nämlich gerade nicht als harmonisches Schauspiel zu bezeichnen, denn die „Erfahrung des Dunklen, die Kraft der Negativität"[329] ist ihm immanent. Dies liegt vor allem darin begründet, dass Goethe den Mythos nicht bloß als sinnentleertes Symbol, sondern als „leibhafte Verstricktheit in Natur"[330] versteht. Denn nach Adorno gibt es auch im Zeitalter der Aufklärung noch „blinde naturwüchsige Verhältnisse", die Goethe als diese identifiziert und in sein Drama aufnimmt: „Es empfängt seine Dignität von dem Gewicht, das es dem mythischen Moment zuerkennt; allein im dialektischen Verhältnis zu ihm, nicht als freischwebend Verkündetes wird sein Wahrheitsgehalt als humaner bestimmbar."[331]

Humanität meint allgemein „das Ideal einer gesitteten, gebildeten, menschenfreundlichen Lebenshaltung"[332]. Den sogenannten zivilisierten Gesellschaften wird eine so verstandene Humanität häufig per se zugesprochen.[333] In Goethes *Iphigenie* wird Adorno zufolge Humanität hingegen in ihrer ganzen Widersprüchlichkeit dargestellt und nicht einfach als hehres Ideal verkündet.[334] Insbesondere der geplante

---

328 Vgl. dazu Rolf Tiedemann, Iphigenie bei den Berliner Studenten. In: Tiedemann, Adorno und Benjamin noch einmal. Erinnerungen, Begleitworte, Polemiken, München 2011, S. 367–371.
329 Adorno, Zum Klassizismus von Goethes Iphigenie. GS 11, S. 495.
330 Adorno, Zum Klassizismus von Goethes Iphigenie. GS 11, S. 496. Auch Thomas Berger betont, dass das Drama in „mythischer Vorzeit" angesiedelt ist und von Goethe keinesfalls ein idealisiertes Griechenbild der ‚klassischen' Zeit anvisiert wurde; vgl. Thomas Berger, Der Humanitätsgedanke in der Literatur der deutschen Spätaufklärung, Heidelberg 2008, S. 176.
331 Adorno, Zum Klassizismus von Goethes Iphigenie. GS 11, S. 496.
332 Gerrit Walther, Humanität. In: Enzyklopädie der Neuzeit. Bd. 5, Sp. 701–703, hier: Sp. 701.
333 Vgl. Karina Becker, Autonomie und Humanität. Grenzen der Aufklärung in Goethes *Iphigenie*, Kleists *Penthesilea* und Grillparzers *Medea*, Frankfurt am Main 2008, S. 17.
334 Mit dieser Auffassung richtet sich Adorno auch gegen eine Richtung der Literaturgeschichtsschreibung, die Humanität als zentralen Zugang zur Beschreibung der Epoche der Klassik versteht, wie etwa Hermann August Korff: „Denn was ist in einem allgemeinsten Sinne ‚Humanität'? [...] Meines Erachtens zweierlei: erstens die jeweilige Art der Menschlichkeit und

Verrat der als zivilisiert geltenden Griechen an Thoas zeigt, dass Zivilisation und humanes Handeln nicht zwangsläufig miteinander verknüpft sind. Denn jene handeln nicht human, sondern äußerst strategisch und interessenorientiert, indem sie die eigenen Belange über die der anderen stellen.[335] Zivilisierte Gesellschaften geraten nach Adorno zu sich selbst in Widerspruch, da sie gegenüber ‚archaischen' Gesellschaften von einer moralischen Überlegenheit ausgehen, die durch ihre Handlungen jedoch nicht abgedeckt ist. Adorno versucht diesen Widerspruch aus der Geschichte der Aufklärung herzuleiten, die für ihn bereits in der Antike ihren Anfang nahm. Denn durch den zivilisatorischen Prozess emanzipierte sich das Subjekt zwar von mythischen Schicksalszusammenhängen, entwickelte sich dabei aber zugleich zu einem wesentlich am eigenen Interesse und nur an seiner eigenen Autonomie orientierten Individuum, das durch diesen extremen Individualismus mit den Satzungen der Zivilisation, also der Freiheit des Ganzen in Konflikt geriet:

> Zivilisation, die Phase des mündigen Subjekts, überflügelt die mythischer Unmündigkeit, um dadurch schuldig an dieser zu werden und in den mythischen Schuldzusammenhang hineinzugeraten. Zu sich selbst, und zur Versöhnung, gelangt sie nur, indem sie sich negiert, durchs Geständnis, das die kluge Griechin dem humanen Barbarenkönig ablegt. Es gibt den selbsterhaltenden Geist ihrer Zivilisationsgenossen preis. Auch um solcher Dialektik willen ist die Humanität der Iphigenie verteufelt; human wird sie erst in dem Augenblick, in dem Humanität nicht länger auf sich und ihrem höheren Recht beharrt.[336]

Iphigenie folgt gleichsam „dem kategorischen Imperativ der damals noch ungeschriebenen Kritik der praktischen Vernunft", denn sie „desavouiert aus Freiheit, aus Autonomie ihr eigenes Interesse, das des Betrugs bedarf und damit den mythischen Schuldzusammenhang wiederholt".[337] Diesen durchbricht sie, indem sie es mit dem „Gebot der Wahrheit" hält, auch wenn sie

---

zweitens die jeweilige Art des Menschenideals. [...] Humanität ist, wie uns ein Blick auf das Humanitätsideal unserer Klassiker überzeugt, eben nicht nur die Bezeichnung für die Art des Seins, sondern auch für die Art des Sollens. [...] So können wir sagen: Dichtung ist der Ausdruck der jeweiligen Humanität und des jeweiligen Humanitätsideals"; Hermann August Korff, Humanismus und Romantik. Die Lebensauffassung der Neuzeit und ihre Entwicklung im Zeitalter Goethes. Fünf Vorträge über Literaturgeschichte, Leipzig [1924], S. 3 f.
335 Berger weist darüber hinaus darauf hin, dass auch Iphigenies eigene Familiengeschichte dem Ideal der Humanität widerspricht und macht damit auf die Forschungslücke aufmerksam, die die naheliegende Frage noch nicht beantwortet hat, „warum sich Iphigenie vor dem grausigen Hintergrund ihrer Familiengeschichte überhaupt in die Heimat sehnt"; vgl. Berger, Der Humanitätsgedanke, S. 176.
336 Adorno, Zum Klassizismus von Goethes Iphigenie. GS 11, S. 500.
337 Adorno, Zum Klassizismus von Goethes Iphigenie. GS 11, S. 509. Alle weiteren Zitate dieses Abschnitts beziehen sich auf diese Seite.

dafür sich selbst wie ihre Angehörigen verraten muss, „die einzig dank der Humanität des Barbaren gerettet werden". Dieser jedoch bleibt „allein, verlassen übrig" und wird in dieser Hinsicht zum Leidtragenden des eigenen humanen Handelns.

Eine Leistung des Dramas sieht Adorno darin, dass die Antinomien der Humanität vor allem auf der Formebene ausgetragen werden: „Die Milderung des Rohen, schließlich dessen Verschwinden sind nicht bloß die Absicht der Heldin. Die Gestalt eines jeden Satzes vollzieht sich mit bedachter, errungener μεσότης der Formulierung."[338] Goethe realisiert nach Adorno dieses dem aristotelischen Tugendideal entlehnte Mittlere zwischen den Extremen, indem er die „pathetische Rede ebenso meidet wie das begriffslose Detail"[339]. Fragil bleibt Goethes Konstruktion dennoch, da wirkliche Versöhnung durch die Antinomien der Humanität verwehrt wird. Goethes Klassizismus begegnet dieser Problematik, indem er auf Takt setzt: „Durch den Schein von Natürlichkeit verbirgt er die regieführende, sinngebende Hand; durch behutsames Polieren schleift er die Ungebärdigkeit der nicht länger eingefaßten Details ab."[340] Goethe versteht es also, die bestehenden Widersprüche auf der Inhaltsebene auf der Formebene durch seine Sprache auszugleichen. Adorno verweist hier insbesondere auf deren „Natürlichkeit", die in der Iphigenie zum Ausdruck kommt: „Natürliche Rede wird kraft ihres eigenen Begriffs zur gemäßigten, gewaltlosen. So konvergiert sie mit Humanität als dem gewaltlosen Stand."[341] Diese Diagnose Adornos mag zunächst erstaunen, ist Goethes *Iphigenie* doch in Blankversen und nicht, wie noch sein Sturm und Drang-Drama *Götz von Berlichingen* in mittlerem Stil und frei von damaligen Dramen-Konventionen verfasst. Adorno ergänzt jenen, etwas missverständlichen Begriff der „Natürlichkeit" durch den der „désinvolture", womit ein sprachlicher Gestus der Zwanglosigkeit und der Lässigkeit gemeint ist, der die *Iphigenie* weit mehr kennzeichnet als der hohe Stil: „Der naturbeherrschende Gestus, der Krampf des Wortes löst sich. Sprache findet ihre Autonomie nicht länger durch Selbstbehauptung sondern durch Entäußerung an die Sache, der sie innig sich anschmiegt."[342] Ähnlich wie in seinem Hölderlin-Essay betont Adorno auch hier das passivische Moment von Sprache, die, sobald sie sich gegen Naturbeherrschung und eine alles identifizierende Begriffslogik stellt, neue Möglichkeiten der Autonomie gewinnt.

---

338 Adorno, Zum Klassizismus von Goethes Iphigenie. GS 11, S. 501.
339 Adorno, Zum Klassizismus von Goethes Iphigenie. GS 11, S. 503.
340 Adorno, Zum Klassizismus von Goethes Iphigenie. GS 11, S. 503.
341 Adorno, Zum Klassizismus von Goethes Iphigenie. GS 11, S. 503.
342 Adorno, Zum Klassizismus von Goethes Iphigenie. GS 11, S. 504.

Goethes Sprache schafft es jedoch zugleich, der Ungerechtigkeit der Handlung, nämlich das Thoas mehr gibt als er erhält, gerecht zu werden. Dies geschieht Adorno zufolge durch die Brüche in der Form des Dramas, die er gerade nicht als Manko begreift, sondern als dessen Qualität hervorhebt: „[I]n seiner Brüchigkeit bewährt sich der Goethesche Klassizismus als richtiges Bewußtsein, als Chiffre des Unschlichtbaren, das zu schlichten seine Idee ist."[343] Adorno sieht hier gleichsam seine Verfahrensweise der negativen Dialektik realisiert, die das Unversöhnte der Gegensätze aufrechterhält und Erkenntnis gerade aus der Spannung der divergierenden Pole erhofft:

> Adorno dagegen vernimmt in der Sprache des Dramas, in ihrer gegebenen Positivität und formalen Problematik, jene Divergenzen, in denen sich die Ambivalenz von versöhnender und gewaltsamer Humanität, von reflektierender und blinder Aufklärung spiegeln. Die Natürlichkeit und Musikalität der klassizistischen Sprache der *Iphigenie* hält Adorno für das Signum der vom Autor gewünschten Versöhnung und Besänftigung. Der gewaltlose, rein ausdrückende Sprachgestus bricht sich an dem Gestus der Nicht-Versöhnung und halbierten Humanität. Als sprachliche Symptome für die partikuläre Humanität gelten Adorno der künstliche Faltenwurf und die Stilisierung des Klassizismus, von ihm als verräterisches „Wundmal" diagnostiziert.[344]

Gerade also die „Wundstellen des Klassizismus" und jene Stellen, die „leise zum Tenor des Ganzen dissonieren" sind die Formelemente, die Adorno ähnlich wie bei Hölderlin auch an Goethes Drama interessieren,[345] da gerade sie die Antinomien der Humanität darzustellen vermögen.

Dennoch erstreckt sich die antinomische Struktur von Humanität auch auf den Inhalt des Dramas, wobei Adorno seine Aufmerksamkeit hier vor allem auf das richtet, „was sich unbewußt, ungewollt und ungesagt zeigt"[346]. Damit rückt der nichtintendierte Inhalt des Schauspiels in Adornos Fokus: „[E]her ist Humanität der Inhalt des Stücks als der Gehalt."[347] Ihm zufolge basiert „der Inhalt jener Humanität auf dem Privileg", denn sie ist im Drama die „einer gebildeten Oberschicht, Index des Partikularen".[348] Dass Humanität nicht gleichbedeutend mit Gerechtigkeit ist, leitet Adorno aus der Geschichte der Aufklärung ab:

---

343 Adorno, Zum Klassizismus von Goethes Iphigenie. GS 11, S. 502.
344 Waltraud Naumann-Beyer, Negative versus positive Dialektik. Goethes *Iphigenie*, gelesen von Adorno und Hans Robert Jauss. In: Wolfram Ette u. a. (Hg.), Adorno im Widerstreit, Freiburg/München 2004, S. 439–451, hier: S. 449.
345 Adorno, Zum Klassizismus von Goethes Iphigenie. GS 11, S. 506.
346 Naumann-Beyer, Negative versus positive Dialektik, S. 447.
347 Adorno, Zum Klassizismus von Goethes Iphigenie. GS 11, S. 499.
348 Adorno, Zum Klassizismus von Goethes Iphigenie. GS 11, S. 506.

> Die Opfer des zivilisatorischen Prozesses, die, welche er herabdrückt und welche die Zeche der Zivilisation zu bezahlen haben, sind um deren Früchte geprellt worden, gefangen im vorzivilisatorischen Stande. Zivilisation, die historisch über Barbarei hinausführt, hat diese bis zum gegenwärtigen Tag vermöge der Repression, die ihr Prinzip, das naturbeherrschende, ausübt, auch befördert. Das nötigte die Sprecher von Humanität, solange der dialektische Zusammenhang noch nicht zu durchschauen war, dazu, ihr Zivilisatorisches mit Ungerechtigkeit zu kohibieren. Sie, der barbarische Rest im Widerstand gegen die Barbarei, ist das Surrogat für die Versöhnung mit Natur, welche der blanken Antimythologie mißlang. Das Unrecht widerfährt in der Iphigenie jenen, die dem griechischen Gebrauch wörtlich die Barbaren heißen.[349]

Die Antinomie der Humanität zeigt sich im Stück also vor allem darin, dass trotz des Anliegens Iphigenies, im Sinne der Aufklärung zivilisiert und human zu handeln, Thoas nicht in gleicher Weise von dieser Humanität profitiert; im Gegenteil, indem er einsam und ohne Hoffnung auf Nachkommen zurückbleibt, ist er Opfer jener Humanität: „Die unbefangene Reaktion auf die Iphigenie, mit Thoas werde häßlich umgesprungen, ist von keinem Gegenbeweis ganz zu beschwichtigen."[350] Zwar schafft es Humanität in der *Iphigenie*, dass dem „Zug um Zug, Gleich um Gleich ein Ende bereitet"[351] und der Konflikt friedlich beigelegt wird. Gleichwohl folgt das Stück auch dem ökonomischen Prinzip des Äquivalententauschs, nach dem Gleiches mit Gleichem getauscht wird, sich de facto aber eine Asymmetrie der Besitzverhältnisse ergibt (nach der marxistischen Ökonomie gehen aus den Tauschakten die KäuferInnen der Ware Arbeitskraft privilegierter hervor als ihr VerkäuferInnen): „Die Abschaffung des Äquivalententauschs wäre dessen Erfüllung; solange Gleichheit als Gesetz herrscht, wird der Einzelne um Gleichheit betrogen."[352] Auch wenn Goethe in der *Iphigenie* auf gesellschaftlich-ökonomische Kategorien weitgehend verzichtet, handelt es sich bei diesem Stück doch wesentlich um ein Zivilisationsdrama:

> Das Gefühl einer Ungerechtigkeit, die darum dem Schauspiel zum Schaden gereicht, weil es objektiv, der Idee nach beansprucht, mit Humanität realisiere sich Gerechtigkeit, rührt daher, daß Thoas, der Barbar, mehr gibt als die Griechen, die ihm, mit Einverständnis der Dichtung, human überlegen sich dünken.[353]

Zum Schaden gereicht dem Stück in Adornos Augen auch die zu versöhnlich gestaltete Schlussszene, die anstatt die Widersprüche auszuprägen, diese zwanghaft zu harmonisieren versucht: „Die verzweifelte Anstrengung des

---

349 Adorno, Zum Klassizismus von Goethes Iphigenie. GS 11, S. 507.
350 Adorno, Zum Klassizismus von Goethes Iphigenie. GS 11, S. 507.
351 Adorno, Zum Klassizismus von Goethes Iphigenie. GS 11, S. 508.
352 Adorno, Zum Klassizismus von Goethes Iphigenie. GS 11, S. 508.
353 Adorno, Zum Klassizismus von Goethes Iphigenie. GS 11, S. 508f.

Dichters ist überwertig, ihre Drähte werden sichtbar und verletzen die Regeln der Natürlichkeit, die das Stück sich stellte. Man merkt die Absicht und man wird verstimmt. Das Meisterwerk knirscht in den Scharnieren."[354] Adorno kritisiert hier die innerhalb weniger Verse sich vollziehende unvermittelte Wendung von Thoas' lakonisch-nüchterner Abschiedsaussage des „So geht" zu einem den Griechen wohlgesinnten Abschiedsgruß des „Lebt wohl!"[355] Geschuldet ist dieser Umschlag den Regeln des Takts und dem Ritual der Gastfreundschaft, das die reale Ungleichheit bloß beschwichtigt, anstatt sie zu überwinden. Dadurch wird Versöhnung künstlich hergestellt, obwohl es vielmehr gilt, die reale Unversöhntheit auszustellen; denn diese besteht darin, dass Thoas an der „höchsten Humanität nicht teilhaben [darf], verurteilt, deren Objekt zu bleiben, während er als ihr Subjekt handelte"[356].

Adorno zufolge gibt es in Goethes Schauspiel allerdings eine Stelle, die das „Bild ungeschmälerter Versöhnung"[357] aufscheinen lässt. Er meint Orests Vision einer Aussöhnung der Tantaliden in der Unterwelt: Die Urfeinde Atreus und Thyestes sind hier ebenso versöhnt wie die Mutter Klytemnästra und der Vater Agamemnon, den diese aus Eifersucht tötete; und auch Orest selbst, der die Mutter erschlug, um den Vater zu rächen, wird in seinem Traume vergeben: „So darf Orest auch zu ihr treten / Und darf ihr sagen: Sieh deinen Sohn! – / Seht euren Sohn! Heißt ihn willkommen."[358] Adorno sieht in diesem Monolog von Orest die utopische Vision „der Erlösung selbst des radikal Bösen"[359] realisiert, wodurch die Vorstellung einer von allen Widersprüchen befreiten Humanität aufscheint: „An jener avanciertesten Stelle seines Stücks dient Goethe der ganzen Humanität, indem er die Tabus der halben, domestizierten verletzt, die auf ewige Höllenstrafen nicht verzichten mag." Dennoch wird die Kraft der Utopie im Schauspiel zugleich geschwächt, da Orest als Wahnsinniger spricht, der sich selbst bereits im Jenseits wähnt. Zudem ist auch in Goethes Drama noch „die Unabdingbarkeit von Rache eingesenkt, das Schrankenlose widerrufen", denn auf Orests Frage nach dem Ahnherr, Tantalus, wenden sich die befragten Schatten von jenem ab und lassen ihn, „den Visionär" in Verzweiflung zurück.

---

354 Adorno, Zum Klassizismus von Goethes Iphigenie. GS 11, S. 509.
355 Goethe, Iphigenie auf Tauris, S. 211 f., V. 2150; 2174.
356 Adorno, Zum Klassizismus von Goethes Iphigenie. GS 11, S. 509.
357 Adorno, Zum Klassizismus von Goethes Iphigenie. GS 11, S. 509.
358 Goethe, Iphigenie auf Tauris, S. 185, V. 1293–1295.
359 Adorno, Zum Klassizismus von Goethes Iphigenie. GS 11, S. 510. Alle weiteren Zitate dieses Abschnitts beziehen sich auf diese Seite.

Die Figur des Orest dient Adorno darüber hinaus dazu, ein weiteres Moment des schuldhaften Aspekts von Humanität herauszuarbeiten. Ihm zufolge darf der „tiefe dialektische Zusammenhang des Stücks" eigentlich darin zu suchen sein, „*daß Orest vermöge seiner schroffen Antithese zum Mythos diesem anheimzufallen droht. Die Dichtung prophezeit den Umschlag von Aufklärung in Mythologie*".[360] Denn indem Orest, zumindest in Adornos Interpretation, den Mythos verurteilt und sich ganz unterschieden von diesem wähnt („Mich haben sie zum Schlächter auserkoren, / [...] Und ich, der letzte, soll nicht schuldlos, soll / Nicht ehrenvoll vergehn. / [...] So ist's ihr Wille denn, der uns verderbt."[361]), „identifiziert er sich mit jenem herrschaftlichen Prinzip, in dem, durch Aufklärung hindurch, das mythische Verhängnis sich verlängert"[362]. Adorno verweist hier ähnlich wie in seinem Hölderlin-Essay auf die Gefahr, dass das Subjekt in dem Maße, in dem es seine Naturhaftigkeit geringschätzt oder verleugnet, in dem Maße sich in seinem Bestreben nach unbedingter Autonomie auch immer mehr ‚entstofflicht' und nur noch auf seinen Geist und freien Willen pocht: „Aufklärung, die sich selbst entläuft; die den Naturzusammenhang, von dem sie durch Freiheit sich scheidet, nicht in Selbstreflexion bewahrt, wird zur Schuld an der Natur, einem Stück mythischen Naturzusammenhangs."[363] Im Kontext seiner Überlegungen zur Humanität ist dieser Gedanke insofern interessant, als wahre Humanität für Adorno auch die

---

[360] Adorno, Zum Klassizismus von Goethes Iphigenie. GS 11, S. 512. Hervorhebung im Original.
[361] Goethe, Iphigenie auf Tauris, S. 168f, V. 706; 711f.; 720.
[362] Adorno, Zum Klassizismus von Goethes Iphigenie. GS 11, S. 512.
[363] Adorno, Zum Klassizismus von Goethes Iphigenie. GS 11, S. 512. Der Interpretation Thomas Zabkas, dass der „tiefe dialektische Zusammenhang" darin liege, dass Orests „Versöhnungsutopie [...] zugleich eine ‚Rückkunft' zum Mythos" sei, ist hingegen zu widersprechen; vgl. Zabka, Goethe: Dialektik des Klassizismus, S. 179. Denn Adorno spricht von „einer erzwungenen Rückkunft" Orests, den eine „antimythologische Haltung" auszeichnet, die ihn von der anderer „antiker Heroen" unterscheidet; Adorno, Zum Klassizismus von Goethes Iphigenie. GS 11, S. 511 f. Gerhard Kaiser kritisiert an Adornos Interpretation, dass Orests Rede zwar zu einer „Auflehnung gegen die Götter", jedoch nicht zur „Antithese gegen den Mythos" werde; vgl. Gerhard Kaiser, Benjamin. Adorno. Zwei Studien, Frankfurt am Main 1974, S. 161. Sicherlich lässt sich darüber streiten, ob Orests Rede nicht bereits einen deutlichen Widerspruch zum Mythos enthält. Adorno kommt es in seiner Argumentation jedoch darauf an, dass der unbedingte Versöhnungsanspruch, den Orest formuliert, in schroffem Kontrast zum unabänderlichen Schicksalszusammenhang des Mythos steht. Viel eher müsste man Adornos Deutung dahingehend kritisch hinterfragen, wie durch Orests Vision eine volle Utopie formuliert sein kann, wenn doch einer, nämlich Tantalus, aus dieser ausgeschlossen bleibt. Diesen Einwand verdanke ich den Studierenden meines Adorno-Seminars 2017 an der Universität zu Köln.

Natur einschließt. Diese Einsicht kulminiert in folgender, zunächst rätselhaft anmutender Festellung: „Versöhnung ist nicht die blanke Antithese zum Mythos, sondern umfaßt die Gerechtigkeit gegen diesen."[364] Ähnlich wie bei Kafka, der in Adornos Interpretation durch die Mimikry Versöhnung mit dem Mythos herbeizuführen sucht, kommt es Adorno auch hier darauf an, Humanität nicht bloß auf das autonome Subjekt bezogen zu sehen. Indem Goethes Schauspiel Thoas, den von der Zivilisation Ausgeschlossenen, „mit dem das Gedicht insgeheim sympathisiert"[365], als den Übervorteilten zeigt, verweist es auf eine Vorstellung von umfassender (eben nicht halber) Humanität, in der Mensch, Tier und Mythos/Natur gleichermaßen miteinander versöhnt sind. Gerade vor dem Hintergrund der brutalen Kriegsführung der USA im Vietnamkrieg, die sich das Humanitätsideal auf die Fahne geschrieben hatten, um Giftgasanschläge und Zerstörungen zu legitimieren, gewinnt Adornos Begriff einer umfassenden Humanität an Aktualität. Denn der Vietnamkrieg dient Adorno als Exempel für eine Zivilisation, die sich dem aufklärerischen Prinzip eigentlich verpflichtet fühlt, aber durch ihre unbedingte Identifikation mit dem Prinzip der Herrschaft selbst in Mythos und ‚Barbarei' zurückfällt. Versöhnung kann es nach dieser Vorstellung sowohl im Drama wie in der Realität nicht durch einen Sieg geben, sondern nur durch Nachgeben und Selbstreflexion, also durch aktive Passivität.

Auch durch Iphigenie sieht Adorno einen utopischen Ausblick auf Versöhnung formuliert, jedoch weniger in ihren konkreten „Parolen"[366] als vielmehr in ihrer Hoffnung auf das Ermatten des Fluchs: „[...] Soll / Nie dies Geschlecht mit einem neuen Segen / Sich wieder heben? – Nimmt doch alles ab! / Das beste Glück, des Lebens schönste Kraft / Ermattet endlich: warum nicht der Fluch?"[367] Adorno kommt es hier vor allem auf die Kraft der Hoffnung an: „Danach wäre es die Hoffnung [...], daß das Gewaltsame des Fortschritts verblaßt, in welchem die Aufklärung Mimikry an den Mythos treibt: daß er kleiner wird oder, nach dem Wortlaut der Iphigenieverse, ‚ermattet'."[368] Mit fast identischem Wortlaut wie im Kafka-Essay betont Adorno auch hier, dass der Mythos nicht durch einen Kraftakt bekämpft, sondern nur „durch Gewaltlosigkeit" unterlaufen werden kann. Bei Kafka war der Hauptgedanke dieser Form der listigen Passivität noch, dass sich die reale Macht so selbst entlarven würde; in seinen Überlegungen zu Goethe steht dagegen das

---
364 Adorno, Zum Klassizismus von Goethes Iphigenie. GS 11, S. 512.
365 Adorno, Zum Klassizismus von Goethes Iphigenie. GS 11, S. 512.
366 Adorno, Zum Klassizismus von Goethes Iphigenie. GS 11, S. 513.
367 Goethe, Iphigenie auf Tauris, S. 197, V. 1694–1698.
368 Adorno, Zum Klassizismus von Goethes Iphigenie. GS 11, S. 513. Alle weiteren Zitate dieses Abschnitts beziehen sich auf diese Seite.

Moment der Versöhnung mit dem Mythos stärker im Vordergrund. Hoffnung wird dabei zu Adornos Zauberwort:

> Hoffnung ist das Entronnensein des Humanen aus dem Bann, die Sänftigung der Natur, nicht deren sture Beherrschung, die Schicksal perpetuiert. In der Iphigenie erscheint Hoffnung, wie an entscheidender Stelle der Wahlverwandtschaften, nicht als menschliches Gefühl sondern als Gestirn, das der Menschheit aufgeht.

Hoffnung meint demnach nicht das Maximieren von Optionen, sondern „gebietet dem Machen, Herstellen Einhalt, ohne das sie doch nicht ist". Auch die Fähigkeit zu hoffen wird bei Adorno im Sinne der aktiven Passivität gedacht; denn einerseits muss Hoffnung Distanz zur geschäftigen Betriebsförmigkeit wahren, andererseits würde sie sich ohne das „Machen" und „Herstellen" nicht realisieren.[369]

Dies verkennt Thomas Zabka, wenn er meint, dass Adorno die Ermattung des Fluchs als ein Geschehen versteht, „das jenseits der Handlung liegt und bei dem die Menschen sich passiv verhalten"[370]. Adorno versteht unter Passivität jedoch nicht die Abstinenz von Handlung überhaupt, sondern die von den spezifischen Handlungen einer nicht mehr reflektierten Naturbeherrschung. Daher richtet sein Begriff der Hoffnung sich nicht auf ein Jenseits, sondern ausschließlich auf die Gegenwart. Gegen Zabkas Deutung spricht auch Adornos Betonung, dass die Hoffnung auf das Ermatten des Mythos der Natur selbst abgesehen ist: „Es gilt einer Gebärde, die sich ergibt, anstatt auf sich zu pochen; aber auch ohne zu entsagen."[371] Wieder hebt Adorno das eingreifende Moment der Passivität hervor, nämlich das Nicht-Entsagen, das die Abstraktion von subjektiven Interessen und Bedürfnissen voraussetzt. Dieses vermag nach Adorno ein befriedetes Verhältnis zur Natur herzustellen und damit den umfassenden Begriff von Humanität zu realisieren, in dem Mensch, Natur und Tier gleichermaßen eingeschlossen sind. Nicht zufällig verwendet Adorno in diesem Kontext Begriffe wie „Gebärde" oder „Mimikry", die gerade an das Verhalten von Tieren erinnern, wenn sie sich ergeben. Goethes *Iphigenie* ist Adorno zufolge also ein literarisches Werk, das sprachlich wie inhaltlich auf aktive Passivität setzt: „Jenseits des Mythos ist nicht der optische, gegenständliche [sic!] Goethe, bis zum Ende des Faust Komplize der

---

[369] Anders als bei Adorno, bei dem Hoffnung nicht ohne Bezug auf gegenwärtiges Handeln gedacht wird, betont Benjamin in seinem *Wahlverwandtschaften*-Essay insbesondere die „Hoffnung auf Erlösung, die wir für alle Toten hegen"; Benjamin, Goethes Wahlverwandtschaften. GS I.1, S. 200. Vgl. zu den Unterschieden von Adornos und Benjamins Goethe-Exegese: Zabka, Goethe: Dialektik des Klassizismus, bes. S. 181 f.
[370] Zabka, Goethe: Dialektik des Klassizismus, S. 178.
[371] Adorno, Zum Klassizismus von Goethes Iphigenie. GS 11, S. 514.

Herrschaft über Natur; wohl aber ein passivischer, nicht länger willig zu jener Tat, die da am Anfang soll gewesen sein."[372]

Die dialektische Konstruktion einer aktiven Passivität bildet für Adorno also eine zentrale Voraussetzung für gelungene Kunst. Dies betrifft die Produktions- und Rezeptionsseite von Kunst ebenso wie das künstlerische ‚Verhalten' der Werke. Auf der Produktionsebene meint die Verfahrensweise der aktiven Passivität, dass der Künstler/die Künstlerin nur von seinem/ihrem Objekt auszugehen und seine/ihre technischen Fertigkeiten ganz in den Dienst des Materials zu stellen hat. Zudem müssen sich auch Sprache und Form passiv, gleichsam asketisch gegen übergreifende Synthesis richten und der alles umfassenden Begriffslogik Einhalt gebieten. Dadurch rücken literarische Stilmittel wie désinvolture, Mimikry, Assoziation, Hermetik und parataktische Konstruktionen in den Vordergrund der künstlerischen Gestaltung. Diese Stilmittel sind für Adorno auch die angemessenen Darstellungsformen einer Kunst nach Auschwitz. Aber ebenso auf der Ebene der Rezeption muss die Haltung einer aktiven Passivität eingenommen werden, damit „der lange und gewaltlose Blick auf den Gegenstand"[373] möglich wird. Die von Adorno besprochenen künstlerischen Werke von Valéry, Kafka, Proust, Hölderlin und Goethe verhalten sich (auf ihre je spezifische Weise) passiv gegenüber Naturbeherrschung, indem sie sich an die Gewalt anschmiegen; durch ihr aktives Standhalten, ihre Weigerung, die Natur zu domestizieren, stellen sie zugleich eine als absolut sich gerierende Herrschaft des Subjekts infrage. Auch wenn Adorno gemäß seiner Philosophie explizit keine konkreten Soll-Forderungen an Kunst ausspricht, so können seine Überlegungen zur aktiven Passivität implizit als eine anempfohlene Verhaltensweise für Kunst – gerade auch nach Auschwitz – angesehen werden: Denn durch die Verhaltensweise der aktiven Passivität wird das einmal geschehene und letztlich auch nicht wieder gutzumachende Leid in der Kunst weder geschönt noch negiert, und zugleich auf der intentionalen Ebene des Kunstwerks an der „Idee einer versöhnten Subjektivität"[374] festgehalten.

---

372 Adorno, Zum Klassizismus von Goethes Iphigenie. GS 11, S. 513 f.
373 Adorno, Anmerkungen zum philosophischen Denken. GS 10.2, S. 602.
374 Rebentisch, Die Liebe zur Kunst, S. 81.

IV Antinomie und Hermetik – Das Glück des Standhaltens

In seinem 1962 erschienenen Essay *Engagement* versteht Adorno „Kunstwerke, auch literarische", als „Anweisungen auf die Praxis, deren sie sich enthalten"; diese Praxis fördert „die Herstellung richtigen Lebens".[1] Dass Kunstwerke solche Anweisungen geben können, ist in ihrem spezifischen Verhalten begründet: „Die Stellung authentischer Kunstwerke zur außerästhetischen Objektivität ist weniger darin zu suchen, daß diese auf den Produktionsvorgang einwirkte. Das Kunstwerk ist in sich selbst eine Verhaltensweise, die auf jene Objektivität noch in der Abkehr reagiert."[2] In seiner Autonomie und Funktionslosigkeit gegenüber den Zwecken der Realität kann das Kunstwerk damit zu einem Gegenmodell von Praxisformen werden, die den Maximen der bloßen Selbsterhaltung und schieren Naturbeherrschung folgen;[3] denn das Kunstwerk negiert nach Adorno eben diese Maximen.[4] Kunstwerke müssen als „Kündigung unmittelbarer Praxis" verstanden werden, da sie „Widerstand gegen das Mitspielen" leisten.[5] Solche Kunstwerke fordern wiederum eine spezifische ästhetische Verhaltensweise in der Rezeption heraus, die im letzten Kapitel als aktive Passivität beschrieben wurde: „Ästhetische Verhaltensweise ist die Fähigkeit, mehr an den Dingen wahrzunehmen, als sie sind."[6]

Adorno zielt mit seinen Literaturinterpretationen darauf, solche Verhaltensweisen von paradigmatischen Kunstwerken herauszuarbeiten, die zugleich auch auf ein bestimmtes Rezeptionsverhalten verweisen. Zu ihrem spezifischen Verhalten gehören die Verfahrensweisen der Antinomie und Hermetik, die in

---

1 Adorno, Engagement. GS 11, S. 429.
2 Adorno, Ästhetische Theorie. GS 7, S. 267.
3 Vgl. dazu auch Michael Hirsch: „Es [das Kunstwerk, P.G.] ist Modell für dasjenige freie Verhalten der Einzelnen, das es in einer befreiten Gesellschaft geben könnte." Michael Hirsch, Funktionen der Funktionslosigkeit. Ästhetischer und politischer Messianismus nach Adorno. In: Marcus Quent/Eckardt Lindner (Hg.), Das Versprechen der Kunst. Aktuelle Zugänge zu Adornos ästhetischer Theorie, Wien/Berlin 2014, S. 67–86, hier: S. 73.
4 Wichtig ist in diesem Zusammenhang jedoch, dass Adorno die Autonomie des Kunstwerks immer im Zusammenhang mit ihrem Warencharakter denkt: „Die reinen Kunstwerke, die den Warencharakter der Gesellschaft allein dadurch schon verneinen, daß sie ihrem eigenen Gesetz folgen, waren immer zugleich auch Waren [...]. Die Zwecklosigkeit des großen neueren Kunstwerks lebt von der Anonymität des Marktes." Adorno (mit Horkheimer), Dialektik der Aufklärung. GS 3, S. 180.
5 Adorno, Ästhetische Theorie. GS 7, S. 26.
6 Adorno, Ästhetische Theorie. GS 7, S. 488.

diesem Kapitel im Vordergrund stehen und – mit Adorno – als spezifische literarische Verfahrensweisen profiliert werden. Seine Formulierung vom Kunstwerk als „Anweisung auf die Praxis" kann in diesem Zusammenhang auch als ‚Anweisung' für eine zukünftige künstlerische Praxis verstanden werden. Damit ist jedoch nicht gemeint, dass Kunstwerke ausdrückliche Forderungen formulieren; vielmehr ist eine solche ‚Anweisung' im Sinne von praktisch gewendeter Selbstreflexion zu verstehen. Eine zukünftige Kunst muss sich in diesem Sinne mit den vorherigen Werken, mit der Tradition (kritisch) auseinandersetzen, sie weiterentwickeln und sich ihnen gegenüber ‚verhalten'. In seinem 1958 erschienenen Essay *Zum Gedächtnis Eichendorffs* behandelt Adorno das Verhältnis von vergangener und gegenwärtiger Kunst, das auch für das von zeitgenössischer und zukünftiger gelten dürfte. Künstlerisch „fortgeschrittenes Bewußtsein" hat nämlich die „Freiheit, Vergangenes zu lieben", ohne dieses affirmativ fortzusetzen.[7] Große KünstlerInnen müssen nämlich gerade nicht jede Verbindung zu früheren künstlerischen Werken leugnen, da sich ihre Artefakte bereits durch die Auseinandersetzung von den früheren unterscheiden:

> Sie wußten sich als Vollstrecker des geheimen Willens jener Tradition, die sie zerbrachen. Nur wo sie nicht mehr durchbrochen wird, weil man sie nicht mehr spürt und darum auch nicht die eigene Kraft an ihr erprobt, verleugnet man sie; was anders ist, scheut nicht die Wahlverwandtschaft mit dem, wovon es abstößt.[8]

Man wird bei Adorno also keine Produktionsanweisung im Sinne präskriptiver Umsetzungsvorschläge für gelungene Kunst finden. Allerdings beschränken sich seine Deutungen auch nicht auf eine rein werkimmanente Interpretation eines einzelnen literarischen Textes. Vielmehr wollen seine Literaturinterpretationen eingreifen; sie wollen Verfahrens- und Verhaltensweisen von Kunstwerken freilegen, an die eine zukünftige künstlerische Praxis – in Auseinandersetzung mit und kritischer Reflexion der Tradition – anknüpfen kann. Adornos literaturtheoretische Überlegungen werden daher hier zum einen auf die von ihm herausgearbeiteten Verfahrensweisen der literarischen Texte hin untersucht; zum anderen werden diese Überlegungen auch hinsichtlich ihrer eigenen interventionistischen Textstrategien betrachtet, die einen Ausblick auf die Möglichkeit von gelungener Kunst geben.

Wie in Kapitel III. bereits gezeigt, gewinnt Adorno seine Einsichten hauptsächlich an literarischen Produktionen, die *vor* der nationalsozialistischen Herrschaft entstanden sind. Dass er der zeitgenössischen Kunst wenig Potential

---

7 Adorno, Zum Gedächtnis Eichendorffs. GS 11, S. 70.
8 Adorno, Zum Gedächtnis Eichendorffs. GS 11, S. 70.

zutraute, den Abstand zwischen Kunst und Gesellschaft auszumessen und das Leid an und in dieser auszudrücken, ohne es konkret zu benennen, zeigt seine Zurückhaltung gegenüber der zeitgenössischen Literatur. In seinem Werk finden sich nur drei Gegenwartsautoren, deren Arbeiten er näher untersucht und die ihm als beispielhafte Formen für dramatische, epische und lyrische Kunst nach Auschwitz gelten: Samuel Beckett, Hans G Helms und Paul Celan. Der Fokus des Kapitels liegt daher auf seinen Ausführungen zu diesen Autoren, die in ihren Werken allesamt auf die Katastrophen des 20. Jahrhunderts reagieren. Geklärt werden soll vor allem, weshalb ihre Texte nach Adorno Implikationen von Glück eher zu bewahren vermögen als andere ihm bekannte zeitgenössische literarische Werke. Außerdem verfolgt das Kapitel die oben formulierte These weiter, inwiefern Adorno mit seinen Literaturinterpretationen einen Ausblick auf gelungene Kunst nach Auschwitz gibt, der über die einzelnen Texte hinausweist.

Martin Niederauer zufolge zeichnet sich Adornos negative Dialektik durch die Grundfigur der strikten Antinomie aus:

> Zwei Momente stehen sich via Negation in einem Ausschlussverhältnis gegenüber, enthalten sich gegenseitig als Konstituenten und sind darüber mutuell vermittelt; eine Vermittlung der Gegensätze in sich beziehungsweise eine Vermittlung durch die Extreme hindurch.[9]

Eine solche Vermittlungsleistung fordert Adorno auch von der zeitgenössischen Kunst. Stefan Müller ist daher zuzustimmen, wenn er zum Begriff der Antinomie in Adornos ästhetischen Überlegungen schreibt:

> Die genuin ästhetische Logik der Kritischen Theorie Adornos zeigt sich [...] in der spezifischen Vermittlungslogik einer negativen Dialektik, die innere und äußere Widerspruchsrelationen unterscheiden und unter Aspekten gesellschaftlicher Herrschaft prozesshaft denken und einbeziehen kann.[10]

In diesem Sinne wird der aus der Logik stammende Begriff der Antinomie in diesem Kapitel unter Rückgriff auf Überlegungen aus der *Ästhetischen Theorie* Adornos *auch* als eine literarische Verfahrensweise verstanden, die in den Texten Becketts, Helms' und Celans zum Einsatz kommt.

Hermetik bezeichnet den anderen wichtigen Begriff, der nach Adorno für die künstlerischen Verfahrensweisen zeitgenössischer Literatur zentral ist. Der

---

9 Martin Niederauer, Gehörte Dialektik. Über den Zusammenhang von Musik, Rezeption und Gesellschaft bei Adorno. In: Ästhetische Aufklärung, S. 180–197, hier: S. 190; vgl. zu Adornos negativer Dialektik auch Jürgen Ritsert, Themen und Thesen kritischer Gesellschaftstheorie. Ein Kompendium, Weinheim/Basel 2014, bes. S. 86 f.
10 Stefan Müller, Reflexivität als Gegenstand und Kritik. Strukturmerkmale negativer Dialektik in einer ästhetischen Logik. In: Ästhetische Aufklärung, S. 129–145, hier: S. 140.

Terminus der hermetischen Literatur meinte zunächst eine Richtung der modernen italienischen Lyrik um Eugenio Montale und Giuseppe Ungaretti in den 1930er bis 1950er Jahren, die an den französischen Symbolismus des 19. Jahrhunderts anknüpfte.[11] Rasch wurde der Begriff Hermetismus dann zur Bezeichnung eines allgemeinen Wesenszugs von literarischen Texten verwendet, die sich der Darstellung anschaulicher Gegenstände und begrifflich durchstrukturierter Sinnzusammenhänge verwehrten und stattdessen auf einen „geheimnisvoll-dunklen, vieldeutigen Beziehungsreichtum"[12] setzten, in welchem dem Klang der Worte Vorrang gegenüber ihrer Sinnbedeutung zukam. Begriffe wie ‚Rätsel', ‚Dissonanz', ‚Entgegenständlichung', ‚Dunkelheit' und ‚Sprachmagie' werden seitdem mit hermetischer Literatur verknüpft.[13] Für Adorno ist Hermetik[14] ein wesentliches Merkmal moderner Kunstwerke:

> Die ästhetischen Bilder stehen unterm Bilderverbot. Insofern ist der ästhetische Schein und noch seine oberste Konsequenz im hermetischen Werk gerade die Wahrheit. Die hermetischen Werke behaupten das ihnen Transzendente nicht als Sein in einem höheren

---

11 Der von Jean Moréas geprägte Begriff des Symbolismus bezeichnet eine literarische Richtung insbesondere der europäischen Lyrik seit ungefähr 1860. Anders als das Verständnis vom Symbol als mehrdeutigem poetischen Zeichen, das einem naturhaften oder kulturell überlieferten Verweisungszusammenhang entspringt, wird das Symbol „im literarischen Symbolismus um ein subjektiv-assoziatives und oftmals betont textimmanentes Verknüpfungsverfahren erweitert, in dem prinzipiell alles zum bedeutungsvollen, aber um so weniger eindeutig entschlüsselbaren Zeichen werden kann"; Maria-Cristina Boerner, Symbolismus. In: Reallexikon der deutschen Literaturwissenschaft. Bd. 3, hg. v. Jan-Dirk Müller u. a. Berlin/New York 2007, S. 555–557, hier: S. 555. Der literarische Symbolismus operiert mit traumhaften Bildern und rätselhaften Metaphern ebenso wie mit dunklen, hermetischen oder abstrakten Aussagen. Im Vordergrund steht vor allem die „Verabsolutierung der Kunstmittel" und die „reine Wortkunst", die in „Reim, Assonanz, Lautmalereien, Synästhesien, Farb- und Lautsymbolik" oder der „rhythmisch-klanglichen Anordnung von Wörtern" bestehen kann; Irmgard Schweikle, Symbolismus. In: Metzler Literatur Lexikon. Begriffe und Definitionen, hg. v. Schweikle/Günther Schweikle, Stuttgart 1990, S. 451–452, hier: S. 452. Hauptvertreter des französischen Symbolismus ist Stephané Mallarmé, der vor allem die Sprache selbst in das Zentrum seiner Lyrik rückt: „Das reine Werk impliziert das sprechende Hinwegtreten des Dichters, der die Initiative den Wörtern überläßt [...]." Stephané Mallarmé, Verskrise. In: Mallarmé, Sämtliche Dichtungen, übers. v. Carl Fischer/Rolf Stabel, München/Wien 1992, S. 285.
12 Georg-Michael Schulz, Hermetismus. In: Metzler Literatur Lexikon, S. 198.
13 Vgl. Jin-Sok Chong, Offenheit und Hermetik. Zur Möglichkeit des Schreibens nach Auschwitz: Ein Vergleich zwischen Günter Grass' Lyrik, der *Blechtrommel* und dem Spätwerk Paul Celans, Frankfurt am Main 2002, S. 167.
14 Adorno spricht durchgängig von Hermetik oder hermetischer Literatur. Eine Differenzierung zwischen den Begriffen Hermetik und Hermetismus ist in der Literaturwissenschaft seit seiner *Ästhetischen Theorie* zu beobachten; vgl. Thomas Sparr, Celans Poetik des hermetischen Gedichts, Heidelberg 1989, S. 40.

Bereich, sondern heben durch ihre Ohnmacht und Überflüssigkeit in der empirischen Welt auch das Moment der Hinfälligkeit an ihrem Gehalt hervor.[15]

Die den Kunstwerken eigene Hermetik hängt mit ihrem Rätselcharakter zusammen. Denn nach Adorno sind alle Kunstwerke auch Rätsel: „Daß Kunstwerke etwas sagen und mit dem gleichen Atemzug es verbergen, nennt den Rätselcharakter unterm Aspekt der Sprache."[16] Gegen die negative Konnotierung der hermetischen Dichtung als weltfremd und nicht verstehbar[17] betont Adorno, dass die „gescholtene Unverständlichkeit der hermetischen Kunstwerke" gerade „das Bekenntnis des Rätselcharakters aller Kunst" ist.[18] Wie Adorno Antinomie und Hermetik in den Werken von Beckett, Helms und Celan versteht und auch weiterdenkt, ist Gegenstand des folgenden Kapitels.

1 Sinnzerfall und minimales Glücksversprechen – Samuel Beckett

Anlässlich des siebten Suhrkamp-Verlag-Abends 1961 trug Adorno erste Teile seiner Interpretation von Samuel Becketts Theaterstück *Endspiel* vor, die dann in einer erweiterten Fassung unter dem Titel *Versuch, das Endspiel zu verstehen* im selben Jahr in den *Noten zur Literatur II* veröffentlicht wurde. Auch wenn es mittlerweile einige Forschungsbeiträge zu Adornos Beckett-Essay gibt, wurden seine Überlegungen bisher noch nicht mit Bezug auf das Glück am Ästhetischen betrachtet, um das es meines Erachtens Adorno in seiner Interpretation letztlich geht. Um das zu zeigen, werde ich nicht nur auf seinen bekannten Essay zum *Endspiel* rekurrieren, sondern auch Überlegungen aus seinen anderen literaturtheoretischen Aufsätzen und insbesondere aus der *Ästhetischen Theorie* heranziehen. Dies hat zwei Gründe: Erstens ist Becketts Werk für Adornos ästhetische Betrachtungen von herausragender Bedeutung; denn auf keinen anderen Autor bezieht Adorno sich so häufig.[19] Zweitens empfiehlt es

---

15 Adorno, Ästhetische Theorie. GS 7, S. 159 f.
16 Adorno, Ästhetische Theorie. GS 7, S. 182.
17 Vgl. zur abwertenden Einschätzung der hermetischen Dichtung den Überblick bei Thomas Sparr, Celans Poetik des hermetischen Gedichts, S. 15 f.
18 Adorno, Ästhetische Theorie. GS 7, S. 185.
19 Etwa indem er auf Becketts Texte als Beispiel für gelungene künstlerische Produktionen rekurriert, diese gegen andere Literatur ins Feld führt oder mit diesen die eigene philosophisch-ästhetische Theorie fundiert. W. Martin Lüdke geht sogar davon aus, dass Adorno „Becketts Werk als Paradigma moderner Kunst überhaupt" betrachtet habe und eigentlich kein anderer Künstler seine Ansprüche in gleicher Weise habe erfüllen können: „Sieht man von der

sich, die *Ästhetischen Theorie* deswegen zu berücksichtigen, weil Adorno sich hier explizit mit seinen früheren Überlegungen zu Beckett auseinandersetzt, diese weiterdenkt und dem Glück fast mehr Spielraum und Aufmerksamkeit zukommen lässt als im Essay, der zumindest auf den ersten Blick wenig vom Glücksversprechen der Kunst zu handeln scheint.

Nach W. Martin Lüdke muss man, um Adornos Beckett-Essay und überhaupt seine Literatur-Interpretationen zu verstehen, immer „das Ganze seiner Philosophie" hinzuziehen, also „das Ineinandergreifen von Theorie der Gesellschaft, Philosophie und Ästhetik".[20] In der Tat liegen Adornos Essays bestimmte philosophische und gesellschaftstheoretische Vorannahmen zugrunde, die für das Verständnis seiner *Endspiel*-Interpretation von Bedeutung sind. Dazu gehört, dass für Adorno der „Doppelcharakter der Kunst als autonom und als fait social"[21] eine zentrale Voraussetzung bildet. Fait social sind die Kunstwerke, da sie als Produkte gesellschaftlicher Arbeit immer auch mit der gesellschaftlichen und gegenständlichen Realität, aus der sie entstammen, vermittelt sind. Durch ihre „den praktischen Zwecken entäußerte Zweckmäßigkeit"[22] jedoch setzen Kunstwerke der Gesellschaft immer auch die Möglichkeit des ganz Anderen entgegen; das ist ihre Autonomie. Um diese zu bewahren, müssen sich Kunstwerke Adorno zufolge entschieden von der Gesellschaft distanzieren, um diese nicht affirmativ zu bestätigen:

> Kunst negiert die der Empirie kategorial aufgeprägten Bestimmungen und birgt doch empirisch Seiendes in der eigenen Substanz. Opponiert sie der Empirie durchs Moment der Form – und die Vermittlung von Form und Inhalt ist nicht zu fassen ohne deren Unterscheidung –, so ist die Vermittlung einigermaßen allgemein darin zu suchen, daß ästhetische Form sedimentierter Inhalt sei. [...] Die Kommunikation der Kunstwerke mit dem Auswendigen jedoch, mit der Welt, vor der sie selig oder unselig sich verschließen, geschieht durch Nicht-Kommunikation; darin eben erweisen sie sich als gebrochen.[23]

Das *Endspiel* behandelt Adorno zufolge genau diese Gebrochenheit und lotet dabei das Verhältnis von Kunst und Gesellschaft präzise aus. „Isolierung, Sinnzerfall, Hermetismus, Artifizialität sind für Adorno deshalb nicht Indizien eines

---

Musik, d. h. im Grunde auch nur von Beethoven und der Schönberg-Schule, einmal ab, dann verbleibt – in der Moderne – nicht eben viel mehr als: Beckett." W. Martin Lüdke, Der Kronzeuge. Einige Anmerkungen zum Verhältnis Th. W. Adornos zu S. Beckett. In: Text + Kritik, 1983, Sonderheft: Theodor W. Adorno, S. 136–149, hier: S. 142.
20 W. Martin Lüdke, Anmerkungen zu einer „Logik des Zerfalls": Adorno – Beckett, Frankfurt am Main 1981, S. 11.
21 Adorno, Ästhetische Theorie. GS 7, S. 16.
22 Adorno, Ästhetische Theorie. GS 7, S. 211.
23 Adorno, Ästhetische Theorie. GS 7, S. 15.

‚ideologischen Verfalls'", sondern sind die „genaueste, künstlerisch bewußte Konsequenz aus fortschreitender Verdinglichung" und Dialektik der Aufklärung.[24] Adorno zufolge korrespondiert Becketts 1956 geschriebenes Drama *Endspiel* aufs engste mit seinen und Horkheimers philosophischen Erkenntnissen aus der *Dialektik der Aufklärung*, da das Stück die Konsequenzen aus absoluter Herrschaft und Inhumanität, die zur Shoah geführt haben, zu seinem Ausgangspunkt nimmt.[25] Becketts Einakter spielt in einem „Innenraum ohne Möbel"[26], in dem sich der blinde und gelähmte Hamm und dessen Diener Clov befinden, der „mit steifen, wankenden Schritten"[27] geht und auf keinen Fall sitzen kann, sowie Hamms Eltern Nagg und Nell, deren Beine nur noch aus Stümpfen bestehen, und die in Mülltonnen vor sich hinvegetieren. Außerhalb des Raumes scheint es kein Leben mehr zu geben.[28]

Nach Adorno offenbart Becketts Stück, dass die Vorstellung eines selbstbewusst, eigenständig und verantwortungsvoll handelnden Individuums illusionär geworden ist: „Die Unmittelbarkeit der Individuation trog; das, woran einzelmenschliche Erfahrung haftet, ist vermittelt, bedingt. Das Endspiel unterstellt, daß Autonomie- und Seinsanspruch des Individuums unglaubwürdig ward."[29] Die „geschichtliche Krisis des Individuums"[30] wird bei Beckett zu einer theatralen

---

24 Burkhardt Lindner, „Il faut être absolutement moderne". Adornos Ästhetik: Ihr Konstruktionsprinzip und ihre Historizität. In: Lindner/W. Martin Lüdke (Hg.), Materialien zur Ästhetischen Theorie Adornos. Konstruktion der Moderne, Frankfurt am Main 1980, S. 261–309, hier: S. 271. Vgl. ausführlich zur *Dialektik der Aufklärung* Kapitel I.2. dieser Arbeit.
25 Aus diesem Grund empfahl Adorno Horkheimer nachdrücklich, Becketts Theaterstück zu lesen, „allein schon deshalb, weil gewisse Intentionen mit den unseren sehr zusammenhängen"; Adorno an Horkheimer, 17. April 1958. BW 4/4, S. 500.
26 Samuel Beckett, Endspiel. Stück in einem Akt, übers. v. Elmar Tophoven. In: Beckett, Theaterstücke. Dramatische Werke I, Frankfurt am Main 1995, S. 101–151, hier: S. 103.
27 Beckett, Endspiel, S. 103.
28 Auf Hamms Feststellung, dass die Natur sie vergessen habe, antwortet Clov: „Es gibt keine Natur mehr." Hamm wirft ihm Übertreibung vor, doch Clov bestätigt seine Aussage lakonisch mit: „Ringsherum." Vgl. auch Hamms dringliche Aufforderung an Clov, ihm zu berichten, was er mit dem Fernglas von der Außenwelt sehen könne, woraufhin Clov nur „Nichts ... nichts ... und wieder nichts" antwortet; Beckett, Endspiel, S. 109; 119.
29 Adorno, Versuch, das Endspiel zu verstehen. GS 11, S. 291. Stefan Krankenhagen nennt diese von Adorno herausgearbeitete Verfahrensweise Becketts die „dramatische Dekonstruktion des Subjektbegriffs". Krankenhagen geht in seiner Studie davon aus, dass Adorno in seinem Essay „Darstellungs*angebote*" für eine zukünftige Kunst macht; vgl. Krankenhagen, Auschwitz darstellen, S. 68; 67. Hervorhebung im Original. Eine solche Lesart verkennt allerdings Adornos Weigerung, präskriptive Verfahrens- und Produktionsanweisungen zu geben. Ich verstehe die „Darstellungsangebote" daher als von Adorno identifizierte Textstrategien Becketts.
30 Adorno, Versuch, das Endspiel zu verstehen. GS 11, S. 300.

„Liquidation des Subjekts"[31], was sich an der Figurenzeichnung deutlich zeigt: Die „alten Krüppel in den Mülltonnen"[32], die dort verstümmelt und deformiert vor sich hinvegetieren, und das wechselseitig destruktive Verhältnis von Hamm und Clov, das durch ihre körperlichen Beschwerden noch gesteigert zum Ausdruck gebracht wird, bestreiten sinnfällig die Existenz eines autonomen und selbstbewussten Subjekts. Die offensichtlichen Deformationen versteht Adorno „als einen objektiven Ausdruck der gesellschaftlichen Gewalt am Subjekt wie der Gewalt des Subjekts an sich selbst"[33]. Angesichts der permanenten Katastrophe sind von den einstigen Kategorien Subjekt, Geist und Seele in diesem Drama nur noch Bruchstücke übrig:

> [V]om Geist, der in Mimesis entsprang, die lächerliche Imitation; von der sich inszenierenden Seele die inhumane Sensibilität; vom Subjekt seine abstrakteste Bestimmung: da zu sein und allein dadurch schon zu freveln. Becketts Figuren benehmen sich so primitiv-behavioristisch, wie es den Umständen nach der Katastrophe entspräche, und diese hat sie derart verstümmelt, daß sie anders gar nicht reagieren können; Fliegen, die zucken, nachdem die Klatsche sie schon halb zerquetscht hat.[34]

An späterer Stelle nimmt Adorno mit Blick auf die permanenten Gehässigkeiten, mit denen Hamm und Clov sich gegenseitig traktieren, diesen Gedanken wieder auf: „Subjektivität selbst ist die Schuld; daß man überhaupt ist."[35] Die hier vorgeführte „Endgeschichte des Subjekts" kontrastiert Adorno mit der „Hybris des Idealismus", der den Menschen als Zentrum der Schöpfung inthronisierte.[36] In Becketts dunklem Interieur dagegen kann nur noch zwanghaft nachgespielt werden, „was einmal der Mensch gewesen sein wollte"[37]– nämlich AutorIn und AkteurIn ihres und seines eigenen Lebens.

Nach Adorno korrespondieren mit der körperlichen und geistigen Entstellung der Figuren auch ihre abgehackten Namen, die nur noch als „Stümpfe von Namen"[38] fungieren. Gebräuchlich ist nur der Name Nell, alle anderen sind erfunden. Hamm versteht Adorno als Abkürzung von Hamlet und verbindet damit die These, dass Beckett auf den dramatischen Höhepunkt des Shakespeare'schen

---

31 Adorno, Versuch, das Endspiel zu verstehen. GS 11, S. 287.
32 Adorno, Versuch, das Endspiel zu verstehen. GS 11, S. 306.
33 Krankenhagen, Auschwitz darstellen, S. 68.
34 Adorno, Versuch, das Endspiel zu verstehen. GS 11, S. 292f.
35 Adorno, Versuch, das Endspiel zu verstehen. GS 11, S. 317.
36 Adorno, Versuch, das Endspiel zu verstehen. GS 11, S. 316.
37 Adorno, Versuch, das Endspiel zu verstehen. GS 11, S. 317.
38 Adorno, Versuch, das Endspiel zu verstehen. GS 11, S. 310.

Klassikers bewusst und dekonstruierend Bezug nimmt: „Hamlet wird variiert: Krepieren oder Krepieren, das ist hier die Frage."[39]

Wie Stefan Krankenhagen bereits dargelegt hat, ist Adornos Forderung nach Auflösung der dramatischen Figur als künstlerische Verfahrensweise zugleich auch eine scharfe Zurückweisung realistischer Darstellungsformen, wie sie von Lukács theoretisch propagiert und von Rolf Hochhuth praktisch umgesetzt wurden.[40] Denn Signum seines auf historischen Quellen beruhenden Dramas *Der Stellvertreter* von 1963 ist gerade die realitäts- und detailgetreue Darstellung historischer Figuren – nämlich von Papst Pius XII. und SS-Obersturmbannführer Kurt Gerstein –, über deren reales Verhalten die Bühnenhandlungen Aufschluss geben sollen.[41] Der Konflikt zwischen Hochhuth und Adorno begann 1965 mit Hochhuths Kritik an der von Adorno geforderten dramatischen Dekonstruktion des Subjekts und gipfelte im Vorwurf der Inhumanität.[42] Adorno antwortete 1967 in einem *Offenen Brief an Rolf Hochhuth* und wies dessen Realismusbegriff entschieden zurück; denn dieser degradiert nach Adorno nicht nur die Kunst auf die Funktion bloßer Abbildung von Wirklichkeit, sondern setzt auch die Opfer der Vernichtungslager mit denen der Bombenkriege gleich. Entgegen Hochhuths Versuch, Entscheidungsmöglichkeiten einzelner Personen als Grundlage für moralische Bewertungen zu behaupten, betont Adorno, dass das Theater gerade den Niedergang des Subjekts darstellen muss. Erst dadurch konvergieren Realität und Absurdität: „Die Absurdität des

---

39 Adorno, Versuch, das Endspiel zu verstehen. GS 11, S. 312. Norbert Greiner weist darauf hin, dass „Beckett von dieser Interpretation nichts wissen wollte" und bei den Proben zu seiner Inszenierung von *Endspiel* 1967 in Berlin eine ganz andere Erklärung für die Namen vorgetragen habe. Hamm sei die Abkürzung für das englische Wort ‚hammer' (dt.: Hammer), während Clov für das französische Wort ‚clou' (dt.: Nagel) stehe; vgl. Norbert Greiner, Beckett und das Lachen: Versuch, Adorno zu verstehen. In: Carsten Dutt (Hg.), Figurationen der literarischen Moderne. Helmuth Kiesel zum 60. Geburtstag, Heidelberg 2007, S. 116–136, hier: S. 124 f.; vgl. auch Ernst Schröder, Ein Hammer und drei Nägel. Erfahrungen eines Schauspielers mit dem Dramatiker Samuel Beckett als Regisseur. In: o. A. (Hg.), Materialien zu Becketts Endspiel, Frankfurt am Main 1968, S. 112–117, hier: S. 112.
40 Vgl. Krankenhagen, Auschwitz darstellen, S. 68–71. Gegen Lukács gerichtet schreibt Adorno daher auch: „Sie hassen an Beckett, was sie verrieten." Adorno, Versuch, das Endspiel zu verstehen. GS 11, S. 283. Für Lindner bildet Adornos scharfe Kritik an Lukács' Realismusbegriff sogar die Grundlage seiner gesamten *Endspiel*-Interpretation; vgl. Lindner, „Il faut être absolument moderne", S. 261–309.
41 Vgl. Rolf Hochhuth, Der Stellvertreter. Ein christliches Trauerspiel, Reinbek bei Hamburg 1963.
42 Vgl. Rolf Hochhuth, Die Rettung des Menschen. In: Frank Benseler (Hg.), Festschrift zum achtzigsten Geburtstag von Georg Lukács, Neuwied/Berlin 1965, S. 484–490; Adorno, Offener Brief an Rolf Hochhuth. GS 11, S. 591–598.

Realen drängt auf eine Form, welche die realistische Fassade zerschlägt."[43] Es geht also um eine radikale Absage an die Individualität der Figuren, die Sinnhaftigkeit ihrer Handlungen und die Unversehrtheit ihrer Körper. In seinem ein Jahr nach dem Beckett-Essay erschienenen Aufsatz *Engagement* versteht er diese Absage gerade als ein Festhalten am Glücksversprechen der Kunst:

> Becketts Ecce homo ist, was aus den Menschen wurde. Gleichwie mit Augen, denen die Tränen versiegt sind, stumm blicken sie aus seinen Sätzen. Der Bann, den sie verbreiten und unter dem sie stehen, löst sich, indem er in ihnen sich spiegelt. Das minimale Glücksversprechen darin freilich, das an keinen Trost sich verschachert, war um keinen geringeren Preis zu erlangen als den der vollkommenen Durchartikulation bis zur Weltlosigkeit.[44]

Daher „sind die Beckettschen Menschenstümpfe realistischer als die Abbilder einer Realität, welche diese durch ihre Abbildlichkeit bereits sänftigen"[45].

Eine weitere Verfahrensweise, die Adorno bei Beckett hervorhebt, ist das Mittel der „regredierenden Sprache"[46]. Nicht Zusammenhang und Sinnhaftigkeit dominieren die Dialoge des *Endspiels*, sondern „Phrasen, Geplapper, Bosheiten, scheinlogische Verknüpfungen"[47]. Beckett entlarvt nach Adorno dadurch den in letzter Instanz irrationalen, Sinn nur vortäuschenden Charakter von Kommunikation. Es geht ihm, wie er später in seinem Hölderlin-Essay darlegt, nicht um die grundsätzliche Zurückweisung der synthetischen und sinnerschließenden Funktionen von Sprache, allerdings kann gerade die regredierende Sprache des *Endspiels* das in der Destruktion von Sinn bestehende Herrschaftsmoment von Sprache deutlicher veranschaulichen als alle philosophische Sprachkritik:

> Die logische Figur des Absurden, die den kontradiktorischen Gegensatz des Stringenten als stringent vorträgt, verneint jeglichen Sinnzusammenhang, wie ihn die Logik zu gewähren scheint, um diese der eigenen Absurdität zu überführen: daß sie mit Subjekt, Prädikat und Kopula das Nichtidentische so zurichtet, als ob es identisch wäre, in den Formen aufginge. Nicht als Weltanschauung löst das Absurde die rationale ab; jene kommt in diesem zu sich selbst.[48]

---

43 Adorno, Offener Brief an Rolf Hochhuth. GS 11, S. 595.
44 Adorno, Engagement. GS 11, S. 425.
45 Adorno, Offener Brief an Rolf Hochhuth. GS 11, S. 594.
46 Krankenhagen, Auschwitz darstellen, S. 71.
47 Gunzelin Schmid Noerr, Der Schatten des Widersinns. Adornos „Versuch, das Endspiel zu verstehen" und die metaphysische Trauer. In: Hans-Dieter König (Hg.), Neue Versuche, Becketts *Endspiel* zu verstehen. Sozialwissenschaftliches Interpretieren nach Adorno, Frankfurt am Main 1994, S. 18–62, hier: S. 42.
48 Adorno, Versuch, das Endspiel zu verstehen. GS 11, S. 310.

1 Sinnzerfall und minimales Glücksversprechen – Samuel Beckett — 203

Im Kontext von Adornos Auseinandersetzung mit der Sprache des *Endspiels* sind aber vor allem auch die Aspekte des Verstummens und die von ihm immer wieder betonte grundsätzliche Aporie der Sprache – also auch da sinnstiftend zu sein, wo sie Sinn eigentlich verweigert – von Bedeutung: „Dass die bedeutungsferne Sprache keine sagende ist, stiftet ihre Affinität zum Verstummen."[49] Für Adorno ist das Moment des Verstummens als Pendant zum Bilderverbot so wichtig, da es sich einer nachträglichen Sinnzuschreibung der geschehenen Verbrechen – wozu Sprache aufgrund ihrer synthetischen Funktion immer tendiert – konsequent verweigert: „Schweigend nur ist der Name des Unheils auszusprechen."[50] Die innovative Leistung von Becketts Stück ist aber darin zu sehen, dass die Figuren noch nicht ganz verstummt sind, sondern durch ihr stummes Sprechen noch an die semantische und sinnstiftende Funktion von Sprache erinnern:

> Das Endspiel enthält Dialoge Zug um Zug, einsilbig, wie einst das Frage- und Antwortspiel zwischen verblendetem König und Schicksalsboten. Aber worin dort die Kurve sich spannte, darin erschlaffen hier die Interlokutoren. Kurzatmig bis zum Verstummen bringen sie die Synthesis sprachlicher Perioden nicht mehr zustande und stammeln in Protokollsätzen, man weiß nicht ob solchen der Positivisten oder Expressionisten. Der Grenzwert des Beckettschen Dramas ist jenes Schweigen, das schon im Shakespeareschen Beginn des neueren Trauerspiels als Rest definiert war. Daß als eine Art Epilog aufs Endspiel eine Acte sans paroles folgt, ist dessen eigener terminus ad quem. Die Worte klingen wie Notbehelfe, weil das Verstummen noch nicht ganz glückte, wie Begleitstimmen zum Schweigen, das sie stören.[51]

Die Aporie der Sprache besteht also darin, dass sie selbst da „wo sie tendenziell zum Laut sich verkürzt, ihr semantisches Element nicht abschütteln, nicht rein mimetisch oder gestisch werden kann"[52], sondern immer auf Sinn verwiesen bleibt. So wie Hölderlin dieser Aporie mit parataktischen Konstruktionen begegnet,[53] macht das *Endspiel* Hamms Frage „Worüber können sie denn reden, worüber kann man noch reden?"[54] zu seinem eigentlichen Ausgangspunkt:

> Anstatt zu trachten, das diskursive Element der Sprache durch den reinen Laut zu liquidieren, schafft Beckett es um ins Instrument der eigenen Absurdität, nach dem Ritual der Clowns, deren Geplapper zu Unsinn wird, indem er als Sinn sich vorträgt. Der objektive Sprachzerfall, das zugleich stereotype und fehlerhafte Gewäsch der Selbstentfremdung,

---

49 Adorno, Ästhetische Theorie. GS 7, S. 123.
50 Adorno, Versuch, das Endspiel zu verstehen. GS 11, S. 290.
51 Adorno, Versuch, das Endspiel zu verstehen. GS 11, S. 303 f.
52 Adorno, Versuch, das Endspiel zu verstehen. GS 11, S. 305.
53 Vgl. Kapitel III.4. dieser Arbeit.
54 Beckett, Endspiel, S. 115.

zu dem den Menschen Wort und Satz im eigenen Munde verquollen sind, dringt ein ins ästhetische Arcanum; die zweite Sprache der Verstummenden, ein Agglomerat aus schnodderigen Phrasen, scheinlogischen Verbindungen, galvanisierten Wörtern als Warenzeichen, das wüste Echo der Reklamewelt, ist umfunktioniert zur Sprache der Dichtung, die Sprache negiert.[55]

Das *Endspiel* reagiert nach Adorno also nicht nur auf die Aporie der Sprache, sondern kritisiert ebenso die Reduzierung von Sprache auf bloße Kommunikation, was Adorno mit seinem Verweis auf die Sprache der Warenwelt und der Reklame verdeutlicht. Hamms in rechthaberischem Gestus konstatierte Feststellung „Ah, die Leute, die Leute, man muß ihnen alles erklären"[56] versteht Adorno als Persiflage auf die betriebsame Geschäftigkeit bürokratischer Apparate ebenso wie als Ausdruck dafür, „daß die voneinander ohne Hoffnung Entfernten, indem sie konversieren, so wenig sich erreichen wie die beiden alten Krüppel in den Mülltonnen. Kommunikation, das universale Gesetz der Clichés, bekundet, daß keine Kommunikation mehr sei."[57] Diese Absurdität der Kommunikation wird in Becketts Stück gerade durch die bewusste Ausstellung kommunikativer Akte vorgeführt. Indem die Figuren mal spielerisch verzweifelt versuchen, die Konversation am Leben zu erhalten,[58] Metaphorisches wortwörtlich nehmen[59] oder sich logischer Schlussfolgerungen verweigern,[60] zeigt sich die Kälte der gesellschaftlichen Realität:

---

55 Adorno, Versuch, das Endspiel zu verstehen. GS 11, S. 306.
56 Beckett, Endspiel, S. 127.
57 Adorno, Versuch, das Endspiel zu verstehen. GS 11, S. 307.
58 Vgl. exemplarisch: „Clov: Ich verlasse dich. / Hamm: Nein. / Clov: Wozu diene ich denn? / Hamm: Mir die Replik zu geben. *Pause*. Ich bin mit meiner Geschichte vorangekommen. *Pause*. Ich bin gut vorangekommen. *Pause*. Frag mich, wie weit ich damit bin. / Clov: Oh, ehe ich's vergesse, deine Geschichte? / Hamm *sehr überrascht*: Welche Geschichte? / Clov: Die du dir seit jeher erzählst. / Hamm: Ah, du meinst meinen Roman? / Clov: Eben. / *Pause*. / Hamm wütend: Bohr doch weiter, Menschenskind, bohr doch weiter!"; Beckett, Endspiel, S. 136.
59 Vgl. bspw.: „Hamm: Das ist alles drollig, in der Tat. Sollen wir uns mal totlachen? / Clov *nachdem er überlegt hat*: Ich könnte mich heute nicht mehr totlachen. / Hamm *nachdem er überlegt hat*: Ich auch nicht. *Pause*."; Beckett, Endspiel, S. 137.
60 Vgl. exemplarisch: „Hamm: Öffne das Fenster. / Clov: Wozu? / Hamm: Ich will das Meer hören. / Clov: Du würdest es nicht hören. / Hamm: Selbst nicht, wenn du das Fenster öffnest? / Clov: Nein. / Hamm: Es lohnt sich also nicht, es zu öffnen? / Clov: Nein. / Hamm *heftig*: Also öffne es! *Clov steigt auf die Leiter und öffnet das Fenster. Pause*. Hast du es geöffnet? / Clov: Ja. / *Pause*. / Hamm: Du schwörst mir, daß du es geöffnet hast? Clov: Ja. / *Pause*. / Hamm: So, so ... *Pause*. Es muß sehr ruhig sein. *Pause*. *Heftig*: Ich frage dich, ob es sehr ruhig ist! / Clov: Ja."; Beckett, Endspiel, S. 139 f.

Im Stande ihrer Zersetzung polarisiert sich die Sprache. Hier wird sie zum Basic English, oder Französisch, oder Deutsch einzelner Wörter, archaisch herausgestoßener Befehle im Jargon universaler Nichtachtung, der Zutraulichkeit unversöhnlicher Kontrahenten; dort zum Ensemble ihrer Leerformen, einer Grammatik, die aller Beziehung auf ihren Inhalt und damit ihrer synthetischen Funktion sich begeben hat. Den Interjektionen gesellen sich Übungssätze, Gott weiß wofür. Auch das hängt Beckett an die große Glocke: es ist eine der Spielregeln des Endspiels, daß die asozialen Partner, und mit ihnen die Zuschauer, sich immerzu in die Karten sehen.[61]

Die Einsicht in die fehllaufende Kommunikation führt zu keiner Veränderung der Situation, im Gegenteil: „Becketts Dialog [reißt] die Schienen des Gesprächs auf; der Zug gelangt nicht mehr dorthin, wo es hell wird."[62] Aber indem das Scheitern von Verständigung und Reziprozität ausgestellt wird, protestiert das *Endspiel* gerade „gegen eine Verfassung der Welt, die so willfährig dem Gesetz von Regression gehorcht, daß sie eigentlich schon über keinen Gegenbegriff mehr verfügt, der jener vorzuhalten wäre"[63]. Da es diesen aktuell nicht gibt und seine Existenz auch nicht – etwa durch Bedauern – unterstellt werden darf, muss er verschwiegen werden, um die Hoffnung auf einen Zustand nicht aufzugeben, der sich vom jetzigen unterscheiden lässt: „Beckett verschweigt aus Zartheit das Zarte nicht minder als das Brutale."[64] Das Verschweigen, die regredierende Sprache und die Demonstration scheiternder Kommunikation halten nach Adorno also eher an der Möglichkeit glückender Verständigung fest als künstlerische Darstellungen, die Bilder der Hoffnung oder Versöhnung allzu konkret ausmalen.

Synthesis wird in Becketts Stück auch dadurch vermieden, dass die Einheiten von Zeit, Raum und Handlung bewusst unterlaufen werden. Adorno zufolge stehen durch die Dekonstruktion der drei Einheiten des aristotelischen Dramenmodells jedoch nicht so sehr diese, sondern das Drama als literarische Gattung infrage: „Die drei Aristotelischen Einheiten werden gewahrt, aber dem Drama selbst geht es ans Leben."[65] Tatsächlich könnte das *Endspiel* genau einen Sonnenumlauf umfassen,[66] nur scheint es hier überhaupt keine Sonne mehr zu geben; ebenso wird die Einheit des Ortes konsequent gewahrt, allerdings in übersteigerter (den Begriff selbst dementierender) Form, denn die Figuren

---

61 Adorno, Versuch, das Endspiel zu verstehen. GS 11, S. 309.
62 Adorno, Versuch, das Endspiel zu verstehen. GS 11, S. 308.
63 Adorno, Versuch, das Endspiel zu verstehen. GS 11, S. 289.
64 Adorno, Versuch, das Endspiel zu verstehen. GS 11, S. 289.
65 Adorno, Versuch, das Endspiel zu verstehen. GS 11, S. 303.
66 Zur Einheit der Zeit schreibt Aristoteles: „[D]ie Tragödie versucht, sich nach Möglichkeit innerhalb eines einzigen Sonnenumlaufs zu halten oder nur wenig darüber hinauszugehen." Aristoteles, Poetik. Griechisch/Deutsch, hg. v. Manfred Fuhrmann, Stuttgart 1982, S. 17.

können ihren Unterschlupf gar nicht mehr verlassen, sie sind an den Ort gekettet. Auch gibt es so etwas wie einen Handlungsstrang, der jedoch nicht viel mehr besagt, als dass Handlung sinnlos geworden ist:

> Angewandt aufs Drama ist das Wort Sinn mehrdeutig. Es deckt gleichermaßen den metaphysischen Gehalt, der objektiv in der Komplexion des Artefakts sich darstellt; die Intention des Ganzen als eines Sinnzusammenhangs, den es von sich aus bedeutet; schließlich den Sinn der Worte und Sätze, welche die Personen sprechen, und den ihrer Abfolge, den dialogischen. Aber diese Äquivokationen verweisen auf ein Gemeinsames. Aus ihm wird in Becketts Endspiel ein Kontinuum. Geschichtsphilosophisch ist es getragen von einer Veränderung des dramatischen Apriori: daß kein positiver metaphysischer Sinn derart mehr substantiell ist, wenn anders er es je war, daß die dramatische Form ihr Gesetz hätte an ihm und seiner Epiphanie. Das jedoch zerrüttet die Form bis ins sprachliche Gefüge hinein. Das Drama vermag nicht einfach negativ Sinn oder die Absenz von ihm als Gehalt zu ergreifen, ohne daß dabei alles ihm Eigentümliche bis zum Umschlag ins Gegenteil betroffen würde. Was dem Drama wesentlich ist, war konstituiert durch jenen Sinn.[67]

Das Endspiel verweigert konsequent Geschlossenheit, Teleologie und metaphysische Sinngebung und unterläuft dadurch das aristotelische Modell mit seinen dramatischen Kategorien: „Alle sind parodiert. Nicht aber verspottet. Emphatisch heißt Parodie die Verwendung von Formen im Zeitalter ihrer Unmöglichkeit. Sie demonstriert diese Unmöglichkeit und verändert dadurch die Formen."[68] Die aristotelischen Kategorien werden also nicht abgeschafft, ihre teleologische Funktion jedoch wird bezweifelt:

> Die dramatischen Konstituentien erscheinen nach ihrem Tod. Exposition, Knoten, Handlung, Peripetie und Katastrophe kehren einer dramaturgischen Leichenbeschau als Dekomponierte wieder: für die Katastrophe etwa tritt die Mitteilung ein, daß es keine Nährpillen mehr gebe.[69]

War in der aristotelischen Dramentheorie das Subjekt ein Handelndes, wird es im *Endspiel* auch durch die Dekonstruktion der dramatischen Kategorien infrage gestellt, da ohne Handlung eigentlich kein dramatisches Subjekt mehr existiert: „Das nichts Bedeuten wird zur einzigen Bedeutung. Der tödlichste

---

[67] Adorno, Versuch, das Endspiel zu verstehen. GS 11, S. 282.
[68] Adorno, Versuch, das Endspiel zu verstehen. GS 11, S. 302f. Anja Nowak spricht davon, dass bei Beckett „die überholte Form unterwandert und eine Art Differenz gestaltet" werde; Anja Nowak, Elemente einer Ästhetik des Theatralen in Adornos *Ästhetischer Theorie*, Würzburg 2012, S. 47. Die Differenz besteht nach Adorno genau in dieser Parodie der dramatischen Kategorien.
[69] Adorno, Versuch, das Endspiel zu verstehen. GS 11, S. 303.

Schrecken der dramatischen Personen, wenn nicht des parodierten Dramas selber, ist der verstellt komische darüber, daß sie irgend etwas bedeuten könnten."[70]

Dementsprechend ist auch kein bedeutungsvolles Ende abzusehen. Nach Adorno entspricht das Schema des Stücks dem Verlauf des Endspiels beim Schach, wobei die hier gespielte Partie nicht mit Sieg oder Niederlage endet, sondern mit einem Patt aufgrund ewigen Schachs.[71] Die „schlechte Unendlichkeit, das nicht schließen Können"[72] wird somit zum Formprinzip von Becketts Stück. Es zeigt sich nicht nur durch den „Schauer des keine Eile Habens"[73] und die immer wieder angestrengte Wiederholung derselben Dialoge und Boshaftigkeiten,[74] sondern auch durch die Furcht der Figuren, nicht sterben zu können:

> Hamms Unidentität mit sich selbst motiviert den Verlauf. Während er das Ende will, als das der Qual schlecht unendlicher Existenz, ist er besorgt um sein Leben wie ein Herr in den ominösen besten Jahren. Überwertig sind ihm die minderen Paraphernalien von Gesundheit. Er fürchtet aber nicht den Tod, sondern daß er mißlingen könnte: das Kafkasche Motiv des Jägers Grachus [sic!] hallt nach.[75]

Dass sich an dem Zustand des Nichtsterbenkönnens doch noch etwas ändern könnte, „diese Bewegung, oder ihr Ausbleiben, ist die Handlung"[76]. Auf Hamms Bitte, Clov solle ihn erledigen, antwortet dieser nur, dass er es nicht könne. Am Ende des Stücks bereitet Clov seinen Abschied zwar vor – was den wahrscheinlichen Tod beider Figuren bedeuten würde, da sie aufeinander angewiesen zu sein scheinen –, allerdings „bleibt Clov regungslos und teilnahmslos mit auf Hamm gerichtetem Blick bis zum Ende stehen"[77]. Adorno interpretiert das Ende des Stücks als identisch mit dem Anfang: Alles könnte einfach wieder von vorne beginnen. So versteht er auch die unabänderliche

---

[70] Adorno, Versuch, das Endspiel zu verstehen. GS 11, S. 305. Adorno bezieht sich auf folgende Stelle: „Hamm: Wir sind doch nicht im Begriff, etwas zu … zu … bedeuten? / Clov: Bedeuten? Wir, etwas bedeuten? *Kurzes Lachen*. Das ist aber gut!"; Beckett, Endspiel, S. 121.
[71] Vgl. Adorno, Versuch, das Endspiel zu verstehen. GS 11, S. 316.
[72] Adorno, Ästhetische Theorie. GS 7, S. 221.
[73] Adorno, Versuch, das Endspiel zu verstehen. GS 11, S. 298.
[74] Vgl. bspw. folgende Situation: „Hamm: Erinnerst du dich an deinen Vater? / Clov *überdrüssig*: Die gleiche Replik. *Pause*. Du hast mir diese Frage millionenmal gestellt. / Hamm: Ich liebe die alten Fragen. *Schwungvoll*: Ah, die alten Fragen, die alten Antworten, da geht nichts drüber!" Beckett, Endspiel, S. 124.
[75] Adorno, Versuch, das Endspiel zu verstehen. GS 11, S. 315.
[76] Adorno, Versuch, das Endspiel zu verstehen. GS 11, S. 314.
[77] Beckett, Endspiel, S. 150.

Situation der Beckett'schen Figuren: „Zur Hölle wird die Welt als absolute: nichts anderes ist als sie."[78]

Der Dekonstruktion der dramatischen Figur, der synthetischen, sinnstiftenden Sprache und der aristotelischen Dramenkategorien setzt Beckett nach Adorno eine Ordnung entgegen, die sich an die Kompositionstechnik des Kontrapunkts anlehnt: „Musikhaft ist die Handlung des Stücks insgesamt komponiert, über zwei Themen wie vormals Doppelfugen."[79] Das erste Thema, das von Hamm angestimmt wird, ist, „daß es zu Ende gehen soll"[80]; das zweite Thema ist Clov, dem Diener, zugeordnet. Der Widerspruch zwischen Herrschaft und Knechtschaft, wie Hegel ihn in seiner *Phänomenologie des Geistes* noch formulierte,[81] ist hier jedoch nicht nur abgeschliffen, sondern gleichsam ad absurdum geführt: „Kontrapunktiert sind die beiden Handlungen dadurch, daß der Todeswille Hamms eins ist mit seinem Lebensprinzip, während der Lebenswille Clovs den Tod beider herbeiführen dürfte."[82] Demnach bestimmt nicht die Antithese der beiden Protagonisten die Handlung, sondern das musikalische Formprinzip, das dem Endspiel im Schach folgt: „Intrige und plot werden stillschweigend suspendiert. Nur Kunstfehler oder Unglücksfälle wie der, daß

---

78 Adorno, Versuch, das Endspiel zu verstehen. GS 11, S. 320. In der *Ästhetischen Theorie* überträgt Adorno das Motiv des Nichtsterbenkönnens schließlich auf die moderne Kunst als solche. Anders als frühere Kunstwerke kann sich diese kein Ende mehr gestatten „nach dem Modell dessen, der alt und lebenssatt stirbt. Daß das den Kunstwerken versagt ist, daß sie so wenig mehr sterben können wie der Jäger Gracchus, verleiben sie sich als Ausdruck von Grauen unmittelbar ein"; Adorno, Ästhetische Theorie. GS 7, S. 221. Dieses Argument ist insbesondere als Absage an jede Form der katharstischen Wirkung von modernen Kunstwerken zu verstehen – denn nach den Katastrophen des 20. Jahrhunderts ist es schlicht nicht mehr möglich, sich von allen Erregungszuständen zu reinigen oder gar die Seele zu läutern.
79 Adorno, Versuch, das Endspiel zu verstehen. GS 11, S. 315.
80 Adorno, Versuch, das Endspiel zu verstehen. GS 11, S. 315.
81 Vgl. zum Verhältnis von Herr und Knecht im Zusammenhang mit Adornos Überlegungen zu Beckett auch Maxi Berger, Von der Höhle des Löwen. Arbeit, Kunst und Selbstbewusstsein zwischen Autonomie und *fait social* bei Hegel, Beckett und Adorno. In: Das Versprechen der Kunst, S. 203–222.
82 Adorno, Versuch, das Endspiel zu verstehen. GS 11, S. 316. Vgl. auch folgende Stelle: „Eher wird die Hegelsche Dialektik von Herr und Knecht, an die Günther Anders schon bei Gelegenheit von Godot erinnerte, verlacht, als daß sie, nach den Sitten der traditionellen Ästhetik, gestaltet wäre. Der Knecht kann nicht mehr die Zügel ergreifen, um Herrschaft abzuschaffen. Der Verstümmelte wäre dazu kaum fähig, und für die spontane Aktion ist es, nach der geschichtsphilosophischen Sonnenuhr des Stückes, sowieso zu spät. Clov bleibt nichts übrig, als auszuwandern in die für die Abgeschiedenen nicht vorhandene Welt, mit einigen Chancen, dabei zu sterben. Selbst auf die Freiheit zum Tode darf er sich nicht verlassen." (S. 314)

irgendwo noch Lebendiges wächst, könnten Unvorhergesehenes stiften, nicht der findige Geist."[83]

Die der musikalischen Ordnung entlehnte Form der Darstellung kann nach Adorno der Aporie von Sinn nach Auschwitz begegnen. Denn auf der einen Seite muss Kunst nach Auschwitz die Darstellung eines übergreifenden Sinnzusammenhangs aufgeben, um dem tatsächlich Geschehenen nicht in irgendeiner Weise nachträglich Sinn zuzuschreiben; auf der anderen Seite kann Kunst zugleich aber auch nicht völlig auf Sinn verzichten: „Das ästhetische Prinzip der Form ist an sich, durch Synthesis des Geformten, Setzung von Sinn, noch wo Sinn inhaltlich verworfen wird."[84] Tatsächlich lässt der musikalisch strukturierte Aufbau des *Endspiels* das Stück überhaupt erst als ein ästhetisches Konstrukt erkennbar werden. Die Konstruktion ist die Voraussetzung dafür, „daß das Endspiel, und Kunstwerke überhaupt, in ihrer geschichtlich und subjektiv vermittelten Gestalt wahrgenommen werden können"[85].

So wird der dramatischen „Liquidation des Subjekts" auf der Ebene der ästhetischen Konstruktion etwas entgegengesetzt: „Becketts Stücke sind absurd nicht durch Abwesenheit jeglichen Sinnes – dann wären sie irrelevant – sondern als Verhandlung über ihn. Sie rollen seine Geschichte auf."[86] Beckett löst sich zwar von der Darstellung irgendeines positiven Sinns, aber allein durch die konstruktiv-ästhetische Realisierung von Sinnferne gewinnen sein Stücke Sinn. Dieser unterscheidet sich jedoch vom theologischen Sinn oder von Kunstwerken, die Sinn „stur, positiv"[87] abzubilden versuchen dadurch, dass sich die Negation des Sinns als Negatives selbst zeigt: „Alles hängt daran, ob der Negation des Sinns im Kunstwerk Sinn innewohnt oder ob sie der Gegebenheit sich anpaßt; ob die Krise des Sinns im Gebilde reflektiert ist, oder ob sie unmittelbar und darum subjektfremd bleibt."[88]

In Becketts Darstellung der Negation von Sinn vermutet Adorno zugleich eine Rettung dieser Kategorie. Denn nach ihm hat auch die absurde Literatur „teil an der Dialektik, daß sie als Sinnzusammenhang, in sich teleologisch organisiert, ausdrückt, daß kein Sinn sei, und dadurch in bestimmter Negation die Kategorie des Sinns bewahrt; das ist es, was ihre Interpretation möglich macht

---

[83] Adorno, Versuch, das Endspiel zu verstehen. GS 11, S. 316; vgl. zur musikalischen Ordnung des *Endspiels* auch: Kleine, Ob es überhaupt noch möglich ist, S. 294 f.
[84] Adorno, Ästhetische Theorie. GS 7, S. 403.
[85] Krankenhagen, Auschwitz darstellen, S. 72 f.
[86] Adorno, Ästhetische Theorie. GS 7, S. 230.
[87] Adorno, Ästhetische Theorie. GS 7, S. 231.
[88] Adorno, Ästhetische Theorie. GS 7, S. 231.

und verlangt"[89]. Becketts Stücke verweisen also bereits „durch ihr Rätselwesen auf Interpretation"[90]. Genau diese Arbeit an den Texten Becketts wiederum kann das „Glück ihrer Erkenntnis"[91] auslösen. Denn jene Arbeit ist keine Resignation, sondern ein bewusstes Weiterdenken, das in der in aktiver Passivität erfolgenden Deutung eines Textes und ihrer permanenten kritischen Reflexion besteht. Zugleich bewahren Becketts Dramen selbst – wie vage auch immer – in der bestimmten Negation die Kategorie des Sinns und damit die Hoffnung auf eine andere, bessere, nämlich eine sinnvolle Einrichtung der Welt.

Da jedoch nach Auschwitz eine so umfassende Krise des Sinns besteht,[92] müssen sich nach Adorno die künstlerischen Mittel nach Auschwitz von den vorherigen deutlich unterscheiden.[93] Denn galt beispielsweise die Montage Adorno noch als legitimes Mittel einer Kunst *vor* Auschwitz, welche die „Negation der Synthesis" zu ihrem Gestaltungsprinzip erkor und „von einer nominalistischen Utopie" sich leiten ließ[94]– nämlich den künstlerischen Details den Vorrang vor einem übergreifenden Sinnzusammenhang zu geben –, wird Montage *nach* Auschwitz fragwürdig:

> Die Idee der Montage und der mit ihr tief verklammerten technologischen Konstruktion wird unvereinbar mit der des radikal durchgebildeten Kunstwerks, mit der sie zuzeiten

---

[89] Adorno, Ästhetische Theorie. GS 7, S. 235.
[90] Adorno, Versuch, das Endspiel zu verstehen. GS 11, S. 284.
[91] Adorno, Ästhetische Theorie. GS 7, S. 30.
[92] In seiner *Ästhetik-Vorlesung* von 1958/59 spricht er von der Krise des Sinns in der modernen Literatur als einer, die „ja nun in der Tat auch die Krise des Weltzustandes selber" ist; Adorno, Ästhetik 1958/59. NL 4, Bd. 3, S. 119.
[93] „Je mehr die Emanzipation des Subjekts alle Vorstellungen vorgegebener und sinnverleihender Ordnung demolierte, desto fragwürdiger wird der Begriff des Sinns als Refugium der verblassenden Theologie. Schon vor Auschwitz war es angesichts der geschichtlichen Erfahrungen affirmative Lüge, irgend dem Dasein positiven Sinn zuzuschreiben. Das hat Konsequenzen bis in die Form der Kunstwerke hinein." Adorno, Ästhetische Theorie. GS 7, S. 229. Die Krise nach Auschwitz ist, wie Adorno hier andeutet, nicht mit der Subjekt- und Sprachkrise um 1900 zu vergleichen. Vgl. hierzu exemplarisch Nietzsches programmatischen Essay *Über Wahrheit und Lüge im außermoralischen Sinne* von 1873 (1896 posthum veröffentlicht), in dem er das vernünftig begründete, erkenntnistheoretische und souveräne Subjekt des deutschen Idealismus radikal in Frage stellt. Die Krise des Subjekts zeigt sich um 1900 auch in Form einer Sprachkrise. Diese besteht in der grundlegenden Skepsis, ob Wirklichkeit überhaupt ‚objektiv' erfassbar sei und ob Sprache dazu in der Lage sei, Wirklichkeit und Wahrnehmung objektiv abzubilden; vgl. Nietzsche, Über Wahrheit und Lüge im außermoralischen Sinne. KSA 1, S. 873–890; vgl. in diesem Kontext auch: Hugo von Hofmannsthal, Ein Brief [1902]. In: Hofmannsthal, Sämtliche Werke. Band XXXI: Erfundene Gespräche und Briefe, hg. v. Ellen Ritter, Frankfurt am Main 1991, S. 45–55.
[94] Adorno, Ästhetische Theorie. GS 7, S. 232.

> identisch sich wußte. Das Montageprinzip war, als Aktion gegen die erschlichene organische Einheit, auf den Schock angelegt. Nachdem dieser sich abgestumpft hat, wird das Montierte abermals zum bloßen indifferenten Stoff; das Verfahren reicht nicht mehr hin, durch Zündung Kommunikation zwischen ästhetischem und Außerästhetischem zu bewirken, das Interesse wird neutralisiert zu einem kulturhistorischen.[95]

Der Schock, der aus dem Montageprinzip resultierte, ‚zündet' Adorno zufolge nicht mehr, weil er durch einen realen Schock, nämlich das mit Auschwitz bezeichnete Grauen, überboten wurde. Sobald Montage also zu einem zeitlosen Prinzip wird, verliert sie für Adorno ihre einstige Sprengkraft und läuft Gefahr, die Einzelimpulse letztlich doch wieder in einen Zusammenhang zu bringen, der ihnen übergestülpt ist.

Dagegen setzt Adorno die Antinomie als neues Stilprinzip einer Kunst nach Auschwitz, das sich in der Dialektik von Konstruktion und Detail entfaltet:

> Der Prozeß zwischen Ganzem und Einzelnem ist, nachdem die obere Instanz versagte, an das Untere zurückverwiesen, an die Impulse der Details, gemäß dem nominalistischen Stande. Nur ohne jegliche Usurpation eines vorgegebenen Übergreifenden ist Kunst überhaupt noch vorzustellen. Ein Analogon zur antiorganischen Praxis der Montage bieten die Flecken in rein expressiven, organischen Gebilden, die nicht sich wegradieren lassen. Eine Antinomie gewinnt Umriß.[96]

Die dringliche Aufgabe einer Kunst nach 1945, die sich nicht mehr positiv auf irgendeine Form der Sinngebung beziehen kann, ist es also, ihre eigenen Antinomien zu verhandeln. Dies betrifft auch die Möglichkeit von Kunst, Utopien formulieren zu können. Eine zentrale gegenwärtige Antinomie ist für Adorno daher die, dass Kunst einerseits unbedingt Utopie sein muss, auch wenn die gesellschaftlichen Zustände ihre Realisierung nicht zulassen; andererseits „aber, um nicht Utopie an Schein und Trost zu verraten, nicht Utopie sein darf"[97]. Ganz ähnlich formuliert Adorno die Antinomie von Subjektivität in seinem *Versuch, das Endspiel zu verstehen*. Das Stück kann zwar zeigen, dass, wie von so unterschiedlichen Autoren wie Nietzsche und Freud bereits behauptet und in den entsprechenden theoretischen Überlegungen konzipiert, die Position des „absoluten Subjekts" nicht mehr zu halten ist;[98] der „Übergang in die

---

[95] Adorno, Ästhetische Theorie. GS 7, S. 233f. Vgl. dazu auch Kleine, Ob es überhaupt noch möglich ist, S. 290–293.
[96] Adorno, Ästhetische Theorie. GS 7, S. 234.
[97] Adorno, Ästhetische Theorie. GS 7, S. 55.
[98] Vgl. bspw. Nietzsche, Über Wahrheit und Lüge im außermoralischen Sinne. KSA 1, S. 873–890. Auch Freud reagiert mit seinen psychoanalytischen Arbeiten wie bspw. der *Traumdeutung* von 1900 und *Das Ich und das Es* von 1923 auf den Umstand, dass die Vorstellung eines „absoluten Subjekts", wie Adorno es nennt, prekär geworden ist. Denn im Subjekt seien unbe-

verpflichtende Allgemeinheit gegenständlicher Realität, die dem Schein der Individuation Einhalt geböte", ist Kunst jedoch auch verwehrt, da ihr konstruktives Moment selbst ohne subjektive Vernunft nicht zu denken ist.[99] Adorno betont daher, dass in Kunst nur das gilt, „was in den Stand von Subjektivität eingebracht, was dieser kommensurabel ist"[100]. Zeitgenössische Kunst muss genau diese Antinomien der Subjektivität und Utopie verhandeln: „Die Dignität von Kunst heute bemißt sich nicht danach, ob sie mit Glück oder Geschick jener Antinomie entschlüpft, sondern wie sie sie austrägt. Darin ist das Endspiel exemplarisch."[101]

Eines der Mittel, diese Antinomie auszutragen oder zu verhandeln, ist nach Adorno die konsequente „Verkehrung" von Komik im *Endspiel*.[102] Denn in Becketts Stück geht es jeder Form von harmloser Komik ‚an den Kragen'. Komische Elemente werden dabei nicht gänzlich verbannt, sondern tauchen in unerwarteten Konstellationen auf. Adorno betont insbesondere die Nähe der Protagonisten zu Clowns. Nach ihm

> sind die schizoiden Situationen komisch wie Sinnestäuschungen. Daher die prima vista zu bemerkende Clownerie der Verhaltensweisen und Konstellationen von Becketts Figuren. Erklärt die Psychoanalyse den Clownshumor als Regression auf eine überaus frühe ontogenetische Stufe, dann steigt das Beckettsche Regressionsstück dort hinab. Aber das Lachen, zu dem es animiert, müßte die Lacher ersticken. Das wurde aus Humor, nachdem er als ästhetisches Medium veraltet ist und widerlich, ohne Kanon dessen, worüber zu lachen wäre; ohne einen Ort von Versöhnung, von dem aus sich lachen ließe.[103]

Adorno rekurriert hier auf die im *Kulturindustrie*-Kapitel gemeinsam mit Horkheimer angestellten Überlegungen zum Unterschied zwischen dem versöhnten und

---

wusste psychische Vorgänge zugange, zu denen das Ich einen nur unvollständigen oder gar keinen Zugang mehr hat. Das Ich werde vom Es, von unbewussten Trieben einerseits, und vom Über-Ich andererseits, von der verinnerlichten Orientierung an gesellschaftlichen Normen und Konventionen, deren Gültigkeit nicht überprüft, sondern fraglos übernommen werden, beherrscht. „Wo ES war, soll Ich werden" lautet dementsprechend das Ziel der Psychoanalyse Freuds; Freud, Neue Folge der Vorlesungen zur Einführung in die Psychoanalyse. Bd. 15, S. 86.
99 Adorno, Versuch, das Endspiel zu verstehen. GS 11, S. 291. Vgl. auch eine Stelle aus der *Ästhetischen Theorie*, an der Adorno diesen Gedanken noch deutlicher macht: „Konstruktion ist die Form der Werke, die ihnen nicht länger fertig auferlegt ist, die aber auch nicht aus ihnen aufsteigt, sondern die ihrer Reflexion durch subjektive Vernunft entspringt." Adorno, Ästhetische Theorie. GS 7, S. 330.
100 Adorno, Versuch, das Endspiel zu verstehen. GS 11, S. 291.
101 Adorno, Versuch, das Endspiel zu verstehen. GS 11, S. 291 f.
102 „Mit der Technik von Verkehrung ist aber das ganze Stück gewoben." Adorno, Versuch, das Endspiel zu verstehen. GS 11, S. 320.
103 Adorno, Versuch, das Endspiel zu verstehen. GS 11, S. 300.

dem schrecklichen Lachen. Beide entspringen den Autoren zufolge dem „Augenblick, da eine Furcht vergeht. Es zeigt Befreiung an, sei es aus leiblicher Gefahr, sei es aus den Fängen der Logik"[104]. Das Lachen wird von Adorno und Horkheimer grundsätzlich als Reaktion auf das Entrinnen aus einer Gefahrensituation betrachtet. Sie verstehen es als ein „Medium der Emanzipation"[105], mit dem beispielsweise die Menschen vormoderner Gesellschaften begannen, sich gegen das Lachverbot der Kirche zu wenden. Lachen hatte in dieser Sicht zunächst einen überaus autonomen und befreienden Charakter: „Karnevalistisches Lachen ist das Medium der Aufklärung in nichtaufgeklärten Gesellschaften, Aufklärung vor der Aufklärung."[106] Nach Adorno und Horkheimer ertönt das versöhnte Lachen daher „als Echo des Entronnenseins aus der Macht", das schlechte Lachen hingegen „bewältigt die Furcht, indem es zu den Instanzen überläuft, die zu fürchten sind".[107] Deshalb wird dieses (sich mit dem Aggressor identifizierende) Lachen als „Echo der Macht"[108] bezeichnet; seine einstige befreiende Kraft hat das Lachen hier eingebüßt. Diesen Gedanken konkretisieren Adorno und Horkheimer in ihrem Exkurs *Juliette oder Aufklärung und Moral*: „Die Angst, die einem selbst nicht mehr droht, explodiert im herzhaften Lachen, dem Ausdruck der Verhärtung des Individuums in sich selbst, das richtig erst im Kollektiv sich auslebt. Das schallende Gelächter hat zu jeder Zeit die Zivilisation denunziert."[109]

Die Ausführungen zum schlechten Lachen sind unverkennbar unter dem Eindruck des Nationalsozialismus geschrieben worden. Denn dieses, das hier mit dem kollektiven Lachen in der Bande gleichgesetzt wird, zielt vor allem auf das Verlachen von Minderheiten und ist damit auf deren Erniedrigung ausgerichtet:

> Das Kollektiv der Lacher parodiert die Menschheit. Sie sind Monaden, deren jede dem Genuß sich hingibt, auf Kosten jeglicher anderen, und mit der Majorität im Rückhalt, zu allem entschlossen zu sein. In solcher Harmonie bieten sie das Zerrbild der Solidarität. Das Teuflische des falschen Lachens liegt eben darin, daß es selbst das Beste, Versöhnung, zwingend parodiert.[110]

---

[104] Adorno (mit Horkheimer), Dialektik der Aufklärung. GS 3, S. 162. Adorno verwendet das „schreckliche", das „schlechte" und das „falsche" Lachen" als synonyme Bezeichnungen.
[105] Rainer Stollmann, Aspekte einer Kritischen Theorie des Lachens und der Medien. Lachen: „revolutionärer Affekt" oder „bürgerlicher Sadismus"? In: Nach dem Film. URL: http://geschichte.nachdemfilm.de/content/aspekte-einer-kritischen-theorie-des-lachens-und-der-medien. 22.10.2010 (zuletzt abgerufen am 05.12.2019), S. 1–10, hier: S. 2.
[106] Stollmann, Aspekte einer Kritischen Theorie des Lachens, S. 2.
[107] Adorno (mit Horkheimer), Dialektik der Aufklärung. GS 3, S. 162.
[108] Adorno (mit Horkheimer), Dialektik der Aufklärung. GS 3, S. 162.
[109] Adorno (mit Horkheimer), Dialektik der Aufklärung. GS 3, S. 133.
[110] Adorno (mit Horkheimer), Dialektik der Aufklärung. GS 3, S. 163.

Dieses schlechte oder kollektive Lachen assoziieren Adorno und Horkheimer mit dem Hass auf die Juden. Im Kapitel *Elemente des Antisemitismus* beschreiben sie das Lachen der AntisemitInnen als „den Augenblick der autoritären Freigabe des Verbotenen", in dem hämisch die Schadenfreude zelebriert wird: „Ihr Getöse ist das organisierte Gelächter."[111] Nach Adorno erkennt Beckett angesichts von Auschwitz die Unmöglichkeit der dramatischen Darstellung des befreiten Lachens, weshalb seine Figuren auf die Stufe eines scheinbar sinnlosen Clownshumors regredieren.[112]

Adorno lehnt jedoch nicht jede Form von Lachen ab, sondern favorisiert eines, das künftig „Gericht über das Ideal der selbstherrlichen Persönlichkeit" hält, „die bei Beckett verdientermaßen zugrunde geht".[113] Damit meint Adorno eine von Beckett präsentierte Form von Humor, in dem die Figuren wie „schlotternde Vogelscheuchen des Subjekts"[114] erscheinen. Aber auch dieser ist nur noch in gebrochener Form vorstellbar: „Humor selbst ist albern: lächerlich geworden – wer könnte über komische Grundtexte wie den Don Quixote oder den Gargantua noch lachen –, und das Urteil über ihn wird von Beckett exekutiert. Noch die Witze der Beschädigten sind beschädigt."[115] Nach Adorno verfällt der Witz, weil es keine Pointe mehr gibt, über die sich lachen ließe.

Komisch ist im *Endspiel* eher der „tierisch-komische[ ] Ernst", mit dem die Figuren „Gummigewichte" stemmen, ohne dass sich dadurch irgendetwas ändert;[116] am Ende bleibt alles wie es ist. An dem Punkt, an dem die Figuren am ehesten eine Einsicht in die Wahrheit ihrer Situation gewinnen, „fühlen sie in gedoppelter Komik ihr Bewußtsein als falsches"[117]; die konsequente Verkehrung wird zum dramaturgischen Stilmittel. Adorno versteht unter Komik also vorrangig eine ästhetische Verfahrensweise, die sich selbst permanent hinterfragen muss. Diese selbstreflexive Form der Komik hat mit der gesellschaftlichen Schuld zu tun, an der das Lachen teilhat:[118]

---

111 Adorno (mit Horkheimer), Dialektik der Aufklärung. GS 3, S. 209.
112 Vgl. hierzu auch Kapitel V. dieser Arbeit, das sich ausführlich mit Adornos Überlegungen zu humorvollen und parodistischen Darstellungen des deutschen Nationalsozialismus beschäftigt.
113 Adorno, Über Tradition. GS 10.1, S. 318. Die Einsicht von Heinz Steinert, dass Adorno alles, „was mit Lachen zu tun hat, zuwider und gefährlich war", greift angesichts solcher Überlegungen daher zu kurz; Heinz Steinert, Die Entdeckung der Kulturindustrie oder: Warum Professor Adorno Jazz-Musik nicht ausstehen konnte, Wien 1992, S. 167.
114 Adorno, Über Tradition. GS 10.1, S. 318.
115 Adorno, Versuch, das Endspiel zu verstehen. GS 11, S. 300 f.
116 Adorno, Über Tradition. GS 10.1, S. 318.
117 Adorno, Versuch, das Endspiel zu verstehen. GS 11, S. 320.
118 Vgl. ausführlich zur Selbstreflexivität der Komik Kapitel V. dieser Arbeit.

> In der falschen Gesellschaft hat Lachen als Krankheit das Glück befallen und zieht es in ihre nichtswürdige Totalität hinein. Das Lachen über etwas ist allemal das Verlachen, und das Leben, das da Bergson zufolge die Verfestigung durchbricht, ist in Wahrheit das einbrechende barbarische, die Selbstbehauptung, die beim geselligen Anlaß ihre Befreiung vom Skrupel zu feiern wagt.[119]

Wenn das Lachen also nur noch ein Verlachen ist, das mit Bestimmtheit auf irgendjemandes Kosten geht, dann ist davon auch das Glück tangiert, mit dem Lachen einst zusammengedacht war. Gerade um diesem Verlachen etwas entgegenzusetzen, kann das Lachen im Drama kein naives mehr sein. Dies registriert Beckett und reagiert darauf mit seiner Form der Komik, die zwar, ähnlich wie bei den dramatischen Kategorien, den Formkatalog komischer Elemente noch bedient, aber weder Pointe noch Versöhnung noch Erleichterung anbietet.

So wie die Kategorien des Dramas parodiert sind, so sind es auch Komik und Lachen. Norbert Greiner betont in diesem Kontext, dass Adorno das *Endspiel* auch als Parodie der Tragödie verstehe, da Tragik aufgrund des Verschwindens eines übergeordneten positiven Sinnes nicht mehr möglich sei.[120] Daher sei mit der tragischen Figur auch die komische aufgegeben, da das lachende Subjekt, das mit seinem Lachen sich auf einen Sinnzusammenhang beziehe, im Drama ebenso wenig Platz habe wie das leidende. Daraus schlussfolgert Greiner: „An die Stelle des Tragischen *und* des Komischen tritt das Nichtige."[121] Leider zitiert er nur den ersten Satz einer Stelle aus der *Ästhetischen Theorie*, in der es vollständig heißt: „[N]egative Kunstwerke parodieren heute das Tragische. Eher als tragisch ist alle Kunst traurig, zumal jene, die heiter und harmonisch dünkt."[122] Es bleibt also nicht das Nichtige übrig – denn dann wäre

---

119 Adorno (mit Horkheimer), Dialektik der Aufklärung. GS 3, S. 163. Der Hinweis auf Bergson bezieht sich auf dessen Essay *Das Lachen*, in dem er den Grund für das Lachen über Menschen, die stolpern und hinfallen, als „mechanisch wirkende Steifheit" in einem Moment bezeichnet, da man Wachheit und Anpassungsfähigkeit von ihnen erwarten würde; vgl. Henri Bergson, Das Lachen. Ein Essay über die Bedeutung des Komischen, Frankfurt am Main 1988, S. 17. Später weist er darauf hin, dass Komik häufig da entsteht, wo „etwas Lebendiges von etwas Mechanischem überdeckt wird" (S. 33), bspw. wenn ein menschlicher Körper schwerfällig und wie ein Ding erscheint (vgl. S. 44). Da das Lachen für Bergson etwas Lebendiges ist, durchbricht es wiederum das Mechanische der Erscheinung. Für Adorno und Horkheimer hingegen hat das Lachen in der „falschen Gesellschaft" diese befreiende Kraft eingebüßt und wird zu einem bloßen Verlachen.
120 Auch Anja Nowak spricht davon, dass die Kategorie des Tragischen nach Adorno unmöglich geworden sei; vgl. Nowak, Elemente einer Ästhetik des Theatralen, S. 49.
121 Greiner, Beckett und das Lachen, S. 126. Hervorhebung im Original.
122 Adorno, Ästhetische Theorie. GS 7, S. 49. Greiner weist den ersten Satz als Zitat aus dem *Endspiel*-Essay, S. 302 aus. Tatsächlich findet sich jene Überlegung aber in der *Ästhetischen Theorie*.

Becketts Drama irrelevant –,[123] vielmehr tritt die Trauer an die Stelle des Tragischen.[124] Versteht man den Begriff Trauer hier im Sinne Freuds, der damit die trauernde Auseinandersetzung mit einem Verlust meint, aus dem „das Ich nach der Vollendung der Trauerarbeit wieder frei und ungehemmt"[125] hervortritt, dann lässt sich Adornos Ansicht, dass Trauer an die Stelle des Tragischen tritt, als wie immer auch vage Hoffnung lesen, dass derartige Trauerarbeit dazu führt, dass es irgendwann einmal besser werden kann. Voraussetzung dafür ist aber zunächst die Anerkennung des Leids. Dies gelingt Kunstwerken nur, wenn in ihnen

> das expressiv mimetische Moment und das konstruktive sich in gleicher Intensität [finden], und zwar nicht in der schlechten Mitte des Übergangs sondern nach den Extremen hin: beides aber ist inhaltlich zugleich, Ausdruck die Negativität des Leidens, Konstruktion der Versuch, dem Leiden an der Entfremdung standzuhalten, indem sie überboten wird im Horizont ungeschmälerter und darum nicht länger gewalttätiger Rationalität.[126]

Nur in der Dialektik von Ausdruck und Konstruktion können Kunstwerke also Leiden ästhetisch zeigen. Nun darf man den Ausdruck des Leidens nach Adorno nicht als eine naturalistische Darstellung von Leiderfahrungen missverstehen, denn ihm zufolge sind die „Ausdrucksvaleurs der Kunstwerke [...] nicht länger unmittelbar die von Lebendigem. Gebrochen und verwandelt, werden sie zum Ausdruck der Sache selbst"[127]. In dieser Hinsicht muss Adornos Interpretation des Lachens verstanden werden, das auch nicht mehr unmittelbarer Ausdruck sein, sondern nur noch in gebrochener und verwandelter Form auftreten kann. Die Komik des *Endspiels* wertet er als bewussten konstruktiven Versuch, Komik selbst durch die Parodie des Komischen noch zu überbieten und damit jede Harmlosigkeit, die ihr anhaften könnte, konsequent zu unterbinden. Indem Beckett die Komik also radikal kritisiert, kann er sie zugleich erhalten. Ihr Zweck ist dann jedoch nicht mehr Belustigung, Entlastung oder

---

123 Vgl. Adorno, Ästhetische Theorie. GS 7, S. 230.
124 In der *Frühen Einleitung* seiner *Ästhetischen Theorie* wendet Adorno sich explizit gegen den Versuch, Becketts Stücke einer bestimmten Gattung zuzuordnen: „Dürfen die Stücke Becketts weder für tragisch noch für komisch gelten, so sind sie darum noch weniger, wie es einem Schulästhetiker wohl in den Kram paßte, Mischformen vom Typus der Tragikomödie. Sie vollstrecken vielmehr das geschichtliche Urteil über jene Kategorien als solche". Damit ist jedoch nicht gemeint, dass diese gänzlich verabschiedet werden, so dass nur noch ein Nichts übrigbleibt; vielmehr macht die neuere Kunst „durch Selbstreflexion ihre eigenen Kategorien thematisch"; Adorno, Ästhetische Theorie. GS 7, S. 505.
125 Freud, Trauer und Melancholie. GS 10, S. 430. Die Melancholie kann sich im Gegensatz zur Trauer gerade nicht vom verlorenen Objekt lösen.
126 Adorno, Ästhetische Theorie. GS 7, S. 381.
127 Adorno, Ästhetische Theorie. GS 7, S. 381.

harmloses Lachen, sondern Ausdruck von Leiden. Ganz ähnlich versteht Adorno auch die Auflösung der Gattungen; sie werden nicht, wie Greiner meint, bei Adorno gänzlich aufgegeben, sondern „Tragik und Komik gehen in der neuen Kunst unter und erhalten als untergehende sich in ihr"[128].

Gleiches gilt gewissermaßen auch für das utopische Denken. Unter dem Begriff der Utopie versteht Adorno die „Veränderung des Ganzen" und damit die Fähigkeit, „das Ganze sich vorzustellen als etwas, das völlig anders sein könnte".[129] In einem Rundfunkgespräch mit Ernst Bloch 1964 stellt Adorno heraus, dass zu diesem Ganzen auch die Idee von der Abschaffung des Todes gehört: „Ich glaube allerdings, daß ohne die Vorstellung eines, ja, fessellosen, vom Tode befreiten Lebens der Gedanke an die Utopie, der Gedanke *der* Utopie überhaupt gar nicht gedacht werden *kann*."[130] Zugleich kann aber auch keine Utopie vorgestellt werden, welche die Schwere des Todes nicht in sich berücksichtigt; denn dann würde es ja gar keiner Utopie mehr bedürfen. Daraus folgt nach Adorno, dass man „die Utopie nicht positiv ausmalen darf". Denn das wäre der Versuch, „über diese Antinomie des Todes hinwegzugehen und so zu reden von der Abschaffung des Todes, als ob der Tod nicht wäre. Das ist

---

128 Adorno, Ästhetische Theorie. GS 7, S. 296. Greiner dagegen geht von einer „durchgängigen Unterschätzung der Komik" in Adornos Beckett-Interpretation aus: „Wirklich komisch ist in der Lesart Adornos an Becketts Texten nichts mehr." Greiner, Beckett und das Lachen, S. 127f. Adornos Hauptaugenmerk liegt in dem Essay tatsächlich nicht auf Komik, wenngleich er ihr, wie hier gezeigt wurde, eine wichtige Funktion einräumt. Nach Greiner müsse man dem Lachen im *Endspiel* jedoch unbedingt eine noch größere Bedeutung beimessen. Schade ist allerdings, dass er sich in seinen Überlegungen hauptsächlich auf Theaterinszenierungen des *Endspiels*, Aussagen Becketts und dessen Drama *Krapp's Last Tape* bezieht und nicht – wie Adorno – auf den Dramentext des *Endspiels* selbst. Die Bedeutung des Lachens und des Humors in Becketts Stücken soll freilich keineswegs geschmälert werden; beides wurde von der Forschung auch schon hinlänglich herausgearbeitet; vgl. exemplarisch Ruby Cohn, Samuel Beckett. The Comic Gamut. New Brunswick/New York 1962; Wolfgang Iser, Die Artistik des Mißlingens. Ersticktes Lachen im Theater Becketts, Heidelberg 1979; Richard Keller Simon, Dialectical Laughter. A Study of Endgame. In: Modern Drama 25, 1982, S. 505–513; Laura Salisbury, Samuel Beckett. Laughing matters, comic timing, Edinburgh 2015. Greiners Überlegung, dass der „Verlust der Lachfähigkeit", den die Figuren am Ende des Stückes erleiden, „identisch mit dem Verlust der Lebensfähigkeit" sein dürfte, was „eine wahrhaft neue Theorie des Lachens [sein könnte] in einer Welt, in der die Kategorien des Tragischen und des Komischen erodiert sind" (S. 133), ist dagegen gar nicht so weit von Adornos eigenem Bemühen entfernt, die Implikationen des befreiten Lachens zu erhalten, ohne sie an das affirmative Wesen konventioneller Komik zu verraten.
129 Adorno in: Etwas fehlt, S. 61. Vgl. zum Begriff der Utopie bei Adorno auch Kapitel I.2. dieser Arbeit.
130 Adorno in: Etwas fehlt, S. 68. Hervorhebung im Original.

vielleicht der tiefste metaphysische Grund, dafür, daß man von Utopie eigentlich nur negativ reden kann".[131]

Daher ist auch die Vorstellung einer ‚utopischen Transzendenz' bei Adorno unbedingt von der metaphysischen Transzendenz und ihrer Säkularisierung in geschichtsphilosophischen Verheißungen zu trennen.[132] Die utopische Transzendenz richtet sich sowohl gegen beispielsweise monotheistische Religionen, die das Jenseits der Heilserwartung nicht nur denken, sondern auch von seiner Existenz überzeugt sind, als auch gegen beispielsweise marxistisch ausgerichtete Geschichtsphilosophien oder Sozialutopien, die von einem gerichteten Geschichtsverlaufs ausgehen, nach dem die klassenlose Gesellschaft zwingend auf die kapitalistische und alle vorausgehenden Gesellschaftsformationen folgt. Demgegenüber enthält die utopische Transzendenz bei Adorno keine Garantien auf das Gelingen; sie hält jedoch ein wenn auch fragiles Versprechen aufrecht:

> Das scheidet die Kunstwerke von den Symbolen der Religionen, welche Transzendenz der unmittelbaren Gegenwart in der Erscheinung zu haben beanspruchen. Das Nichtseiende in den Kunstwerken ist eine Konstellation von Seiendem. Versprechen sind die Kunstwerke durch ihre Negativität hindurch, bis zur totalen Negation [...].[133]

Adorno verdeutlicht diesen Gedanken auch schon in der *Negativen Dialektik*, wenn er davon ausgeht, dass das Mögliche „inmitten des Bestehenden" nur abstrakt erscheinen kann; denn „die unauslöschliche Farbe kommt aus dem Nichtseienden. Ihm dient Denken, ein Stück Dasein, das, wie immer negativ, ans Nichtseiende heranreicht"[134]. Ähnlich versteht auch Seyla Benhabib utopische Transzendenz bei Adorno, deren Relevanz sie bereits in der *Dialektik der Aufklärung* als Abkehr vom materialistischen Programm der *Kritischen Theorie* in den 1930er Jahren beschreibt:

---

131 Adorno in: Etwas fehlt, S. 68. Damit unterscheidet sich Adornos Begriff der Utopie bspw. von positiv formulierten sozialutopischen Entwürfen. Der Begriff ist eine Wortschöpfung des englischen Humanisten Thomas More (Morus), der in seinem Staatsroman *Insel Utopia* (*De optimo reipublica statu, deque nova insula Utopia*) von 1516 das Bild eines republikanischen Idealstaates entwirft; vgl. Hans Rudolf Velten, Utopie. In: Enzyklopädie der Neuzeit. Bd. 13, Sp. 1160–1167.
132 Vgl. zur utopischen Transzendenz, deren Potential Adorno in Becketts *Endspiel* erkenne: Wolfram Ette, Beckett als philosophische Erfahrung. In: Adorno Handbuch, S. 214–218, hier: S. 216. In Ettes früherem Essay taucht der Gedanke einer utopischen Transzendenz noch nicht auf; vgl. Wolfram Ette, Adorno und Beckett. Zur Gegenwart des Existenzialismus in Adornos Denken. In: Ette u. a. (Hg.), Adorno im Widerstreit, S. 339–362.
133 Adorno, Ästhetische Theorie. GS 7, S. 204.
134 Adorno, Negative Dialektik. GS 6, S. 66.

> Wie der Gott der jüdischen Tradition, der nicht mit Namen genannt werden darf, sondern nur die Anrufung duldet, kann auch die utopische Transzendenz der Geschichte der Vernunft nicht benannt und bezeichnet, sondern lediglich ins Gedächtnis der Menschen zurückgerufen werden.[135]

Dass Philosophie und Wissenschaft einen besseren gesellschaftlichen Zustand nicht mehr konkret auszusprechen vermögen, bedeutet nach Benhabib, dass diese auf Utopien gerichtete Aufgabe nun die Kunst übernehmen müsse, wenn nicht jede Hoffnung auf Veränderung preisgegeben werden solle. Aber auch Kunst kann nach Adorno, wie oben bereits angedeutet, die Utopie nicht einfach positiv ‚ausmalen':

> So wenig wie Theorie vermag Kunst Utopie zu konkretisieren; nicht einmal negativ. Das Neue als Kryptogramm ist das Bild des Untergangs; nur durch dessen absolute Negativität spricht Kunst das Unaussprechliche aus, die Utopie. Zu jenem Bild versammeln sich all die Stigmata des Abstoßenden und Abscheulichen in der neuen Kunst. Durch unversöhnliche Absage an den Schein von Versöhnung hält sie diese fest inmitten des Unversöhnten, richtiges Bewußtsein einer Epoche, darin die reale Möglichkeit von Utopie – daß die Erde, nach dem Stand der Produktivkräfte, jetzt, hier, unmittelbar das Paradies sein könnte – auf einer äußersten Spitze mit der Möglichkeit der totalen Katastrophe sich vereint. In deren Bild – keinem Abbild sondern den Chiffren ihres Potentials – tritt der magische Zug der fernsten Vorzeit von Kunst unterm totalen Bann wieder hervor; als wollte sie die Katastrophe durch ihr Bild beschwörend verhindern.[136]

Wolfram Ette bezeichnet Adornos Interpretation von Becketts Werk sogar als „positiv", weil jener in den düsteren Bildern Becketts „das utopische Ziel verzerrt und verkehrt" antizipiert sehe.[137] An einem Nullpunkt gleichsam zwischen Sein und Nichts „springt eine zweite Welt von Bildern hervor, so trist wie reich"[138], gerade weil diese das Andere nicht konkret ausmalt. Für Ette ist diese zweite Welt das absolute Gegenteil der bestehenden. In diesem Sinne versteht er Becketts Stück in Adornos Lesart als eine Forderung, „dass ein solches Gegenteil in der Welt möglich sein sollte"[139]. Da Ette vom Aufscheinen der Utopie in ihrem absoluten Gegenteil ausgeht, verweist er auf den bekannten

---

135 Seyla Benhabib, Kritik, Norm und Utopie. Die normativen Grundlagen der Kritischen Theorie, Frankfurt am Main 1992, S. 98.
136 Adorno, Ästhetische Theorie. GS 7, S. 55 f.
137 Ette, Beckett als philosophische Erfahrung, S. 217. Ette hebt Adornos ‚positive' Interpretation insbesondere gegenüber der „schopenhauerisierenden" Lektüre Ulrich Pothasts hervor, die eine düstere Lesart akzentuiere; vgl. Ulrich Pothast, Die eigentlich metaphysische Tätigkeit. Über Schopenhauers Ästhetik und ihre Anwendung durch Samuel Beckett, Frankfurt am Main 1982.
138 Adorno, Ästhetische Theorie. GS 7, S. 53.
139 Ette, Beckett als philosophische Erfahrung, S. 217.

Aphorismus aus den *Minima Moralia*, in dem Adorno die Vermutung ausspricht, ob nicht „die vollendete Negativität, einmal ganz ins Auge gefaßt, zur Spiegelschrift ihres Gegenteils zusammenschießt"[140]. Ettes Interpretation findet ihre Bestätigung in der *Ästhetischen Theorie*:

> Das Schwarz und Grau neuer Kunst, ihre Askese gegen die Farbe ist negativ deren Apotheose. [...] Weil aber der Kunst ihre Utopie, das noch nicht Seiende, schwarz verhängt ist, bleibt sie durch all ihre Vermittlung hindurch Erinnerung, die an das Mögliche gegen das Wirkliche, das jenes verdrängte, etwas wie die imaginäre Wiedergutmachung der Katastrophe Weltgeschichte, Freiheit, die im Bann der Necessität nicht geworden, und von der ungewiß ist, ob sie wird. In ihrer Spannung zur permanenten Katastrophe ist die Negativität der Kunst, ihre Methexis am Finsteren mitgesetzt. Kein daseiendes, erscheinendes Kunstwerk ist des Nichtseienden positiv mächtig.[141]

Das „Schwarz und Grau" des *Endspiels* verweist also nicht nur präziser auf die gesellschaftliche Missstände als dokumentarische oder realistische Darstellungsformen, es birgt und bewahrt zugleich auch vermittelt in sich sein Gegenteil, die Buntheit eines befreiten Daseins, das unmittelbar nicht zu erreichen ist: „Trotzdem trägt die schwarze Kunst Züge, die, wären sie ihr Endgültiges, die geschichtliche Verzweiflung besiegelten; so weit, wie es immer noch anders werden kann, mögen auch sie ephemer sein."[142] Die Düsterheit von Becketts Stück ist also nicht Teil der künstlerischen Dramaturgie oder bloßer Selbstzweck, sondern konkrete Reaktion auf die gesellschaftlichen Zustände: „Die Absurdität des Realen drängt auf eine Form, welche die realistische Fassade zerschlägt."[143] In diesem Zerschlagen liegt nach Adorno zugleich ein Moment der Lust, des Dissonanten, das ein wesentlicher Motor dafür ist, dass „Kunst und ein richtiges Bewußtsein von ihr Glück einzig noch in der Fähigkeit des Standhaltens finden. Dies Glück strahlt von innen her in die sinnliche Erscheinung"[144]. Die Lust an der Dissonanz kann also ein Moment des Glücks sinnlich retten – freilich nicht als positiver Genuss: „Negation vermag in Lust umzuschlagen, nicht ins Positive."[145]

Da sich Adorno im oben genannten Aphorismus aus den *Minima Moralia* auf die Möglichkeiten des philosophischen Gedankens und nicht auf die Kunst selbst bezieht, möchte ich noch eine weitere Lesart von Adornos Beckett-Interpretation vorschlagen. Diese zielt weniger auf das Aufscheinen der Utopie in

---

140 Adorno, Minima Moralia. GS 4, S. 283 (Zum Ende).
141 Adorno, Ästhetische Theorie. GS 7, S. 204.
142 Adorno, Ästhetische Theorie. GS 7, S. 66.
143 Adorno, Offener Brief an Rolf Hochhuth. GS 11, S. 595.
144 Adorno, Ästhetische Theorie. GS 7, S. 66.
145 Adorno, Ästhetische Theorie. GS 7, S. 67.

ihrem absoluten Gegenteil, sondern nimmt stattdessen die Möglichkeiten der modernen Kunst selber, wie Adorno sie versteht, in den Blick. Denn ihm zufolge müssen sich in der zeitgenössischen Kunst die Extreme berühren: Sowohl die Extreme des expressiv mimetischen und konstruktiven Moments[146] als auch die der „reale[n] Möglichkeit von Utopie" und der „Möglichkeit der totalen Katastrophe".[147] Vereinigung – von der Adorno im oben genannten Zitat spricht – und Berührung meinen hier allerdings nicht, dass Utopie und Katastrophe eine Synthese oder Allianz eingehen; vielmehr entstehen durch die von Beckett gewählten Textstrategien der Dekonstruktion, Verkehrung, Verformung und schließlich der (Selbst-)Kritik ästhetische Formen, die durch ihre „unversöhnliche Absage an den Schein von Versöhnung"[148] an dieser in ihrer umfassenden Bedeutung dennoch festhalten können. Adorno zufolge liegt also gerade in der Berührung der Extreme das Potential, so etwas wie Glück zu antizipieren: „Das letzte Absurde ist, daß die Ruhe des Nichts und die von Versöhnung nicht auseinander sich kennen lassen."[149] Einen ähnlichen Gedanken verfolgt Adorno in der *Negativen Dialektik*, wenn er das nihilistische Denken vor einer vorschnellen Identifikation mit dem Nichts zu retten versucht:

> Als einzige Hoffnung dämmert, daß nichts mehr sei. Auch die verwirft er [Beckett, P.G.]. Aus dem Spalt der Inkonsequenz, der damit sich bildet, tritt die Bilderwelt des Nichts als etwas hervor, die seine Dichtung festhält. Im Erbe von Handlung darin, dem scheinbar stoischen Weitermachen, wird aber lautlos geschrien, daß es anders sein soll. Solcher Nihilismus impliziert das Gegenteil der Identifikation mit dem Nichts. Gnostisch ist ihm die geschaffene Welt die radikal böse und ihre Verneinung die Möglichkeit einer anderen, noch nicht seienden. [...] Die kleinste Differenz zwischen dem Nichts und dem zur Ruhe Gelangten wäre die Zuflucht der Hoffnung, Niemandsland zwischen den Grenzpfählen von Sein und Nichts.[150]

Erst die von Beckett verwendeten ästhetischen Formen ermöglichen es, dass sich die Extreme Versöhnung und Nichts berühren, ohne ineinander überzugehen. Dadurch erscheint schließlich die „zweite Welt von Bildern"[151], die das ganz Andere, nämlich das Glück aufscheinen lassen kann. Einen ähnlichen Gedanken formuliert Adorno in dem Rundfunkgespräch mit Bloch, wenn er davon spricht, dass wir von der Utopie – und sei es nur von dem, was zu dieser fehlt – gar nicht sprechen können, „wenn es nicht Fermente, Keime dessen, was dieser

---

146 Vgl. Adorno, Ästhetische Theorie. GS 7, S. 381 und weiter oben im Kapitel.
147 Adorno, Ästhetische Theorie. GS 7, S. 55f.
148 Adorno, Ästhetische Theorie. GS 7, S. 55.
149 Adorno, Versuch, das Endspiel zu verstehen. GS 11, S. 321.
150 Adorno, Negative Dialektik. GS 6, S. 373f.
151 Adorno, Ästhetische Theorie. GS 7, S. 53.

Begriff eigentlich besagt, gäbe"[152]. Im Bestehenden sind Adorno zufolge also bereits Möglichkeiten angelegt, die ahnen lassen und darauf hinweisen, wie es anders sein könnte – Voraussetzung für eine solche Ahnung ist jedoch, dass sich die Extreme der Möglichkeit von Utopie und der von Katastrophe berühren.

Dass dieses ganz Andere, die „zweite Welt von Bildern", nicht als absolutes Gegenteil der Realität aufzufassen ist, macht Adorno auch in der *Ästhetischen Theorie* unmissverständlich deutlich: „Die Elemente jenes Anderen sind in der Realität versammelt, sie müßten nur, um ein Geringes versetzt, in neue Konstellation treten, um ihre rechte Stelle zu finden. Weniger als daß sie imitierten, machen die Kunstwerke der Realität diese Versetzung vor."[153] Der Begriff der Versetzung ist daher ästhetisch zu verstehen:

> Das Kunstwerk versammelt empirisches Material, verschiebt es, ordnet es nach seinen eigenen Formgesetzen neu an. Diese Anordnung hat nicht das Abbild der gesellschaftlichen Realität zum Zweck; dadurch wäre Kunst bloße Verdopplung des Bestehenden. Das Werk *bewerkstelligt* durch seine spezifische Arbeit der Versetzung und der Konstellation vielmehr *scheinbar* ein ‚Sein zweiter Potenz'.[154]

Es geht Adorno also genau um diese Versetzung, zu der nur Kunst in der Lage ist. Und nur sie kann einen utopischen Impuls bewahren, welcher der gegenwärtigen Realität etwas entgegensetzt: „Der immanente Widerspruch des Absurden, der Unsinn [...] öffnet emphatisch die Möglichkeit eines Wahren, das nicht einmal mehr gedacht werden kann. Er untergräbt den absoluten Anspruch dessen, was nun einmal so ist."[155] Kunst wird von Adorno hier zweifelsohne als alternative Erkenntnisform verstanden. Jenseits des begrifflichen Denkens hält Becketts *Endspiel* also an der Möglichkeit von Glück fest, ohne seine konkrete Realisierung zu verkünden oder auszumalen:

> Licht fällt von daher auf die jüngste Vorliebe fürs Schäbige, Schmutzige und auf die Allergie gegen Glanz und Suavität. Zugrunde liegt das Bewußtsein vom Schmutzigen der Kultur unter der Hülle ihrer Selbstgenügsamkeit. Kunst, die das Glück jener Buntheit, welche die Realität den Menschen vorenthält, und damit gegen jede sinnliche Spur des Sinnes

---

152 Adorno in: Etwas fehlt, S. 74.
153 Adorno, Ästhetische Theorie. GS 7, S. 199.
154 Marcus Quent, Bewegliches Denken – Kunst, Philosophie, Gesellschaft. In: Das Versprechen der Kunst, S. 21–40, hier: S. 31. Hervorhebungen im Original. Quent zitiert aus der *Ästhetischen Theorie*, wo es vollständig heißt: „Nur vermöge der Trennung von der empirischen Realität, die der Kunst gestattet, nach ihrem Bedürfnis das Verhältnis von Ganzem und Teilen zu modeln, wird das Kunstwerk zum Sein zweiter Potenz." Adorno, Ästhetische Theorie. GS 7, S. 14.
155 Adorno, Versuch, das Endspiel zu verstehen. GS 11, S. 319.

sich versagt, ist die vergeistigte; in solcher unnachgiebigen Absage an das Kinderglück jedoch Allegorie scheinlos gegenwärtigen Glücks, mit der tödlichen Klausel des Schimärischen: daß es nicht ist.[156]

Auch wenn das „scheinlos gegenwärtige Glück" zum momentanen Zeitpunkt nur eine Schimäre ist, erinnert das *Endspiel* Adorno zufolge durch seine antinomische, die Extreme sich berühren lassende Struktur, an dessen Möglichkeit. Adorno macht gerade die literarische Verfahrensweise der Antinomie stark, da die Vorstellung einer Welt, „worin der Schein möglicher Dauer, der jeder emphatischen Glückserfahrung anhaftet, kein bloßer Schein mehr wäre"[157] – nicht unmittelbar ausgesprochen werden kann; jene Vorstellung ist „ineffabile"[158]. Aufgrund des Bilderverbots kann das Kunstwerk das Glück auch nicht einfach repräsentieren,[159] es kann das Ideal einer besseren Gesellschaft jedoch als Schein präsent halten: „Der Schein des Schönen ist ein Schein der Präsenz jenes ‚ineffabile', ein Schein des Absoluten, Schein des Scheinlosen, obgleich in seiner Unwiderstehlichkeit zugleich ein bloßer Schein solcher Präsenz."[160] Durch den Schein der Gegenwart jenes „ineffabile" werden Kunstwerke jedoch „nicht wörtlich zu Epiphanien, so schwer es auch der genuinen ästhetischen Erfahrung den authentischen Kunstwerken gegenüber fällt, nicht darauf zu vertrauen, in ihnen sei das Absolute präsent"[161]. Um also die Möglichkeit des „scheinlos gegenwärtigen Glücks" nicht zu verraten – denn darum geht es letztlich – muss der Buntheit, Sinnlichkeit und Harmlosigkeit „um des Glücks willen"[162] abgesagt werden.

2 Askese gegen Synthesis – Hans G Helms

Im selben Jahr, in dem Adornos Beckett-Essay erschien, wurde auch sein Essay *Voraussetzungen* zu Hans G Helms' 1959 veröffentlichtem Sprachkunstwerk *FA:M' AHNIESGWOW* publiziert, das Adorno zuvor bei einer Lesung gehört hatte.[163]

---

156 Adorno, Ästhetische Theorie. GS 7, S. 196 f.
157 Wellmer, Das Versprechen des Glücks, S. 17.
158 Adorno, Ästhetische Theorie. GS 7, S. 159.
159 Vgl. auch Finlayson, The Work of Art and the Promise of Happiness in Adorno, S. 9.
160 Wellmer, Das Versprechen des Glücks, S. 17.
161 Adorno, Ästhetische Theorie. GS 7, S. 159.
162 Adorno, Ästhetische Theorie. GS 7, S. 26.
163 Vgl. Adorno, Voraussetzungen. GS 11, S. 446. Dieser Essay war ursprünglich ein Vortrag, den Adorno anlässlich einer Lesung von Helms am 27. Oktober 1960 in Köln gehalten hat. Erstmals publiziert wurde der Aufsatz 1961 in der Zeitschrift *Akzente*, bevor er 1965 schließlich in die *Noten zur Literatur III* aufgenommen wurde.

Helms' Buch, zu dem auch eine Schallplatte gehört, bewegt sich im Grenzbereich zwischen Literatur und Musik. Die aus Morphemen und Phonemen aus über dreißig Sprachen bestehende „serielle Laut- und Lesekomposition"[164] verhandelt in demontierten und/oder immer wieder neu kombinierten Wort- und Sprachgebilden die Auseinandersetzung mit der nationalsozialistischen Vergangenheit, amerikanischen Besatzungszeit und Konsumkultur der Nachkriegsjahre anhand der Liebesgeschichte von Michael, einem deutschen Juden, und Hélène, der Tochter eines finnischen Nazi-Generals[165]– wobei der Begriff ‚Geschichte' Helms' hermetischem Lese-, Sprech- und Hörtext nicht gerecht wird. Auch die graphisch-räumliche Anordnung mancher Kapitel und Abschnitte auf großformatigen Textseiten oder in an Musikpartituren erinnernder Parallelstruktur zeigt, dass es sich hier nicht um einen konventionellen Lesetext, sondern vielmehr um die Untersuchung der schriftlichen, phonetischen und akustischen Eigenheiten von Sprache selbst handelt.[166]

Dass der Helms-Essay von Adorno im selben Jahr wie sein *Versuch, das Endspiel zu verstehen* erschienen ist, ist kein Zufall.[167] Wie er in seiner Beckett-Interpretation betont, dass sich in der zeitgenössischen Kunst die Extreme des expressiv mimetischen und des konstruktiven Moments berühren müssen, hebt Adorno auch in Bezug auf Helms' Werk hervor, dass sich der Konflikt der Sprache, sowohl Kommunikation als auch Ausdruck zu sein, „zwischen Extremen"[168] polarisieren muss und nur als Antinomie zu denken ist. Wieder akzentuiert

---

[164] Stefan Fricke, Wider die Barbarei. Hans G Helms wird Siebzig. In: Neue Zeitschrift für Musik 3, 2002, S. 50–51, hier: S. 50.
[165] „Nich easy to knack off de essessfinnoisege'eralsinstantsballartristicke Mitgift. O man ... ... "; Hans G Helms, FA:M' AHNIESGWOW, Köln 1959, S. II,10. „[E]ssessfinnoisege'erals" kann hier für SS-General stehen; vgl. Gottfried Michael König, Nachwort: In: FA:M' AHNIESGWOW, S. i–xxv, hier: S. vii.
[166] Zur Veranschaulichung sei exemplarisch auf das Kapitel I,1 verwiesen, das in einer achtstimmigen Parallelstruktur arrangiert ist sowie auf folgende Seite, auf der nur „¿ HeJ ?" abgedruckt ist; Helms, FA:M' AHNIESGWOW, II,4; vgl. auch: Rainer Nonnenmann, Mehr Wort- als Klangspiel. Hans G Helms' „Fa:m' Ahniesgwow" in Köln. In: MusikTexte. Zeitschrift für neue Musik 125, 2010, S. 81–82; Fricke, Wider die Barbarei, S. 50; Stefan Fricke, Hans G Helms ist tot! Ein Nachruf. In: Neue Zeitschrift für Musik 3, 2012, S. 1–2.
[167] In der Korrespondenz mit Helms betont Adorno auch immer wieder den Zusammenhang beider Arbeiten. Vgl. bspw.: „Richtig war es wohl, daß ich vorher das Diktat meiner Beckett-Interpretation abschloß, mit der das Stück über Sie sehr tief zusammenhängt; an dem Beckett habe ich eine Reihe von Dingen mir selbst klären können, die dann dem Vortrag zugute gekommen sind." Adorno an Helms, 07.10.1960. Unveröffentlicher Briefwechsel. Theodor W. Adorno Archiv, Br 588/66.
[168] Adorno, Voraussetzungen. GS 11, S. 441.

Adorno also die Verfahrensweise der Antinomie und die Berührung der Extreme als Darstellungsmöglichkeit zeitgenössischer Kunst. Die bei Beckett dazugehörenden Textstrategien der Dekonstruktion, Verkehrung und Verformung ergänzt Adorno ausgehend von Helms' *FA:M' AHNIESGWOW* um die der Assoziation, des Zufalls und Bruchs. Im Folgenden stehen im Zusammenhang mit diesen künstlerischen Verfahrensweisen zunächst die Krise der Verständlichkeit, der Doppelcharakter der Sprache als Ausdrucks- und Kommunikationsmittel und die Problematisierung von Subjektivität als Ausgangspunkte von Adornos Überlegungen im Zentrum der Betrachtung. Die eng am Essay *Voraussetzungen* orientierte Interpretationsarbeit liegt auch darin begründet, dass sowohl die literatur- und musikwissenschaftliche als auch die philosophische Forschung den Essay bisher völlig unbeachtet gelassen hat;[169] dieses Kapitel möchte daher auch einen ersten Beitrag zum Verständnis von Adornos Helms-Interpretation leisten.

Mit seinen Ausführungen zur Krise der Verständlichkeit schließt Adorno an die zur Krise des Sinns aus dem Beckett-Essay an. Das Verstehen literarischer Texte setzt letztlich so etwas wie einen Sinnzusammenhang voraus, den es zu entschlüsseln gilt. Hermetische Kunstwerke wie *FA:M' AHNIESGWOW* verweigern sich jedoch einem solchen Verstehensprozess; denn diesem Text „wesentlich ist der Schock, mit dem er die Kommunikation heftig unterbricht. Das grelle Licht des Unverständlichen, das solche Gebilde dem Leser zukehren, verdächtigt die übliche Verständlichkeit als schal, eingeschliffen, dinghaft – als vorkünstlerisch"[170]. Helms' Werk weist vielmehr so etwas wie einen positiven metaphysischen Sinn in den Bereich der bloßen Fiktion; daher muss es aber auch jene sprachlichen Mittel verwerfen, „die implizit von der Idee eines solchen Sinnes zehren, der einen integralen und dadurch beredten Zusammenhang stifte"[171]. Nach Adorno kann man Kunstwerke nicht nach den Prinzipien der begrifflichen Logik verstehen, sondern das Begreifen von Kunst muss man

---

[169] Einzig Florian Neuner weist in seiner Besprechung darauf hin, dass FA:M' AHNIESGWOW zu den wenigen zeitgenössischen Kunstwerken zählt, mit dem Adorno sich vor dem Hintergrund seiner Überlegungen zu einer „Verfransung der Künste" noch auseinandersetzte; vgl. Florian Neuner, Im Zwischenreich von Sprache und Musik. Hans G Helms' bahnbrechende Sprachkomposition FA:M' AHNIESGWOW im Kontext. In: Neue Zeitschrift für Musik 4, 2011, S. 13–15, hier: S. 13. Neuner spielt hier auf Adornos Essay *Die Kunst und die Künste* von 1967 an, in dem dieser eine Verfransung der unterschiedlichen Künste problematisiert, diese jedoch nicht, wie gemeinhin angenommen, gänzlich ablehnt. Hier findet sich auch, neben *Voraussetzungen*, der einzige weitere Hinweis auf Helms in Adornos Werk. Nach Adorno kompensiert das musikalische Konstruktionsprinzip der Serialität einen nur rudimentär vorhandenen Handlungsverlauf; Adorno, Die Kunst und die Künste. GS 10.1, S. 432.
[170] Adorno, Voraussetzungen. GS 11, S. 431.
[171] Adorno, Voraussetzungen. GS 11, S. 431.

sich „eher als eine Art von Nachfahren" vorstellen, „als der Mitvollzug der im Kunstwerk sedimentierten Spannungen, der in ihm zur Objektivität geronnenen Prozesse".[172] Ein Kunstwerk wird nicht verstanden, indem man es in Begriffe zurück zu übersetzen versucht, sondern indem man sich in seine immanente Bewegung hineinbegibt:

> Nicht muß der Betrachter, was in ihm vorgeht, aufs Kunstwerk projizieren, um darin sich bestätigt, überhöht, befriedigt zu finden, sondern muß umgekehrt zum Kunstwerk sich entäußern, ihm sich gleichmachen, es von sich aus vollziehen. Daß er der Disziplin des Werks sich zu unterwerfen habe und nicht zu verlangen, daß das Kunstwerk ihm etwas gebe, ist nur ein anderer Ausdruck dafür.[173]

Die Formulierung vom „sich gleichmachen" erinnert nicht nur an Adornos Ausführungen zur aktiven Passivität,[174] sondern auch an den Mimesis-Begriff seiner Ästhetik.[175] Im Gegensatz zu den Begriffen Konstruktion und Geist, die das Gemachte am Kunstwerk beschreiben, stehen Mimesis und Ausdruck für das sich-entziehende Moment des Kunstwerks ein.[176] Da gerade die Kategorie des Ausdrucks für Adornos Auseinandersetzung mit Helms von zentraler Bedeutung ist, werde ich an dieser Stelle kurz auf Adornos Überlegungen zur Mimesis aus der *Ästhetischen Theorie* eingehen. Dort hebt er weniger das aristotelische Moment des Nachahmens hervor, sondern vielmehr den Aspekt des sich selbstvergessenen Überlassens an den Gegenstand:

> Ahmt das mimetische Verhalten nicht etwas nach, sondern macht sich selbst gleich, so nehmen die Kunstwerke es auf sich, eben das zu vollziehen. Nicht imitieren sie im Ausdruck einzelmenschliche Regungen, vollends nicht die ihrer Autoren; wo sie dadurch wesentlich sich bestimmen, verfallen sie als Abbilder eben der Vergegenständlichung, gegen die der mimetische Impuls sich sträubt. Zugleich vollstreckt sich im künstlerischen Ausdruck das geschichtliche Urteil über Mimesis als ein archaisches Verhalten: daß

---

172 Adorno, Voraussetzungen. GS 11, S. 433.
173 Adorno, Ästhetische Theorie. GS 7, S. 409f.
174 Vgl. Kapitel III. dieser Arbeit.
175 Der Begriff der Mimesis bei Adorno ist komplex und gemäß seiner Verfahrensweise, philosophische Grundbegriffe in immer wieder neue Konstellationen zu bringen, nicht auf eine Definition festzulegen: „Definitionen sind rationale Tabus"; Adorno, Ästhetische Theorie. GS 7, S. 24. In der *Dialektik der Aufklärung* werden bspw. die Gesten von Gefolterten als mimetischer Impuls beschrieben und Mimesis so mit dem Leiden in Verbindung gebracht; vgl. Adorno (mit Horkheimer), Dialektik der Aufklärung. GS 3, S. 208; vgl. dazu Johannes Rhein, Widerspiegelung – Vor-Schein – Ausdruck. Modelle ästhetischer Erkenntnis bei Lukács, Bloch und Adorno. In: Ästhetische Aufklärung, S. 89–107, bes. S. 100–102. In Adornos Kunsttheorie meint Mimesis eher eine herrschaftliche Prinzipien transzendierende Strategie.
176 Vgl. Sonderegger, Ästhetische Theorie, S. 416f.

diese, unmittelbar praktiziert, keine Erkenntnis ist; daß, was sich gleichmacht, nicht gleich wird.[177]

Mimesis wird in diesem Sich-Gleichmachen zu einer Hingabe an ein Anderes,[178] die sowohl auf der Produktions- als auch Rezeptionsebene gilt. Von der modernen Kunst fordert Adorno – wie bereits anhand seiner Kafka- und Beckett-Essays gezeigt – Mimesis an Verdinglichung und Sinnverlust: „Um inmitten des Äußersten und Finstersten der Realität zu bestehen, müssen die Kunstwerke, die nicht als Zuspruch sich verkaufen wollen, jenem sich gleichmachen. Radikale Kunst heute heißt soviel wie finstere, von der Grundfarbe schwarz."[179] Wichtig ist Adorno dabei aber gerade der Unterschied zwischen einer künstlerisch-mimetischen Strategie auf der einen Seite, die wie bei Kafka und Beckett in ihrer radikalen Hingabe an die Entfremdung dieser zugleich zu trotzen sucht,[180] und des bloßen Abbildens der Realität auf der anderen Seite.[181] Auch in der Rezeption von Kunst fordert Adorno wie oben gesehen die rückhaltlose Hingabe an das Werk, die einen „Mitvollzug" erzwingt, „der dem konventionellen Verstehen abschwört".[182] Mit letzterem meint Adorno vor allem den Versuch der traditionellen Hermeneutik, einen einheitlichen Sinn aus dem Kunstwerk herauslesen zu

---

177 Adorno, Ästhetische Theorie. GS 7, S. 169 f.
178 Diese Konzeption von Mimesis ist auch an Benjamins Überlegungen orientiert, der in seinem dialektischen Bild *Schmetterlingsjagd* aus der *Berliner Kindheit um neunzehnhundert*, in einer ganz ähnlichen Weise die mimetische Selbstvergessenheit des kindlichen Schmetterlingsjägers beschreibt: „Und soweit ging der Wunsch mir in Erfüllung, daß jedes Schwingen oder Wiegen der Flügel, in die ich vergafft war, mich selbst anwehte und überrieselte. Es begann die alte Jägersatzung zwischen uns zu herrschen: je mehr ich selbst in allen Fibern mich dem Tier anschmiegte, je falterhafter ich im Inneren wurde, desto mehr nahm dieser Schmetterling in Tun und Lassen die Farbe menschlicher Entschließung an und endlich war es, als ob sein Fang der Preis sei, um den einzig ich meines Menschendaseins wieder habhaft werden könne; Benjamin, Berliner Kindheit um neunzehnhundert. GS VII.1, S. 392. Adorno weist in oben genanntem Zitat jedoch noch auf das archaische Moment hin, das jedem mimetischen Verhalten innewohnt.
179 Adorno, Ästhetische Theorie. GS 7, S. 65.
180 Vgl. auch Benjamin, der in seinem Essay *Über einige Motive bei Baudelaire* zeigt, dass bereits Baudelaire so etwas wie Mimesis an die großstädtische Masse betrieben hat, ohne sie jemals zum konkreten Gegenstand seiner Gedichte zu machen: „Es ist eben dies Bild der Großstadtmenge, das für Baudelaire bestimmend geworden ist. Wenn er der Gewalt erlag, mit der sie ihn anzog und als Flaneur zu einem der ihren machte, so hat ihn doch das Gefühl von ihrer unmenschlichen Beschaffenheit dabei nicht verlassen. Er macht sich zu ihrem Komplizen und sondert sich fast im gleichen Augenblick von ihr ab." Benjamin, Über einige Motive bei Baudelaire. GS I.2, S. 626.
181 Vgl. Sonderegger, Ästhetische Theorie, S. 417.
182 Adorno, Voraussetzungen. GS 11, S. 433.

wollen; auch richtet er sich gegen philologische oder philosophische Vorannahmen bei der Interpretation, die einem rückhaltlosen Überlassen an den Gegenstand im Wege stehen.

Schotten sich Kunstwerke durch die oben genannten, rationale Deutung und Begriffslogik problematisierenden Verfahren wie Dekonstruktion, Versetzung und Verformung von der Außenwelt ab, so impliziert diese Autonomie zugleich die Gefahr des Scheins. Denn indem Kunst sich gänzlich von der Realität zu lösen beansprucht, ignoriert sie das Moment der notwendigen Verbindung zum Dasein: „Die mimetische Verhaltensweise selbst, durch welche die hermetischen Werke gegen das bürgerliche Füranderessein angehen, macht sich mitschuldig durch den Schein des reinen An sich."[183] Gegen diesen Schein absoluter Kunstautonomie, den das mimetische Verhalten evozieren kann, benötigt das Kunstwerk ein kritisches Gegengewicht. Dieses bezeichnet Adorno als Konstruktion, womit „die Seite des aktiven, ja kontrollierenden Produzierens gemeint"[184] ist. Das Verweisungsverhältnis von Konstruktion und Mimesis verdeutlicht Adorno wie folgt:

> Kunst ist mimetisches Verhalten, das zu seiner Objektivation über die fortgeschrittenste Rationalität – als Beherrschung von Material und Verfahrensweisen – verfügt. [...] Dabei bedient sie [die Kunst, P.G.] sich der ungeschmälerten Rationalität in ihren Verfahrensarten, während sie in der angeblich ‚technischen Welt' kraft der Produktionsverhältnisse eingeschränkt, selber irrational bleibt.[185]

So sehr der Dadaismus in Adornos Augen darin Recht hatte, die mimetische Verhaltensweise als Kritik an Begriffslogik und positivistischem Wirklichkeitsverständnis in den Vordergrund zu rücken und damit den Primat ganz auf den Ausdruck zu legen, so sehr hat er dabei jedoch verkannt, dass auch Sprache „ihres signifikativen Moments, der Begriffe und Bedeutungen, nicht ganz sich entledigen kann"[186]. Dies gilt insbesondere für die Literatur, in welcher der Doppelcharakter der Sprache darin besteht, sowohl Kommunikation – als diskursive und bezeichnende Funktion von Sprache – als auch Ausdruck zu sein. Nach Adorno enthält selbst noch „der stammelnde Laut"[187] und umso mehr der Zusammenhang sprachlicher Kunstwerke ein Moment des Begrifflichen, das beide nicht abschütteln können. Helms hat in Adornos Sicht genau diesem Doppelcharakter der Sprache Rechnung getragen, indem er diese so gestaltet hat, dass sich

---

183 Adorno, Ästhetische Theorie. GS 7, S. 159.
184 Sonderegger, Ästhetische Theorie. S. 418.
185 Adorno, Ästhetische Theorie. GS 7, S. 429 f.
186 Adorno, Voraussetzungen. GS 11, S. 434.
187 Adorno, Voraussetzungen. GS 11, S. 435.

– wie im Folgenden zu sehen sein wird – die Extreme von Definition und Assoziation sowie die von Konstruktion und Zufall berühren.

Um dieses Vorgehen zu erläutern, rekurriert Adorno zunächst auf die literarische Verfahrensweise von James Joyce, die ihm als entscheidender Bezug für Helms' Arbeit gilt. Indem Joyce den Bewusstseinsstrom[188] als Erzähltechnik einsetzt, kann er Adorno zufolge „eine streng im Innenraum des Kunstwerks organisierte Sprache"[189] mit der Narration, die einen über sie hinausweisenden Gehalt vermitteln möchte, verschmelzen. Dass es Joyce gelingt, beides miteinander zu verknüpfen, indem er „die erhobene Mitte zwischen zwei Unmöglichkeiten, der des Romans heute und der von Dichtung als reinem Laut" herstellt, macht seinen dichterischen Rang aus.[190] Während die Sprache sich in Joyces großen Romanen *Ulysses* von 1922 und *Finnegan's Wake* von 1939 durch die konsequent durchgeführte Erzähltechnik des Bewusstseinsstroms dem Ausdruckhaften annähert, verweist der Roman als erzählerische Gattung selbst auf den ihm immanenten Drang, durch Narration Sinnzusammenhänge zu produzieren, die über das einzelne Werk hinausgehen.

In seinem frühen Essay *Standort des Erzählers im zeitgenössischen Roman* von 1954 bezeichnet Adorno die oben genannte Unmöglichkeit als die grundlegende Paradoxie modernen Erzählens: „[E]s läßt sich nicht mehr erzählen, während die Form des Romans Erzählung verlangt."[191] Nach Adorno ist der Roman zu verstehen als „die künstlerische Bewältigung des bloßen Daseins"[192] und damit die typische Erzählform des bürgerlichen Zeitalters. Selbst noch den phantastischsten Romanen ist immer etwas Realistisches immanent gewesen. Allerdings wird gerade dieses Element in der Gegenwart fragwürdig, da es zum einen durch den Subjektivismus der Erzählfigur infrage gestellt wird, die „kein unverwandelt Stoffliches mehr duldet und eben damit das epische Gebot der Gegenständlichkeit unterhöhlt"[193]; zum anderen sind die Möglichkeiten der Narration von den Medien der Kulturindustrie so besetzt, dass der Roman als Gattung sich besser auf das konzentrieren sollte, was durch eine sinnstiftende

---

[188] Adorno spricht von „monologue intérieur". Er meint damit jedoch eine Erzähltechnik, die in der Literaturwissenschaft heute eher als Bewusstseinsstrom bezeichnet wird. Denn im Gegensatz zum inneren Monolog, der eine Art geregeltes Selbstgespräch darstellt, ist der Bewusstseinsstrom eine unmittelbare und unsystematische Wiedergabe von subjektiven Bewusstseinsinhalten wie losen Gedanken, Gefühlen, Assoziationen und Erinnerungen. Dies trifft auf die Prosa von Joyce zu.
[189] Adorno, Voraussetzungen. GS 11, S. 436.
[190] Adorno, Voraussetzungen. GS 11, S. 436.
[191] Adorno, Standort des Erzählers im zeitgenössischen Roman. GS 11, S. 41.
[192] Adorno, Standort des Erzählers im zeitgenössischen Roman. GS 11, S. 41.
[193] Adorno, Standort des Erzählers im zeitgenössischen Roman. GS 11, S. 41.

Erzählung nicht mehr zu artikulieren ist. Ihm sind aber gerade durch die Sprache Grenzen gesetzt, „die ihn weithin zur Fiktion des Berichtes nötigt"[194]. Joyce begegnet dieser Krise des Erzählens, indem er nicht nur gegen den Realismus, sondern auch gegen die diskursive Sprache rebelliert. Um der oben genannten Aporie von Roman und Ausdruck zu begegnen, nimmt Joyce Ergebnisse der Freud'schen Psychoanalyse in seine Romankonzeption auf:

> Die radikale Konstitution des ästhetischen Innenraums ist durch die Beziehung auf den des Subjekts vermittelt, in dem sie sich doch nicht erschöpft. Im Bereich der abgespaltenen Subjektivität befreit das Werk sich von dem, was ihm selbst äußerlich ist, was seinem Kraftfeld sich entzieht. Erst durch Subjektivierung wird die Objektivation des Kunstwerks, als einer in sich durchgeformten Monade, recht möglich. Subjektivität macht sich zu dem, was sie rudimentär stets war, seit Kunstwerke eigenen Gesetzes existieren, zu deren Medium oder zu deren Schauplatz.[195]

Nach Adorno konstituiert Joyce eine gleichsam hermetisch abgeriegelte Welt in seinen Romanen und konzentriert sich mit der Technik des Bewusstseinsstroms ganz auf ein Subjekt, in dem im Sinne von Freud unbewusste, vorbewusste und bewusste Motive ungeordnet und unterschiedslos zum Ausdruck kommen. Joyce verhindert so, dass erläuternde oder erklärende Einsichten – beispielsweise die einer auktorialen Erzählinstanz – den Bewusstseinsstrom, also den ästhetischen Innenraum des Subjekts stören. Alles, was sich an Äußerem in den Romanen abspielt, erscheint „als ein Stück Innen, ein Moment des Bewußtseinsstroms, behütet vor der Widerlegung durch die objektive raumzeitliche Ordnung"[196]. Nicht nur spaltet Joyce Subjektivität damit von allem ab, was außerhalb der Roman-Realität liegt, auch diese selbst wird allein durch die Innensicht der Figur präsentiert.

Allerdings ist das Individuum bei Joyce kein seiner selbst bewusstes und souveränes, sondern vielmehr ein beschädigtes Subjekt. Denn es scheint durch die Zwänge seiner inneren und äußeren Natur beherrscht, anstatt diese Determiniertheit selber zu kontrollieren, indem es sie selbstbestimmten Regeln und Werten unterordnen würde. Daher sieht Adorno in Joyces „negativen Epopöen", einen Zustand vollzogen, „in dem das Individuum sich selbst liquidiert" hat.[197] Joyce bekennt mit seinen „epischen Kryptogrammen [...] die eigene Ohnmacht, die Übermacht der Dingwelt ein, die inmitten des Monologs wiederkehrt"[198]. Er

---

[194] Adorno, Standort des Erzählers im zeitgenössischen Roman. GS 11, S. 42.
[195] Adorno, Voraussetzungen. GS 11, S. 436.
[196] Adorno, Standort des Erzählers im zeitgenössischen Roman. GS 11, S. 44. Hier lässt sich eine Deutung von Prousts Erzählweise auf die von Joyce übertragen.
[197] Adorno, Standort des Erzählers im zeitgenössischen Roman. GS 11, S. 47.
[198] Adorno, Standort des Erzählers im zeitgenössischen Roman. GS 11, S. 47.

benutzt eine „zerfallene assoziative Dingsprache"[199], welche die Entfremdung der Massen von sich und ihren Produktionen artikuliert. Damit verweist Joyce noch auf den dem Roman seit seinen Anfängen inhärenten Konflikt „zwischen den lebendigen Menschen und den versteinerten Verhältnissen"[200]; allerdings zeigt er diesen Konflikt nicht mehr durch eine realistische Bearbeitung des Stoffes, sondern durch die Konzentration allein auf den Ausdruck des Subjekts.

In Analogie zur Leibniz'schen Monadenlehre[201] nähert sich für Adorno das Kunstwerk so einer Monade an. Denn die Monade ist „Kraftzentrum und Ding in eins. Kunstwerke sind gegeneinander verschlossen, blind, und stellen doch in ihrer Verschlossenheit vor, was draußen ist"[202]. Wie die Monade sind Kunstwerke durchgeformt, in sich geschlossen und funktionieren nach eigenen Gesetzmäßigkeiten. Zugleich haben sie aber „ihre Stringenz und inwendige Gefügtheit [...] der geistigen Herrschaft über die Wirklichkeit abgeborgt. Insofern ist ihnen transzendent, kommt ihnen von außen zu, wodurch sie zu einem Immanenzzusammenhang überhaupt werden"[203]. Auch hier betont Adorno, dass Kunstwerke ihre Verbindung zur Empirie nie völlig aufkündigen können und demnach ihren Doppelcharakter als „autonom und fait social" stets reflektieren müssen. Joyce gelingt dies, indem er die Erfahrungen einer abgespaltenen Subjektivität konsequent im Innenraum seines Romans so verhandelt, dass die Dissoziation, die Beschädigung, nicht als eine bloß individuelle Erfahrung der Romanfiguren erscheint, sondern als eine gesellschaftliche, die sich im Kunstwerk objektiviert. Joyce zeigt mit den Mitteln radikaler Subjektivität einen gesellschaftlichen Sachverhalt, der alle angeht. Dadurch sieht er aber in dem Subjekt nicht mehr einen Schöpfer oder wie bei Kant einen Autor der empirischen und moralischen Gesetzmäßigkeiten am Werke, sondern das Subjekt ist nur noch das Medium, in dem der Doppelcharakter der (literarischen) Sprache als Kommunikations- und Ausdrucksmittel dargestellt wird, und der Schauplatz, auf dem jener Konflikt der „lebendigen Menschen" und „versteinerten Verhältnisse" ausgetragen wird.

---

199 Adorno, Standort des Erzählers im zeitgenössischen Roman. GS 11, S. 47.
200 Adorno, Standort des Erzählers im zeitgenössischen Roman. GS 11, S. 43.
201 Vgl. Gottfried Wilhelm Leibniz, Monadologie (Französisch/Deutsch), übers. u. hg. v. Hartmut Hecht, Stuttgart 1998.
202 Adorno, Ästhetische Theorie. GS 7, S. 268. Adorno greift hier auch auf eine Gedankenfigur Benjamins zurück: „Die Idee ist Monade – das heißt in Kürze: jede Idee enthält das Bild der Welt. Ihrer Darstellung ist zur Aufgabe nichts Geringeres gesetzt, als dieses Bild der Welt in seiner Verkürzung zu zeichnen." Benjamin, Ursprung des deutschen Trauerspiels. GS I.1, S. 228.
203 Adorno, Ästhetische Theorie. GS 7, S. 268.

Im Prozess der ästhetischen Objektivation wird Subjektivität selbst dann gleichsam zu „Rohmaterial"[204], das vom Kunstwerk aufgezehrt wird. Jedoch kann sich eben nur durch Subjektivierung hindurch „eine Realität sui generis [konstituieren], in der das Wesen der Realität draußen widerscheint"[205]. Joyces Analyse der beschädigten Subjektivität speist sich also aus den gesellschaftlichen und kollektiven Erfahrungen der Moderne, aber erst durch die Radikalisierung der Darstellung des subjektiven Ausdrucks in einem geschlossenen Immanenzzusammenhang („Innenraum") kann eine eigene Roman-Realität erzeugt werden, die auf die Realität verweist, ohne sie abzubilden:

> Indem Dichtung als Ausdruck sich zu dem der für sie zerfallenen Realität macht, drückt sie deren Negativität aus. Die autonome Durchformung des literarischen Produkts stellt, monadologisch, Gesellschaftliches vor, ohne darauf hinzuschielen; vieles spricht dafür, daß das aktuelle Kunstwerk die Gesellschaft um so genauer trifft, je weniger es von ihr handelt oder gar auf unmittelbare gesellschaftliche Wirkung [...] hofft.[206]

Helms schließt mit *FA:M' AHNIESGWOW* demonstrativ an Joyces Erzähltechnik an. Gerade dieser offene Anschluss an Joyce verdient nach Adorno Anerkennung, da ihm zufolge avancierte Kunst nach dem „zweiten Weltkrieg" die Vorstellung eines genialischen, mit sich identischen (Künstler-)Subjekts, das aus der „lebendigen Spontaneität" herausschöpft, aufgeben muss.[207] Dies hat weitreichende Konsequenzen für die künstlerische Arbeit:

> Gerade wo die Freiheit des künstlerischen Subjekts sich geborgen dünkt, sind seine Reaktionsweisen determiniert durch die Macht, die eingeschliffene Formen der ästhetischen Verfahrensweise über es ausüben. Was das Subjekt als seine autonome Leistung, die der Objektivation fühlt, enthüllt sich im Rückblick auf mehr denn dreißig Jahre als durchsetzt mit historischen Rückständen.[208]

Gegen eine Kunst, die sich gänzlich von der Tradition absetzen zu können meint, betont Adorno, dass auch die avancierteste Kunst immer Rudimente eben dieser Tradition aufnimmt und die ‚Überlieferung' nie ganz hinter sich lassen kann. Helms ist genau dies bewusst gewesen, weshalb er in aller Offenheit an Joyces Erzähltechnik angeschlossen, diese jedoch weitergetrieben hat: „Während seine Strukturen Raum und Material äußerster Subjektivierung verdanken, erkennen

---

204 Adorno, Voraussetzungen. GS 11, S. 436.
205 Adorno, Voraussetzungen. GS 11, S. 436 f.
206 Adorno, Voraussetzungen. GS 11, S. 437 f.
207 Adorno, Voraussetzungen. GS 11, S. 439.
208 Adorno, Voraussetzungen. GS 11, S. 439 f.

sie den Primat des Subjekts, das Kriterium seines lebendigen Mitvollzugs nicht mehr an."[209] Diese äußerste Subjektivierung ist also nicht auf ein schöpferisches Genie zurückzuführen, weshalb sich auch die Konstruktion nicht mehr der „spontanen Subjektivität" verdankt – ohne die das Kunstwerk dennoch freilich nicht zu denken ist –, sondern sie „will aus dem durchs Subjekt je schon vermittelten Material herausgelesen werden".[210]

Die Art und Weise, wie Helms dieses Material arrangiert, erinnert an die Assoziationstechnik von Proust und Joyce. Nach Adorno hat die, dem bewussten subjektiven Zugang versperrte unwillkürliche Erinnerung bei Proust Ähnlichkeiten mit der Technik des freien Assoziierens bei Freud, mit der gleichfalls dem Subjekt nicht oder nur schwer zugängliche Bestandteile des Unbewussten enthüllt werden sollen. Joyce treibt diese Technik noch weiter und stellt eine Spannung zwischen Ausdruck und Bedeutung der Sprache her, „indem die Assoziation sich an die Bedeutung von freilich meist aus ihrem Urteilskontext isolierten Worten heftet, ihren Gehalt aber vom Ausdruck – zunächst dem Unbewußten – empfängt"[211]. Jedoch bemerkt Adorno bei beiden Autoren gewisse Schwächen, denn bei Proust wird die Erinnerungsspur mitunter derart überstrapaziert – wie in dem berühmten Madeleine-Beispiel –, dass ihr das unwillkürliche beinahe verloren geht; bei Joyce erscheint die Assoziation nicht immer als notwendig, „oft bleibt sie zufällig wie ihr Substrat, das psychologische Individuum"[212]. Helms dagegen schöpft die Wortassoziationen nicht mehr aus dem Unterbewusstsein, sondern stellt sie vielmehr durch die Sprache selbst her, nämlich durch ihre graphische Anordnung,[213] durch Beziehungen von Worten untereinander und Assoziationsfeldern, die durch die Mischung verschiedener Sprachen und Idiome entstehen:[214]

> Ein philologisch gelenkter Assoziationszusammenhang, und damit tendenziell ein aus dem Material der Sprache geschöpfter, möchte anstelle des Typus der Assoziation treten, der aus der psychoanalytischen Methode vertraut ist, wenn sie die Worte als Schlüssel zum Unbewußten verwendet. Ähnliche Funktion gewinnt die Philologie auch bei Beckett. Helms aber ambitioniert dabei nicht weniger, als aus dem monologue intérieur auszubrechen,

---

209 Adorno, Voraussetzungen. GS 11, S. 440.
210 Adorno, Voraussetzungen. GS 11, S. 440 f.
211 Adorno, Voraussetzungen. GS 11, S. 438.
212 Adorno, Voraussetzungen. GS 11, S. 439.
213 Vgl. bspw. folgende Seite, auf der nur links oben „Ost-meer-säusel" steht, während rechts unten „Ohrhäuselmäusel" folgt; Helms, FA:M' AHNIESGWOW, II,14.
214 Vgl. exemplarisch: „Das schulgestundet clandeformidoublé Gröhlvölkle dans l'etat Scharniergbau, totaletztes Grematorium, unser aller lügiliebstes Vaterdankrückenland !" Helms, FA:M' AHNIESGWOW, V,5.

dessen Struktur das Urbild des Ganzen ist, der aber nun selbst nicht länger das Gesetz des literarischen Gebildes abgibt, sondern Material.[215]

Adornos Profilierung von Helms' Erzähltechnik gegenüber Proust und Joyce sollte jedoch nicht im Sinne einer Logik der Überbietung verstanden werden, sondern vielmehr als deutliche Markierung des Bruchs, der mit Auschwitz bezeichnet ist. *Vor Auschwitz* war der Rückgriff auf das Unbewusste als assoziative Erzähltechnik legitim, weil Individualität – wie restringiert auch immer – zumindest noch unterstellt werden konnte; *nach Auschwitz* ist das nicht mehr möglich, da das Subjekt (und damit auch das psychologische Individuum samt seinen bewussten, vorbewussten und unbewussten Momenten) sich nach Adorno vollends als illusionär herausgestellt hat. Die assoziative Verfahrensweise kann nun nur noch ‚philologisch gelenkt' betrieben werden. Kunst nach Auschwitz muss Adorno zufolge also nicht im Sinne eines qualitativen Urteils besser werden als die vorige, sondern: anders.

Die assoziative Technik Helms' besteht nach Adorno darin, Sprache selbst zum Sprechen zu bringen, indem ihrem Doppelcharakter als Kommunikation und Ausdruck Rechnung getragen wird. Gerade weil Helms' Assoziationszusammenhang nicht der Psychologie der Figuren entspringt, kann der definitorisch-signifikative Charakter seines Textes als Gegengewicht zum rein Ausdruckhaften der Assoziationen fungieren, ohne dass das eine das andere überlagert:

> Sein Kontinuum reicht von quasi erzählenden, an der Oberfläche verständlichen Teilen bis zu solchen, in denen die phonetischen Valeurs, die reinen Ausdrucksqualitäten, die semantischen, die Bedeutungen ganz überwiegen. Der Konflikt von Ausdruck und Bedeutung in der Sprache wird nicht, wie von den Dadaisten, schlicht zugunsten des Ausdrucks entschieden. Er wird als Antinomie respektiert. Aber das literarische Gebilde findet sich mit ihm nicht als mit einem ungebrochenen Ineinander ab. Es polarisiert ihn zwischen Extremen, deren Folge selber Struktur ist, also das Gebilde formt.[216]

Ähnlich betrachtet Helms die Prinzipien Konstruktion und Zufall nicht als bloße Gegensätze, sondern in ihrer antinomischen Verwiesenheit. Nach Adorno versucht

---

215 Adorno, Voraussetzungen. GS 11, S. 445. Neuner macht persönliche Erfahrungen des Autors verantwortlich für die Kombination zahlreicher Sprachen in FA:M' AHNIESGWOW: „Helms selbst betont, dass die Vielsprachigkeit seiner Arbeit [...] aber anders als bei James Joyce auf keiner ästhetischen Entscheidung basiere, sondern das Sprachengewirr nachbilde, das ihm in den Lagern für ‚displaced persons' nach dem Krieg begegnet sei." Neuner, Im Zwischenreich von Sprache und Musik, S. 15. Auch wenn Helms' persönliche Erfahrung einen Ausgangspunkt für seine künstlerische Arbeit bildet, widerspricht das dennoch nicht dem bewusst durchkomponierten Arrangement des Sprachmaterials.
216 Adorno, Voraussetzungen. GS 11, S. 441.

die Konstruktion bei Helms das zu leisten, was in früheren Kunstwerken der diskursiven Sprache zukam, nämlich die einzelnen Abschnitte und ihr Verhältnis zueinander zu strukturieren. Dadurch folgt das literarische Gebilde einer eigenen Gesetzmäßigkeit, die sowohl von der der Empirie als auch vom rein Ausdruckshaften des Assoziationsspiels unterschieden ist.[217] Dennoch beachtet Helms' Werk den Zufall, der von der Konstruktion nicht einfach beseitigt werden kann: „Er überlebt ebenso in der Wahl der Strukturen wie im Mikrobereich der einzelnen sprachlichen Konfigurationen."[218] Der Zufall wird dadurch zu einem wichtigen Parameter des Textes, dem seine vollständige Durchorganisation „am anderen Extrem" entspräche.

Dass Adorno den Zufall hier als Komplement zum Konstruktionsprinzip des Kunstwerks so stark macht und selbst zu einem „Kunstmittel" erhebt, hat zwei Gründe: Zufälligkeit impliziert erstens das Moment „des nicht gänzlichen Dabeiseins des Subjekts im Werk". Damit betont Adorno erneut, dass das Werk vornehmlich einer inneren Logik entspringt und nicht der Leistung eines Künstler-Genies. Zufälligkeit verweist ihm zufolge zweitens auf den Scheincharakter einer Versöhnung von Subjekt und Objekt, also „das vollkommene Dabeisein des Subjekts im Kunstwerk"; denn nicht nur sind die Gegenstände der Kunst immer auch zufällig Gewählte, auch die Formgesetze des einzelnen Kunstwerks, seine innere Logik, lassen sich nicht mit den in der Empirie geltenden Naturgesetzlichkeiten (zum Beispiel von Ursache und Wirkung) zur Deckung bringen, sondern ihnen haftet letztlich etwas Fiktives, den Gesetzlichkeiten enthobenes an. Schließlich ist auch die konstitutive Subjektivität selber zufällig, denn die „Notwendigkeit, die das Subjekt anbefiehlt, um in der Sache gegenwärtig zu sein, wird erkauft mit den Schranken einer Individuation, von der das Moment der Beliebigkeit nicht sich wegdenken läßt". Nach Adorno folgen weder die Subjektivität der Künstlerin oder des Künstlers noch die des Werks den Prinzipien einer Notwendigkeit, wie sie für die Naturwissenschaften in der Ursache-Wirkung-Beziehung und für die Gesellschaft in der Grund-Folge-Beziehung gedacht sind. Das Moment des Zufalls ist in der Kunst daher substantiell.

---

217 Vgl. bspw. Kapitel oder Struktur I, in deren Mitte sich folgende (in ihrer genauen graphischen Anordnung hier gar nicht darzustellende) Konstruktionen finden: „waf / lammen / scht / shla" und „wasch / fuer / sish"; Helms, FA:M' AHNIESGWOW, I,1. Der Komponist Gottfried Michael König kommentiert dies folgendermaßen: „Akustisch ergibt der erste hauptsächlich ,waschlammen', d. h. Waschlappen; der zweite wiederholt ,wasch', ,fuer' (für) verbindet sich mit ,cht' und ,en' (1. Komplex) zu ,fürchten', ,sich (sish) fürchten'. Im 1. Komplex stecken außerdem noch ,waschen' und ,Schlamm': ,Waschlappen' steht für ,Feigling'." König, Nachwort, S. x.
218 Adorno, Voraussetzungen. GS 11, S. 442. Alle weiteren Zitate dieses und des nächsten Abschnitts beziehen sich auf diese Seite.

Diese Einsicht geht zurück auf Mallarmé und wurde später von Komponisten der Neuen Musik wie Pierre Boulez, Karlheinz Stockhausen und John Cage aufgegriffen. Besonders wichtig sowohl für Adornos Überlegungen als auch für die aleatorischen Kompositionen der Neuen Musik war Mallarmés Gedicht *Ein Würfelwurf*. Seine typographische Anordnung auf zehn Doppelseiten und die Verteilung von Wörtern und Wortgruppen, die eine partiturähnliche Struktur aufweist, versuchen das vorherrschende Motiv, den Würfelwurf, abzubilden.[219] Ähnlich wie später Helms hat Mallarmé in diesem Gedicht bereits die Linearität des Lesens aufgebrochen, was er selbst in seinem Vorwort als eine „Verräumlichung des Lesens"[220] bezeichnet. In Majuskeln wird der Titelsatz des Gedichtes – UN COUP DE DÉS / JAMAIS / N'ABOLIRA / LE HASARD – in vier Teile aufgeteilt, die zwar syntaktisch unangetastet bleiben, jedoch jeweils mit unterschiedlichen Motiven, Einschüben und Bildern umspielt werden:

> Das Papier ist zur Stelle jedesmal wenn ein Bild von selbst aufhört oder zurücktritt, anderen die Nachfolge lassend, und da es sich nicht wie stets um regelmäßige Klangzeilen oder Verse handelt – eher um prismatische Brechungen der I d e e für den Augenblick des Aufscheinens und die Dauer ihres Zusammenwirkens in einer genauen geistigen Inszenierung –, wird an variablen Orten, näher oder ferner dem verborgenen Leitfaden, der Wahrscheinlichkeit gemäß, der Text fällig. [...] Alles spielt sich, gerafft, in hypothetischer Form ab; Erzählung wird vermieden.[221]

Auch die Komponisten der Neuen Musik beziehen im Anschluss an Mallarmé – allerdings mit jeweils unterschiedlichen Schwerpunkten – den Zufall als musikalisches Kompositions- und Interpretationsprinzip in ihre Arbeiten ein.[222]

---

219 Der französische Originaltitel lautet: *Un coup de dés jamais n'abolira le hasard*. Je nach Übersetzung variiert der vollständige deutsche Titel des Gedichts, weshalb ich im Folgenden nur die Abkürzung *Ein Würfelwurf* verwende. Mallarmés Gedicht ist erstmals 1897 in der Zeitschrift *Cosmopolis* veröffentlicht worden, jedoch noch nicht in der von Mallarmé gewünschten doppelseitigen Einrichtung. Diese findet sich in der 1914 posthum erschienenen Fassung, in der auch die Wortkomplexe so angeordnet sind, dass sie über den Bund des Buches laufen. Vgl. Gerhard Goebel, Kommentar. In: Stéphane Mallarmé: Gedichte. Französisch und Deutsch, übers. u. komm. v. Gerhard Goebel, Gerlingen 1993, S. 291–432, hier: S. 423.
220 Mallarmé, Ein Würfelwurf. Vorwort. In: Gedichte, S. 245.
221 Mallarmé, Ein Würfelwurf, S. 245. Hervorhebung im Original.
222 Vgl. bspw. Cages Komposition *Music of Changes* von 1951, die auf den Losentscheidungen des chinesischen Orakelbuchs *I Ging* beruhte, die durch Münzwürfe getroffen wurden: „Die *Music of Changes* ist folglich das Resultat von komplexen Zufallsoperationen, die Cage jedoch insoweit auch steuerte, als dass die an das Orakel gestellten Fragen den Zufallsradius festlegten und die Grundstruktur der Komposition definierten." Barbara Nierhoff-Wielk, „A purposeful purposelessness" – Zufall in der Kunst von John Cage. In: Wulf Herzogenrath/Nierhoff-Wielk (Hg.), „John Cage und ... ". Bildender Künstler – Einflüsse, Anregungen, Köln 2012, S. 254–270, hier: S. 262. Vgl. ebenfalls exemplarisch Stockhausens *Klavierstück XI* von 1956, das für seine

Helms bezieht sich sowohl auf Mallarmés Technik des Zufalls als auch auf die Kompositionen der Neuen Musik und bringt sie in seinem musikalischen Sprachkunstwerk zusammen. Aber anders als Mallarmés Formexperiment, das auf die Lyrik bezogen bleibt, und die Kompositionen von Stockhausen, Cage und Boulez, die dem Klang beziehungsweise der Musik verpflichtet sind, unterläuft Helms mit seiner ‚klingenden Erzählung' jede Gattungszuordnung. Zudem gilt bei ihm – anders als bei Mallarmé, bei dem die Wörter selbst signifikant bleiben – das Zufallsprinzip bis in die Wortbildung hinein, so dass sich in seinem Text aus unterschiedlichen Sprachen zusammengesetzte Wörter wie beispielsweise „S'mightchavariean-ti'och"[223] finden lassen. Mit diesem Hinweis soll das innovative Potential von Mallarmés Verfahrensweise keineswegs geschmälert werden; vielmehr geht es darum zu zeigen, weshalb Adorno gerade bei Helms den Zufall als Verfahrensweise derart hervorhebt: Denn durch die Auseinandersetzung mit Mallarmés *Ein Würfelwurf* und den Kompositionen der Neuen Musik kommt Helms Adornos Forderung gerade nach, sich – insbesondere nach Auschwitz – gegenüber den vorherigen Werken zu ‚verhalten', sich an ihnen abzuarbeiten und ihre Verfahrensweisen weiterzuentwickeln.

Anders als Mallarmé und später Helms hat die so genannte „traditionelle Kunst"[224] nach Adorno das nicht tilgbare Moment des Zufalls immer zu vertuschen versucht, indem beispielsweise der Künstler zum schöpferischen Genie überhöht oder die künstlerische Darstellung zum getreuen Abbild der Realität deklariert wurde. Helms dagegen stellt den Zufall als künstlerische Verfahrensweise gerade aus und entlarvt damit nicht nur solche Kunst als verlogen, die ihre konstitutive Zufälligkeit negiert, sondern offenbart damit zugleich auch die eigene Fehlbarkeit, nämlich das Werk nicht vollends kontrollieren zu können: „Auch kraft solcher hineingenommenen Zufälligkeit arbeitet hermetische Kunst, welche die Realisten verdammen, ihrem Scheincharakter entgegen und nähert der Realität sich an."[225] Für Adorno ist daher die Bereitschaft von literarischen Texten,

---

aleatorische Struktur bekannt ist, ebenso wie Boulez' auf den Darmstädter Ferienkursen 1957 gehaltenen Vortrag *Alea*, in dem er den Möglichkeiten wie Begrenzungen des Zufalls als Kompositionsprinzip nachging. Vgl. zur Auseinandersetzung Adornos mit der Neuen Musik zur Einführung: Ludwig Holtmeier/Cosima Linke, Schönberg und die Folgen. In: Adorno Handbuch, S. 119–139; bes. S. 136–138; Cosima Linke, Kritik der seriellen Musik. In: Adorno Handbuch², S. 162–169.
223 Helms, FA:M' AHNIESGWOW, IV. König weist darauf hin, dass dieses Wort aus dem englischen ‚might', dem italienischen ‚ti', dem französischen ‚rien' und dem schwedischen ‚och' und weiteren Morphemen dieser Sprachen zusammengesetzt ist; König, Nachwort, S. xiv.
224 Adorno, Voraussetzungen. GS 11, S. 442.
225 Adorno, Voraussetzungen. GS 11, S. 443. Alle weiteren Zitate dieses Abschnitts beziehen sich auf diese Seite.

sich der „Zufälligkeit des Lebens" zu öffnen, eine wesentliche Triebfeder all dessen gewesen, was bis um 1900 unter ‚Realismus' firmierte. In Fortführung dessen sind hermetische Kunstwerke wie *FA:M' AHNIESGWOW* für ihn ebenso ‚realistisch', da sie zum einen die Notwendigkeit eines gerichteten (so und nicht anders verlaufenden) Geschichtsprozesses problematisieren und für die prinzipielle Offenheit der Zukunft plädieren. Zum anderen verweisen jene hermetischen Werke durch das Herausstellen der konstitutiven Zufälligkeit auf den eigenen Scheincharakter und die Unmöglichkeit von Subjektivität in der Gegenwart.

Indem Adorno den Zufall paradoxerweise selbst als künstlerische Verfahrensweise ausweist, kann er zugleich mit dem Moment des Zufalls den Sinn ins hermetische Kunstwerk zurückholen:

> Das Zufallsprinzip ist das Bewußtsein des Realismus von sich selbst im Augenblick seiner Lossage von der empirischen Realität. Ihm kommt zustatten, daß ästhetisch alles in sich ganz Konsequente, wäre es auch die strikte Negation von Sinn durch den Zufall als Prinzip, etwas wie einen Sinnzusammenhang zweiter Potenz stiftet. Das erlaubt es, ihn mit anderen ästhetischen Elementen in ein Kontinuum einzubringen. Was nicht länger beansprucht, dem Formgesetzt [sic!] untertan zu sein, stimmt, nach der Arbeitshypothese solcher Produktion, mit diesem zusammen.[226]

Vorrangig durch das Zufallsprinzip also kann das zeitgenössische Kunstwerk Sinn produzieren: Jedoch einen Sinn, der nicht in einem synthetisch erzeugten, sequentiell angeordneten, durchstrukturierten oder geschlossenen Sinnzusammenhang aufgeht. Sinn entsteht hier vielmehr spielerisch und besteht in so etwas wie der glücklichen Unmittelbarkeit, sich von den Formgesetzlichkeiten des Kunstwerks und den Gesetzmäßigkeiten der Realität gleichermaßen zu emanzipieren. Erst dadurch konstituiert sich ein Sinn „zweiter Potenz", der jedoch gerade nicht mehr auf einen säkularen, ganzheitlich strukturierten Sinnzusammenhang oder einen positiven metaphysischen Sinn abzielt, sondern vielmehr auf Antinomie, Schock und Störung setzt und beruht.[227] Der Sinn „zweiter Potenz" entsteht gerade dadurch, dass der Zufall als künstlerisches

---

[226] Adorno, Voraussetzungen. GS 11, S. 443.
[227] Auch König beschreibt in seinem Nachwort das Schockhafte an Helms' Text, indem er sich selbst der Metaphorik der Gewalt bedient: „Was immer in den Mund zu nehmen der Autor verschmäht, teilt Schläge aus, indem das Unartikulierte zu blitzartigen Aktionen sich versammelt. Nicht nur möchte die Diskrepanz zwischen Idiom und Orthographie zu gewahren zwingen, wogegen die fungible Sprache hermetisch sich verschließt; das Wohlbehagen, das phonetisch konzipierte Passagen erregen mögen, zielt aufs Erschrecken, wenn Bedeutung aufscheint. So wird der Sprache durch technische Konfiguration die Deutlichkeit im Schock zurückgewonnen, zugleich der erstarrte Begriff durchschlagen, gleichsam abgeschreckt." König, Nachwort, S. xv.

Prinzip, als eine eigene formgebende Kraft und nicht als etwas der Konstruktion völlig Entgegengesetztes oder ihr Untergeordnetes begriffen wird.

Sinn in *FA:M' AHNIESGWOW* entwickelt sich Adorno zufolge gerade im extremen Spannungsverhältnis von Konstruktion und Zufall sowie Bedeutung und Ausdruck. Ganz ähnlich beschreibt der Komponist Gottfried Michael König in seinem Nachwort zu *FA:M' AHNIESGWOW* Helms' Verfahrensweise:

> Von der äußersten Kürze des Ausdrucks (‚Pastoclockenschlucht'), der erst im Nachsinnen sich entfaltet, bis zu Pleonasmen (‚Kisfatemsprüch', ‚Miegoichman', ‚Landstraßenchaussée'), die sich gleichsam selber wieder löschen, da die Verdopplung des Umfangs nur die innere Leere vergrößert, reagiert sie [die Sprache, P.G.] auf jegliche Intention. So hat die aufwendigste Grammatik (III,7) eigentlich keinen Inhalt [...]. Solche Extreme sind aber vielfach vermittelt und ausgestuft. Stets stehen Semantik und Manipulation des „Materials" so im Wechselbezug, daß jene hinter dieser sich versteckt, gleichzeitig aber diese auf jene hinzielt. Schließlich analysieren sie sich gegenseitig. Die zerlegte Vokabel gibt ihren Sinn preis, dieser ist Schlüssel fürs nächste Wort, für den Komplex, für die Struktur. Schließlich manifestiert der Sinn sich mehrschichtig: Vokabeln – Konstruktion – räumliche Konstellation – Phonetik.[228]

Für Adorno verstecken sich die Pole Konstruktion und Zufall sowie Bedeutung und Ausdruck der Sprache zwar nicht jeweils hintereinander, sie sind bei ihm aber in ihren Extremen ähnlich aufeinander verwiesen gedacht, wie bei König formuliert. Während diese Kategorien bei König jedoch noch als Vermittelte gedacht zu werden scheinen, die im gegenseitigen „Wechselbezug" stehen und dadurch letztlich doch so etwas wie einen synthetischen Sinnzusammenhang produzieren sollen, radikalisiert Adorno gleichsam gerade das Spannungsverhältnis von Konstruktion und Zufall sowie Intention und Ausdruck.

Entgegen der Kritik an Helms, dass der Inhalt bei ihm nicht mit der Technik mithalten könne und vielmehr ein „Überschuß von Bedeutungen" produziert werde, sieht Adorno in diesem „nicht Aufgehen in der Sache" gerade das Potential von Helms' Erzähltechnik.[229] Adorno versteht jene Kritik als eine zu stark am Begriff des Symbols orientierte Ästhetik, die versucht, Ausdruck und Bedeutung,

---

[228] König, Nachwort, S. xix f.
[229] Adorno, Voraussetzungen. GS 11, S. 446. Adorno reagiert damit auch auf die Kritik von König. Neben der oben genannten Stelle bezieht Adorno sich vermutlich noch auf die beiden folgenden: „[N]icht nur steht der Schriftsteller vor technischen Problemen, wenn die Intention in die fixierte Kohärenz eines Textes gelangen will: Vehikel seiner Intransigenz ist nicht zuletzt Lust oder doch eine Instanz, welche das Subjekt vorm Zerfließen ins Chaos bewahrt [...].";
„Zudem hat der Schriftsteller [...] es immer mit ‚Bedeutungen' zu tun, so daß, wenn er nicht bloß mit Vokalen und Konsonanten operieren und damit musikalischen Kriterien sich unterwerfen will, der semantische Gehalt stets zu übergeordneten Zusammenhängen, ‚Aussagen' sich verdichtet." König, Nachwort, S. iii; vi.

Geist und Anschauung zu synthetisieren. Helms' Erzähltechnik dagegen ist vielmehr „dem Geist der Allegorie" verwandt:[230]

> Die unmittelbare Identität von Anschaulichkeit und Intention, die in der traditionellen Kunst prätendiert, aber, mit Grund, nie realisiert ward, ist mit Grund drangegeben. Durch den Abbruch der Kommunikation, durch seine eigene Geschlossenheit kündigt das hermetische Kunstwerk Geschlossenheit, die den früheren Werken das verlieh, was sie darstellten, ohne es selber ganz zu sein. Das hermetische Werk jedoch formt in sich den Bruch aus, der der ist zwischen der Welt und dem Werk.[231]

Adorno stellt Helms' Text in die Nachfolge der hermetischen Dichtung, die die immanente Geschlossenheit und harmonische Verknüpfung von Inhalt und Form seit Mallarmé infrage stellte. Der (immanenter Geschlossenheit absagende) Bruch ist für Adorno eine legitime Verfahrensweise hermetischer Kunst, weil er Ausdruck und Bedeutung gerade nicht miteinander verschmilzt oder synthetisiert, sondern „beide zur unversöhnlichen Differenz treibt". „Das brüchige Medium", nämlich Helms' Sprache, welche die Spannung von Ausdruck und Bedeutung aufrechterhält, wird damit „zum Träger des Gehalts, des Brüchigen, Sinnfernen". Helms' Kunst besteht also darin, den Bruch von Aus-

---

[230] Adorno, Voraussetzungen. GS 11, S. 446; vgl. hierzu Benjamins Bestimmung der Allegorie in seinem *Trauerspielbuch,* welche die Grundlage auch für Adornos Argumentation bildet: „Äußerlich und stilistisch – in der Drastik des Schriftsatzes wie in der überladenen Metapher – drängt das Geschriebene zum Bilde. Kein härterer Gegensatz zum Kunstsymbol, dem plastischen Symbol, dem Bilde der organischen Totalität ist denkbar". Nach Benjamin verweist die Allegorie also auf das Zerbrechen der Einheit des Sinns: „[D]er falsche Schein der Totalität geht aus". Benjamin, Ursprung des deutschen Trauerspiels. GS I.1, S. 351 f. Die von Adorno oben beschriebene Ästhetik, die sich vornehmlich am Symbol orientiert, lässt sich auf Goethes Theorie des Symbols zurückführen, die dann für die romantische Ästhetik und über sie hinaus maßgebend wurde. Goethe grenzt das Symbol scharf von der Allegorie ab: „Die Symbolik verwandelt die Erscheinung in Idee, die Idee in ein Bild, und so, daß die Idee im Bild immer unendlich wirksam und unerreichbar bleibt und, selbst in allen Sprachen ausgesprochen, doch unaussprechlich bliebe. / Die Allegorie verwandelt die Erscheinung in einen Begriff, den Begriff in ein Bild, doch so, dass der Begriff im Bilde immer noch begrenzt und vollständig zu halten und zu haben und an demselben auszusprechen sei. / [...] Es ist ein großer Unterschied, ob der Dichter zum Allgemeinen das Besondere sucht oder im Besonderen das Allgemeine schaut. Aus jener Art entsteht Allegorie, wo das Besondere nur als Beispiel, als Exempel des Allgemeinen gilt; die letztere aber ist eigentlich die Natur der Poesie, sie spricht ein Besonderes aus, ohne ans Allgemeine zu denken oder darauf hinzuweisen. Wer nun dieses Besondere lebendig faßt, erhält zugleich das Allgemeine mit, ohne es gewahr zu werden, oder erst spät." Johann Wolfgang Goethe, Maximen und Reflexionen. In: Goethes Werke. Bd. XII., Hamburg 1953, S. 470 f.
[231] Adorno, Voraussetzungen. GS 11, S. 446. Alle weiteren Zitate dieses Abschnitts beziehen sich auf diese Seite.

druck und Bedeutung, sowie den von Inhalt und Erzähltechnik gerade nicht zu überbrücken, sondern ihn selbst „liebend und hoffend zum Agens seiner Form" zu machen; der Bruch wird damit zur Figur eines transzendenten Sinngehalts von Helms' Sprachkunstwerk: „Sinn drückt es aus durch Askese gegen den Sinn."

Auch wenn der letzte Satz des Essays fast so klingt, als ob Sinn nur durch sein absolutes Gegenteil, nämlich durch die Negierung von Sinn zu retten ist, müssen hier jedoch Adornos gesamte Überlegungen einbezogen werden. Denn wieder betont er die Spannung zwischen den Extremen, die allein noch dazu in der Lage ist, in der Gegenwart zu erzählen und damit am Glücksversprechen des Kunstwerks festzuhalten. Versteht man Askese nicht als absoluten Verzicht, sondern als radikale Form der Zurückhaltung, dann geht es Adorno gerade darum, einen synthetischen, weil nicht mehr angemessenen Sinnzusammenhang zu vermeiden, aber an der prinzipiellen Möglichkeit von Sinnhaftigkeit trotzdem „liebend und hoffend" festzuhalten. Die ästhetischen Mittel dazu sind im Falle der Prosa – und das hat Adorno an *FA:M' AHNIESGWOW* zu zeigen versucht – die der Assoziation, des Zufalls und des Bruchs.

3 Verschweigende Sprache – Paul Celan

Kurz nachdem Adorno Helms' Sprachkomposition zum ersten Mal hörte, schrieb er an Paul Celan: „[G]estern hatte ich in Köln [...] ein langes Gespräch über Sie und Ihre Arbeit mit Herrn Helms, dem Autor von Ahniesgwow. Sie werden sicherlich von ihm oder von einem aus seinem Freundeskreis bald etwas hören."[232] Ob es zu einem Austausch zwischen Helms und Celan gekommen ist, ist nicht bekannt. Adorno konnte sich einen solchen gleichwohl gut vorstellen, zählte er doch beide Autoren zu den wenigen VertreterInnen nicht nur von gelungener zeitgenössischer Kunst, sondern auch von hermetischer Literatur. Im Folgenden möchte ich zeigen, dass Adorno sich mit letzterer insbesondere in Bezug auf das lyrische Projekt Celans noch einmal in völlig neuer Weise auseinandersetzte.

Explizit zu Celan äußert sich Adorno nur in einem knappen Abschnitt von ca. zwei Seiten der *Paralipomena* seiner *Ästhetischen Theorie* und dort ein weiteres Mal, um Celans Dichtung von konventioneller Naturlyrik abzugrenzen.[233]

---

[232] Adorno an Celan, 13.06.1960. In: Theodor W. Adorno – Paul Celan. Briefwechsel 1960–1968, hg. v. Joachim Seng. In: Frankfurter Adorno Blätter VIII., Göttingen 2003, S. 177–202, hier: S. 181.
[233] Vgl. Adorno, Ästhetische Theorie. GS 7, S. 475–477; 325.

Zudem ist sein 1960 erschienener Essay *Valérys Abweichungen* Celan gewidmet.[234] Von der mittlerweile umfangreichen Forschung zum Verhältnis von Adorno und Celan werden häufig noch weitere Abschnitte aus Adornos Werk herangezogen, in denen implizite Reaktionen auf die Lyrik Celans oder seine Person vermutet werden. Dabei handelt es sich zumeist um jene Stellen aus den Essays *Engagement, Jene Zwanziger Jahre* sowie der *Negativen Dialektik*, an denen Adorno noch einmal auf seinen Satz zu Gedichten nach Auschwitz zu sprechen kommt. Auffällig ist, dass der Großteil der Forschung hier immer noch von einem ‚Lyrik-Verbot' Adornos ausgeht, das auch Celan als solches verstanden und mit seinen Arbeiten zu widerlegen versucht habe.[235] Daraufhin habe Adorno in oben genannten Arbeiten – so die immer noch gängige Forschungsmeinung – sein Verdikt revidiert.[236] Die Kombination aus Verbots- und Widerlegungsthese führt, wie

---

[234] 1960 ist Valérys Gedichtband *Jeune Parque* in der deutschen Übersetzung von Paul Celan erschienen (dt.: *Die junge Parze*), den dieser Adorno zugesandt hat. In einem Brief bedankt Adorno sich für den „unvergleichlich schönen Text", der ihn zuvor bei einer Lesung Celans bereits tief bewegt hatte; Adorno an Celan, 21.03.1960, S. 177f. Die Widmung an Celan kann daher als Anerkennung und Dank für die außerordentliche Übersetzungsleistung verstanden werden.

[235] Joachim Seng versteht Celans Erzählung *Gespräch im Gebirg* als dezidierte Stellungnahme zu Adornos Satz zu Gedichten nach Auschwitz und meint, dass Celan „Adornos berühmte Bemerkung als Verdikt für seine Dichtung gelesen" habe; Joachim Seng, „Die wahre Flaschenpost". Zur Beziehung zwischen Theodor W. Adorno und Paul Celan. In: Frankfurter Adorno Blätter VIII., Göttingen 2003, S. 151–176, hier: S. 161; auch Detlev Schöttker geht davon aus, dass „Celan das Diktum auf sich bezogen" habe; Schöttker, Deutungskonkurrenzen, S. 578; Martin A. Hainz postuliert, dass Celan sich von Adornos Verbot betroffen gefühlt habe; Martin A. Hainz, Masken der Mehrdeutigkeit. Celan-Lektüren mit Adorno, Szondi und Derrida, Wien 2001, S. 14. Mirjam Sieber weist zumindest darauf hin, dass die Frage, ob „Celan Adornos Infragestellung von Gedichten nach Auschwitz auf seine Gedichte bezogen hat", offenbleiben müsse, da sich in seinen poetologischen und lyrischen Arbeiten dazu nicht genügend konkrete Hinweise fänden; vgl. Mirjam Sieber, Paul Celans „Gespräch im Gebirg". Erinnerung an eine „versäumte Begegnung", Tübingen 2007, S. 206.

[236] Zuerst findet sich diese Bemerkung bei John Felstiner, der feststellt: „[I]t was Celan's poetry itself which led Adorno 1966 to recant specifically his famous dictum"; John Felstiner, The Biography of a Poem. In: The New Republic 190, 02.04.1984, S. 27–31, hier: S. 30. John Zilcosky zufolge wurde Felstiners Behauptung von der Forschungsliteratur fortan gleichsam als unhinterfragtes Faktum weitergetragen; vgl. Zilcosky, Poetry after Auschwitz, S. 673 (FN 16). Auch in einer der neusten Forschungsarbeiten zum Thema spricht Kim Teubner durchgängig vom „Diktum" Adornos, das er auf Grund der Lyrik von Celan widerrufen habe; vgl. Teubner, „Celans Gedichte wollen das äußerste Entsetzen durch Verschweigen sagen", bes. S. 5; 547; 566. Nach Seng ist auffällig, dass „Adorno bei seinen Versuchen der Neuformulierung offenbar wirklich an die Gedichte Celans dachte" und es sogar so scheine, als ob Adorno darauf in der *Negativen Dialektik* auch explizit hinweisen wollte; Seng, „Die wahre Flaschenpost", S. 161; auch Axel Gellhaus und Otto Lorenz sprechen von Adornos Widerruf des Verdikts auf Grund der Dichtung Celans; Axel Gellhaus, Das Gespräch im Gebirg. Paul Celans impliziter Dialog mit Adorno über die Möglichkeit von Dichtung

in Kapitel I. dieser Arbeit bereits dargelegt, nicht nur zu einer völlig verkürzten Lesart der Adorno'schen Argumentation, sondern insbesondere auch dazu, den Schwerpunkt vorrangig auf das persönliche Verhältnis zwischen Adorno und Celan, ihre „versäumte Begegnung"[237] im Sommer 1959 und den darauffolgenden, nicht sehr umfangreichen Briefwechsel zu legen.

In diesem Kapitel wird dagegen ein anderer Weg eingeschlagen. Wie Kapitel II. dieser Arbeit bereits zeigen konnte, richtete sich Adornos Satz zu Gedichten nach Auschwitz sowohl gegen konservativ-traditionalistische Strömungen der deutschen Nachkriegslyrik als auch gegen eine junge Schriftstellergeneration, die sich mit ihren Formulierungen vom ‚Kahlschlag' und der ‚Stunde Null' einer ernsthaften Auseinandersetzung mit der jüngsten Vergangenheit folgenreich entzog. Er lehnte eine Verabsolutierung des ästhetizistisch-autonomen Charakters von Kunst ebenso ab wie ihre Indienstnahme für politisch-gesellschaftliche Zwecke. Mitnichten aber war sein Satz gegen die Lyrik von Celan gerichtet.[238] Im Gegenteil, Adorno antwortete mit seiner Argumentation in *Kulturkritik und Gesellschaft* vielmehr auf einen hegemonialen Diskurs, der Lyriker wie Paul Celan konsequent auszuschließen versuchte. Adornos Satz zu Gedichten nach Auschwitz ist also vielmehr als ein *Eingriff* in diesen Diskurs und keinesfalls als Verbot zu verstehen.

---

nach Auschwitz. In: Zeitschrift für deutsche Philologie, 2004, Sonderheft zu Bd. 123, S. 209–219, hier: S. 210; 216; Lorenz, Gedichte nach Auschwitz, S. 135–139. Tomislav Zelić und Sieber gehen von einer Revidierung des Diktums in der *Negativen Dialektik* als Reaktion auf die Lyrik Celans aus; Zelić, Zur Lyrik nach Auschwitz, S. 76; Sieber, Paul Celans „Gespräch im Gebirg", S. 176 f. Vgl. auch Kapitel I. dieser Arbeit.

237 In seiner Büchner-Preisrede *Der Meridian* erklärt Celan, dass er „in Erinnerung an eine versäumte Begegnung im Engadin" seine Erzählung *Gespräch im Gebirg* geschrieben habe, in der sich der „Jude Klein" und der „Jude Groß" begegnen und ein seltsames Gespräch miteinander zu führen beginnen; vgl. Paul Celan, Der Meridian. Rede anläßlich der Verleihung des Georg-Büchner-Preises. In: Celan, Werke. Historisch Kritische Ausgabe. Bd. 15: Prosa I, hg. v. Andreas Lohr/Heino Schmull, Frankfurt am Main 2014, S. 33–51, hier: S. 48 (im Folgenden zitiert mit: Celan: Titel. Bd. X, Seitenangabe); Celan, Gespräch im Gebirg. Bd. 15, S. 27–31. Damit spielt Celan höchstwahrscheinlich auf ein durch Peter Szondi vermitteltes Treffen zwischen ihm und Adorno im Sommer 1959 in Sils Maria an, das jedoch nicht stattgefunden hat, weil Celan einen Tag vor der Ankunft Adornos abgereist war. In der Forschung wird seitdem heftig über die Gründe für Celans vorzeitige Abreise spekuliert; Seng geht bspw. davon aus, dass Celan sich selbst als „Jude Klein" und Adorno als „Jude Groß" gesehen habe, weshalb „nur im fiktiven Gespräch mit dem Anderen [...] die Begegnung vor dem ersten Zusammentreffen stattfinden" konnte; Seng, Die wahre Flaschenpost, S. 157.

238 Zilcosky weist zu Recht darauf hin, dass jene Forschungsbeiträge falsch liegen, die meinen, Adorno habe mit seinem ‚Diktum' insbesondere Celans Gedicht *Todesfuge* gemeint; nicht nur ergibt eine solche Schlussfolgerung inhaltlich keinen Sinn, auch kannte Adorno Celans Gedicht 1949, bei der Abfassung von *Kulturkritik und Gesellschaft*, noch nicht.

John Zilcosky ist einer der wenigen AutorInnen, der sich ebenfalls mit Nachdruck gegen die Verbots- und Widerlegungsthese ausspricht und dagegen zeigt, dass Celan „worked more with Adorno than against him: documenting modern poetry's crisis and inventing a critical form that might not be ‚barbaric' after Auschwitz"[239]. Nach Zilcosky hat Celan mit seiner Poetologie und Lyrik also versucht, die von Adorno in *Kulturkritik und Gesellschaft* konstatierte Aporie der Kunst als unmögliche und zugleich unbedingt notwendige weiterzudenken. Auch wenn ich mich Zilcoskys Ergebnissen durchweg anschließen kann, besteht mein Ansatz darin, den Fokus allein auf die Frage zu richten, wie Adorno Celans Poetik und Lyrik versteht, und welche Konsequenzen er daraus für seine ästhetischen Überlegungen zieht. Nur so kann der Frage nachgegangen werden, weshalb Celan ihm zufolge am Glücksversprechen der Kunst festzuhalten vermag. Dementsprechend wird die persönliche Beziehung der beiden Autoren hier weitgehend ausgespart;[240] auch findet Celans Lektüre von Schriften Adornos keine Berücksichtigung.[241] Denn verfolgt man konsequent die Frage, wie Adorno Celan liest und interpretiert, so muss der Fokus auf Adornos expliziten Äußerungen zu Celan in der *Ästhetischen Theorie* liegen; zusätzlich werden im Sinne der Kontextualisierung auch seine Überlegungen aus *Rede über Lyrik und Gesellschaft* und der *Negativen Dialektik* herangezogen, die Auskunft über Adornos Verständnis moderner Lyrik geben und/oder implizit auf Celans lyrisches Projekt verweisen.

Adorno plante seit langem einen Aufsatz über Celans Lyrik und im Besonderen über seinen Gedichtband *Sprachgitter* zu verfassen, wie aus einem Brief an Celan im Februar 1968 hervorgeht:[242]

---

239 Zilcosky, Poetry after Auschwitz, S. 670.
240 Vgl. hierzu bspw. Seng, Die wahre Flaschenpost und Teubner: „Celans Gedichte wollen das äußerste Entsetzen durch Verschweigen sagen", die beide eine sehr biographistische Lesart der Schriften von Adorno und Celan anbieten. Sie stellen den – von Missverständnissen und Auseinandersetzungen nicht freien – persönlichen Kontakt der Autoren in den Mittelpunkt ihrer Analyse.
241 Instruktiv hierzu: Marc Kleine, Zum möglichen Ort der Dichtung Paul Celans in Adornos ästhetischer Theorie. In: Zeitschrift für deutsche Philologie 133, 2015, S. 291–307; vgl. auch Siebers Studie, in der sie Celans *Gespräch im Gebirg* auf die Auseinandersetzung mit Adornos Person und Werk hin befragt; Sieber, Paul Celans „Gespräch im Gebirg"; auch Seng und Teubner widmen sich in ihren Arbeiten der Frage, wie und welche Texte Celan von Adorno gelesen hat; Seng, Die wahre Flaschenpost, S. 164–173; Teubner, „Celans Gedichte wollen das äußerste Entsetzen durch Verschweigen sagen", S. 278–307.
242 Auch gegenüber der Literaturwissenschaftlerin Marlies Janz kündigte Adorno Anfang des Jahres 1968 einen Essay über Celan an; vgl. Marlies Janz, Vom Engagement absoluter Poesie. Zur Lyrik und Ästhetik Paul Celans, Frankfurt am Main 1976, S. 222 (FN 83).

Gehofft hatte ich, die längst projektierte Arbeit über Ihre Lyrik, die sich auf das Sprachgitter beziehen wird, so rechtzeitig fertig zu stellen, daß ich sie bei einer Veranstaltung des Radio Zürich im Theater am Hechtplatz am 25. Februar hätte vortragen können. Das ist nun nicht gelungen [...]. Ich hoffe aber, sobald ich Atem schöpfen kann, diese Sache zustande zu bringen; entworfen ist sie längst. Die Konzeption hat sich unmittelbar angeschlossen an eine Sitzung des Berliner Seminars von Peter Szondi, die wir gemeinsam über die „Engführung" abhielten; ob, was ich zu sagen vorhabe, und was sehr schwierig sein wird, sich nur an dieses Gedicht oder an den ganzen Band halten wird, vermag ich noch nicht zu übersehen, glaube aber doch eher, daß ich den zweiten Weg gehe.[243]

Dass Adornos Entwürfe vermutlich doch noch nicht ganz so weit gediehen waren, wie von ihm hier dargestellt, zeigt sich daran, dass sie tatsächlich nur auf zwei Seiten beschränkt sind; außer wenigen handschriftlichen Notizen in seiner Ausgabe von *Sprachgitter* lassen sich keine weiteren expliziten Anmerkungen zu Celan finden. Da Adorno aber, wie aus dem Briefwechsel hervorgeht, Celans Erzählung *Gespräch im Gebirg* und seine Büchner-Preisrede kannte und schätzte,[244] werden diese in diesem Kapitel ebenfalls einbezogen.

Adorno beginnt seine Ausführungen zu Celans Lyrik in der *Ästhetischen Theorie* zunächst mit grundsätzlichen Überlegungen zur hermetischen Dichtung. Deren ausdrückliches Programm ist ihm zufolge immer schon die „Abdichtung des Kunstwerks gegen die empirische Realität"[245] gewesen. Anknüpfend an eine Bemerkung Szondis betont Adorno zugleich aber, dass die Abgeschlossenheit der hermetischen Gedichte nicht als deren Unverständlichkeit missverstanden werden darf. Damit wendet er sich gleich zu Beginn gegen eine bestimmte Rezeptionshaltung, die der hermetischen Dichtung grundsätzliche Undurchsichtigkeit und Schwarzmalerei unterstellt und stattdessen nur auf die „Stoffgehalte und angeblichen Informationswerte"[246] von Gedichten schielt. Integer bleibt Lyrik deshalb nur da, wo sie sich einer solchen kulinarischen Konsumption verweigert. Dies vollzieht die hermetische Dichtung, indem sie auf den „Schock" setzt und das „Gedichtete vom Stoffgehalt und von den Intentionen abzuheben" versucht.[247] Die hermetische Verfahrensweise lässt sich Adorno zufolge also weder

---

[243] Adorno an Celan, 09.02.1968, S. 197f. Adorno nahm im Juli 1967 an Szondis Oberseminar zum hermetischen Gedicht teil, in dessen letzten drei Sitzungen Celans *Engführung* auf dem Seminarplan stand. Laut Seng zeigen Adornos Ausführungen in der *Ästhetischen Theorie* deutliche Spuren der gemeinsamen Seminardiskussion im Sommer 1967; vgl. Seng, Briefwechsel Adorno – Celan, S. 200.
[244] Vgl. Adorno an Celan, 13.06.1960, S. 181. Hier gratuliert er Celan zum Büchner-Preis und zeigt sich von der Erzählung *Gespräch im Gebirg* „außerordentlich beeindruckt".
[245] Adorno, Ästhetische Theorie. GS 7, S. 475.
[246] Adorno, Ästhetische Theorie. GS 7, S. 476.
[247] Adorno, Ästhetische Theorie. GS 7, S. 476. Teubner versteht Hermetik bei Adorno vor allem rezeptionsästhetisch: „Die Menschen brauchen den Schock des Nicht-Verstehen-Kön-

von den Intentionen des Künstler-Subjekts noch von Stoffgehalten und Intentionen leiten, sondern konzentriert sich vielmehr auf die Form selbst, indem sie auf ihren eigenen Sprachcharakter und die Möglichkeiten von Sprache reflektiert. Die wesentliche Einsicht besteht darin, dass es das Gedicht nur aufgrund von Sprache gibt, weshalb die hermetische Dichtung versucht, „das, um dessentwillen sie da ist, in die eigene Gewalt zu nehmen, und das ist zugleich ihrem immanenten Gesetz gemäß"[248]. Die hermetische Dichtung ist für Adorno daher insbesondere durch die „Wechselwirkung zwischen der künstlerischen Produktion und der Selbstreflexion des Produktionsvorgangs" gekennzeichnet.

Durch ihre Konzentration auf die Möglichkeiten von Sprache, die selbst immer Bezüge zum Gesellschaftlichen hat, ist Adorno zufolge „ein Zusammenhang hermetischer Dichtung mit sozialen Momenten zu unterstellen". Dennoch besteht ihr Gesellschaftliches nicht in der Bearbeitung konkreter politischer oder gesellschaftlicher Themen. Diesen Umstand veranschaulicht Adorno zunächst an Mallarmé, der „der Utopie einer alles Kunstfremden sich entäußernden Kunst zuliebe apolitisch und darum extrem konservativ" war. Indem er sich der Verkündung politischer Botschaften verweigerte und sich stattdessen ganz auf die Sprachform seiner Lyrik konzentrierte, berührte er damit allerdings seinen „politischen Gegenpol", den Dadaismus, der in seinem Kampf gegen ‚konventionelle' Kunstformen und bürgerliche Werte ebenfalls alle Verbindung zur kommunikativen und damit gesellschaftlichen Sprache zu kappen versuchte.

Dass Adorno Celan in die Traditionslinie von Mallarmé rückt, hat neben der Ähnlichkeit ihrer Formsprache vor allem auch literaturpolitische Gründe. Denn indirekt weist er damit auch jene KritikerInnen Celans zurück, die im Kontext der so genannten Goll-Affäre Plagiatsvorwürfe gegen Celan erhoben hatten und/oder nicht müde wurden, die Spuren Yvan Golls in Celans Werk nachzuweisen.[249]

---

nens, damit sie erfahren, dass sie sich Kunst gegenüber befinden." Teubner, „Celans Gedichte wollen das äußerste Entsetzen durch Verschweigen sagen", S. 543. Meines Erachtens geht es Adorno jedoch nicht darum, was die RezipientInnen „brauchen", sondern vor allem um die Form des Gedichts, die den Schock als einzig probates Mittel einsetzt.

248 Adorno, Ästhetische Theorie. GS 7, S. 476. Alle weiteren Zitate dieses und des folgenden Abschnitts beziehen sich auf diese Seite.

249 Seit 1953 erhob die Witwe des jüdischen Dichters Yvan Goll öffentlichkeitswirksam schwerwiegende Plagiatsvorwürfe gegen Celan und scheute dabei auch nicht vor antisemitischen Stereotypen zurück, um Celan zu diskreditieren. Die Plagiatsvorwürfe hätten allerdings schon damals vollständig entkräftet und als infame Unterstellung aufgedeckt werden können, wie Barbara Wiedemann überzeugend darlegt. Anhand der von der *Deutsche Akademie für Sprache und Dichtung* in Auftrag gegebenen Untersuchung der Affäre zeigt sie: „Döhl vermehrt in seiner hinsichtlich der Werk-Bibliographien ungenauen *Jahrbuch*-Untersuchung die möglichen Quellen Celans bei Goll noch, erklärt die Parallelen aber mit seinem Doktorvater Fritz Martini als ‚wan-

Immer wieder wurden „romanische Anregungen"[250] in seinen Gedichten betont, die er von Goll erhalten habe. Indem Adorno Celan nun in die Linie des französischen Symbolismus und der hermetischen Literatur stellt, widerspricht er also nicht nur den widersinnigen Plagiatsvorwürfen, sondern markiert zugleich eine völlig andere ‚romanische' Traditionslinie.

Mit dem Rekurs auf den gesellschaftlichen Gehalt der Gedichte Mallarmés bei gleichzeitiger völliger politischer Zurückhaltung, wendet Adorno sich auch gegen Interpretationen, die Celans Lyrik als ausschließlich dunkel, unverständlich, sinnfrei, absichtlich verschlüsselt oder weltfremd bezeichneten.[251] Trotz seiner insgesamt positiven Besprechung des Gedichtbandes *Sprachgitter* in *Die Welt* im Frühjahr 1959 meint beispielsweise der Lyriker und Essayist Peter Rühmkorf bei Celan eine Kunsthaltung zu erkennen, „die sich verschließt gegenüber dem ganzen sensorischen Reizapparat der Realität und sich auf die kalte Ordnung des Bizarren, Versteinerten, Abgestorbenen und Mustergewordenen zurückzieht"[252]. Rühmkorf zufolge ruft Celan pausenlos das Nichts an und plakatiert „seine Bescheidung in einem kühlen und stolzen Nihilismus, der

---

dernde Bilder'. Auch er hätte aber zu den stark abweichenden Fassungen der durch Yvan Goll noch selbst bzw. in Nachlasseditionen durch Claire Goll wiederveröffentlichten Gedichte (davon wusste Martini durch Celan) bereits kritische Fragen stellen können und müssen." Barbara Wiedemann, Die Goll-Affäre. In: Markus May/Peter Goßens/Jürgen Lehmann (Hg.), Celan Handbuch, Stuttgart 2012, S. 20–23, hier: S. 21. Stattdessen plädierte Döhl für eine Theorie der Gleichzeitigkeit, die im „Vorhandensein von überlieferten Metaphern und gebräuchlichen Topoi sowohl bei Yvan Goll als auch bei Paul Celan" vorläge; vgl. Reinhard Döhl, Geschichte und Kritik eines Angriffs. Zu den Behauptungen gegen Paul Celan. In: Jahrbuch der Akademie für Sprache und Dichtung 1960, 1961, S. 101–132, hier: S. 130. Celan wies diese Theorie vehement zurück; vgl. Celan an Adorno am 21.01.1962, S. 186. Viele zeitgenössische KritikerInnen übernahmen die Theorie der Gleichzeitigkeit oder verwiesen immer wieder auf konkrete „Spuren" Golls, die sich in Celans Gedichten finden ließen; vgl. exemplarisch Clemens Haselhaus, Deutsche Lyrik der Moderne. Von Nietzsche bis Yvan Goll, Bonn 1962, S. 430. Wiedemann weist zu Recht darauf hin, dass es sich vielmehr umgekehrt zugetragen haben muss und Goll unter dem Eindruck der Lyrik Celans anders zu schreiben begann: „Seinen [Golls, P.G.] nach dieser Begegnung entstandenen Gedichten ist die Faszination durch die in *Der Sand aus den Urnen* publizierten Bukarester Gedichte Celans und dessen Übersetzungen aus Golls französischem Werk deutlich anzumerken." Wiedemann, Die Goll-Affäre, S. 20.

250 Vgl. bspw. Heinrich Stammler, Deutsche Lyrik seit 1945. In: The German Quarterly 29, 1956, S. 251–260, hier: S. 257.
251 Vgl. hierzu den ausführlichen Überblick von Barbara Wiedemann, Zeitgenössische Rezensionen. In: Celan Handbuch, S. 23–27, bes. S. 23–25.
252 Peter Rühmkorf, Die unterkühlte Romantik des Lyrikers Paul Celan. In: Die Welt, 16.05.1959.

jeder gemütlichen Anteilnahme am Leben enträt"[253]. Den gesellschaftlichen Gehalt der Gedichte Celans verkennt eine solche Rezension – und sei sie auch sonst noch so wohlwollend – dabei gänzlich.

Ein Beispiel für eine bewusste Entpolitisierung der Gedichte Celans ist die 1964 erschienene Besprechung *Das verzweifelte Gedicht* des bekannten Kritikers und Lyrikers Hans Egon Holthusen, der Celans Wortschatz in seinem 1963 erschienenem Lyrikband *Die Niemandsrose* zunächst als „von Haus aus konservativ, um nicht zu sagen: altväterisch [sic!]"[254] bezeichnet. Weder Celans 1952 veröffentlichtem Gedichtband *Mohn und Gedächtnis* noch der *Niemandsrose* gesteht er politischen Gehalt zu, wenn er ersterem Band vor allem eine „Vorliebe für die ‚surrealistische', in X-Beliebigkeiten schwelgende Genitivmetapher (‚Weißhaar der Zeit', ‚Mühlen des Todes', ‚weißes Mehl der Verheißung')" attestiert und damit Celans Formsprache als manieristische Spielereien deklassiert. Noch nicht einmal mehr davon sei allerdings in der *Niemandsrose* etwas übriggeblieben, stattdessen sei nun „ein dunkel raunendes, meist trocken-brüchiges, aber von Fall zu Fall auch zu pathetischen O-Rufen [...] aufschwellendes Parlando" vorherrschend.[255] Gegen eine solche entpolitisierende und relativierende Lektüre wies Szondi in einem Leserbrief zu Recht darauf hin, dass die Redewendung von der „Mühle von Auschwitz", auf die Celan in seinem Gedicht *Spät und Tief* anspielt,[256] eine im Kontext der Auschwitz-Prozesse sich durchsetzende und verharmlosende Beschreibung der Vernichtungspolitik des Nationalsozialismus war:

> Hans E. Holthusen aber, der einst ebenfalls eine SS-Uniform trug, darf im Literaturblatt der FAZ (vom 2. Mai 1964) behaupten, der Ausdruck „Mühlen des Todes" sei bei Paul Celan das Zeichen einer Vorliebe „für die ‚surrealistische, in X-Beliebigkeiten schwelgende Genitivmetapher" gewesen. Diese Koinzidenz ist kein Zufall: weder beim Dichter, dem der einstige Euphemismus noch gegenwärtig ist, noch beim Kritiker, der die Erinnerung an das, was gewesen ist, durch den Vorwurf der Beliebigkeit zu vereiteln trachtet.[257]

---

253 Rühmkorf, Die unterkühlte Romantik des Lyrikers Paul Celan.
254 Hans Egon Holthusen, Das verzweifelte Gedicht. Paul Celan. In: Holthusen, Plädoyer für den Einzelnen. Kritische Beiträge zur literarischen Diskussion, München 1967, S. 167–171, hier: S. 167. Die Besprechung ist zuerst erschienen in: Frankfurter Allgemeine Zeitung, 2. Mai 1964.
255 Holthusen, Das verzweifelte Gedicht, S. 168.
256 Die Zeile lautet: „Ihr mahlt in den Mühlen des Todes das weiße Mehl der Verheißung." Celan, Spät und Tief. Bd. 2, S. 95.
257 Peter Szondi, „Mühle in Auschwitz". Briefe an die Herausgeber. In: Frankfurter Allgemeine Zeitung, 25. Juni 1964. Holthusen hat in gleicher Ausgabe auf den Vorwurf von Szondi zu reagieren versucht. Vgl. zur weiteren Auseinandersetzung Ute Harbusch, Gegenübersetzungen: Paul Celans Übertragungen französischer Symbolisten, Göttingen 2005, bes. S. 47–49; vgl. auch Thomas Sparr, Zeit der *Todesfuge*. Rezeption der Lyrik von Nelly Sachs und Paul Celan. In: Deutsche Nachkriegsliteratur und der Holocaust, S. 43–52.

Mit der Betonung des Gesellschaftlichen, das Celans Dichtung enthält, ohne Gesellschaft konkret zu thematisieren, richtet Adorno sich also auch gegen zeitgenössische Interpretationen, die Celans Gedichten ihre gesellschaftliche Brisanz und Geltung gerade abzusprechen versuchten.[258]

Um Adornos Argument vom Gesellschaftlichen in Celans Lyrik noch weiter zu verfolgen, lohnt ein Blick in seinen 1957 erschienenen Essay *Rede über Lyrik und Gesellschaft*, in dem er im Anschluss an *Kulturkritik und Gesellschaft* die Notwendigkeit und Möglichkeiten von Lyrik nach Auschwitz weiter auszuloten versucht.[259] Zunächst sucht er zu erklären, weshalb überhaupt eine Verbindung zwischen Dichtung und Gesellschaft behauptet werden kann, gilt die Lyrik doch gemeinhin als die literarische Gattung, die sich am meisten von der Gesellschaft distanziert.[260] Auch für Adorno ist die Dichtung das „Zarteste, Zerbrechlichste" und der „Sphäre des Ausdrucks" verpflichtet, welche eine „Macht der Vergesellschaftung" gerade nicht anerkennt.[261] Dennoch ist die Beziehung auf gesellschaftliche Zusammenhänge ihr wesentlich, ja sogar ein Merkmal ihrer Qualität. Allein Material und Form des Gedichts gehen ebenso zurück auf allgemeine Erkenntnisse, Regeln und Traditionen wie auf deren bewusste Überschreitung; aber auch der Ausdruck des Gedichts hat nach Adorno Anteil am Allgemeinen, ohne dass damit etwas gemeint ist, was alle gleichermaßen angeht:

---

[258] Harald Hartung bspw. erwähnt in seiner Besprechung *Zeitgedicht in dieser Zeit* von 1962, in der er die gegenwärtige Lyrik im Hinblick auf ihren Gesellschaftsbezug befragt, Celan mit keinem Wort. Gerade aber Celans Büchner-Preisrede, die er unter dem „Akut des Heutigen" geschrieben hat, hätte von Hartung hier genannt werden müssen, zumal er auf den Büchner-Preis selbst eingeht – allerdings nur in Bezug auf Günter Eich. Eich wird als politischer und widerständiger Dichter profiliert, während Celan völlig unerwähnt bleibt, als zählte er nicht zur zeitgenössischen deutschen Dichtung; vgl. Harald Hartung, Zeitgedicht in dieser Zeit. In: Frankfurter Hefte. Zeitschrift für Kultur und Politik 17, 1962, S. 59–62; Celan, Der Meridian. Bd. 15, S. 36; dazu auch Seng, Die wahre Flaschenpost, S. 191.
[259] Dieser Eindruck wird durch den Befund von Leonard Olschner bestätigt, der zeigen konnte, dass eine erste Fassung des Textes unter dem Titel *Lyrik und Gesellschaft* bereits 1950 als Vortrag im Hessischen Rundfunk gesendet und in unveränderter Form 1951 in *Das literarische Deutschland* veröffentlicht wurde; vgl. Leonard Olschner, Adorno und das totgesagte Gedicht. Nachforschungen zur Genese einer Provokation. In: Passagen, S. 277–292, hier: S. 283. Dass Adorno bereits 1950 an dem Vortrag arbeitete, bestätigt die gedankliche Nähe, in der die *Rede über Lyrik und Gesellschaft* und *Kulturkritik und Gesellschaft* stehen.
[260] Vgl. zum Verhältnis von Lyrik und Gesellschaft bei Adorno auch: Pola Groß, „Depression oder Fröhlichkeit?". Die Heiterkeitsdebatte der 1980er Jahre im Lichte des *Zürcher Literaturstreits*. In: Germanica 63: Heiterkeit – L'allégresse au cœur de l'écriture poétique et philosophique, 2018, S. 55–69, bes. S. 67–69.
[261] Adorno, Rede über Lyrik und Gesellschaft. GS 11, S. 49.

> Seine Allgemeinheit ist keine volonté de tous, keine der bloßen Kommunikation dessen, was die anderen nur eben nicht kommunizieren können. Sondern die Versenkung ins Individuierte erhebt das lyrische Gedicht dadurch zum Allgemeinen, daß es Unentstelltes, Unerfaßtes, noch nicht Subsumiertes in die Erscheinung setzt und so geistig etwas vorwegnimmt von einem Zustand, in dem kein schlecht Allgemeines, nämlich zutiefst Partikulares mehr das andere, Menschliche fesselte. Von rückhaltloser Individuation erhofft sich das lyrische Gebilde das Allgemeine.[262]

Diese Allgemeinheit des lyrischen Gehalts ist für Adorno wesentlich gesellschaftlich. Denn noch die Einsamkeit der lyrischen Stimme ist wesentlich Resultat der atomistischen, auf Selbsterhaltung und Vereinzelung setzenden Gesellschaft; und das ‚Zum-Sprechen-bringen' des Nichtidentischen zielt auf jene ‚gute' Allgemeinheit, die er hier anspricht.

Adorno warnt im gleichen Atemzug davor, dass dieser Aspekt der Allgemeinheit am Gedicht aber nicht mit seinem partiellen gesellschaftspolitischen Interesse oder dem seiner Autorin oder seines Autors zu verwechseln ist; vielmehr muss die Deutung von Lyrik sich damit beschäftigen, „wie das *Ganze* einer Gesellschaft, als einer in sich widerspruchsvollen Einheit, im Kunstwerk erscheint; worin das Kunstwerk ihr zu Willen bleibt, worin es über sie hinausgeht"[263]. Denn das gelungene Gedicht bleibt für ihn wesentlich Protest gegen einen gesellschaftlichen Zustand, der das Individuum vereinzelt und ihm fremd und herrschaftlich gegenübersteht:

> [J]e schwerer er lastet, desto unnachgiebiger widersteht ihm das Gebilde, indem es keinem Heteronomen sich beugt und sich gänzlich nach dem je eigenen Gesetz konstituiert. Sein Abstand vom bloßen Dasein wird zum Maß von dessen Falschem und Schlechtem. Im Protest dagegen spricht das Gedicht den Traum einer Welt aus, in der es anders wäre.[264]

Hier ‚sitzt' also gewissermaßen das Glücksversprechen des Gedichts, das Adorno erhalten möchte. Es spricht sich jedoch weder im Rückzug auf das ganz subjektive Empfinden noch durch den Glauben an einen scheinbar objektiven Ausdruck aus. Denn wenn hermetische oder dadaistische Lyrik versucht, sich nur auf ihre (Kunst-)Sprache zu konzentrieren und dadurch jede mitteilende Funktion vermeidet, so entfernt sich diese Anstrengung zur Objektivität zugleich „von der Objektivität des Geistes, der lebendigen Sprache"[265]. Dieser absoluten Anstrengung zur Objektivität ist ein gewalttätiges Moment eingeschrieben, das versucht, das Gedicht „unverschandelt, fleckenlos, objektiv am Leben zu erhalten";

---

262 Adorno, Rede über Lyrik und Gesellschaft. GS 11, S. 50.
263 Adorno, Rede über Lyrik und Gesellschaft. GS 11, S. 51.
264 Adorno, Rede über Lyrik und Gesellschaft. GS 11, S. 52.
265 Adorno, Rede über Lyrik und Gesellschaft. GS 11, S. 58. Alle weiteren Zitate dieses Abschnitts beziehen sich auf diese Seite.

das aber ist „ihr falscher Glanz, das Komplement zur entzauberten Welt, der sie sich entwindet". Der ganz eigene und dadurch subjektive Ausdruck des Gedichts muss also stets auch Ausdruck der gesellschaftlichen Widersprüche sein: „Da aber die objektive Welt, welche Lyrik hervorbringt, an sich die antagonistische ist, so geht der Begriff von Lyrik nicht auf im Ausdruck der Subjektivität, der die Sprache Objektivität schenkt."

Dies ist nicht als grundsätzliche Kritik am subjektiven wie objektiven Moment von Lyrik zu verstehen, sondern vielmehr als eine Erinnerung an die Dialektik von Subjektivität und Objektivität, die auch in der Dichtung am Werk ist. Gerade weil die Lyrik als Gattung noch am ehesten der Subjektivität zugeordnet wird, ist sie für Adorno von hoher Bedeutung, geht es ihm doch nach deren historischer Liquidierung – worauf Beckett und Helms mit ihren Arbeiten reagieren – letztlich um die Rettung des subjektiven Moments. Daher ist auch den Interpretationen zu widersprechen, die betonen, dass Celans Dichtung auf den Einzelnen ausgerichtet sei, während nach Adorno alle Kunst auf Individuation verzichten müsse und seine Konzeption sich daher wesentlich von Celan unterscheide bzw. er diesen grundsätzlich falsch gelesen habe.[266] Solche Deutungen verkennen, dass Adorno das subjektive Moment am Gedicht keineswegs negieren möchte, sondern vielmehr nach den Möglichkeiten von Subjektivität in Zeiten sucht, in der sie objektiv nicht mehr möglich scheint. Celans Lyrik ist für ihn daher von so großer Bedeutung, weil sie verzweifelt versucht, das Subjekt wiederherzustellen, jedoch nicht, indem sie es beschwört oder ihm naiv Ausdruck verleiht, sondern indem es, ähnlich wie bei Joyce, als ein durch und durch Beschädigtes gezeigt wird.

In seiner *Rede über Lyrik und Gesellschaft* verweist Adorno noch auf eine weitere Aufgabe von lyrischer Subjektivität. Denn in Fortführung des Gedankens aus *Kulturkritik und Gesellschaft*, dass alle Kultur auf der Trennung von geistiger und körperlicher Arbeit beruht, betont Adorno, dass auch die dichterische Subjektivität sich dem Privileg verdankt, das nur den wenigsten erlaubt, „als selbständige, des freien Ausdrucks ihrer selbst mächtigen Subjekte sich zu entfalten"[267]. Das Gros derer, die weniger privilegiert sind oder nicht von ihrer

---

266 Vgl. bspw. Teubner: „Diese für Celan so grundlegende Menschlichkeit seiner Dichtung ist etwas, das Adorno nicht sieht, ja durch die Brille seiner eigenen Theorie nicht sehen kann. Deshalb ist seine Interpretation der Lyrik Celans nicht angemessen." Teubner, „Celans Gedichte wollen das äußerste Entsetzen durch Verschweigen sagen", S. 560; auch: S. 203; 559. Vgl. auch Sieber, Paul Celans „Gespräch im Gebirg", S. 203, die meint, dass Adorno das Subjekt dem Gedicht nicht mehr zugetraut habe, während Celan von einem mündigen Subjekt ausgehe.

267 Adorno, Rede über Lyrik und Gesellschaft. GS 11, S. 58.

Selbst- und Lebenserhaltung absehen können, haben nach Adorno aber „das gleiche oder größere Recht, nach dem Laut zu tasten, in dem Leid und Traum sich vermählen". Daher muss sich ihr „Laut" in gelungener Poesie wiederfinden: „Ein kollektiver Unterstrom grundiert alle individuelle Lyrik."[268] Für Adorno sollte sich daher auch die individuellste Lyrik dieses Unterstroms bewusst sein: „[E]r wohl macht überhaupt erst die Sprache zu dem Medium, in dem das Subjekt mehr wird als nur Subjekt."[269]

Es geht allerdings nicht darum, dass der Dichter eine ‚Volks'- oder Umgangssprache verwendet; gerade Baudelaire, so Adorno, hat in seiner Weigerung, sich der „Kollektivsprache" zu bedienen, mehr am kollektiven Unterstrom teilgehabt „als alle Armeleutepoesie":

> Heute, da die Voraussetzung jenes Begriffs von Lyrik, von dem ich ausgehe, der individuelle Ausdruck, in der Krise des Individuums bis ins Innerste erschüttert scheint, drängt an den verschiedensten Stellen der kollektive Unterstrom der Lyrik nach oben, erst als bloßes Ferment des individuellen Ausdrucks selbst, dann aber doch auch vielleicht als Vorwegnahme eines Zustandes, der über bloße Individualität positiv hinausgeht.

Als Beispiele für eine solche Lyrik nennt Adorno die Gedichte Federico García Lorcas und Bertolt Brechts; es könnten aber auch jene von Celan gemeint sein, denn, wie Adorno später in der *Ästhetischen Theorie* ausführt, wissen seine Gedichte ebenfalls um die Verbindung des subjektiven Ausdrucks mit dem ‚kollektiven Unterstrom': Seine „Lyrik ist durchdrungen von der Scham der Kunst angesichts des wie der Erfahrung so der Sublimierung sich entziehenden Leids. Celans Gedichte wollen das äußerste Entsetzen durch Verschweigen sagen"[270].

Adorno geht es also darum, dass Lyrik nach Auschwitz in der Lage sein muss, das Leiden an der Gesellschaft auszudrücken, ohne dem Leiden einen Sinn zu verleihen. Ausdruck für das Leid kann die Kunst, und in diesem Falle die Lyrik, jedoch nur finden, wenn sie sich von traditionellen, für Adorno überkommenen lyrischen Formen wie beispielsweise Reim, einem festgelegten Versmaß, Rhythmus und starken Metaphern entfernt und eine neue Formsprache findet.[271] Standen diese traditionellen lyrischen Formen bereits in der Moderne

---

268 Adorno, Rede über Lyrik und Gesellschaft. GS 11, S. 58.
269 Adorno, Rede über Lyrik und Gesellschaft. GS 11, S. 59. Alle weiteren Zitate dieses und des nächsten Abschnitts beziehen sich auf diese Seite.
270 Adorno, Ästhetische Theorie. GS 7, S. 477.
271 Vgl. zur notwendigen Auflehnung gegen die Tradition: „Auf keine andere Weise jedoch als in jener Auseinandersetzung mit der Tradition, die im Stil sich niederschlägt, findet Kunst Ausdruck für das Leiden." Adorno (mit Horkheimer), Dialektik der Aufklärung. GS 3, S. 152. Vgl. auch Zilcosky, der schreibt: „Art can only find adequate ‚expression' for this suffering when it ‚confronts' – and challenges – stylistic ‚tradition'." Zilcosky, Poetry after Auschwitz, S. 678.

um die Jahrhundertwende infrage, so kann eine Lyrik nach 1945 Adorno zufolge erst Recht nicht mehr auf sie zurückgreifen. Da auch Celans Gedichte sich von traditionellen lyrischen Formen entfernen,[272] gilt seine Lyrik Adorno als konsequente Ausdrucksform, die dem Leiden weder einen Sinn zuschreibt noch dieses vollständig von gesellschaftlichen Zusammenhängen ablöst: „Die unendliche Diskretion, mit der Celans Radikalismus verfährt, wächst seiner Kraft zu. Die Sprache des Leblosen wird zum letzten Trost über den jeglichen Sinnes verlustigen Tod."[273] Zelić versteht Celans Gedicht *Sprachgitter* daher als konsequente Umsetzung von Adornos Vorstellung von gelungener Dichtung, denn es erlaube „weder auf der lyrischen noch auf der interpretatorischen Ebene die einwandfreie Sinnkonstruktion, [...] womit Adornos wichtigste Bedingung für Lyrik nach Auschwitz erfüllt wäre"[274]. Auch wenn Adorno nicht, wie hier angedeutet, einen Prioritätenkatalog für gelungene Lyrik nach Auschwitz aufgestellt hat, so ist Zelić zuzustimmen, dass die Problematisierung der künstlerischen Darstellung von Sinn sicher eine der zentralen Fragestellungen für Adorno und ein Grund für sein Interesse an der Lyrik Celans ist.

Dass Adorno bei diesem insbesondere die Fähigkeit betont, das „äußerste Entsetzen durch Verschweigen" zu sagen oder eine „Bahn vom Entsetzen zum Verstummen nachzukonstruieren",[275] hat genau mit der Frage zu tun, wie das Leid aus- und angesprochen werden kann, ohne ihm Sinn zu verleihen.[276] Scheinbar hält die Lyrik Celans und sein Oszillieren zwischen Verstummen, Schweigen und Verschweigen für Adorno am ehesten eine Antwort auf die in der *Negativen Dialektik* von ihm noch einmal neu formulierte Aporie von Kunst nach Auschwitz bereit:

---

[272] Dies zeigt Zilcosky eindrücklich an *Sprachgitter*; vgl. Zilcosky, Poetry after Auschwitz, S. 679–681.
[273] Adorno, Ästhetische Theorie. GS 7, S. 477.
[274] Zelić, Zur Lyrik nach Auschwitz, S. 79.
[275] Adorno, Ästhetische Theorie. GS 7, S. 477.
[276] Dies gilt umso mehr, da Celan in der ‚Sprache der Täter' schrieb. Den Schmerz und die Hoffnung, die sich damit verband, betont er in seiner *Bremer Rede* anlässlich der Verleihung des Literaturpreises an ihn: „Erreichbar, nah und unverloren blieb inmitten der Verluste dies eine: die Sprache. Sie, die Sprache, blieb unverloren, ja, trotz allem. Aber sie mußte nun hindurch durch ihre eigenen Antwortlosigkeiten, hindurchgehen durch furchtbares Verstummen, hindurchgehen durch die tausend Finsternisse todbringender Rede. Sie ging hindurch und gab keine Worte für das, was geschah; aber sie ging durch dieses Geschehen. Ging hindurch und durfte wieder zutage treten, ‚angereichert' von all dem." Paul Celan, Ansprache anlässlich der Entgegennahme des Literaturpreises der Freien Hansestadt Bremen. Bd. 3, S. 185–186, hier: S. 185 f.

> Wer für die Erhaltung der radikal schuldigen und schäbigen Kultur plädiert, macht sich zum Helfershelfer, während, wer der Kultur sich verweigert, unmittelbar die Barbarei befördert, als welche die Kultur sich enthüllte. Nicht einmal Schweigen kommt aus dem Zirkel heraus.[277]

Celans Fähigkeit, etwas durch Verschweigen zu sagen, scheint eine Möglichkeit zu sein, den hier beschriebenen Zirkel zu durchbrechen beziehungsweise zu unterlaufen. So gesehen ist die hier formulierte Aporie in Bezug auf Celans Lyrik eigentlich die viel interessantere Stelle bezüglich Adornos Überlegungen zu den Bedingungen von Kunst nach Auschwitz, obwohl von der Forschung im Sinne der Widerlegungsthese immer wieder auf eine andere Stelle aus der *Negativen Dialektik* verwiesen wird: Wenn Adorno hier dem „perennierende[n] Leiden" „soviel Recht auf Ausdruck" einräumt wie „de[m] Gemarterte[n] zu brüllen", dann geht es jedoch nicht primär um die Möglichkeiten von Kunst nach Auschwitz, sondern vielmehr um das Recht der Überlebenden, ihrer Pein Ausdruck zu verleihen.[278] Dies zeigt sich insbesondere darin, dass Adorno den Gedanken weiter zuspitzt, indem er fragt, ob nach Auschwitz überhaupt „noch sich leben lasse, ob vollends es dürfe, wer zufällig entrann und rechtens hätte umgebracht werden müssen"[279]. Adorno setzt sich in diesem, von ihm aus gutem Grunde mit *Meditationen zur Metaphysik* überschriebenen Kapitel aus einer sehr persönlichen Perspektive mit der Frage des Über- und Weiterlebens auseinander, wenn man selbst eigentlich – wie die Mehrzahl der Anderen –

---

277 Adorno, Negative Dialektik. GS 6, S. 360. In seinem 1962 veröffentlichten Essay *Jene zwanziger Jahre* äußert Adorno einen ganz ähnlichen Gedanken: „Der Begriff einer nach Auschwitz auferstandenen Kultur ist scheinhaft und widersinnig, und dafür hat jedes Gebilde, das überhaupt noch entsteht, den bitteren Preis zu bezahlen. Weil jedoch die Welt den eigenen Untergang überlebt hat, bedarf sie gleichwohl der Kunst als ihrer bewußtlosen Geschichtsschreibung. Die authentischen Künstler der Gegenwart sind die, in deren Werken das äußerste Grauen nachzittert." Adorno, Jene zwanziger Jahre. GS 10.2, S. 506. Hiermit dürfte Adorno Celan gemeint haben.
278 Adorno, Negative Dialektik. GS 6, S. 355.
279 Adorno, Negative Dialektik. GS 6, S. 355. Vollständig heißt es: „Das perennierende Leiden hat soviel Recht auf Ausdruck wie der Gemarterte zu brüllen; darum mag falsch gewesen sein, nach Auschwitz ließe kein Gedicht mehr sich schreiben. Nicht falsch aber ist die minder kulturelle Frage, ob nach Auschwitz noch sich leben lasse, ob vollends es dürfe, wer zufällig entrann und rechtens hätte umgebracht werden müssen. Sein Weiterleben bedarf schon der Kälte, des Grundprinzips der bürgerlichen Subjektivität, ohne das Auschwitz nicht möglich gewesen wäre: drastische Schuld des Verschonten. Zur Vergeltung suchen ihn Träume heim wie der, daß er gar nicht mehr lebte, sondern 1944 vergast worden wäre, und seine ganze Existenz danach lediglich in der Einbildung führte, Emanation des irren Wunsches eines vor zwanzig Jahren Umgebrachten."

zum Tode verurteilt war; die (Un-)Möglichkeit von Kunst nach Auschwitz thematisiert Adorno dagegen explizit in dem oben genannten Abschnitt.

Eine Ausnahme bildet Siebers Studie, die Adornos Überlegungen zum Verstummen bei Celan ebenfalls mit der von ihm konstatierten Aporie einer Kunst nach Auschwitz zusammendenkt: „Die der Kunst angemessene Haltung angesichts von Auschwitz wäre die Scham. Die Scham gebietet Schweigen. Das Schweigen, Verstummen jedoch arbeitet dem Verschweigen zu. Das Dilemma ist offenkundig und unlösbar."[280] Auch wenn die aporetische Situation von Sieber gut gesehen ist, gehe ich davon aus, dass dem Begriff des Verschweigens im Sinne von ‚Schweigen über etwas' in Bezug auf Celans Lyrik auch ein positives Moment eingeschrieben ist, nämlich die Schrecken der nationalsozialistischen Herrschaft und das Sterben in den Konzentrations- und Vernichtungslagern *gerade nicht* konkret zu benennen. Mit Bezug auf Beckett führt Adorno einen ähnlichen Gedanken aus: „Beckett hat auf die Situation des Konzentrationslagers, die er nicht nennt, als läge über ihr Bilderverbot [sic!], so reagiert, wie es allein ansteht. Was ist, sei wie das Konzentrationslager."[281] Gleiches kann auch für Celans Lyrik gelten, die den Schrecken gerade präsent hält, weil sie ihn nicht konkret benennt.

Adornos Hinweis auf die Möglichkeiten der verstummenden Sprache kann zusätzlich auch als Unterstützung für Celans Umgang mit den Plagiatsvorwürfen in der Goll-Affäre gelesen werden. Denn in seinen Stellungnahmen weigerte Celan sich, überhaupt auf die manipulierten Daten, entstellten Zitate und unverschämten Anschuldigungen einzugehen. In seiner Büchner-Preisrede dagegen versucht er beispielsweise über die Formulierung, dass „jedem Gedicht sein ‚20. Jänner' eingeschrieben bleibt"[282], eine präzise Vorstellung davon zu vermitteln, wie seine Gedichte entstehen und was er unter Lyrik versteht. Dadurch „macht Celan indirekt deutlich, dass ein Plagiat nach seinem Verständnis überhaupt nicht Gedicht genannt werden kann"[283]. Verstanden wurde das von der Öffentlichkeit allerdings nicht, immer wieder wurde er um Stellungnahme zu den Vorwürfen gebeten.[284] Adornos Plädoyer fürs Verstummen sollte

---

280 Sieber, Paul Celans „Gespräch im Gebirg", S. 173.
281 Adorno, Negative Dialektik. GS 6, S. 373.
282 Celan, Der Meridian. Bd. 15, S. 43.
283 Wiedemann, Die Goll-Affäre, S. 21.
284 In Briefen sprach Celan sich dagegen sehr offen und vehement gegen die haltlosen Anschuldigungen aus und zeigte sich tief gekränkt durch die Reaktionen der Öffentlichkeit. Vgl. bspw. einen Brief an Siegfried Lenz, in dem er sich zu den Anfeindungen äußerte: *„Das*, Siegfried Lenz, was gegen mich angezettelt wurde, ist ernst – sehr ernst. [...] Es beruht u. a. auf – von Fälschern authentifizierter – Fälschung, auf übelster Verleumdung. [...] Es ist vor kurzem in das Stadium der ‚Endlösung' eingetreten." Celan an Siegfried Lenz am 27.01.1962.

also auch in diesem Kontext gesehen werden; denn Celan hat ‚gesprochen', allerdings war die Öffentlichkeit nicht in der Lage, ihn zu ‚hören'.

Celans Lyrik verstummt aber auch vor der Funktion der Sprache, Sinn zu stiften. Anders als Beckett, der durch die regredierende Sprache seiner Figuren sich einer Sinn- und Einheitsstiftung verweigert, oder Helms, der durch philologische Assoziationen und Zufall sich gegen das synthetisierende, auf Herrschaft verweisende Moment von Sprache wendet, arbeitet Celans Lyrik mit hermetischen Metaphern und Neologismen. Wortkombinationen wie beispielsweise die „herzgrauen Lachen" und „zwei Mundvoll Schweigen" aus *Sprachgitter*[285] erinnern zwar noch an die ursprünglichen Bedeutungen der einzelnen Worte, erlangen im Kontext des Gedichtes jedoch aufgrund des Spannungsverhältnisses von Hermetik und Bedeutung eine eigene Ebene, die sich einem hermeneutischen Zugriff zunächst versperrt. Die Sprache des Kunstwerks richtet sich also gegen die gewohnte, identifizierende Sprache, indem sie sich darum bemüht, sich ihres Zeichencharakters zu entledigen. Dies kann, „wenn es sich bei den einzelnen Teilen eines sprachlichen Kunstwerks noch um Worte handeln soll, nur durch den Zusammenhang geschehen, in den die außerhalb des Werks mit gewöhnlichen Bedeutungen identifizierten Worte im Werk selbst gesetzt sind"[286]. Genau dieses Vorgehen trifft auf Celan zu, der durch Anti-Bilder[287] und neue Wortkombinationen wie beispielsweise das „ziehende Weiß"[288] neue Zusammenhänge schafft. Damit richtet er sich gegen eine überkommene poetische Sprache und erreicht stattdessen, dass durch die Versenkung ins Individuelle – hier die Neologismen – etwas „Unentstelltes, Unerfaßtes, noch nicht Subsumiertes in die Erscheinung"[289] gesetzt wird, das als Protest gegen einen gesellschaftlichen Zustand verstanden werden kann, der die Subjekte vereinzelt. Das selbstreflexive ‚Verstummen' vor traditionellen lyrischen Ausdrucksformen oder vor der Transzendenz des Gedichts macht Celans Sprache gerade innovativ in dem Sinne, dass sie etwas durch Verschweigen zu sagen vermag: „Archaisch sind Kunstwerke im Zeitalter ihres Verstummens. Aber wenn sie nicht mehr sprechen, spricht ihr Verstummen selbst."[290]

In: Paul Celan – Die Goll-Affäre. Dokumente zu einer ‚Infamie', zusammenges., hg. u. komm. v. Barbara Wiedemann, Frankfurt am Main 2000, S. 554–555, hier: S. 554.
285 Vgl. Paul Celan, Sprachgitter. In: Celan, Die Niemandsrose/Sprachgitter. Gedichte, Frankfurt am Main 1980, S. 104.
286 Hogh, Urteilsformen, S. 44.
287 Vgl. exemplarisch den Anfang von *In Mundhöhe*: „In Mundhöhe, fühlbar: / Finstergewächs." Celan, Sprachgitter, S. 116.
288 Celan, Sprachgitter, S. 115.
289 Adorno, Rede über Lyrik und Gesellschaft. GS 11, S. 50.
290 Adorno, Ästhetische Theorie. GS 7, S. 426.

Adorno reagiert mit seinen beiden Formulierungen vom Verstummen und Verschweigen aber auch auf Celans eigene Poetologie, die sich insbesondere in seiner Büchner-Preisrede *Der Meridian* formuliert findet. Hier konstatiert Celan, dass das Gedicht, „das ist unverkennbar, eine starke Neigung zum Verstummen"[291] zeigt. Aber dennoch kämpfe es gleichsam gegen diese Neigung an, es versuche sich „aus seinem Schon-nicht-mehr in sein Immer-noch" zurückzuholen:

> Dieses Immer-noch kann doch wohl nur ein Sprechen sein. Also nicht Sprache schlechthin und vermutlich auch nicht erst vom Wort her „Entsprechung". Sondern aktualisierte Sprache, freigesetzt unter dem Zeichen einer zwar radikalen, aber gleichzeitig auch der ihr von der Sprache gezogenen Grenzen, der ihr von der Sprache erschlossenen Möglichkeiten eingedenk bleibenden Individuation.[292]

Wie für Adorno kann auch für Celan das Leid nicht durch überholte lyrische Gestaltungsformen ausgedrückt werden, sondern nur durch eine „aktualisierte Sprache", welche die Neigung zum Verstummen ernst nimmt und zugleich versucht, diesem nicht vollends zu erliegen. Die Betonung des Immer-noch beantwortet zugleich die in der *Negativen Dialektik* formulierte Aporie einer Kunst nach Auschwitz, denn das Festhalten und Nicht-Aufgeben ist auch für Adorno der einzig noch vorstellbare Weg: „Glück an den Kunstwerken wäre allenfalls das Gefühl des Standhaltens, das sie vermitteln."[293]

Ein weiterer, für Adorno wichtiger Aspekt an Celans Dichtung ist neben dem verstummten Ausdruck des Leidens, auch ihre Zurückhaltung gegenüber konkreter Natur- und Technikdarstellung:

> Naturlyrik ist anachronistisch nicht bloß vom Stoff her: ihr Wahrheitsgehalt ist geschwunden. Das mag den anorganischen Aspekt der Dichtung Becketts wie der Celans erklären helfen. Weder hängt sie der Natur nach noch der Industrie; [...] Kunst, als antizipierende Reaktionsform, kann weder mehr – wenn anders sie es je konnte – unberührte Natur sich einverleiben noch die Industrie, die sie versengte; die Unmöglichkeit von beidem ist wohl das verborgene Gesetz der ästhetischen Gegenstandslosigkeit.[294]

Marc Kleine geht davon aus, dass Adorno hier den Abwurf der Atombombe auf Hiroshima und Nagasaki als Gehalt der Lyrik Celans anspricht,[295] denn Adorno fährt fort: „Die Bilder des Postindustriellen sind die eines Toten; sie mögen

---

291 Celan, Der Meridian. Bd. 15, S. 44.
292 Celan, Der Meridian. Bd. 15, S. 44.
293 Adorno, Ästhetische Theorie. GS 7, S. 31.
294 Adorno, Ästhetische Theorie. GS 7, S. 325.
295 Vgl. Kleine, Engführungen, S. 300 f.

vorwegnehmend [...] den Atomkrieg bannen"[296]. Allerdings stützt Kleine seine Interpretation vorrangig auf eine briefliche Aussage Celans an Erich Einhorn, in der jener schreibt, dass er mit seinem Gedicht *Engführung* die Verheerungen der Atombombe evozieren wolle.[297] Kleine überträgt also Celans Autorintention auf Adornos Überlegungen in den *Paralipomena* und interpretiert auch dessen Formulierungen vom „Übergang ins Anorganische" und von der „Entgegenständlichung der Landschaft" in diesem Sinne.[298]

Allerdings geht es Adorno nicht nur um die natur- und menschenverachtende Beherrschung der äußeren Natur – beispielsweise durch die Atomkraft –, sondern auch um die Unterdrückung der inneren Natur des Menschen. Daher kann Naturerfahrung für Adorno nicht (mehr) unmittelbar dargestellt werden. Aber anders als der Futurismus, der auf die Darstellung industrieller Formen bis hin zur Verherrlichung des Krieges abzielte, setzt Celans Lyrik nicht auf die Darstellung der Industrie, sondern auf eine Problematisierung des Subjekts *als* Natur. Daher scheint mir in den *Paralipomena* vor allem die Erkenntnis der Unmöglichkeit, sowohl unmittelbare Erfahrungen mit der äußeren wie mit der inneren Natur zu machen, angesprochen zu sein: Celans Gedichte „ahmen eine Sprache unterhalb der hilflosen der Menschen, ja aller organischen nach, die des Toten von Stein und Stern. Beseitigt werden die letzten Rudimente des Organischen"[299]. Mit den „Toten von Stein und Stern" rekurriert Adorno auf Celans Erzählung *Gespräch im Gebirg*, in dem der Stein als Grab für die ermordeten Juden und der Stern als Davidstern assoziiert werden kann:[300]

> - Auf dem Stein bin ich gelegen, damals, du weißt, auf den Steinfliesen; und neben mir, da sind sie gelegen, die andern, die wie ich waren, die andern, die anders waren als ich und genauso, die Geschwisterkinder; und sie lagen da und schliefen, schliefen und schliefen nicht, und sie träumten und träumten nicht, und sie liebten mich nicht und ich liebte sie nicht, denn ich war einer, und wer will Einen lieben, und sie waren viele, mehr noch als da herumlagen um mich, und wer will alle lieben können, und, ich verschweigs

---

[296] Adorno, Ästhetische Theorie. GS 7, S. 325.
[297] Vgl. Paul Celan – Erich Einhorn, Briefe, hg. u. komm. v. Marina Dmitrieva-Einhorn. In: Celan Jahrbuch 7, 1997/98, S. 7–49, hier: S. 33.
[298] Adorno, Ästhetische Theorie. GS 7, S. 477.
[299] Adorno, Ästhetische Theorie. GS 7, S. 477.
[300] Vgl. auch Gellhaus, der darauf hindeutet, dass die durchgehende Motivik von Stock und Stein auf die religiös-jüdische Tradition verweist, mit der Celan sich auseinandersetzte. Den „unaussprechlichen" Namen deutet Gellhaus dann jedoch nicht im Sinne der Weigerung Jahwes, seinen Namen preiszugeben, sondern biographisch in Bezug auf die unausgesprochenen jüdischen Familiennamen ‚Wiesengrund' und ‚Antschel' (Celans ursprünglicher Nachname); Gellhaus, Das Gespräch im Gebirg, S. 214.

dir nicht, ich liebte sie nicht, sie, die mich nicht lieben konnten, [...] und mein Stock, der hat gesprochen, hat gesprochen zum Stein, und mein Stock, der schweigt jetzt still, und der Stein, sagst du, der kann sprechen, und in meinem Aug, da hängt der Schleier, der bewegliche, da hängen die Schleier, die beweglichen, da hast du den einen gelüpft, und da hängt schon der zweite, und der Stern – denn ja, der steht jetzt überm Gebirg -, wenn er da hineinwill, so wird er Hochzeit halten müssen und bald nicht mehr er sein, sondern halb Schleier und halb Stern, und ich weiß, ich weiß, Geschwisterkind, ich weiß, ich bin dir begegnet, hier, und geredet haben wir, viel, und die Falten dort, du weißt, nicht für die Menschen sind sie da und nicht für uns, die wir hier gingen und einander trafen, wir hier unterm Stern, wir, die Juden, die da kamen, wie Lenz, durchs Gebirg, du Groß und ich Klein, du, der Geschwätzige, und ich, der Geschwätzige, wir mit den Stöcken, wir mit unsern Namen, den unaussprechlichen, wir mit unserm Schatten, dem eignen und dem fremden, du hier und ich hier –[301]

Das Gebirge taugt nicht mehr zur Naturerfahrung, vielmehr geht es um das Ringen mit und um die Sprache, insbesondere um die Möglichkeiten und Abgründe einer Sprache nach Auschwitz.[302] In Korrespondenz dazu schließt Adorno seine knappen Überlegungen zu Celan mit der Annahme:

> Der Übergang ins Anorganische ist nicht nur an Stoffmotiven zu verfolgen, sondern in den geschlossenen Gebilden die Bahn vom Entsetzen zum Verstummen nachzukonstruieren. Entfernt analog dazu, wie Kafka mit der expressionistischen Malerei verfuhr, transponiert Celan die Entgegenständlichung der Landschaft, die sie Anorganischem nähert, in sprachliche Vorgänge.[303]

Der entscheidende Gedanke hierbei ist, dass die angesprochene Übertragung der Natur in Sprache nicht beim individuellen Ausdruck stehen bleibt, sondern gesellschaftlich wird. Denn indem das Gedicht sich mit Sprache identifiziert, muss das Subjekt, so Adorno in *Rede über Lyrik und Gesellschaft*, „ebenso seinen bloßen monadologischen Widerspruch zur Gesellschaft, wie sein bloßes Funktionieren innerhalb der vergesellschafteten Gesellschaft"[304] negieren. Da es für das Individuum nach Adorno aber kaum noch einen Ausweg aus den es beherrschenden gesellschaftlichen Zwängen gibt, wird auch die Situation für die ‚subjektive' Lyrik immer prekärer. Baudelaires Werk hat dies als erstes registriert, da es nicht beim Leid des Einzelnen stehen blieb, „sondern die Moderne selbst als das Antilyrische schlechthin zum Vorwurf wählte" und kraft seiner ganz auf die Möglichkeiten der Sprache konzentrierten Lyrik, daraus erst „den dichterischen Funken schlug".[305] Die Verzweiflung, die sich bei Baudelaire bereits ankündigt,

---

301 Celan, Gespräch im Gebirg. Bd. 15, S. 30 f.
302 Vgl. auch Seng, Die wahre Flaschenpost, S. 153.
303 Adorno, Ästhetische Theorie. GS 7, S. 477.
304 Adorno, Rede über Lyrik und Gesellschaft. GS 11, S. 57.
305 Adorno, Rede über Lyrik und Gesellschaft. GS 11, S. 57.

nämlich die Paradoxie des Widerspruchs aus subjektiv-lyrischer und kommunikativ-gesellschaftlicher Sprache aushalten und bearbeiten zu müssen, ist etwas, so die hier vorgeschlagene Interpretation, was auch die Gedichte Celans zutiefst kennzeichnet. Seine Lyrik gilt Adorno als Beleg für seine frühere Äußerung, „das Gedicht als geschichtsphilosophische Sonnenuhr"[306] zu verstehen; denn es ist gerade nicht gänzlich hermetisch abgeriegelt, sondern nimmt die widerspruchsvolle Beziehung zur Gesellschaft auf.

Sowohl Zilcosky als auch Schramm betonen, dass Celans Lyrik wesentlich auf ein Gegenüber ausgerichtet ist. Schramm spricht in diesem Zusammenhang von einer „Utopie der Intersubjektivität" und einer „Utopie der Anerkennung" bei Celan.[307] Er rekurriert dabei auf jene wichtige Stelle aus dem *Meridian*: „Das Gedicht will zu einem Andern, es braucht dieses Andere, es braucht ein Gegenüber. Es sucht es auf, es spricht sich ihm zu."[308] In Bezug auf Celans Poetologie mögen Zilcosky und Schramm richtig liegen; allerdings scheint für Adorno in seinen Überlegungen weniger das Moment der Intersubjektivität als der Aspekt der Dialektik von Subjektivität und Gesellschaft im Vordergrund zu stehen.[309] Celan gelingt es, das Leiden nicht als ein nur individuelles, sondern als ein gesellschaftliches zu zeigen, jedoch ohne das subjektive Leiden gänzlich in gesellschaftlichen Zusammenhängen aufgehen zu lassen.[310] Gesellschaft wird auch nicht affirmiert, denn gerade das ganz Subjektive an Celans Lyrik, die hermetischen Metaphern und neuen Wortkombinationen, werden zum Ausdruck der als ein gesellschaftlichen Widersprüche. Seine Dichtung kann so die Realität „überfliegen", ohne den Blick für diese zu verlieren; damit korrespondiert eine Stelle aus der *Ästhetischen Theorie*, in der Adorno in Bezug auf gelungene Kunst schreibt:

---

306 Adorno, Rede über Lyrik und Gesellschaft. GS 11, S. 60.
307 Schramm, Barbarische Lyrik, S. 32; vgl. auch Zilcosky, Poetry after Auschwitz, S. 688. Auch Sieber versteht die Begegnung bei Celan als „poetologische Größe"; Sieber, Paul Celans „Gespräch im Gebirg", S. 2.
308 Celan, Der Meridian. Bd. 15, S. 45.
309 Die Bedeutung der Dialogizität für Celans Lyrik wird insbesondere auch in seiner *Bremer-Rede* deutlich, in der er betont, dass das Gedicht „seinem Wesen nach dialogisch ist" und „ein ansprechbares Du" antreffen möchte. Zugleich hält das Gedicht aber „auf eine ansprechbare Wirklichkeit" zu, es ist „wirklichkeitswund und Wirklichkeit suchend". Diese Stellen wiederum bestätigen ebenso die Adorno'sche Lesart von Celans Poetologie; vgl. Paul Celan, Ansprache anlässlich der Entgegennahme des Literaturpreises der Freien Hansestadt Bremen. Bd. 3, S. 186.
310 Vgl. auch eine mit dieser Überlegung korrespondierende Stelle aus der *Ästhetischen Theorie*: „Die hermetischen Gebilde üben mehr Kritik am Bestehenden als die, welche faßlicher Sozialkritik zuliebe formaler Konzilianz sich befleißigen und stillschweigend den allerorten blühenden Betrieb der Kommunikation anerkennen." Adorno, Ästhetische Theorie. GS 7, S. 218.

> All ihre Elemente ketten sie an das, was zu überfliegen ihr Glück ausmacht und worein sie in jedem Augenblick abermals zu versinken drohen. Im Verhältnis zur empirischen Realität erinnern sie an das Theologumenon, daß im Stand der Erlösung alles sei, wie es ist und gleichwohl alles ganz anders.[311]

Dass Celans Lyrik genau dieses ganz Andere aufscheinen lassen kann, ohne das Leid zu vergessen oder zu übertünchen, ist das Glücksversprechen seiner Dichtung.

Mit seinen Interpretationen der hier besprochenen Werke und den in diesem Kapitel herausgearbeiteten literarischen Verfahrensweisen, nämlich der Dekonstruktion, Verkehrung und Verformung bei Beckett, der Assoziation, des Zufalls und Bruchs bei Helms und schließlich der gleichsam offenen Hermetik bei Celan, gibt Adorno Hinweise auf Verhaltensweisen von Kunstwerken nach Auschwitz, die sich nicht darin erschöpfen, bloß das von der Empirie Unterschiedene zu sein. Die Verwendung von antinomischen und hermetischen Konstruktionen ermöglicht es der zeitgenössischen Literatur, das reale Leiden an den gesellschaftlichen Bedingungen auszudrücken, ohne ein über das Bestehende hinausweisendes Glücksversprechen aufgeben zu müssen. Bei diesen Verhaltensweisen dürfen künftige Kunstwerke freilich nicht stehenbleiben; vielmehr müssen sie sich an diesen abarbeiten und sie weiterentwickeln. Zentral an den hier besprochenen Literaturinterpretationen Adornos ist aber, dass er Autoren behandelt, die nach und im Lichte von Auschwitz geschrieben und produziert haben; somit geht Adorno von der konkreten Möglichkeit von gelungener zeitgenössischer Literatur aus, die in der Lage ist, am Glück der ästhetischen Erfahrung und am Glücksversprechen der Kunst festzuhalten: „Promesse du bonheur heißt mehr als daß die bisherige Praxis das Glück verstellt: Glück wäre über der Praxis. Den Abgrund zwischen der Praxis und dem Glück mißt die Kraft der Negativität im Kunstwerk aus."[312]

---

311 Adorno, Ästhetische Theorie. GS 7, S. 16.
312 Adorno, Ästhetische Theorie. GS 7, S. 26.

V Heiterkeit – Das Glück des Entronnenseins

Die Heiterkeit der Kunst ist im 20. Jahrhundert in Verruf geraten.[1] Dies liegt nicht zuletzt an einer in den 1960er Jahren in Literaturwissenschaft und Öffentlichkeit geführten Debatte, bei der die konträren Ansichten Adornos und des Germanisten Emil Staigers sowie insbesondere deren Rezeption den weiteren Umgang mit Heiterkeit in Kunst und Literatur prägten.[2] Staiger fordert in seiner Dankesrede anlässlich der Verleihung des Literaturpreises der Stadt Zürich im Dezember 1966 eine Rückbesinnung auf die Heiterkeit der Kunst als „höchste Form der Menschlichkeit"[3]. Er grenzt die „Psychopathen" sowie „gemeingefährlichen Existenzen",[4] die allesamt in der modernen Literatur vertreten seien, von der Schönheit, dem Gemeinschaftswillen und schließlich der Heiterkeit der klassischen Dichtung strikt ab. In diesem Zuge spricht er gar von einer „Entartung"[5] der zeitgenössischen modernen Literatur. Gerade diese Formulierung, deren Nähe zur NS-Terminologie unüberhörbar ist, wurde öffentlich nicht nur stark kritisiert, sondern auch zu einem der Auslöser des *Zürcher Literaturstreits*.

Adornos 1967 veröffentlichter Essay *Ist die Kunst heiter?*[6] wurde hingegen als generelles „Heiterkeitsverbot"[7] missverstanden und ihm selbst unterstellt,

---

[1] Zur Geschichte der Heiterkeit in der deutschsprachigen Literatur: Harald Weinrich, Kleine Literaturgeschichte der Heiterkeit, Opladen 2001; zur (problematischen) Stellung von Heiterkeit im 20. Jahrhundert: Helmuth Kiesel, Heiterkeit im Schatten der Weltkriege und des Holocaust. In: Germanica: Heiterkeit, S. 17–36.
[2] Vgl. hierzu ausführlich: Pola Groß, Ist die Kunst heiter? Adornos Beitrag zum *Zürcher Literaturstreit*. In: Zeitschrift für deutsche Philologie 138, 2019, H. 4, S. 591–608.
[3] Emil Staiger, Literatur und Öffentlichkeit. In: Sprache im technischen Zeitalter 22: Der Zürcher Literaturstreit, 1967, S. 90–97, hier: S. 97. Erstmals abgedruckt wurde Staigers Rede in der *Neuen Zürcher Zeitung* am 20.12.1966. Die Rede und die wichtigsten Reaktionen auf diese sind 1967 in der Dokumentation der Zeitschrift *Sprache im technischen Zeitalter* veröffentlicht worden. Künftig zitiert mit Autor, Titel (StZ 22), Seitenangabe.
[4] Staiger, Literatur und Öffentlichkeit (StZ 22), S. 93.
[5] Staiger, Literatur und Öffentlichkeit (StZ 22), S. 91.
[6] Adorno, Ist die Kunst heiter? GS 11. Künftig im Text zitiert aus den *Gesammelten Schriften* mit Sigle Kh, Seitenangabe.
[7] Vgl. exemplarisch Eva Vinke, Heiterkeitsdiskurse. Annäherung an eine Tendenz in der Literatur 1945–60, München 2005, S. 31f.; Weinrich, Kleine Literaturgeschichte der Heiterkeit, S. 52. Eine Ausnahme bildet Jan Strümpels Studie *Vorstellungen vom Holocaust*, in der er darauf hinweist, dass Adornos Heiterkeitsthesen genau wie sein Satz zu Gedichten nach Auschwitz als Reflexionen gelesen werden müssen, „die ebenso wie die Objekte seiner Kritik einer dialektischen Bewegung unterworfen sind". Daher könne man Adorno nicht die Formulierung eines „Heiterkeitsverbot[s]" unterstellen; vgl. Jan Strümpel, Vorstellungen vom Holocaust. George Taboris Erinnerungs-Spiele, Göttingen 2000, S. 138.

er habe Heiterkeit damit nachhaltig aus Kunst und Literatur verbannt.[8] Das vermeintliche „Heiterkeitsverbot" Adornos einerseits und der Eklat um Staigers unmögliche Wortwahl andererseits führten dazu, dass eine literarische, künstlerische und/oder wissenschaftliche Beschäftigung mit Heiterkeit sich fortan leicht dem Vorwurf der unbedachten Affirmation aussetzte.

Obwohl Adornos „Heiterkeitsverbot" insbesondere von LiteraturwissenschaftlerInnen immer wieder bemüht wurde, um seine grundsätzliche Ablehnung gegenüber Heiterkeit zu betonen[9] und ihn selbst als „Pessimisten"[10] zu diffamieren, wurde bisher weder der Essay *Ist die Kunst heiter?* noch der Stellenwert von Heiterkeit in Adornos Denken eingehend untersucht. Heiterkeit wird entweder gar nicht als ästhetische Kategorie in seinem Werk wahrgenommen oder sie wird undifferenziert seinen Ausführungen zur Kulturindustrie zugeschlagen.[11] Ich rekurriere dagegen im Folgenden auf *Ist die Kunst heiter?*, um zu zeigen, dass dieser Essay keineswegs ein generelles „Heiterkeitsverbot" formuliert, sondern im Gegenteil die mit Heiterkeit verbundenen glücksversprechenden Implikationen zu retten versucht. Mit dieser These sind drei zentrale Annahmen verbunden: Erstens möchte ich der landläufigen Meinung widersprechen, Adornos sogenanntes „Verbot" sei verantwortlich für den Bedeutungsverlust von Heiterkeit im 20. Jahrhundert. Dagegen gehe ich davon aus, dass die fast durchgängig verkürzte Rezeption von *Ist die Kunst heiter?* das Bild von Adorno als glücks- und heiterkeitsfeindlichen Philosophen erst gezeichnet hat, wodurch folgenreich die Differenziertheit seiner Heiterkeitsthesen unterschlagen wurde. Zweitens möchte diese Arbeit darauf aufmerksam machen, dass Adornos Ausführungen zur Heiterkeit der Kunst nicht isoliert zu betrachten sind, sondern in einer bis in die Antike zurückreichenden

---

8 Vgl. exemplarisch Odo Marquard, Exile der Heiterkeit. In: Wolfgang Preisendanz/Rainer Warning (Hg.), Das Komische, München 1976, S. 133–151, hier: S. 133 f. Auch Detlev Schöttker spricht davon, dass Adorno sich „ausdrücklich gegen die ‚Heiterkeit der Kunst' gewandt" und seine Philosophie dazu beigetragen habe, „Heiterkeit als Oberflächlichkeit und Gedankenlosigkeit" zu stigmatisieren. Die „Philosophie seit Ende der sechziger Jahre" sei darin „ausnahmslos der Auffassung Adornos" gefolgt; Detlev Schöttker, Philosophie der Freude? Über Heiterkeitsdiskurse in der Moderne. In: Schöttker (Hg.), Philosophie der Freude. Von Freud bis Sloterdijk, Leipzig 2003, S. 9–18, hier: S. 14; 13 f.; 15; Schöttker, Metamorphosen der Freude. Darstellung und Reflexion der Heiterkeit in der Literatur des 18. Jahrhunderts. In: Deutsche Vierteljahrsschrift für Literaturwissenschaft und Geistesgeschichte 72, 1998, S. 354–375, hier: S. 373.
9 Vgl. Marquard, Exile der Heiterkeit, S. 134; Vinke, Heiterkeitsdiskurse, S. 285.
10 Vgl. bspw. Peter Eichhorn, Kritik der Heiterkeit, Heidelberg 1973.
11 Vgl. bspw. Günter Seubold, Wieviel Spaß verträgt die Kultur? Adornos Kritik der Kulturindustrie. In: Seubold/Patrick Baum (Hg.), Wieviel Spaß verträgt die Kultur? Adornos Begriff der Kulturindustrie und die gegenwärtige Spaßkultur, Bonn 2004, S. 17–40, hier: S. 30 f.; 38 f.

philosophisch-ästhetischen Tradition stehen und insbesondere Überlegungen von Schiller, Hegel, Hölderlin und Nietzsche aufgreifen. Zudem ist Adornos Essay auch als zeitgenössische Reaktion auf und konkreter Eingriff in den *Zürcher Literaturstreit* zu verstehen. Damit verbinde ich drittens die Annahme, dass Adorno die Literatur der Moderne nicht nur als Beleg für die eigenen Überlegungen heranzieht, sondern sie auch vehement gegen ihre KritikerInnen verteidigt.

1 *Ist die Kunst heiter?* – Heiterkeit als ästhetisches Strukturmerkmal

Den zeithistorischen Entstehungskontext von Adornos Thesen zur Heiterkeit bildet die Tagung des westdeutschen PEN-Zentrums vom 30. April 1967, die unter der Fragestellung „Ist die Kunst heiter?" firmierte und in die Adorno und der Literaturwissenschaftler Harald Weinrich mit Kurzreferaten einleiteten.[12] Im Anschluss an die beiden Eröffnungsvorträge fand eine Diskussionsrunde statt, an der neben Adorno und Weinrich, Dolf Sternberger, der damalige PEN-Präsident und fünfzehn weitere SchriftstellerInnen und KritikerInnen teilnahmen. Ausschnitte aus dieser Diskussion wurden am 13. Juni 1967 im Hessischen Rundfunk ausgestrahlt.[13] Mit der Fragestellung reagierte die PEN-Tagung wesentlich auf Staigers Forderung nach mehr Heiterkeit in der Gegenwartsliteratur und ist somit selbst als Beitrag zum *Zürcher Literaturstreit* zu werten. Kurz nach der PEN-Tagung wurde Adornos Vortrag in der *Süddeutschen Zeitung* und dann 1974 posthum im vierten Band der *Noten zur Literatur* veröffentlicht.

Staigers Rede kann man zwei Hauptthesen entnehmen:[14] Zum einen müsse sich der zeitgenössische Schriftsteller[15] wieder seiner Verantwortung gegenüber

---

[12] Ausführlich zum frühen Entstehungs- und Publikationskontext von Adornos Heiterkeitsthesen siehe auch: Groß, Ist die Kunst heiter, bes. S. 598–600; 604–607.

[13] Diese bisher noch unveröffentlichte Rundfunkdiskussion wurde im Walter Benjamin Archiv in Berlin transkribiert und ausgewertet. Adornos Diskussionsbeiträge werden künftig zitiert mit: Adorno, Ist die Kunst heiter, Theodor W. Adorno Archiv, TA 162, Timecode-Angabe.

[14] Vgl. zu Staigers Argumentationsgang exemplarisch auch: Groß, Ist die Kunst heiter, bes. S. 596–598.; Groß, Depression oder Fröhlichkeit, bes. S. 56 f.; Gerhard Kaiser, „ ... ein männliches, aus tiefer Not gesungenes Kirchenlied ... ": Emil Staiger und der Zürcher Literaturstreit. In: Mitteilungen des Deutschen Germanisten-Verbandes 47, 2000, H. 4, S. 382–394; Erwin Jaeckle, Der Zürcher Literaturschock. Bericht, München/Wien 1968.

[15] Staiger nennt in seiner Rede ausschließlich männliche Autoren, und es darf davon ausgegangen werden, dass er Autorinnen auch nicht zur Reihe der zeitgenössischen SchriftstellerInnen zählt. Daher verwende ich, wenn es um Staigers Argumentation geht, entsprechend nur die männliche Form.

der Öffentlichkeit bewusst werden, die darin bestünde, „im Namen der Menschengemeinschaft" zu sprechen und „Gerechtigkeit, Wahrheit, Maß" zu vermitteln.[16] Dass es um jene Verantwortung in der Gegenwartsliteratur nicht gut bestellt sei, bildet sodann die zweite Hauptthese Staigers. Die sittliche Gesinnung moderner Schriftsteller werde durch die „Scheußlichkeiten großen Stils und ausgeklügelten Perfidien"[17] der Gegenwartsliteratur aufs Schwerste bedroht. Die „littérature engagée"[18] sei in diesem Sinne bloß „eine Entartung jenes Willens zur Gemeinschaft, der Dichter vergangener Tage beseelte"[19]. Moderne Literaten sähen ihren „Lebensberuf" entsprechend darin, „im Scheußlichen und Gemeinen zu wühlen":[20]

> Denn wenn man anfängt, nur das Ungewöhnliche, Einzigartige, Interessante als solches zu bewundern, führt der Weg unweigerlich über das Aparte, Preziöse zum Bizarren, Grotesken und weiter zum Verbrecherischen und Kranken, zum Kranken und Verbrecherischen, [sic!] das nicht als Widerspiel in unserer Einbildungskraft ein wohlgeratenes, höheres Dasein evoziert, das vielmehr um seiner eigenen Reize willen gekostet werden soll und meistens auch gekostet wird.[21]

Staiger weist pauschal die „heute über die ganze westliche Welt verbreitete Legion von Dichtern" zurück, die „behaupten, die Kloake sei ein Bild der wahren Welt, Zuhälter, Dirnen und Säufer Repräsentanten der wahren, ungeschminkten Menschheit". Mit patriarchalischer Entrüstung fragt er dagegen: „In welchen Kreisen verkehren sie? Gibt es denn heute etwa keine Würde und keinen Anstand mehr, nicht den Hochsinn eines selbstlos tätigen Mannes, einer Mutter, die Tag für Tag im stillen wirkt [...]?"[22] Schließlich mündet seine Argumentation in einer Gesamtverurteilung moderner Literatur:[23]

---

16 Staiger, Literatur und Öffentlichkeit (StZ 22), S. 92.
17 Staiger, Literatur und Öffentlichkeit (StZ 22), S. 93.
18 Gemeinhin versteht man unter diesem Terminus politisch-engagierte Literatur etwa von Jean-Paul Sartre oder Bertolt Brecht. Staiger verwendet ihn hier als nicht näher explizierten, pauschalen Sammelbegriff für literarische, von ihm missbilligte Neuerscheinungen.
19 Staiger, Literatur und Öffentlichkeit (StZ 22), S. 91.
20 Staiger, Literatur und Öffentlichkeit (StZ 22), S. 94.
21 Staiger, Literatur und Öffentlichkeit (StZ 22), S. 93.
22 Staiger, Literatur und Öffentlichkeit (StZ 22), S. 93 f.
23 Mit seiner Moderne-Kritik richtet sich Staiger gleichermaßen gegen VertreterInnen der literarischen Moderne als auch einfach gegen die „heutige[] Literatur". Darunter subsumiert er bspw. das Theater von Peter Weiss – den er als einzigen namentlich nennt –, die „Trümmerliteratur" und alle Texte, die das Positive verneinen; vgl. Staiger, Literatur und Öffentlichkeit (StZ 22), S. 95. Insbesondere Max Frisch hat Staiger dafür zeitgenössisch kritisiert: „[P]lötzlich unterscheidest du, wenn es um heutige Literatur geht, nicht einmal zwischen Autoren und sprichst ohne jeden Beleg, ohne Namen, ohne Haft, ohne Unterscheidung, als

Wie steht es dann mit der heutigen Literatur? Soweit sie der uns nur zu wohlbekannte sinistre Geist beherrscht, verbreitet sie das Uebel, das sie um der Wahrheit willen hervorzuziehen und bloßzustellen vorgibt. Sie wirkt entmutigend oder verführt zu jener Niedertracht aus Trotz, zu jener provokatorischen Lust am Gemeinen, die ohnehin dem Unbehagen in der Kultur nicht fern liegt.[24]

Anstelle der „Macht des Scheußlichen"[25] anheim zu fallen, müsse die zeitgenössische Literatur also dringend wieder auf die „Heiterkeit des Schönen"[26] setzen.

Adorno verfolgt eine ganz andere Argumentationslinie. Er betont in seinem Essay zunächst, dass Heiterkeit ein Strukturmerkmal *aller* Kunst ist. Die Heiterkeit der Kunst besteht in ihrer Emanzipation von den Anforderungen der Alltagspraxis und in ihrem „Entronnensein aus den Zwängen von Selbsterhaltung", die für Adorno synonym mit Unfreiheit sind: „Das aber ist ihr [der Kunst, P.G.] nichts Äußerliches sondern ein Stück ihrer eigenen Bestimmung." (Kh, 600) Dass Kunst so etwas wie „Freiheit inmitten der Unfreiheit" repräsentiert, ist der Grund, weshalb sie ein „Glücksversprechen" (Kh, 600) formulieren kann. Gleichzeitig muss Kunst nach Adorno strukturell unbedingt ernst sein, da sie immer auch in die Widersprüche der gesellschaftlichen Wirklichkeit verwickelt ist, von der sie Material und Form erhält: „Ihre Tiefe mißt sich danach, ob sie durch die Versöhnung, die ihr Formgesetz den Widersprüchen bereitet, deren reale Unversöhntheit erst recht hervorhebt." (Kh, 601) So gesehen changiert Kunst stets zwischen den beiden Polen Heiterkeit und Ernst: Zwischen der Heiterkeit im Sinne eines befreiten Lachens darüber, den Selbsterhaltungszwängen entkommen zu sein und damit einen Gegensatz zum „bloßen Dasein" (Kh, 600) auszubilden, und dem Ernst, der das Bewusstsein der Verstrickung in die Macht- und Herrschaftsverhältnisse der Realität artikuliert. Diese Spannung begründet nach Adorno die Dialektik der Kunst.

Diese Dialektik von Ernst und Heiterkeit unterliegt ihm zufolge einer „historischen Dynamik", denn sie ist „ein Entsprungenes, undenkbar in archaischen Werken oder solchen strikt theologischen Ortes" (Kh, 602). Im Anschluss an Henri Bergson, der eine zeitweise „Anästhesie des Herzens"[27], also eine vorübergehende Unabhängigkeit von Emotionen und Trieben und

---

wäre das Unterscheidungsvermögen nicht gerade die Tugend, die du lehrst, eine Voraussetzung großer Kritik." Max Frisch, Endlich darf man es wieder sagen (StZ 22), S. 104–109, hier: S. 109.
24 Staiger, Literatur und Öffentlichkeit (StZ 22), S. 95.
25 Staiger, Literatur und Öffentlichkeit (StZ 22), S. 93.
26 Staiger, Literatur und Öffentlichkeit (StZ 22), S. 97.
27 Bergson, Das Lachen, S. 15.

damit indirekt eine kognitiv-distanzierte Haltung als Voraussetzung von Komik und Lachen bestimmt,[28] geht auch Adorno davon aus, dass das Heitere der Kunst freie Subjektivität im Sinne einer Überwindung der lange als übermächtig empfundenen mythischen Kräfte und Schicksalsmächte voraussetzt. Erst wenn die durch Aufklärung und Technik entzauberten und entmachteten Naturgewalten das menschliche Leben nicht mehr unmittelbar bedrohen, kann über den Mythos gelacht werden: „Im Heiteren der Kunst wird Subjektivität ihrer selbst inne und bewußt. Durch Heiterkeit zieht sie aus dem Verstrickten sich auf sich selbst zurück." (Kh, 603) Adorno betont dabei den wesentlich prozessualen und geschichtlichen Charakter, durch den Kunst sich „dem finster-ausweglosen Mythos" (Kh, 602) entrang. Daher warnt er auch davor, das Heitere der Kunst als ein für alle Mal garantiert, als eine quasi ontologische Gegebenheit zu betrachten. Dieser Gedanke gründet auf der von ihm im Anschluss an Marx und Engels diagnostizierten historischen Entwicklung des Bürgertums. Den beiden Autoren zufolge beanspruchte dieses in seinem Kampf gegen Feudalismus und Absolutismus, das allgemeine Interesse aller Menschen zu vertreten. Dieser Anspruch ist nach Marx und Engels allerdings nur von kurzer Dauer gewesen. Denn mit dem Erfolg der vom Bürgertum angeführten Befreiungsbewegungen sei die Etablierung der kapitalistischen Wirtschaftsordnung einhergegangen, in der die Chancen der gesellschaftlichen Teilhabe und Wohlstandsvermehrung zwischen Kapital und Arbeit schließlich asymmetrisch verteilt worden seien. Die partikularen Interessen des Bürgertums als Repräsentant des Kapitals seien durch diese Wirtschaftsordnung favorisiert und die kapitalistische Wirtschaftsweise selbst als unabänderliche und universale Herrschaftsform ideologisiert worden.[29] Adorno schließt an diese Einschätzung an, wenn er betont, dass auch das Heitere der Kunst „in die geschichtliche Fatalität des Bürgertums" (Kh, 603) geraten ist. Komik verliert nach Adorno hier ihre ursprünglich subversiv-befreiende Funktion und „stumpft unwiederbringlich sich ab; die spätere ist verderbt zum schmatzend einverstandenen Behagen" (Kh, 603).

---

28 Komik und Lachen werden von Bergson zu Beginn der Abhandlung noch nicht voneinander getrennt; vgl. Bergson, Das Lachen, S. 14–16.
29 Vgl. Marx/Engels, Die Bourgeoisie und die Konterrevolution. MEW 6, S. 109. Vgl. auch: „Die preußische Bourgeoisie war nicht, wie die französische von 1789, die Klasse, welche die *ganze* moderne Gesellschaft den Repräsentanten der alten Gesellschaft, dem Königtum und dem Adel, gegenüber vertrat. Sie war zu einer Art von *Stand* herabgesunken, ebenso ausgeprägt gegen die Krone als gegen das Volk, oppositionslustig gegen beide, unentschlossen gegen jeden ihrer Gegner einzeln genommen." (S. 108) Hervorhebung im Original.

Diese Formulierung bildet den Übergang zu Adornos Kritik an der Kulturindustrie, in der durch die massenweise Produktion von standardisierten Produkten alles nur noch auf deren marktmäßige Verkäuflichkeit ausgerichtet wird.[30] Kultur wird in der Kulturindustrie zu einem Bereich, in dem die Subjekte von jeglichen Bestrebungen nach Autonomie, Mündigkeit und Widerstand gegen die bestehende Ordnung abgehalten werden sollen, weshalb Adorno die Kulturindustrie auch als eine der wesentlichen Ideologieproduzentinnen versteht. In ihr wird das einstige „versöhnte Lachen", das als „Echo des Entronnenseins aus der Macht" ertönte, pervertiert zu bloßem Verlachen.[31] Die Heiterkeit der Kulturindustrie ist daher nur noch „synthetisch, falsch, verhext", weshalb Kunst „von sich aus auf Heiterkeit verzichten muss" (Kh, 603). Gerade diese Formulierung wurde von der Forschung lange als grundsätzliches Heiterkeitsverbot missverstanden. Adorno rekurriert hier jedoch nicht auf Heiterkeit als Strukturmerkmal von Kunst, sondern verwirft jene als historisch konkretes, literarisch-inhaltliches Gestaltungsprinzip.[32]

Dementsprechend lassen sich in Adornos Denken zwei Formen von Heiterkeit unterscheiden, nämlich Heiterkeit als Strukturmerkmal *aller* Kunst und Heiterkeit als literarisch-inhaltliches Gestaltungsprinzip des *einzelnen* Kunstwerks in seiner konkreten historischen Situation. Auch wenn sich Adorno gemäß seines Denkens in Konstellationen der Niederschrift einer Definition verwehrt, lassen sich die zwei unterschiedlichen Konnotationen seines Verständnisses von Heiterkeit anhand des Essays nachvollziehen: Bis zum vierten Abschnitt diskutiert Adorno die Dialektik von Ernst und Heiterkeit als Strukturmerkmal aller Kunst. Im vierten bis sechsten Abschnitt verfolgt Adorno die Geschichte von Heiterkeit. Bis ins 16. Jahrhundert fielen beide Formen von Heiterkeit noch zusammen, was sich beispielsweise an den Texten von „Boccaccio, Chaucer, Rabelais" (Kh, 602) und Cervantes zeigen lässt, in denen Heiterkeit als Komik konkret auf der inhaltlichen Ebene Ausdruck fand. Mit der Entstehung und Durchsetzung der kapitalistischen Wirtschaftsordnung, der Vereinnahmung eines Großteils der Kultur durch die Kulturindustrie und nicht zuletzt durch die Zäsur Auschwitz verloren Heiterkeit und Komik jedoch

---

30 Vgl. ausführlich zum *Kulturindustrie*-Kapitel der *Dialektik der Aufklärung* Kapitel VI.2. dieser Arbeit.
31 Vgl. Adorno (mit Horkheimer), Dialektik der Aufklärung. GS 3, S. 162.
32 Vgl. auch Petra Kiedaisch, Ist die Kunst noch heiter? Theorie, Problematik und Gestaltung der Heiterkeit in der deutschsprachigen Literatur nach 1945, Tübingen 1996, S. 159, die als einzige ebenfalls auf den Unterschied zwischen zwei verschiedenen Vorstellungen von Heiterkeit bei Adorno verweist, jedoch an der Rede vom „Verbot" letztlich festhält: „Wohl anerkennt Adorno Heiterkeit als Kunstprinzip, er verbietet sie jedoch als literarisches Gestaltungsprinzip nach Auschwitz."

ihre einstigen befreienden Momente, so dass nach Adorno – gerade um das Strukturelle der Heiterkeit zu retten – künftig unbedingt zwischen Heiterkeit als Strukturmerkmal aller Kunst und Heiterkeit als literarisch-inhaltlichem Gestaltungsprinzip unterschieden werden muss. Insbesondere Auschwitz markiert hier die Differenz, wie Adorno am Beispiel von Jaroslav Hašeks antimilitaristisch-satirischem Schelmenroman *Der brave Soldat Schwejk* zeigt, der während des Ersten Weltkriegs spielt: „Das waren noch gute Zeiten, mit Schlupfwinkeln und Schlamperei mitten im System des Grauens, als Hašek den Schwejk schrieb. Komödien über den Faschismus aber machten sich zu Komplizen jener törichten Denkgewohnheit, die ihn vorweg für geschlagen hält" (Kh, 604). Dieser Vergleich macht deutlich, dass Lachen über Auschwitz für Adorno nicht denkbar ist: „Während Schwejk noch Schlupfwinkel fand, in denen Lachen trotz allem möglich blieb, ist das nazistische Grauen total – totalitär. Man kann ihm nicht entrinnen."[33] Wenn Adorno ab dem sechsten Abschnitt Formen der Parodie, Polemik und des Humors im 20. Jahrhundert diskutiert, meint er damit also vorrangig inhaltliche Gestaltungsprinzipien.

Angesichts der historischen Zäsur Auschwitz ist reiner, unschuldiger Humor in der Kunst für Adorno nicht (mehr) vorstellbar, weil die der Heiterkeit inhärente versöhnende Dimension an der Realität unweigerlich scheitern muss. Sogar ein Versöhnung ablehnender Humor wie die „polemische Parodie" (Kh, 604) wird für Adorno nach Auschwitz fragwürdig. Das hat auch mit Adornos Überlegungen zum schrecklichen Lachen zu tun, die er gemeinsam mit Horkheimer im *Kulturindustrie*-Kapitel der *Dialektik der Aufklärung* formulierte. Anders als das befreite Lachen, das die Emanzipation des Individuums von den Selbsterhaltungszwängen des Daseins bezeugt, ist das schreckliche Lachen vor allem ein Verlachen von Anderen und Schwächeren, weshalb die Autoren es auch als „Echo der Macht"[34] bezeichnen.[35] Für Adorno und Horkheimer steht dieses Lachen in engem Zusammenhang mit dem nationalsozialistischen (Ver-)Lachen und der Erniedrigung, mit der SS-Mitglieder und

---

33 Oshrat Cohen Silberbusch, Rire à tout prix? Theodor W. Adorno wider die falsche Versöhnung. In: Sans phrase. Zeitschrift für Ideologiekritik 11, 2017, S. 186–194, hier: S. 191. Silberbuschs Artikel *Rire à tout prix? Adorno contre la fausse réconciliation* erschien erstmals 2009 auf Französisch in dem Band *Rire, Mémoire, Shoah*. Auch in seinen unveröffentlichten *Ästhetik-Vorlesungen* von 1961/62 beschreibt Adorno die Erfahrung, „daß heutzutage über die sogenannten Grundtexte der Komik, also etwa über Stücke von Aristophanes oder über den Don Quichote oder über Rabelais gar nicht mehr sich lachen läßt oder nur in einem Stande von Rohheit, der in der Welt von Auschwitz, in der wir leben, den letzten Schein seiner Unschuld verloren hat." Adorno, Unveröffentlichtes Vorlesungsmanuskript vom 16.05.1961. Theodor W. Adorno Archiv, Vo 6372, S. 18.
34 Adorno (mit Horkheimer), Dialektik der Aufklärung. GS 3, S. 162.
35 Vgl. ausführlich dazu Kapitel IV.1. dieser Arbeit.

auch PassantInnen in „unverhohlener Heiterkeit"[36] Juden auf der Straße quälten.[37] Nach Oshrat Cohen Silberbusch können Adornos und Horkheimers Überlegungen zum grausamen, schrecklichen Lachen als Fortführung von Bergson gelesen werden, bei dem es heißt:

> Das Lachen ist meist mit einer gewissen *Empfindungslosigkeit* verbunden. Wahrhaft erschüttern kann die Komik offenbar nur unter der Bedingung, daß sie auf einen möglichst unbewegten, glatten seelischen Boden fällt. Gleichgültigkeit ist ihr natürliches Element. Das Lachen hat keinen größeren Feind als die Emotion. Ich will nicht behaupten, daß wir über einen Menschen, für den wir Mitleid oder Zärtlichkeit empfinden, nicht lachen könnten – dann aber müßten wir diese Zärtlichkeit, dieses Mitleid für eine kurze Weile unterdrücken.[38]

„Insensibilität und Gleichgültigkeit"[39] werden bei Adorno und Horkheimer jedoch nicht wie noch bei Bergson als nur vorübergehende Eigenschaften begriffen, sondern als bleibende; Gleichgültigkeit kann leicht in Gewalt und Brutalität umschlagen. Daher ist Gleichgültigkeit, die in der „bürgerlichen Kälte"[40] zum Ausdruck kommt, für Adorno eines der wesentlichen Elemente

---

36 Silberbusch, Rire à tout prix, S. 187.
37 Tatsächlich beschreibt Adorno das kollektive Lachen in einer seiner späteren soziologischen Arbeiten als „Kompromiß zwischen der Lust, die eigene Aggression loszuwerden, und den hemmenden Zensurmechanismen, die das nicht dulden. Das kulminiert in dem der Wut verwandten schallenden Gelächter, mit dem die Meute den Abweichenden zum Schweigen bringt, einem Verhalten, das, wenn die Bedingungen es gestatten, in die physische Gewalttat umschlägt und dabei noch diese zivilisatorisch rechtfertigt, indem sie sich gebärdet, als wäre alles nur Spaß." Adorno, Anmerkungen zum sozialen Konflikt heute. GS 8, S. 193. In diesem Essay erläutert Adorno die Verbindung seines im Wintersemester 1964/65 abgehaltenen Seminars zur Soziologie des Lachens mit dem im darauffolgenden Semester über den sozialen Konflikt. Im *Theodor W. Adorno-Archiv* befindet sich ein bisher unveröffentlichtes, sechsseitiges Typoskript zum ersten Seminar, in dem Adorno seine Erwartungen und Überlegungen festgehalten hat und das für diese Arbeit eingesehen wurde. Im Wesentlichen enthält das Dokument Leitfragen für die Studierenden, wie sie das Lachen im Alltag beobachten können, so dass im Seminar gemeinsam darüber diskutiert werden kann. Da die Ausrichtung des Seminars ausschließlich soziologisch war und für Adornos ästhetische Überlegungen nur eine marginale Rolle spielt, wird in dieser Arbeit nicht weiter auf das Typoskript eingegangen. Die grundlegenden Aspekte werden dargestellt bei: Eckart Schörle, Das Lach-Seminar. Anmerkungen zu Theorie und Praxis bei Adorno. In: WerkstattGeschichte 35, 2003, S. 99–108.
38 Bergson, Das Lachen, S. 14.
39 Silberbusch, Rire à tout prix, S. 188.
40 In der *Negativen Dialektik* heißt es, dass die Kälte, das „Grundprinzip[] der bürgerlichen Subjektivität" sei, „ohne das Auschwitz nicht möglich gewesen wäre"; Adorno, Negative Dialektik. GS 6, S. 356. Vgl. zum Begriff der „bürgerlichen Kälte" auch: „Das Korrelat zur Stichflamme jedoch, welche die von Schönberg so genannte animalische Wärme austilgt, ist bürgerliche Kälte, eine Teilnahmslosigkeit des ästhetischen Subjekts, in welcher die stumme Klage des So-ist-es nicht

des Antisemitismus und deutschen Nationalsozialismus. Das schreckliche Lachen findet sein Pendant in der NS-Parole ‚Hart wie Kruppstahl': „Fun ist ein Stahlbad. Die Vergnügungsindustrie verordnet es unablässig. Lachen in ihr wird zum Instrument des Betrugs am Glück."[41]

Nach Adorno ist daher, wie bereits in Kapitel IV.1. gezeigt, alles Lachen nach Auschwitz vom antisemitischen Verlachen infiziert. Aus diesem Grund wendet er sich in *Ist die Kunst heiter?* auch gegen parodistische und satirische Darstellungen des Faschismus, die suggerieren, dieser sei längst vorüber und nur von größenwahnsinnigen „Clowns" (Kh, 604) ins Werk gesetzt worden. Genau solche Darstellungen banalisieren nach Adorno die tatsächlich geschehenen Verbrechen.[42] Der Hinweis auf die „Clowns" lässt vermuten, dass Adorno hier vor allem Charlie Chaplins *The Great Dictator* im Sinn hat.[43] An anderer Stelle hat sich Adorno jedoch gerade zum Potential des versöhnenden Lachens bei Chaplin geäußert. In seinem kurzen Essay *Zweimal Chaplin* schildert Adorno eine persönliche Begegnung mit diesem im Haus von Freunden in Malibu. Chaplin stand neben ihm, als Adorno sich „ein wenig geistesabwesend"[44] von einem berühmten Schauspieler verabschiedete. Er zuckte heftig zurück, als er bemerkte, dass der Abschied Nehmende ihm anstelle einer Hand „aus Eisen gefertigte, aber praktikable Klauen" hinhielt:

> Als ich die Rechte schüttelte, und sie auch noch den Druck erwiderte, erschrak ich aufs äußerste, spürte aber sofort, daß ich das dem Verletzten um keinen Preis zeigen dürfte, und verwandelte mein Schreckgesicht im Bruchteil einer Sekunde in eine verbindliche Grimasse, die weit schrecklicher gewesen sein muß. Kaum hatte der Schauspieler sich entfernt, als Chaplin bereits die Szene nachspielte. So nah am Grauen ist alles Lachen, das er bereitet und das einzig in solcher Nähe seine Legitimation gewinnt und sein Rettendes.[45]

---

mehr auseinander zu halten ist von der durchs universale Konkurrenzprinzip verursachten, bereitwillig verinnerlichten Gleichgültigkeit gegen die anderen." Adorno, Richard Strauss. GS 16, S. 586.
41 Adorno (mit Horkheimer), Dialektik der Aufklärung. GS 3, S. 162.
42 Vgl. dazu auch Adornos Kritik an Brechts Theaterstück *Der unaufhaltsame Aufstieg des Arturo Ui* im Essay *Engagement* von 1962: „Das wahre Grauen des Faschismus wird eskamotiert; er ist nicht länger ausgebrütet von der Konzentration gesellschaftlicher Macht, sondern zufällig wie Unglücksfälle und Verbrechen. So verordnet es der agitatorische Zweck; der Gegner muß verkleinert werden, und das fördert die falsche Politik, wie in der Literatur so auch in der Praxis vor 1933." Adorno, Engagement. GS 11, S. 417f.
43 Ob Adorno sich noch auf andere Filme bezieht, ist unklar. Nach Martina Thiele sind in der Nachkriegszeit folgende Filme entstanden, welche die Shoah thematisieren: *Morituri* (1948), *Nacht und Nebel* (1955), *Mein Kampf* (1960), *Nackt unter Wölfen* (1963) und *Ein Tag* (1965). Diese arbeiten allesamt jedoch nicht mit komischen oder satirischen Elementen; Martina Thiele, Publizistische Kontroversen über den Holocaust im Film, Münster 2001.
44 Adorno, Zweimal Chaplin. GS 10.1, S. 365.
45 Adorno, Zweimal Chaplin. GS 10.1, S. 365f.

Rettend ist dieses Lachen, weil es in direkter Nähe zum „Grauen" steht. Adorno meint hier eine „reelle Nähe, in Raum und Zeit"[46]. Da das Lachen unmittelbar auf das „Grauen" folgt, kann es dieses überwinden und dem Verletzten Gerechtigkeit widerfahren lassen – das ist sein Rettendes.

Hier erklärt sich auch, weshalb Adorno ein verspätetes Lachen über beispielsweise parodistische Darstellungen des Nationalsozialismus ablehnt: „Sechzig Jahre später über die SS oder Hitler zu lachen, das ist eine andere Geschichte. Zu spät würde Adorno sagen. Hitler hat gewonnen. In dieser Situation ist Lachen keine Waffe mehr, sondern Banalisierung des Grauens."[47] Damit korrespondiert eine Stelle aus Adornos 1965 geschriebenem Essay *Auf die Frage: Was ist deutsch*, in dem er feststellt: „[O]hne den deutschen Ernst [...] hätte Hitler nicht gedeihen können". Denn „in den westlichen Ländern, wo die Spielregeln der Gesellschaft den Massen tiefer eingesenkt sind, wäre er dem Lachen verfallen"[48]. Adorno hat hier das zeitgleiche und dadurch subversive Lachen über die Reden und Gesten des Diktators im Sinn, das dadurch zu einem echten Akt des Widerstands hätte werden können. Dieses Lachen wäre „gut und revolutionär"[49]:

> Hätten die Deutschen im Jahre 1933 über Hitler gelacht, so wäre ihr Lachen subversiv und rettend gewesen. 70 Jahre später, im komfortablen Multiplexsessel, ist Lachen weder subversiv noch rettend, sondern ein Unrecht an den Opfern. Mit anderen Worten, man muss rechtzeitig zu lachen wissen.[50]

Chaplins *The Great Dictator* ist 1940, also zeitgleich zum Nationalsozialismus und noch vor der Kenntnis des vollen Ausmaßes der NS-Vernichtungspolitik entstanden; genau genommen erfüllt dieser Film also Adornos Idee vom zeitgleichen und rechtzeitigen Lachen. Adorno kann jedoch 1967, zum Zeitpunkt der Entstehung von *Ist die Kunst heiter?* nur den Standpunkt des *nach Auschwitz* einnehmen und aus diesem Blickwinkel und vor allem mit dem Wissen von Auschwitz auf Chaplins Film schauen; aus dieser Perspektive erscheint ihm die satirische Darstellung von Hitler als Bagatellisierung der realen Verbrechen:

> Daher ist der Spaß des Faschismus, den auch Chaplins Film registrierte, unmittelbar zugleich das äußerste Entsetzen. [...] Auch der ›Große Diktator‹ verliert die satirische Kraft und frevelt in der Szene, wo ein jüdisches Mädchen SA-Männern der Reihe nach eine

---

[46] Silberbusch, Rire à tout prix, S. 192.
[47] Silberbusch, Rire à tout prix, S. 192.
[48] Adorno, Auf die Frage: Was ist deutsch. GS. 10.2, S. 695.
[49] So eine Formulierung Adornos in einem Brief an Benjamin. Davon unterscheidet er das Lachen, das des „schlechtesten bürgerlichen Sadismus voll" ist; Adorno an Benjamin, 18.03.1936. BW 1, S. 171. Vgl. dazu ausführlich FN 51 dieses Kapitels.
[50] Silberbusch, Rire à tout prix, S. 193.

Pfanne auf den Kopf haut, ohne daß es in Stücke zerrissen würde. Dem politischen Engagement zuliebe wird die politische Realität zu leicht gewogen: das mindert auch die politische Wirkung.⁵¹

Gerade um als Kunstwerk politisch noch wirksam sein zu können, muss Kunst nach Auschwitz auf vereinfachende und verharmlosende Darstellungen des Nationalsozialismus verzichten. Denn solche suggerieren, dass dieser lange vorüber und geschlagen ist und verkennen, dass „die geschichtlichen Kräfte, welche das Grauen hervorbrachten [...] aus der Gesellschaftsstruktur an sich" stammen:

> Es sind keine der Oberfläche und viel zu mächtig, als daß es irgendeinem zustünde, sie zu behandeln, als hätte er die Weltgeschichte hinter sich, und die Führer wären tatsächlich die Clowns, deren Gedalber ihre Mordreden nachträglich erst ähnlich wurden. (Kh, 604)

Daher betont Adorno auch, „daß danach, weil es möglich war und bis ins Unabsehbare möglich bleibt, keine heitere Kunst mehr vorgestellt werden *kann*" (Kh, 603 – Hervorhebung P.G.).⁵² Dieser Gedankengang verdeutlicht, dass Adorno Heiterkeit keineswegs grundsätzlich verwirft, sondern vielmehr die gegenwärtige Unmöglichkeit einer *Vorstellung* von heiter gestalteter Kunst betont; dies heißt jedoch nicht, dass künftig jene Unmöglichkeit nicht außer Kraft gesetzt werden könnte. Denn in der im Anschluss an seinen Vortrag stattfindenden PEN-Diskussion betont Adorno mit Blick auf die gegenwärtige Situation der Kunst, „dass es einen Zustand gibt, der davon sich sehr einmal unterscheiden wird"⁵³.

---

51 Adorno, Engagement. GS 11, S. 418. Vgl. zur Kritik an Chaplin auch einen Brief Adornos an Benjamin, in dem Adorno Chaplin nicht zur Avantgarde zählt. Die Kritik an Chaplin muss hier jedoch vorrangig als Kritik an Benjamins These aus dem *Kunstwerk-Aufsatz* gelesen werden, nach welcher der Film revolutionäres Potential gerade wegen der gemeinsam erlebten Rezeption und des „kollektive[n] Gelächter[s]" besitze; vgl. Benjamin, Das Kunstwerk im Zeitalter seiner technischen Reproduzierbarkeit. GS VII.1, S. 377f. Adorno argumentiert dagegen: „Das Lachen der Kinobesucher ist [...] nichts weniger als gut und revolutionär sondern des schlechtesten bürgerlichen Sadismus voll; [...] Und daß [...] der Reaktionär durch Sachverständnis vorm Chaplinfilm zum Avantgardisten werde – das scheint mir ebenfalls eine Romantisierung durchaus, denn weder kann ich Kracauers Liebling, auch jetzt nach Modern Times, zur Avantgarde rechnen (warum, wird wohl aus der Jazzarbeit völlig klar hervorgehen), noch glaube ich, daß von den anständigen Elementen daran irgendeines rezipiert wird. Man muß nur in diesem Film das Publikum haben lachen hören, um zu wissen, woran man ist." Adorno an Benjamin, 18.03.1936. BW 1, S. 171f.
52 Vgl. zu Adornos Zurückweisung von komischen Darstellungen des Faschismus auch den Aphorismus *Abdeckerei* in den *Minima Moralia* (bes. S. 266).
53 Adorno, Ist die Kunst heiter, Theodor W. Adorno Archiv, TA 162, TC 0:57:10–0:57:30.

Mit seiner Absage an die künstlerischen Stilmittel der Parodie und Polemik[54] meint Adorno also Heiterkeit als inhaltliches Gestaltungsprinzip, da es seiner Ansicht nach „Frevel an den Opfern übt" (Kh, 604). Er resümiert, dass sich Heiterkeit in Kunstwerken nach 1945 dagegen nur noch als „Selbstkritik, als Komik der Komik" (Kh, 605) ausdrücken kann. Die Alternativen ernst und heiter sowie Tragik und Komik, die Adorno ohnehin nie als Dichotomie gedacht hat, lösen sich in der zeitgenössischen Kunst auf; Kunst ist laut Adorno nicht mehr ganz heiter und nicht mehr ganz ernst. Wie sich das ursprüngliche Spannungsverhältnis verändert hat, ist Gegenstand der folgenden Überlegungen.

1.1 Dichotomie von Ernst und Heiterkeit – Friedrich Schiller

Mit der Überzeugung, dass Heiterkeit für „die Kunst als ganze" (Kh, 600) gilt, schließt Adorno an Schiller an. Dieser geht davon aus, dass das Heitere der Kunst insbesondere in ihrem Spielcharakter bestehe, der zwischen dem Sach- und Formtrieb vermittle. Der Sach- bzw. Stofftrieb[55] wird verstanden als „alles materiale Sein, und alle unmittelbare Gegenwart in den Sinnen". Er habe also das „*Leben*"[56] zum Gegenstand und bezeichne den sinnlich bestimmten Zustand des Menschen, der den Naturgesetzen unterliege. Der Formtrieb dagegen meint die „Gestalt"[57] des Kunstwerks, die den Gesetzen der Vernunft gehorcht. Der Gegenstand des Spieltriebs, der beide vereint, ist nach Schiller daher die „*lebende Gestalt*" oder anders gesagt: die „*Schönheit*"[58] der Kunst. Ihm zufolge fordert die Vernunft die Vermittlung von Sach- und Formtrieb:

---

[54] Auf das literarische Mittel der Ironie geht Adorno nicht ein. Weder bezieht er sich auf Hegels Kritik an Schlegels Theorie der romantischen Ironie noch diskutiert er Ironie als rhetorisches oder künstlerisches Prinzip. Einzig in seinem Aphorismus *Juvenals Irrtum* aus den *Minima Moralia* lassen sich Hinweise auf eine Beschäftigung mit Ironie finden, die für ihn, ebenso wie die Satire, als Gestaltungsprinzip spätestens angesichts von Auschwitz unmöglich geworden ist, weil ihr Bündnis mit dem „Stärkeren" und ihre „einspruchslose[] Hämischkeit", etwas Gewaltsames an sich haben; vgl. Adorno, Minima Moralia. GS 4, S. 239 f. (Juvenals Irrtum).
[55] Vgl. Schiller, Über die ästhetische Erziehung des Menschen, S. 628 f., wo er Sach- und Stofftrieb als identische Phänomene behandelt. Vgl. auch Carsten Zelles Beitrag, der Sach- und Stofftrieb bei Schillers Bestimmung des Schönen ebenfalls gleichsetzt; Carsten Zelle, Über die ästhetische Erziehung des Menschen in einer Reihe von Briefen (1795). In: Matthias Luserke-Jaqui (Hg.), Schiller Handbuch. Leben – Werk – Wirkung, Stuttgart/Weimar 2005, S. 409–445.
[56] Schiller, Über die ästhetische Erziehung des Menschen. Bd. 8, S. 609. Hervorhebung im Original.
[57] Schiller, Über die ästhetische Erziehung des Menschen. Bd. 8, S. 609.
[58] Schiller, Über die ästhetische Erziehung des Menschen. Bd. 8, S. 609. Hervorhebung im Original.

> [E]s soll eine Gemeinschaft zwischen Formtrieb und Sachtrieb, das heißt, ein Spieltrieb sein, weil nur die Einheit der Realität mit der Form, der Zufälligkeit und Notwendigkeit, des Leidens mit der Freiheit den Begriff der Menschheit vollendet. [...] Sobald sie demnach den Ausspruch tut: es soll eine Menschheit existieren, so hat sie eben dadurch das Gesetz aufgestellt: es soll eine Schönheit sein.[59]

Im heiteren ästhetischen Spiel gelingt nach Schiller die Verknüpfung von „Gesetz und Bedürfnis"[60], von Idee und Sinnlichkeit. Diese Synthese trete im Kunstwerk als Schönheit sinnlich in Erscheinung. Die deduktive Ableitung eines Vernunftbegriffs der Schönheit ist für Schiller von entscheidender Bedeutung. Denn ihm zufolge kann es nur die Schönheit sein, „durch welche man zur Freiheit wandelt"[61], und die demnach „eine notwendige Bedingung der Menschheit"[62] werden müsse. Letztlich sei also nur von der schönen Kunst eine sittliche Gesinnung und moralische Besserung des Menschen zu erwarten. Dabei kommt trotz aller Vermittlungsleistung des Spieltriebs der Form das Primat zu:

> In einem wahrhaft schönen Kunstwerk soll der Inhalt nichts, die Form aber alles tun; denn durch die Form allein wird auf das Ganze des Menschen, durch den Inhalt hingegen nur auf einzelne Kräfte gewirkt. Der Inhalt, wie erhaben und weitumfassend er auch sei, wirkt also jederzeit einschränkend auf den Geist, und nur von der Form ist wahre ästhetische Freiheit zu erwarten. Darin also besteht das eigentliche Kunstgeheimnis des Meisters, *daß er den Stoff durch die Form vertilgt* [...].[63]

Während der Künstler den Stoff aus der Gegenwart nehmen müsse, sei die Form etwas, was „jenseits aller Zeit" existiere und „von der absoluten unwandelbaren Einheit seines Wesens" [des Künstlers, P.G.][64] zu entlehnen sei. Dass die Form den Stoff zu dominieren habe, verdeutlicht auch der letzte Abschnitt des *Wallenstein*-Prologs, auf den auch Adorno in seinem Essay Bezug nimmt:

> Und wenn die Muse heut,
> Des Tanzes freie Göttin und Gesangs,
> Ihr altes deutsches Recht, des Reimes Spiel,
> Bescheiden wieder fordert – tadelts nicht!
> Ja danket ihr`s, daß sie das düstre Bild
> Der Wahrheit in das heitre Reich der Kunst
> Hinüberspielt, die Täuschung, die sie schafft

---

59 Schiller, Über die ästhetische Erziehung des Menschen. Bd. 8, S. 610.
60 Schiller, Über die ästhetische Erziehung des Menschen. Bd. 8, S. 611.
61 Schiller, Über die ästhetische Erziehung des Menschen. Bd. 8, S. 560.
62 Schiller, Über die ästhetische Erziehung des Menschen. Bd. 8, S. 592.
63 Schiller, Über die ästhetische Erziehung des Menschen. Bd. 8, S. 641. Hervorhebung im Original.
64 Schiller, Über die ästhetische Erziehung des Menschen. Bd. 8, S. 584.

> Aufrichtig selbst zerstört und ihren Schein
> Der Wahrheit nicht betrüglich unterschiebt,
> Ernst ist das Leben, heiter ist die Kunst.[65]

Schiller bindet die Heiterkeit der Kunst also vorrangig an ihre Form und nicht an den Stoff, der im Falle des *Wallenstein* auch kaum heiter genannt werden kann. Er wollte das, „was an dem Drama Kunst sei, als heiter reklamieren: die poetische Form, die sich dem Stoff ‚entzieht'"[66]. Die Form des Kunstwerks meint dabei nicht einfach nur seine ästhetische Gestalt, sondern vor allem den Unterschied von Kunst und Wirklichkeit. Das Kunstwerk untersteht demnach seinem eigenen Formgesetz, das darüber entscheidet, welche Bestandteile der Realität betont, umgebildet oder weggelassen werden: „Die Form ist das Gesetz der poetischen Wahrheit."[67] Dementsprechend wird die Vermittlung zwischen Wirklichkeit und Kunst

> erst durch das Prinzip der Form gestiftet; durch sie wird die Wirklichkeit im Kunstwerk aufgehoben, der Stoff wird durch die Form vertilgt, und zugleich wird die Kunst als Kunst, die Täuschung als Täuschung kenntlich gemacht; damit wird der Illusion entgegengewirkt, als ob im Kunstwerk unmittelbar die Wahrheit des Wirklichen anzutreffen sei.[68]

Goethe dagegen weist die prinzipielle Unterscheidung von Stoff und Form zurück, weshalb sich Heiterkeit bei ihm auch nicht ausschließlich auf der Formebene finden lässt: „Von heiterer Kunst spricht Goethe erst dann, wenn es dem Künstler gelingt, auch dem Stoff, den er der Wirklichkeit selektierend entnimmt, und dem Gehalt, den er in sein Werk hineinlegt, Heiterkeit abzugewinnen."[69] So lässt sich auch Goethes folgenreicher Eingriff in den Prolog des

---

65 Friedrich Schiller, Wallenstein. In: Schiller, Werke und Briefe, hg. v. Otto Dann u. a., Bd. 4: Wallenstein, hg. v. Frithjof Stock, Frankfurt am Main 2000, S. 17.
66 Norbert Oellers, Die Heiterkeit der Kunst. Goethe variiert Schiller. In: Gunter Martens (Hg.), Edition als Wissenschaft. Festschrift für Hans Zeller, Tübingen 1991, S. 92–103, hier: S. 102. Vgl. auch Anja Höfer, Heiterkeit auf dunklem Grund. Zu einem zentralen Begriff in Goethes Kunstanschauung. In: Petra Kiedaisch/Jochen A. Bär (Hg.), Heiterkeit. Konzepte in Literatur und Geistesgeschichte, München 1997, S. 85–110, hier: S. 96.
67 Ulrich Karthaus, Die Heiterkeit der Kunst. Zu Schillers Ästhetik. In: Sascha Feuchert/Joanna Jablowska/Jörg Riecke (Hg.), Literatur und Geschichte. Festschrift für Erwin Leibfried, Frankfurt am Main 2007, S. 271–282, hier: S. 272.
68 Anita und Jochen Golz, „Ernst ist das Leben, heiter sey die Kunst!" Goethe als Redakteur des „Wallenstein"-Prologs. In: Karl-Heinz Hahn (Hg.), Im Vorfeld der Literatur. Vom Wert archivalischer Überlieferung für das Verständnis von Literatur und ihrer Geschichte, Weimar 1991, S. 17–29, hier: S. 25.
69 Höfer, Heiterkeit auf dunklem Grund, S. 95.

Wallenstein anlässlich der Uraufführung am 12. Oktober 1798 in Weimar erklären: „Ernst ist das Leben, heiter sey die Kunst!"[70]

Goethes Poetik der Heiterkeit ist vor allem auch gegen die ihm pessimistisch und düster erscheinende Literatur der Engländer gerichtet:

> Die wahre Poesie kündigt sich dadurch an, daß sie, als ein weltliches Evangelium, durch innere Heiterkeit, durch äußeres Behagen, uns von den irdischen Lasten zu befreien weiß, die auf uns drücken. [...] Die muntersten wie die ernstesten Werke haben den gleichen Zweck, durch eine glückliche geistreiche Darstellung so Lust als Schmerz zu mäßigen.[71]

Goethes Heiterkeit der Kunst soll also durch Mäßigung, Ausgewogenheit und Ausgleich mit dem Ernsten konkret das leidvolle Leben lindern und zur Erheiterung der Seele in einer den Menschen belastenden Wirklichkeit beitragen. Eine solche Indienstnahme der Kunst zur Versöhnung des Ernsten mit dem Heiteren weist Adorno zurück,[72] da sich in seiner Konzeption die beiden Pole Ernst und Heiterkeit im Kunstwerk in einem ständigen Prozess befinden, sich aneinander abreiben, ja „vibrieren" (Kh, S. 601) müssen. Goethes Konzeption konnte Adorno also nicht zur Unterstreichung und Bekräftigung seiner eigenen dialektischen Position dienen, weshalb er auf eine Auseinandersetzung mit ihr in seinem Essay verzichtete.

Indem Schiller hingegen das Bild der Wirklichkeit[73] strikt vom heiteren Reich der Kunst und der Freiheit abgrenzt, erhebt er die Heiterkeit zum Charakteristikum von Kunst schlechthin, worin Adorno mit ihm übereinstimmt:

---

70 Vgl. zu Goethes Änderungen des Prologs insbesondere folgende instruktive Arbeiten: Golz, „Ernst ist das Leben, heiter sey die Kunst!"; Oellers, Die Heiterkeit der Kunst; Höfer, Heiterkeit auf dunklem Grund; grundsätzlich zur Heiterkeit bei Goethe außerdem: Weinrich, Kleine Literaturgeschichte der Heiterkeit, wobei Weinrich vor allem aus biographistischer Perspektive die heitere Persönlichkeit des Dichters betont. Schöttkers Annahme, dass Schiller Goethes Änderungen nicht in seine Druckfassung übernommen habe, weil die Heiterkeits-Idee am Ende des 18. Jahrhunderts keine Rolle mehr gespielt habe, greift angesichts der unterschiedlichen Positionen der beiden Dichter dagegen zu kurz; vgl. Schöttker, Metamorphosen der Freude, S. 370 f.
71 Johann Wolfgang Goethe, Aus meinem Leben. Dichtung und Wahrheit. Bd. 14, hg. v. Klaus-Detlef Müller. In: Goethe, Sämtliche Werke, hg. v. Dieter Borchmeyer u. a., Frankfurt am Main 1986, S. 631.
72 Goethes ‚Versöhnung' von Ernst und Heiterkeit weist Adorno zwar zurück, dass Stoff und Form jedoch nicht absolut geschieden sind, vertritt er selbst; vgl. Adorno, Ästhetische Theorie. GS 7, S. 210: „Das den Kunstwerken Spezifische, ihre Form, kann als sedimentierter und modifizierter Inhalt nie ganz verleugnen, woher sie kam. Ästhetisches Gelingen richtet sich wesentlich danach, ob das Geformte den in der Form niedergeschlagenen Inhalt zu erwecken vermag."
73 Auch ich verstehe das „düstre Bild / Der Wahrheit" aus dem *Wallenstein*-Prolog als Beschreibung der Realität und folge damit der gängigen Forschungsmeinung, die in Goethes Verbesserung dieses Verses in „das düstre Bild / der Wirklichkeit" in der Bühnenfassung vom

> Das Heitere an der Kunst ist, wenn man so will, das Gegenteil dessen, als was man es leicht vermutet, nicht ihr Gehalt sondern ihr Verhalten, das Abstrakte, daß sie überhaupt Kunst ist, aufgeht über dem, von dessen Gewalt sie zugleich zeugt. Darin bestätigt sich der Gedanke des Philosophen Schiller, der die Heiterkeit der Kunst in ihrem Wesen als Spiel erkannte und nicht in dem, was sie, auch jenseits des Idealismus, an Geistigem ausspricht. Kunst ist a priori, vor ihren Werken, Kritik des tierischen Ernstes, welchen die Realität über die Menschen verhängt. Indem sie das Verhängnis nennt, glaubt sie es zu lockern. Das ist ihr Heiteres." (Kh, 600f.)

Die hinlängliche Übereinstimmung stößt jedoch sogleich an ihre Grenzen. Denn Adorno kritisiert wesentliche Voraussetzungen von Schillers Ästhetik-Konzeption. Gleich zu Beginn des Essays wendet Adorno sich gegen die starre Zweiteilung des Schlussverses des *Wallenstein*. Schillers Bestimmung der Form als eine gänzlich zeitenthobene und wesentlich der freien Selbstbestimmung des Künstlers unterliegende Kraft verwirft Adorno, da die Form, ebenso wie Heiterkeit, ihm zufolge einer historischen Dynamik untersteht und daher keineswegs als vollkommen unabhängig von den jeweiligen gesellschaftlichen Verhältnissen begriffen werden darf. Darüber hinaus fürchtet er, dass die Kunst, wenn sie so rigide von der Wirklichkeit getrennt wird, jeglichen Einflusses auf diese beraubt wird, so dass die Realität sich die Kunst als harmlosen Gegenpart umso leichter einverleiben kann. Anders ist es nach Adorno zu Zeiten des Ovid gewesen, auf dessen Spruch aus den *Tristien* er Schillers berühmten Schlussvers zurückführt. Ovid versuchte Adorno zufolge mit dem Ausspruch „Vita verecunda est, Musa iocosa mea", den von Ausschweifungen gekennzeichneten Teil seines Lebens in die Kunst zu verlagern, um dadurch dem anderen Teil des Lebens den von der Augustinischen Regierung geforderten ernst- und tugendhaften Charakter zu verleihen.[74] Mit „lateinischer Schlauheit" (Kh, 599) geht es Ovid vorrangig um

---

12. Oktober 1798 die plausiblere Variante sieht; vgl. bspw. Oellers, Goethe variiert Schiller, S. 100; Höfer, Heiterkeit auf dunklem Grund, S. 96.

74 Vollständig heißt es bei Ovid: „[C]rede mihi, distant mores a carmine nostri – / vita verecunda est, Musa iocosa mea – / magnaque pars mendax operum est et ficta meorum." (Glaub mir, mein Lebenswandel hat mit meiner Dichtung nichts zu tun: mein Leben ist keusch, meine Muse locker; ein großer Teil meiner Werke ist erfunden und erdichtet und hat sich mehr herausgenommen als der Verfasser.) Ovid, Tristia II. Bd. I., hg., übers. u. erkl. v. Georg Luck, Heidelberg 1967, V. 353–355, S. 88 f. Karthaus führt die Schiller'sche Sentenz auf einen Satz des Hippokrates zurück und beruft sich damit erstaunlicherweise auf Weinrich, der den Hippokratischen Satz zwar diskutiert, jedoch keineswegs in Zusammenhang mit Schillers Schlussvers bringt; vgl. Harald Weinrich, Knappe Zeit. Kunst und Ökonomie des befristeten Lebens, München 2004, S. 15–24. Der Satz des Hippokrates lautet: „Kurz ist das Leben, lang ist die Kunst". Hippokrates, Ausgewählte Schriften. Bd. 1, hg. v. Hans Diller, Stuttgart 1994, S. 191. Tatsächlich scheint Karthaus' Herleitung jedoch nicht unplausibel, da Schiller, selbst Arzt, die Sentenz in einem Brief kurz vor seinem Tod aufgriff und variierte: „[D]as Leben hat einen kurzen

Begnadigung; seine Kunst ist nämlich eine gewesen, die sich den Versuch des Eingriffs in die Wirklichkeit noch zutraute. Denn die bemühte Verlagerung des Heiteren in die Kunst und des Ernsten in das Leben ist bei Ovid nach Adorno nur ein Vorwand, um dem faktisch leidvollen ‚Ernst des Lebens' – in Ovids Fall der Verbannung aus Rom – zu entgehen, ja diesen gleichsam zu tilgen und sein Leben wieder heiter sein zu lassen.

Laut Adorno verfehlt Schiller genau diese eigentümliche Verwiesenheit von Ernst und Heiterkeit, wenn er beide Sphären strikt auseinanderhält. Damit kritisiert Adorno Schillers gesamte Kunstauffassung, die zwar eine Vorstellung einer materiell-sinnlichen Gebundenheit von Kunst etabliert, Materie allerdings eher als Hindernis für die Ausbildung des Schönen versteht.[75] Die für Adorno so wichtige Erkenntnis, dass Kunst immer auch (schmerzlich) mit Gesellschaft verbunden ist, weil sie Material und Form von ihr empfängt und sich zugleich gegen diese auflehnt, fehlt in Schillers ästhetischen Überlegungen gänzlich. Folge seiner Sentenz ist daher „die verfestigte und allbeliebte Zweiteilung zwischen Beruf und Freizeit" (Kh, 599), die sich in der Moderne schließlich durchsetzte. Das widerständige, utopische Potential, das der Kunst bei Ovid noch zukam, wird bei Schiller dagegen getilgt: „[D]em Idealisten verdeckt sich die Möglichkeit, es könne real einmal anders werden" (Kh, 599). Adorno problematisiert jene Dichotomie vor allem auch deshalb, weil sie der Kulturindustrie zuarbeitet. Diese kann sich nämlich einer derart isolierten Kunst, die bloß noch als „Vitaminspritze für müde Geschäftsleute verordnet" (Kh, 599 f.) wird, umso leichter bemächtigen und damit ihr widerständiges Potential nivellieren und eingliedern.

Dass Adorno sich gerade mit Schillers Position so intensiv auseinandersetzt, liegt nicht nur daran, dass dieser Heiterkeit wesentlich als *ästhetische* Kategorie etablierte, sondern vor allem auch wegen des bis ins 20. Jahrhundert reichenden

---

Lenz und die Kunst ist unendlich"; vgl. Friedrich Schiller, An Karl Gotthard Grass. In: Schiller, Briefe II. Bd. 12, hg. v. Norbert Oellers, Frankfurt am Main 2002, S. 734. Außerdem passt die Vorstellung von der Unendlichkeit der Kunst zu Schillers Auffassung einer zeitenthobenen Heiterkeit; vgl. Karthaus, Die Heiterkeit der Kunst, S. 271. Dennoch erscheint aufgrund der deutlicheren inhaltlichen Übereinstimmung Adornos Rückführung der Sentenz auf Ovid insgesamt überzeugender, wobei es gut sein kann, dass Ovid selbst seinen Satz dem des Hippokrates nachgebildet hat.

75 Vgl. bspw. Schiller, Über die ästhetische Erziehung des Menschen. Bd. 8, S. 640: „Die Ursache ist, weil auch die geistreichste Musik *durch ihre Materie* noch immer in einer größeren Affinität zu den Sinnen steht, als die wahre ästhetische Freiheit duldet, weil auch das glücklichste Gedicht von dem willkürlichen und zufälligen Spiele der Imagination, *als seines Mediums*, noch immer mehr partizipiert, als die innere Notwendigkeit des wahrhaft Schönen verstattet [...]."

Einflusses seiner Überlegungen zur Heiterkeit. Bis heute schließen AutorInnen an Schiller an, was auch damit zusammenhängen dürfte, dass er auf antike, lebensphilosophische Heiterkeitsvorstellungen zurückgreift.[76] Das römische Heteronym *serenitas* bezeichnet sonnig-heiteres Wetter, kann aber auch den Gemüts- und Seelenzustand insbesondere der Götter beschreiben, die fernab der menschlichen Nöte ein sorgenfreies Leben, eine *vita serena*[77], führen.[78] Daher gaben die Römer ihrem höchsten Gott Jupiter auch den Beinamen *serenus*. Nach der Lehre der Stoiker und Epikureer ist derjenige Mensch heiter, dem die Götter gnädig sind, oder derjenige, der sich von der Angst vor ihnen befreit und ein den Göttern gleiches Leben führt.[79] Ihr Konzept der *tranquillitas animi* formuliert die philosophisch-anthropologischen Ziele der Ausgeglichenheit, Ruhe, Weisheit, Ich-Identität und ein „Gefühl des gottähnlichen Darüberstehens"[80]. Diese Ziele erreichen die Menschen vor allem durch ihre geistigen Fähigkeiten: „[H]elle Erkenntnis und klare Vernunft, nicht wirre Sinnlichkeit und dunkle Leidenschaft"[81] würden zur heiteren Seelenruhe führen.

An diese antike, ethisch-lebensphilosophische Heiterkeitskonzeption knüpft Schiller im Prolog des *Wallenstein*[82] sowie in *Über die ästhetische Erziehung des Menschen* an, und sie bestimmt ebenso seine Differenz von Komödie und Tragödie: „Ruhig, klar, frei, heiter" sei nicht nur „der Zustand der Götter, die sich um nichts menschliches bekümmern, die über allem frei schweben, die kein Schicksal berührt, die kein Gesetz zwingt",[83] sondern auch der, in den uns die Komödie versetzt. Ihr obliege es, die „Freiheit des Gemüts in uns hervorzubringen", so

---

76 Vgl. dazu Gregor Sauerwald, Heiterkeit, das Heitere. In: Historisches Wörterbuch der Philosophie. Bd. 3, Sp. 1039–1043, hier: Sp. 1039 f.; vgl. auch: Eichhorn, Kritik der Heiterkeit, S. 16 f.
77 Vgl. bei Lukrez: „[N]am pro sancta deum tranquilla pectora pace / quae placidum degunt aevom vitamque serenam" (Denn bei dem heiligen Geist und dem seligen Frieden der Götter, / Die ein geruhiges Leben und heiteres Dasein führen). Lukrez, Von der Natur. 2. Buch, hg. u. übers. v. Hermann Diels, München 1993, V. 1093 f., S. 184 f.
78 Vgl. die bisher vorliegenden Darstellungen zur Etymologie des Heiterkeitsbegriff: Sauerwald, Heiterkeit, Sp. 1040; Petra Kiedaisch/Jochen A. Bär, Heiterkeitskonzeptionen in der europäischen Literatur und Philosophie. Einführung in die Geschichte eines Begriffs und seine Erforschung. In: Heiterkeit, S. 7–30, hier: S. 11–18; Weinrich, Kleine Literaturgeschichte, S. 9.
79 Vgl. Kiedaisch/Bär, Heiterkeitskonzeptionen, S. 17; Sauerwald, Heiterkeit, Sp. 1040.
80 Kiedaisch/Bär, Heiterkeitskonzeptionen, S. 17.
81 Kiedaisch/Bär, Heiterkeitskonzeptionen, S. 17.
82 Vgl. Schillers Formulierung „Vereinigt uns aufs neu in diesem Saal – / Und sieh! er hat sich neu verjüngt, ihn hat / Die Kunst zum heitern Tempel ausgeschmücket." Schiller greift hier antike Heiterkeitsvorstellungen auf, die das Theater als Tempel und die Kunst als Religion verstehen; Schiller, Wallenstein. Bd. 4, S. 13; vgl. auch Sauerwald, Heiterkeit, Sp. 1039.
83 Schiller, Tragödie und Komödie. Bd. 8, S. 1047–1048, hier: S. 1048.

dass der Mensch „immer klar, immer ruhig um sich und in sich zu schauen" wisse.[84] Die Komödie bringe den Menschen in den „*höheren Zustand*", so dass er göttergleich, „weder tätig noch leidend" über den Dingen stehe, während demgegenüber die Tragödie eine „*höhere Tätigkeit*" verlange. Diese müsse mit quasi prometheischer „Kraft" versuchen, diesen ausgeglichenen Zustand der Komödie herzustellen, um die ästhetische Erziehung des Menschen zu vollbringen: „Die Tragödie macht uns nicht zu Göttern, weil Götter nicht leiden können, sie macht uns zu Heroen, d. i. zu göttlichen Menschen oder wenn man will zu leidenden Göttern, zu Titanen."[85]

Schiller verfolgt mit der Verlagerung der Heiterkeit in den ausschließlichen Bereich des Ästhetischen also vorrangig ein Erziehungs- und Bildungskonzept, weil nur durch die Heiterkeit spendende, wahrhaft schöne Kunst die Verbesserung und Veredelung des Charakters denkbar sei. Dazu sei es ferner schon einmal nötig, dass „auch der mächtigste Genius sich seiner Hoheit begeben, und zu dem Kindersinn vertraulich herniedersteigen"[86] müsse. In der vernichtenden Rezension der Gedichte Gottfried August Bürgers entwickelt Schiller seine an die Antike angelehnte Konzeption von Heiterkeit weiter und erhebt sie in den Rang einer Voraussetzung für vollkommene Kunst und eines Ideals klassischer Ästhetik:

> Nur die heitre, die ruhige, Seele gebiert das Vollkommene. Kampf mit äußern Lagen und Hypochondrie, welche überhaupt jede Geisteskraft lähmen, dürfen am allerwenigsten das Gemüt des Dichters belasten, der sich von der Gegenwart loswickeln, und frei und kühn in die Welt der Ideale emporschweben soll. Wenn es auch noch so sehr in seinem Busen stürmt, so müsse Sonnenklarheit seine Stirne umfließen.[87]

Die Metapher von der Sonnenklarheit verweist nicht nur auf einen Grundbegriff der Aufklärung, sondern kann auch Heiterkeit im Sinne eines Elements von Wahrheit meinen. Hierüber gibt das *Deutsche Wörterbuch* Aufschluss, das unter dem Begriff ‚heiter' die Bedeutungen ‚klar' und ‚deutlich' vermerkt.[88] Bereits im Frühneuhochdeutschen erhält das Adjektiv ‚heiter' die Semantik von ‚deutlich', ‚klar erkennbar' und ‚verständlich':

---

84 Schiller, Über naive und sentimentalische Dichtung. Bd. 8, S. 744 f.
85 Schiller, Tragödie und Komödie. Bd. 8, S. 1048. Hervorhebung im Original; vgl. auch Sauerwald, Heiterkeit, Sp. 1040.
86 Schiller, Über die ästhetische Erziehung des Menschen. Bd. 8, S. 675.
87 Schiller, Über Bürgers Gedichte. Bd. 8, S. 988; vgl. auch Weinrich, Kleine Literaturgeschichte der Heiterkeit, S. 16.
88 Jacob und Wilhelm Grimm, Deutsches Wörterbuch. Bd. IV, 2. Abt., Leipzig 1877, Sp. 921 f. Bereits im 8. Jahrhundert taucht das Adjektiv ‚heitar' im Althochdeutschen auf und meint auch hier so viel wie ‚hell', ‚klar', ‚strahlend'; vgl. Kiedaisch/Bär, Heiterkeitskonzeptionen, S. 12.

Unter dem Aspekt der Erkennbarkeit wird heiter dann übertragen auf die (sinnliche oder intellektuelle; meist letztere) Erkenntnis selbst bzw. das Ergebnis derselben: das Wissen, das aufgrund der ‚Heiterkeit' seines Gegenstandes allgemein nachvollziehbar und jederzeit überprüfbar, also verläßlich ist.[89]

Schiller setzt in seiner Bürger-Rezension also auf die Attribute einer aufgeklärten Heiterkeit, stellt dabei jedoch insbesondere die Fertigkeiten des ‚Dichtergenies' in den Vordergrund, dessen „reife und gebildete Hände"[90] alleine die wahrhaft schöne Kunst hervorbringen könnten. Diese elitäre, ganz auf die Persönlichkeit des (männlichen) Dichters zugeschnittene Perspektive der Schiller'schen Ästhetik negiert nach Adorno völlig die Vermittlung der geistigen mit der körperlichen Arbeit[91] und verkennt dadurch das (damit einhergehende) Spannungsverhältnis von Ernst und Heiterkeit, generell von Gesellschaft und Kunst. Außerdem wendet Adorno sich vehement gegen jegliche Form der Indienstnahme von Kunst für außerkünstlerische Zwecke und demnach auch gegen die Instrumentalisierung von Kunst als reine Bildungsmaßnahme.

Adornos Zurückweisung von Schillers Ästhetik und dessen Rekurs auf die antike, lebensphilosophische Konzeption von Heiterkeit muss zeitgenössisch auch im Zusammenhang mit Karl Krolows Verwendung des Heiterkeits-Begriffs gelesen werden, der mit seiner Büchner-Preisrede *Intellektuelle Heiterkeit* von 1956 an Schiller und das antike Heiterkeitspostulat vom Über-den-Dingen-stehen anknüpft. Ihm dient es allerdings als Plädoyer fürs „Verdrängen und Vergessen"[92] der jüngsten Zeitgeschichte. Büchners Komödie *Leonce und Lena* wurde ihm

> in *dem* Moment wichtig, in dem ich mich von den Bedrückungen zu befreien, von jenem Cauchemar zu lösen versuchte, der als schwerer Schatten über den poetischen Äußerungsversuchen der ersten Nachkriegsjahre lag, ein Schatten, in dem sich ein für allemal alle triste Erfahrung mit der deutschen Szene, alle an Leben und Existenz gehende Widerfahrung gesammelt, verdichtet zu haben schien. Ich wollte mich aus der Umklammerung der Erinnerung befreien, die ich an die Zeit zwischen meinem zwanzigsten und dreißigsten Lebensjahre hatte, damals kurz nach 1945.[93]

---

89 Kiedaisch/Bär, Heiterkeitskonzeptionen, S. 12 f.
90 Schiller, Über Bürgers Gedichte. Bd. 8, S. 973.
91 Vgl. zum Zusammenhang von geistiger und körperlicher Arbeit auch Kapitel I.2. dieser Arbeit.
92 Armin Schäfer, Karl Krolow (1915–1999). In: Deutschsprachige Lyriker des 20. Jahrhunderts, hg. v. Ursula Heukenkamp/Peter Geist, Berlin 2007, S. 358–367, hier: S. 359.
93 Karl Krolow, Intellektuelle Heiterkeit. Rede zur Verleihung des Georg-Büchner-Preises. In: Krolow, Ein Gedicht entsteht. Selbstdeutungen, Interpretationen, Aufsätze, Frankfurt am Main 1973, S. 195–203, hier: S. 196 f.

Die NS-Verbrechen als „Schatten" zu bagatellisieren und die eigene Leiderfahrung – bei Krolow im Übrigen die eines munter publizierenden NSDAP-Mitglieds – in den Mittelpunkt zu stellen, korrespondiert mit der mythischen Denkform der meisten AutorInnen der unmittelbaren Nachkriegszeit.[94] Gerade gegen eine solche Vorstellung von ‚intellektueller Heiterkeit', die in der Distanzierung von geschichtlicher Verantwortung es geschafft habe, sich „vom Schock zu lösen"[95], schreibt Adorno mit seiner dialektischen Konzeption von Heiterkeit an.

Zeitgenössisch richtet Adorno sich ebenso gegen Staiger, der mit dem Verweis auf die klassisch-idealistische, ausschließlich männliche Schriftstellerelite Schiller zum Kronzeugen von schöner, heiterer Literatur stilisiert:

> Wie wäre es, wenn auch unser Geschlecht sich wieder darauf besinnen würde, daß es vor Zeiten Dichter gab, die ihre große Kraft im Erfinden vorbildlicher Gestalten bewährten, die sich zutrauten, ihr Gepräge nicht von der zufälligen Wirklichkeit, in der sie lebten, zu erhalten, sondern vielmehr einer künftigen Wirklichkeit das Gepräge des eigenen souveränen Geistes zu geben und so zum Schöpfer nicht nur von Dichtung, sondern, prometheisch, von leibhaftig wandelnden Menschen, ihrer Sinnesart, ihres Herzens, zu werden? Ein keineswegs übertriebenes Wort! Die Macht ist unberechenbar, die ein Genius auf die Welt ausübt.[96]

Moderne Schriftsteller dagegen würden, so Staiger, ohne jede Leistung für die Gemeinschaft nur eitel nach Anerkennung gieren und sich wie „Hofpoeten"[97] umwerben lassen. Indem Adorno in seinem Essay Schiller selbst als „Hofpoeten des Idealismus" (Kh, 599) bezeichnet, kehrt er nicht nur Staigers Argument um, indem er dessen Garanten für autonome Kunst in eine abhängige Position verweist, sondern entlarvt auch den genieästhetischen Anspruch, völlig unabhängig von gesellschaftlichen und ökonomischen Bedingungen schöpferisch tätig zu sein, als Illusion.

Auch auf Staigers Formulierung von der „Entartung" und Verantwortungslosigkeit moderner AutorInnen gegenüber der „Gemeinschaft"[98] reagiert Adorno. Die im Nationalsozialismus beschworene ‚Volksgemeinschaft' konnte den Anspruch einer glücklichen Gesellschaft, im Sinne einer befriedeten Menschheit, nicht nur nicht erfüllen, sondern hat ihn wegen der mit diesem Begriff verbundenen Diskriminierung, Verfolgung und Vernichtung der Juden entwertet

---

94 Vgl. ausführlich dazu Kapitel II. dieser Arbeit.
95 Krolow, Intellektuelle Heiterkeit, S. 198.
96 Staiger, Literatur und Öffentlichkeit (StZ 22), S. 95.
97 Staiger, Literatur und Öffentlichkeit (StZ 22), S. 90.
98 Staiger, Literatur und Öffentlichkeit (StZ 22), S. 93; 96.

und pervertiert. Dessen ungeachtet betont Staiger „in geradezu ermüdender Wiederholungsseligkeit"[99] immer wieder die Verantwortung des Schriftstellers gegenüber der „Menschengemeinschaft"[100]. Es verwundert daher nicht, dass Adorno gleichsam als Reaktion auf Staigers repetitive Beschwörung der „menschenwürdigen Gemeinschaft"[101] vom „Rückfall in die Unmenschlichkeit" (Kh, 603) spricht. Mit der Kritik an Schiller richtet sich Adorno also gegen zwei Konzeptionen von Heiterkeit: Zum einen gegen die Schiller'sche Dichotomisierung von Ernst und Heiterkeit sowie deren Funktionalisierung für seine ästhetische Erziehung; zum anderen gegen die Staiger'sche Vorstellung von einer schönen und heiteren, die Zäsur Auschwitz ignorierenden Kunst.

1.2 Dialektik von Ernst und Heiterkeit – Georg Wilhelm Friedrich Hegel

Konkret gegen Staiger wendet Adorno sich auch mit seiner Kritik an dessen Vorstellung von zeitgenössischer Literatur, die auf das „,Nützen' im Sinne der bürgerlichen Ertüchtigung", auf „Belehrung" und „Erbauung" setzen und damit der *prodesse et delectare*-Formel des Horaz' folgen müsse.[102] Gegen eine solche Form der Funktionalisierung von Kunst setzt Adorno bewusst Hegel als Gewährsmann ein: „Hegel war, auf der Paßhöhe des Idealismus, der erste, der [...] gegen jene Ansicht von der Kunst Einspruch erhob mit dem Satz, diese sein kein horazisch angenehmes oder nützliches Spielwerk." (Kh, 600)[103] Adorno rekurriert hier auf Hegels *Vorlesungen über die Ästhetik*, in denen dieser das Kunstschöne vom Naturschönen abgrenzt, das Kant als das erhaben Schöne herausstellte. Dagegen betont

---

99 Kaiser, „ ... ein männliches, aus tiefer Not gesungenes Kirchenlied ... ", S. 391.
100 Staiger, Literatur und Öffentlichkeit (StZ 22), S. 92.
101 Staiger, Literatur und Öffentlichkeit (StZ 22), S. 96. Diese und variierende Formulierungen wiederholt Staiger mehrmals in seinem Vortrag.
102 Staiger, Literatur und Öffentlichkeit (StZ 22), S. 91.
103 Vor Hegel haben bereits Karl Philipp Moritz und Immanuel Kant auf die Zweck- und Interessenlosigkeit und damit auf die Autonomie der Kunst verwiesen: „Der wahre Künstler wird die höchste innere Zweckmäßigkeit oder Vollkommenheit in sein Werk zu bringen suchen; und wenn es dann Beifall findet, wird's ihn freuen, aber seinen eigentlichen Zweck hat er schon mit der Vollendung des Werks erreicht." Karl Philipp Moritz, Versuch einer Vereinigung aller schönen Künste und Wissenschaften unter dem Begriff des in sich selbst Vollendeten. In: Moritz, Werke. Bd. 2, hg. v. Heide Hollmer/Albert Meier, Frankfurt am Main 1997, S. 943–949, hier S. 948. Bei Kant heißt es: „Geschmack ist das Beurteilungsvermögen eines Gegenstandes oder einer Vorstellungsart durch ein Wohlgefallen oder Mißfallen, ohne alles Interesse. Der Gegenstand eines solchen Wohlgefallens heißt schön." Kant, Kritik der Urteilskraft. § 5, S. 211.

Hegel, dass das durch den Menschen gestaltete Schöne höher stehe, da es die *„aus dem Geiste geborene und wiedergeborene* Schönheit"[104] sei. Kunst habe demnach nicht die Aufgabe, Natur bloß mimetisch abzubilden, sondern den absoluten Geist als sinnliches Ideal zu repräsentieren. Kunst bestimme sich als das „sinnliche *Scheinen* der Idee"[105] und müsse als solche Wahrheit hervorbringen. In diesem Kontext verwirft Hegel die berühmte Formel des Horaz:

> In dieser Rücksicht enthält der Horazische Kernspruch ‚Et *prodesse* volunt et *delectare* poetae' in wenigen Worten das konzentriert, was später in unendlichem Grade ausgeführt, verwässert und zur flachsten Ansicht von der Kunst in ihrem äußersten Extrem geworden ist.[106]

Fast scheint Hegel hier die spätere Kritik Adornos an Staiger vorwegzunehmen; Hegel richtet sich aber auch indirekt gegen Schiller – mit dem er sonst in vielen Punkten übereinstimmt[107] –, wenn er beklagt, dass „in neuerer Zeit häufig die *moralische* Besserung"[108] zum alleinigen Zweck der Kunst erklärt worden sei. Gegen die Vorstellung, die das Kunstwerk als bloß „nützliches Werkzeug" betrachtet, plädiert Hegel entschieden dafür,

> daß die Kunst die *Wahrheit* in Form der sinnlichen Kunstgestaltung zu enthüllen [...] und somit ihren Endzweck in sich, in dieser Darstellung und Enthüllung selber habe. Denn andere Zwecke, wie Belehrung, Reinigung, Besserung, Gelderwerb, Streben nach Ruhm und Ehre, gehen das Kunstwerk als solches nichts an und bestimmen nicht den Begriff desselben.[109]

Hegels Ästhetik geht davon aus, dass das Kunstwerk „in der *Mitte* zwischen der unmittelbaren Sinnlichkeit und dem ideellen Gedanken"[110] steht und durch die Versöhnung dieses Gegensatzes, Wahrheit sinnlich darzustellen vermag.[111]

---

104 Georg Wilhelm Friedrich Hegel, Vorlesungen über die Ästhetik I–III. In: Hegel, Werke 13–15, Frankfurt am Main 1986, hier: VL I. Bd. 13, S. 14. Hervorhebung im Original. Im Folgenden angegeben mit: Hegel, VL I–III. Bandnummer, Seitenzahl.
105 Hegel, Vorlesungen über die Ästhetik I. Bd. 13, S. 151. Hervorhebung im Original.
106 Hegel, Vorlesungen über die Ästhetik I. Bd. 13, S. 76.
107 Vgl. bspw. Hegels Verweis auf Schillers Gedicht *Das Ideal und das Leben*, das er heranzieht, um das Ideal als solches näher zu bestimmen; Hegel, Vorlesungen über Ästhetik I. Bd. 13, S. 207.
108 Hegel, Vorlesungen über die Ästhetik I. Bd. 13, S. 78.
109 Hegel, Vorlesungen über die Ästhetik I. Bd. 13, S. 82. Hervorhebung im Original.
110 Hegel, Vorlesungen über die Ästhetik I. Bd. 13, S. 60. Hervorhebung im Original.
111 Auch im dritten Band seiner *Vorlesungen* variiert Hegel diesen Gedanken: „Denn in der Kunst haben wir es mit keinem bloß angenehmen oder nützlichen Spielwerk, sondern [...] mit einer Entfaltung der Wahrheit zu tun"; Hegel, Vorlesungen über die Ästhetik III. Bd. 15, S. 573. Diesen Satz stellte Adorno 1949 seiner *Philosophie der neuen Musik* als Motto voran.

Adorno beruft sich also ganz bewusst auf Hegel, wenn er eine jegliche Indienstnahme von Kunst für außerästhetische Zwecke vehement zurückweist; seine Kritik richtet sich gleichermaßen gegen das Horaz'sche Diktum, das Schiller'sche Bildungskonzept, die Forderung Staigers nach schöner, erbaulicher Literatur ebenso wie gegen konkrete politische Bezugnahmen und verharmlosende Darstellungen des Nationalsozialismus.

Auch Hegels Ausführungen zum Ideal der Kunst und zur Heiterkeit sind für Adorno maßgeblich und fließen in seine eigene Konzeption ein. Hegel grenzt zunächst das Kunstschöne von dem Naturschönen ab, da es letzterem an „individuelle[r] Subjektivität"[112] mangele, denn es folge ausschließlich rein äußeren, formalen Gesetzmäßigkeiten. Auch sei es wesentlich durch Zufälligkeit und Flüchtigkeit bestimmt. Die Wahrheit der Kunst darf nach Hegel aber gerade keine bloße Nachahmung der Natur und ihrer Ordnung sein, „sondern das Äußere muß mit einem Inneren zusammenstimmen, das in sich selbst zusammenstimmt und eben dadurch sich als sich selbst im Äußeren offenbaren kann"[113]. Nur so sei gewährleistet, dass sich die Idee in einer Gestalt ausdrücken könne, ohne dass ihr Gehalt durch ihre Erscheinungsform überdeckt werde. Kunst müsse das Zufällige und Ephemere der naturhaften Wirklichkeit in das Geistige zurückführen, das heißt an den Gehalt der Idee anpassen und dadurch darstellbar machen. Dadurch könne alles ausgeschlossen werden, was der Idee nicht entspreche. Erst durch diese *„Reinigung"* kann nach Hegel das Ideal hervortreten.[114] Es sei vorzustellen als ein „Schattenreich", das unabhängig von äußeren Einflüssen und „abgeschieden von der Bedürftigkeit der natürlichen Existenz", der „Endlichkeit der Erscheinungen" trotzen könne. Gleichzeitig setze das Ideal aber auch „seinen Fuß in die Sinnlichkeit und deren Naturgestalt hinein", aber nur insofern, als die Kunst jene äußere Gestalt eben zur „Manifestation der geistigen Freiheit" benötige:[115]

---

112 Hegel, Vorlesungen über die Ästhetik I. Bd. 13, S. 207.
113 Hegel, Vorlesungen über die Ästhetik I. Bd. 13, S. 205.
114 Vgl. Hegel, Vorlesungen über die Ästhetik I. Bd. 13, S. 206. Hervorhebung im Original. Mit dem Begriff der „Reinigung" – den er als Zweck der Kunst entschieden ablehnt (vgl. S. 82) – scheint Hegel an den autonomieästhetischen Diskurs seiner Zeit anzuschließen, denn wie Cornelia Zumbusch überzeugend nachweist, formuliert Kant „seine Unabhängigkeitserklärung einer autonomen Kunst im Vokabular der Reinigung und Reinhaltung". Aber auch Schiller und Goethe verwenden in ihren theoretischen Schriften eine „Rhetorik der Reinigung und Beruhigung", die sie in ihren literarischen Texten durchaus nicht in eben dieser Weise praktizieren; vgl. Cornelia Zumbusch, Die Immunität der Klassik, Berlin 2014, S. 11; 363.
115 Alle Zitate bis hier: Hegel, Vorlesungen über die Ästhetik I. Bd. 13, S. 207.

> Dadurch allein steht das Ideal im Äußerlichen mit sich selbst zusammengeschlossen frei auf sich beruhend da, als sinnlich selig in sich, seiner sich freuend und genießend. Der Klang dieser Seligkeit tönt durch die ganze Erscheinung des Ideals fort, denn wie weit sich die Außengestalt auch ausdehnen möge, die Seele des Ideals verliert in ihr nie sich selber.[116]

Der Begriff der Seligkeit steht hier im engen Verhältnis zu Hegels Vorstellung von Heiterkeit. Versteht man unter Seligkeit einen Zustand der vollendeten Erlösung oder auch des Glücks, so meint der Begriff im christlich-religiösen Sinne die garantierte Aussicht auf das Himmelreich für die Seligen, also die Erlangung des absoluten (geistigen und sinnlichen) Glücks.[117] Unter Rückgriff auf antike Heiterkeitskonzeptionen versteht Hegel Seligkeit dagegen als Zustand der antiken Götter, die sich um keine endlichen oder naturhaften Begebenheiten kümmern müssen und sich so dem geistigen Glück ganz hingeben können, während das sinnliche Glück für Hegel keine Rolle spielt. Dementsprechend sind Heiterkeit, Seligkeit und das Ideal der Kunst bei Hegel eng miteinander verknüpft:

> Wir können in dieser Rücksicht die heitere Ruhe und Seligkeit, dies Sichselbstgenügen in der eigenen Beschlossenheit und Befriedigung als den Grundzug des Ideals an die Spitze stellen. Die ideale Kunstgestalt steht wie ein seliger Gott vor uns da.[118]

Da die antiken Götter in Hegels Vorstellung von „der Not, dem Zorn und Interesse" nicht in existentieller Form betroffen sind, sind diese Zustände ihnen auch „kein letzter Ernst". Frei von den Anforderungen der endlichen Wirklichkeit können sie sich ganz auf sich selbst konzentrieren „und dieses positive Zurückgenommensein in sich bei der Negativität alles Besonderen gibt ihnen den Zug der Heiterkeit und Stille". Stille ist hier vor allem im Sinne von Gemütsgelassenheit, Unaufgeregtheit und innerer Ruhe zu verstehen. Wie die Götter, die den Anforderungen, Selbsterhaltungszwängen und Entbehrungen der Realität enthoben sind, solle auch das ideale Kunstwerk – unabhängig von den Ansprüchen der Alltagspraxis und frei von Zeit- und Handlungsdruck – die Freiheit des Gedankens hervorbringen und ausdrücken. Wirkliche Heiterkeit sieht Hegel daher nur in den klassischen Kunstwerken der Antike realisiert, deren Figuren „heitere

---

116 Hegel, Vorlesungen über die Ästhetik I. Bd. 13, S. 207f.
117 Zugleich deuten einige der zwölf Seligpreisungen zu Beginn der Bergpredigt Jesu auch auf eine mögliche Verheißung im irdischen Leben hin, bspw.: „[...] Selig die Trauernden; / denn sie werden getröstet werden. Selig, die keine Gewalt anwenden; / denn sie werden das Land erben. Selig, die hungern und dürsten nach der Gerechtigkeit; / denn sie werden satt werden. Selig die Barmherzigen; / denn sie werden Erbarmen finden. [...]." Die Seligpreisungen. Mt 5,3–12. In: Die Bibel. Neues Testament, S. 1079.
118 Hegel, Vorlesungen über die Ästhetik I. Bd. 13, S. 208.

Ruhe"[119] ausstrahlten. Denn die tragischen Helden waren nach Hegel mit sich selbst identisch und ihre Persönlichkeiten vermochten Geist und Sinnlichkeit miteinander zu versöhnen. Selbst wenn ein tiefer Schicksalsschlag sie selbst oder ihre Existenz bedrohte, konnten sie sich auf das „einfache Beisichsein" zurückziehen: „Das Subjekt bleibt dann noch immer sich selber getreu; [...] Dies Beruhen auf sich ist es, welches im Schmerze selbst noch die Heiterkeit der Ruhe zu bewahren und erscheinen zu lassen vermag."[120]

Diese heitere Selbstgenügsamkeit gibt es nach Hegel in seiner Zeit nicht mehr, weshalb die „Heiterkeit des Ideals"[121] in der romantischen Kunst – worunter Hegel die Kunst vom christlich-abendländisch geprägten Mittelalter bis zur Romantik im eigentlichen Sinne versteht[122]– verloren gegangen ist. Hier werde zwar auch die „Zerrissenheit und Dissonanz des Inneren" dargestellt, allerdings würden die Gegensätze immer weiter vertieft und nicht mehr versöhnt; die Darstellung bekäme mehr den „Ausdruck des Hohns" und enthalte keine versöhnende, in sich ruhende Dimension mehr.[123] Dennoch könne auch in der

---

119 Alle Zitate bis hier: Hegel, Vorlesungen über die Ästhetik I. Bd. 13, S. 208.
120 Hegel, Vorlesungen über die Ästhetik I. Bd. 13, S. 208 f.
121 Hegel, Vorlesungen über die Ästhetik I. Bd. 13, S. 209.
122 Hegel unterscheidet drei epochale Phasen der Kunst: Die symbolische, die klassische und die romantische Kunst. Erstere habe den natürlichen Stoff noch nicht gänzlich beherrscht und habe daher die Idee nicht wahrhaft angemessen ausdrücken können. Seinen Ausdruck fand das Ideal dann in der klassischen Kunst der Antike. Die romantische Kunst überschreite gleichsam die Grenzen der Kunst selber und löse die Einheit von Idee und Gestalt auf einem höheren Standpunkt wieder auf, das Ideal der klassischen Kunst werde jedoch nicht mehr erreicht: „In dieser Weise *sucht* die symbolische Kunst jene vollendete Einheit der inneren Bedeutung und äußeren Gestalt, welche die klassische in der Darstellung der substantiellen Individualität für die sinnliche Anschauung *findet* und die romantische in ihrer hervorragenden Geistigkeit *überschreitet*." Hegel, Vorlesungen über die Ästhetik I. Bd. 13, S. 392. Hervorhebung im Original.
123 Vgl. Hegel, Vorlesungen über die Ästhetik I. Bd. 13, S. 209. Hegel bezieht sich hier auch auf seine scharfe Kritik an der Theorie der romantischen Ironie von Friedrich Schlegel, der diesen Begriff in die deutsche Kunstkritik eingeführt hat. Mit dem Konzept der „progressiven Universalpoesie" erhebt Schlegel die Dichtung in den Rang von Philosophie, die „das entwerfende Vermögen (Genialität) und das urteilende Vermögen (Kritik) ständig miteinander mischt und verquickt"; vgl. Harald Weinrich, Ironie. In: Historisches Wörterbuch der Philosophie. Bd. 4, Sp. 577–582, hier: Sp. 579. Nach Hegel vertritt Schlegel unter Berufung auf die Philosophie Johann Gottlieb Fichtes mit dem Konzept der romantischen Ironie jedoch bloß einen willkürlichen und maßlosen Subjektivismus: „Und nun erfaßt sich diese Virtuosität eines ironisch-künstlerischen Lebens als eine *göttliche Genialität*, für welche alles und jedes nur ein wesenloses Geschöpf ist, an das der freie Schöpfer, der von allem sich los und ledig weiß, sich nicht bindet, indem er dasselbe vernichten wie schaffen kann. [...] Dies ist die allgemeine Bedeutung der genialen göttlichen Ironie, als dieser Konzentration des Ich in sich, für welches alle Bande

romantischen Kunst „eine geistige Innigkeit" entstehen, die in der Dialektik von Lachen und Weinen bestehe: „Die Träne gehört dem Schmerz, das Lächeln der Heiterkeit, und so bezeichnet das Lächeln im Weinen dies Beruhigtsein in sich bei Qual und Leiden."[124] Allerdings hat dieser versöhnte Zustand elementar ein Subjekt zur Voraussetzung – und dies führt Hegel insbesondere im dritten Teil seiner *Vorlesungen* aus –, das durch den schmerzhaften Prozess der Ich-Werdung hin zu einem freien Selbstbewusstsein gegangen ist:

> [Z]ur wahren Tiefe und Innigkeit des Geistes gehört, daß die Seele ihre Gefühle, Kräfte, ihr ganzes inneres Leben durchgearbeitet, daß sie vieles überwunden, Schmerzen gelitten, Seelenangst und Seelenleiden ausgestanden, doch in dieser Trennung sich erhalten habe und aus ihr in sich zurückgekehrt sei.[125]

Daher ist für Hegel wie für Adorno Heiterkeit ganz wesentlich mit dem Ernst verknüpft. Dies gilt bereits für die ideale Kunst der Antike: „[A]ber in dem Ernste eben bleibt die Heiterkeit in sich selbst ihr wesentlicher Charakter."[126] Das ideale Kunstwerk kann hier kraft der Versöhnungsleistung des individuellen Geistes, der Geist und Sinnlichkeit zu synthetisieren vermag, sowohl ernst als auch (in seiner Ruhe und Selbstgenügsamkeit) zugleich heiter sein. Diese an einer unbedingten, letzten Versöhnung orientierte Dialektik von Ernst und Heiterkeit stellt nicht erst Adorno in seinem Essay in Frage, Hegel selbst sieht dieses Verhältnis in der Gegenwart gestört. Denn in der romantischen Epoche stehe Heiterkeit nicht mehr im versöhnten Gleichgewicht mit dem Ernst, sondern müsse nach Überwindung der mythischen Kräfte (der ersten wie der zweiten Natur) durch das Subjekt in schmerzhafter und langwieriger Arbeit wieder neu hergestellt werden:

> [...] [D]as Ende der Regierung jener selbstständigen Götter fängt erst da an, wo der Mensch statt äußerlicher Drachen und Lernäischer Schlangen die Drachen und Schlangen der eigenen Brust, die innere Härtigkeit und Sprödigkeit der Subjektivität überwindet. Nur hierdurch wird die natürliche Heiterkeit zu jener höheren Heiterkeit des Geistes, welche den Durchgang durch das negative Moment der Entzweiung vollendet und sich durch diese Arbeit die unendliche Befriedigung errungen hat. Die Empfindung der Heiterkeit und des Glücks muß verklärt und zur Seligkeit geläutert sein.[127]

---

gebrochen sind und das nur in der Seligkeit des Selbstgenusses leben mag. Diese Ironie hat Herr Friedrich von Schlegel erfunden, und viele andere haben sie nachgeschwatzt oder schwatzen sie von neuem wieder nach." Hegel, Vorlesungen über die Ästhetik I. Bd. 13, S. 95. Hervorhebung im Original.
124 Hegel, Vorlesungen über die Ästhetik I. Bd. 13, S. 209.
125 Hegel, Vorlesungen über die Ästhetik III. Bd. 15, S. 40.
126 Hegel, Vorlesungen über die Ästhetik I. Bd. 13, S. 208.
127 Hegel, Vorlesungen über die Ästhetik III. Bd. 15, S. 41.

Genaugenommen bildet die Suche nach der Möglichkeit der Erlangung jener idealen griechischen Heiterkeit die Ausgangsfrage für Hegels weitere Überlegungen. Ihm zufolge ist Heiterkeit im Sinne von Selbstgenügsamkeit, innerer Ruhe und Seligkeit in der Gegenwart aufgrund von Prozessen der (Selbst-)Entfremdung[128] und inneren wie äußeren Zerrissenheit nicht mehr gegeben. Um Seligkeit zu erlangen, müssen nach Hegel Heiterkeit und Glück von allen Elementen des Zufälligen und Naturhaften gereinigt werden. Hegel unterscheidet dabei das Zufallsglück der Fortuna, in dem das Moment des ‚Glück-habens' mit zufälligen, äußeren Umständen untrennbar verknüpft ist, und das vollkommene ‚Glücklich-sein' im Sinne von Seligkeit, aus der alle Elemente des Zufälligen und bloß Sinnlichen eliminiert sein müssen: „[I]n der Seligkeit aber ist das Glück, das sich noch auf die unmittelbare Existenz bezieht, fortgelassen und das Ganze in die Innerlichkeit des Geistes verlegt. Seligkeit ist eine Befriedigung, die erworben und so allein berechtigt ist."[129]

Hegel geht es also wesentlich um das geistige Glück, das sich von allen Bindungen an die Realität emanzipiert hat. Dieses ist nur durch „Arbeit" des Subjektes an sich selbst zu erreichen, so dass Hegel jenes geistige, vollkommene Glück dann folgerichtig die „Heiterkeit des Sieges" nennt: „[S]elig ist die Seele, die zwar in Kampf und Qual eingegangen ist, doch über ihr Leiden triumphiert."[130] Alle sinnlichen und zufälligen Einflüsse sind hier getilgt, das rein Geistige bleibt übrig. Heiterkeit in der romantischen Kunst ist also wesentlich erst das Resultat des Durchgangs durch das „negative Moment der Entzweiung", was das Ernsthafte und Schmerzhafte der Identitätsbildung ausmacht. Demnach weiß auch Hegels „höhere Heiterkeit des Geistes" um den Ernst als ihr komplementäres und wesentliches Moment, ohne das Glück oder Versöhnung nicht gedacht werden können.[131]

Die Hegel'sche Dialektik von Ernst und Heiterkeit bildet die wesentliche Grundlage für Adornos eigene Konzeption, die das Spannungsverhältnis beider Elemente als Voraussetzung des Kunstwerks betont (vgl. Kh, 601). Auch übernimmt Adorno von Hegel die Vorstellung, dass Heiterkeit für die (ideale) Kunst als Ganze gilt, gleichsam Strukturmerkmal jeglicher Kunst ist. Bei Hegel drückt sich Heiterkeit allerdings sowohl auf der Struktur- als auch auf der Inhaltsebene von Kunst aus, da für ihn die Versöhnung von Geist und Sinnlichkeit in

---

[128] Entfremdungsphänomene werden bereits in Schillers *Briefen über die ästhetische Erziehung des Menschen* thematisiert; vgl. Schiller, Über die ästhetische Erziehung des Menschen, S. 572f. sowie Kap. II.1. dieser Arbeit.
[129] Hegel, Vorlesungen über die Ästhetik III. Bd. 15, S. 41.
[130] Hegel, Vorlesungen über die Ästhetik III. Bd. 15, S. 41.
[131] Vgl. Hegel, Vorlesungen über die Ästhetik III. Bd. 15, S. 41.

der antiken Kunst als Ideal, in der romantischen Kunst als „geistige Innigkeit"[132] als Ausdruck von Wahrheit im Vordergrund steht. An diesem Punkt kündigt Adorno Hegel die Gefolgschaft. Denn für Adorno kann es nach Auschwitz keine Versöhnung von Ernst und Heiterkeit im idealen Kunstwerk mehr geben, auch kann Heiterkeit kein inhaltliches Gestaltungsmittel mehr sein; vielmehr wird die Alternative von Heiterkeit und Ernst selbst grundsätzlich in Frage gestellt.

Adorno stimmt mit Hegel auch nicht in der Unterordnung des Naturschönen unter das Kunstschöne und der damit einhergehenden Vorrangstellung des Subjekts überein. Bereits in seiner *Ästhetik-Vorlesung* von 1958/59 merkt Adorno an, dass Hegel in seiner Ablehnung der Flüchtigkeit von Naturerscheinungen übersehen hat, wie sehr die ephemeren Momente gerade das Wesen der Kunst ausmachen.[133] Das Verhältnis zwischen Kunst- und Naturschönem ist „denn doch weit dialektischer"[134] als Hegel es dachte. Die Überhöhung und Überschätzung des rein geistigen Glücks verkennt nach Adorno nicht nur die Qualitäten des Ephemeren in der Kunst,[135] sondern eliminiert auch die somatisch-sinnlichen Momente des Heiteren, welche nach Adorno immer auch eine „Quelle von Lust" (Kh, 600) gewesen sind. Adornos steter Rekurs auf Hölderlin dürfte nicht zuletzt dadurch motiviert sein, die vom Menschen beherrschte Natur auch gegen Hegel wieder in ihr Recht zu setzen.

1.3 Verwiesenheit von Natur und Heiterkeit – Friedrich Hölderlin

Die „zentrale Referenz dessen, was philosophische Reflexion zu leisten habe"[136], ist für Adorno die Dichtung Friedrich Hölderlins. Daher verwundert es nicht, dass er ausgerechnet diesen Dichter anführt, um seine These von der Dialektik von Ernst und Heiterkeit weiter auszuführen. Er bezieht sich konkret auf zwei Distichen von Hölderlin, von denen das erste mit dem Titel *Sophokles* lautet: „Viele versuchten umsonst das Freudigste freudig zu sagen / Hier spricht endlich es mir, hier in der Trauer sich aus."[137] Adorno plädiert für eine Lesart des Zweizeilers, welche die Heiterkeit weder im mythischen Inhalt von Sophokles' Stücken sucht noch in der Versöhnung, die er den antiken Mythen zukommen lässt,

---

132 Vgl. Hegel, Vorlesungen über die Ästhetik I. Bd. 13, S. 209; 208.
133 Vgl. Adorno, Ästhetik 1958/59. NL 4, Bd. 3, S. 43.
134 Adorno, Ästhetik 1958/59. NL 4, Bd. 3, S. 41.
135 Vgl. dazu ausführlich auch Kapitel VI. dieser Arbeit.
136 Kreuzer, Ästhetisches Tun, S. 86.
137 Hölderlin, Sophokles. StA 1, S. 305. Bei Adorno: Kh, 602.

„sondern darin, daß er es sagt, daß es sich ausspricht" (Kh, 602). Beide Verben – das Sagen und das Aussprechen – sind nicht umsonst mit Nachdruck in dem Distichon genannt, weshalb Adorno dem sprachlichen Ausdruck bei Hölderlin besonderes Gewicht beimisst: „Das Glück ist bei der Sprache, die über das bloß Seiende hinausweist." (Kh, 602) Weshalb Sprache und Glück in Adornos Hölderlin-Interpretation so eng verknüpft sind, lässt sich anhand seiner früheren Auseinandersetzung mit Hölderlins Werk näher erläutern.[138]

Am 7. Juni 1963 hielt Adorno im Rahmen der Jahresversammlung der Hölderlin-Gesellschaft einen Vortrag zu *Fragen einer philosophischen Interpretation Hölderlins*, in dem er insbesondere gegen Martin Heideggers Hölderlin-Interpretation, die dieser vier Jahre zuvor auf der Jahresversammlung vorgetragen hatte,[139] Einspruch erhob. Gerade wegen seiner Invektiven gegen Heidegger, die von Staiger und dem Literaturwissenschaftler Wolfgang Binder scharf kritisiert und zurückgewiesen wurden, entschieden die Herausgeber des *Hölderlin-Jahrbuchs 1963/64*, Adornos Vortragstext nicht in die Jahresausgabe aufzunehmen.[140] Er publizierte ihn daher 1964 in einer erweiterten Fassung unter dem Titel *Parataxis. Zur späten Lyrik Hölderlins* in der *Neuen Rundschau*.[141] Auch in der veröffentlichten Version rückte Adorno nicht von seiner Kritik an Heidegger ab und versuchte so, diesem und seinen Befürwortern ihre damalige Deutungshoheit streitig zu machen.

Gegen Heidegger und unter Berufung auf Hegel weist Adorno zunächst solche Literaturinterpretationen zurück, die Dichtung auf eine Gesamtaussage oder Autorintention zu reduzieren versuchen; denn die Kraft und Autorität von Kunstwerken ist „nichts anderes als die objektiv in ihnen erscheinende Wahrheit, welche die subjektive Intention als gleichgültig unter sich läßt"[142]. Dass Kunstwerke über einen erst durch philosophische Reflexion zu erschließenden Wahrheitsgehalt verfügen, ist eine zentrale Voraussetzung von Adornos Verständnis von Kunst und ihrer Interpretation: „Während indessen die Hölderlinsche Dichtung, gleich jeder nachdrücklichen, der Philosophie als des Mediums bedarf, das ihren Wahrheitsgehalt zutage fördert, taugt dazu ebensowenig der Rekurs auf

---

138 Vgl. zum Zusammenhang von Sprache und Glück bei Hölderlin auch Kap. III.4. dieser Arbeit.
139 Adorno bezieht sich ebenfalls auf Heideggers 1944 erstmals und 1951 in einer erweiterten Fassung erschienenen Sammelband *Erläuterungen zu Hölderlins Dichtung*, der verschiedene von Heidegger zwischen 1936 und 1944 gehaltene Vorträge umfasst.
140 Vgl. Vesper, Kunst als Erschütterung, S. 195.
141 Später wurde der Essay in die *Noten zur Literatur III* aufgenommen.
142 Adorno, Parataxis. GS 11, S. 449.

eine wie immer auch ihn beschlagnahmende."[143] Gegen eine an der Autorintention orientierte Analyse plädiert Adorno für den Vorrang der Form, die von den bisherigen Hölderlin-Interpreten, insbesondere von Heidegger, zugunsten mythisierender, nationalistischer und klassizistischer Annahmen kaum berücksichtigt worden ist.[144] Im Folgenden versucht Adorno dagegen die paratatktische Struktur der späten Hymnen Hölderlins als ihr Strukturprinzip auszumachen, wodurch er zu zeigen beabsichtigt, dass Hölderlins Dichtung ganz wesentlich einer immanenten Dialektik von Form und Inhalt folgt, die eine „Kritik am Subjekt" wie an der „verhärteten Welt" gleichermaßen ist.[145]

Heidegger dagegen überhöht die Künstler-Persönlichkeit Hölderlins derart, dass er darüber das „Agens der Form"[146] vernachlässigt. Er verwechselt den Dichter, „bei dem der Wahrheitsgehalt vermittelt ist durch den Schein, mit dem Stifter, der ins Sein selbst eingriffe"[147]. Heidegger fasst Hölderlins Lyrik also als personale Rede mit unmittelbarem und buchstäblichem Bezug zur Wirklichkeit auf, wobei vom fiktionalen, auf Utopie und Kritik am Bestehenden verweisenden Charakter dieser Lyrik gänzlich abstrahiert wird.[148] Heideggers Verherrlichung des Dichters arbeitet daher einer „Entästhetisierung" seiner Produktionen zu:

> Die schlagartige Entästhetisierung des Gehalts unterschiebt das unabdingbar Ästhetische als Reales, ohne Rücksicht auf die dialektische Brechung zwischen Form und Wahrheitsgehalt. Dadurch wird die genuine Beziehung Hölderlins zur Realität, die kritische und utopische, weggeschnitten. Er soll als Sein zelebriert haben, was in seinem Werk keinen anderen Ort hat als die bestimmte Negation des Seienden. Die allzu früh behauptete Wirklichkeit des Dichterischen unterschlägt die Spannung von Hölderlins Dichtung zur Wirklichkeit und neutralisiert sein Werk zum Einverständnis mit dem Schicksal.[149]

---

143 Adorno, Parataxis. GS 11, S. 452; vgl. auch S. 450: „Dies der Philologie sich entziehende Moment verlangt von sich aus Interpretation. Das Dunkle an den Dichtungen, nicht, was in ihnen gedacht wird, nötigt zur Philosophie." In der *Ästhetischen Theorie* führt Adorno diesen Gedanken weiter aus: „Der Wahrheitsgehalt der Kunstwerke ist die objektive Auflösung des Rätsels eines jeden einzelnen. Indem es die Lösung verlangt, verweist es auf den Wahrheitsgehalt. Der ist allein durch philosophische Reflexion zu gewinnen." Adorno, Ästhetische Theorie. GS 7, S. 193; vgl. auch Vesper, Kunst als Erschütterung, S. 193.
144 Vgl. auch Böschenstein, Theodor W. Adorno als Deuter Hölderlins, S. 252.
145 Vgl. Adorno, Parataxis. GS 11, S. 485.
146 Adorno, Parataxis. GS 11, S. 452.
147 Adorno, Parataxis. GS 11, S. 453.
148 Adorno dürfte bspw. den Beginn von Heideggers Analyse von *Heimkunft / An die Verwandten* im Sinn gehabt haben, in der dieser die Überlegung anstellt, ob nicht Hölderlins eigene Rückfahrt in die schwäbische Heimat 1801 gemeint sein könnte; vgl. Martin Heidegger, Erläuterungen zu Hölderlins Dichtung, 3. Aufl., Frankfurt am Main 1963, S. 13.
149 Adorno, Parataxis. GS 11, S. 454.

Scharf kritisiert Adorno vor allem Heideggers Tilgung des Fremden um des Deutschen willen. Dieser ersetzt nämlich die „braunen Frauen" aus Hölderlins Hymne *Andenken* unumwunden durch die „deutschen Frauen", obwohl diese in einem völlig anderen Gedicht genannt und im *Andenken* überhaupt nicht erwähnt werden.[150] Adorno dagegen erkennt an solchen Figuren in Hölderlins Dichtung ein emphatisches Plädoyer für eine Utopie des Fremden, „in der die Liebe zum Nahen befreit wäre von aller Feindschaft"[151]. In diesem Kontext ist von Interesse, dass auch Heidegger das von Adorno besprochene Distichon *Sophokles* in seinen 1944 erstmals erschienenen *Erläuterungen zu Hölderlins Dichtung* diskutiert, aber erwartungsgemäß zu völlig anderen Ergebnissen gelangt:

> Jetzt wissen wir, warum der Dichter zu der Zeit, da er in die Heimat als den Ort der sparenden Nähe zum Ursprung heimkommt, „die Trauerspiele des Sophokles" übersetzen mußte. Die Trauer, durch eine Kluft geschieden vom bloßen Trübsinn, ist die Freude, die aufgeheitert ist für das Freudigste, sofern es sich noch spart und zögert. Woher sonst käme denn auch das weithin tragende innere Licht der Trauer, wenn sie nicht in ihrem verborgenen Grunde die Freude zum Freudigsten wäre?[152]

Hier zeigt sich nicht nur Heideggers an der Biographie des Autors orientierte Hermeneutik, auch sein nationalistischer Interpretationsansatz lässt sich kaum mehr verbergen, wenn er umstandslos den „Gesang des Freudigsten" als den „Gesang des Deutschen'" versteht.[153] Gegen diese biographistische und nationalistische Lesart und gegen die pathetische Überhöhung der Trauer als latenten Grund der Freude besteht Adorno in seiner Interpretation des Distichons auf dem Vorrang der Sprache.

Denn ihm zufolge ist Hölderlins gesamte poetische Verfahrensweise wesentlich durch „Fügsamkeit" gegenüber der Sprache gekennzeichnet, die sich vor allem in der Technik der paratakischen Reihung und der Auflehnung gegen das (allein) synthetisierende Verfahren der Sprache ausdrückt.[154] Synthesis wird von Hölderlin jedoch nicht gänzlich zurückgewiesen, denn seine paratakische Dichtung mahnt gerade an die musikalische Erfahrung, die Adorno als „begriffslose Synthesis"[155] bezeichnet. Das Besondere an Hölderlins Dichtung ist nun gerade, dass er um den dialektischen Charakter der Sprache weiß – nämlich dass Synthesis nicht einfach aus ihr verbannt werden kann und selbst der subjektivste Aus-

---

150 Vgl. Heidegger, Erläuterungen zu Hölderlins Dichtung, S. 101f.; vgl. auch Böschenstein, Adorno als Deuter Hölderlins, S. 257.
151 Adorno, Parataxis. GS 11, S. 458.
152 Heidegger, Erläuterungen zu Hölderlins Dichtung, S. 25.
153 Heidegger, Erläuterungen zu Hölderlins Dichtung, S. 25.
154 Vgl. hierzu ausführlich Kap. III.4. dieser Arbeit.
155 Adorno, Parataxis. GS 11, S. 471.

druck noch der synthetischen Funktion des Begriffs bedarf –, weshalb er die subjektiv-expressive Sprachfunktion der begrifflich-prädikativen nicht einfach vorordnet, sondern durch das Prinzip der Reihung letztere selbst zu dekonstruieren versucht. Nach Adorno korrigiert Hölderlin so „den Vorrang des Subjekts", da seine sprachliche Verfahrensweise die angenommene Synthesis von Subjekt und Sprache revidiert und dadurch offen zu legen vermag, dass „das Subjekt, das sich als Unmittelbares und Letztes verkennt, durchaus ein Vermitteltes sei". Nur indem die Sprache also „die Fäden zum Subjekt durchschneidet", kann sie dem Subjekt überhaupt noch so etwas wie Gerechtigkeit widerfahren lassen, da dieses nämlich „von sich aus [...] nicht mehr reden kann".[156]

Genau aus diesem Grund besteht Adorno in *Ist die Kunst heiter?* auf dem Primat der Sprache bei seiner Interpretation des Distichons, denn ausschließlich dort ist Glück (noch) anzutreffen. Die Sprache ist wesentlicher Bestandteil der Wirklichkeit, hat aber zugleich die Möglichkeit, über diese hinauszugehen. Allein dadurch, dass etwas ausgesprochen wird, kann es über das bloße Sosein hinausweisen und ein ‚utopisches *Surplus*' jenseits der Realität formulieren. Außerdem kann in Adornos Verständnis nur solche Dichtung dem Wahrheitsgehalt des „Freudigsten" Gerechtigkeit widerfahren lassen, die um die dialektische Bewegung der Sprache weiß und in sich reflektiert.

Das Bild vom Aussprechen des Freudigsten in der Trauer erinnert auch an Hölderlins Briefroman *Hyperion*. Obwohl Hyperion seinen Freund Alabanda, seine Geliebte Diotima und seine politischen Hoffnungen verloren hat, schreibt er in einem seiner letzten Briefe dennoch mit Zuversicht an seinen Freund Bellarmin:

> Bellarmin! Ich hatt' es nie so ganz erfahren, jenes alte feste Schiksaalswort, daß eine neue Seeligkeit dem Herzen aufgeht, wenn es aushält und die Mitternacht des Grams durchduldet, und daß, wie Nachtigallgesang im Dunkeln, göttlich erst in tiefem Laid das Lebenslied der Welt uns tönt.[157]

Hyperion gelingt es hier, in der Trauer das Freudigste, nämlich das Seligsein im Sinne von Gemütsruhe, Gelassenheit und Glück auszusprechen, weil er schmerzhafte und leidvolle Erschütterungen erfolgreich, das heißt ohne an diesen zugrunde zu gehen, durchlitten hat:

> Denn, wie mit Genien, lebt' ich itzt mit den blühenden Bäumen, und die klaren Bäche, die darunter flossen, säußelten, wie Götterstimmen, mir den Kummer aus dem Busen. [...] Und wenn ich oft des Morgens, wie die Kranken zum Heilquell, auf den Gipfeln des Gebirgs stieg, durch die schlafenden Blumen, aber vom süßen Schlummer gesättigt, neben mir die lieben Vögel aus dem Busche flogen, im Zwielicht taumelnd und begierig

---

156 Alle Zitate bis hier: Adorno, Parataxis. GS 11, S. 478.
157 Hölderlin, Hyperion. StA 3, S. 157.

> nach dem Tag, und die regere Luft nun schon die Gebete der Thäler, die Stimmen der Heerde und die Töne der Morgengloken herauftrug, und jetzt das hohe Licht, das göttlichheitre den gewohnten Pfad daherkam, [...] so stand ich Einsamer dann auch über den Ebnen und weinte Liebesthränen zu den Ufern hinab und den glänzenden Gewässern und konnte lange das Auge nicht wenden.[158]

Heiterkeit wird im *Hyperion* als Gabe der Natur betrachtet, die durch ihre heilenden Kräfte in der Lage ist, die innere Zerrissenheit des Menschen zu lindern. Hyperion schildert in seinen Briefen das „heitre Blau" des Himmels, wie er am „heitrem Feuer" saß, in „heitrer Mitternacht" die Dioskuren betrachtete und sich über die „heitere See" erfreute.[159] Die Natur wird von ihm als heilig und heilend empfunden, daher kann er den Meles als „heiligen Strom" bezeichnen und „heiliges Licht" wahrnehmen.[160] Nachdem Hyperion nach schwerer Kriegsverletzung aus dem Koma erwacht, dankt sein Freund Alabanda dafür zuerst der alles wiederherstellenden Natur: „[O] Retterin! o Natur! du gute, alles heilende!"[161]

Auch Heidegger betont den engen Zusammenhang der Eigenschaften heiter, heilig und heilend in seinem Vortrag über Hölderlins Gedicht *Heimkunft / An die Verwandten*. Heideggers Heiterkeit ist weiblich markiert, weshalb das „reine Lichtende" für ihn „die Heitere" ist. In Anlehnung an antike Konzeptionen versteht er darunter Klarheit (*claritas*), Hoheit (*serenitas*) und Froheit (*hilaritas*).[162] „Vater Äther", der als „der Freudige" verstanden wird, und die „freudigen Boten der Aufheiterung", nämlich der „Engel des Hauses", die Erde, und der „Engel des Jahres", das Licht, bilden eine Trias, „in denen die Heitere sich aufheitert und Freudiges aufgehen läßt und im Freudigen die Menschen grüßt".[163] Dabei sind die Heitere, Heilung und Heiliges in Heideggers Interpretation verknüpft:

> Die Heitere behält und hat alles im Unverstörten und Heilen. Die Heitere heilt ursprünglich. Sie ist das Heilige. Das „Höchste" und „das Heilige" ist für den Dichter das Selbe: die Heitere. Sie bleibt als der Ursprung alles Freudigen das Freudigste. In diesem ereignet sich die reine Aufheiterung.[164]

Dass die Eigenschaften heiter, heilig und heilend bei Hölderlin in einem engen Verweisungszusammenhang stehen, daran besteht auch für Adorno kein Zweifel. Allerdings weichen die Erläuterungen Heideggers, die dem Heiteren den

---

158 Hölderlin, Hyperion. StA 3, S. 157f.
159 Hölderlin, Hyperion. StA 3, S. 11; 30; 36; 77.
160 Hölderlin, Hyperion. StA 3, S. 20; 29.
161 Hölderlin, Hyperion. StA 3, S. 125.
162 Vgl. Heidegger, Erläuterungen zu Hölderlins Dichtung, S. 18; vgl. auch Reinhard Breymayer, Hölderlin und die Heiterkeit. In: Heiterkeit, S. 111–160, hier: S. 120–122.
163 Heidegger, Erläuterungen zu Hölderlins Dichtung, S. 19.
164 Heidegger, Erläuterungen zu Hölderlins Dichtung, S. 18.

ontologischen Status eines Seins jenseits des Seienden beimessen, zu sehr von seinem eigenen Primat der Form ab. Auch fehlt in Heideggers Überlegungen, in denen Trauer und Heiterkeit letztlich verschmelzen,[165] jenes Moment einer negativen Dialektik, nach der Ernst und Heiterkeit zugleich different und komplementär aufeinander verwiesen sind. Hochproblematisch ist ebenso das völkische Motiv, das Heidegger der Heiterkeit in diesem bereits 1943 gehaltenen, aber auch später nicht geänderten Vortrag anheftet; denn folgende Zeilen lassen sich zweifelsohne als Heroisierung des deutschen Soldaten sowie des deutschen Volkes verstehen und auf den Zweiten Weltkrieg beziehen:

> [...] [S]ind dann nicht die Söhne der Heimat, die fern dem Boden der Heimat, aber mit dem Blick in die Heitere der ihnen entgegen leuchtenden Heimat ihr Leben für den noch gesparten Fund verwenden und im Opfergang verschwenden – sind dann nicht diese Söhne der Heimat die nächsten Verwandten des Dichters?[166]

Die Verwandtschaft mit dem Dichter bedeutet für Heidegger die wirkliche Heimkunft: „Diese Heimkunft aber ist die Zukunft des geschichtlichen Wesens der Deutschen. Sie sind das Volk des Dichtens u n d Denkens."[167] Gerade gegen solch nationalistisch motivierten Indienstnahmen versucht Adorno Hölderlins Konzeption von Heiterkeit gegen Heidegger zu retten.

Ähnlich wie auch später Hegel versteht Hölderlin Heiterkeit insbesondere im *Hyperion* als einen Zustand der unbekümmerten Stille und Seligkeit, der das göttliche Leben kennzeichnet. Für den Menschen ist der heitere Seelenzustand und damit glückvolle Seligkeit dagegen ausschließlich im Einklang mit der Natur zu erreichen und niemals losgelöst von ihr. Hierin divergiert Hölderlins Konzeption von der Hegels. Nur weil er sich im Einklang mit der Natur befindet, ist es Hyperion möglich, die „Stille im Land der Seeligen"[168] zu verorten und voller Sehnsucht auszurufen: „[O] deine Ruhe laß mich wiedersehen, seelige Natur!"[169] Solche Sätze verdeutlichen, weshalb Adorno in *Ist die Kunst heiter?* das „befriedete Verhältnis der Heiterkeit zur Natur" (Kh, 603) betont. Aber auch in Hölderlins späteren Oden und Hymnen wird Heiterkeit und Glück in einen engen Zusammenhang mit Naturerfahrung gerückt.[170] Das Heitere ist

---

165 Vgl. Heidegger, Erläuterungen zu Hölderlins Dichtung, S. 25.
166 Heidegger, Erläuterungen zu Hölderlins Dichtung, S. 29.
167 Heidegger, Erläuterungen zu Hölderlins Dichtung, S. 29. Hervorhebung im Original.
168 Hölderlin, Hyperion. StA 3, S. 50.
169 Hölderlin, Hyperion. StA 3, S. 132.
170 Vgl. bspw. die Ode *Ihre Genesung*, die Hymne *Brod und Wein* oder die Reimstrophe *Aussicht*; vgl. dazu ausführlich: Breymayer, Hölderlin und die Heiterkeit; Ernst Mögel, Natur als Revolution. Hölderlins Empedokles-Tragödie, Stuttgart 1994, S. 204 f.

hier gleichsam etwas, was der Mensch von außen erfährt, was er nicht selbst geistig erzeugen kann, und was dadurch auf Momente des Ephemeren, des sich der Subsumptionslogik Entziehenden, des Ungezähmten und damit auf somatische Lust verweist. Hölderlins Dichtung ist für Adorno gerade deshalb von so elementarer Bedeutung, weil sie die Hegel'sche Konzeption der Heiterkeit um das wieder Ins-Recht-Setzen der Natur ergänzt. Dies lässt sich anhand seiner Ausführungen in *Parataxis* weiter erläutern.

Adorno setzt sprachliche Synthesis hier mit Naturbeherrschung gleich. Indem Hölderlin gegen jene opponiert, ergreift er Partei „für die gestürzte Natur"[171]. Anhand der Ode *Natur und Kunst* versucht Adorno zu zeigen, dass Hölderlin jedoch die Herrschaft der Vernunft nicht einfach naiv leugnet zugunsten der Beschwörung einer vermeintlich unschuldig-reinen Natur, sondern dass er die Beziehung des herrschaftlichen Logos auf die Natur in ihrer ganzen Dialektik erfasst. Naturbeherrschung ist bei ihm „selber als ein Stück Natur"[172] erkannt worden. Denn die Emanzipation von der als übermächtig empfundenen Natur war nur durch die Anwendung von Gewalt möglich, die sich in ihren ungezügelten Momenten forterbt und Aufklärung in Mythos umschlagen lässt.[173] Die bei Hölderlin vollzogene Erinnerung an die unterdrückte Natur ist daher „das Bewußtsein von Nichtidentität, das den Identitätszwang des Logos überflügelt"[174]:

> Daß, wie in Hegels Logik, Identität nur als eine des Nichtidentischen, als „Durchdringung" vorzustellen sei, kommt mit Hölderlins später Dichtung insofern überein, als diese nicht dem herrschaftlichen Prinzip, in abstrakter Negation, das Beherrschte, an sich Chaotische als Heiles entgegensetzt. Einen Stand von Freiheit erwartet Hölderlin nur durchs synthetische Prinzip hindurch, von dessen Selbstreflexion.[175]

Anders als bei Hegel sind in Hölderlins *Hyperion* Geist und Natur ebenbürtig und somit gleichermaßen verantwortlich für das Glück des Menschen: „O Schwester des Geistes, der feurigmächtig in uns waltet und lebt, heilige Luft! wie schön ist's, daß du, wohin ich wandre, mich geleitest, Allgegenwärtige, Unsterbliche!"[176]

Dieser Bezug von Geist und Natur ist von entscheidender Bedeutung für Adornos Interpretation. Selbstverständlich versteht er ihn nicht als eine sich ergänzende Einheit, sondern betont die „Spannung beider Momente", die „das Lebenselement auch des Hölderlinschen Werks" ausmacht.[177] Die Verbindung

---

171 Adorno, Parataxis. GS 11, S. 482.
172 Adorno, Parataxis. GS 11, S. 482.
173 Vgl. Adorno (mit Horkheimer), Dialektik der Aufklärung. GS 3, S. 16.
174 Adorno, Parataxis. GS 11, S. 482.
175 Adorno, Parataxis. GS 11, S. 484.
176 Hölderlin, Hyperion. StA 3, S. 50.
177 Adorno, Parataxis. GS 11, S. 484.

von Geist und Natur wird bei Hölderlin demnach auch nicht als ein Sieg des Einen über das Andere gedacht, sondern als die Versöhnung „des Einen mit dem Vielen"[178] oder als die von „Genius und Natur"[179]. Unter Genius versteht Adorno nicht das autonomieästhetische Schöpfersubjekt, sondern einen selbstreflexiven Geist, der sich selbst als Natur weiß und sein versöhnendes Moment im „Bewußtsein des nichtidentischen Objekts" hat: „Die Welt des Genius ist, mit Hölderlins Lieblingswort, das Offene und als solches das Vertraute, nicht länger Zugerüstete."[180] Mit der Betonung des Offenen bei Hölderlin richtet sich Adorno gegen zweierlei: Zum einen kritisiert er damit die Verabsolutierung des Geistes in der idealistischen Klassik, der die Hölderlin'sche Vorstellung vom Genius mit seiner Vorliebe für das Offene, Unabgeschlossene und Nichtidentische gegenübersteht. Zum anderen wendet er sich gegen die deutsch-nationale Vereinnahmung Hölderlins durch Interpreten wie Heidegger, die das Motiv des Offenen in der Hölderlin'schen Dichtung unterschlagen.[181] Dagegen betont Adorno unter Heranziehung der zweiten Fassung von Hölderlins Ode *Dichtermut*, dass das Offene des Genius' gerade in der Möglichkeit der Reflexion besteht: „Er ist der Geist des Gesangs, zum Unterschied von dem der Herrschaft; Geist selber sich öffnend als Natur, anstatt diese zu fesseln, darum ‚friedenatmend'."[182] Der Geist des Gesangs begreift sich selbst als Natur und öffnet sich dieser, anstatt sie zu unterwerfen. Die Zurückweisung des herrschaftlichen Moments ist für Adorno also erst die Voraussetzung für die Offenheit gegenüber einem Gefüge, in dem Natur und Geist, Natur und Kultur aufeinander verwiesen sind und damit letztlich für einen Zustand des Glücks.[183]

Das Verhältnis von Heiterkeit und befriedeter Natur erhält im *Hyperion* freilich noch eine weitere Dimension, auf die Reinhard Breymayer aufmerksam gemacht hat. Hyperions berühmte Schmährede an die Deutschen, in der er deren

---

178 Adorno, Parataxis. GS 11, S. 487.
179 Adorno, Parataxis. GS 11, S. 488.
180 Adorno, Parataxis. GS 11, S. 488.
181 Vgl. Adorno, Parataxis. GS 11, S. 456–459; 488 f.
182 Adorno, Parataxis. GS 11, S. 488.
183 Vgl. auch Breymayer und Sauerwald, die beide darauf hinweisen, dass Offenheit und Heiterkeit bei Hölderlin zusammen gedacht werden und auf das Glück einer politischen Veränderung hindeuten: „Durch ihre Offenheit bildet die Heiterkeit eine Brücke [...] zwischen dem ‚Andenken / Seeliger Tage, die einst gewesen' [...] und der Hoffnung auf ‚neues Grünen'"; Breymayer, Hölderlin und die Heiterkeit, S. 123 (FN 63); „Im Begriff des H.[eiteren] artikuliert sich zugleich die politische Hoffnung auf ‚neues Grünen'"; Sauerwald, Heiterkeit, Sp. 1041. Vgl. auch Kap. III.4. dieser Arbeit, das anhand von Adornos *Mynemosyne*-Interpretation und seinem Aphorismus *Sur l'eau* aus den *Minima Moralia* die Bedeutung von Glück in der Gegenwart für Adorno herausarbeitet.

fehlenden Sinn für die „heilige Natur"[184], für Gemeinschaft und echte Heiterkeit beklagt, während Verbissenheit und Unzufriedenheit in ihrem Land vorherrschend seien,[185] liest Breymayer als Plädoyer Hölderlins dafür, Heiterkeit nicht als bloße Selbstverwirklichung zu verstehen, sondern als eine Kategorie, der „eine wesentliche sittliche, gemeinschaftsstiftende und politische Bedeutung für das Leben auf dieser Erde"[186] zukommt. Versteht man Heiterkeit in diesem Sinne als ein soziales Verhalten, das im befriedeten Verhältnis zur Natur gründet, dann wird Hyperions Kritik an den Deutschen verständlich, da sie nämlich „nichts Heiliges unbetastet lassen" und „die göttliche Natur nicht achten". Gegen die ängstliche Selbstbezogenheit der Deutschen setzt Hyperion den Geist und Natur vereinenden Genius, „der Kraft und Adel in ein menschlich Thun, und Heiterkeit ins Leiden und Lieb' und Brüderschaft den Städten und den Häußern bringt".[187] Der sittliche und heitere Mensch könne demnach zu einem sozial-verantwortlichen und solidarischen Verhalten und Handeln beitragen. Heiterkeit gewinnt hier also eine weit übers bloß Individuelle hinausweisende soziale Bedeutung.[188]

Auch eine frühere Stelle im *Hyperion* bestätigt diesen Befund. Motiviert durch seine tiefe Überzeugung, die bestehenden politischen Verhältnisse zum Wohle seiner Landsleute, der Griechen, verbessern zu können und zu müssen, schreibt Hyperion an Diotima: „Ja wohl, mein Alabanda, sagt' ich; da gehn wir heiter in den Kampf, da treibt uns himmlisch Feuer zu Thaten."[189] Versteht man diesen Ausspruch nicht bloß als jugendliche Kraftmeierei, dann bezeichnet der heitere Gemütszustand hier das Selbstbewusstsein, konkret in die gesellschaftlich-politischen Verhältnisse eingreifen zu können. Nicht weniger als eine revolutionäre Umwälzung fordert Hyperion schließlich am Ende seines Briefes: „[E]s muß sich alles verjüngen, es muß von Grund aus anders seyn; voll Ernsts die Lust und heiter alle Arbeit!"[190] Ganz deutlich formuliert Hölderlin hier eine Gegenposition zum berühmten Schlussvers des *Wallenstein*,[191] die Ernst, Heiterkeit und Lust, anders als die Schiller'sche Sentenz, in eine

---

184 Hölderlin, Hyperion. StA 3, S. 155.
185 Vgl. Hölderlin, Hyperion. StA 3, S. 156.
186 Breymayer, Hölderlin und die Heiterkeit, S. 141.
187 Hölderlin, Hyperion. StA 3, S. 156.
188 Vgl. Breymayer, Hölderlin und die Heiterkeit, S. 141f.
189 Hölderlin, Hyperion. StA 3, S. 111.
190 Hölderlin, Hyperion. StA 3, S. 111.
191 Auch wenn Hölderlins *Hyperion* 1799 ein Jahr vor der Veröffentlichung von Schillers *Wallenstein* erschienen ist, kann davon ausgegangen werden, dass jenes antike Motto den Jenaer Kreisen um Goethe, Schiller und Hölderlin bekannt war und dementsprechend jeder von ihnen seine eigene Interpretation vornahm.

Konstellation bringt, die sich einer kulturindustriellen Indienstnahme verwehrt und so Adornos Lesart der Dialektik von Ernst und Heiterkeit wesentlich entspricht. Die Verknüpfung von Heiterkeit mit selbstbewusstem und revolutionärem Handeln[192] korrespondiert mit Adornos Konzeption, denn auch er betont das utopische und damit gesellschaftsverändernde Potential von Heiterkeit.

Das zweite Distichon, das Adorno in *Ist die Kunst heiter?* als Beleg für die bei Hölderlin angelegte Dialektik von Ernst und Heiterkeit anführt, trägt den Titel *Die Scherzhaften*: „Immer spielt ihr und scherzt? ihr müßt! o Freunde! mir geht diß / In die Seele, denn diß müssen Verzweifelte nur."[193] Adorno schlussfolgert daraus „Wo Kunst von sich aus heiter sein will, und damit zu jenem Gebrauch sich schickt, zu dem Hölderlin zufolge nichts Heil'ges mehr taugt, wird sie eingeebnet aufs Bedürfnis der Menschen und ihr Wahrheitsgehalt verraten." (Kh, 602) Der Gedanke, dass der Wahrheitsgehalt von Kunst sich nur durch philosophische Reflexion ergründen lässt, und Kunst sich nicht in bloßer Bedürfnisbefriedigung erschöpfen darf, schließt zum einen an die Überlegungen aus seinem früheren Hölderlin-Essay an. Zum anderen geht es in Adornos Bemerkung nicht nur um den Verrat des Wahrheitsgehalts von Kunst, sondern auch um den Verlust der ‚Wahrheit' von Heiterkeit; denn die „verordnete Munterkeit" (Kh, 602) hat ihm zufolge nichts mehr mit der Heiterkeit der Stille und Passivität, wie bei Hegel und Hölderlin formuliert, gemein. Daher verurteilt das Distichon „alles affirmative Wesen von Kunst" (Kh, 602). Nach Adorno hat Hölderlin mit seinem Distichon bereits die Auswüchse der Kulturindustrie vorweggenommen, in der „der Scherz zur grinsenden Fratze von Reklame schlechthin sich entwickelt" (Kh, 602) hat.

Beide Distichen Hölderlins dienen Adorno also zur Untermauerung der eigenen These. Im ersten kann Adorno anhand des Doppelcharakters von Sprache als Kultur und Natur zeigen, dass Sprache die Möglichkeit hat, durch Passivität gegen die Synthesis zu rebellieren und dadurch Natur wieder in ihr Recht zu setzen; darum vor allem ist das Glück bei der Sprache. Auch wird deutlich, dass Freude und Trauer in einem dialektischen Spannungsverhältnis stehen, so wie auch Heiterkeit und Ernst aufeinander verwiesen sind. Das zweite Distichon verdeutlicht jene Dialektik in verschärfter Weise. Denn Heiterkeit ohne

---

192 Im Hinblick auf die politische Dimension der Hölderlin'schen Dichtung weist Mögel darauf hin, dass Hölderlin als Anhänger der Französischen Revolution diese selbst als Erwachen der Natur begriff: „Die Revolution ist ein gewaltiger Ausbruch von *Natur*." Mögel, Natur als Revolution, S. 169. Hervorhebung im Original. Als Beleg führt er folgende Stelle aus Hölderlins *Wie wenn am Feiertage* an: „Die Natur ist jezt mit Waffenklang erwacht"; Hölderlin, Wie wenn am Feiertage. StA 2, S. 118.
193 Hölderlin, Die Scherzhaften. StA 1, S. 305. Bei Adorno: Kh, 602.

ihren Gegenpol, den Ernst, bleibt leer; da, wo sie ihr eigenes dialektisches Verhältnis zum Ernst negiert, macht sie sich der Kulturindustrie gleich und büßt ihre auf einen glücklichen Zustand verweisenden Fähigkeiten ein. Zudem streben beide Distichen nicht nach inhaltlicher Synthesis. So wie Hölderlin nach Adorno den dialektischen Doppelcharakter von Sprache in seiner Lyrik permanent mitreflektiert, verfährt Adorno selbst mit dem Verhältnis von Ernst und Heiterkeit. Wie noch zu sehen sein wird, bildet die (Selbst-)Reflexion denn auch den einzigen Ausweg für Ernst und Heiterkeit in der zeitgenössischen Kunst. Nur wenn sie – und insbesondere die Kunst, die auf den sprachlichen Ausdruck angewiesen ist – die permanente Reflexion auf die Sinnhaftigkeit der eigenen künstlerischen Mittel und Gattungen in die Darstellung selbst einbezieht, haben die auf Frieden und Glück verweisenden Implikationen der Heiterkeit noch eine Chance.

1.4 Komplementarität von Leiden und Heiterkeit – Friedrich Nietzsche

Wie an vielen anderen Stellen in seinem Werk auch bezieht Adorno sich in *Ist die Kunst heiter?* eher beiläufig auf Nietzsche. Er nennt ihn im Kontext seiner Überlegungen zur Unmöglichkeit von heiterer Dichtung, die, so Adorno, Nietzsche bereits vor der Shoah geahnt und daher dem Humor eine Absage erteilt hat. Tatsächlich äußerte sich Nietzsche an verschiedenen Stellen und durchaus ambivalent in einer Weise zur Heiterkeit, dass Adornos Ausführungen sich so lesen, als habe er seine eigenen Thesen auch unter Rückgriff auf die entsprechenden Erläuterungen Nietzsches gewonnen.[194] Dessen Überlegungen zur

---

[194] Unumstritten ist Adornos eingehende Beschäftigung mit Nietzsches Philosophie, wie er bspw. gegenüber seinen Studierenden betont: „Es ist aber, und bitte verstehen Sie das nicht falsch, wirklich nicht im leisesten meine Absicht, auf Nietzsche herumzuhacken, dem ich, wenn ich aufrichtig sein soll, am meisten von allen sogenannten großen Philosophen verdanke – in Wahrheit vielleicht mehr noch als Hegel." Adorno, Probleme der Moralphilosophie. NL 4, Bd. 10, S. 255. Auch Norbert Rath weist auf die intensive Rezeption der Schriften Nietzsches in Adornos Werk hin: „Nietzsche ist der Philosoph, der den jungen Adorno am stärksten beeindruckt hatte; der in der *Dialektik der Aufklärung* am häufigsten zitierte Autor; ein Denker, dessen Aphorismen in der *Negativen Dialektik* und der *Ästhetischen Theorie* mit höchstem Respekt und fast immer zustimmend zitiert werden. Zu Nietzsche, verstanden als Artist, Kritiker, Oppositioneller, als Philosoph der Außenseiter, hatte Adorno zeitlebens eine besondere Affinität." Rath, Negative, S. 45; vgl. auch: Rath, „Nietzsche ist in gewissen kritischen Dingen weiter gegangen als Marx". Adornos Affinität zum Philosophen der Außenseiter. In: Andreas Schirmer (Hg.), Widersprüche. Zur frühen Nietzsche-Rezeption, Weimar 2000, S. 449–462. Zur Bedeutung Nietzsches für Adornos Denken vgl. grundsätzlich: Gerhard Schweppenhäuser, Ein

Heiterkeit, genauer: ihre Spuren finden sich insbesondere in *Die Geburt der Tragödie*, in der *Fröhlichen Wissenschaft*, in den *Nachgelassenen Fragmenten* und – latent und bereits im Hinblick auf die literarische Schreibweise der Parodie – in *Also sprach Zarathustra*.

Nietzsches *Die Geburt der Tragödie aus dem Geiste der Musik* erschien erstmals 1872 und zählt zu seinen zu Lebzeiten am stärksten, aber durchaus kontrovers rezipierten Werken. 1886 veröffentlichte Nietzsche eine Neuausgabe unter dem Titel *Die Geburt der Tragödie oder Griechenthum und Pessimismus*. Dieser war der *Versuch einer Selbstkritik* vorangestellt, mit dem er sich von den in der Erstausgabe zu findenden Anleihen bei Arthur Schopenhauer und von der Musik Richard Wagners distanzierte.[195] Zu den zentralen Erkenntnissen von Nietzsches Frühwerk zählt die Annahme, „dass nur als ästhetisches Phänomen das Dasein der Welt gerechtfertigt ist"[196], weshalb er die „aesthetische Wissenschaft"[197] in den Rang einer *prima philosophia* erhebt. Die attische Tragödie des fünften Jahrhunderts vor unserer Zeit dient ihm als exemplarisches ästhetisches Phänomen.[198] In seiner *Selbstkritik* sieht Nietzsche das wesentliche Ziel seiner Abhandlung darin, eine Antwort auf die Frage nach der „vorgeblichen ‚Heiterkeit' der Griechen"[199] zu finden, die für ihn in engem Zusammenhang mit dem Untergang der attischen Tragödie steht. Er grenzt die sokratische „Genügsamkeit und Heiterkeit des theoretischen Menschen"[200], welche die späteren Griechen ausgemacht hätten, von der „herrlichen ‚Naivetät' der älteren Griechen"[201] ab, zu denen er Homer, Archilochos und teilweise auch noch Sophokles zählt. Die vermeintliche Heiterkeit, die den antiken Denkern unablässig beschieden werde, ist für Nietzsche „nur eine Abendröthe" des späten Griechentums, das bereits im „Zeichen des Niedergangs, Verfalls, des Missrathenseins, der ermüdeten und geschwächten Instinkte" stehe und darum

---

Wort für die Moral. Horkheimer und Adorno lesen Nietzsche. In: Rüdiger Schmidt (Hg.), Nietzsche im Exil. Übergänge in gegenwärtiges Denken, Weimar 2001, S. 93–102; Josef Früchtl, Radikalität und Konsequenz in der Wahrheitstheorie – Nietzsche als Herausforderung für Adorno und Habermas. In: Nietzsche Studien 19, 1990, S. 431–461; Peter Pütz, Nietzsche im Licht der Kritischen Theorie. In: Nietzsche Studien 3, 1974, S. 175–191. Dennoch ist auffällig, dass Nietzsches Werk nur punktuell Eingang in Adornos Schriften gefunden und er ihm im Unterschied zu vielen anderen Denkern keinen großen Essay gewidmet hat.

195 Vgl. auch Enrico Müller, „Ästhetische Lust" und „dionysische Weisheit". Nietzsches Deutung der griechischen Tragödie. In: Nietzsche Studien 31, 2002, S. 134–153, hier: S. 135.
196 Nietzsche, Die Geburt der Tragödie. KSA 1, S. 17.
197 Nietzsche, Die Geburt der Tragödie. KSA 1, S. 25.
198 Vgl. auch Müller, Ästhetische Lust, S. 134.
199 Nietzsche, Die Geburt der Tragödie. KSA 1, S. 11
200 Nietzsche, Die Geburt der Tragödie. KSA 1, S. 12.
201 Nietzsche, Die Geburt der Tragödie. KSA 1, S. 115.

verantwortlich für den Niedergang der Tragödie sei.[202] Denn seiner Ansicht nach hatten vor allem die frühen Griechen „im Reichtum ihrer Jugend, den Willen zum Tragischen" und gerade ihr „Wahnsinn" konnte so die „grössten Segnungen über Hellas" bringen.[203] Suggestiv fragt er, ob nicht „andererseits und umgekehrt, die Griechen gerade in den Zeiten ihrer Auflösung und Schwäche, immer optimistischer, oberflächlicher, schauspielerischer […], also zugleich ‚heiterer' und ‚wissenschaftlicher' wurden".[204] Nietzsches nachträgliche Selbstkritik plädiert also dafür, die vermeintliche Heiterkeit der Griechen von Beginn der Lektüre seiner Schrift an skeptisch zu hinterfragen.

Leitend für Nietzsches Tragödienbegriff ist die Unterscheidung der beiden Prinzipien des Apollinischen und des Dionysischen, wobei ersteres die „Bilderwelt des Traumes" und letzteres die „rauschvolle Wirklichkeit" repräsentiert.[205] Beide „künstlerische[n] Mächte", die aus der Natur selbst „hervorbrechen",[206] sind nach Nietzsche jedoch nicht als starrer Gegensatz zu denken, sondern als „Duplicität", in der sie „neben einander her, zumeist im offnen Zwiespalt mit einander und sich gegenseitig zu immer neuen kräftigeren Geburten reizend" stehen, bis sie nach langem Kampfe schließlich „mit einander gepaart erscheinen und in dieser Paarung zuletzt das ebenso dionysische als apollinische Kunstwerk der attischen Tragödie erzeugen".[207] Der apollinische Kunsttrieb ziele auf die Vollkommenheit des schönen Scheins, er sei „maassvolle Begrenzung" des Dionysischen und „weisheitsvolle Ruhe".[208] Dagegen vermag das rauschhafte Dionysische Nietzsche zufolge „die entfremdete, feindliche oder unterjochte Natur" wieder „mit ihrem verlorenen Sohne, dem Menschen" zu versöhnen und einen „Bund zwischen Mensch und Mensch" zu stiften.[209]

An die Erkenntnis der produktiven Ergänzung beider Kunstvermögen schließt Nietzsche die These an, dass die Griechen sich die olympische Scheinwelt – zu der auch Apollo und Dionysos gehören – selbst geschaffen haben, um

---

202 Nietzsche, Die Geburt der Tragödie. KSA 1, S. 12.
203 Nietzsche, Die Geburt der Tragödie. KSA 1, S. 16.
204 Nietzsche, Die Geburt der Tragödie. KSA 1, S. 16.
205 Nietzsche, Die Geburt der Tragödie. KSA 1, S. 30; vgl. auch Sabine Appel, Oberflächlich – aus Tiefe: Nietzsches Idee griechischer Heiterkeit im Rahmen einer Philosophie der Zukunft. In: Heiterkeit, S. 263–273, hier: S. 364.
206 Nietzsche, Die Geburt der Tragödie. KSA 1, S. 30.
207 Nietzsche, Die Geburt der Tragödie. KSA 1, S. 25 f.
208 Nietzsche, Die Geburt der Tragödie. KSA 1, S. 28.
209 Nietzsche, Die Geburt der Tragödie. KSA 1, S. 29; vgl. auch Appel, Oberflächlich aus Tiefe, S. 364.

die schreckliche, leid- und qualvolle Wirklichkeit überhaupt ertragen zu können: „Um leben zu können, mussten die Griechen diese Götter, aus tiefster Nöthigung, schaffen."[210] Es ist jener apollinische Schönheitstrieb, der nicht nur „die olympische Welt entstehn" ließ, sondern auch „die Kunst in's Leben" rief.[211] Dass das gesamte Dasein und die Schönheit der Kunst jedoch auf einem „verhüllten Untergrunde des Leidens" fußen, hat nach Nietzsche erst das Dionysische zu Tage gefördert.[212] Die vollkommene Kunst bedarf Nietzsche zufolge daher zwingend beider Kunsttriebe; insbesondere die Entdeckung des verborgenen dionysischen Fundaments der frühen griechischen Kultur zählt er zu den wesentlichen Leistungen seiner Abhandlung.[213] Dass die attische Tragödie auf dem Leiden basiert, ist für Nietzsche die zentrale Erkenntnis. Mit ihr geht die Einsicht einher, dass die Griechen, um die Leiden des Daseins zu ertragen, der „Schönheit des Scheines"[214] unbedingt bedurften.

Mit der beschworenen „griechischen Heiterkeit", die er mit den Redeweisen von der „griechischen Harmonie" und „griechischen Schönheit" gleichsetzt – für Nietzsche alles „gänzlich wirkungslose Schönrednerei" –, werde jedoch jener dunkle, dionysisch inspirierte Untergrund der Kunst zu verdecken versucht.[215] Stattdessen setze diese Heiterkeit nur auf ein „feige[s] Sichgenügenlassen am bequemen Genuss"[216] und sei durch einen „Zustande ungefährdeten Behagens"[217], also durch belanglose Fröhlichkeit gekennzeichnet. Nietzsche wendet sich mit Vehemenz gegen einen solch „falsch verstandenen Begriff dieser Heiterkeit"[218], weil er seit dem frühen Christentum und bis in die Gegenwart eine Vorstellung „des griechischen Alterthums mit fast unüberwindlicher Zähigkeit" geprägt habe, die nur jene „blassrothe Heiterkeitsfarbe" von belanglosen Komödien festhalte, „als ob es nie ein sechstes Jahrhundert mit seiner Geburt der Tragödie, seinen Mysterien, seinen Pythagoras und Heraklit gegeben hätte, ja als ob die Kunstwerke der grossen Zeit gar nicht vorhanden wären".[219] Dagegen etabliert Nietzsche einen Begriff des Heiteren, der um das Leiden als sein Fundament weiß und sich als „Heilung des von grausiger Nacht versehrten Blickes" versteht. Auch kennt er das Moment von „überlegener Heiterkeit", womit er den glückvollen Prozess der

---

210 Nietzsche, Die Geburt der Tragödie. KSA 1, S. 36.
211 Nietzsche, Die Geburt der Tragödie. KSA 1, S. 36.
212 Nietzsche, Die Geburt der Tragödie. KSA 1, S. 40.
213 Vgl. auch Müller, Ästhetische Lust, S. 146.
214 Nietzsche, Die Geburt der Tragödie. KSA 1, S. 37.
215 Nietzsche, Die Geburt der Tragödie. KSA 1, S. 130.
216 Nietzsche, Die Geburt der Tragödie. KSA 1, S. 78.
217 Nietzsche, Die Geburt der Tragödie. KSA 1, S. 65.
218 Nietzsche, Die Geburt der Tragödie. KSA 1, S. 65.
219 Nietzsche, Die Geburt der Tragödie. KSA 1, S. 78.

Erkenntnis beschreibt, wenn man den „wunderbar geschürzten Prozessknoten" einer wahren Tragödie zu entwirren weiß.[220] Als Beispiel nennt er Sophokles' *Ödipus auf Kolonos*, wo jene Heiterkeit „in eine unendliche Verklärung emporgehoben" werde; denn dem schrecklichen Leiden des Protagonisten

> steht die überirdische Heiterkeit [gegenüber], die aus göttlicher Sphäre herniederkommt und uns andeutet, dass der Held in seinem rein passiven Verhalten seine höchste Activität erlangt, die weit über sein Leben hinausgreift, während sein bewusstes Tichten und Trachten im früheren Leben ihn nur zur Passivität geführt hat. So wird der für das sterbliche Auge unauflöslich verschlungene Prozessknoten der Oedipusfabel langsam entwirrt – und die tiefste menschliche Freude überkommt uns bei diesem göttlichen Gegenstück der Dialektik.[221]

Die Heiterkeit entspringt hier also einer aktiven Passivität, die politischen und persönlichen Kämpfen entsagt und stattdessen Erlösung vom leidvollen Leben erbittet. Diese Form der Passivität wird von Nietzsche jedoch nicht als Resignation verstanden, sondern ähnlich wie in Adornos Hölderlin-Interpretation als Verweigerung der konkreten Tat, des immer so Weitermachens, und damit als Möglichkeit des Eingedenkens und der Reflexion.[222]

Mit dem Begriff der überirdischen Heiterkeit schließt Nietzsche offensichtlich an die gängigen Vorstellungen der antiken Heiterkeit an, nach denen insbesondere die griechischen Götter ein heiteres und sorgenfreies Leben führten. Dass auch Erkenntnis – also der Prozess der Generierung von Einsicht, der Stabilisierung von Erfahrung sowie Vermehrung und Akkumulation von Wissen – Heiterkeit hervorrufen kann, ist eine Überlegung Nietzsches, die zwar bereits in Aristoteles' *Nikomachischer Ethik* auftaucht,[223] allerdings im Kontext der bisherigen Überlegungen zu Heiterkeitskonzeptionen neu ist und für Adorno von entscheidender Bedeutung. Bereits in der *Dialektik der Aufklärung* kritisieren Adorno und Horkheimer das allein rauschhafte Glück der Lotophagen, weil es der Erkenntnis entgegensteht:

> Solche Idylle, die doch ans Glück der Rauschgifte mahnt, mit deren Hilfe in verhärteten Gesellschaftsordnungen unterworfene Schichten Unerträgliches zu ertragen fähig gemacht wurden, kann die selbsterhaltende Vernunft bei den Ihren nicht zugeben. Jene ist

---

220 Nietzsche, Die Geburt der Tragödie. KSA 1, S. 66.
221 Nietzsche, Die Geburt der Tragödie. KSA 1, S. 66.
222 Vgl. zur Verhaltensweise der aktiven Passivität ausführlich Kapitel III. dieser Arbeit.
223 Erkenntnis wird hier als das höchste Glück des Menschen bezeichnet: „Wie wir ferner annehmen, muß Glück mit Lust vermischt sein; am lustvollsten aber unter den Formen hochwertiger Tätigkeit ist zugestandenermaßen das lebendige Wirken des philosophischen Geistes. [...] Und es ist wohl begründet, daß dem aus seiner Erkenntnis heraus Wirkenden ein lustvolleres Dasein beschieden ist als dem, der den Weg dazu erst sucht." Das größte Glück liegt nach Aristoteles also im Philosophieren; Aristoteles, Nikomachische Ethik, S. 230 f. (1177a).

in der Tat der bloße Schein von Glück, dumpfes Hinvegetieren, dürftig wie das Dasein der Tiere. Im besten Falle wäre es die Absenz des Bewußtseins von Unglück. Glück aber enthält Wahrheit in sich. Es ist wesentlich ein Resultat. Es entfaltet sich am aufgehobenen Leid. So ist der Dulder im Recht, den es bei den Lotophagen nicht duldet. Gegen diese vertritt er ihre eigene Sache, die Verwirklichung der Utopia, durch geschichtliche Arbeit, während das einfache Verweilen im Bild der Seligkeit ihr die Kraft entzieht.[224]

Bei Nietzsche hat die Heiterkeit der Erkenntnis zwei Facetten: Zum einen gelangt Ödipus erst durch sein passives Verhalten zu einem Einblick in die eigene Situation und dadurch zu einem einsichtsmotivierten Sieg über die mythischen Kräfte, wodurch er letztlich trotz aller Entbehrungen als heitere, weil seelenruhige Figur erscheint. Zum anderen erlangen die RezipientInnen der Tragödie durch das Durchschauen des mythologischen Schicksalzusammenhangs Erkenntnis. Voraussetzung dafür ist aber die im Adorno'schen Sinne in aktiver Passivität vollzogene genaue Erfassung der Eigenlogik des Gegenstands: Nur durch eine bei ihm verweilende, möglichst alle Aspekte an ihm berücksichtigende Beobachtung vermag man dem Gegenstand so etwas wie Gerechtigkeit zukommen zu lassen; nur so kann sich „Wahrheit" als „Resultat" dieses Erkenntnisprozesses einstellen.[225]

Nach Nietzsche kann ein solcher Erkenntnisprozess allein gelingen, wenn Heiterkeit in ihrer Komplementarität zum Leiden verstanden wird, und sie als „aus einem düsteren Abgrunde hervorwachsende Blüthe der apollinischen Cultur, als der Sieg, den der hellenische Wille durch seine Schönheitsspiegelung über das Leiden und die Weisheit des Leidens davonträgt"[226], erscheint. Allerdings wird das Leiden hier nicht wie beispielsweise im Melancholiekult der Empfindsamkeit verstanden, demzufolge die leidende Stimmung und Gemütsverfassung den Künstler erst zu einem genialen Schöpfertum befähigte, und diese gleichsam als ‚conditio sine qua non' für wahre Kunst betrachtet wurde.[227] Nach Nietzsche entbehrt das Leiden dagegen jeglichen tieferen Sinnes. In diesem Sinne lässt sich Adornos Formulierung vom „aufgehobenen Leid" verstehen, die auch für seine Heiterkeitskonzeption maßgeblich ist: Wie für Nietzsche hat die Heiterkeit der Kunst bei Adorno immer das Leiden zum Fundament; allerdings geht es ihm nicht um das Leiden schlechthin, sondern um das Leiden an den gesellschaftlichen Verhältnissen. Dieses Leiden hat keine tiefere Begründung und besitzt daher keinerlei Berechtigung als Voraussetzung *für* etwas. Nietzsche ist für Adorno also ein Denker, der die

---

224 Adorno (mit Horkheimer), Dialektik der Aufklärung. GS 3, S. 81 f.
225 Vgl. auch Kapitel III. dieser Arbeit.
226 Nietzsche, Die Geburt der Tragödie. KSA 1, S. 115.
227 Vgl. dazu exemplarisch Thorsten Valk, Melancholie im Werk Goethes. Genese – Symptomatik – Therapie, Tübingen 2002.

1 *Ist die Kunst heiter?* – Heiterkeit als ästhetisches Strukturmerkmal — 309

Vorstellung des leidenden, aber genialen Künstlers radikal als bürgerliche Ideologie entlarvt, weil diese das Leiden an der Gesellschaft integriert und die Gesellschaft wie sie ist, letztlich rechtfertigt.[228] Adorno, und in seiner Interpretation auch Nietzsche, lehnen eine jegliche Legitimation von Leiden dagegen entschieden ab.

Auch in seiner Kritik an einer folgenlosen, bloß vergnüglichen Heiterkeit stimmt Adorno mit Nietzsche überein. Dessen Absage an den heiteren Humor hat nach Adorno bereits die Auswüchse der späteren Kulturindustrie vorausgesehen (vgl. Kh, 604). Nietzsche stört sich insbesondere am „formspielerischen, vergnüglichen Charakter" der zeitgenössischen Oper, die eine „bequeme Lust an einer idyllischen Wirklichkeit" suggeriere und über deren „furchtbaren Ernst" hinwegtäusche.[229] Das „parasitische Opernwesen" nähre sich an der wahren Kunst, wodurch ihre wirkliche Aufgabe, „das Auge vom Blick in's Grauen der Nacht zu erlösen und das Subject durch den heilenden Balsam des Scheins aus dem Krampfe der Willensregungen zu retten" nur noch „zu einer leeren und zerstreuenden Ergetzlichkeitstendenz" werde.[230] Das Problem jener

---

[228] Christoph Schweer dagegen betont, dass in Nietzsches Werk „ein melancholischer Grundton allgegenwärtig" ist; Christoph Schweer, Heimweh Heros Heiterkeit. Nietzsches Weg zum Überhelden, Würzburg 2018, S. 38. Allerdings definiert Schweer seinen Begriff von Melancholie nicht hinreichend, so dass nicht deutlich wird, inwiefern dieser Begriff besser auf Nietzsches Schreiben zutrifft als der des Leidens. Theo Meyer geht denn auch dagegen davon aus, dass Nietzsche „kein Melancholiker" gewesen und seine „Einsamkeitslyrik [...] weit entfernt von allen Formen des lyrischen Weltschmerzes" gewesen sei: „Nietzsches Monologismen sind im Gegenteil großangelegte Versuche, nicht nur die sinnentleerte Realität, sondern auch Melancholie und Weltschmerz zu überwinden, um einer neuen Daseinsverklärung zum Durchbruch zu verhelfen." Theo Meyer, Nietzsche. Kunstauffassung und Lebensbegriff, Tübingen 1991, S. 583.

[229] Vgl. Nietzsche, Die Geburt der Tragödie. KSA 1, S. 125. Nietzsches Opern-Kritik richtet sich später entschieden gegen Richard Wagner, den er in dieser frühen Schrift jedoch noch als Antipoden zur zeitgenössischen, auf bloße Unterhaltung setzenden Oper sieht. In seiner späten 1888 erschienenen Abrechnung *Der Fall Wagner* hebt Nietzsche dann gegen diesen Georges Bizets Oper *Carmen* als wirkliches „Meisterstück" hervor, da in ihr eine „andre Sinnlichkeit, eine andre Sensibilität, eine andre Heiterkeit" zur Geltung käme. Dies gelinge ihr aber nur, weil sie wisse, dass sie ein „Verhängniss über sich" habe: „[I]hr Glück ist kurz, ohne Pardon"; vgl. Nietzsche, Der Fall Wagner. KSA 6, S. 13; 15. Auch hier betont Nietzsche dezidiert, dass Heiterkeit nicht ohne Leiden als ihr Fundament zu denken ist.

[230] Damit korrespondiert auch, dass Nietzsche in seinen *Unzeitgemäßen Betrachtungen* „zwei sehr unterschiedliche Arten von Heiterkeit" unterscheidet, nämlich die des wahren Denkers und die des bloßen Heiterlings. Der Unterschied bestehe darin, dass ersterer um das Leiden als Fundament der Heiterkeit wisse, während die Heiterlinge jenes gar nicht wahrnehmen würden: „Solche Heiterlinge sehen die Leiden und die Ungetüme gar nicht, die sie als Denker zu sehen und zu bekämpfen vorgeben; und deshalb erregt ihre Heiterkeit Verdruß, weil sie täuscht." Nietzsche, Unzeitgemäße Betrachtungen III. KSA 1, S. 348 f. Vgl. zu den zwei Arten von Heiterkeit auch Schweer, Heimweh Heros Heiterkeit, S. 290–293.

opernhaften Heiterkeit sieht Nietzsche vor allem darin, dass „deren Ursprünge überhaupt nicht im aesthetischen Bereich liegen", sondern „sich vielmehr aus einer halb moralischen Sphäre auf das künstlerische Gebiet hinübergestohlen" hätten.[231] Gerade diese Kritik ermöglicht es Nietzsche, in einer seiner letzten Schriften *Nietzsche contra Wagner* Heiterkeit ganz bewusst gegen die zeitgenössische „Massenkunst"[232] zu setzen, mit der er Wagners Opern zu diesem Zeitpunkt identifiziert:

> Oh wie Einem nunmehr der Genuss zuwider ist, der grobe dumpfe braune Genuss, wie ihn sonst die Geniessenden, unsre „Gebildeten", unsre Reichen und Regierenden verstehn! Wie boshaft wir nunmehr dem grossen Jahrmarkts-Bumbum zuhören, mit dem sich der „gebildete" Mensch und Grossstädter heute durch Kunst, Buch und Musik zu „geistigen Genüssen", unter Mithülfe geistiger Getränke, nothzüchtigen lässt! Wie uns jetzt der Theaterschrei der Leidenschaft in den Ohren wehthut, wie unserm Geschmacke der ganze romantische Aufruhr und Sinnen-Wirrwarr, den der gebildete Pöbel liebt, sammt seinen Aspirationen nach dem Erhabenen, Gehobenen, Verschrobenen fremd geworden ist! Nein, wenn wir Genesenden eine Kunst noch brauchen, so ist es eine andre Kunst – eine spöttische, leichte, flüchtige, göttlich unbehelligte, göttlich künstliche Kunst, welche wie eine reine Flamme in einen unbewölkten Himmel hineinlodert! Vor Allem: eine Kunst für Künstler, nur für Künstler! Wir verstehn uns hinterdrein besser auf das, was dazu zuerst noththut, die Heiterkeit, jede Heiterkeit, meine Freunde! ...[233]

Interessant ist hier, dass Nietzsche Heiterkeit gerade nicht der so genannten ‚leichten Kunst' zuordnet und auch Massenkunst nicht per se ablehnt; er richtet sich aber gegen eine Kunst, die vorgibt, mehr zu sein als sie eigentlich ist. Wie Adorno später wendet sich Nietzsche hier vehement gegen eine Indienstnahme der Kunst für moralische und damit außerästhetische Zwecke und somit gegen eine Heiterkeit, die behagliche Gemütlichkeit und bloßes Einverständnis erzielen will. Allerdings sei zeitgenössisch nur noch diese fröhlich-belanglose Heiterkeit anzutreffen, während jene „überlegene Heiterkeit" der Erkenntnis und der Tiefe, durch welche die attische Tragödie gekennzeichnet gewesen sei, gänzlich zu verschwinden drohe.[234]

---

231 Vgl. Nietzsche, Die Geburt der Tragödie. KSA 1, S. 125f.
232 Nietzsche, Nietzsche contra Wagner. KSA 6, S. 419. *Nietzsche contra Wagner* stellt eine Auswahl von Texten über Wagner dar, die Nietzsche Ende 1888 aus seinen früheren Schriften zusammenstellte, um den Vorwurf der Kritik, *Der Fall Wagner* stelle eine plötzliche Abkehr von Wagner dar, zu entkräften und zu zeigen, dass die Auseinandersetzung bis 1876 zurückreichte. *Nietzsche contra Wagner* ist 1889 als Privatdruck erschienen.
233 Nietzsche, Nietzsche contra Wagner. KSA 6, S. 438.
234 Die Qualitäten jener „überlegenen Heiterkeit" betont Nietzsche auch in seiner Vorrede zur *Fröhlichen Wissenschaft* und macht sie zur Grundlage seiner ästhetischen Philosophie der Zukunft: „Oh diese Griechen! Sie verstanden sich darauf, zu leben: dazu thut Noth, tapfer bei

Ferner finden sich in Nietzsches Nachlass Bemerkungen zur Heiterkeit, die an die Überlegungen aus der *Geburt der Tragödie* anschließen:

> Um aber d i e s e n extremen Pessimismus zu ertragen (wie er hier und da aus meiner „Geburt der Tragödie" heraus klingt) „ohne Gott und Moral" allein zu leben, mußte ich mir ein Gegenstück erfinden. Vielleicht weiß ich am besten, warum der Mensch allein lacht: er allein leidet so tief, daß er das Lachen erfinden m u ß t e. Das unglückliche und melancholische Thier ist, wie billig, das heiterste.[235]

Wieder setzt Nietzsche ganz auf die Komplementarität von Heiterkeit und Leiden und versteht das Lachen, ähnlich wie die olympische Scheinwelt, als notwendiges Gegenmittel der Menschen gegen die bedrückende Realität. Diesen Gedankengang geht Adorno nur bedingt mit. Zwar plädiert er hinsichtlich der Heiterkeit der Kunst ebenfalls für ein befreites Lachen, das anzeigt, die Gefahr überstanden zu haben oder ihr entronnen zu sein; dieses befreite Lachen ist jedoch wesentlich Resultat eines langwierigen Subjektivierungsprozesses, in dem sukzessive die Furcht vor den mythischen Kräften überwunden wurde, und nicht, wie bei Nietzsche, eine kluge Erfindung des Menschen. Auch sind bei Adorno die Tiere gerade nicht heiter. Wenn Adorno festhält, dass Kunst a priori „Kritik des tierischen Ernstes" (Kh, 601) ist, dann bezieht er sich auf den Umstand, dass Tiere notwendig ernst sein müssen. Denn – im Sinne des Bergson'schen Verständnis von Komik, nach dem eine gewisse emotionale Distanz die Voraussetzung des Lachens ist – können Tiere gerade nicht von ihren instinktgesteuerten Selbsterhaltungs- und Überlebenstrieben abstrahieren. Sie müssen vielmehr die Beute töten und können keine lachende, distanzierte Haltung zu ihrer eigenen Selbsterhaltung einnehmen. Genau einen solchen Determinationszusammenhang kann Kunst nach Adorno aber aufzulösen versuchen, indem sie Distanz zur Realität einnimmt und vermöge ihres Scheincharakters den Ansprüchen der Wirklichkeit zu entrinnen versucht.

Gleichwohl kann man Nietzsches Ausführungen vor allem als Warnung davor verstehen, es mit der Heiterkeit zu leicht zu nehmen. Lachen und Leiden stehen sich hier so radikal und unversöhnt gegenüber, dass eine vorschnelle Linderung vollständig ausgeschlossen scheint. In einem anderen Text aus dem Nachlass schildert Nietzsche passend dazu das „Mißverständniß der Heiterkeit", dem man unterliegt, versteht man diese ausschließlich als launige Stimmung:

---

der Oberfläche, der Falte, der Haut stehen zu bleiben, den Schein anzubeten, an Formen, an Töne, an Worte, an den ganzen Olymp des Scheins zu glauben! Diese Griechen waren oberflächlich – aus Tiefe!" Nietzsche, Fröhliche Wissenschaft. KSA 3, S. 352 (Vorrede); vgl. auch Appel, Oberflächlich aus Tiefe, S. 265.
235 Nietzsche, Nachgelassene Fragmente. KSA 11, S. 571. Hervorhebung im Original.

> Es scheint, wir wissen uns selber als allzu zerbrechlich, vielleicht schon als zerbrochen und unheilbar; es scheint, wir fürchten diese Hand des Lebens, daß es uns zerbrechen muß, und flüchten uns in seinen Schein, in seine Falschheit, seine Oberfläche und bunte Betrügerei; es scheint, wir sind heiter, weil wir ungeheuer traurig sind. Wir sind ernst, wir kennen den Abgrund: d e s h a l b wehren wir uns gegen alles Ernste.[236]

Nietzsches Beschreibung erinnert stark an Hölderlins Distichon *Die Scherzhaften* – auch wenn der Blick bei Nietzsche schon weitaus düsterer gefärbt ist als noch bei Hölderlin, dessen Dichtung, „die mit dem Weltgeist sich fühlte, das Sagen der Trauer dem Freudigsten" (Kh, 606) noch gleichsetzen konnte. Nietzsches Subjekt dagegen ist bereits „zerbrochen", vielleicht sogar „unheilbar" beschädigt; Heiterkeit ist hier nur noch als (Kunst-)Schein vorstellbar. Von Bedeutung ist diese kurze Überlegung aus dem Nachlass vor allem deswegen, weil sie die allzu ‚saubere' Schiller'sche Trennung von Ernst und Heiterkeit verwirft.[237] Das Heitere ist bei Nietzsche untrennbar mit Trauer verbunden, was nicht bedeutet, dass das Ernste als letzter ‚Sieger' übrigbliebe. Die Gegensätze Ernst und Heiterkeit selbst lösen sich bei Nietzsche auf; sie verlieren ihre scheinbar so deutliche Polarität.

Auf das Problem der Heiterkeit kommt Nietzsche in der zweiten Auflage seiner *Fröhlichen Wissenschaft* erneut zu sprechen. Sie erschien 1887 ergänzt um eine Vorrede, ein fünftes Buch und die *Lieder des Prinzen Vogelfrei*. Das fünfte Buch beginnt mit einem Aphorismus, der Nietzsches Heiterkeitskonzeption aus der *Geburt der Tragödie* in der von mir vorgeschlagenen Interpretation zu vertiefen gestattet. Bereits der Titel kündigt an, was Nietzsche nun aufzudecken bereit ist: *Was es mit unserer Heiterkeit auf sich hat*. Diese ist freilich eingebettet in ein Szenario, das durch das „grösste neuere Ereigniss", nämlich, „dass ‚Gott todt ist'",[238] ausgelöst wurde. Damit bezieht er sich auf seinen berühmten Aphorismus *Der tolle Mensch* aus dem dritten Buch, in dem dieser auf dem Marktplatz herausschreit: „Gott ist todt! Gott bleibt todt! Und wir haben ihn getödtet!"[239] Nur Wenige, so Nietzsche, erahnen jedoch, was sich durch dieses Ereignis grundlegend verändert hat, nämlich dass „irgend ein altes tiefes Vertrauen in Zweifel umgedreht"[240] wird. Für die meisten sei diese einschneidende Veränderung noch viel zu weit weg, zu groß und

---

236 Nietzsche, Nachgelassene Fragmente. KSA 12, S. 79. Hervorhebung im Original. Der Text ist laut der Herausgeber zwischen 1885 und 1886 entstanden.
237 Vgl. hierzu auch folgende Bemerkung: „Die Heiterkeit nämlich oder, um es in meiner Sprache zu sagen, die fröhliche Wissenschaft – ist ein Lohn: ein Lohn für einen langen, tapferen, arbeitsamen und unterirdischen Ernst." Nietzsche, Zur Genealogie der Moral. KSA 5, S. 255.
238 Nietzsche, Fröhliche Wissenschaft. KSA 3, S. 573 (Aph. 343).
239 Nietzsche, Fröhliche Wissenschaft. KSA 3, S. 481 (Aph. 125).
240 Nietzsche, Fröhliche Wissenschaft. KSA 3, S. 573f. (Aph. 343). Die Quellenangabe gilt für alle weiteren Zitate dieses Abschnitts.

„abseits vom Fassungsvermögen", als das sie verstehen könnten, was künftig auf sie zukomme. Denn zu erwarten sei, dass „Alles, nachdem dieser Glaube untergraben ist, nunmehr einfallen muss, weil es auf ihm gebaut, an ihn gelehnt, in ihn hineingewachsen war: zum Beispiel unsre ganze europäische Moral". Es sei daher mit „Abbruch, Zerstörung, Untergang, Umsturz" zu rechnen. Nietzsche versucht die sich an diese düstere Prognose sogleich anschließende Frage, weshalb „selbst wir ohne rechte Theilnahme für diese Verdüsterung, vor Allem ohne Sorge und Furcht für uns ihrem Heraufkommen entgegensehn", sodann zu beantworten. Dies liege darin begründet, dass die Erosion von christlichem Glauben und Moral eine Erhöhung der Freiheit und Selbstbestimmung für die Menschen impliziere. Die Veränderung sei demnach „durchaus nicht traurig und verdüsternd", sondern stelle vielmehr „eine neue schwer zu beschreibende Art von Licht, Glück, Erleichterung, Erheiterung, Ermuthigung, Morgenröthe" dar:

> In der That, wir Philosophen und „freien Geister" fühlen uns bei der Nachricht, dass der „alte Gott todt" ist, wie von einer neuen Morgenröthe angestrahlt; unser Herz strömt dabei über von Dankbarkeit, Erstaunen, Ahnung, Erwartung, – endlich erscheint uns der Horizont wieder frei, gesetzt selbst, dass er nicht hell ist, endlich dürfen unsre Schiffe wieder auslaufen, auf jede Gefahr hin auslaufen, jedes Wagniss des Erkennenden ist wieder erlaubt, das Meer, unser Meer liegt wieder offen da, vielleicht gab es noch niemals ein so „offnes Meer".[241]

Ähnlich wie in der *Geburt der Tragödie* besteht die Heiterkeit für Nietzsche auch hier im Glück einer Erkenntnis, die keine Grenzen mehr akzeptiert. Dazu passt das Bild vom offenen Meer, das einen unbegrenzten Horizont verspricht. Damit entwirft Nietzsche nun ein ganz anderes Szenario als noch in der *Geburt der Tragödie*, wo er sich stark an eine entsprechende Metapher von Schopenhauer anlehnt, die dieser in seinem Werk *Die Welt als Wille und Vorstellung* verwendet.[242] Bei Schopenhauer sitzt ein Schiffer in seinem Kahn „auf dem tobenden Meere, das, nach allen Seiten unbegränzt, heulend Wasserberge erhebt und senkt" und kann nichts anderes tun, als ganz auf sein Fahrzeug zu vertrauen: „[S]o sitzt, mitten in der Welt von Quaalen, ruhig der einzelne Mensch, gestützt und vertrauend auf das *principium individuationis*".[243] Im letztgenannten Aphorismus der *Fröhlichen Wissenschaft* stellt das Meer aber gerade keine Bedrohung oder Einschränkung dar, sondern ist so grenzenlos

---

[241] Nietzsche, Fröhliche Wissenschaft. KSA 3, S. 574 (Aph. 343).
[242] Vgl. Nietzsche, Die Geburt der Tragödie. KSA 1, S. 28.
[243] Arthur Schopenhauer, Die Welt als Wille und Vorstellung. § 63. Bd. 1, Stuttgart/Frankfurt am Main 1976, S. 482.

offen, dass dadurch erst Individuierung gefördert und ermöglicht wird.[244] Der Mensch muss hier nicht auf das *principium individuationis* still vertrauen, sondern der Tod Gottes ermöglicht ihm das neue „Wagniss" der Erkenntnis und damit die Möglichkeit, sich von religiösen und moralischen Einschränkungen zu emanzipieren.[245] Zweifelsohne erinnert das Bild vom offenen Meer auch an Hölderlins Plädoyer für das Offene, für das Unabgeschlossene, das von der Identitätslogik noch nicht vereinnahmt wurde, sowie an Adornos spätere Interpretationen jener Offenheit.[246] Auch Nietzsche weist mit dem Bild eines grenzenlos offenen Meeres alte, für ihn zweifelhafte, weil unnötig beschränkende Moralvorstellungen zurück und macht damit deutlich, dass Heiterkeit niemals aus moralischen Motivationen entspringen kann, sondern demgegenüber vor allem im Glück der Erkenntnis liegt.

Diese Interpretation widerspricht der ansonsten sehr instruktiven Lesart Claus Zittels, der davon ausgeht, dass Nietzsche in diesem Aphorismus „den Optimismus des freien Geistes als Ausdruck einer Selbsttäuschung" beschreibt. Der individuelle Geist verkenne „in seinem subjektiven Hochgefühl, daß den eigenen Morgenröthen keine Zukunft beschieden sein wird" und er vom „Untergangsstrudel" bereits erfasst sei.[247] Für diese skeptische Lesart lassen sich meiner Ansicht nach kaum Anhaltspunkte finden, zumal auch der Titel des fünften Buches *Wir Furchtlosen* eher dazu ermutigt, statt in Verzweiflung oder Lethargie zu verfallen, sich vielmehr den neuen Herausforderungen mit Gelassenheit und Zuversicht zu stellen.[248] Allerdings bedeutet die Offenheit des Meeres und die Möglichkeit der Erkenntnis nicht eo ipso auch die Realisierung von Glück;

---

244 Ein skeptischeres Bild entwirft der frühere Aphorismus *Im Horizont des Unendlichen* aus dem dritten Buch, in dem die Metapher des offenen Meeres sowohl als Chance für die Erkenntnis des Neuen als auch als Gefahr begriffen wird, von der Unendlichkeit des Meeres und damit von der Unendlichkeit der Möglichkeiten überwältigt zu werden und „Heimweh" nach den alten Werten zu bekommen. Nietzsche, Fröhliche Wissenschaft. KSA 3, S. 480 (Aph. 124).
245 Vgl. auch Werner Stegmaier, Fünftes Buch: „Wir Furchtlosen". Die Zwischenzeit der Heiterkeit. In: Christian Benne/Jutta Georg (Hg.), Friedrich Nietzsche: Die fröhliche Wissenschaft, Berlin 2015, S. 129–150, hier: S. 138.
246 Vgl. dazu Kapitel III.4. dieser Arbeit.
247 Vgl. Claus Zittel, „Incipit tragoedia, incipit parodia". Tragische Heiterkeit und ernste Parodie in Nietzsches „Also sprach Zarathustra". In: Acta neophilologica 5, 2003, S. 227–242, hier: S. 231 f. (FN 12).
248 Vgl. auch Stegmaier, Fünftes Buch: „Wir Furchtlosen", der jenen Aphorismus als Möglichkeitsbestimmung für die „freien Geister" liest, sich „Zeit für ihre befreiende, fröhliche Wissenschaft" (S. 138) zu nehmen. Stegmaier zufolge sagt der Titel des Buches *Wir Furchtlosen* gerade so viel wie „Wir Heiteren" und ermuntert dazu, gerade nicht in „Angst und Verzweiflung" zu verfallen, „sondern sich dem Vorauskommando eines Spähtrupps anzuschließen, an dessen Spitze sich Nietzsche nun gestellt sieht" (S. 134).

jene Offenheit liefert nicht mehr und nicht weniger als die Chance zum Glück. In diesem Sinne kann der freie Geist auch scheitern, kann von den neuen Ereignissen überwältigt werden.

Zittel ist dagegen zuzustimmen, wenn er grundsätzlich über die *Fröhliche Wissenschaft* urteilt: „Nietzsches heiterem Buch ist nicht zu trauen."[249] Denn nicht nur täuscht der Titel eine allzu optimistische Weltsicht vor; auch in der Reinschrift zur Vorrede der zweiten Ausgabe warnt Nietzsche vor Missverständnissen und voreiligen Schlüssen:

> Ich weiß es zu gut, warum dieses Buch mißverstanden [werden muß] wird: oder [vielmehr] deutlicher, warum seine Heiterkeit, seine fast willkürliche Lust am Hellen, Nahen, Leichten, Leichtfertigen sich nicht mittheilt, vielmehr als Problem wirkt, als Problem beunruhigt ... Diese Heiterkeit verbirgt Etwas, dieser Wille zur Oberfläche verräth ein Wissen um die Tiefe, diese Tiefe haucht ihren Athem aus, einen kalten Athem, der frösteln macht; und gesetzt selbst, daß man bei der Musik solcher „Heiterkeit" tanzen lernte, so wäre es vielleicht nicht um zu tanzen, sondern um wieder warm zu werden? – Daß ich es eingestehe: wir Menschen der Tiefe haben unsre Heiterkeit zu sehr nöthig als daß wir sie nicht verdächtig machten; und wenn wir „nur an einen Gott glauben würden, der zu tanzen verstünde", so möchte es deshalb sein, weil wir zu sehr an den Teufel glauben, nämlich an den Geist der Schwere, mit dem wir zu oft, zu hart, zu gründlich beladen sind. Nein, es ist etwas Pessimistisches an uns, das sich noch in unsrer Heiterkeit verräth, wir verstehen uns auf diesen Anschein, auf jeden Anschein – denn wir lieben den Schein, wir beten ihn selbst an –, aber nur weil wir über das „Sein" selbst unsren Argwohn haben ... Oh wenn ihr ganz begreifen könntet, warum gerade wir die Kunst brauchen, eine spöttische, göttliche, unbehelligte Kunst, die wie eine helle Flamme in einen unbewolkten Himmel hineinlodert![250]

Ganz ähnlich wie Adorno später setzt Nietzsche hier auf den Scheincharakter von Kunst, durch den allein – wenn überhaupt – alles, was Leid und Mühsal verursacht, gelindert werden könnte. Nietzsche charakterisiert seine *Fröhliche Wissenschaft* hier – insbesondere auch gegenüber jenen, die sein Buch als bloß heitere Lektüre missverstehen – bewusst als ästhetische Schrift, deren Heiterkeit wesentlich Schein ist. Gerade wegen Nietzsches „Argwohn" gegen das bloße Sein kann seine Kunst einen Gegenentwurf aufscheinen lassen. Und genau das ist das Heitere der Kunst; und eben nicht, dass sie heitere Inhalte verbreitet oder die RezipientInnen in heitere Stimmung versetzt. Heiterkeit muss wegen ihrer Fragilität und ihrer Anfälligkeit für den Missbrauch durch belanglosen Humor in Nietzsches Worten „verdächtig" gemacht werden – oder anders gesagt: sie muss

---

249 Zittel, Incipit tragoedia, S. 230.
250 Nietzsche, Vorrede zur zweiten Ausgabe, Reinschrift 2. KSA 14, S. 231 f. Eckige Klammern: Streichungen Nietzsches laut Kommentar der Herausgeber.

geschützt werden. Ganz ähnlich äußert sich Adorno in der Rundfunkdiskussion im Anschluss an seinen und Weinrichs Vortrag:

> Es will mir beinahe scheinen, als ob grade in dem Tabu über die Heiterkeit, das wir beide gleich stark verspüren, und ich würde annehmen, dass Sie das alle mehr oder minder stark auch verspüren, solche Dinge sind ja keine bloß individuellen Reaktionsformen, dass in diesem Tabu, ja etwas wie die Angst vor dem steckt, wie die Angst steckt, dass man das, was tabuiert ist, beschädigt, in Lüge verwandelt oder unmöglich macht, gerade weil es eigentlich das ist, was einem als Sehnsucht oder wie man früher gesagt hätte, als Idee, vor Augen steht. Gerade weil die Kunst ihre Idee an der Versöhnung und damit an der Heiterkeit hat, gerade deshalb ist sie allergisch gegen die falsche Versöhnung und jede bloß von der Kunst vollzogene Versöhnung heute, setzt sich dem suspicion eines solchen Falschen notwendig aus. Aber ich könnte mir schon vorstellen, dass es einen Zustand gibt, der davon sich sehr einmal unterscheiden wird.[251]

Beide, Nietzsche und Adorno, legen also ein Tabu über die Heiterkeit, um sie nicht zu beschädigen, um ihr auf Glück verweisendes Potential nicht zu gefährden. An keiner anderen Stelle sind Heiterkeit und Versöhnung bei Adorno so eng und selbstverständlich miteinander verknüpft wie an dieser Stelle; auch findet sich kaum sonst irgendwo in dieser deutlichen Zuversicht die Annahme, dass Versöhnung und damit Heiterkeit in unverstellter Form irgendwann wieder möglich sein könnten. Bis dahin gilt es jene jedoch vor kulturindustrieller Vereinnahmung zu schützen, wie Adorno in *Ist die Kunst heiter?* immer wieder betont.

Dazu gehört Adorno zufolge auch, dass der Humor an die „polemische Parodie" übergegangen ist: „Dort findet er temporäre Zuflucht, solange, wie er unversöhnlich verharrt, ohne Rücksicht auf den Begriff der Versöhnung, der einst an den Begriff Humor sich heftete." (Kh, 604) Adorno betont hier zwar auch den Zusammenhang von Humor/Heiterkeit und Versöhnung, lehnt deren vorschnelle ‚Vereinigung' angesichts der Shoah jedoch strikt ab. Nicht zufällig spricht Adorno von der „polemischen Parodie" im Zusammenhang mit Nietzsche, denn diese Formulierung erinnert an eine eigentümliche Hinzufügung in der Vorrede der *Fröhlichen Wissenschaft*. In ihrer früheren Fassung endete sie nach dem vierten Buch. Dessen letzter Aphorismus mit dem Titel *Incipit tragoedia* stimmt fast wörtlich mit dem Beginn seines späteren, zwischen 1883 und 1885 erschienenen Werks *Also sprach Zarathustra* überein. Hier reflektiert Nietzsche in der Perspektive der charismatischen, jedoch letztlich unergründlichen Figur Zarathustras, der als Denker, Heiliger und Religionsstifter erscheint und das Zentrum der Erzählung bildet, die sprach- und erkenntnistheoretischen Überlegungen seiner eigenen Philosophie. In der Gestalt Zarathustras wird die Möglichkeit der Lehre und Verbreitung philosophischer Annahmen problematisiert. Das später hinzugefügte fünfte Buch

---

[251] Adorno, Ist die Kunst heiter, Theodor W. Adorno Archiv, TA 162, 0:56:00–0:57:30.

1 Ist die Kunst heiter? – Heiterkeit als ästhetisches Strukturmerkmal — 317

der *Fröhlichen Wissenschaft* – und damit auch der Aphorismus zur Heiterkeit – schiebt sich inhaltlich also gewissermaßen zwischen die erste Fassung der *Fröhlichen Wissenschaft* und den *Zarathustra*. In der später geschriebenen Vorrede zur *Fröhlichen Wissenschaft* erklärt Nietzsche die neue Konstellation:

> „Incipit tragoedia" – heisst es am Schlusse dieses bedenklich-unbedenklichen Buchs: man sei auf seiner Hut! Irgend etwas ausbündig Schlimmes und Boshaftes kündigt sich an: incipit parodia, es ist kein Zweifel ...[252]

Anders als Werner Stegmaier, der die Frage, „was in welchem Buch welche Tragödie zu welcher Parodie macht"[253] unbeantwortet lässt, schließe ich mich der Einschätzung Zittels an, dass nach dem Tod Gottes, und der liegt dem *Zarathustra* ja voraus,

> keine Wahrheit mehr übrig bleibt, für die man mit tragischem Pathos untergehen könnte. Wenn die neue ‚Wahrheit' nur darin besteht, daß es keine Wahrheit mehr gibt, bleibt dem, der dies ausspricht, nur noch das Possenreissen, – aus Verzweiflung. Oder anders formuliert, es bleibt dem Tragiker jetzt nur noch das Parodieren des Tragischen selber.[254]

Nach dem Tod Gottes und damit der Negation des Glaubens an eine erst- oder letztgültige Wahrheit gibt es keine Tragik und kein Pathos mehr. Zarathustras Parodien und Selbstparodien sollten jedoch nicht als bloß heiteres Spiel missverstanden werden; denn die Unmöglichkeit, Wahrheiten herauszufinden und mitzuteilen, bildet auch hier den ernsten Untergrund seiner vermeintlichen Fröhlichkeit. Nach Zittel wird sogar Zarathustras Heiterkeit durch die permanente Selbstreflexion in der (Selbst-)Parodie zu einer Selbstaufhebung seines heiteren Spiels gesteigert: „*Solches Parodieren hat einen tragischen Kern.*"[255]

Ähnlich bestimmt Adorno die Situation unter dem Eindruck der Shoah. Diese hat erst recht gezeigt, dass es keine erst- oder letztgültigen Wahrheiten mehr gibt. Auch wird die Tragödie als künstlerische Gattung unglaubwürdig,

---

[252] Nietzsche, Fröhliche Wissenschaft. KSA 3, S. 346 (Vorrede).
[253] Stegmaier, Fünftes Buch: „Wir Furchtlosen", S. 130.
[254] Zittel, Incipit tragoedia, S. 232. Zittel verfolgt in seinem Aufsatz das Ziel, Nietzsches ästhetische Darstellungsform im *Zarathustra* zur Grundlage der Deutung zu machen und damit nachzuweisen, dass entgegen der gängigen Forschungsmeinung, der *Zarathustra* gerade „nicht als Rückfall hinter die kritischen Positionen Nietzsches, sondern als deren in der ästhetischen Form konsequent gelingende Umsetzung" (S. 228) anzusehen ist. Als ästhetische Verfahrensweisen nennt Zittel „Parodien und insbesondere Selbstparodien, Travestien, Persiflagen, Pastiches, Ironisierungen, Illusionsbrechungen, Montagen, exzessives Zitieren, bewußte Fiktionalisierung (z. B.: erklärter Fabelstatus), verwirrend komplexe Erzählsituationen, oder Brüche in der Erzählhaltung" (S. 229).
[255] Zittel, Incipit tragoedia, S. 236. Hervorhebung im Original.

da ihr einstiger Sinn, die Darstellung des schuldlos Schuldig-Werdens angesichts von Auschwitz ihre Berechtigung verliert. Was bleibt, ist die „polemische Parodie". Aber auch diese wird für Adorno zunehmend fragwürdig, weil sie nicht mehr verstanden wird, „und wenn irgendeine künstlerische Form, vermag Polemik nicht ins Leere zu zielen" (Kh, 604).[256]

Nietzsche spielt also für Adornos Konzeption eine entscheidende Rolle, denn seine These vom „Absterben der Alternative von Heiterkeit und Ernst, von Tragik und Komik" (Kh, 605) wurde von Nietzsche – speziell im *Zarathustra* – mit seiner Konzeption vom Tode Gottes, der damit implizierten Unmöglichkeit, letzte Wahrheiten zu formulieren, und der daraus folgenden Entgrenzung von Tragischem und Komischem[257] bereits vorbereitet. Adorno zieht daraus die Konsequenz, dass das dialektische Spannungsverhältnis von Ernst und Heiterkeit keineswegs als Dichotomie gedacht werden darf und sich darüber hinaus in der modernen Kunst jene Gegensätze zwangsläufig auflösen müssen – zumindest gilt dies solange, wie die Heiterkeit der Kunst vor falscher Vereinnahmung und belanglosem und selbstzufriedenem Humor geschützt werden muss.

2 Komik, Heiterkeit, Glück und die Kunst der Moderne

Aufgrund des Auflösens der Gegensätze spricht Adorno jedoch gerade kein „Heiterkeitsverbot" aus, sondern betont vielmehr, dass das „Moment von Heiterkeit oder Komik geschichtlich nicht einfach aus ihnen [den Kunstwerken, P.G.] ausgetrieben" (Kh, 605) werden kann. Heiterkeit zeichnet Adorno zufolge sogar noch die verzweifeltsten Werke aus. Wenn er die zeitgenössische Kunst, die, wie beispielsweise bei Beckett, eindeutige Sinnzuschreibungen und -deutungen radikal zurückweist, als „komisches Gericht über die Komik" (Kh, 605) versteht, dann geht es ihm gerade nicht um eine Ablehnung von Komik oder Heiterkeit, sondern vielmehr um ein Plädoyer *für* Komik. Diese darf angesichts von Auschwitz freilich

---

[256] Adorno bezieht sich hier auf gängige Definitionen der Parodie, die darunter die Nachahmung eines Originaltextes verstehen, die „das Werk, den Autor oder dessen Meinung verspottet"; vgl. Martin Kuester, Parodie. In: Metzler Lexikon Literatur- und Kulturtheorie, S. 585–586, hier: S. 585. Auch das *Reallexikon der deutschen Literaturwissenschaft* versteht die Parodie als „Verfahren distanzierender Imitation"; vgl. Theodor Verweyen/Gunther Witting, Parodie. In: Reallexikon der deutschen Literaturwissenschaft. Bd. 3, hg. v. Jan-Dirk Müller u. a., Berlin 2007, S. 23–27, hier: S. 23. Ebenso wenig kommt die Polemik als „aggressiv formulierte Texte oder Textteile, die Bestandteil eines meist personalisierten Streits sind" im gängigen Verständnis ohne die Referenz auf einen oder mehrere Texte oder Persönlichkeiten aus; vgl. Sigurd Paul Scheichl, Polemik. In: Reallexikon der deutschen Literaturwissenschaft. Bd. 3, S. 117–120, hier: S. 117.

[257] Vgl. Zittel, Incipit tragoedia, S. 230, der diesen Umstand besonders betont.

nicht mehr unmittelbar, reflexionslos oder naiv als inhaltliches Gestaltungsmittel eingesetzt werden, da die geschichtliche Katastrophe einen heiteren Bezug auf die Wirklichkeit verstellt hat. Um seine These von einer neu zu generierenden künstlerischen Form der Komik zu unterstreichen, beruft Adorno sich auf moderne Autoren wie Franz Wedekind, dessen Drama *Oaha* den Untertitel *Die Satire der Satire* trägt, oder Franz Kafka, dessen „Schockprosa manche seiner Deuter, auch Thomas Mann, als Humor empfanden" (Kh, 605). Insbesondere aber Becketts Stücke stehen nach Adorno ein für einen neuen „Bewußtseinsstand, der die gesamte Alternative Ernst und Heiter nicht mehr zuläßt". In seinen Dramen „überantwortet die Kategorie des Tragischen ebenso sich dem Gelächter, wie sie allen einverstandenen Humor abschneidet". Bei Beckett tritt Adorno zufolge anstelle des Lachens „das tränenlose, verdorrte Weinen" (Kh, 605). Tränenlos ist das Weinen, da es als Weinen nicht mehr eindeutig identifizierbar ist. Sowohl das Lachen, das zum tränenlosen Weinen wird, als auch das Weinen, das sich als Weinen nicht mehr zu erkennen gibt, haben ihre jeweilig eindeutigen mimischen Ausdrucksformen verloren. Lachen und Weinen sind kontur- und subjektlos geworden und verweisen auf die Erosion, ja sogar die Unmöglichkeit von Subjektivität. Diese kommt derart deutlich zum Ausdruck, dass Tragik nicht mehr möglich scheint, dass – ähnlich wie bei Nietzsche – „Tragik zergeht vermöge der offenbaren Nichtigkeit des Anspruchs der Subjektivität" (Kh, 605). Nach Adorno ahnte bereits Hölderlin, dass das Subjekt von sich aus nicht mehr zu reden vermag, was eine nachhaltige Erschütterung der Kategorie des Sinns in seiner Lyrik implizierte. Daran schließen Becketts Stücke an, indem sie sich eindeutiger Sinnzuschreibungen und einer Rechtfertigung des Leidens verweigern. Die Nähe zwischen Hölderlin und Beckett betont Adorno schon in *Parataxis*: „Der idealische Hölderlin inauguriert jenen Prozeß, der in die sinnleeren Protokollsätze Becketts mündet."[258] Dennoch wird der Humor bei Beckett gerettet, weil seine Stücke „anstecken mit dem Lachen über die Lächerlichkeit des Lachens und über die Verzweiflung" (Kh, 605). Und genau in der rettenden Bewahrung dieser aporetischen Form von Heiterkeit besteht offensichtlich Adornos zentrales Anliegen.

Es geht ihm also ganz nachdrücklich um die Rettung der Kategorie der Heiterkeit, die sich freilich nicht mehr unmittelbar auf die Wirklichkeit beziehen kann. Indem Adorno selbstreflexive künstlerische Ausdrucks- und Verhaltensformen wie die „Komik der Komik", das „komische[] Gericht über die Komik", die „Satire der Satire" und das „Lachen über die Lächerlichkeit des Lachens" hervorhebt (Kh, 605), macht er deutlich, dass Kunstwerke nach Auschwitz

---

[258] Adorno, Parataxis. GS 11, S. 478f.

sowohl ihre eigenen poetischen Verfahrensweisen als auch ihren künstlerischen Umgang mit der außerästhetischen Realität permanent reflektieren müssen. Allein in dieser „Selbstkritik" (Kh, 605) kann das Moment von Heiterkeit überleben. Gegen das „Gemisch Tragikomik" (Kh, 605), das Adorno zufolge keiner der beiden Gattungen gerecht wird, setzt er bewusst auf die Selbstkritik und -reflexion des modernen Kunstwerks.

Staiger dagegen betont eine Heiterkeit, „die sich dem tiefsten Ernst, der bangsten Erkenntnis der menschlichen Dinge entwindet"[259] und erklärt sie damit zum absoluten Gegenteil des Ernstes. Er lehnt jene Dichter ab, „deren Lebensberuf es ist, im Scheußlichen und Gemeinen zu wühlen", und verabscheut das Sympathisieren mit „dem Verbrecherischen, Gemeinen".[260] Gegen diesen „Positiven" (Kh, 605), womit zweifelsohne Staiger gemeint ist, führt Adorno interessanterweise gerade nicht die Qualitäten der ernsten und dunklen Literatur ins Feld, sondern verweist im Gegenteil auf „die Züge des kunstvoll Sinnlosen und Albernen" (Kh, 605) der modernen Kunst. Diese allein vermögen es, ein künstlerisches Reservoir zu bilden, in dem Heiterkeit überleben kann. So wenig es zeitgenössischer Kunst ansteht, belanglose Heiterkeit zu verbreiten, „so wenig mehr ist sie, angesichts des Jüngstvergangenen, ganz ernst" (Kh, 606). Gerade weil Auschwitz die starre Alternative von Ernst und Heiterkeit nicht mehr zulässt, kann weder eine ausschließlich *ernste* noch eine ausschließlich *heitere* Kunst als gelungen bezeichnet werden. Als gelungen können Adorno zufolge vielmehr nur noch Kunstwerke angesehen werden, die selbstreflexiv die eigenen Möglichkeiten reflektieren und die Dialektik von Ernst und Heiterkeit auf der Darstellungsebene selbst austragen. Präziser und deutlicher als die Literaturtheorie erkennt nach Adorno die zeitgenössische, moderne Literatur das „Absterben der Alternative von Heiterkeit und Ernst, von Tragik und Komik, beinahe von Leben und Tod" (Kh, 605) und praktiziert sowie reflektiert es konsequent in ihren Werken: In diesen haftet, wie Nietzsche schon erkannte, der tragischen Gebärde etwas Komisches an und die Komik erscheint trübsinnig.

Im Absterben der „gewohnte[n] Alternative" (Kh, 606) sieht Adorno gerade das *Potential* von moderner Kunst: „Kunst jenseits von Heiterkeit und Ernst mag ebenso Chiffre von Versöhnung wie von Entsetzen sein." (Kh, 606) Analog zu Nietzsche, bei dem der Tod Gottes erst die Möglichkeit eröffnete, überkommene Ansichten von Moral und Religion zu verwerfen und das „Wagniss"[261] der Erkenntnis einzugehen, bietet der ‚Tod' der starren Dichotomie von Ernst

---

259 Staiger, Literatur und Öffentlichkeit (StZ 22), S. 97.
260 Diese Kritik ist (absurderweise) besonders gegen Peter Weiss gerichtet; vgl. Staiger, Literatur und Öffentlichkeit (StZ 22), S. 95.
261 Nietzsche, Fröhliche Wissenschaft. KSA 3, S. 574 (Aph. 343).

und Heiterkeit in der Kunst die Chance, etwas Neues zu generieren: „Solche Kunst entspricht sowohl dem Ekel vor der Allgegenwart offener und verkappter Reklame fürs Dasein wie dem Widerstreben gegen den Kothurn, der durch die Überhöhung des Leidens abermals Partei für seine Unabänderlichkeit ergreift." (Kh, 606) Solche Kunst wendet sich also sowohl gegen die belanglos-fröhliche Munterkeit der Kulturindustrie als auch gegen ein ernst-schwülstiges Pathos, das Leiden bloß inszeniert, anstatt es zu verurteilen. Daher kann Adorno sagen, dass „Tragik verwest", denn diese kann keinen „Anspruch auf den positiven Sinn von Negativität" mehr erheben (Kh, 606). Die Funktion einer positiven, weil reinigenden Negativität kam bis weit ins 18. Jahrhundert der Katharsis zu, die das Theaterpublikum von Affekten wie Jammer/Rührung und Schrecken/Schauder in der Hoffnung reinigen sollte, dass es dadurch moralisch gebessert in die Realität entlassen werden kann.[262] Die kathartische Funktion von Negativität wird angesichts der Katastrophen des 20. Jahrhunderts nach Adorno fragwürdig; ihr Anspruch ist nicht mehr einzulösen. Das Absterben des starren Gegensatzes und das Verfransen der Gattungen Tragik und Komik hält aber gerade die Chance bereit, neue künstlerische Formen jenseits der dichotomischen Zweiteilung zu entwickeln: „Die Kunst ins Unbekannte hinein, die einzig noch mögliche, ist weder heiter noch ernst; das Dritte aber zugehängt, so, als wäre es dem Nichts eingesenkt, dessen Figuren die fortgeschrittenen Kunstwerke beschreiben." (Kh, 606)

Adornos Essay muss also erstens vor allem als *Deskription* der Verfahrensweise und *Explikation* des Selbstverständnisses von moderner Literatur verstanden werden. Zweitens werden in *Ist die Kunst heiter?* Autoren wie Hölderlin, Hegel, Nietzsche, Baudelaire, George, Wedekind, Kafka und nicht zuletzt

---

[262] Gotthold Ephraim Lessing betont nicht nur die Reinigung *von* Affekten, sondern auch die Reinigung *der* Affekte, wodurch Mitleid entstehe: „Die Leiter aber heißt: Mitleid; und Schrecken und Bewunderung sind nichts als die ersten Sprossen, der Anfang und das Ende des Mitleids. [...] Das Schrecken braucht der Dichter zur Ankündigung des Mitleids, und Bewunderung gleichsam zum Ruhepunkte desselben. Der Weg zum Mitleid wird dem Zuhörer zu lang, wenn ihn nicht gleich der erste Schreck aufmerksam macht, und das Mitleiden nützt sich ab, wenn es sich nicht in der Bewunderung erholen kann. [...] [D]ie Bestimmung der Tragödie ist diese: sie soll *unsre Fähigkeit, Mitleid zu fühlen,* erweitern. Sie soll uns nicht blos lehren, gegen diesen oder jenen Unglücklichen Mitleid zu fühlen, sondern sie soll uns so weit fühlbar machen, daß uns der Unglückliche zu allen Zeiten, und unter allen Gestalten, rühren und für sich einnehmen muß. [...] *Der mitleidigste Mensch ist der beste Mensch*, zu allen gesellschaftlichen Tugenden, zu allen Arten der Großmuth der aufgelegteste. Wer uns also mitleidig macht, macht uns besser und tugendhafter [...]." Lessing an Nicolai im Nov. 1756. In: Gotthold Ephraim Lessing/Moses Mendelsohn/Friedrich Nicolai, Briefwechsel über das Trauerspiel, hg. u. komm. v. Jochen Schulte-Sasse, München 1972, S. 52–57, hier: S. 54f.

Beckett als Vordenker der eigenen These von der Dialektik von Ernst und Heiterkeit aufgerufen und nachdrücklich gegen die dichotome Zweiteilung der „Positiven" ins Feld geführt. Drittens gehe ich davon aus, dass nach Adorno nur noch eine Kunst, die das „Absterben der Alternative" ernst nimmt und in ihre Darstellung integriert, die Implikationen der Heiterkeit – wie er sagt – zu „bewähren" vermag (Kh, 605). Nur so kann Kunst sich ihr Heiteres erhalten und „Freiheit inmitten der Unfreiheit" sowie eine „Quelle von Lust" sein (Kh, 600). Daher scheint gerade die moderne Kunst mit ihren Zügen des „kunstvoll Sinnlosen und Albernen" (Kh, 605) die aussichtsreichste Kandidatin einer Statthalterin von Heiterkeit zu sein.

Adornos Versuch der Rettung der ästhetischen Kategorie der Heiterkeit hat wesentlich mit seiner Vorstellung von Glück zu tun. Im Anschluss an seine zuversichtliche Formulierung von einem möglichen zukünftigen Zustand von Kunst, in der Heiterkeit sogar als inhaltliches Gestaltungsmittel wieder Verwendung finden könnte, führt er in der PEN-Diskussion weiter aus:

> Und so unendlich fern es mir ist, also irgend daraus nun Desiderate abzuleiten oder gar die Unsäglichen von Herrn Staiger zu bekräftigen, so sehr meine ich doch, dürfte man diesen Horizont, wenigstens sich nicht ganz abschneiden, obwohl es mir unverkennbar ist, dass auch hier eine Art von Bilderverbot gilt, dass dem Augenblick, wo man also versucht, diesen Moment positiv zu bestimmen oder einzubegreifen, etwas anderes als einen solchen Horizont daraus zu machen, dass man es dann bereits schändet und dass man es herabwürdigt.[263]

Adorno bekräftigt damit seine Kritik an einer idealistischen Überhöhung des Heiteren beispielsweise durch Schiller; denn durch die strikte Abgrenzung vom Ernst wird Heiterkeit seines widerständigen Potentials und seines Glücksversprechens beraubt und nur auf belangloses Lachen, Belustigung oder Freizeiterholung reduziert. Genauso lehnt Adorno mit solchen Äußerungen das falsche Glück der Kulturindustrie ab, die Glück als käufliches und leicht zugängliches ausgibt und damit die immensen Schwierigkeiten seiner Realisierung negiert. Adorno folgt mit seinem „Bilderverbot" nicht nur einem Grundsatz der jüdischen Religion, sondern auch den vergleichbaren säkularen Überlegungen Nietzsches, der zum Schutz der „überlegenen Heiterkeit" ein Tabu über die schnell zugängliche, belanglose Fröhlichkeit verhängt.

Adorno fordert eine Kunst, die das Leiden in seiner ganzen Sinnlosigkeit zeigt. Gemeint ist damit keine konkrete Darstellung des Leidens, da durch diese wiederum nur seine Unabänderlichkeit ausgestellt würde. Gemeint ist vielmehr die permanente Reflexion auf die Sinnhaftigkeit und Angemessenheit der eigenen

---

[263] Adorno, Ist die Kunst heiter, Theodor W. Adorno Archiv, TA 162, 0:57:30–0:58:18.

künstlerischen Mittel in der Darstellung von Leiden selber. So wie bei Hegel Heiterkeit wesentlich das Ergebnis der Subjektwerdung ist, der jedoch die ernste und schmerzhafte Arbeit des Individuums an sich selbst vorausgegangen sein muss, so muss sich Kunst in der Vorstellung Adornos „bewähren", das heißt, die eigene ‚ästhetische Werdung' permanent reflektieren und bearbeiten. Anders als bei Hegel, der über die „Arbeit des Begriffs"[264] versucht, Versöhnung herzustellen, sollte nach Adorno die Dialektik von Ernst und Heiterkeit auf der Darstellungsebene von Kunst selbst ausgetragen werden. Indem Kunst analog zur Sprache und in ihren begriffslos-anschaulichen Formen noch über Sprache hinausgehend als Teil der Wirklichkeit diese auch transzendieren kann, kann an der Utopie eines anderen, besseren Zustandes festgehalten werden und somit an der Vorstellung der Realisierung von Glück.

In der PEN-Diskussion rückt Adorno Glück, Heiterkeit und Frieden daher abschließend eng zusammen und sieht dabei in Kant einen unfreiwilligen philosophischen Verfechter des Glücks:

> Das heißt, die *Kritik der praktischen Vernunft* schließt ja damit, dass ohne die Idee der Unsterblichkeit und damit schließlich auch ohne die Idee des Glücks die formalen Postulate der Vernunft nicht möglich sind. Denn die Vernunft als eine absolute und objektive, darf ja nicht bloß auf ein subjektives Denkprinzip hinauslaufen, sondern schließt die Versöhnung mit dem Objekt ein. Der Unterschied von Vernunft und dem Gegenstand der Vernunft soll verschwinden und damit wäre dann auch eben jene, wie soll man sagen, jene Abwehr des Glücks wieder abgewehrt, nur wäre das abgewehrte Glück als ein partikulares all zu Nahes, all zu Beschränktes um des Ganzen und Absoluten willen dabei kritisiert. Nun das ist ziemlich genau das, ich meine also, man kann seine geistigen Ursprünge nicht verleugnen, das ist ziemlich genau das, was ich gemeint habe, wenn ich vorhin gesagt habe, dass gerade in dem Tabu über die Heiterkeit oder über das Glück, gerade dadurch, dass wir uns gegen jede unmittelbare Bekundung dieser Wesenheiten spröde machen, wir dem, was sie eigentlich wollen, umso mehr Ehre widerfahren lassen. Und es wäre im übrigen zu zeigen, dass in der auf Kant folgenden philosophischen Entwicklung dieses Moment auch immer wieder durchgekommen ist, ganz einfach deshalb, weil etwa ein Begriff wie der der Humanität oder der Menschheit, wie er bei Kant im Zentrum steht, selber ohne die Idee einer befriedeten und versöhnten Menschheit gar nicht gedacht werden kann. Ich meine, was soll schließlich der ewige Friede heißen, dem Kant diese unvergleichliche Abhandlung gewidmet hat, wenn darin nicht auch die Idee des Glückes der versöhnten Menschen dabei mitgedacht wäre?[265]

Der Gedanke des ewigen Friedens erinnert an Adornos Aphorismus *Sur l'eau*, in dem er das friedliche Sich-Treibenlassen auf dem Wasser als Glück beschreibt, ebenso wie an seine Hölderlin-Interpretation, in der er Passivität „zur alleinigen

---

[264] Hegel, Phänomenologie des Geistes. Bd. 3, S. 65.
[265] Adorno, Ist die Kunst heiter, Theodor W. Adorno Archiv, TA 162, 1:09:10–1:12:00.

Anweisung auf das Wahre, Versöhnte, den Frieden"[266] macht.[267] Die Heiterkeit der Kunst kann für Adorno demnach nur darin bestehen, dass sie sich passiv gegenüber Naturbeherrschung verhält, den Möglichkeiten der (Selbst-)Reflexion sowie der Erkenntnis offen begegnet und am Anspruch der Realisierung des Glücks in der Gegenwart festhält. Das ist das Heitere und das Glück der Kunst.

---

[266] Adorno, Parataxis. GS 11, S. 487.
[267] Vgl. ausführlich dazu Kapitel III.4. dieser Arbeit.

VI Epiphanie – Das Glück des Unmittelbaren

Nirgends betont Adorno das Recht auf Amusement und Zerstreuung so sehr wie in seinen Ausführungen zu den leichten Künsten. Daher werden diese im Folgenden erstmals in den Kontext des Glücksversprechens der Kunst gestellt. Denn im Anschluss an Ruth Sonderegger gehe ich davon aus, dass gerade „die niedrige Kunst Adorno mehr Material geboten [hat], um Ansätze zu einer Theorie des (ästhetischen) Glücks zu entwerfen als die hohe"[1]. Im Folgenden möchte ich zeigen, dass Adorno sein ästhetisches Urteil gerade nicht in der gängigen, im Kontext der klassisch-romantischen Autonomieästhetik entstandenen Einteilung in ernste und unterhaltende Kunst, in E und U, gründet – auch wenn ihm genau dies häufig unterstellt wird.[2] Denn er betont, „der alte Gegensatz von ernster und leichter Kunst, niederer und hoher, autonomer und Unterhaltung beschreibt nicht mehr das Phänomen"[3], und er kritisiert, wie „hinter der starren Dichotomie hoher und niedriger Kunst in Deutschland gern sich oberlehrerhafter Bildungsglaube"[4] verbirgt:

> Aber die Trennung der Sphären, objektiv als geschichtliches Sediment, ist kein Absolutes. Noch im obersten Werk steckt, sublimiert zu seiner Autonomie, das Moment des Für anderes, ein Erdenrest des Beifall Heischenden. Das Vollkommene, Schönheit selbst, sagt: bin ich nicht schön? und frevelt damit an sich. Umgekehrt kann der erbärmlichste Kitsch, der doch notwendig als Kunst auftritt, nicht verhindern, was ihm verhaßt ist, das Moment des An sich, den Wahrheitsanspruch, den er verrät.[5]

Dabei plädiert Adorno nicht dafür, alle Unterschiede einzuebnen oder auf Wertung und Kunstkritik zu verzichten; diese soll sich jedoch an den „Qualitäten der Sache"[6] und nicht an einer kanonisierten Einteilung orientieren, die letztlich die Eigenlogik des jeweiligen Artefakts verfehlt. Phänomene wie Feuerwerk und

---

1 Sonderegger, Ästhetische Theorie, S. 425.
2 Vgl. bspw. Christa Bürger, die davon ausgeht, dass in Adornos Ästhetik die Dichotomie von hoher und niedriger Kunst eine „vorgegebene und letztlich unveränderbare Tatsache" sei; vgl. Christa Bürger, Einleitung. Die Dichotomie von hoher und niederer Literatur. Eine Problemskizze. In: Zur Dichotomisierung von hoher und niederer Literatur, S. 9–39, hier: S. 14.
3 Adorno (mit Eisler), Komposition für den Film. GS 15, S. 11.
4 Adorno, Ästhetische Theorie. GS 7, S. 464. Auch in Bezug auf die Trennung von ernster und leichter Musik schreibt Adorno: „Die verwaltungsübliche Scheidung von E und U führt sich ad absurdum." Adorno, Orpheus in der Unterwelt. GS 19, S. 548.
5 Adorno, Ästhetische Theorie. GS 7, S. 465. Vgl. zum Begriff des Kitschs ausführlich Kapitel VI.3. dieser Arbeit.
6 Adorno, Ästhetische Theorie. GS 7, S. 465.

Zirkus, aber auch Clownerie, Trickfilm und Kitsch bezeichnet Adorno in der Regel als leichte Künste oder als Amusement.[7] Dass die Beschreibungen und Erläuterungen dieser leichten Künste bei Adorno nur einen geringen Raum einnehmen, macht ihre Untersuchung schwierig. Die Bruchstücke, die sich insbesondere in der *Ästhetischen Theorie*, dem *Kulturindustrie*-Kapitel und in seinen literatur- und kulturtheoretischen Essays finden lassen, werden in diesem Kapitel unter dem Begriff der Epiphanie zusammengetragen, um sie erstmals im Zusammenhang analysieren zu können. Dieser aus dem Altgriechischen stammende Begriff meinte ursprünglich das irdische ‚Erscheinen' von Gottheiten, in der christlichen Theologie wird mit dem Begriff die Erscheinung Gottes in der Person Jesu Christi bezeichnet. Im Gegensatz zur Hierophanie, einer dauernden Erfahrung des Sakralen, ist die Epiphanie in der Regel eine ephemere Erscheinung.[8] Adorno wendet den Begriff der Epiphanie jedoch in einer säkularisierten Lesart auf Kunstwerke an und beschreibt sie als „neutralisierte und dadurch qualitativ veränderte Epiphanien"[9]. Damit meint er zum einen ihre Verhaltensweise als Kunstwerke,[10] zum anderen kreist der Begriff bei ihm laut Anne Eusterschulte immer auch um das „transzendierende Moment ästhetischer Erfahrung"[11].

Martin Seel weist in seinen Überlegungen zu einer Ästhetik des Erscheinens bei Paul Valéry darauf hin, dass bei diesem das Moment des Glücks der

---

7 Adornos Überlegungen zur leichten Kunst sind nicht unumwunden auf die zur „leichten Musik" übertragbar. Letztere Bezeichnung dient Adorno sowohl dazu, emanzipatorische Potentiale der „unteren, verachteten, nicht länger aber von ernster Diskussion hochmütig auszuschließenden Musik" hervorzuheben, als auch dazu, solche Musik zu beschreiben, die „nicht künstlerisch-sachlich sich rechtfertigen" lässt, „sondern einzig als marktgängige Ware" zu bestimmen ist; Adorno, Zum Jahrgang 1929 des ‚Anbruch'. GS 19, S. 608; Adorno, Rundfunkautorität und Schlagersendung. In: Frankfurter Adorno Blätter VII., im Auftrag des Theodor W. Adorno Archivs, hg. v. Rolf Tiedemann, München 2001, S. 90–93, hier: S. 90. Aus diesem Grund wird in dieser Arbeit die „leichte Musik" nicht im Kontext der leichten Künste diskutiert. Die in Kapitel VI.1. angestellten Überlegungen zu den flüchtigen Künsten gelten hingegen selbstverständlich aber auch für musikalische Werke.
8 Vgl. Günter Lanczkowski, Epiphanie. In: Historisches Wörterbuch der Philosophie. Bd. 2, Sp. 585–586. In der christlichen Kirche wird die Erscheinung des Herrn seit dem 4. Jahrhundert am 6. Januar als Dreikönigsfest gefeiert.
9 Adorno, Ästhetische Theorie. GS 7, S. 124.
10 An anderer Stelle spricht Adorno von der „Epiphanie der Sprache"; vgl. Adorno, Die beschworene Sprache. GS 11, S. 536.
11 Anne Eusterschulte, Apparition. Epiphanie und Menetekel der Kunst. Aspekte einer Ästhetik des Zur-Erscheinung-Kommens bei Theodor W. Adorno. In: Zeitschrift für Ästhetik und allgemeine Kunstwissenschaft 14, 2016, Sonderheft: Zur Erscheinung kommen. Bildlichkeit als theoretischer Prozess, S. 223–256, hier: S. 223.

ästhetischen Erfahrung mit der Endlichkeit des Daseins zusammenhängt. Seel bezieht sich auf Valérys kunsttheoretischen Dialog *Eupalinos oder der Architekt* von 1927, in dem Phaidros und Sokrates im Schattenreich des Hades ein Gespräch über die Kunst führen, das sich zu einer Analyse des Unterschieds zwischen Kunst und Philosophie und insbesondere zu den Bedingungen der Erfahrung des Schönen ausweitet. In Erinnerung an die sinnliche Erfahrung von Musik und Architektur auf Erden kommt Phaidros ins Schwärmen: „Ja, ich werde wieder lebendig, und ich sehe die vergänglichen Himmel wieder! Das Schönste, was es gibt, kommt nicht vor in der Ewigkeit."[12] Auch Sokrates stimmt dieser Beobachtung zu: „Nun, da wir des Körpers beraubt sind, müssen wir uns offenbar beklagen und jenes Leben, das wir verlassen haben, mit demselben neidischen Aug betrachten, mit dem wir früher hinübersahen nach dem Garten der seligen Schatten."[13] Nach Seel wird die Sterblichkeit in Valérys Dialog zur Bedingung der Möglichkeit von Gegenwärtigkeit, denn die beiden Diskutierenden erleben,

> daß gerade in dieser Begrenzung unbegrenzte Möglichkeiten der Anschauung und Gestaltung liegen. Wo hingegen alles ewig währt, ist die Erfahrung der Einmaligkeit und Vielgestaltigkeit der Welt verloren. Nur ein endliches Dasein ist für den Augenblick des Hier und Jetzt offen.[14]

Valéry entfaltet also eine Ästhetik des Erscheinens, in welcher der Kunst die Macht zugesprochen wird, einen „Zusammenhang von Erscheinungen, Übergängen, Widersprüchen und unbeschreiblichen Ereignissen"[15] zu erzeugen. Die/der RezipientIn könne sich in diesem Zusammenhang wie in einer anderen Welt bewegen: „Diese Prozessualität des Kunstwerks deutet Valéry als ein gleichsam *angehaltenes* Erscheinen, das auf eine wiederholbare Weise die Sensationen einer ansonsten unwiederbringlichen Gegenwart erzeugt."[16]

Ähnlich wie Valéry verknüpft auch Adorno die Gegenwärtigkeit und damit Diesseitigkeit der ästhetischen Erfahrung eng mit ihrem Glück, weshalb Epiphanie bei ihm nicht als metaphysischer, sondern als säkularisierter Begriff zu verstehen ist, der dem Benjamin'schen Terminus der „profanen Erleuchtung" nahekommt. Dieser ist gleichsam als ein ‚Kampfbegriff' zu verstehen, der die religiös-metaphysische Erfahrung durch eine materialistische, am Menschen

---

12 Paul Valéry, Eupalinos oder der Architekt, übers. v. Rainer Maria Rilke, Frankfurt am Main 1990, S. 50. Der Text ist erstmals 1923 erschienen.
13 Valéry, Eupalinos oder der Architekt, S. 66.
14 Martin Seel, Ästhetik des Erscheinens, München/Wien 2000, S. 29.
15 Valéry, Eupalinos oder der Architekt, S. 68.
16 Seel, Ästhetik des Erscheinens, S. 30. Hervorhebung im Original.

orientierte Erfahrung überwinden möchte.[17] Nach Boris Groys sind die Figuren der profanen Erleuchtung bei Benjamin vor allem solche der Bewegung, die, wie der Flaneur, zu den Dingen gehen und nicht von diesen fordern, dass sie zu ihnen kommen.[18] Damit korrespondiert Adornos Begriff der ästhetischen Erfahrung, die ihm zufolge ein angestrengtes Sich-Überlassen an das Kunstwerk verlangt, damit es als ‚neutralisierte Epiphanie' überhaupt erfahren werden kann.

Adorno versteht das Kunstwerk jedoch nicht vorrangig als empirische Erscheinung im Sinne eines manifesten Daseins, sondern eher im Sinn einer begrifflich nicht zu fassenden Wirklichkeit, die nicht von Dauer ist:

> Zu Erscheinungen im prägnanten Verstande, denen eines Anderen, werden Kunstwerke, wo der Akzent auf das Unwirkliche ihrer eigenen Wirklichkeit fällt. Der ihnen immanente Charakter des Akts verleiht ihnen, mögen sie noch so sehr in ihren Materialien als Dauerndes realisiert sein, etwas Momentanes, Plötzliches. Das Gefühl des Überfallen-Werdens im Angesicht jedes bedeutenden Werks registriert das.[19]

Kunstwerke verhalten sich in Adornos Vorstellung zur übrigen Welt als ‚Apparition', „also wie eine religiöse oder halluzinogene Vision, in der plötzlich etwas gegenwärtig ist, was im selben Augenblick schon nicht mehr da ist"[20].

Daher werden im Folgenden mit dem Begriff der Apparition zunächst die Phänomene des Flüchtigen diskutiert, die Adorno zur Bestimmung von Kunstwerken dienen. Verbunden damit ist die These, dass er wichtige Erkenntnisse

---

17 Den Terminus der ‚profanen Erleuchtung' führt Benjamin in seinem Essay über den Surrealismus von 1929 ein: „Die wahre, schöpferische Überwindung religiöser Erleuchtung aber liegt nun wahrhaftig nicht bei den Rauschgiften. Sie liegt in einer *profanen Erleuchtung* einer materialistischen, anthropologischen Inspiration, zu der Haschisch, Opium und was immer sonst die Vorschule abgeben können." Benjamin, Der Sürrealismus. GS II.1, S. 297. Hervorhebung im Original. Vgl. dazu auch: Gerd Bergfleth, Umnachtung und Erleuchtung In: Aufgang. Jahrbuch für Denken, Dichten, Musik 4, 2007, S. 125–155, bes. S. 144.
18 Vgl. Boris Groys, Die Topologie der Aura. Über Original, Kopie und einen berühmten Begriff Walter Benjamins. In: Neue Rundschau 113, 2002, H. 4, S. 84–94, hier: S. 88.
19 Adorno, Ästhetische Theorie. GS 7, S. 123. Ohne Bezug auf Adorno zu nehmen, bestimmt Hans Ulrich Gumbrecht das „ästhetische Erleben" ebenfalls und sehr ähnlich als Epiphanie. Im „ästhetischen Erleben" sind wir ihm zufolge „mit der Oszillation zwischen Präsenz- und Bedeutungseffekten" konfrontiert. Epiphanie sei dann das „Gefühl, daß wir solche Präsenzeffekte nicht festhalten können, daß sie – und mit ihnen die Simultaneität zwischen Präsenz und Bedeutung – ephemer sind". Was Adorno hier als „Gefühl des Überfallen-Werdens" bezeichnet, nennt Gumbrecht ein „Element der Gewalt", das konstitutiv für das „ästhetische Erleben" sei; vgl. Hans Ulrich Gumbrecht, Epiphanien. In: Joachim Küpper/Christoph Menke (Hg.), Dimensionen ästhetischer Erfahrung, Frankfurt am Main 2003, S. 203–222, hier: S. 215; 219.
20 Seel, Ästhetik des Erscheinens, S. 34.

seiner *Ästhetischen Theorie* gerade aus dem Beobachten der ephemeren und vermeintlich leichter zugänglichen Künste überhaupt erst gewonnen hat. Aufgrund des von Adorno konstatierten Spannungsverhältnisses von E und U beziehe ich seine Überlegungen aus der *Ästhetischen Theorie* wiederum auf das *Kulturindustrie*-Kapitel und insbesondere auf seine Ausführungen zum Amusement. Abschließend können die Ergebnisse anhand von Adornos Überlegungen zum Kitsch zusammengeführt werden.

1 Apparition – Zur-Erscheinung-Kommen und ästhetische Erfahrung

In der *Ästhetischen Theorie* spricht Adorno davon, dass dem Kunstwerk als Erscheinung „die apparition, die Himmelserscheinung" am nächsten kommt: „Mit ihr halten die Kunstwerke Einverständnis, wie sie aufgeht über den Menschen, ihrer Intention entrückt und der Dingwelt."[21] Der Begriff der Apparition verweist bei Adorno jedoch noch auf mehr als das bloße sinnliche Erscheinen des Kunstwerks.[22] Daher stellt seine Verwendung des Begriffs „keine marginale Eigensinnigkeit"[23] dar, sondern mit diesem kann er verschiedene Leitgedanken miteinander kombinieren, die um das Zur-Erscheinung-Kommen des Kunstwerks und die ästhetische Erfahrung gleichermaßen kreisen.

Auf instruktive Weise verdeutlicht Eusterschulte anhand des lateinischen Terminus *apparitio*, wie sich antike Motive mit denen Adornos verbinden. Der antike Begriff verweist „auf Phänomene, deren aufleuchtendes Erscheinen oder Aufgehen vielfach direkt mit einem Verlöschen zusammengeht bzw. mit einer Plötzlichkeit, die sich aus der Simultanität von Sich-Augenblicklich-Zeigen und blitzhaftem Sich-Entziehen bestimmt"[24]. Diese Gleichzeitigkeit von Erscheinen und Verschwinden kennzeichnet Adorno zufolge gelungene Kunst: „Der Augenblick des Erscheinens in den Werken jedoch ist die paradoxe Einheit oder der Einstand des

---

21 Adorno, Ästhetische Theorie. GS 7, S. 125.
22 Die Bedeutung des Begriffs der Apparition bei Adorno wurde bisher vor allem von der Musikwissenschaft erkannt. Vgl. exemplarisch den Sammelband: Berthold Hoeckner, Apparitions. New Perspectives on Adorno and Twentieth-Century Music, Routledge 2006. Aus philosophischer Perspektive hat sich Anne Eusterschulte diesem Begriff genähert. Karl Heinz Bohrer nennt zwar ein Unterkapitel Adornos „Apparition", diskutiert hier jedoch, inwieweit Adorno in seiner Ästhetik eine Integration des Ethischen und Ästhetischen leistet; auf die konkreten Stellen zur Apparition in Adornos *Ästhetischer Theorie* geht er nicht ein; vgl. Karl Heinz Bohrer, Die Grenzen des Ästhetischen, München/Wien 1998, bes. S. 167–170.
23 Eusterschulte, Apparition, S. 223.
24 Eusterschulte, Apparition, S. 225.

Verschwindenden und Bewahrten. Kunstwerke sind ein Stillstehendes so gut wie ein Dynamisches."[25] Prototypisch dafür ist das Phänomen des Feuerwerks, auf das Adorno in seinen ästhetischen Überlegungen immer wieder rekurriert. In Übernahme einer Formulierung des Komponisten Ernst Schoen spricht Adorno „von der unübertrefflichen noblesse des Feuerwerks", das entgegen der künstlerischen Tendenz, zeitlos werden zu wollen, „als einzige Kunst nicht dauern" will, sondern bloß „einen Augenblick lang strahlen und verpuffen".[26]

Gerade an dieser ästhetischen Erfahrung der Plötzlichkeit sollte sich nach Adorno die Kunst orientieren, anstatt danach zu trachten, alle Zeiten zu überdauern. Nähme sie dagegen „die eigene Vergänglichkeit aus Sympathie mit dem ephemeren Lebendigen in sich hinein, so wäre das einer Konzeption von Wahrheit gemäß, welche diese nicht als abstrakt beharrend supponiert, sondern ihres Zeitkerns sich bewußt wird"[27]. Auch das Momenthafte des in der Kunsterfahrung Erscheinenden hat bei Adorno einen eigenen „Zeitkern", weil es alltäglichen Wahrnehmungsgewohnheiten widerspricht und eine andere Form der „Erfahrungs-*Intensität*" ermöglicht.[28] Nach Adorno wissen die flüchtigen Künste weit mehr um ihren in der Gleichzeitigkeit von Erscheinen und Verschwinden bestehenden „Zeitkern": „Gattungen unterhalb der approbierten Kultur wie die Tableaux in Zirkusszenen und Revuen, wohl schon die mechanischen der Wasserkünste des siebzehnten Jahrhunderts sind dessen geständig, was die authentischen Kunstwerke als ihr geheimes Apriori in sich verstecken"[29] – ihr Ephemeres.

Kunstwerke sind nach Adorno empirisches Ding und Apparition in einem. Indem sie etwas erscheinen lassen können, sind sie mehr als ein bloßes Ding; dieses Mehr bestimmt Adorno als ihren Geist:

> Was in den Kunstwerken erscheint, nicht abzuheben von der Erscheinung, aber auch nicht mit ihr identisch, das Nichtfaktische an ihrer Faktizität, ist ihr Geist. Er macht die Kunstwerke, Dinge unter Dingen, zu einem Anderem als Dinglichem, während sie doch

---

25 Adorno, Ästhetische Theorie. GS 7, S. 124. In seinen bisher unveröffentlichten *Ästhetik-Vorlesungen* von 1961/62 führt er diesen Gedanken noch genauer aus: „Man könnte also auch jenen Augenblick des Erscheinens in den Kunstwerken bestimmen, als den Einstand oder die paradoxe Einheit eines darin Bewahrten, Festgehaltenen und als eines Verschwindenden, was wieder mit jenem eigentümlichen Charakter eines zugleich Stillstehenden, Innehaltenden und jäh aufgehenden Dynamischen übereinkommt, der mir überhaupt der Schlüsselcharakter der Kunst zu sein dünkt." Adorno, Unveröffentlichtes Vorlesungsmanuskript vom 23.01.1962. Theodor W. Adorno Archiv, Vo 7064, S. 234.
26 Adorno, Ästhetische Theorie. GS 7, S. 49.
27 Adorno, Ästhetische Theorie. GS 7, S. 50.
28 Eusterschulte, Apparition, S. 228. Hervorhebung im Original.
29 Adorno, Ästhetische Theorie. GS 7, S. 124.

nur als Dinge dazu zu werden vermögen, nicht durch ihre Lokalisierung in Raum und Zeit sondern durch den ihnen immanenten Prozeß von Verdinglichung, der sie zu einem sich selbst Gleichen, mit sich Identischen macht. Sonst könnte von ihrem Geist, dem schlechterdings Undinglichen, kaum die Rede sein.[30]

Der Geist der Kunstwerke ist also weder unmittelbar identisch mit der Erscheinung des Kunstwerks als Ganzem noch mit irgendeiner von ihm vermittelten Idee; vielmehr ist sein Ort „die Konfiguration von Erscheinendem"[31]. Der Geist liegt also in der Verbindung, welche die sinnlichen Einheiten des Kunstwerks miteinander eingehen. Das Verhältnis, in dem die sinnlichen Einheiten zueinanderstehen, ist bei Adorno selbst nicht mehr als ein Sinnliches, sondern als ein Geistiges gedacht: „Apparition ist der Durchbruch dieses Geistigen durch die Oberfläche der sinnlichen Erscheinung."[32]

Fehlt den Kunstwerken das Moment der Apparition, dann sind sie laut Adorno „nichts mehr als Hülsen, schlechter als bloßes Dasein, weil sie nicht einmal mehr zu etwas nützen"[33]. Die Objektivation des Kunstwerks hängt also nach Adorno eng damit zusammen, wie Kunst das widersprüchliche Verhältnis von Dinghaftigkeit und Flüchtigkeit in sich austrägt:

> Der fruchtbare Moment ihrer Objektivation ist der, welcher sie zur Erscheinung konzentriert, keineswegs nur die Ausdruckscharaktere, die über die Kunstwerke verstreut sind. Sie überflügeln die Dingwelt durch ihr eigenes Dinghaftes, ihre artifizielle Objektivation. Beredt werden sie kraft der Zündung von Ding und Erscheinung. Sie sind Dinge, in denen es liegt zu erscheinen.[34]

Die Dinghaftigkeit der Kunstwerke unterscheidet sich gerade durch ihr Zur-Erscheinung-Kommen von anderen Dingen, die beispielsweise zum Gebrauch bestimmt sind. Wichtig ist in diesem Zusammenhang auch, dass es Adorno nicht um den Schein des ästhetischen Details geht, sondern um das Aufscheinen des gesamten Kunstwerks als „artifizielle Objektivation". Denn das utopische Potential liegt darin, dass in der paradoxen Gestalt von Ding und Erscheinung Kunstwerke die Realität, der sie angehören, „überflügeln" können. Mit Nachdruck betont Adorno in seiner *Ästhetik-Vorlesung* von 1958/59 diesen Gedanken im Hinblick auf die ästhetische Erfahrung. Ausgehend von dem auch hier formulierten Gedanken, dass das Befreiende oder Erhebende der ästhetischen Erfahrung

---

30 Adorno, Ästhetische Theorie. GS 7, S. 134.
31 Adorno, Ästhetische Theorie. GS 7, S. 135.
32 Johannes Veerhoff, Die Idee der wahren Aufführung. Adornos Entwurf einer *Theorie der musikalischen Reproduktion*. In: Ästhetische Aufklärung, S. 159–179, hier: S. 171.
33 Adorno, Ästhetische Theorie. GS 7, S. 125.
34 Adorno, Ästhetische Theorie. GS 7, S. 125.

in der Totalität des Werkes liegt, versucht er das utopische Potential des Kunstwerks zu konkretisieren. In der ästhetischen Erfahrung gibt es ihm zufolge Momente, in denen man „ganz und gar eins wird mit dem Leben des Kunstwerks, wo man darin aufgeht"[35]. Adorno nennt dies den Moment des Durchbruchs:

> Unter Durchbruch verstehe ich dabei, daß es dann Augenblicke gibt [...], in denen jenes Gefühl des Herausgehobenseins, jenes Gefühl, wenn Sie wollen, der Transzendenz gegenüber dem bloßen Dasein, sich intensiv zusammendrängt, sich aktualisiert, und in denen es uns so vorkommt, als ob das absolut Vermittelte, nämlich eben jene Idee des Befreitseins, doch ein Unmittelbares wäre, wo wir glauben, sie unmittelbar greifen zu können.[36]

Adorno spricht an dieser Stelle einen Gedanken aus, der sich sonst nur selten bei ihm findet. Denn hier diskutiert er die *Möglichkeit* einer unmittelbaren Erfahrung von Kunst. Er kann diese freilich nur als Gedankenexperiment formulieren, allerdings lassen seine folgenden Überlegungen den Schluss zu, dass in der Rezeption dieser Schein von Unmittelbarkeit konkret sinnlich erfahrbar wird. Denn jene von ihm oben beschriebenen Augenblicke korrespondieren mit einer „Art von Beglückung", „die wohl, was es sonst an Glück gibt – ich will nicht sagen: in den Schatten stellen, aber jedenfalls doch dem obersten, was es sonst an Glücksaugenblicken gibt, durchaus gewachsen sind, die dieselbe Gewalt haben, wie die höchsten realen Augenblicke, die wir kennen".[37] Adorno denkt diese unmittelbaren, körperlichen Erfahrungen jedoch nicht als hedonistischen Genuss, sondern vielmehr sind diese Augenblicke für ihn

> solche des Überwältigtwerdens, der Selbstvergessenheit, eigentlich der Auslöschung des Subjekts [...]. Es ist dann so, wie wenn in diesem Augenblick – man könnte sie die Augenblicke des Weinens nennen – das Subjekt in sich erschüttert zusammenstürzen würde [...], in denen das Subjekt sich selber auslöscht und sein Glück hat an dieser Auslöschung – und nicht etwa darin, daß ihm als einem Subjekt nun etwas zuteil würde. Diese Augenblicke sind nicht Genuß, sondern das Glück liegt eben darin, daß man sie hat.[38]

---

35 Adorno, Ästhetik 1958/59. NL 4, Bd. 3, S. 196.
36 Adorno, Ästhetik 1958/59. NL 4, Bd. 3, S. 196. Vgl. zum Begriff des ‚Durchbruchs' auch Adornos Mahler-Buch, in dem die Idee des Durchbruchs von entscheidender Bedeutung ist: Adorno, Mahler. Eine musikalische Physiognomik. GS 13, S. 153 f.
37 Adorno, Ästhetik 1958/59. NL 4, Bd. 3, S. 196 f.
38 Adorno, Ästhetik 1958/59. NL 4, Bd. 3, S. 197. In ähnlicher Weise führte Adorno diesen Gedanken in seinen *Ästhetik-Vorlesungen* von 1961/62 aus: „Dann kann einen allerdings das Werk mit einer Gewalt ergreifen und überwältigen, an die dann auch wieder, und an das Glück, an den Rausch, der in einem solchen Augenblick sich herstellt, da reicht nun wieder der armselige Begriff des Kunstgenusses nicht heran, der wohl überhaupt alles hinter sich läßt, was es sonst an Erfahrungen des Glückes gibt, aber auch das ist dann viel mehr, daß man durch das Eingehen in diesen radikal von der bloßen Empirie getrennten Bereich ganz jäh und plötzlich in die Höhe gerissen wird und hat mit dem Konsumentengenuß wahrschein-

1 Apparition – Zur-Erscheinung-Kommen und ästhetische Erfahrung — 333

Dieses Glücksmoment der ästhetischen Erfahrung hängt bei Adorno daher so eng mit der Apparition des Kunstwerks zusammen, weil das Subjekt die flüchtige Erscheinung gerade nicht ‚besitzen' oder auf Dauer stellen, sondern nur momenthaft, jäh erfahren kann. Das Subjekt wird hier gleichsam zu einem Objekt und macht dabei eine positive Erfahrung von Objektivierung als Unterwerfung unter das Kunstwerk – und genau das macht das Glück aus.[39] Zugleich erfährt die/der Betrachtende in der ästhetischen Erfahrung, dass die Wirklichkeit viel reicher an Erscheinungen ist, als es die begriffliche Sprache auszudrücken vermag.[40]

Die von Adorno hier angesprochenen „Augenblicke des Weinens" erinnern an seine Überlegungen zum Erhabenen. Adorno modifiziert Kants Vorstellung vom Erhabenen entscheidend, indem er sie im Anschluss an Schiller auf die Kunst überträgt: „Das Erhabene, das Kant der Natur vorbehielt, wurde nach ihm zum geschichtlichen Konstituens von Kunst selber."[41] Kant geht davon aus, dass nur die Gegenstände der Natur erhaben sind, die das menschliche Fassungsvermögen übersteigen können. Dadurch rufen sie zunächst Unlust hervor; wenn sich „aber der Mensch angesichts des Unfassbaren der Überlegenheit seines Ideenvermögens über die übergroße/-mächtige Natur bewusst wird, kommt es zuletzt zu einem Lustgefühl"[42]. Damit verbunden ist die Erkenntnis, dass „die Erhabenheit in keinem Dinge der Natur, sondern nur in unserm Gemüt enthalten [ist], sofern wir der Natur in uns, und dadurch auch der Natur (sofern sie auf uns einfließt) außer uns, überlegen zu sein uns bewußt werden können"[43]. Die Erhabenheit ist demnach keine Eigenschaft der Naturgegenstände, sondern letztlich im menschlichen „Gemüt" verankert. Adorno antwortet dieser Konzeption, die „den Menschen qua Geistwesen zum Bezwinger und Beherrscher von Natur erklärte"[44], mit der Erfahrung der eigenen *Naturhaftigkeit* des Menschen:

---

lich nicht das Allergeringste zu tun." Adorno, Unveröffentlichtes Vorlesungsmanuskript vom 06.07.1961. Theodor W. Adorno Archiv, Vo 6507, S. 153.
39 Vgl. auch den Aphorismus *Unbestellbar* in den *Minima Moralia*, in dem Adorno das oben beschriebene Glück an der Selbst-„Auslöschung" des Subjekts mit dem Glück der geschlechtlichen Vereinigung kurzschließt; Adorno, Minima Moralia. GS 4, S. 247f. (Unbestellbar).
40 Vgl. auch Seel, Ästhetik des Erscheinens, S. 36.
41 Adorno, Ästhetische Theorie. GS 7, S. 293.
42 Manfred Weinberg, Erhabenes/Erhaben. In: Metzler Lexikon Ästhetik, hg. v. Achim Trebeß, Stuttgart/Weimar 2006, S. 97.
43 Kant, Kritik der Urteilskraft. § 28, S. 353.
44 Wolfgang Welsch, Adornos Ästhetik. Eine implizite Ästhetik des Erhabenen. In: Christine Pries (Hg.), Das Erhabene. Zwischen Grenzerfahrung und Größenwahn, Weinheim 1989, S. 185–213, hier: S. 188.

Weniger wird der Geist, wie Kant es möchte, vor der Natur seiner eigenen Superiorität gewahr als seiner Naturhaftigkeit. Dieser Augenblick bewegt das Subjekt vorm Erhabenen zum Weinen. Eingedenken der Natur löst den Trotz seiner Selbstsetzung: „Die Träne quillt, die Erde hat mich wieder!" Darin tritt das Ich, geistig, aus der Gefangenschaft in sich selbst heraus.[45]

Indem Adorno also „die Erfahrung des Erhabenen aus dem Raster von Macht, Übermacht und Bemächtigung" herausnimmt, kann er das Erhabene als eine Erfahrung des Subjekts von „möglicher Teilhabe an Natur und gemeinsamer Freiheit mit ihr" denken.[46] Die Erfahrung der eigenen Naturhaftigkeit kann dabei sowohl beängstigend wie auch glückvoll sein und drückt sich im Weinen aus: Der Mensch ist angesichts der Erfahrung des Erhabenen und der Verdrängung der eigenen Naturhaftigkeit erschüttert; damit einher geht aber auch die „glückhafte Befreiung"[47] von einer Verhärtung, die mit der eigenen Selbstsetzung verbunden ist. Genau jenes Moment überträgt Adorno auf die ästhetische Erfahrung:

> Erschütterung reißt das distanzierte Subjekt wieder in sich hinein. Während die Kunstwerke der Betrachtung sich öffnen, beirren sie zugleich den Betrachter in seiner Distanz, der des bloßen Zuschauers; ihm geht die Wahrheit des Werkes auf als die, welche auch die Wahrheit seiner selbst sein sollte. Der Augenblick dieses Übergangs ist der oberste von Kunst. Er errettet Subjektivität, sogar subjektive Ästhetik durch ihre Negation hindurch. Das von Kunst erschütterte Subjekt macht reale Erfahrungen; nun jedoch, kraft der Einsicht ins Kunstwerk als Kunstwerk solche, in denen seine Verhärtung in der eigenen Subjektivität sich löst, seiner Selbstsetzung ihre Beschränktheit aufgeht. Hat das Subjekt in der Erschütterung sein wahres Glück an den Kunstwerken, so ist es eines gegen das Subjekt; darum ihr Organ das Weinen, das auch die Trauer über die eigene Hinfälligkeit ausdrückt. Kant hat davon etwas in der Ästhetik des Erhabenen gespürt, die er von der Kunst ausnimmt.[48]

Wie eng die Erschütterung und die ästhetische Glückserfahrung mit der Apparition des Kunstwerks verbunden sind, deutet sich in der Formulierung vom Überwältigtwerden oben bereits an; in der *Ästhetischen Theorie* verweist Adorno am Beispiel des Feuerwerks dann auch auf ein Moment von Bedrohung, das dem Zur-Erscheinung-Kommen des Kunstwerks ebenfalls eingeschrieben ist: „Es ist apparition κατ' ἐξοχήν: empirisch Erscheinendes, befreit von der Last der Empirie als einer der Dauer, Himmelszeichen und hergestellt in eins, Menetekel, aufblitzende und vergehende Schrift, die doch nicht ihrer Bedeu-

---

45 Adorno, Ästhetische Theorie. GS 7, S. 410. Adorno zitiert hier aus Goethes *Faust*.
46 Welsch, Adornos Ästhetik, S. 188.
47 Welsch, Adornos Ästhetik, S. 190.
48 Adorno, Ästhetische Theorie. GS 7, S. 401.

tung nach sich lesen läßt."⁴⁹ Wie Eusterschulte anhand des alttestamentlichen Buchs Daniel überzeugend darlegt, verweist Adorno mit der Verbindung von Menetekel als unheilvollem Vorzeichen und Epiphanie als göttlicher Erscheinung auf eine Korrelation, „in der sich, in Übertragung auf ästhetische Erfahrung, erst die augenblickshafte, elektrifizierende Aufladung von Gefahr und Verheißung im Vollzug konzentriert"⁵⁰. In seiner *Ästhetik-Vorlesung* vom 23. Januar 1962 erläutert Adorno diesen Gedanken näher:

> Es liegt ja in dem jähen Erscheinen der Kunstwerke selbst, also dem, worin sie den Himmelserscheinungen gleichen, also immer zugleich auch ein Verschwindendes, sich Verfinsterndes und Bedrohliches und indem nun die Katastrophe über die Momente der Wirklichkeit des Kunstwerks triumphiert, durchmisst sie selber den Augenblick von Wirklichkeit in einer ähnlichen Weise, wie etwa die Werke Franz Kafkas, an die wohl viele von Ihnen in diesem Augenblick auch denken, dem, der sie zuerst erfährt, ohne Distanz auf den Leib rücken, etwa so, wie wenn man auf Schienen stünde und ein Schnellzug auf einen unmittelbar heranbraust. Im Kunstwerk also sind demnach der theologische Gehalt – wenn ich einmal das Erscheinen so nennen will – und der nihilistische, also das Verbrennen seit eben dieser Erscheinung in sich selbst, zwei Seiten des gleichen. In beiden heben die Kunstwerke von der Empirie sich ab und in beiden gebieten sie dem Bloss-Lebendigen [sic!] Einhalt. Das Erscheinende des Kunstwerks aber, sein Jetzt und Hier, eben dieses Augenblickhafte, das hinzukommt, auch wenn es als Gemaltes, als Komponiertes, als Geschriebenes dauert, das ist nichts anderes, als sein eigener Zeitkern.⁵¹

Gerade dieses dem Kunstwerk inhärente Prozessieren, das sich in dem Erscheinen blitzartig zeigt, korrespondiert mit dem von Adorno oben beschriebenen Gefühl einer Kunsterfahrung, die unmittelbar sein könnte.

Da dieses Erscheinen eine paradoxale Konstruktion aus plötzlicher Offenbarung und fast zeitgleichem Verschwinden ist, bedarf es nach Eusterschulte eines mentalen Akts, durch den diese „ambigue Präsenzerfahrung"⁵² wahrgenommen werden kann. Sie nennt das mit Rekurs auf Benjamin die „Weise eines Hin-Blickens oder einer aufmerksamen Hin-Sicht", durch die das „Angeblicktwerden von Seiten des materialen Gegenstandes erfahrbar werden" kann.⁵³

---

49 Adorno, Ästhetische Theorie. GS 7, S. 125.
50 Eusterschulte, Apparition, S. 249.
51 Adorno, Unveröffentlichtes Vorlesungsmanuskript vom 23.01.1962. Theodor W. Adorno Archiv, Vo 7067, S. 237.
52 Eusterschulte, Apparition, S. 229.
53 Eusterschulte, Apparition, S. 230. Eusterschulte rekurriert hierbei auf Benjamins Überlegungen zum auratischen Charakter der Dinge, den er in seinem Baudelaire-Aufsatz näher beschreibt: „Dem Blick aber wohnt die Erwartung inne, von dem erwidert zu werden, dem er sich schenkt. [...] Der Angesehene oder angesehen sich Glaubende schlägt den Blick auf. Die Aura einer Erscheinung erfahren, heißt, sie mit dem Vermögen belehnen, den Blick aufzuschlagen." Benjamin, Über einige Motive bei Baudelaire. GS I.2, S. 646 f. Was Benjamin hier

Diese Überlegungen, die auch mit Adornos Ausführungen zur aktiven Passivität korrespondieren,[54] werden von ihm in seinen *Ästhetik-Vorlesungen* von 1961/62 weiter präzisiert: „[J]edes wahre Kunstwerk ist so, als schlüge es dem Betrachter die Augen auf, als ereignete es sich in dem Augenblick der Betrachtung."[55] Genau in dieser Koinzidenz von Hin-Blicken und Angeblicktwerden ist der Umschlagpunkt, an dem man sich etwas vorstellen kann, das ganz anders als das Bestehende sein könnte.[56] Und in dieser Erfahrung der Möglichkeit eines ganz Anderen liegt zugleich auch das widerständige und utopische Moment der ästhetischen Erfahrung:

> In diesem Gefühl des Widerstandes gegen das bloße Dasein ist eigentlich die Utopie enthalten, daß dieses bloße Dasein nicht das letzte Wort habe. Und dieses bilderlose Bild der Utopie, dieser Ausdruck einer Utopie, die sich nicht etwa selber ausspricht, sondern nur dadurch kundtut, daß uns etwas stärker erscheint, oder daß wir uns in etwas stärker erscheinen als die Welt, so wie sie nun einmal ist.[57]

Dass uns in der ästhetischen Erfahrung etwas „erscheint", hat wiederum mit der Apparition der Kunstwerke zu tun. Nicht allein durch Zweckferne oder Widerstand gegenüber dem Dasein unterscheiden sie sich „vom fehlbaren Seienden, sondern gleich dem Feuerwerk dadurch, daß sie aufstrahlend zur ausdrückenden Erscheinung sich aktualisieren. Sie sind nicht allein das Andere der Empirie: alles in ihnen wird ein Anderes"[58]. Gerade in dieser paradoxen Konstellation eines im Verschwinden begriffenen Aufscheinens liegt die Möglichkeit, ein Anderes sich vorstellen und sogar antizipieren zu können, obwohl die Realität diese Vorstellung ständig torpediert. Und der kurze Moment dieser Vorstellung eines Anderen ist recht eigentlich ein Moment unmittelbarer Erfahrung.

Adorno geht es dabei nicht um die Vorstellung des absoluten Gegenteils der Empirie, sondern um ihre künstlerische Neukonfiguration: „Die Elemente

---

unter der „Aura einer Erscheinung" versteht, lässt sich zusammendenken mit Adornos Ausführungen zur widersprüchlichen Konstruktion der Apparition als einem plötzlichen Erscheinen und Verflüchtigen in einem.
54 Vgl. Kapitel III. dieser Arbeit.
55 Adorno, Unveröffentlichtes Vorlesungsmanuskript vom 23.01.1962. Theodor W. Adorno Archiv, Vo 7063, S. 233. Auch in der *Ästhetischen Theorie* heißt es, die Kunstwerke „schlagen die Augen auf" und „Ausdruck ist der Blick der Kunstwerke." Adorno, Ästhetische Theorie. GS 7, S. 104; 172. Mit Bezug auf die Objektivität des Kunstwerks führt Adorno aus: „Ein Kunstwerk schlägt dann dem Betrachter die Augen auf, wenn es emphatisch ein Objektives sagt" (S. 409).
56 Vgl. Eusterschulte, Apparition, S. 231.
57 Adorno, Ästhetik 1958/59. NL 4, Bd. 3, S. 52. Auch Eusterschulte verweist auf die Widerständigkeit, die aller ästhetischen Erfahrung eingeschrieben ist; vgl. Eusterschulte, Apparition, S. 240.
58 Adorno, Ästhetische Theorie. GS 7, S. 126.

jenes Anderen sind in der Realität versammelt, sie müßten nur, um ein Geringes versetzt, in neue Konstellation treten, um ihre rechte Stelle zu finden."⁵⁹ An anderer Stelle heißt es ganz ähnlich:

> Ist ein Wahres an Schopenhauers These von der Kunst als der Welt noch einmal, so ist doch diese Welt in ihrer Komposition aus den Elementen der ersten versetzt, gemäß den jüdischen Beschreibungen vom messianischen Zustand, der in allem sei wie der gewohnte und nur um ein Winziges anders.⁶⁰

Gerade aber in dieser geringfügigen Versetzung ist der Blick auf eine andere Welt enthalten, denn „Kunstwerke zeugen für etwas, was nicht ist, eine mögliche Praxis, ein Noch-nicht-Dagewesenes, das jedoch kraft der Erinnerung an Gewesenes die Möglichkeit des Möglichen wachruft"⁶¹. Freilich ist jene ‚zweite Welt', welche die Kunst gegen die reale erste setzt, dazu angehalten, die Beschädigung durch diese auszudrücken und sich gegen ihre Ratio zu wenden. Dies muss Kunst gerade, weil sie immer auf die Empirie verwiesen bleibt: „Nichts in der Kunst, auch nicht in der sublimiertesten, was nicht aus der Welt stammte; nichts daraus unverwandelt. Alle ästhetischen Kategorien sind ebenso in ihrer Beziehung auf die Welt wie in der Lossage von ihr zu bestimmen."⁶²

Dieser Lossage von der Welt und damit auch von der Idee des ganz Anderen ist nach Adorno erstaunlicherweise gerade das „vorkünstlerische Bewußtsein"⁶³ am nächsten. Damit meint er jenes sinnliche, von der Vergeistigung und der Konstruktion noch nicht sublimierte Moment am Kunstwerk, das in seiner Unbeschwertheit gleichsam noch an einen unmittelbaren Eingriff in das Dasein glaubt oder zumindest davon träumt. Gelungene Kunst darf nach Adorno dieses Moment freilich nur als „ein blockiertes oder versagtes Sinnliches versprechen"; aber der naive Anspruch auf Unmittelbarkeit birgt eine Qualität, an der vor allem die „mit Recht und Unrecht niedrig genannte[ ] Kunst" festhält.

Eines ihrer Wesenszeichen sind Elemente des Albernen und Clownshaften, die „noch die bedeutendsten [Kunstwerke, P.G.] in sich tragen und das nicht zuzuschminken ein Stück ihrer Bedeutung ist"⁶⁴. Nach Adorno hat Kunst

---

59 Adorno, Ästhetische Theorie. GS 7, S. 199. Vgl. zum Begriff der Versetzung bei Adorno auch Kapitel IV.1. dieser Arbeit.
60 Adorno, Ästhetische Theorie. GS 7, S. 208.
61 Eusterschulte, Apparition, S. 231.
62 Adorno, Ästhetische Theorie. GS 7, S. 209.
63 Adorno, Ästhetische Theorie. GS 7, S. 126. Alle weiteren Zitate dieses Abschnitts beziehen sich auf diese Seite.
64 Adorno, Ästhetische Theorie. GS 7, S. 181. Alle weiteren Zitate dieses Abschnitts beziehen sich auf diese Seite.

allerdings seit der Aufklärung versucht, jenes Alberne zugunsten der Vergeistigung aus sich auszumerzen; das Kunstwerk bedarf aber gerade dieser albernen Elemente, weil sie sowohl Einspruch erheben gegen die verabsolutierte Rationalität der außerkünstlerischen Welt als auch gegen die Vergeistigung des Kunstwerks selbst: „Albernheit ist das mimetische Residuum in der Kunst, Preis ihrer Abdichtung." In seiner noch nicht geformten Gestalt, in seiner Zügel- und Grenzenlosigkeit steht das Alberne und Clownshafte bei Adorno für ein Stück Widerspenstigkeit und Widerstand ein. Denn der erfolglos-alberne Versuch des Eingriffs in die Gesetze der Realität – zu denken wäre beispielsweise an den tollpatschigen Zirkusclown, der neugierig in Gewehrläufe schaut oder Gefahrenschilder bewusst übergeht – kann nach Adorno an das Glück der möglichen Veränderung mahnen.

Zugleich muss Kunst diese Albernheit aber gestaltend in sich reflektieren, ansonsten bleibt sie beim Kindischen stehen und überantwortet sich „dem kalkulierten fun der Kulturindustrie"[65]. Die Elemente des Albernen können von gelungener Kunst also nur als sublimierte dargestellt werden.[66] Das Verständnis solcher Kunst wiederum setzt ein „Bildungsprivileg und Klassenverhältnis"[67] voraus. Wie an nur wenigen Stellen in seinem Werk sonst, wird hier in aller Deutlichkeit klar, dass Adorno den Wunsch nach Unterhaltung und Albernheit, der üblicherweise mit der Rezeption von kulturindustriellen Erzeugnissen assoziiert wird, nicht als solchen verurteilt. Vielmehr erkennt er, dass der bürgerliche Kulturbegriff einen Großteil der Menschen ausschließt, die genauso ein Recht auf ästhetische Erfahrung haben wie die wenigen Privilegierten. So gesehen stellt Adornos Plädoyer für die Bewahrung der albernen

---

65 Adorno, Ästhetische Theorie. GS 7, S. 181.
66 Unter Sublimierung versteht Adorno im Anschluss an Sigmund Freud die Umwandlung oder Umlenkung von libidinös besetzten Triebzielen in geistige oder andere anerkannte Leistungen. Zugleich weist er darauf hin: „Keine Sublimierung glückt, die nicht in sich bewahrte, was sie sublimiert." Adorno, Ästhetische Theorie. GS 7, S. 145. Vgl. zur spezifischen Lesart der Psychoanalyse durch Adorno: Christian Schneider, Die Wunde Freud. In: Adorno Handbuch, S. 283–295. An einer anderen Stelle in der *Ästhetischen Theorie* versteht Adorno den Vorgang der Entäußerung in der ästhetischen Erfahrung als ästhetische Sublimierung: „Bis zur Phase totaler Verwaltung sollte das Subjekt, das ein Gebilde betrachtete, hörte, las, sich vergessen, sich gleichgültig werden, darin erlöschen. Die Identifikation, die es vollzog, war dem Ideal nach nicht die, daß es das Kunstwerk sich, sondern daß es sich dem Kunstwerk gleichmachte. Darin bestand ästhetische Sublimierung; Hegel nannte solche Verhaltensweise generell die Freiheit zum Objekt. Damit gerade erwies er dem Subjekt Ehre, das in geistiger Erfahrung Subjekt wird durch seine Entäußerung, dem Gegenteil des spießbürgerlichen Verlangens, daß das Kunstwerk ihm etwas gebe." Adorno, Ästhetische Theorie. GS 7, S. 33.
67 Adorno, Ästhetische Theorie. GS 7, S. 181.

Momente von Kunst – bei aller Kritik an der Vereinnahmung des Albernen durch die Kulturindustrie – auch einen Protest gegen den bürgerlich-elitären Kunstbegriff dar.⁶⁸

Eine dazu analoge Konstellation, die für Adorno zu den Grundschichten von Kunst gehört, ist die der Denkfiguren Tier, Kind und Clown: „Im clownischen Element erinnert Kunst tröstlich sich der Vorgeschichte in der tierischen Vorwelt. Menschenaffen im Zoo vollführen gemeinsam, was den Clownsakten gleicht."⁶⁹ In den Albernheiten der Clownsfiguren erinnert Kunst an ein Stück Natur, das noch nicht vollends von einer naturbeherrschenden und -ignorierenden Vernunft bestimmt wird. Gleichfalls mahnen Clowns, Tiere und Kinder in der Unfähigkeit, ihre Triebe und Bedürfnisse zu unterdrücken, an die Existenz und Beachtung der inneren Natur und damit an ein Moment, das noch nicht gänzlich von der instrumentellen Vernunft durchdrungen ist: „Nicht so durchaus ist der Gattung Mensch die Verdrängung ihrer Tierähnlichkeit gelungen, daß sie diese nicht jäh wiedererkennen könnte und dabei von Glück überflutet wird; die Sprache der kleinen Kinder und der Tiere scheint eine."⁷⁰ Adorno vertritt hier in gewisser Weise ein romantisierendes Konzept, nach dem Clown, Kind und Tier nicht bloß für das Moment von Unmittelbarkeit in der ästhetischen Erfahrung einstehen, sondern jenes Moment selbst zu repräsentieren scheinen. Dadurch kann Adorno sich jedoch ihrer ‚Sprache' annähern, die sich von der Welt der Erwachsenen deutlich unterscheidet. Denn Kinder wie Tiere drücken ihre körperlichen Bedürfnisse unmittelbar aus, sie entwerfen keine Pläne für die Zukunft und haben (noch) keine Idee von der eigenen Sterblichkeit. In ihrer ‚Sprache' verzichten sie, wie der Clown auch, auf Begriffslogik und Synthesis:

> [M]ehr Aufschluß über den Clown wäre zu suchen bei den Kindern, die mit seinem Bild so rätselhaft sich verständigen wie mit den Tieren, als bei der Bedeutung seines Tuns, das doch Bedeutung verneint. Erst wer der dem Clown und den Kindern gemeinsamen, sinnfernen

---

68 Dieser Argumentationsgang ist Umberto Eco, der Adorno in seiner einschlägigen Studie *Apokalyptiker und Integrierte* zu ersteren rechnet und damit die Vorstellung von ihm als elitären Intellektuellen entscheidend mitgeprägt hat, verborgen geblieben. Eco bezeichnet die Apokalyptiker polemisch als diejenigen, „die verstanden haben und gerettet sind; die einzigen, die nicht Masse sind". Daher reduziert ihm zufolge der Apokalyptiker „nicht nur die Konsumenten unterschiedslos auf den Fetisch des ‚Massenmenschen', sondern er verkürzt auch das Massenprodukt auf den Fetisch – während er gleichzeitig den ‚Massenmenschen' beschuldigt, sogar die Kunstwerke auf bloße Fetische herunterzubringen"; Eco, Apokalyptiker und Integrierte, S. 17; 25f. Dass Adornos Argumentation von dieser Schlussfolgerung weit entfernt ist, zeigen die oben diskutierten Stellen aus der *Ästhetischen Theorie*.
69 Adorno, Ästhetische Theorie. GS 7, S. 181.
70 Adorno, Ästhetische Theorie. GS 7, S. 182.

Sprache mächtig wäre, verstünde ihn selber [...]; Natur, so unerbittlich verdrängt vom Prozeß des Erwachsenwerdens, wie jene Sprache den Erwachsenen unwiederbringlich ist.[71]

Die Sprache der Kinder, Tiere und Clowns legt offensichtlich ein Moment des Nichtidentischen frei, das noch nicht von der Ratio der Erwachsenenwelt vereinnahmt und eingegliedert wurde. Auch verweigern Kinder und Tiere sich der kapitalistischen Warenlogik, indem sie sich in ihrem Spiel nicht für den Tauschwert der Dinge interessieren:

> In seinem [des Kindes, P.G.] zwecklosen Tun schlägt es mit einer Finte sich auf die Seite des Gebrauchswerts gegen den Tauschwert. Gerade indem es die Sachen, mit denen es hantiert, ihrer vermittelten Nützlichkeit entäußert, sucht es im Umgang mit ihnen zu erretten, womit sie den Menschen gut und nicht dem Tauschverhältnis zu willen sind, das Menschen und Sachen gleichermaßen deformiert. Der kleine Rollwagen fährt nirgendwohin, und die winzigen Fässer darauf sind leer. [...] Die Unwirklichkeit der Spiele gibt kund, daß das Wirkliche es noch nicht ist. Sie sind bewußtlose Übungen zum richtigen Leben.[72]

Das Spiel des Kindes verleiht dem geschäftigen Treiben also einen neuen, nicht mehr zweckgebundenen Sinn: „Dieser Sinn ist ein unvermittelter: das Kind tut dies aus Freude am Spielen, nicht aus materiellem Kalkül."[73] Auch das Tier stellt, da es sich der Logik der menschlichen Vergesellschaftung entzieht,[74] das „schlechterdings nicht Vertauschbare" dar: „Das macht sie den Kindern lieb und ihre Betrachtung selig."[75] Indem das Kind die Betriebsamkeit der Erwachsenen spielerisch nachahmt, setzt es diese zugleich für einen Augenblick außer Kraft und antizipiert so einen Zustand von Glück[76] – das meint Adorno, wenn er das Kinderspiel als „bewußtlose Übungen zum richtigen Leben" betrachtet.

Die Konstellation von Tier, Kind und Clown liegt auch Adornos Auseinandersetzung mit Chaplin zugrunde. Dieser bewahrt wie das Kind und das Tier

---

71 Adorno, Zweimal Chaplin. GS 10.1, S. 363.
72 Adorno, Minima Moralia. GS 4, S. 260 f. (Kaufmannsladen).
73 Duckheim, Auf der Suche nach der versprengten Spur, S. 317.
74 Vgl. Duckheim, Auf der Suche nach der versprengten Spur, S. 309.
75 Adorno, Minima Moralia. GS 4, S. 261 (Kaufmannsladen). Adorno verkennt dabei nicht, dass Tiere in kapitalistischen Gesellschaften sehr wohl der Verwertungslogik unterworfen und der Produktion von Mehrwert unterstellt sind. Er betont, „daß die Etablierung der totalen Vernunft als des obersten objektiven Prinzips der Menschheit eben damit jene blinde Herrschaft über die Natur fortsetzen könnte, die in der Ausbeutung und der Quälerei an Tieren ihren allersinnfälligsten und faßlichsten Ausdruck hat"; Adorno, Probleme der Moralphilosophie. NL 4. Bd. 10, S. 215.
76 „Kindheitsbilder erinnern an die Möglichkeit – und das Glück – eines nicht instrumentellen Umgangs mit Natur und den Dingen oder Menschen wie auch an Momente erfüllter Zeit, in denen Zeit aufgehoben scheint." Scholze, Adorno und das Glück, S. 457.

ein Moment des „Unauflöslichen"[77] in seinen Darstellungen, das an die Unverfügbarkeit über das Nichtidentische mahnt. Über den Vergleich Chaplins mit einem Raubtier, verweist Adorno zugleich auf das bedrohliche Moment, das Teil jeder Apparition ist:

> Eher mahnt seine kraftvolle, jähe und geistesgegenwärtige Beweglichkeit ans zum Sprung bereite Raubtier. Durch dies Tierhafte allein mochte die früheste Kindheit ins wache Leben sich hinüberretten. Etwas an dem empirischen Chaplin ist, als wäre er nicht Opfer, sondern suche solche, spränge sie an, zerrisse sie: bedrohlich. Gut könnte man sich vorstellen, daß seine abgründige Dimension, eben das, was den vollkommensten Clown zu mehr macht als seine Gattung, damit zusammenhängt: daß er gleichsam auf die Umwelt sein Gewaltsames und Beherrschendes projiziert und erst durch diese Projektion der eigenen Schuldhaftigkeit jene Unschuld herstellt, die ihm dann mehr Gewalt verleiht, als alle Gewalt hat. Ein Königstiger als Vegetarianer; tröstlich, weil sein Gutes, dem die Kinder zujubeln, selber dem Bösen abgedungen ist, das ihn vergebens zu vernichten sucht, weil er es im eigenen Bilde vorher schon vernichtete.[78]

Auch wenn Adornos Vorgehen, die Kunstfigur Chaplin aus der Persönlichkeit des Künstlers heraus zu interpretieren, kritisch zu sehen ist, so geht es Adorno hier vorrangig darum, das Gefühl des jähen Angesprungen-Werdens durch die Clownsfigur mit dem plötzlichen Zur-Erscheinung-Kommen der Apparition zu verbinden. Zugleich verweist er noch auf mehr, denn das tierhaft-lauernde Verhalten der Clownsfigur Chaplin ist gerade kein natürliches, sondern aus gesellschaftlicher Not geboren. Der Kunstfigur Chaplin gelingt es, seine an die tierische Selbsterhaltung mahnende Aggressivität auf die Gesellschaft zu projizieren, wodurch deren reale Gewalt offengelegt wird. Dadurch weiß der tollpatschige und gebeutelte Clown letztlich über jene zu siegen und nähert sich damit der Kafka'schen Mimesis an Verdinglichung an.[79]

Auch die ArtistInnen des Zirkus unterlaufen permanent gesellschaftliche Konventionen und überschreiten damit gesellschaftliche Grenzen. Die körperliche Kunst der Trapez- und SeilkünstlerInnen überwindet scheinbar die Gesetze der Schwerkraft, wodurch gleichsam der Kernbestand der Empirie, nämlich die Geltung ihrer naturwissenschaftlichen Gesetze, selbst infrage gestellt wird. Jedoch steckt hinter dem Eingriff des Zirkus in der Regel kein politisches oder intellektuelles Engagement, sondern vor allem eine Lust am Überwinden; zugleich gibt sich der Zirkus ganz seiner eigenen Sinnlichkeit und dem Vergnügen hin, als ob es keine Welt außerhalb gäbe. Beide Momente, der Versuch des Eingriffs in die Realität und die pure Lust am schönen Schein, machen für

---

77 Adorno, Zweimal Chaplin. GS 10.1, S. 364.
78 Adorno, Zweimal Chaplin. GS 10.1, S. 364.
79 Vgl. Kapitel III.2. dieser Arbeit.

Adorno die Qualität des Zirkus aus: „Die nach Wedekinds Wort körperliche Kunst ist nicht nur hinter der vergeistigten zurückgeblieben, nicht einmal bloß deren Komplement: als intentionslose auch deren Vorbild."[80] Auch in Bezug auf das Alberne betont Adorno das Moment des Intentionslosen: „Gleichwohl sind die albernen Momente der Kunstwerke ihren intentionslosen Schichten am nächsten und darum in großen Gebilden, auch ihrem Geheimnis."[81]

Intentionslos meint in diesem Zusammenhang vor allem ein gegen begriffliche Synthetisierungen und rationalisierende Zweck-Mittel-Logiken gerichtetes Verhalten der leichten Künste, das gleichsam als unmittelbar angesehen werden kann. In Bezug auf die (hohe) Zwölftonmusik beispielsweise beschreibt Adorno das anfänglich dort noch vorherrschende Vertrauen, „intentionslose Schichten, Neuschnee gleichsam, zu finden, die frei noch vom Abdruck des Subjekts und der Vergegenständlichung seiner Spur zu Ausdruckskonventionen, reine Unmittelbarkeit erlaubten"[82]. Auch Benjamins Leistung bestand Adorno zufolge darin, dass er gerade nicht versuchte, „durchs Denken Intentionen nachzuzeichnen", vielmehr wollte er diese „aufknacken und ins Intentionslose stoßen, wo nicht gar, in einer Art von Sisyphusarbeit, das Intentionslose selber enträtseln"[83]. Adornos Wertschätzung für die Äußerung Benjamins, „er brauche eine gehörige Portion Dummheit, um einen anständigen Gedanken denken zu können"[84], korrespondiert mit der Intentionslosigkeit des Zirkus, der genau darin das Vorbild der hohen Kunst ist. Jene Intentionslosigkeit lässt sich allerdings nicht bruchlos und unmittelbar auf das Kunstwerk übertragen:[85]

---

80 Adorno, Ästhetische Theorie. GS 7, S. 126.
81 Adorno, Ästhetische Theorie. GS 7, S. 181.
82 Adorno, Das Altern der Neuen Musik. GS 14, S. 154.
83 Adorno, Einleitung zu Benjamins ›Schriften‹, GS 11, S. 573. Vgl. zum Begriff der „intentionslosen Wirklichkeit" bei Adorno auch: Philipp von Wussow, Logik der Deutung. Adorno und die Philosophie, Würzburg 2007, S. 53 f.
84 Adorno, Einleitung zu Benjamins ›Schriften‹. GS 11, S. 573.
85 Vgl. in diesem Zusammenhang bereits Heinrich von Kleists programmatischen Essay *Über das Marionettentheater* von 1810, in dem die Vorstellung eines ‚natürlichen' oder unmittelbaren Tanzes problematisiert wird. Denn sobald jemand von seiner eigenen Anmut wisse, sei sie bereits vermittelt und nicht als natürliche wiederholbar. Absolute Unbefangenheit sei daher Kennzeichen der unreflektierten Tiere und des Kindes; Erwachsene könnten diese nur durch intensive Reflexions- und Sublimierungsleistung wieder erlangen: „[S]o findet sich auch, wenn die Erkenntnis gleichsam durch ein Unendliches gegangen ist, die Grazie wieder ein; so, daß sie, zu gleicher Zeit, in demjenigen menschlichen Körperbau am reinsten erscheint, der entweder gar keins, oder ein unendliches Bewußtsein hat, d. h. in dem Gliedermann, oder in dem Gott." Heinrich von Kleist, Über das Marionettentheater. In: Kleist, Werke und Briefe in vier Bänden. Bd. 3, hg. v. Siegfried Streller, Berlin/Weimar 1978, S. 473–480, hier. S. 480.

1 Apparition – Zur-Erscheinung-Kommen und ästhetische Erfahrung — 343

> Ein jegliches Kunstwerk beschwört durch seine bloße Existenz, als dem Entfremdeten fremdes Kunstwerk, den Zirkus und ist doch verloren, sobald es ihm nacheifert. Nicht durch apparition unmittelbar, einzig durch die Gegentendenz zu ihr wird Kunst zum Bild. Die vorkünstlerische Schicht der Kunst ist zugleich das Memento ihres antikulturellen Zuges, ihres Argwohns gegen ihre Antithese zur empirischen Welt, welche die empirische Welt unbehelligt läßt. Bedeutende Kunstwerke trachten danach, jene kunstfeindliche Schicht dennoch sich einzuverleiben. Wo sie, der Infantilität verdächtig, fehlt: dem spirituellen Kammermusiker die letzte Spur des Stehgeigers, dem illusionslosen Drama die letzte des Kulissenzaubers, hat Kunst kapituliert.[86]

In seiner *Ästhetik-Vorlesung* von 1958/59 verbindet Adorno die Idee eines „dem Entfremdeten fremden Kunstwerks" mit dem Glück der ästhetischen Erfahrung. Denn dadurch, dass ein Kunstwerk uns ganz in seinen Bann zieht, so dass wir gewillt sind, seiner inneren Struktur völlig zu folgen, entfremdet es uns der entfremdeten Welt, in der wir leben. Und „durch diese Entfremdung des Entfremdeten" kann „die Unmittelbarkeit oder das unbeschädigte Leben selber eigentlich wiederher[ge]stellt" werden.[87] Bemerkenswert ist, dass die Möglichkeit von unmittelbarer Erfahrung hier nicht, wie sonst so oft, im Konjunktiv formuliert ist, sondern als konkrete Aussicht vorgestellt wird. Diese Glückserfahrung liegt in der Kraft des Kunstwerks begründet: „Wenn es so etwas wie Glück am Ästhetischen oder wie ästhetischen Genuß gibt, dann liegt dieser Genuß also in der Leistung, die, wenn ich so sagen darf, das Kunstwerk an uns vollzieht, indem es uns absorbiert, indem wir in es eingehen und indem wir ihm folgen."[88]

Die ästhetische Qualität von künstlerischen Gebilden bestimmt Adorno interessanterweise gerade mit Rekurs auf die leichten Künste. Die autonome Kunst kann aufgrund ihres Scheincharakters nicht konkret in die Empirie eingreifen, sie versucht aber, wie oben formuliert, über die Integration ihrer „vorkünstlerischen Schicht" deren künstlerischen Einspruch gegen das Schlechte und Falsche der bestehenden Welt aufrechtzuerhalten. Dies gelingt ihr nur, wenn sie sich ihrer „vorkünstlerischen" und intentionslosen Momente bewusst bleibt und bearbeitend ins sich aufnimmt; gerade dadurch kann sie zeigen, dass sie als Kunst zwar der Realität angehört, qua ihres Scheins aber über diese hinausweist:

> Auch über Becketts Endspiel hebt verheißungsvoll sich der Vorhang; Theaterstücke und Regiepraktiken, die ihn weglassen, springen mit einem hilflosen Trick über ihren Schatten. Der Augenblick, da der Vorhang sich hebt, ist aber die Erwartung der apparition. Wollen Becketts Stücke, grau wie nach Sonnen- und Weltuntergang, die Buntheit des Zirkus exorzieren, so sind sie ihm treu dadurch, daß sie auf der Bühne sich abspielen, und man weiß, wie sehr ihre Antihelden von den Clowns und der Filmgroteske inspiriert wurden. Sie verzichten denn

---

[86] Adorno, Ästhetische Theorie. GS 7, S. 126.
[87] Adorno, Ästhetik 1958/59. NL 4, Bd. 3, S. 192f.
[88] Adorno, Ästhetik 1958/59. NL 4, Bd. 3, S. 193.

auch, bei aller austerity, keineswegs ganz auf Kostüm und Kulisse: der Diener Clov, der vergebens ausbrechen möchte, trägt das komisch veraltete des reisenden Engländers, der Sandhügel der Happy Days gleicht Formationen des amerikanischen Westens.[89]

Die Fiktionssignale des Schauspiels werden von Adorno hier als eine unbedingt zu bewahrende Form des Scheins gedeutet, da sie den utopischen Anspruch aufrechterhalten. Dass zeitgenössische Kunst sich gegen ihren eigenen Scheincharakter wehrt, „daß sie der apparition sich schämt, ohne sie doch abwerfen zu können"[90], ist für Adorno zwar nachvollziehbar, da gerade die selbstreflexive Kunst ihren eigenen Scheincharakter durchschaut und sich aufgrund seiner Folgenlosigkeit – nämlich nur etwas erscheinen zu lassen, ohne konkret eingreifen zu können – am liebsten seiner entledigen möchte; zugleich hält er an der Kraft der Apparition fest, die ihm zufolge noch das dunkelste Kunstwerk auszeichnet, denn: „In jedem genuinen Kunstwerk erscheint etwas, was es nicht gibt."[91]

Der Scheincharakter von Kunst ist für Adorno von Wichtigkeit, da er Kunst nicht als etwas verstanden wissen möchte, was unmittelbar Fakten schaffen und die Realität verändern könnte; die Aufgabe von Kunst ist vielmehr die „imaginative Eröffnung[ ] eines Möglichkeitssinnes"[92], nämlich ein Glücksversprechen zu formulieren:

> Im Aufgang eines Nichtseienden, als ob es wäre, hat die Frage nach der Wahrheit der Kunst ihren Anstoß. Ihrer bloßen Form nach verspricht sie, was nicht ist, meldet objektiv und wie immer auch gebrochen den Anspruch an, daß es, weil es erscheint, auch möglich sein muß.[93]

An diesem Glücksversprechen der Kunst kann nur festgehalten werden, wenn die Vorstellung aufgegeben wird, Kunstwerke könnten das durch sie induzierte Nichtseiende real darstellen. Vielmehr ist es in ihnen „vermittelt durch die Bruchstücke des Seienden, die sie zur apparition versammeln"[94]. Demnach ist es auch nicht die Aufgabe der Kunst darüber zu entscheiden,

> ob jenes erscheinende Nichtseiende als Erscheinendes doch existiert oder im Schein verharrt. Die Kunstwerke haben ihre Autorität daran, daß sie zur Reflexion nötigen, woher sie, Figuren des Seienden und unfähig, Nichtseiendes ins Dasein zu zitieren, dessen überwältigendes Bild werden könnten, wäre nicht doch das Nichtseiende an sich selber.[95]

---

89 Adorno, Ästhetische Theorie. GS 7, S. 126 f.
90 Adorno, Ästhetische Theorie. GS 7, S. 127.
91 Adorno, Ästhetische Theorie. GS 7, S. 127.
92 Eusterschulte, Apparition, S. 232.
93 Adorno, Ästhetische Theorie. GS 7, S. 128.
94 Adorno, Ästhetische Theorie. GS 7, S. 129.
95 Adorno, Ästhetische Theorie. GS 7, S. 129.

Zugleich erkennt Adorno zweifelsohne die Problematik, die mit dem Begriff des Scheins einhergeht. Denn nichts garantiert, dass die Kunst „ihr objektives Versprechen halte"[96]. Ein Teil Lüge ist demnach auch der gelungensten Kunst immer insofern inhärent, als sie, indem sie den Schein des Möglichen herstellt, zugleich versäumt, das Mögliche zu realisieren – auch wenn sie dies aufgrund ihres fiktiven Charakters gar nicht kann.

In seinen weiteren Überlegungen verbindet Adorno den flüchtigen Moment der Apparition mit dem Bildcharakter des Kunstwerks: „Sind Kunstwerke als Bilder die Dauer des Vergänglichen, so konzentrieren sie sich im Erscheinen, als einem Momentanen. Kunst erfahren heißt soviel wie ihres immanenten Prozesses gleichwie im Augenblick seines Stillstands innewerden."[97] Um diese Dialektik des Kunstwerks genauer fassen zu können, bedient Adorno sich wieder des Exempels eines flüchtigen Phänomens, nämlich der Explosion. Diese ist ihm zufolge als Gegenpol zum Bildcharakter in der zeitgenössischen Kunst notwendig geworden. Dieses Argument bezieht sich zum einen auf die inhaltliche Seite, da die moderne zeitgenössische Kunst sich weitgehend von ihrem eigenen Bildcharakter zu distanzieren versuchte: Die „Schocks, welche die jüngsten Kunstwerke austeilen", werden so zur „Explosionen ihrer Erscheinung"[98]. Zum anderen ist die Explosion nach Adorno aber auch Teil des dialektischen Prozesses des Kunstwerks selbst: Denn der Moment, in dem Kunstwerke zu Bildern werden, „in dem ihr Inwendiges zum Äußeren wird, sprengt die Hülle des Aus-

---

[96] Adorno, Ästhetische Theorie. GS 7, S. 129.
[97] Adorno, Ästhetische Theorie. GS 7, S. 131. Adorno beruft sich hier auf Benjamins Konzeption des dialektischen Bildes bzw. dessen Vorstellung einer Dialektik im Stillstand: „Nicht so ist es, daß das Vergangene sein Licht auf das Gegenwärtige oder das Gegenwärtige sein Licht auf das Vergangene wirft, sondern Bild ist dasjenige, worin das Gewesene mit dem Jetzt blitzhaft zu einer Konstellation zusammentritt. Mit anderen Worten: Bild ist Dialektik im Stillstand. Denn während die Beziehung der Gegenwart zur Vergangenheit eine rein zeitliche, kontinuierliche ist, ist die des Gewesenen zum Jetzt dialektisch: ist nicht Verlauf sondern Bild, sprunghaft. – Nur dialektische Bilder sind echte (d. h.: nicht archaische) Bilder;" Benjamin, Das Passagen-Werk. GS V.1, S. 576 f.
[98] Adorno, Ästhetische Theorie. GS 7, S. 131. Benjamin verwendet den der Freud'schen Psychoanalyse entlehnten Terminus des Schocks vor allem als rezeptionsästhetischen Begriff. Der Schock, der sich in der Rezeption bspw. des Films einstelle, verändere die bekannten Wahrnehmungsmuster nachhaltig: „Die Rezeption in der Zerstreuung, die sich mit wachsendem Nachdruck auf allen Gebieten der Kunst bemerkbar macht und das Symptom von tiefgreifenden Veränderungen der Apperzeption ist, hat am Film ihr eigentliches Übungsinstrument. In seiner Schockwirkung kommt der Film dieser Rezeptionsform entgegen." An anderer Stelle spricht er vom „Dynamit der Zehntelsekunden", mit dem der Film die überkommene Ansicht von der Welt aufgesprengt habe; Benjamin, Das Kunstwerk im Zeitalter seiner technischen Reproduzierbarkeit. GS VII.1, S. 381; 376.

wendigen um das Inwendige; ihre apparition, die sie zum Bild macht, zerstört immer zugleich auch ihr Bildwesen"[99].

Mit dem Begriff der Explosion möchte Adorno jedoch auch auf ein weiteres Moment des Kunstwerks hinaus, das mit seinem Verständnis vom Glücksversprechen der Kunst eng zusammenhängt, nämlich auf den geschichtlichen Standort von Kunst. Denn die Erscheinung und deren Explosion am Kunstwerk sind für Adorno als geschichtliche zu verstehen. Das Kunstwerk ist für ihn kein Artefakt, das alle Zeiten unangetastet überdauert, sondern es hat einen historischen Index; die Betrachtung vergangener Kunstwerke trägt die Spuren intensiver Gegenwart in sich.[100] Zugleich hat das Kunstwerk seine ganz eigene Zeit: „Was an ihm erscheint, ist seine innere Zeit, und die Explosion der Erscheinung sprengt deren Kontinuität. Zur realen Geschichte ist es vermittelt durch seinen monadologischen Kern."[101] Dieser ‚Zeitkern' ist keinesfalls mit der Vorstellungskraft des einzelnen Künstlersubjekts zu verwechseln, „[w]eit eher sind die in den Kunstwerken latenten und im Augenblick durchbrechenden Prozesse, ihre innere Historizität, die sedimentierte auswendige Geschichte"[102]. Adorno möchte mit diesem Gedanken darauf hinaus, dass sich im Kunstwerk so etwas wie eine gesellschaftliche Erfahrung der gegenwärtigen Zeit niederschlägt, die im Moment des Erscheinens die reale Zeit zugleich zu diskreditieren weiß. Daher spricht er – ähnlich wie mit Bezug auf Baudelaires und Celans Lyrik –[103] davon, dass die Sprache der Kunstwerke von einem „kollektiven Unterstrom"[104] grundiert ist. Kunstwerke müssen es verstehen, kollektive Erfahrungen aufzunehmen und in sich auszutragen; nur so können ihre inneren Prozesse zu Objektivität gelangen: „Die spezifisch künstlerische Leistung ist es, ihre übergreifende Verbindlichkeit nicht durch Thematik oder Wirkungszusammenhang zu erschleichen, sondern durch Versenkung in ihre tragenden Erfahrungen, monadologisch, vorzustellen, was jenseits der Monade ist."[105]

---

99 Adorno, Ästhetische Theorie. GS 7, S. 131f.
100 Vgl. zu diesem Gedanken, dass die Betrachtung des Vergangenen immer Spuren der Gegenwart enthält, eben weil wir die Vergangenheit nur aus der Gegenwart heraus betrachten können, auch Benjamin: „Die Geschichte ist Gegenstand einer Konstruktion, deren Ort nicht die homogene und leere Zeit sondern die von Jetztzeit erfüllte bildet." Benjamin, Über den Begriff der Geschichte. GS I.2, S. 701.
101 Adorno, Ästhetische Theorie. GS 7, S. 132; vgl. zum Begriff der Monade bei Adorno Kapitel IV.2. dieser Arbeit.
102 Adorno, Ästhetische Theorie. GS 7, S. 133.
103 Vgl. Kapitel IV.3. dieser Arbeit.
104 Adorno, Ästhetische Theorie. GS 7, S. 133.
105 Adorno, Ästhetische Theorie. GS 7, S. 133.

1 Apparition – Zur-Erscheinung-Kommen und ästhetische Erfahrung — 347

Der Erfahrungsbegriff beinhaltet für Adorno immer eine kollektive Komponente. Dementsprechend müssen auch Kunstwerke geteilte Erfahrungen ausdrücken können, die jenseits eines bloß individuellen Erlebens anzusiedeln sind. Dennoch kann nicht auf die subjektive Seite der Erfahrung verzichtet werden, sie muss allerdings in Vermittlung zur kollektiven stehen:

> Subjektive Erfahrung bringt Bilder ein, die nicht Bilder von etwas sind, und gerade sie sind kollektiven Wesens; so und nicht anders wird Kunst zur Erfahrung vermittelt. Kraft solchen Erfahrungsgehalts, nicht erst durch Fixierung oder Formung im üblichen Verstande weichen die Kunstwerke von der empirischen Realität ab; Empirie durch empirische Deformation.[106]

Dieser Erfahrungsbegriff bezieht sowohl die Produktions- also auch die Rezeptionsseite von Kunst mit ein. Denn neben der produktionsästhetischen kollektiven Erfahrung „sind es rezeptions- und wirkungsästhetische lebensweltliche, materialhistorische Einbettungs- und Auffassungsverhältnisse, die durch die subjektive Erfahrung eine kollektive, gleichsam objektive Wahrnehmungsverfasstheit zum Austrag bringen"[107]. Kunstwerke lassen Eusterschulte zufolge „gerade an der Affizierung einzelner Subjekte Zur-Erscheinung-Kommen, was kollektiv virulent ist"[108].

Gerade die Apparition verbindet die Produktions- mit der Rezeptionsebene; denn nur durch das Zur-Erscheinung-Kommen einer geschichtlichen Erfahrung im ephemeren Moment des jähen Aufblitzens, kann diese in der Hingabe an den Gegenstand in ihrer kollektiven Dimension ästhetisch erfahren werden. Der Erfahrungsbegriff beinhaltet angelehnt an Benjamin für Adorno daher immer auch die Fähigkeit, Vergangenheit, Gegenwart und Zukunft in eine Konstellation zu bringen, welche die Fehlverläufe der Vergangenheit kritisiert und zugleich ihre gelungenen Momente zu retten versucht. So wie Benjamin es als „eine *schwache* messianische Kraft"[109] versteht, mit der die gegenwärtige Zeit ausgestattet ist, um die Vergangenheit zu ihrem Recht kommen zu lassen, so sieht Adorno meiner Argumentation zufolge in der Apparition des Kunstwerks ein Moment, das es erlaubt, die glücklichen und gelungenen Augenblicke der Vergangenheit zu bewahren, ohne Vergangenheit nostalgisch zu affirmieren. Gerade der Apparition der leichten Künste gelingt es, im Moment des Aufblitzens – mit Benjamin gesprochen – das „Kontinuum der Geschichte aufzusprengen"[110].

---

106 Adorno, Ästhetische Theorie. GS 7, S. 133.
107 Eusterschulte, Apparition, S. 233.
108 Eusterschulte, Apparition, S. 234.
109 Benjamin, Über den Begriff der Geschichte. GS I.2, S. 694. Hervorhebung im Original.
110 Benjamin, Über den Begriff der Geschichte. GS I.2, S. 702.

Die Apparition des Feuerwerks und des Zirkus sind für Adorno so wichtig, weil sie das Nichtidentische repräsentieren, das „nicht sich festnageln läßt"[111]. Dieses „vertritt das Unsubsumierbare", und „solches fordert das herrschende Prinzip der Realität heraus, das der Vertauschbarkeit". Das momenthaft Aufblitzende der leichten Künste ist gerade nicht tauschbar, „weil es weder stumpfe Einzelheit bleibt, die durch andere sich ersetzen ließe, noch ein leeres Allgemeines, das als Merkmaleinheit das darunter befaßte Spezifische gleichmachte". Durch die Apparition wendet gelungene Kunst sich gegen die auf dem Prinzip der Tauschbarkeit aller Waren und Güter basierende kapitalistische Ökonomie insgesamt. Ihre irreduziblen und flüchtigen Elemente opponieren gegen den Tauschwert – da sie gerade nicht austauschbar sind –; wie auch genauso gegen den Gebrauchswert. Denn die ästhetische Erfahrung von Kunstwerken besteht gerade nicht in ihrem Konsum und Besitz, sondern in der Hingabe an sie. Nur indem Kunstwerke Ding und Erscheinung in einem sind, können sie in Adornos Perspektive eine echte Alternative zum Bestehenden aufscheinen lassen, ohne ihre reale Einlösung zu behaupten. Das Objekt der

> Kunst ist das von ihr hervorgebrachte Gebilde, das die Elemente der empirischen Realität ebenso in sich enthält wie versetzt, auflöst, nach seinem eigenen Gesetz rekonstruiert. Einzig durch solche Transformation, nicht durch ohnehin stets fälschende Photographie, gibt sie der empirischen Realität das Ihre [sic!], die Epiphanie ihres verborgenen Wesens und den verdienten Schauer vor ihm als dem Unwesen. Der Vorrang des Objekts behauptet ästhetisch allein sich am Charakter der Kunst als bewußtloser Geschichtsschreibung, Anamnesis des Unterlegenen, Verdrängten, vielleicht Möglichen.[112]

2 Amusement und leichte Künste

Die Erinnerung an ein solches „vielleicht Mögliches" bewahrt nach Adorno auch das Amusement. Die Ausführungen hierzu finden sich vor allem im *Kulturindustrie*-Kapitel, das einen zentralen Teil der noch im amerikanischen Exil gemeinsam mit Max Horkheimer geschriebenen und erstmals 1944 veröffentlichten *Dialektik der Aufklärung* bildet.[113] Neben der grundsätzlichen Frage, „warum die Menschheit, anstatt in einen wahrhaft menschlichen Zustand ein-

---

111 Adorno, Ästhetische Theorie. GS 7, S. 128. Alle weiteren Zitate dieses Abschnitts beziehen sich auf diese Seite.
112 Adorno, Ästhetische Theorie. GS 7, S. 384.
113 Auch wenn das *Kulturindustrie*-Kapitel primär Adornos Handschrift trägt, werden im Folgenden dennoch beide Autoren als Urheber genannt; vgl. zur Urheberschaft des *Kulturindustrie*-Kapitels: Martin Niederauer/Gerhard Schweppenhäuser, „Kulturindustrie". Annäherungen an einen populären Begriff. In: Niederauer/Schweppenhäuser (Hg.), „Kulturindustrie": Theoretische und

zutreten, in eine neue Art von Barbarei versinkt"[114] (weil sie das instrumentelle, auf Selbsterhaltung und Herrschaft ausgerichtete Handeln privilegiert), ist eines der Hauptanliegen der Autoren, die Mechanismen zu erklären, die dafür verantwortlich sind, weshalb die Massen sich mit dem Bestehenden abfinden und nicht dagegen aufbegehren. Einen großen Anteil daran hat ihrer Ansicht nach die Kulturindustrie.

Der Begriff ist mittlerweile zu einem feststehenden Terminus in der Medien- und Kulturtheorie avanciert.[115] Was jedoch genau unter Kulturindustrie zu verstehen ist, daran scheiden sich bis heute die Geister. In der Medienbranche findet sich in der Regel eine eher affirmative Verwendung des Begriffs, während er in wissenschaftlichen, politischen oder feuilletonistischen Diskursen häufig verwendet wird, um Adorno und Horkheimer eine kulturpessimistische Sichtweise zu unterstellen, die sich durch einen apokalyptischen Ton äußere. In ihrer rigorosen Ablehnung von Kommerz und Verdummung nähmen Adorno und Horkheimer eine elitäre Position ein – so eine der gängigen Argumentationen –, von der aus sie alle Phänomene der Populärkultur kritisierten und die RezipientInnen in ihrem Wunsch nach Eskapismus und Zerstreuung verurteilten.[116] Dagegen

---

empirische Annäherungen an einen populären Begriff, Würzburg 2018, S. 1–28, hier: S. 3; vgl. zur *Dialektik der Aufklärung* grundsätzlich auch Kapitel I.2. dieser Arbeit.

114 Adorno (mit Horkheimer), Dialektik der Aufklärung. GS 3, S. 11. Zum Begriff des Barbarischen bei Adorno vgl. ausführlich Schramm, Barbarische Lyrik, S. 7–38.

115 Die Forschung zum Begriff der Kulturindustrie ist mittlerweile nahezu unüberschaubar geworden. Vgl. neben der oben genannten, instruktiven jüngsten Neuerscheinung von Niederauer und Schweppenhäuser exemplarisch: Gunnar Hindrichs, Kulturindustrie. In: Hindrichs (Hg.), Max Horkheimer, Theodor W. Adorno: Dialektik der Aufklärung, Berlin/Boston 2017, S. 61–79; Roger Behrens, Kulturindustrie, Bielefeld 2015; Dieter Prokop, Ästhetik der Kulturindustrie, Marburg 2009; Günter Seubold/Patrick Baum (Hg.), Wieviel Spaß verträgt die Kultur? Adornos Begriff der Kulturindustrie und die gegenwärtige Spaßkultur, Bonn 2004. Und für die Debatte immer noch grundlegend: Steinert, Kulturindustrie; Steinert, Die Entdeckung der Kulturindustrie; Michael Kausch, Kulturindustrie und Populärkultur. Kritische Theorie der Massenmedien, Frankfurt am Main 1988.

116 Vgl. zu diesen kritischen Positionen exemplarisch die Diskussion bei Niederauer/Schweppenhäuser, Kulturindustrie, bes. S. 2f.; 14f. Neuere, vor allem kulturwissenschaftlich orientierte Forschungsbeiträge zeigen dagegen verstärkt Interesse an Adornos medientheoretischen Schriften und weisen die in der älteren Adorno-Forschung vorherrschende Ansicht, er sei populärer Kultur im Ganzen ablehnend gegenübergestanden, zurück. Josef Früchtl vertritt etwa die These, dass der Film bei Adorno nicht per se als antikünstlerisches Medium disqualifiziert werde, sondern sich als ästhetisches Gebilde ebenso einer aufgeklärten Sichtweise anbieten könne; vgl. Josef Früchtl, Aufklärung und Massenbetrug oder Adorno demonstriert etwas uncool für den Film. In: Wieviel Spaß verträgt die Kultur, S. 145–165. Auch Martin Seel weist darauf hin, dass der Film für Adorno gerade in seinen späteren Schriften zum Modell für modernes, künstlerisches Arbeiten werde, und er sich für die spezifische Musikalität des Films

möchte ich im Folgenden zeigen, dass eine solche kulturpessimistische Lesart die wesentlichen Einsichten des *Kulturindustrie*-Kapitels verfehlt und gerade die Ausführungen zum „reine[n] Amusement"[117], so die These, in engem Zusammenhang mit Adornos Überlegungen zum Glück am Ästhetischen stehen.

Als Kulturindustrie kann man „das globale und zugleich ausdifferenzierte Netzwerk der Kulturvermittlung"[118] bezeichnen. Dazu gehören grundsätzlich die Produktion, Distribution und Rezeption von Kultur sowie einzelner Kulturgüter. Zum System der Kulturindustrie zählen die Medien der Massenkommunikation, also Zeitung, Radio, Film, das (damals erst aufkommende) Fernsehen, Magazine und Reklame ebenso aber auch die Institutionen der Kulturvermittlung wie Theater, Museen, Lesungen, Sportveranstaltungen und weitere Formen der Hobby- und Freizeitgestaltung.[119] Aus Sicht von Adorno und Horkheimer werden demnach auch große Bereiche der so genannten hohen Kunst von der Kulturindustrie vereinnahmt; jene kann sich dieser nicht völlig

---

interessiert habe; vgl. Martin Seel, Adornos Apologie des Kinos. In: Wieviel Spaß verträgt die Kultur, S. 127–144; vgl. in ähnlicher Argumentation einen der neuesten Beiträge zum Thema: Christoph Hesse, Das drastische Medium. Über Adornos Kritik des Films. In: Brigitte Marschall u. a. (Hg.), (K)ein Ende der Kunst. Kritische Theorie – Ästhetik – Gesellschaft, Wien/Berlin 2014, S. 105–120. Angela Keppler-Seel und Martin Seel zeigen in ihrem Aufsatz, dass Adornos Medienkritik nicht fundamentalistisch, sondern durchaus reformistisch genannt werden kann, da er sich für die Verbesserung der von ihm kritisierten Verhältnisse und im speziellen für eine Reformierbarkeit des deutschen Fernsehens einsetzte; vgl. Angela Keppler-Seel/Martin Seel, Adornos reformistische Kulturkritik. In: Wozu Adorno?, S. 223–234. Klaus Reichert betont, dass sich Adorno neben der Kritik am Radio immer auch mit den ästhetischen Potentialen und sozialen Möglichkeiten des Rundfunks beschäftigt hat; Klaus Reichert, Adorno und das Radio. In: Sinn und Form 62, 2010, S. 454–465, hier: S. 464. Vgl. zur Aktualität und Diskussion von Adornos Medientheorie auch das Programm der jüngst an der HfG Karlsruhe stattgefundenen internationalen Konferenz *Adorno und die Medien* vom 13.–14. Dezember 2019.

117 Adorno (mit Horkheimer), Dialektik der Aufklärung. GS 3, S. 164.

118 Stefan Müller-Doohm, Die Macht des Banalen. Zur Analyse der Kulturindustrie. In: Kulturindustrie, S. 29–50, hier: S. 29.

119 Vgl. Müller-Doohm: Die Macht des Banalen, S. 29. Dieter Prokop dagegen zählt bspw. die Kulturmagazine des öffentlich-rechtlichen Fernsehens oder *die tageszeitung* nicht zur Kulturindustrie; vgl. Dieter Prokop, Theorie der Kulturindustrie, Hamburg 2017, S. 14f. Meiner Ansicht nach gehören die von ihm genannten Beispiele zwar sehr wohl zum weiten Netz der Kulturindustrie; dennoch ist sein Einwand insofern berechtigt, als dass es immer noch künstlerisch-mediale Produktionen gibt, die nicht unumwunden zur Kulturindustrie gezählt werden können oder die selbst gegen die Tendenzen der Kulturindustrie kritisch Einspruch erheben und sich ihren Mechanismen zu widersetzen versuchen. Als aktuelle Beispiele können bspw. die Theaterinszenierungen von René Pollesch oder die Fernsehsendungen von Alexander Kluge gelten, die beide bewusst kulturindustrielle Elemente aufnehmen, sie dabei aber kritisch befragen.

entziehen. Die Kulturindustrie ist jedoch kein autarkes System, sondern hängt wesentlich von der Elektroindustrie sowie der Banken- und Versicherungsbranche ab. Den Autoren zufolge sind die verschiedenen „Branchen wiederum untereinander ökonomisch verfilzt"[120], so dass sie zusammen eine „ökonomische[] Riesenmaschinerie"[121] bilden.

Nach Adorno und Horkheimer liefert die Kulturindustrie eine Ideologie, die grundsätzlich durch zwei Merkmale gekennzeichnet ist: Alle Produkte zielen darauf, das Bestehende als gut und nicht veränderungsbedürftig darzustellen. Um dies zu gewährleisten, müssen sie so beschaffen sein, dass die Individuen von allen Bestrebungen nach Widerstand, Mündigkeit und Autonomie abgehalten werden. Die zu Anfang des Kapitels aufgestellte These „Kultur heute schlägt alles mit Ähnlichkeit"[122] beschreibt die zentralen Verfahrensweisen der Kulturindustrie, die in Standardisierung, Stereotypisierung und Wiederholung bestehen. Standardisierung meint hier die Setzung von vorgegebenen Schemata, die durch die Subsumierung des Besonderen unter das Allgemeine entstehen. Massenweise werden dieselben Kategorien von Kulturwaren arbeitsteilig und rentabel hergestellt, was sich beispielsweise anhand bestimmter festgelegter Genres wie der des Heimatfilms, der Casting-Sendung oder des Liebessongs zeigt.[123] Kultur wird fließbandartig produziert und der Produktionsweise entsprechend werden schließlich auch die Produkte selbst „zur unersättlichen Uniformität getrieben"[124]. Die Kulturindustrie begründet die Standardisierung mit dem Argument, dass die „Teilnahme der Millionen"[125] Reproduktionsverfahren erzwingt, die auf gleiche Standards für alle zielen. Demzufolge würde die Standardisierung also aus den Bedürfnissen der RezipientInnen resultieren. Adorno und Horkheimer argumentieren dagegen, dass allein der ökonomisch Stärkste die Vorgaben der Produktion setzt und sich die Bedürfnisse der KonsumentInnen nicht durch freie Wahl ergeben, sondern durch den „Zirkel von Manipulation und rückwirkendem Bedürfnis"[126] erzeugt werden. Dies ist auch der Grund dafür, weshalb sie nicht den damals geläufigeren Begriff der Massenkultur verwenden. Denn ihre Wortneuschöpfung zeigt gerade den globalen, industriellen und auf ökonomischen Interessen beruhenden Charakter der Kulturproduktion an, während der ältere Begriff der Massenkultur suggeriert, die Kultur würde „spontan aus den

---

120 Adorno (mit Horkheimer), Dialektik der Aufklärung. GS 3, S. 144.
121 Adorno (mit Horkheimer), Dialektik der Aufklärung. GS 3, S. 148.
122 Adorno (mit Horkheimer), Dialektik der Aufklärung. GS 3, S. 141.
123 Vgl. auch Müller-Doohm, Die Macht des Banalen, S. 40.
124 Adorno (mit Horkheimer), Dialektik der Aufklärung. GS 3, S. 145.
125 Adorno (mit Horkheimer), Dialektik der Aufklärung. GS 3, S. 142.
126 Adorno (mit Horkheimer), Dialektik der Aufklärung. GS 3, S. 142.

Massen selbst"[127] hervorgehen. Nach Adorno und Horkheimer ist aber gerade dies nicht der Fall.

Mit Stereotypie und Wiederholung ist die Einführung von Klischees und die Präsenz des „Immergleichen"[128] gemeint: „Nicht nur werden die Typen von Schlagern, Stars, Seifenopern zyklisch als starre Invarianten durchgehalten, sondern der spezifische Inhalt des Spiels, das scheinbar Wechselnde ist selber aus ihnen abgeleitet. Die Details werden fungibel."[129] Wirkliche Abweichungen durch die von der Kulturindustrie vorgegebene Norm gibt es beispielsweise in den Charakteren der Filmfiguren oder in Popsongs nicht; alles funktioniert nach einem vorgefertigten Plan mit kalkulierten Effekten und „stumpfsinnig ausgeklügelte[n] Überraschung[en]"[130]. Der Verkaufstrick der Kulturindustrie besteht Adorno und Horkheimer zufolge aber gerade darin, dass sie jedes kulturindustriell hergestellte Produkt als individuell und einzigartig produziert ausgibt. Auch jeder Star wird so inszeniert, dass er als mit besonderem Talent ausgestattet erscheint, obwohl er nicht viel mehr ist als ein „Repräsentant eines Typus, den die Kulturindustrie vorab kreiert hat"[131]. Adorno bezeichnet dies in einem späteren Essay als Verfahren „kalkulierter Pseudo-Individualisierung"[132]. Ideologisch und falsch daran ist die Tendenz, „komplexe und schwer durchschaubare Verhältnisse in der Gesellschaft und Politik dadurch transparent zu machen, daß man suggeriert, alles sei durch den positiven oder negativen Einfluß von ‚großen Männern' bedingt"[133]. Die Welt erscheint so um einiges einfacher als sie ist und die Fixierung der Kulturindustrie auf Personalisierung und Prominenz verstärkt diesen Eindruck noch.

Durch die permanente Wiederholung von Klischees muss das Publikum zudem keine eigene Denkleistung aufbringen, da es den Fortgang und den Ausgang einer Handlung oder eines Liedes meist schon kennt. Standardisierung, Klischees und deren Wiederholung verwehren den KonsumentInnen daher die Möglichkeit, etwas Neues und Anderes zu erfahren. Adorno und Horkheimer verdeutlichen dies am Beispiel des Tonfilms:

> Indem er, das Illusionstheater weit überbietend, der Phantasie und dem Gedanken der Zuschauer keine Dimension mehr übrigläßt, in der sie im Rahmen des Filmwerks und doch unkontrolliert von dessen exakten Gegebenheiten sich ergehen und abschweifen

---

127 Adorno, Résumé über Kulturindustrie. GS 10.1, S. 337.
128 Adorno (mit Horkheimer), Dialektik der Aufklärung. GS 3, S. 156.
129 Adorno (mit Horkheimer), Dialektik der Aufklärung. GS 3, S. 146.
130 Adorno (mit Horkheimer), Dialektik der Aufklärung. GS 3, S. 159.
131 Müller-Doohm, Die Macht des Banalen, S. 40.
132 Adorno, Wissenschaftliche Erfahrung in Amerika. GS 10.2, S. 711.
133 Müller-Doohm, Die Macht des Banalen, S. 41.

könnten, ohne den Faden zu verlieren, schult er den ihm Ausgelieferten, ihn unmittelbar mit der Wirklichkeit zu identifizieren.[134]

Bei aller Kritik am Tonfilm ist hier vor allem von Bedeutung, dass es den Autoren weder um eine Abwertung der Bedürfnisse des Publikums noch um eine Kritik an Zerstreuung schlechthin geht[135] – denn gegen die standardisierten Mechanismen des Tonfilms setzen Adorno und Horkheimer das „unkontrollierte Abschweifen" und damit eine Verhaltensweise, die genuin dem Bereich der Zerstreuung angehört. Nicht diese ist also das Problem, sondern dass Unterhaltung durch die Kulturindustrie vorgegeben und gelenkt wird und dadurch Zerstreuung gar nicht mehr zustande kommt. Daraus folgt dann ein Rückgang der „denkende[n] Aktivität" und die „Verkümmerung der Vorstellungskraft und Spontaneität" der RezipientInnen.[136]

Außerdem wird, wie aus obigem Zitat hervorgeht, die Differenz zwischen Realität und Fiktion geleugnet. Die „Welt draußen" soll nach der Ideologie der Kulturindustrie wie die „bruchlose Verlängerung derer" erscheinen, „die man im Lichtspiel kennenlernt".[137] Ist die Distanz zur und das Scheitern an der real existierenden Welt und damit die darin bereits angelegte Trennung zwischen Wirklichkeit und Fiktion ein wesentliches Merkmal des autonomen Kunstwerks, leugnet den Autoren zufolge die Kulturindustrie diese Differenz. Sie spielt ihren KonsumentInnen eine bessere Welt vor, die zudem noch als schon faktisch existierende ausgegeben wird. Damit kassiert nach Adorno und Horkheimer die Kulturindustrie aber den Traum von einer besseren und gerechteren Zukunft, der in autonomer Kunst zumindest noch aufscheint, und „bietet als Paradies denselben Alltag wieder an"[138]. Der Mensch wird jedoch nicht nur seiner Träume beraubt, sondern es wird ihm auch beigebracht, sich mit dem Bestehenden abzufinden. Paradigmatisch lässt sich diese das Bestehende affirmierende ‚Pädagogik' anhand der Ausführungen zu zeitgenössischen Cartoons erläutern.

Waren frühe Trickfilme nach Ansicht der Autoren „einmal Exponenten der Phantasie gegen den Rationalismus", die den Geknechteten durch das zweite Leben nachträglich zu Gerechtigkeit verhalfen, so hämmern die neuen „Cartoons" nur „die alte Weisheit in alle Hirne, daß die kontinuierliche Abreibung, die Brechung allen individuellen Widerstandes, die Bedingung des Lebens in

---

[134] Adorno (mit Horkheimer), Dialektik der Aufklärung. GS 3, S. 147 f.
[135] Vgl. auch Kausch, Kulturindustrie und Populärkultur, S. 105.
[136] Adorno (mit Horkheimer), Dialektik der Aufklärung. GS 3, S. 148.
[137] Adorno (mit Horkheimer), Dialektik der Aufklärung. GS 3, S. 147.
[138] Adorno (mit Horkheimer), Dialektik der Aufklärung. GS 3, S. 164.

dieser Gesellschaft" ist: „Donald Duck in den Cartoons wie die Unglücklichen in der Realität erhalten ihre Prügel, damit die Zuschauer sich an die eigenen [sic!] gewöhnen."[139] Analog zu der hier kritisierten Entwicklung hat Siegfried Kracauer 1941 die Walt Disney-Produktion *Dumbo* besprochen. In dem abendfüllenden Zeichentrickfilm dreht sich alles um den Babyelefanten Dumbo, der mit seinen übergroßen Ohren zu fliegen lernt. Kracauer problematisiert nicht die Darstellung des Wunders eines fliegenden Elefanten, sondern dass diese Tatsache im Film durch den psychologischen Effekt einer „magic feather" erklärt wird.[140] Die Disney-Filme imitierten so den realistischen Kino-Film, anstatt auf ihre eigene Kraft zu vertrauen, gerade von den Regeln der Realität und Alltagspraxis absehen zu können. Der frühe Cartoon hingegen hätte eine Welt erschaffen, „which had as little to do with ours as Mickey with a living mouse; his creatures strolled through a cartonnist's space in a time which, like the space itself, spread or shrank to his linking"[141]. Mit *Dumbo* dagegen versuche Disney eine realistische Welt zu erschaffen, was „threatens the true interest of his medium. The cartoon film tends toward the dissolution rather than the reinforcement of conventional reality, and its function is not to draw a reality which can better be photographed"[142]. Ging es in den frühen Cartoons mehr darum, dass die geschundene Trickfilmfigur der gemeinen und übermächtigen Welt zu trotzen versuchte – worin das Glück dieser Filme bestand – passe jene sich nun der Realität an, um ihr Glück zu finden. Kracauer erläutert dies am Happy End von *Dumbo*:

> [Y]oung Dumbo, instead of flying off toward some unknown paradise, chooses wealth and security and so ends as the highly paid star of the same circus director who once flogged his mother Jumbo. Is no better solution possible? [...] One could wish, too, that Disney would stop animating fairy tales into conventional everyday life and, proceeding like Chaplin, develop everyday life into fairy tales through his cartoons.[143]

Dieselbe Argumentationsrichtung verfolgen Adorno und Horkheimer, wenn sie von den Trickfilmen fordern, „Exponenten der Phantasie gegen den Rationalismus" zu sein. Auch hier zeigt sich, dass es bei der Kritik an zeitgenössischen Cartoons nicht um eine grundsätzliche Zurückweisung der Unterhaltung durch Zeichentrickfilme geht, sondern vielmehr um die Bewahrung des ihnen ureige-

---

139 Adorno (mit Horkheimer), Dialektik der Aufklärung. GS 3, S. 160.
140 Siegfried Kracauer, Dumbo. In: Kristy Rawson/Johannes von Moltke (Hg.), Siegfried Kracauer's American Writings. Essays on Film and Popular Culture, Berkeley/Los Angeles/London 2012, S. 70.
141 Kracauer, Dumbo, S. 70.
142 Kracauer, Dumbo, S. 70.
143 Kracauer, Dumbo, S. 70.

nen Potentials – nämlich ein Märchen erzählen zu können, das die Träume von einer besseren Wirklichkeit aufrechterhält.

Darüber hinaus nimmt die Kulturindustrie die Ideologie der Wahrscheinlichkeit in ihre Regie, um die Massen von eigenen Träumen abzuhalten. Die Autoren nennen hier als Beispiel die Suche der „Talentjäger" nach neuen Stars, die dann von der Unterhaltungsindustrie groß herausgebracht werden. Bei den KonsumentInnen wird mit dem ‚Starkult' der Eindruck vermittelt, dass das große Los jeden treffen kann, dass aber die Wahrscheinlichkeit gleichzeitig mehr als gering ist:

> Nur eine kann das große Los ziehen, nur einer ist prominent, und haben selbst mathematisch alle gleiche Aussicht, so ist sie doch für jeden Einzelnen so minimal, daß er sie am besten gleich abschreibt und sich am Glück des anderen freut, der er ebensogut selber sein könnte und dennoch niemals ist.[144]

Problematisch hieran ist also, dass die Träume der Menschen letztlich in ihr Gegenteil pervertiert und damit dazu genutzt werden, sich mit dem Bestehenden abzufinden. Die Subjekte dürfen an den Träumen anderer teilhaben, jedoch keine eigenen mehr entwickeln: „Die Ersatzbefriedigung, die die Kulturindustrie den Massen bereitet, indem sie das Wohlgefühl erweckt, die Welt sei in eben der Ordnung, die sie ihnen suggerieren will, betrügt sie um das Glück, das sie ihnen vorschwindelt."[145]

Das hat laut den Autoren auch mit einer spezifischen Fassung des Zufallsprinzips zu tun. Nicht (die einst gegen feudale Privilegien in Stellung gebrachten bürgerlichen ‚Tugenden' der) Leistung oder Anstrengung entscheiden über Erfolg oder darüber, wer ein Star wird, sondern ausschließlich der Zufall. Aber anders als bei Helms' Sprachkomposition *FA:M' AHNIESGWOW*, das sich des Zufalls als Verfahrensweise bedient, um die begriffslogische Ratio zu kritisieren,[146] wird der Zufall von der Kulturindustrie in die eigene Planung integriert und damit wieder kalkulierbar: „Im Grunde erkennen alle den Zufall, durch den einer sein Glück macht, als die andere Seite der Planung."[147] Das Publikum wird durch die in der paradoxalen Konstruktion eines berechenbaren Zufalls bestehende Ideologie der Wahrscheinlichkeit zwar zunächst entlastet, weil „vollends irrational geworden"[148] ist, wer es in der Gesellschaft zu Erfolg bringt; im Grunde wird es aber um die Realisierung eines wahrhaft glücklichen

---

144 Adorno (mit Horkheimer), Dialektik der Aufklärung. GS 3, S. 167 f.
145 Adorno, Résumé über Kulturindustrie. GS 10.1, S. 345.
146 Vgl. Kapitel IV.2. dieser Arbeit.
147 Adorno (mit Horkheimer), Dialektik der Aufklärung. GS 3, S. 168.
148 Adorno (mit Horkheimer), Dialektik der Aufklärung. GS 3, S. 169.

Zustandes betrogen, da Glück nur noch im Sinne des aus dem Lateinischen stammenden Begriffs *fortuna* mit dem Zufallsglück identifiziert wird. Damit suggeriert die Kulturindustrie, dass es sich letztlich gar nicht lohnt, für einen von der bestehenden Realität differenten, nämlich glücklicheren Zustand zu kämpfen, da sowieso nur der Zufall entscheidet – und das ist Adornos und Horkheimers Hauptkritikpunkt.

Zugleich negiert die Kulturindustrie damit die Existenz von realem Leid. Wer glücklich ist oder nicht, hängt nicht mehr von den objektiven gesellschaftlichen Zuständen ab, sondern allein vom Zufallsglück. Natürlich gibt es der Ideologie der Kulturindustrie zufolge ‚schlechte Zeiten' oder existenzielle Probleme wie Krankheit oder Tod; diesen muss jedoch mit einem „Pathos der Gefaßtheit" begegnet werden: „So ist das Leben, so hart, aber darum auch so wundervoll, so gesund."[149] Um ein solches Pathos zu erzeugen, benutzt die Kulturindustrie die Tragik. In der antiken Tragödie war Tragik der hoffnungslose Widerstand gegen eine unüberwindbare Macht und das Leiden des unverschuldet schuldig Gewordenen (wie im Mythos bei Ödipus). Gelungene Kunst bearbeitet ein solches Leiden durch die Thematisierung des hoffnungslosen Widerstandes und die Offenlegung des nicht still stellbaren Leidens. Die Kulturindustrie dagegen beklagt, bemitleidet oder bejaht existenzielles Leid letztlich als Prüfstein für ein insgesamt gleichwohl wundervolles Leben. Tragik verkommt in der Kulturindustrie zur Routine und wird der ihr eigenen Elemente des Widerstandes und des schmerzhaften Leides entkleidet. In einem frühen Text, der gelegentlich zu den Vorarbeiten der *Dialektik der Aufklärung* gezählt wird, betont Adorno nachdrücklich, wie die Kulturindustrie mit dem Leid verfährt und welche Auswirkungen das auf die RezipientInnen hat:

> Der Mangel an Kontinuität der Erfahrung verschließt ihnen weitgehend Glück und Leid. Glück: weil es nur soviel Glück gibt wie Traum, und weil sie nicht mehr träumen können. [...] Glück heißt für sie weiterhin: sich einpassen, das können, was alle können, das noch einmal tun, was alle tun. Sie sind illusionslos. Sie sehen die Welt endlich, wie sie ist, aber um den Preis, daß sie nicht mehr sehen, wie sie sein könnte. Darum fehlt es ihnen auch an Leid. Sie sind „abgehärtet" im physischen und im psychologischen Sinn. Ihre Kälte ist eines ihrer hervortretendsten Merkmale, kalt fremden Leiden gegenüber, aber auch sich selbst gegenüber.[150]

Es geht hier nicht darum, Leid als Voraussetzung für Glück zu rechtfertigen; Adorno begehrt aber dagegen auf, Leid als solches gar nicht mehr wahrzuneh-

---

[149] Adorno (mit Horkheimer), Dialektik der Aufklärung. GS 3, S. 174.
[150] Adorno, Individuum und Gesellschaft. Entwürfe und Skizzen. In: Frankfurter Adorno Blätter VIII., im Auftrag des Theodor W. Adorno Archivs, hg. v. Rolf Tiedemann, Göttingen 2003, S. 60–94, hier: S. 66.

men, es mit Pathos zu übertünchen oder gar es als bloß selbstverschuldetes auszugeben. Solche Ignoranz gegenüber dem Leiden schädigt auch die mögliche Vorstellung von Glück, das als das Andere von Leid dann ebenso wenig wahrgenommen wird.

Die negative Vollendung der Kulturindustrie sehen Adorno und Horkheimer in ihrer gänzlichen Vereinnahmung von Kunst. Hierzu zählen die vollständige Reduzierung von Kunst zur Ware, die Reklame und die Warenästhetik. Dass Kunst immer schon Ware war, ist dabei jedoch eine der Grundeinsichten der Autoren: „Die reinen Kunstwerke, die den Warencharakter der Gesellschaft allein dadurch schon verneinen, daß sie ihrem eigenen Gesetz folgen, waren immer zugleich auch Waren."[151] Sobald Kunstwerke nicht mehr von einem Mäzen finanziert werden, dessen Wünschen und Zwecken sie freilich zuvor unterstellt waren, müssen sie auf dem Markt verkauft werden: „Die Zwecklosigkeit des großen neueren Kunstwerks lebt von der Anonymität des Marktes." Das Neue am System der Kulturindustrie ist nach Ansicht der Autoren also nicht der Warencharakter von Kunst als solcher, sondern dass er „geflissentlich sich einbekennt, und daß Kunst ihrer eigenen Autonomie abschwört, sich stolz unter die Konsumgüter einreiht, macht den Reiz der Neuheit aus". Das utopische Potential von Kunst, nämlich vom Prinzip der Nützlichkeit abstrahieren zu können, verkümmert so:

> Das Prinzip der idealistischen Ästhetik, Zweckmäßigkeit ohne Zweck, ist die Umkehrung des Schemas, dem gesellschaftlich die bürgerliche Kunst gehorcht: der Zwecklosigkeit für Zwecke, die der Markt deklariert. Schließlich hat in der Forderung nach Unterhaltung und Entspannung der Zweck das Reich der Zwecklosigkeit aufgezehrt. Indem aber der Anspruch der Verwertbarkeit von Kunst total wird, beginnt eine Verschiebung in der inneren ökonomischen Zusammensetzung der Kulturwaren sich anzukündigen. Der Nutzen nämlich, den die Menschen in der antagonistischen Gesellschaft vom Kunstwerk sich versprechen, ist weithin selber eben das Dasein des Nutzlosen, das doch durch die völlige Subsumtion unter den Nutzen abgeschafft wird. Indem das Kunstwerk ganz dem Bedürfnis sich angleicht, betrügt es die Menschen vorweg um eben die Befreiung vom Prinzip der Nützlichkeit, die es leisten soll.[152]

Der Gebrauchswert in der Rezeption von Kunst kann eben in dieser Befreiung von den Anforderungen der Alltagspraxis und damit vom Prinzip der Nützlichkeit gesehen werden. Dieser Gebrauchswert wird in der Kulturindustrie durch den Tauschwert ersetzt. An Stelle einer in aktiver Passivität bleibenden, hingebungsvollen Beschäftigung mit dem Kunstwerk tritt das bloße „Dabeisein und

---

[151] Adorno (mit Horkheimer), Dialektik der Aufklärung. GS 3, S. 180. Alle weiteren Zitate dieses Abschnitts beziehen sich auf diese Seite.
[152] Adorno (mit Horkheimer), Dialektik der Aufklärung. GS 3, S. 181.

Bescheidwissen, Prestigegewinn anstelle von Kennerschaft"[153]. Das etikettenhafte Wissen um die populären Kulturprodukte und das versierte Sprechen über sie, als seien sie nur noch ‚labels', ist wichtiger geworden als die ernste Auseinandersetzung mit einem Kunstwerk: „Alles hat nur Wert, sofern man es eintauschen kann, nicht sofern es selbst etwas ist."[154] Der Tauschwert beherrscht „den Gebrauchswert bereits derart stark, dass die Konsumenten weitgehend ihren Geschmack an dem f[i]nden, was erfolgreich ist"[155]. Nach Adorno und Horkheimer zerfällt so der Warencharakter von Kunst, „indem er sich vollends realisiert"[156].

Den (auf Autonomie schlechthin ausgelegten) Gedanken des l'art pour l'art verwirklicht in Zeiten der Kulturindustrie also nicht mehr die autonome Kunst, sondern vielmehr die Reklame: „Reklame wird zur Kunst schlechthin [...], l'art pour l'art, Reklame für sich selber, reine Darstellung der gesellschaftlichen Macht."[157] Die Reklame entstammt der Kulturindustrie als Kapitalmacht und folgt in gesteigerter Form ihren Mechanismen, da sie fast jeden Lebensbereich umfasst. Werben kann nur das kapitalmächtige Unternehmen, da es ansonsten die hohen Werbekosten gar nicht bezahlen könnte. Produkte, die nicht beworben werden, erscheinen dagegen als anrüchig: Reklame „verfestigt das Band, das die Konsumenten an die großen Konzerne schmiedet"[158]. Damit dies gelingt, versucht die Werbeindustrie den Autoren zufolge ihre KonsumentInnen an die jeweiligen Produkte zu binden, indem diese mit Gefühlen, Eigenschaften oder Werten wie Freiheit, Abenteuer und Sex-Appeal aufgeladen und als käufliche präsentiert werden. Eine solche Warenästhetik suggeriert den KundInnen, dass mit dem Kauf der Marke beziehungsweise des Produkts auch alle diese Eigenschaften leicht und mühelos mit erworben werden können.

Dass beispielsweise Arbeit und Engagement die Voraussetzung bilden, um einen Wert wie Freiheit zu erlangen, blendet die Kulturindustrie aus. Sie ist wesentlich auf Unterhaltung ausgerichtet, weshalb Adorno und Horkheimer sie den „Amüsierbetrieb"[159] nennen. Dabei geht es ihnen jedoch gerade nicht um die Verwerfung von Amusement schlechthin, sondern, wie ich im Folgenden zeigen möchte, vielmehr um die Rettung seiner glücksversprechenden Implikationen.

---

153 Adorno (mit Horkheimer), Dialektik der Aufklärung. GS 3, S. 181.
154 Adorno (mit Horkheimer), Dialektik der Aufklärung. GS 3, S. 181.
155 Thomas Hecken, Intellektuelle und Kulturindustrie. In: Martina Groß/Hans-Thies Lehmann (Hg.), Populärkultur im Gegenwartstheater, Berlin 2012, S. 122–145, hier: S. 123.
156 Adorno (mit Horkheimer), Dialektik der Aufklärung. GS 3, S. 182.
157 Adorno (mit Horkheimer), Dialektik der Aufklärung. GS 3, S. 186.
158 Adorno (mit Horkheimer), Dialektik der Aufklärung. GS 3, S. 185.
159 Adorno (mit Horkheimer), Dialektik der Aufklärung. GS 3, S. 185.

Zunächst ist zu beachten, dass Adorno und Horkheimer zwischen zwei verschiedenen Formen von Amusement unterscheiden, nämlich zwischen dem „reine[n] Amusement" und dem von der Kulturindustrie vereinnahmten „gängigen Amusement". Das „reine Amusement" bezeichnet das „entspannte sich Überlassen an bunte Assoziationen und glücklichen Unsinn",[160] wie es beispielsweise im Zirkus der Fall sein kann. Dagegen versucht das „gängige Amusement" der Kulturindustrie den Autoren zufolge, diese Buntheit und Zerstreuung zu bändigen und in einen übergeordneten Sinnzusammenhang zu fügen.[161] Die „Fetzen des Unsinns" werden „zur schwachsinnigen Handlung" zusammengepresst, wodurch das widerspenstige Potential des Unbändigen gekappt wird.[162]

Amusement ist nicht erst eine Erscheinungsform der Kulturindustrie des 20. Jahrhunderts, sondern das Bedürfnis nach Erholung und Zerstreuung ist den Autoren zufolge mit der kapitalistischen Produktionsweise entstanden: „Amusement ist die Verlängerung der Arbeit unterm Spätkapitalismus. Es wird von dem gesucht, der dem mechanisierten Arbeitsprozeß ausweichen will, um ihm von neuem gewachsen zu sein."[163] Auch wenn Adorno und Horkheimer

---

160 Adorno (mit Horkheimer), Dialektik der Aufklärung. GS 3, S. 164.
161 Adorno (mit Horkheimer), Dialektik der Aufklärung. GS 3, S. 164. Sonderegger spricht von insgesamt drei Varianten des Amusement-Begriffs im *Kulturindustrie*-Kapitel: Erstens nennt sie das falsche Amusement der Kulturindustrie, das „ein vorfabriziertes und ökonomisch kalkuliertes Glück" sei. Zweitens spricht sie vom Falschen der hohen Kunst, dass sich „in der – wenngleich reflektierten – Negation von Amüsement" zeige. Das dritte Amusement, welches Adorno als „reines Amusement" bezeichnet, ist laut Sonderegger „am schwersten zu verorten", weshalb sie es denn auch „erst einmal außen vor" lässt; vgl. Ruth Sonderegger, Zwischen Amüsement und Askese. Bei Adorno, im Theater von René Pollesch und darüber hinaus. In: WestEnd. Neue Zeitschrift für Sozialforschung, 2006, H. 1, S. 131–145, hier: S. 132f. Eine erste Fassung von Sondereggers Text ist 2003 unter dem Titel *Adorno geht in das Theater von René Pollesch und fragt nach Kulturkritik heute* in der *Zeitschrift für Ästhetik und Allgemeine Kunstwissenschaft* erschienen. Aufgrund einiger Überarbeitungen der Autorin beziehe ich mich auf den aktuelleren Beitrag. Mit Adorno und Horkheimer gehe ich anders als Sonderegger nur von zwei verschiedenen Formen von Amusement aus, nämlich dem von der Kulturindustrie vereinnahmten „gängigen" und dem „reinen" Amusement. Insbesondere letzteres versucht dieses Kapitel näher zu erläutern.
162 Adorno (mit Horkheimer), Dialektik der Aufklärung. GS 3, S. 165.
163 Adorno (mit Horkheimer), Dialektik der Aufklärung. GS 3, S. 158. Adorno und Horkheimer schließen auch an Überlegungen Kracauers an, der insbesondere in seinen Essays *Kult der Zerstreuung* von 1926 und *Das Ornament der Masse* von 1927 die Tendenz der Massenkultur zur Zerstreuung und Ornamentbildung analysiert. Gerade letztere versteht er als „Oberflächenäußerung" der modernen kapitalistischen Gesellschaft: „Den Beinen der Tillergirls entsprechen die Hände in der Fabrik. [...] Das Massenornament ist der ästhetische Reflex der von dem herrschenden Wirtschaftssystem erstrebten Rationalität." Das „*ästhetische* Wohlgefallen an den ornamentalen Massenbewegungen ist nach Kracauer *legitim*", da das Publikum sich und

den legitimen Anspruch dessen anerkennen, kritisieren sie zugleich, wie das Amusement von der Kulturindustrie immer weiter vereinnahmt wird, so dass der/die Arbeitende „nichts anderes mehr erfahren kann als die Nachbilder des Arbeitsvorgangs selbst"[164]. Ihre Kritik richtet sich gegen die ausschließlich am ökonomischen Gewinn orientierte „Fabrikation der Amüsierwaren"[165], nicht jedoch gegen das Amusement an sich:

> „Leichte" Kunst als solche, Zerstreuung, ist keine Verfallsform. Wer sie als Verrat am Ideal reinen Ausdrucks beklagt, hegt Illusionen über die Gesellschaft. Die Reinheit der bürgerlichen Kunst, die sich als Reich der Freiheit im Gegensatz zur materiellen Praxis hypostasierte, war von Anbeginn mit dem Ausschluß der Unterklasse erkauft, deren Sache, der richtigen Allgemeinheit, die Kunst gerade durch die Freiheit von den Zwecken der falschen Allgemeinheit die Treue hält. Ernste Kunst hat jenen sich verweigert, denen Not und Druck des Daseins den Ernst zum Hohn macht und die froh sein müssen, wenn sie die Zeit, die sie nicht am Triebrad stehen, dazu benutzen können, sich treiben zu lassen. Leichte Kunst hat die autonome als Schatten begleitet. Sie ist das gesellschaftlich schlechte Gewissen der ernsten.[166]

---

seinen Alltag hier selbst antrifft; Siegfried Kracauer, Das Ornament der Masse. In: Kracauer, Das Ornament der Masse. Essays, Frankfurt am Main 1963, S. 50–63, hier: S. 54. Hervorhebung im Original. Kracauer verurteilt jedoch, ähnlich wie in seiner *Dumbo*-Kritik, die Tendenz der Massenkultur, die Mannigfaltigkeit der Erscheinungen in einen kohärenten Sinnzusammenhang pressen zu wollen: „Die Zerstreuung, die sinnvoll einzig als Improvisation ist, als Abbild des unbeherrschten Durcheinanders unserer Welt, wird von ihnen [„den *reaktionären* Tendenzen", P.G.] mit Draperien umhängt und zurückgezwungen in eine Einheit, die es gar nicht mehr gibt. Statt zum Zerfall sich zu bekennen, den darzustellen ihnen obläge, kleben sie die Stücke nachträglich zusammen und bieten sie als gewachsene Schöpfung an." Siegfried Kracauer, Kult der Zerstreuung. In: Das Ornament der Masse, S. 311–317, hier: S. 316. Hervorhebung im Original. Vgl. aus kulturwissenschaftlich-historischer Perspektive zu diesem Befund auch: Kaspar Maase, Grenzenloses Vergnügen. Der Aufstieg der Massenkultur 1850–1970, 4. Aufl., Frankfurt am Main 2007. Für Maase ist die Trennung von Arbeit und Freizeit in kapitalistischen Gesellschaften in der zweiten Hälfte des 19. Jahrhunderts eine der wesentlichen Voraussetzungen für die Entstehung der Massenkultur.

164 Adorno (mit Horkheimer), Dialektik der Aufklärung. GS 3, S. 159.
165 Adorno (mit Horkheimer), Dialektik der Aufklärung. GS 3, S. 158.
166 Adorno (mit Horkheimer), Dialektik der Aufklärung. GS 3, S. 157. Ein ähnlicher Gedanke findet sich später in der *Ästhetischen Theorie*: „Denn jene Sphäre gehorchte nie dem selbst erst gewordenen und späten Begriff reiner Kunst. Stets ragte sie als Zeugnis des Mißlingens von Kultur in diese hinein, machte es zu ihrem eigenen Willen, daß sie mißlinge, so wie es aller Humor besorgt, in seliger Harmonie seiner traditionellen und seiner gegenwärtigen Gestalt. Die von der Kulturindustrie Überlisteten und nach ihren Waren Dürstenden befinden sich diesseits der Kunst: darum nehmen sie ihre Inadäquanz an den gegenwärtigen gesellschaftlichen Lebensprozeß – nicht dessen eigene Unwahrheit – unverschleierter wahr als die, welche noch daran sich erinnern, was einmal ein Kunstwerk war." Adorno, Ästhetische Theorie. GS 7, S. 32.

Adorno und Horkheimer erkennen hier – entgegen der Kritik, die ihnen Elitismus vorwirft –[167] sehr wohl, dass die Autonomie der so genannten hohen Kunst jene ausschließt, denen es wegen des Zeit- und Handlungsdrucks an Muße für eine angemessene Kunstrezeption mangelt oder die wegen fehlender Bildung keinen Zugang zur hohen Kunst haben. Diese hält der Sache der „Unterklasse" zwar die Treue, indem sie das Leid an der Gesellschaft ausdrückt, muss aber zugleich jene notwendig auch verfehlen, da sie in die Rezeption der hohen Kunst eben nicht eingeschlossen sind. Daher wird das Sich-Treiben-Lassen in der Zerstreuung hier bewusst nicht als „Verfallsform" beschrieben, sondern als eine Möglichkeit für die Vielen, sich von der Realität zu entlasten und der Determination durch lohnabhängige Arbeit vorübergehend zu entkommen.[168] Damit erfüllen die leichten Künste eine ähnliche Funktion wie die autonome Kunst – zugleich betonen Adorno und Horkheimer aber, dass eine wirkliche Entlastung von den Anforderungen des Arbeitsalltags nur „in der Angleichung an ihn in der Muße" gegeben und damit letztlich der ästhetischen Erfahrung von autonomer Kunst vorbehalten ist.

Die „Wahrheit" ist den Autoren zufolge daher in der Spaltung der Sphären in leichte und ernste Kunst selbst zu finden: „Was diese auf Grund ihrer gesellschaftlichen Voraussetzungen an Wahrheit verfehlen mußte, gibt jener den Schein sachlichen Rechts."[169] Das ist jedoch nicht falsch zu verstehen als ein Plädoyer für eine dichotome Einteilung der Künste in ernste und damit gute Kunst und umgekehrt in leichte und damit schlechtere Kunst, sondern vielmehr als Rettung der Potentiale sowohl von ernster wie leichter Kunst, da beide gleichermaßen von der Kulturindustrie bedroht werden.[170] Denn diese versucht die leichte in die ernste Kunst aufzunehmen und umgekehrt:

> Die Exzentrizität von Zirkus, Panoptikum und Bordell zur Gesellschaft ist ihr so peinlich wie die von Schönberg und Karl Kraus. [...] Der Pofel von ehedem wurde von der Kulturindustrie durch die eigene Perfektion, durch Verbot und Domestizierung des Dilettantischen

---

167 Roger Behrens fasst die immer noch verbreitete Ansicht zusammen: „Die Kritik der Kulturindustrie gilt insgesamt als elitär und arrogant;" Roger Behrens, Die Diktatur der Angepassten. Texte zur kritischen Theorie der Popkultur, Bielefeld 2003, S. 167.
168 Vgl. auch Florian Ruttner/Tobias Ebbrecht/Karin Lederer, Der Pilot. Eine kurze Einführung in die Kulturindustrie. In: Ruttner/Ebbrecht/Lederer (Hg.), Zum aktuellen Stand des Immergleichen. Dialektik von Kulturindustrie – vom Tatort zur Matrix, Berlin 2008, S. 7–27, hier: S. 13.
169 Adorno (mit Horkheimer), Dialektik der Aufklärung. GS 3, S. 157.
170 Vgl. ähnlich Kausch, der ebenfalls argumentiert, dass das Problem für Adorno nicht die „niedere[] oder Volkskunst" als solche ist, sondern dass sich die dichotomen Sphären von ernster und leichter Kunst unter kulturindustriellem Zugriff nicht mehr berühren; Kausch, Kulturindustrie und Populärkultur, S. 118.

abgeschafft [...]. Neu aber ist, daß die unversöhnlichen Elemente der Kultur, Kunst und Zerstreuung durch ihre Unterstellung unter den Zweck auf eine einzige falsche Formel gebracht werden: die Totalität der Kulturindustrie.[171]

Das Problem sehen Adorno und Horkheimer also nicht in der Zerstreuung, in der Ablenkung, im Sich-Treiben-Lassen oder in der leichten Kunst als solcher, sondern darin, dass sowohl hohe wie leichte Künste ihres Glücksversprechens beraubt werden. Die Kulturindustrie

> zwingt auch die jahrtausendelang getrennten Bereiche hoher und niederer Kunst zusammen. Zu ihrer beider Schaden. Die hohe wird durch die Spekulation auf den Effekt um ihren Ernst gebracht; die niedrige durch ihre zivilisatorische Bändigung um das ungebärdig Widerstehende, das ihr innewohnte, solange die gesellschaftliche Kontrolle nicht total war.[172]

Daher bleiben Adorno und Horkheimer auch nicht bei der dichotomen Gegenüberstellung stehen, sondern resümieren: „Amusement, ganz entfesselt, wäre nicht bloß der Gegensatz zur Kunst, sondern auch das Extrem, das sie berührt."[173] Denn die ernste Kunst tendiert in ihrem angestrengten Widerspruch zur Realität zu einem „Ernst des Daseins", dem sie eigentlich widersprechen wollte. Je mehr sie versucht, ihr Formgesetz auszuprägen – und sich damit den Gesetzmäßigkeiten der Realität immer stärker zu verweigern –, desto mehr verlangt sie zu ihrem Verständnis (geistige) Arbeit, „während sie deren Last gerade negieren wollte".[174] Daher kann das Amusement mit seiner Sinnlichkeit tatsächlich „ein Korrektiv der Kunst bedeuten"[175], denn in ihm lauert eine anarchische Kraft,[176] die sich sowohl gegen die hohe Kunst als auch gegen die die bestehende Gesellschaft apologetisch affirmierende Vereinnahmung der Kulturindustrie auflehnt: „In manchen Revuefilmen, vor allem aber in der Groteske und den Funnies blitzt für Augenblicke die Möglichkeit dieser Negation selber auf."[177]

---

171 Adorno (mit Horkheimer), Dialektik der Aufklärung. GS 3, S. 157 f. Der Verweis auf das Bordell mag in diesem Kontext verwundern. Adorno und Horkheimer machen damit aber darauf aufmerksam, dass die Kulturindustrie keine Form von Exzentrik duldet – sei es die dissonante Musik Schönbergs, sei es das auf (männliche) Lust reduzierte Bordell.
172 Adorno, Résumé über Kulturindustrie. GS 10.1, S. 337. Auch in seinem Essay *Filmtransparente* von 1966 betont Adorno, dass leichte Kunst und Kulturindustrie keinesfalls identisch sind: „Schon die nivellierende Gleichsetzung der Kulturindustrie mit der niedrigen Kunst aller Zeiten taugt nichts." Adorno, Filmtransparente. GS 10.1, S. 360
173 Adorno (mit Horkheimer), Dialektik der Aufklärung. GS 3, S. 164.
174 Adorno (mit Horkheimer), Dialektik der Aufklärung. GS 3, S. 164.
175 Adorno (mit Horkheimer), Dialektik der Aufklärung. GS 3, S. 164.
176 Vgl. auch Angela Keppler, Ambivalenzen der Kulturindustrie. In: Adorno Handbuch, S. 253–262, hier: S. 257.
177 Adorno (mit Horkheimer), Dialektik der Aufklärung. GS 3, S. 164.

2 Amusement und leichte Künste — 363

In der Kulturindustrie werden die Potentiale der leichten Kunst gerade nicht freigelegt, da das Widerspenstige der bunten Assoziation und des ungezähmt Wilden sofort in einen Sinnzusammenhang integriert wird.[178] Das „reine Amusement" wird von der Kulturindustrie als naiv abgetan. Naivität aber erhebt Adorno zufolge gerade Einspruch gegen die rationale Logik:

> Künstlerische Produktion, die in dem Impuls wider die Verhärtung des Lebens nicht sich beirren läßt, die wahrhaft naive also, wird zu dem, was nach den Spielregeln der konventionellen Welt unnaiv heißt und freilich soviel von Naivetät in sich aufbewahrt, wie im Verhalten der Kunst ein dem Realitätsprinzip nicht Willfähriges überlebt, etwas vom Kind, ein nach den Normen der Welt Infantiles.[179]

Gelungene Kunstwerke bergen nach Adorno also einen Rest Naivität in sich, um der verdinglichten Welt zu widerstehen. Diese Naivität ist abgeschaut von den Kindern, Tieren und Clowns, die, wie in Kapitel VI.1. bereits gezeigt, ihre Unmittelbarkeit und Losgelöstheit von den Ansprüchen des Daseins eint.[180] Eine solche Naivität sucht Adorno zufolge auch Bloch in seinen Überlegungen *Über Märchen, Kolportage und Sage* in den titelgebenden Erzählformen:

> Der erzählende Ton bietet das Paradoxon einer naiven Philosophie; Kindheit, unverwüstlich durch alle Reflexionen hindurch, verwandelt noch das Vermitteltste in Unmittelbares, das berichtet wird. Diese Affinität zum Gegenständlichen, vorab zu sinnverlassenen Stoffschichten, bringt Blochs Philosophie in Kontakt mit dem Unteren, von Kultur Ausgeschiedenen, offen Schäbigen, worin sie, Spätprodukt antimythologischer Aufklärung, allein noch das Rettende erhofft.[181]

---

178 Anders verhält es sich nach Adorno wiederum mit manchen in Hollywood produzierten Revuefilmen, die gerade nicht auf Synthese setzen. Dafür lobt er sie: „Das ist vielleicht der Grund, warum so viele leichte, bloß unterhaltende und gegenüber den prätentiösen Standards der Industrie niveaulose Filme soviel stichhaltiger erscheinen als alles, was im Film mit autonomer Kunst liebäugelt. Die Revuefilme sind meist die, welche dem Ideal der Montage am nächsten kommen und in denen darum die Musik am präzisesten ihre Funktion erfüllt. Nur die Standardisierung und kunstgewerbliche Romantisierung dieser Filme und die idiotisch aufgeklatschten Karrieregeschichten verderben ihre Ansätze. An sie dürfte einmal der befreite Tonfilm sich erinnern." Adorno (mit Eisler), Komposition für den Film. GS 15, S. 74.
179 Adorno, Ästhetische Theorie. GS 7, S. 500.
180 Vgl. zur kindlichen Naivität auch Kapitel III.3. dieser Arbeit.
181 Adorno, Blochs Spuren. GS 11, S. 235. Blochs Überlegungen zu Kolportage, Winnetou und dem Märchen vom Däumling sind zwischen 1929 und 1934 als Essays in deutschen Zeitschriften und Zeitungen wie der *Frankfurter Zeitung* erschienen. Unter oben genanntem Titel sind sie dann erstmals gebündelt 1935 in seinem Band *Erbschaft dieser Zeit* veröffentlicht worden. Dieser Text ist zu finden in der Gesamtausgabe: Ernst Bloch, Erbschaft dieser Zeit. Bd. 4, Frankfurt am Main 1962, S. 168–186.

Eine solche rebellierende Naivität und damit eine „Spur des Besseren" findet sich gerade in den Formen der leichten Kunst, „die sie dem Zirkus annähern, in der eigensinnig-sinnverlassenen Könnerschaft von Reitern, Akrobaten und Clowns, der ‚Verteidigung und Rechtfertigung körperlicher Kunst gegenüber geistiger Kunst'".[182] Mit der Betonung der körperlichen Kunst verweisen die Autoren auch auf die Trennung von geistiger und körperlicher Arbeit, die aller Kultur zugrunde liegt.[183] Jene „Schlupfwinkel der seelenlosen Artistik, die gegen den gesellschaftlichen Mechanismus das Menschliche vertritt"[184], werden jedoch von der Kulturindustrie aufgespürt, vereinnahmt und entwertet: „Sie lässt das Sinnlose drunten so radikal verschwinden wie oben den Sinn der Kunstwerke."[185] Dagegen setzt Adorno die Berührung der Extreme von E und U, welche die Kulturindustrie ja gerade zu verhindern versucht. In der *Ästhetischen Theorie* konstatiert er beispielsweise die „Sympathie zwischen Avantgarde und Music Hall oder Varieté" und fordert nachdrücklich die „Berührung der Extreme wider den mittleren, mit Innerlichkeit abspeisenden Bereich einer Kunst, die durch ihre Kulturhaftigkeit verrät, was Kunst soll".[186]

Einen Befürworter dieser ‚mittleren' Form der Innerlichkeit sieht Adorno in Martin Heidegger. Im 1964 erschienenen und gegen Heideggers Philosophie gerichteten *Jargon der Eigentlichkeit* kritisiert Adorno dessen Ablehnung der Zerstreuung: „Zerstreutheit, Folge der Konsumentengewohnheit, sei ein Urübel, während das Bewußtsein vorher schon in der Produktionssphäre enteignet ward, welche die Subjekte zu ihrer Zerstreuung abrichtet."[187] Während Adorno gegen die alles vereinnahmenden Mechanismen der Kulturindustrie gerade das Entfesselte der Zerstreuung und die bunte Mannigfaltigkeit des Amusements setzt, betont Heidegger in Adornos Sicht dagegen eine Form der Volkstümlichkeit und Ursprünglichkeit als Gegengewicht zur Massenkultur: „Heidegger holt die fadenscheinige Ideologie der reinen Stoffe aus dem Kunsthandwerk in den Geist zurück, wie wenn Worte

---

182 Adorno (mit Horkheimer), Dialektik der Aufklärung. GS 3, S. 165. Adorno zitiert hier aus: Frank Wedekind, „Was ich mir dabei dachte". Kurzer Kommentar zu den Werken Frank Wedekinds von ihm selbst. In: Wedekind, Werke Bd. 9: Dramatische Fragmente und Entwürfe, hg. v. Artur Kutscher, München 1921, S. 426. Wedekind schreibt hier über das 1899 geschriebene Stück *Fritz Schwigerlin oder Der Liebestrank: Schwank in drei Aufzügen*: „Meine Begeisterung für den Zirkus, die mich Jahre hindurch beseelte, sollte in dem Stück zum Ausdruck gelangen. Eine Verteidigung und Rechtfertigung körperlicher Kunst gegenüber geistiger Kunst."
183 Vgl. dazu ausführlich Kapitel I.2. dieser Arbeit.
184 Adorno (mit Horkheimer), Dialektik der Aufklärung. GS 3, S. 165.
185 Adorno (mit Horkheimer), Dialektik der Aufklärung. GS 3, S. 165.
186 Adorno, Ästhetische Theorie. GS 7, S. 162f.
187 Adorno, Jargon der Eigentlichkeit. GS 6, S. 460.

reines, gleichsam gerauhtes Material wären."[188] Adorno hat hier Heideggers Inszenierung der Einfachheit des bäuerlichen Lebens im Sinn, das den eigentlichen Boden seiner Philosophie bereitet. Nicht von ungefähr zitiert er aus Heideggers erstmals 1934 in *Der Alemanne. Kampfblatt der Nationalsozialisten Oberbadens* abgedrucktem Vortrag *Warum bleiben wir in der Provinz?*, um Heideggers Ablehnung von Masse und Moderne in die Nähe völkischer Motive zu rücken.[189] Dort heißt es nämlich: „Wenn in tiefer Winternacht ein wilder Schneesturm mit seinen Stößen um die Hütte rast und alles verhängt und verhüllt, *dann* ist die hohe Zeit der Philosophie. Ihr Fragen muß *dann* einfach und wesentlich werden."[190] Wenig später fährt Heidegger in ähnlichem Ton fort: „Die innere Zugehörigkeit der eigenen Arbeit zum Schwarzwald und seinen Menschen kommt aus einer jahrhundertelangen, durch nichts ersetzbaren alemannisch-schwäbischen Bodenständigkeit."[191] Adorno kritisiert an solchen Äußerungen nicht nur den heimatverbundenen Ton, der einen verkappten Nationalismus verschleiert,[192] er wendet sich auch gegen die Betonung einer Innerlichkeit, die Heidegger elitär gegen die Massenkultur ausspielt: „Als Terminus wird sie [die Innerlichkeit, P.G.] Wert und Besitz, in den sie sich verschanzt."[193] Adornos Hervorhebung der fessellosen Zerstreuung der leichten Künste zielt also auch auf Momente von Widerspenstigkeit und Widerstand, die eine folgenreiche Alternative zur Kulturindustrie bilden können. Heideggers beschworene Volkstümlichkeit und Innerlichkeit reflektiert dagegen nicht nur nicht die realen gesellschaftlichen Zustände, sondern arbeitet auch einer Form des Nationalismus zu, vor dem Adorno – gerade auch mit seinen Überlegungen zum Amusement und zur Zerstreuung – zu warnen versucht.

In diesem Sinne wenden Adorno und Horkheimer sich gegen die „mittelmäßige Mitte"[194] der Kulturindustrie, die durch die Prozesse der Schematisierung und Vereinnahmung den gesamten Gehalt sowohl von hoher wie leichter Kunst affiziert. Beide werden ihrer Potentiale beraubt: Jene ihrer Möglichkeit, das Leiden an der Gesellschaft auszudrücken, diese ihrer Fähigkeit, gerade vom Leid absehen zu können. Nach Adorno und Horkheimer lebte das Amusement im „Zeitalter der liberalen Expansion" noch „vom ungebrochenen Glauben an die Zukunft: es

---

188 Adorno, Jargon der Eigentlichkeit. GS 6, S. 446.
189 Vgl. dazu Karl G. Weber, Selbstbild und Täuschung: Politisches Werben zwischen Beeinflussung und Manipulation, Pfaffenweiler 1996, S. 177.
190 Martin Heidegger, Schöpferische Landschaft: Warum bleiben wir in der Provinz? Zitiert nach: Guido Schneeberger, Nachlese zu Heidegger. Dokumente zu seinem Leben und Denken, Bern 1962, S. 216–218, hier: S. 216. Hervorhebung im Original.
191 Heidegger, Schöpferische Landschaft, S. 217.
192 Vgl. Adorno, Jargon der Eigentlichkeit. GS 6, S. 449.
193 Adorno, Jargon der Eigentlichkeit. GS 6, S. 461.
194 Adorno, Ästhetische Theorie. GS 7, S. 284.

würde so bleiben und doch besser werden".[195] Dieses (unrealistische) Moment der Hoffnung wird von der Kulturindustrie vergeistigt, der Glaube verliert jedes Ziel und wird bloß noch in eine ideologische Story verpackt. Der Hoffnung zum Trotz „klirrt nicht die Schellenklappe des Narren, sondern der Schlüsselbund der kapitalistischen Vernunft"[196]. Gerade die Tendenz, „auf den puren Blödsinn böse zurückzugreifen" – was „die volkstümliche Kunst, Posse und Clownerie bis zu Chaplin und den Marx Brothers" kultivierte – wird in den Genres der Kulturindustrie nur noch dazu benutzt, eigene Gedanken des Publikums zu verhindern; etwas wirklich Neues oder Ungebändigtes wird aus der Unterhaltung der Kulturindustrie verbannt: „Nicht also daß die Kulturindustrie Amusement aufwartet [sic!], macht den Betrug aus, sondern daß sie durch geschäftstüchtige Befangenheit in den ideologischen Clichés der sich selbst liquidierenden Kultur den Spaß verdirbt"[197] – und dabei zugleich der hohen Kunst den Sinn nimmt. Adorno und Horkheimer bekräftigen also gerade nicht die „konservative Klage über flaches Amüsement", sondern modifizieren diese, indem ihr Ansatz „nicht Amüsement, Heiterkeit, naive Träumerei als solche ablehnt, sondern gerade den Betrug um die utopischen Momente" der leichten Künste hervorhebt.[198] Denn wie in Kracauers *Dumbo*-Beispiel geht es im Amusement der Kulturindustrie nicht mehr darum, sich in andere Welten zu träumen, vor der bestehenden ‚wegzufliegen', sondern die Unterhaltung dient nur noch dem Durchhalten und letztlich dem Sich-Abfinden mit dem Bestehenden. Die Flucht, die die Kulturindustrie anbietet, ist keine mehr „vor der schlechten Realität, sondern vor dem letzten Gedanken an Widerstand, den jene noch übriggelassen hat"[199]. So gesehen muss man Adornos und Horkheimers *Kulturindustrie*-Kapitel als ein energisches Plädoyer für die anarchische und utopische Kraft des Amusements lesen[200] und nicht als kulturpessimistisch-elitäre Aufforderung zu dessen Abschaffung.

---

195 Adorno (mit Horkheimer), Dialektik der Aufklärung. GS 3, S. 165.
196 Adorno (mit Horkheimer), Dialektik der Aufklärung. GS 3, S. 165.
197 Adorno (mit Horkheimer), Dialektik der Aufklärung. GS 3, S. 165.
198 Irina Djassemy, Produktive Widersprüche in Adornos Kritik der Kulturindustrie. In: Zeitschrift für kritische Theorie 17, 2003, S. 107–142, hier: S. 108. Auch Niederauer und Schweppenhäuser betonen, dass eine apokalyptische Lesart des *Kulturindustrie*-Kapitels dessen Kern verfehlt, da Adorno und Horkheimer nicht das Bedürfnis nach Unterhaltung oder den „glücklichen Unsinn" kritisieren: „Die Pointe besteht vielmehr darin, dass alle Spielarten des ästhetischen Eskapismus längst in den Dienst dessen genommen worden seien, dem die Rezipienten, im Grunde legitimerweise, entkommen wollten"; Niederauer/Schweppenhäuser, Kulturindustrie, S. 14 f.
199 Adorno (mit Horkheimer), Dialektik der Aufklärung. GS 3, S. 167.
200 Damit widerspreche ich auch der Annahme Britta Scholzes, die davon ausgeht, dass „das Amüsement für Adorno nicht glücksfähig" ist; vgl. Scholze, Adorno und das Glück, S. 456.

3 Adornos Rettung des Kitschs

So wie für Adorno die Dichotomie von E und U kein Kriterium für die Wertung von Kunst darstellt, so wendet er sich auch gegen das bis ins 20. Jahrhundert vorherrschende ästhetische Dogma, dass Kitsch das absolute Gegenteil von Kunst sei. Dagegen betont er vielmehr die Verbindung von Kitsch und Kunst. Wie zu sehen sein wird, changiert Adorno dabei einerseits zwischen der Sicht auf Kitsch als *einem* Element von Kunst und andererseits dem Verständnis von Kitsch als nicht unwesentlichem Komplementärphänomen von Kunst. Kitsch erhält bei ihm also nicht den Stellenwert eines unwichtigen Nebenprodukts, sondern wird „innerhalb, nicht wie herkömmlich außerhalb der modernen (Musik-)Ästhetik und des Kunstsystems verortet"[201]. Da Adorno allerdings keine einheitliche Kitsch-Theorie formuliert hat, werden im Folgenden seine Ausführungen zum Verhältnis von Kunst und Kitsch zunächst rekonstruiert.[202] Denn gerade die Fülle an Schriften, in denen er sich seit den 1920er Jahren mit dem Phänomen des Kitschs auseinandersetzt, indiziert die Bedeutung, die er diesem zumisst.[203] Abschließend gehe ich auf Adornos Überlegungen zu Frank Wedekind ein, die in diesem Kontext, obwohl sehr aufschlussreich, bislang noch nicht untersucht wurden.

Das Wort ‚Kitsch' entstand Ende des 19. Jahrhunderts in Deutschland und umfasst eine Reihe von Bedeutungsfacetten, die von „Schund, Abfall, schlechte, seichte bzw. Nicht-Kunst"[204] bis hin zum schlechten Geschmack reichen. Auffällig ist, dass Kitsch im ästhetischen Diskurs von Beginn an als das Gegenteil von

---

[201] Beate Kutschke, Kitsch: ein unerlaubtes Glück? Zum Kitschbegriff bei Adorno. In: Katrin Eggers/Nina Noeske (Hg.), Musik und Kitsch, Hildesheim/Zürich/New York 2014, S. 105–123, hier: S. 111.
[202] Mit dem Begriff der Rekonstruktion schließe ich mich Gerhard Schweppenhäuser an, der in Bezug auf die Rekonstruktion einer Kitsch-Theorie bei Kracauer, Benjamin und Adorno schreibt: „Die Argumente, um die es hier geht, sind nicht nur in ihrem eigenen Entstehungskontext fragmentiert geblieben und nicht systematisch entfaltet worden; sie wurden auch vom *mainstream* der späteren Rezeption verschüttet." Gerhard Schweppenhäuser, Kunst als Wunscherfüllung? Zur kritischen Theorie des Kitschs. In: Bild – Sprache – Kultur, S. 181–200, hier: S. 187 (FN). Hervorhebung im Original. Da Schweppenhäuser sich in einer ersten Annäherung an eine Theorie des Kitschs aus der Perspektive der Kritischen Theorie auf die zentralen Argumente von drei Autoren zugleich konzentriert, konnte er offensichtlich einige nicht unbedeutende Erörterungen Adornos zum Kitsch nicht aufnehmen. Dies soll hier nachgeholt werden.
[203] Auch Beate Kutschke, die Adornos Kitschbegriff aus musikwissenschaftlicher Perspektive anhand seiner Erörterungen zu Schubert und Mahler untersucht, betont, wie wichtig der Kitsch als Phänomen in Adornos Überlegungen ist. Eine detaillierte Auflistung von Adornos insbesondere musiktheoretischen Überlegungen zum Kitsch findet sich ebenfalls bei ihr; Kutschke, Kitsch, S. 117; 106.
[204] Dieter Kliche, Kitsch. In: Ästhetische Grundbegriffe. Bd. 3, S. 272–288, hier: S. 275.

Kunst betrachtet wurde.[205] Ungefähr seit 1890 verwendete die Kulturkritik den Begriff vor allem auch zur Abwertung musikalischer und literarischer Werke.[206] Kitsch wurde und wird von seinen KritikerInnen zur Pseudo-Kunst erklärt, „die von vorneherein darauf berechnet ist, bestimmte gewünschte Wirkungen zu erzeugen"[207]. Gillo Dorfles hat in seiner Ende der 1960er Jahre erschienenen Studie wesentliche Merkmale zusammengestellt, die herangezogen werden, um Kitsch von Kunst abzugrenzen. Dazu zählen der Personenkult, der Transfer bestimmter Stoffe von einem Medium ins andere, das Prinzip der Verniedlichung, die Verwendung übersteigerter Dimensionen, die Serialisierung so genannter Meisterwerke, das nicht Zueinanderpassen von Stoff und Form sowie die Nachahmung ehemaliger Zeiten und Stile.[208] Kitsch gilt in der Regel als schnell und kostengünstig produziert und lässt sich auch etymologisch aus der Händlersprache ableiten.[209] Zugleich wird der Begriff auch mit dem Kunstgewerbe und damit dem handwerklichen Bereich assoziiert. Damit sind die wichtigsten Aspekte des Begriffs benannt, welche die Kritik vorbringt: „[D]er Kommerz-Verdacht und der verächtliche Blick auf Kunsthandwerk und Design."[210]

Indem Adorno sich in seinen Überlegungen sowohl gegen eine Dichotomie von Kunst und Kitsch als aber auch gegen eine Nivellierung jeglicher Unterschiede wendet, schlägt er einen anderen Weg als die gängige Kunstkritik ein:

> Kitsch ist nicht, wie der Bildungsglaube es möchte, bloßes Abfallprodukt [sic!] der Kunst, entstanden durch treulose Akkommodation, sondern lauert in ihr auf die stets wiederkehrenden Gelegenheiten, aus der Kunst hervorzuspringen. Während Kitsch koboldhaft jeder

---

205 Eine wichtige Station für dieses Verständnis war die 1909 eröffnete Ausstellung *Geschmacksverirrungen im Kunstgewerbe* in Stuttgart, deren eine Unterabteilung *Kitsch überhaupt* lautete und Exemplare des vermeintlich schlechten Geschmacks wie Heiligenbildchen, Andenken, Kriegsfiguren u.v.m. versammelte. 1909 erschien Hermann Schülings *Bibliographie der Abhandlungen über den Kitsch* und 1925 mit Fritz Karpfens *Der Kitsch. Eine Studie über die Entartung der Kunst* die erste Abhandlung zum Thema; vgl. Kliche, Kitsch, S. 274.
206 Vgl. Jochen Schulte-Sasse, Kitsch. In: Historisches Wörterbuch der Philosophie. Bd. 4, Sp. 843–846, hier: Sp. 844.
207 Schweppenhäuser, Kunst als Wunscherfüllung, S. 183.
208 Gillo Dorfles, Der Kitsch, Tübingen 1969, bes. S. 16–35.
209 Vgl. zu den verschiedenen Ableitungsversuchen des Wortes Kliche, Kitsch, S. 275 f.
210 Schweppenhäuser, Kunst als Wunscherfüllung, S. 183. Seit der postmodernen Aufwertung von Kitsch schwindet die langjährige negative Konnotierung allmählich. Mit der Forderung nach einer prinzipiellen Offenheit der Kunst und des Kunstsystems wird auch der Unterschied zwischen Kunst und Kitsch eingeebnet: „Wahrscheinlich sollte man nicht versuchen, Kitsch zu definieren, zu verurteilen oder zu loben. [...] Überhaupt scheinen Kitschbegriff und damit Kitschkunst eine reine Wertungsfrage. Diese Wertung hat sich verschoben, weil die industriell vorgefertigten Produkte *zu uns* gehören, bis daß der Tod uns scheidet. [...] Der Kitschbegriff verschwindet." Gregory Fuller, Kitsch-Art. Wie Kitsch zur Kunst wird, Köln 1992, S. 23. Hervorhebung im Original.

Definition, auch der geschichtlichen, entschlüpft, ist eines seiner hartnäckigen Charakteristika die Fiktion und damit Neutralisierung nicht vorhandener Gefühle. Kitsch parodiert die Katharsis.[211]

Kitsch ist nach Adorno also nicht das Gegenteil von Kunst, sondern ein ihr ähnliches und zugleich widerstreitendes Moment, das jederzeit zum Vorschein kommen kann. Das hier gewählte Bild vom Kobold erinnert an die von Benjamin aus einem bekannten Kinderlied entnommene Figur des „bucklicht Männlein", das in verschiedenen seiner Texten auftaucht. Wer von diesem kleinen Gesellen angeblickt wird, gibt nicht acht, „nicht auf sich selbst und auf das Männlein auch nicht", wie Benjamin in seiner *Berliner Kindheit um neunzehnhundert* schreibt.[212] Ähnlich versteht Adorno den Kitsch hier, der gleich dem „bucklicht Männlein" daran mahnt, ihn nicht zu vergessen.

Denn der Kitsch ist nach Adorno gar nicht so weit von gelungener Kunst entfernt, die ebenfalls nicht auf eine „Dokumentation real vorhandener Gefühle" oder eine realistische Darstellung setzt: „Vergebens, abstrakt die Grenzen ziehen zu wollen zwischen ästhetischer Fiktion und dem Gefühlsplunder des Kitschs."[213] In seiner – freilich übersteigerten und übertriebenen – Form geht Kitsch über jede realistische Darstellung hinaus; das nähert ihn der ernsten Kunst an. Wie Adorno an Becketts Dramen hervorhebt, dass sie sich jeder kathartischen Wirkung verweigern,[214] so betont er auch am Kitsch, dass dieser gerade in seiner offensichtlichen Sentimentalität und Rührseligkeit die Katharsis der Tragik parodiert. Da nach Auschwitz jeder künstlerische Versuch, eine kathartische Wirkung zu erzielen, zur Lüge wird, zieht er das Plakative des Kitschs allen Stücken vor, die auf theatrale Läuterung setzen.[215] Gerade aber aufgrund der Verwandtschaft von Kitsch und gelungener Kunst versucht diese, sich des Kitschs zu entledigen: „Als Giftstoff ist er aller Kunst beigemischt; ihn aus sich auszuscheiden, ist eine ihrer verzweifelten Anstrengungen heute."[216]

Nach Schweppenhäuser ist mit dieser Argumentation „dem kulturkritischen Kitschdiskurs sein Fundament entzogen, nämlich der konstitutive Gegensatz zur Kunst"[217]. Dass Kunst und Kitsch nicht trennscharf voneinander zu

---

211 Adorno, Ästhetische Theorie. GS 7, S. 355.
212 Benjamin, Berliner Kindheit um neunzehnhundert. GS VII.1, S. 430.
213 Adorno, Ästhetische Theorie. GS 7, S. 355.
214 Vgl. zu Adornos Beckett-Interpretation Kapitel IV.1. und V.2. dieser Arbeit.
215 Ähnliches schreibt Adorno an Benjamin über den Film: „Wenn Sie den Kitschfilm gegen den mit ‚Niveau' retten, so kann keiner mehr mit Ihnen d'accord sein als ich;" Adorno an Benjamin, 18.03.1936. BW 1, S. 170.
216 Adorno, Ästhetische Theorie. GS 7, S. 355.
217 Schweppenhäuser, Kunst als Wunscherfüllung, S. 194.

unterscheiden sind, versucht Adorno in den *Paralipomena* der *Ästhetischen Theorie* zu konkretisieren, indem er die dem Kitsch nachgesagte Eigenschaft, nicht vorhandene Gefühle vorzutäuschen, anhand der Frage diskutiert, wessen Gefühl eigentlich vorgetäuscht wird. Er wendet sich gegen die Auffassung, es handele sich um die Gefühle der Autorin oder des Autors, denn diese können weder rekonstruiert werden noch ist dies überhaupt ein Kriterium. Es geht aber auch nicht um die Gefühle der „personae dramatis", denn jene sind genauso fiktiv wie diese selber. Daher müsste man, „damit jene Definition sinnvoll werde, den Ausdruck des Kunstwerks an sich als index veri et falsi betrachten".[218] Dies kann „nur kasuistisch" entschieden werden und auch das nicht „ohne allen Zweifel".[219] Eine Vorab-Unterscheidung von Kunst und Kitsch ist also schlichtweg nicht möglich. Das heißt jedoch nicht, dass Adorno für eine rein affirmative Verteidigung des Kitschs eintritt, allerdings ist die Kritik an ihm nicht loszulösen von der Kritik an der Kunst selbst: „Denn diese changiere stets zwischen dem Bemühen um den spezifisch-individuierten, authentischen Ausdruck und dem Rückgriff auf schematisierende Verfahren, Fiktionalisierungen und allgemeingültige, konventionelle Formen."[220] Ähnlich formuliert Adorno dies in der *Ästhetischen Theorie*: „Nichts ist von der Kritik am Kitsch nachzulassen, aber sie greift über auf Kunst als solche. Auflehnung gegen ihre apriorische Affinität zum Kitsch war eines ihrer wesentlichen Entwicklungsgesetze in ihrer jüngeren Geschichte."[221]

Obwohl die Kritik am Kitsch also notwendig ist, besteht sein großer Vorteil nach Adorno darin, gerade wegen seiner übersteigerten Form das Falsche an der Gesellschaft besser herauslesen zu können als dies beispielsweise in der Rezeption von realistischer Kunst oder von Produkten der Kulturindustrie gelingt, die beide die Realität bloß affirmieren. Kitsch kann in Adornos Sicht gerade die Verlogenheit der Kulturindustrie aufdecken, die ihre Produkte bewusst mit Realitätsgehalt versieht, damit zwischen Leben und kulturindustrieller Unterhaltung nicht mehr unterschieden werden kann. Der Kitsch dagegen macht die Diskrepanz zwischen schönem Schein und harter Realität derart transparent, dass er darin sogar die ernste Kunst übertrifft. Anstatt über gesellschaftliche Ungleichheiten kulturindustriell hinwegzutäuschen, zeigt der Kitsch deutlich, „dass man selbst vom Glück abgeschnitten ist"[222]:

---

[218] Adorno, Ästhetische Theorie. GS 7, S. 467.
[219] Adorno, Ästhetische Theorie. GS 7, S. 467.
[220] Schweppenhäuser, Kunst als Wunscherfüllung, S. 194.
[221] Adorno, Ästhetische Theorie. GS 7, S. 466.
[222] Schweppenhäuser, Kunst als Wunscherfüllung, S. 199; vgl. auch Kutschke, Kitsch, S. 119 f.

Das Ladenmädchen identifiziert sich nicht unmittelbar mit dem als Privatsekretärin kostümierten glamour girl, das den Chef heiratet. Aber im Angesicht jenes Glücks, von seiner Möglichkeit überwältigt, wagt es sich einzugestehen, was einzugestehen sonst die gesamte Einrichtung des Lebens verwehrt: daß es am Glück keinen Teil hat. Was für Wunscherfüllung gilt, ist die karge Befreiung, die darin liegt, daß man sich einmal wenigstens nicht noch das letzte Glück verbieten muß: zu wissen, daß man es nicht hat und daß man es doch haben könnte. Die Erfahrung des Ladenmädchens ist verwandt der des Mütterchens, das bei einer fremden Hochzeit weint, indem es selig der Unseligkeit des eigenen Daseins innewird. Auf den Trick, einmal ziehe ein jeder das große Los, fallen längst die Dümmsten nicht mehr herein. In der temporären Freigabe der Ahnung, daß man sein Leben versäumte, besteht das Recht des Kitschs.[223]

Gerade weil das Glück den Unglücklichen nicht zugestanden wird, wird das Glück des Kitschs zu einem Äquivalent einer „prinzipiell uneinholbare[n] Utopie"[224]. Aber genau an dieser hält der Kitsch nach Adorno vehement fest – und das offensiver und offensichtlicher als die große Kunst; und darin genau besteht sein Recht. Unter diesem Blickwinkel erscheint auch folgende Passage aus Adornos Essay *Ist die Kunst heiter?* weniger als Zurückweisung von Kitsch denn als seine Verteidigung:

> Pflegen die Versuche, Kitsch zu definieren, zu scheitern, so wäre jedenfalls der nicht der schlechteste, der zum Kriterium von Kitsch macht, ob ein Kunstprodukt, und wäre es durch den Nachdruck des Gegensatzes zur Realität, das Bewußtsein des Widerspruchs ausprägt oder darüber betrügt. Unter solchem Aspekt ist von jeglichem Kunstwerk sein Ernst zu fordern.[225]

Wenn der Kitsch also den Gegensatz zur Realität bewusst auszustellen weiß, ist er seinem Verhalten nach ‚ernst': „Kitsch wäre die Kunst, die nicht ernst genommen werden kann oder will und die doch durch ihr Erscheinen ästhetischen Ernst postuliert."[226] Ernst ist also nicht der Inhalt des kitschigen

---

223 Adorno, Musikalische Warenanalysen, GS 16, S. 295. Die Texte der *Musikalischen Warenanalysen* sind zwischen 1934 und 1940 entstanden und später, 1955, unter dem Titel *Improvisationen* in der *Neuen Rundschau* erstmals publiziert worden. Adorno nimmt in oben zitierter Passage Bezug auf Siegfried Kracauers 1928 in der *Frankfurter Zeitung* erschienenen Artikel *Die kleinen Ladenmädchen gehen ins Kino*, in dem Kracauer ebenfalls, allerdings mit einem anderen Akzent, auf die von der Kulturindustrie forcierte Entsprechung von „Filmkolportage und Leben" verweist: Die Filme „färben die schwärzesten Einrichtungen rosa und überschmieren die Röte. Darum hören sie nicht auf, die Gesellschaft zu spiegeln. Vielmehr: je unrichtiger sie die Oberfläche darstellen, desto richtiger werden sie, desto deutlicher scheint in ihnen der geheime Mechanismus der Gesellschaft wider." Siegfried Kracauer, Die kleinen Ladenmädchen gehen ins Kino. In: Das Ornament der Masse, S. 279–294, hier: S. 280.
224 Kutschke, Kitsch, S. 120.
225 Adorno, Ist die Kunst heiter? GS 11, S. 601.
226 Adorno, Ästhetische Theorie. GS 7, S. 467.

Gegenstands, wohl aber sein Ausdruck, der in der Differenz zur Empirie besteht.

Die „Verwandtschaft"[227] von Kunstwerk und Kitsch besteht nach Adorno desweiteren darin, dass sie sich in ihrer jeweiligen Beherrschung des Materials über Natur erheben und darin der kapitalistischen Lohnarbeit angleichen, von der alle Kunst sich eigentlich unterscheiden will. Während die vielfach reproduzierten und immer wieder reproduzierbaren Produktionen des Kitschs dabei gerade auf Nachahmung setzen – sei es der Natur, sei es der hohen Kunst –[228], versucht das Kunstwerk Nachahmung gerade zu vermeiden:

> Albern und unverhohlen vielmehr spricht die Existenz des Schunds den Triumph aus, daß es den Menschen gelang, von sich aus ein Stück dessen noch einmal hervorzubringen, worin sie sonst als Mühselige gebannt sich finden, und den Zwang der Anpassung symbolisch zu brechen, indem sie selber schaffen, was sie fürchteten; und vom Echo des gleichen Triumphs hallen die mächtigsten Werke wider, die ihn sich versagen und als reines Selbst ohne Beziehung auf ein Nachgeahmtes sich dünken.[229]

Kunst und Kitsch zelebrieren beide eine „Freiheit von Natur": „Bilder und Bildchen haben gemein, daß sie die Urbilder hantierbar machen."[230] Genau darin aber bleiben sie – in je unterschiedlicher Weise – „mythisch befangen": Die Kunst, indem sie den Bezug auf ein Außen und damit jede Form von Nachahmung leugnet; der Kitsch, indem er ihn allzu offensichtlich ausstellt und in der Nachahmung einen unmittelbaren Zugriff auf Natürlichkeit oder Ursprünglichkeit verspricht. Allerdings liegt nach Adorno gerade in dieser überschwänglichen Ausstellung der Nachahmung auch das Potential, Kunst an ihre eigene mimetische Funktion zu erinnern:

> Am Ende ist die Empörung über den Kitsch die Wut darüber, daß er schamlos im Glück der Nachahmung schwelgt, die mittlerweile vom Tabu ereilt ward, während die Kraft der Kunstwerke geheim stets noch von Nachahmung gespeist wird. Was dem Bann des Daseins, seinen Zwecken entrinnt, ist nicht nur das protestierende Bessere, sondern auch das zur Selbstbehauptung Unfähige, Dümmere. Diese Dummheit wächst an, je mehr autonome Kunst ihre abgespaltene, vorgeblich unschuldige Selbstbehauptung anstelle der realen, schuldhaft herrischen vergötzt. Indem die subjektive Veranstaltung als gelungene Rettung objektiven Sinnes auftritt, wird sie unwahr. Dessen überführt sie der Kitsch; seine Lüge fingiert nicht erst Wahrheit. Er zieht Feindschaft auf sich, weil er das Geheim-

---

227 Adorno, Minima Moralia. GS 4, S. 257 (Kunstfigur).
228 Adorno verweist auf die Ähnlichkeit der „Fichtenlandschaft" einer Schneekugel mit Stifters grüner Fichtau und auf die des „polychrome[n] Gartenzwergs" mit dem „Wicht aus Balzac oder Dickens"; Adorno, Minima Moralia. GS 4, S. 257 (Kunstfigur).
229 Adorno, Minima Moralia. GS 4, S. 257 (Kunstfigur).
230 Adorno, Minima Moralia. GS 4, S. 257 (Kunstfigur).

nis von Kunst ausplaudert und etwas von der Verwandtschaft der Kultur mit den Wilden.[231]

Zwei Aspekte an dieser Argumentation sind von Bedeutung: Zum einen betont Adorno hier, dass der Kitsch noch „schamlos im Glück der Nachahmung" schwelgen und damit einer Lust frönen darf, die der Kunst verwehrt ist, gerade weil sie, um den Widerspruch zur Realität ausprägen zu können, in ihrer Formsprache Distanz zur einfachen Nachahmung wahren muss. Indem der Kitsch naiv nachahmt, kann er auf ein Moment von Glück hindeuten, das im Sich-Gleichmachen, in der Hingabe an ein Anderes besteht.[232] Zugleich ist dieses Glück aufgrund der Unmöglichkeit von Unmittelbarkeit aber nur Schein.

Zum anderen kann Kitsch für Adorno die Funktion übernehmen, Kunst zu korrigieren.[233] Diese befindet sich ihm zufolge immer in ihrem „unauflöslichen Widerspruch", nämlich einerseits eine „Apotheose des Machens, der naturbeherrschenden Fähigkeit" zu sein, wodurch sie ihre Autonomie, ihre „Zweckmäßigkeit ohne Zweck" gewinnt; andererseits aber ist gerade dieses Machen „untrennbar [...] von eben der Zweckrationalität, aus der Kunst ausbrechen will"[234]. Diese „paradoxe Verflechtung in den zivilisatorischen Prozeß"[235] versucht Kunst zu vertuschen, indem sie ihre Gemachtheit und ihre Verbindung zur Realität negiert. Indem der Kitsch genau dieses „Geheimnis" unverhohlen ausplaudert, korrigiert er zugleich den Anspruch der Kunst, als zweckfreies, an sich Seiendes einen privilegierteren Zugang zur Wahrheit zu haben.

Dass Kitsch „*Modellcharakter*"[236] besitzen kann, zeigt Adorno auch mit Blick auf die Musik. Ihm zufolge hat der Kitsch „selber Ursprung im Sturz von

---

231 Adorno, Minima Moralia. GS 4, S. 257f. (Kunstfigur).
232 Vgl. dazu Kapitel IV.2. dieser Arbeit; ebenso: Benjamin, Berliner Kindheit um neunzehnhundert. In: GS VII.1, S. 392.
233 Auch Schweppenhäuser versteht Adornos Kitsch-Begriff in diesem Sinne. Er bezieht sich dabei jedoch nur auf Adornos *Musikalische Warenanalysen* und wenige Stellen aus der *Ästhetischen Theorie*. Schweppenhäuser hebt besonders hervor, dass Adorno durch seine Werkanalysen und den Blick auf die Produktionsästhetik vorgeführt hat, „dass Kitsch nicht nur Verfälschung und Verhunzung der Kunst sein kann, sondern auch, wenn man so will, deren Korrektiv"; Schweppenhäuser, Kunst als Wunscherfüllung, S. 199.
234 Adorno, Minima Moralia. GS 4, S. 258 (Kunstfigur).
235 Adorno, Minima Moralia. GS 4, S. 258 (Kunstfigur).
236 Adorno, Kitsch. GS 18, S. 791. Hervorhebung im Original. Hierbei handelt es sich um ein zu Lebzeiten unveröffentlichtes Manuskript, das laut der Herausgeber der *Gesammelten Schriften* ca. 1932 entstanden ist. Ein Hinweis im Text auf einen Schlager, der 1929 erschienen ist und von dem Adorno sagt, dass etwa seit einem Jahr Schlager ähnlichen Typs gedeihen, könnte auch den Schluss nahelegen, dass Adornos Entwurf bereits 1930 entstanden ist.

Formen und Material in der Geschichte. Kitsch ist der Niederschlag entwerteter Formen und Floskeln in einer Formwelt, die ihrem Umkreis entrückt ist"[237]. Der Kitsch trägt daher weniger die Attribute des Unechten als vielmehr die des Unausgeführten und nur Angedeuteten. Zugleich erinnert er an „eine Formobjektivität, die verging"[238]. Auch hier kommt dem Kitsch also wieder die Korrekturfunktion zu, die Adorno ihm auch in Bezug auf das Glück zuspricht: Der Kitsch zeigt deutlich, was fehlt. Ganz anders verhält es sich mit der so genannten mittleren Kunst der Kulturindustrie, die die Brüche gerade zu verdecken sucht: „Darum ist Kitsch aller Musik des juste milieu vorzuziehen."[239] Noch deutlicher wird Adorno in einer unveröffentlichten und etwa 1928 geschriebenen Notiz zur Zeitschrift *Anbruch*, deren Mitherausgeber er gerade geworden war und in der er die zukünftige Ausrichtung zu bestimmen versuchte. Künftig wollte er die „gesamte Sphäre der ‚leichten Musik', des Kitschs, nicht nur des Jazz, sondern ebenso der europäischen Operette, des Schlagers usw."[240] in den Blick nehmen. Das Ziel ist die Rettung des Kitschs:

> Gegen alle bloß gehobene mittlere Kunst, gegen die verfallenen Ideale von Persönlichkeit, Kultur usw. ist der Kitsch auszuspielen und zu verteidigen. Andererseits aber hat man nicht der heute vor allem in Berlin modischen blanken Kitschverherrlichung zu verfallen und ihn um seiner Popularität willen als die wahre Kunst der Zeit auszugeben. Sondern die radikale Problematik des Kitschs und seiner vorgeblichen ›Volkstümlichkeit‹ ist rücksichtslos herauszukehren, und der Kitsch verfällt toto genere der soziologischen Kritik, die aufweist, daß er keineswegs eine ›Gemeinschaftskunst‹, sondern deren von bestimmten Klasseninteressen diktiertes ideologisches Surrogat ist. Zugleich ist die ›Modernität‹ des Kitschs durch Hinweis auf seine musikalische Rückständigkeit zu widerlegen. Aber der sentimentale Kitsch hat allemal recht gegen sentimentale Kunst mit Prätentionen; etwa auch der echte Gebrauchsjazz gegen die Versuche, den Jazz in die Kunstmusik zu verpflanzen und zu ›veredeln‹, wodurch ihm sowohl wie der Kunstmusik Unrecht geschieht. Die Rettung des Kitschs hat nicht in dessen naiver Anerkennung, sondern gewissermaßen über seinen Kopf hinweg; malgré lui-même zu geschehen. Der Kitsch ist ein Gegenstand der Interpretation; als solcher aber von höchster Wichtigkeit.[241]

Entscheidend ist hier, dass Adorno, obwohl er den Kitsch aufgrund seiner Verklärungstendenzen durchaus kritisch sieht, dennoch für seine Rettung plädiert. Dies kann jedoch nicht in „naiver Anerkennung" seiner Inhalte geschehen, sondern nur, indem man sich seine Potentiale bewusst macht. Neben seiner Korrektivfunktion ist das nach Adorno vor allem seine Antithese zur Kulturin-

---

237 Adorno, Kitsch. GS 18, S. 791.
238 Adorno, Kitsch. GS 18, S. 791.
239 Adorno, Kitsch. GS 18, S. 791.
240 Adorno, Zum ‚Anbruch'. Exposé. GS 19, S. 601.
241 Adorno, Zum ‚Anbruch'. Exposé. GS 19, S. 602.

dustrie, die durch Standardisierung, Stereotypisierung und Angleichung aller Formen, Materialien und Sujets bloß mittelmäßige Kunst hervorbringt.²⁴² Nicht der Kitsch oder die leichte Kunst sind nach Adorno folglich das Problem, sondern die alles homogenisierende Kulturindustrie. Gegen die Indienstnahme durch diese muss der Kitsch auch deswegen gerettet werden, weil er sowohl ein Element der populären als auch der hohen Kunst ist. Anders als diese kann er aber ein Stück Unmittelbarkeit und Naivität bewahren, welches die ernste Kunst bewusst aus sich ausscheiden muss.

Naivität kennzeichnet nach Adorno auch das Werk von Frank Wedekind:

> Der Bohémien, der in kompakten Bühnenbildern der bourgeoisen Epoche vielbestaunte Pervertiertheiten zuschrie, ist als einziger vielleicht naiv. Daß er nicht mehr weiß, als Zeitungen oder Straßenmädchen, daß seine historische Erkenntnis nicht über das Lexikon hinausreicht, gibt ihm etwas, was seit dem jungen Schiller nicht da war. Er ist wieder ein Anfang. Denn er hat schon den großen Atem. Seine Dramatik ist abenteuerlich wie die Prosa Dostojewskijs, das Spielmäßige der Handlung sitzt nicht artistisch, sondern akrobatisch, er ist unerhört wagemutig, er pocht an jedes Gefühl und kriecht in jeden Instinkt, er schreit, er plakatiert. Er geht ins Große. [...] Er war der Zeit staunenswert voraus, weil er so weit hinter ihr zurück war.²⁴³

Diese Äußerungen Adornos aus einem zu Lebzeiten unveröffentlichten Manuskript über Wedekinds 1908 uraufgeführtes Stück *Musik. Sittengemälde in vier Bildern* erschließen, was Adorno nicht nur an der Persönlichkeit, sondern auch an der Dramatik Wedekinds schätzt. Denn Adorno rückt die Naivität des Dichters in unmittelbare Nähe zur kindlichen Naivität, welche die Gesetze der Welt nicht anerkennen will, und zur Exzentrik des Zirkus, mit dem die Wedekind'schen Dramen liebäugeln.²⁴⁴ Wedekind rebelliert nach Adorno gegen seine Zeit, weil er ihren Gesetzen – gleich den sich der Schwerkraft widersetzenden ZirkusakrobatInnen – nicht folgen will. Damit meint er vor allem die Abgrenzung

---

242 Auch Schweppenhäuser meint, dass Adorno gerade die „Differenz zwischen Kitsch und *Kulturindustrie*" betont; Schweppenhäuser, Kunst als Wunscherfüllung, S. 194. Hervorhebung im Original.
243 Adorno, Frank Wedekind und sein Sittengemälde ,Musik'. GS 11, S. 621.
244 Die meisten von Wedekinds Dramen haben den Zirkus zum Schauplatz oder Thema. Seine 1895 erschienene und 1898 erstmals aufgeführte Tragödie *Der Erdgeist* beginnt bspw. mit einem Prolog, der das kommende Geschehen gleich den verschiedenen ,Nummern' einer Zirkusaufführung anpreist: „Hereinspaziert in die Menagerie, / [...] Verehrtes Publikum – hereinspaziert!" Auch im 1903 erschienenen Drama *Die Büchse der Pandora*, der Fortsetzung des *Erdgeists*, findet der Zirkus in der Figur des Rodrigo Quast, einem Zirkusathleten, sein Thema; Frank Wedekind, Der Erdgeist. In: Wedekind, Werke, hg. v. Elke Austermühl/Rolf Kieser/Hartmut Vinçon, Bd. 3/I, hg. v. Hartmut Vinçon, Darmstadt 1996, S. 313–400; Wedekind, Die Büchse der Pandora. Bd. 3/I, S. 477–540.

Wedekinds vom damals erfolgreichen naturalistischen Drama, aber auch seine grotesk-verfremdende Dramaturgie und Schock-Ästhetik, welche die Prüderie und Spießbürgerlichkeit seiner Zeit entlarvt. Dies kommt bei Wedekind insbesondere auch in der Sprache seiner Stücke zum Ausdruck:

> Sein Dialog beruht auf dem Prinzip, daß kein Sprecher je den anderen versteht. Wedekinds Stücke sind Mißverständnisse in Permanenz. [...] Die dramatischen Personen nähern als Akrobaten den Mechanismen sich an. Sie können bereits nicht mehr sprechen [...], wissen es aber noch nicht.[245]

Wie das Verhältnis von Wedekinds Stücken zu ihrer Zeit genau zu bestimmen ist, konkretisiert Adorno in seinem 1932 im Südwestrundfunk gehaltenen Vortrag *Über den Nachlaß Frank Wedekinds*. Adorno verfolgt hier zunächst die Frage, weshalb Wedekinds Stücke innerhalb weniger Jahre in Vergessenheit geraten und von den Spielplänen der Theater verschwunden sind. Gegen den Vorwurf, diese Stücke seien unzeitgemäß und historisch obsolet, versucht Adorno, Wedekinds Dramatik zu rehabilitieren. Adorno meint zwar auch, dass an Wedekinds Stoffen an sich, nämlich „am Fleischgeist und am schönen Tier, auch an den unpolitischen Reformversuchen und Beutezügen der Wedekindschen Akrobaten" nicht umstandslos festzuhalten ist und sie tatsächlich für „zeitbedingt gelten mögen";[246] zugleich problematisiert er diesen Begriff als solchen. Denn es ist kennzeichnend für bedeutende Werke, dass sie sich im Laufe der Zeit verändern. Dies gelingt aber umso eher, „je besser und tiefer die Stoffschicht der Werke der ihrer Zeit eingesenkt ist"[247]. Bedeutende Werke vermögen es „durch ihre Geschichte den Stoff selbst durchsichtig zu machen, in dem sie ruhen, weil sie ihn vollständig ergriffen haben und nun gleichsam in eine geschichtliche Bewegung mitreißen, durch welche er gedeutet wird"[248]. Die Brisanz von Wedekinds Stücken ist nach Adorno erst durch die Zeit offenbar geworden, die seine Werke und Stoffe wiederum verändert hat. Der Zeitgebundenheit seiner Stücke war sich Wedekind durchaus bewusst, was in seinem Verhältnis zu den Stoffen zum Ausdruck kommt:

> [W]ährend er einerseits das Recht auf Formung mit dem Pathos des Excentrics vertritt, den Naturalismus verfehmt, bestreitet, jemals auf Tendenz auszugehen, und alle die vermeintlichen Tendenzen als bloße Anlässe zum in sich geschlossenen Gebilde genommen haben will, hat er andererseits den Willen, überall dort den Stoff zu akzentuieren, wo er der Form sich nicht einfügt und wider die Form seinen Einspruch anmeldet, unterhalb

---

245 Adorno, George und Hofmannsthal. Zum Briefwechsel: 1891–1906. GS 10.1, S. 235 (FN).
246 Adorno, Über den Nachlaß Frank Wedekinds. GS 11, S. 628.
247 Adorno, Über den Nachlaß Frank Wedekinds. GS 11, S. 629.
248 Adorno, Über den Nachlaß Frank Wedekinds. GS 11, S. 629.

deren er gelegen ist: Stoff als Schein und Kolportage und Kitsch. Hier, in jenen eigenmächtigen Stoffschichten, ist der Ort der Deutung.[249]

Obwohl Wedekind also eigentlich zur Geschlossenheit tendiert, was sich bei ihm beispielsweise auch in der geschlossenen Dramenstruktur zeigt, betont er nach Adorno überall dort die Stoffe nachdrücklich, wo sie sich nicht gänzlich in die Form fügen, wo „sie sich gegen den Zugriff der Dichtung wehren"[250]. Wedekind verteidigt diese „scheinhaftesten, grellsten, geschmacklosesten Stoffe[ ]"[251] vehement gegenüber den dichterisch fügsameren. Adorno spricht hier vom Überwältigt-Werden des Dichters von diesen Stoffen, was an das Gefühl des Überfallen-Werdens in der ästhetischen Erfahrung erinnert. Hier ist es jedoch der Dichter, der von diesen kitschigen Stoffen überwältigt wird. Er muss sich gleichsam zum ‚Instrument der Stoffe' umschaffen:[252] Die Form des Kunstwerks findet der Künstler dort, „wo er verzichtet, sie in scheinbarer Freiheit von sich aus zu setzen, sondern wo er sie aus den Figuren der Stofflichkeit heraus liest"[253]. Relevant an dieser Argumentation ist, dass Adorno hier nicht wie sonst häufig die Form gegenüber dem Stoff akzentuiert, sondern die Qualität des literarischen Werks insbesondere am Stoff und dann auch noch am „geschmacklosesten" ausmacht. Aber gerade dieser kann an die Kraft des großen Kunstwerks erinnern, da er schon immer gegen Geschlossenheit, Fügsamkeit und falsche Synthese rebelliert. Für Adorno sind es daher vor allem Wedekinds Stoffe, die in „Objektivität" umschlagen, und es sind „die gleichen Stoffe, die man heute überholt und als subjektiv, veraltet schilt".[254]

Der „urechte Plunder" – hier zitiert er aus einem Gedicht Wedekinds – interessiert Adorno auch deshalb so, weil es sich dabei um die vernachlässigten und übersehenen Dinge handelt, die es jedoch zu retten gilt. Es sind die

> abgeworfenen, niedrigen, von der Form und von der Gesellschaft verlassenen Dinge, die die einzig scheinlosen sind, und denen er die Wahrheit abzuzwingen hofft, die allen anderen versagt ist. Der urechte Plunder: das ist das gleiche, was die ästhetische Sprache

---

249 Adorno, Über den Nachlaß Frank Wedekinds. GS 11, S. 629 f.
250 Adorno, Über den Nachlaß Frank Wedekinds. GS 11, S. 630.
251 Adorno, Über den Nachlaß Frank Wedekinds. GS 11, S. 630.
252 Vgl. eine ähnliche Formulierung Adornos mit Blick auf Valéry: „Der Künstler soll sich zum Instrument umschaffen"; Adorno, Der Artist als Statthalter. GS 11, S. 122; vgl. dazu Kapitel III.1. dieser Arbeit.
253 Adorno, Über den Nachlaß Frank Wedekinds. GS 11, S. 630.
254 Adorno, Über den Nachlaß Frank Wedekinds. GS 11, S. 630. Vgl. zur Verteidigung von Wedekinds Dramatik gegenüber dem Vorwurf des Veraltens auch Adornos im April 1962 gehaltenen Vortrag *Improvisationen über Wedekind* anlässlich einer Inszenierung von *Der Liebestrank* in Darmstadt; Adorno, Improvisationen über Wedekind. NL 5, S. 331 f.

unserer Tage Kitsch nennt, ohne jemals zu einer so schlagenden Definition zu gelangen wie Wedekind.[255]

Der Kitsch Wedekinds kann nach Adorno also die verlassenen und vernachlässigten Dinge wieder zum Sprechen bringen. Ähnliches betont er auch in Bezug auf Mahler, der Elemente der Volksmusik in seine Kompositionen aufnahm, was als „Sorge um das Erniedrigte, Beleidigte und Verlorene"[256] verstanden werden kann. Erstaunlich an Adornos musikalischen Analysen ist, dass er hier tatsächlich eine Integration des Kitschs in die Kunstmusik fordert, während er in den meisten seiner anderen ästhetischen Arbeiten für eine Aufrechterhaltung der Komplementarität plädiert.[257] Die kitschigen Elemente besitzen nämlich, so Kutschke, gerade eine Sinnlichkeit, die der kultivierten Kunstmusik abhandengekommen ist:[258] „Das ungehobene Untere wird als Hefe in der hohen Musik verrührt. Drastik, Sinnfälligkeit eines musikalisch Einzelnen, das weder auszutauschen noch zu vergessen wäre: die Kraft des Namens ist vielfach in Kitsch und Vulgärmusik besser behütet als in der hohen [...]."[259]

Ergänzend zu Kutschkes Interpretation ist hinzuzufügen, dass es Adorno mit dem Bild des Verrührens vor allem auch darum geht, an das Vergessene und Vernachlässigte zu erinnern. Dafür spricht auch eine Passage wenige Zeilen später: „Im erniedrigten und beleidigten Musikstoff schürft er nach unerlaubtem Glück. Er erbarmt sich des Verlorenen, damit es nicht vergessen sei und der Gestalt zum Guten anschlage, die es behüten soll vor der sterilen sich selbst Gleichheit."[260] Im kitschigen Stoff lassen sich nach Adorno vergessen geglaubte Rudimente finden, die an ein glücklicheres Leben erinnern. Indem Mahler diese in seine Musik integriert, hält er an diesem Glück fest, auch wenn es „unerlaubt" bleiben muss, weil das Glück eben nicht unmittelbar sinnlich erfahren werden kann. Wie bereits in Kapitel III.2. dieser Arbeit gezeigt, betont Adorno die „Rettung"[261] der unnützen, überholten Dinge auch deshalb, weil sie noch nicht der alle Lebensbereiche dominierenden Warenlogik unterstehen. Sie sind nutzlos und versagen sich so einer auf unbegrenzte Tauschbarkeit aller Dinge und Fähigkeiten ausgerichteten Gesellschaft. Mit solchen Überlegungen stellt Adorno eine zunächst unerwartete Verbindung zwischen Kafkas Odradek

---

255 Adorno, Über den Nachlaß Frank Wedekinds. GS 11, S. 630.
256 Kutschke, Kitsch, S. 116.
257 Vgl. dazu auch Kutschke, Kitsch, S. 116.
258 Vgl. Kutschke, Kitsch, S. 114.
259 Adorno, Mahler. GS 13, S. 185.
260 Adorno, Mahler. GS 13, S. 185.
261 Adorno, Aufzeichnungen zu Kafka. GS 10.1, S. 286.

und den Kitsch-Stoffen von Mahler und Wedekind her und belegt dadurch einmal mehr seine Forderung nach der Berührung der Extreme.

Anhand des Fragment gebliebenen Theaterstücks *Kitsch*, an dem Wedekind 1917 gearbeitet hat, präzisiert Adorno diesen Gedankengang weiter. Von *Kitsch* sind im Nachlassband der Werke Wedekinds der erste Akt und wenige Zeilen des zweiten Aktes überliefert.[262] Im ersten Akt unterhalten sich der Kunstgelehrte Zugschwert und der Künstler Robert Peter sowohl über Kunst als auch über ihre ehemaligen Liebschaften. Im Laufe des Gesprächs tritt der „Niggerjud"[263] Nachtigall hinzu, der bei Zugschwert nach einem Stoff für eine neue Oper sucht. Das Libretto zu dieser soll nach seinem Wunsch Zugschwerts Frau Mathilde schreiben. Diese wiederum belauscht kurz darauf ein Gespräch zwischen Peter und dessen erster Frau, die sich drei Jahre zuvor getrennt hatten, und sich nun über den Plan, gemeinsam in den Zirkus zu gehen, wieder einander anzunähern beginnen. Mathilde und Peter aber, so wird bald deutlich, verbindet auch eine alte Liebesbeziehung. Und nach einem kurzen Wortgefecht landen sie gemeinsam in Zugschwerts Schlafzimmer, in dessen Haus der erste Akt spielt. Zugschwert erwischt die beiden in flagranti und es stellt sich heraus, dass Mathilde vor Zugschwert bereits mit Peter verheiratet war. In einer schwülstigen Freundschaftsbekundung versöhnen sich die beiden Männer miteinander, um aber sofort darauf in einen Streit über ‚wahre Kunst' auszubrechen. Zugschwert kritisiert Peters Werke, weil in ihnen keine Menschlichkeit zu erkennen sei – „Deshalb malst du auch nichts als Malerei!" –, während Peter jenem eine Vorliebe für Kitsch vorwirft: „Keine Not des Lebens ringt meiner Kunst Jahrmarktware ab!" Zugschwert sinniert darauf hin: „Waren Gotisch, Barock, Rokoko, Biedermeier nicht genau die gleichen Scheltworte?"[264] Ein heftiger Streit zwischen beiden entbrennt, den Mathilde zu schlichten versucht. Am Ende des ersten Akts betonen alle drei ihre Freundschaft – „Unter

---

[262] In der 2003 neu herausgegebenen Werkausgabe findet sich genau diese Reihenfolge; vgl. Frank Wedekind, Kitsch. In: Wedekind, Werke Bd. 8, hg. v. Hans-Jochen Irmer, Darmstadt 2003, S. 365–384. Die Wedekind'sche Werkausgabe von 1921 enthält zusätzlich aufschlussreiche Notizen Wedekinds zum Inhalt, zur weiteren Handlung, zu den Personen des Stücks und zwei weitere Szenen; vgl. Frank Wedekind, Kitsch. In: Wedekind, Werke Bd. 9: Dramatische Fragmente und Entwürfe, hg. v. Artur Kutscher, München 1921, S. 207–243. Trotz einer gewissen Unübersichtlichkeit der älteren Ausgabe, die Dramenfragmente und Notizen nicht deutlich voneinander trennt und verschiedene Versionen des Stücks kommentarlos nebeneinanderstellt, wird im Folgenden die ältere Ausgabe herangezogen. Nicht nur fehlen in der neueren Ausgabe wichtige Zitate, auf die Adorno sich bezieht, auch lässt sich die gesamte Spannweite des geplanten Stücks, das von Kitsch-Elementen bis zu absurder Komik reicht, ohne die Notizen Wedekinds kaum erschließen.
[263] Wedekind, Kitsch, S. 211.
[264] Wedekind, Kitsch, S. 236 f.

schlichten Menschen wäre ein Freundschaftsverhältnis wie das unsrige undenkbar"[265] –, um sofort im Anschluss daran von Mathilde zu fordern, sich zwischen den Männern zu entscheiden. Aus den Notizen Wedekinds zum Stück wird deutlich, dass das ‚Drama' dieser ménage à trois damit noch lange nicht beendet ist; nach etlichen weiteren Eskapaden aller Beteiligten erschießt Peter Mathilde am Ende des Stücks.[266]

Nach Adorno hat Wedekind in diesem Drama seine Kompositionselemente bewusst „dem Schutthaufen der Ästhetik" entnommen: „Da ist kein Zug der Handlung, keine Figur, die nicht vom Geschmack verpönt wäre. Wedekind notiert dazu: ‚Höchstes Leben und gemeinster Kitsch berühren sich.'"[267] Tatsächlich wird in Wedekinds Dramenfragment ja nicht nur über den Kitsch debattiert, auch manche Szene ist bewusst melodramatisch oder rührselig gestaltet, etwa, wenn Zugschwert seine neueste antike Ausgrabung anhimmelt: „Mein Herakopf! – Urewige, urgewaltige Schönheit!"[268] Jedes Kitsch-Element wird sodann aber auch direkt wieder persifliert oder hintertrieben, etwa wenn Zugschwert im nächsten Moment Peters Hut auf dem bewunderten Herakopf entdeckt, den jener diesem vor dem Liebesspiel mit Mathilde aufgesetzt hatte.

---

265 Wedekind, Kitsch, S. 238.
266 In seinen Notizen konkretisiert Wedekind diese schwindelerregende Liebeskonstellation und führt damit das Konzept der ménage à trois gänzlich ad absurdum: „Der Ältere [Zugschwert, P.G.] heiratet Mathilde, seine Schülerin. Der Jüngere [Peter, P.G.] verführt Mathilde zum Ehebruch. Der Ältere läßt sich von Mathilde scheiden. Der Jüngere läßt sich von seiner Frau scheiden. Der Jüngere heiratet Mathilde. Mathilde verführt den Älteren (zum Ehebruch) in der Wohnung des Jüngeren. Der Jüngere läßt sich von Mathilde scheiden und lebt getrennt von ihr. Der Jüngere will seine erste Frau wieder heiraten. Mathilde verführt den Jüngeren und vereitelt dadurch seine Wiederverheiratung. Mathilde lebt wieder mit dem Jüngeren zusammen. Mathilde ist tief unglücklich, nicht mit dem Älteren zusammenzuleben. Mathilde gibt sich aus Verzweiflung dem Niggerjud hin (vielleicht nicht ganz). Mathilde haßt den Niggerjuden. Der Jüngere entdeckt Mathildes Verhältnis zum Niggerjuden. Der Jüngere mißhandelt und erniedrigt Mathilde. Mathilde läßt sich von dem Jüngeren willig mißhandeln, um ihn sexuell dadurch zu fesseln. Der Jüngere gerät in einen Sadistenrausch und übertreibt die Mißhandlungen. Mathilde ist ihres Lebens nicht sicher. Mathilde sucht bei ihrem ersten Mann Schutz. Mathilde verspricht ihrem ersten Manne, brav zu sein und ihm treu zu bleiben. Der Niggerjud besucht sie in der Wohnung des Älteren. Der Jüngere kommt dazu und schießt sie über den Haufen. Mathilde ruft Zeugen herbei und schwört, sie habe sich selbst erschossen." Wedekind, Kitsch, S. 214 f. Die Handlung des ersten Aktes setzt mit der Verführung Peters durch Mathilde ein, die so die Wiederverheiratung mit dessen erster Frau verhindert.
267 Adorno, Über den Nachlaß Frank Wedekinds. GS 11, S. 630. Adorno zitiert hier aus den Notizen Wedekinds. Vor der zitierten Passage bemerkt Wedekind: „Der Kitsch steht ebensotief unter der Kunst, wie die Kunst unter dem Leben steht." Wedekind, Kitsch, S. 209.
268 Wedekind, Kitsch, S. 234.

Für Adorno ist jedoch insbesondere die Aufnahme des Kitschs in die Kunstepochen von Interesse, denn hier sieht er die Erkenntnis ausgesprochen, „daß gerade die verworfenen Stoffe die sind, aus denen die echten Bedeutungen einmal aufsteigen"[269]. Aber gerade jene werden als obsolet angesehen: „Wedekind überholt zu nennen und seine Stoffe Kitsch ist das gleiche."[270] Nach Adorno war Wedekind seiner Zeit darin weit voraus, der „Durchlässigkeit der formverlassenen Stofflichkeit, des Kitschs, gewahr" zu sein, „zu einer Zeit, als er noch ganz in sich verschlossen war". Gerade der Kitsch macht also die Aktualität von Wedekinds Stücken aus, weil jener sich sowohl den Konventionen der zeitgenössischen Dramatik als auch der Gesellschaft widersetzt. Die Besonderheit Wedekinds ist darin zu sehen, dass er „anstatt in der Oberwelt der ästhetischen Formen zu reden, die Unterwelt der bloßen Stoffe selber zum Reden bringt und damit deutet". Wieder verweist Adorno also auf den Inhalt von Wedekinds Stücken, der aber in seiner Rebellion gegen die Dramenform doch zugleich Gestalt annehmen muss. Darin sieht Adorno die besondere Leistung Wedekinds, nämlich, „daß er die Form, die diese Stoffschichten zur Deutung bringt, aus ihnen selber herausgeholt hat: der Kitsch-Stoff wird in der Kitsch-Form beredt."

Dies gelingt Wedekind insbesondere über die Orientierung am Zirkus, der ihm nicht nur auf inhaltlicher Ebene als Vorbild dient – denn Wedekinds Figuren sind „stets fast verlarvte Clowns, Akrobaten und Seiltänzerinnen"[271] genauso wie die Handlung seiner Dramen Zirkusnummern gleicht –, sondern der für ihn auch die „wahre Form" ist, „die einzige, in welcher er die Stoffe bewältigt, die vom sinngebenden Menschen sich losgerissen haben".[272] Diese Form entspricht nach Adorno der des Tableaus. Da Adorno davon spricht, dass Wedekinds Stücke aus dem Nachlass „allesamt in Tableaus, in Bildern gedacht sind"[273], gehe ich davon aus, dass Adorno hier vor allem die Form des Tableau vivant im Sinn hat, bei dem lebende Personen ein Gemälde nachstellen. Wie jenes verhalten sich auch Wedekinds Stücke:

> Ihre Form ist keine andere, als daß alles, was im Stück vorkam, ohne Rücksicht auf Handlungszusammenhang und Form, zusammentritt, eine Gruppe bildet und für einen

---

[269] Adorno, Über den Nachlaß Frank Wedekinds. GS 11, S. 631. Adorno bezieht sich hier nicht nur auf den Dialog zwischen Zugschwert und Peter, sondern auch auf eine Notiz Wedekinds, in der es heißt: „I. Kitsch ist die heutige Form von Gotisch, Rokoko und Barock. II. Höchste Schönheit und Kitsch. Gottheit und Porzellanpuppe." Wedekind, Kitsch, S. 210.
[270] Adorno, Über den Nachlaß Frank Wedekinds. GS 11, S. 631. Alle weiteren Zitate dieses Abschnitts beziehen sich auf diese Seite.
[271] Adorno, Über den Nachlaß Frank Wedekinds. GS 11, S. 631.
[272] Adorno, Über den Nachlaß Frank Wedekinds. GS 11, S. 632.
[273] Adorno, Über den Nachlaß Frank Wedekinds. GS 11, S. 632.

Augenblick ganz stillhält; und dieser Augenblick genügt, daß das Tableau zusammenschießt. Daß alles Historische, Bunte und Stoffliche, was darin erscheint, zur Ewigkeit erstarrt, aus der es kam. Die Tableaus sind die Urbilder aller Montage. Was Kitsch war und hier vereint stillhält, das stellt als Bild vollständig und schlagend sich dar und die Epoche versammelt sich im Tableau, das sie in sich hineinzieht und aufsaugt: „Kitsch ist die heutige Form von Gotisch, Rokoko, Barock", meint Wedekind, und im Tableau erkennt sich der Kitsch als Stil.[274]

Der Kitsch protestiert allerdings gegen das Festgehalten-Werden im Bild und gleicht sich damit dem ephemeren Glück an, das genauso wenig auf Dauer zu stellen ist.[275] Einerseits will er im Tableau „erkannt werden und beim Namen gerufen" werden, andererseits ist es so, „daß der Kitsch gegen solche Benennung im Tableau zappelnd sich sträubt wie nur das Kind beim Photographen"[276]. Wedekind gelingt aber gerade die Vermittlung zwischen dem auf Stillstand setzenden Tableau und der lebendigen, „zappelnden" Sinnlichkeit des Kitschs: „Die Geste, mit der Wedekind den Kitsch deutet, ist die von ‚Bitte recht freundlich' und ihr gehorchen die Dinge, die keinem beseelten Menschenwort mehr gefügig wären."[277] Indem das für einen Moment völlig erstarrte Tableau das ephemere Moment des Kitschs festhalten kann – „wo also wie in einem kritischen Augenblick der höchsten Spannung die Bewegung einsteht"[278] –, gelingt es den Tableaus Wedekinds, „die Deutung nicht als Symbole" zu verbergen, sondern „daß mit ihnen die Deutung unmittelbar erscheint"[279]. Im Widerstand des Tableaus gegen die Flüchtigkeit liegt gerade seine Kraft zur Unmittelbarkeit der Deutung. Diese befähigt nach Adorno zur Erinnerung: „Wedekinds Dichtungen sind heute wie Chiffren ihrer selbst. Sie anzuschauen und sie verstehen ist eigentlich das gleiche. Darum taugen sie zur Erinnerung: die lautlose Bilderschrift des Jüngstvergangenen."[280]

---

[274] Adorno, Über den Nachlaß Frank Wedekinds. GS 11, S. 632. Für Adornos These vom Tableau spricht auch eine Notiz Wedekinds zur Konzeption seines Stücks, das in einem Bild ‚zusammenschießen' soll: „Der Mord muß sich nicht als notwendiges Ergebnis aus jedem Wort des Dramas ergeben, sondern: jedes Wort des Dramas muß direkt auf den Mord abzielen, auf den Mord lossteuern." Wedekind, Kitsch, S. 213.
[275] Vgl. dazu bspw. in den *Minima Moralia*: „Wer sagt, er sei glücklich, lügt, indem er es beschwört, und sündigt so an dem Glück. Treue hält ihm bloß, der spricht: ich war glücklich." Adorno, Minima Moralia. GS 4, S. 126 (Zweite Lese).
[276] Adorno, Über den Nachlaß Frank Wedekinds. GS 11, S. 633.
[277] Adorno, Über den Nachlaß Frank Wedekinds. GS 11, S. 633.
[278] Adorno, Unveröffentlichtes Vorlesungsmanuskript vom 25.01.1962. Theodor W. Adorno Archiv, Vo 7075, S. 245.
[279] Adorno, Über den Nachlaß Frank Wedekinds. GS 11, S. 633.
[280] Adorno, Über den Nachlaß Frank Wedekinds. GS 11, S. 633.

Wie Kutschke anhand von Adornos Musikarbeiten zu Schubert und Mahler herausarbeiten konnte, dass Adorno für eine Integration des Kitschs in die Kunstmusik plädiert, so lässt sich auch an seinen Wedekind-Ausführungen zeigen, dass der Kitsch hier als Stoff – als „Giftstoff" im wahrsten Sinne des Wortes – ebenfalls konstitutives Element der gelungenen ‚hohen' Kunst Wedekinds ist. Wie Mahler den „erniedrigten, beleidigten Musikstoff" in seine Arbeiten zu integrieren weiß, so dient der „Kitsch-Stoff" Wedekind dazu, an einem Moment des unerlaubten, weil nicht erfüllbaren Glücks festzuhalten, das in der Rebellion des Kitschs gegen dramentheoretische und gesellschaftliche Konventionen seiner Zeit und damit in der Erinnerung an ein verloren gegangenes Moment des anschaulich Sinnlichen besteht.

Zugleich besitzt der Kitsch bei Wedekind, wie es insbesondere in seinem gleichnamigen Dramenfragment deutlich wird, selbstreflexives Potential; denn jedes Kitsch-Element wird, kurz nach dem es etabliert wurde, sofort wieder ins Lächerliche gezogen oder durch ein neues, unwahrscheinliches, sentimentales oder süßliches Element überboten. Wedekind scheint also Adornos Forderung, dass der Kitsch „über seinen Kopf hinweg" gerettet werden muss, bereits zu praktizieren.

Diese Forderung hat wesentlich mit Adornos Konzeption des ästhetischen Glücks zu tun. Auch Kutschke betont, dass Adorno eine Dimension des Kitschs herausstellt, „die als Glücksversprechen umschrieben werden kann"[281]. Denn zum einen kann der Kitsch an all das mahnen, was von der Gesellschaft und ihren verkürzten Glückskonzepten ausgeschlossen und vergessen wurde; zum anderen vermag er selbst ein utopisches Potential aufscheinen zu lassen. Darauf deutet eine Passage aus Adornos *Schubert*-Essay von 1928 hin, in der das Weinen als unmittelbare Reaktion auf die kitschigen Elemente seiner Kompositionen erscheint:[282]

> Vor Schuberts Musik stürzt die Träne aus dem Auge, ohne erst die Seele zu befragen: so unbildlich und real fällt sie in uns ein. Wir weinen, ohne zu wissen warum; weil wir so noch nicht sind, wie jene Musik es verspricht, und im unbenannten Glück, daß sie nur so zu sein braucht, dessen uns zu versichern, daß wir einmal so sein werden. Wir können sie nicht lesen; aber dem schwindenden, überfluteten Auge hält sie vor die Chiffren der endlichen Versöhnung.[283]

Man gewinnt den Eindruck, dass Adorno seine Überlegungen zum Moment des Überwältigt-Werdens in der ästhetischen Erfahrung[284] an der Rezeption der

---

281 Kutschke, Kitsch, S. 117.
282 Vgl. dazu auch Kutschke, Kitsch, S. 117.
283 Adorno, Schubert. GS 17, S. 33.
284 Vgl. ausführlich dazu Kapitel VI.1. dieser Arbeit.

Kitsch-Elemente erst gewonnen hat. Denn hier ist das Glück des Kitschs unmittelbar mit der Utopie der Versöhnung verbunden. Wie selten sonst betont er an dieser Stelle die reale Möglichkeit der Veränderung durch die Formulierung „daß wir einmal so sein werden".

Freilich darf man nicht vergessen, dass es sich hierbei um Ausführungen von 1928 handelt. Aber auch spätere Überlegungen, die den Zivilisationsbruch Auschwitz zu ihrem Ausgangspunkt nehmen, verweisen auf die utopische Kraft, die dem Kitsch zukommen kann. In der *Dialektik der Aufklärung* erinnern Adorno und Horkheimer an den Kitsch als die „ohnmächtig rührende[] Utopie, die für einen Augenblick die Verhärteten erweichen und ihren härteren Befehlshabern entziehen könnte"[285]. Gerade dieses Potential betont Adorno dann in der *Ästhetischen Theorie* wieder und es wird konkret gegen die Mechanismen der Kulturindustrie aufgeboten. Denn in seiner distanzlosen Sentimentalität und übertriebenen Expressivität kann der Kitsch für einen kurzen Moment das Andere konkret sinnlich aufscheinen lassen; und damit reiht er sich nicht nur in die in diesem Kapitel unter dem Begriff der Epiphanie diskutierten Phänomene ein, auch zeigt sich hier noch einmal, dass er als Korrektiv von Kunst eine wichtige Funktion erfüllt. Adorno hat demnach „mit seiner Rede vom ‚Recht des Kitschs' der ästhetischen Kritik eine Wendung verliehen, die später lange Zeit gar nicht mehr oder kaum noch angemessen beachtet worden ist"[286].

Die in diesem Kapitel unter dem Begriff der Epiphanie diskutierten Phänomene wie das Amusement, der Kitsch, der Zirkus, das Feuerwerk, die Filme der Marx Brothers und Chaplins sowie die frühen Trick- und Revuefilme, sie alle eint, dass sie durch ihre Rebellion gegen die identifizierende Begriffs- und Tauschlogik und die durch diese geprägten gesellschaftlichen Konventionen das Potential besitzen, über das Bestehende hinauszuweisen, damit ein Glücksversprechen formulieren und somit an der Möglichkeit von ästhetischer Glückserfahrung festhalten zu können. So gesehen besitzen jene Phänomene genau die Eigenschaften, die für Adorno gelungene Kunst ausmachen. Gerade anhand dieser ephemeren, leichteren Künste verweist Adorno erstaunlicherweise auf Momente von Glück, die sich nicht ausschließlich *ex negativo* herstellen, sondern unmittelbar sinnlich-anschaulich erscheinen – bei und in all ihrer Flüchtigkeit. Genau dies unterscheidet sie von der hohen Kunst, in der dies wegen ihrer Reflexivität nicht mehr möglich ist. Aber gerade aufgrund eben dieser Komplementarität gehören in Adornos Ästhetik hohe und leichte Kunst zusammen, jedoch niemals als Synthese – in welche die Kulturindustrie sie zu zwän-

---

[285] Adorno (mit Horkheimer), Das Schema der Massenkultur. GS 3, S. 306.
[286] Schweppenhäuser, Kunst als Wunscherfüllung, S. 193.

gen versucht –, sondern als „die auseinandergerissenen Hälften der ganzen Freiheit, die doch aus ihnen nicht sich zusammenaddieren läßt"[287]. Die leichten Künste sind also als wesentlicher *Teil* von Adornos Ästhetik zu verstehen. Entscheidend für sein ästhetisches Urteil ist demnach nicht, ob ein Werk der Sphäre der hohen oder der leichten Kunst angehört, sondern allein die Frage, ob ihm glücksversprechende Potentiale innenwohnen.

Dementsprechend muss die Vorstellung von Adorno als einem elitären und massenkulturfeindlichen Philosophen revidiert werden, die vor allem auch Umberto Ecos Aufsatzsammlung *Apokalyptiker und Integrierte* nachhaltig mitgeprägt hat. Ecos Verständnis von Adorno als einem „apokalyptischen Tugendhaften"[288], der von einem privilegierten Standpunkt aus die „optimistische Ideologie der Integrierten der Unwahrheit und Unlauterheit"[289] überführe, greift angesichts von Adornos und Horkheimers Überlegungen zu den bildungsprivilegierten und klassenspezifischen Zugangsbeschränkungen der hohen Kunst zu kurz. Eco hat nicht nur entscheidende Überlegungen Adornos zum Amusement, Zirkus und Kitsch schlichtweg übersehen; auch seine These, dass der Apokalyptiker „niemals eine konkrete Analyse der Produkte und der Formen [der Massenkultur, P.G.], in denen ihr Gebrauch und Verbrauch sich abspielen, versucht"[290] habe, muss angesichts der zahlreichen, am konkreten Material orientierten Überlegungen Adornos zurückgewiesen werden.

Damit korrespondiert schließlich auch, dass in diesem Kapitel Spuren in Adornos Werk verfolgt werden konnten, an denen er mit Blick auf die leichte Kunst Überlegungen entwickelt, wie diese das System der Kulturindustrie gleichsam von innen her unterwandern könnte. Insbesondere anhand seiner Ausführungen zum Kitsch konnte dies deutlich werden; und auch mit Bezug auf die Produktion des Films schreibt er: „Vielmehr sollte man versuchen, so viel Ungewohntes, der herrschenden Praxis Widersprechendes einzuschmuggeln wie möglich, in der wie immer auch schwachen Hoffnung, es möchte damit eine neue Qualität der Gesamtproduktion sich vorbereiten."[291]

---

[287] Adorno an Benjamin, 18.03.1936. BW 1, S. 171.
[288] Eco, Apokalyptiker und Integrierte, S. 19.
[289] Eco, Apokalyptiker und Integrierte, S. 25.
[290] Eco, Apokalyptiker und Integrierte, S. 25.
[291] Adorno (mit Eisler), Komposition für den Film. GS 15, S. 59. Vgl. zum Potential des Films jüngst Hesse, Das drastische Medium, S. 105–120.

VII Fazit: „daß ihr Gehalt unmöglich *nicht* wahr sein könne" – das Glück am Ästhetischen

In der gemeinsam mit Hanns Eisler 1944 geschriebenen *Komposition für den Film* bezeichnet Adorno den Sinn von Kunst als das „Maß an gesellschaftlicher Wahrheit, das sie ausdrückt"[1]. Das heißt, nur wenn Kunst in ihrem spezifischen Verhalten ihrer Einbettung in die gesellschaftliche Realität, der sie entstammt, gewahr bleibt und dabei zugleich Stellung gegen die Negativität des Daseins bezieht, kann sie ein Glücksversprechen formulieren und dieses für die ästhetische Erfahrung zugänglich machen: „Glück aber enthält Wahrheit in sich."[2] In diesem Sinne wurde in dieser Studie der Fokus auf das Glück am Ästhetischen in Adornos literatur- und kulturtheoretischen Erörterungen gelegt. Dadurch ist es auch möglich, den vermeintlichen Widerspruch zwischen Bruch und Kontinuität in Adornos Denken zu lösen. Denn einerseits betont Adorno nachdrücklich die Zäsur, die mit Auschwitz bezeichnet ist, andererseits nimmt er selbst *nach* der geschichtlichen Katastrophe der Shoah fast nur Kunstwerke in den Blick, die *vor* Auschwitz entstanden sind und arbeitet an ihnen gelungene Momente von Kunst heraus.

Dies wiederum hat wesentlich mit seiner Konzeption von Glück zu tun. Denn die Beantwortung der Frage, ob ein Werk Glück zu versprechen und durch seine Verhaltensweise das Glück der ästhetischen Erfahrung zu ermöglichen vermag, kann nur durch die Einnahme eines Standpunkts im Jetzt – also historisch nach Auschwitz – geschehen. Dieses Jetzt ist für Adorno im Anschluss an Benjamin aber eine von Vergangenem und Zukünftigem durchdrungene Zeit, die Erfahrung in der Gegenwart überhaupt erst ermöglicht:

> Auf den Begriff einer Gegenwart, die nicht Übergang ist sondern in der die Zeit einsteht und zum Stillstand gekommen ist, kann der historische Materialist nicht verzichten. Denn dieser Begriff definiert eben *die* Gegenwart, in der er für seine Person Geschichte schreibt. Der Historismus stellt das ‚ewige' Bild der Vergangenheit, der historische Materialist eine Erfahrung mit ihr, die einzig dasteht.[3]

Mit dieser Perspektive des „historischen Materialisten" blickt Adorno zum einen auf für ihn paradigmatische literarische Werke, die *vor* Auschwitz entstanden sind, um ihre gelungenen Momente vor der Instrumentalisierung

---

[1] Adorno (mit Eisler), Komposition für den Film. GS 15, S. 12.
[2] Adorno (mit Horkheimer), Dialektik der Aufklärung. GS 3, S. 81.
[3] Benjamin, Über den Begriff der Geschichte. GS I.2, S. 702.

durch den Nationalsozialismus, vor den Gehalt verstellenden und verkürzenden Interpretationen und dem Vorwurf der Überholtheit zu schützen. Es geht ihm darum, die Momente des Glücks an diesen Werken für eine Gegenwart zu retten, die solcher Erfahrung dringend bedarf. Denn er betrachtet die Kunstwerke gerade nicht als abgeschlossen oder vergangen, sondern unter dem Blickwinkel, was sie im Jetzt zu sagen haben. In seinen bisher unveröffentlichten *Ästhetik-Vorlesungen* von 1961/62 pointiert er diesen Gedanken:

> Nur die Kategorien, welche in der Erfahrung des Gegenwärtigen sich kristallisieren, sind überhaupt fähig, die Objektivität des Vergangenen zur Kristallisation zu bringen, weil Kunst kein festes Ding und kein zeitloses Sein ist, sondern zum eigenen Gehalt jene Entfaltung der Wahrheit hat, die Hegel ihr zuschrieb und die nur als zeitliche Entfaltung, also von dem je erreichten Stand des Bewußtseins aus durch den Gedanken zu vollziehen ist. So allein erschließen sich die Korrespondenzen, in denen die Idee des Vergangenen überhaupt sich bildet.[4]

Die von ihm betrachteten künstlerischen Artefakte haben einen „Zeitkern", der „nicht in stofflicher Aktualität sondern in ihrer immanenten Durchbildung" besteht;[5] sie überdauern jedoch keineswegs starr alle Zeiten, sondern tragen qua ihres historischen Indexes die ‚Spuren' der Gegenwart in sich, in der sie rezipiert werden.

Zum anderen betrachtet Adorno von diesem Standpunkt des Jetzt aus künstlerische Werke, die *nach* Auschwitz geschaffen wurden. Gelungen sind diese für ihn nur, wenn sie in ihrem Verhalten den Bruch, der mit der Zäsur Auschwitz bezeichnet ist, künstlerisch ausprägen – denn danach kann ihm zufolge nicht mehr geschrieben, gedacht, gespielt und/oder komponiert werden wie zuvor. Zeitgenössisch vermögen für Adorno die künstlerischen Verfahrensweisen der Antinomie und Hermetik diesen Bruch am deutlichsten auszudrücken; das heißt jedoch nicht, dass zukünftige Kunst nicht andere Formen entwickeln kann und muss.

Der Bruch ist bei Adorno also einerseits konsequent gedacht: Kunst kann nach Auschwitz nicht mehr so tun, als ob es die historische Katastrophe nicht gegeben hätte. Zugleich ist es ihm gemäß seines Erfahrungsbegriffs ein Anliegen, *die* Momente an vergangenen Kunstwerken zu retten, die auf Glück verweisen. Damit verbindet Adorno im Anschluss an Benjamin eine Vorstellung von Gegenwart, die nicht immer schon überholt ist, sondern welche „die von Jetztzeit erfüllte bildet"[6]. Wie Benjamin fordert Adorno Glück in der Gegenwart – seine

---

4 Adorno, Unveröffentlichtes Vorlesungsmanuskript vom 08.06.1961. Theodor W. Adorno Archiv, Vo 6428, S. 74.
5 Adorno, Ästhetische Theorie. GS 7, S. 286.
6 Benjamin, Über den Begriff der Geschichte. GS I.2, S. 701.

zeitgenössische Realisierung allerdings bezweifelt er. Gerade deshalb wendet er sich der Kunst zu, die für ihn als einzige noch dazu in der Lage ist, am Glück festzuhalten. Und deshalb arbeitet er jene gelungenen Momente an vergangener Kunst heraus, die beispielsweise Hölderlin mit Beckett, Mallarmé mit Helms, Kafka mit Celan oder Odradek mit dem „uralten Plunder" des Kitschs verbinden. Es geht dabei jedoch keineswegs darum, eine bruchlose Kontinuität zu betonen, sondern vielmehr um eine Demonstration dessen, wie eine Auseinandersetzung mit der „Tradition" aussehen könnte:

> Das wahrhaft tradierte Vergangene wäre in seinem Gegenteil, in der fortgeschrittensten Gestalt des Bewußtseins aufgehoben; fortgeschrittenes Bewußtsein aber, das seiner selbst mächtig wäre und nicht fürchten müßte, von der nächsten Information dementiert zu werden, hätte darum auch die Freiheit, Vergangenes zu lieben.[7]

Ein solches Bewusstsein von Erfahrung in der Gegenwart „wäre die Einheit von Tradition und offener Sehnsucht nach dem Fremden"[8].

Auf einen solchen Erfahrungsbegriff können nur die Kunstwerke verweisen, die durch ihre Verhaltensweise ein Glücksversprechen aufscheinen lassen und das Glück der ästhetischen Erfahrung nicht zugunsten eines ‚halben Glücks' preisgeben. Dann hat Kunst die Möglichkeit, auf eine gesellschaftliche Ordnung im Hier und Jetzt hinzudeuten, in der subjektives und objektives Glück miteinander vermittelt wären. Dem käme die Erfahrung an „großen Kunstwerken" gleich: „daß ihr Gehalt unmöglich *nicht* wahr sein könne; daß ihr Gelingen und ihre Authentizität selber auf die Realität dessen verwiesen, wofür sie einstehen."[9]

---

7 Adorno, Zum Gedächtnis Eichendorffs. GS 11, S. 69 f.
8 Adorno, Zum Gedächtnis Eichendorffs. GS 11, S. 69.
9 Adorno, Kleine Proust-Kommentare. GS 11, S. 214.

Literaturverzeichnis

Werke Theodor W. Adornos

1 Gesammelte Schriften, hg. v. Rolf Tiedemann unter Mitwirkung v. Gretel Adorno/Susan Buck-Morss/Klaus Schultz, Bde. 1–20, Frankfurt am Main 1970–1986

Bd. 3: Max Horkheimer/Theodor W. Adorno, Dialektik der Aufklärung. Philosophische Fragmente, Frankfurt am Main 1987.
- Dialektik der Aufklärung, S. 7–296.
- Das Schema der Massenkultur, S. 299–335.

Bd. 4: Minima Moralia. Reflexionen aus dem beschädigten Leben, Frankfurt am Main 1980.

Bd. 5: Zur Metakritik der Erkenntnistheorie. Drei Studien zu Hegel, Frankfurt am Main 1970.
- Drei Studien zu Hegel, S. 247–382.

Bd. 6: Negative Dialektik. Jargon der Eigentlichkeit, Frankfurt am Main 1973.
- Negative Dialektik, S. 7–412.
- Jargon der Eigentlichkeit, S. 413–526.

Bd. 7: Ästhetische Theorie, hg. v. Gretel Adorno/Rolf Tiedemann, Frankfurt am Main 1970.

Bd. 8: Soziologische Schriften I, Frankfurt am Main 1972.
- Anmerkungen zum sozialen Konflikt heute, S. 177–195.
- Beitrag zur Ideologienlehre, S. 457–477.
- Meinungsforschung und Öffentlichkeit, S. 532–537.

Bd. 10.1: Kulturkritik und Gesellschaft I: Prismen. Ohne Leitbild, Frankfurt am Main 1977.
- Kulturkritik und Gesellschaft, S. 11–30.
- Veblens Angriff auf die Kultur, S. 72–96.
- Aldous Huxley und die Utopie, S. 97–122.
- Valéry Proust Museum, S. 181–194.
- George und Hofmannsthal. Zum Briefwechsel, S. 195–237.
- Aufzeichnungen zu Kafka, S. 254–287.
- Über Tradition, S. 310–320.
- Résumé über Kulturindustrie, S. 337–345.
- Filmtransparente, S. 353–361.
- Zweimal Chaplin, S. 362–366.
- Die Kunst und die Künste, S. 432–452.

Bd. 10.2: Kulturkritik und Gesellschaft II: Eingriffe. Stichworte, Frankfurt am Main 1977.
- Jene zwanziger Jahre, S. 499–506.
- Anmerkungen zum philosophischen Denken, S. 599–607.
- Erziehung nach Auschwitz, S. 674–690.
- Auf die Frage: Was ist deutsch, S. 691–701.
- Wissenschaftliche Erfahrung in Amerika, S. 702–740.

Bd. 11: Noten zur Literatur, Frankfurt am Main 1974.
- Der Essay als Form, S. 9–33.
- Standort des Erzählers im zeitgenössischen Roman, S. 41–47.
- Rede über Lyrik und Gesellschaft, S. 48–68.

- Zum Gedächtnis Eichendorffs, S. 69–94.
- Der Artist als Statthalter, S. 114–126.
- Valérys Abweichungen, S. 158–202.
- Kleine Proust-Kommentare, S. 203–215.
- Wörter aus der Fremde, S. 216–232.
- Blochs Spuren, S. 233–250.
- Erpreßte Versöhnung, S. 251–280.
- Versuch, das Endspiel zu verstehen, S. 281–321.
- Titel. Paraphrasen zu Lessing, S. 325–334.
- Engagement, S. 409–430.
- Voraussetzungen, S. 431–446.
- Parataxis, S. 447–491.
- Zum Klassizismus von Goethes Iphigenie, S. 495–514.
- Die beschworene Sprache, S. 536–555.
- Einleitung zu Benjamins ›Schriften‹, S. 576–582.
- Offener Brief an Rolf Hochhuth, S. 591–598.
- Ist die Kunst heiter?, S. 599–606.
- Frank Wedekind und sein Sittengemälde ‚Musik', S. 619–626.
- Über den Nachlaß Frank Wedekinds, S. 627–633.
- Zu Proust. 1. ›In Swanns Welt‹, S. 669.
- Zu Proust. 2. ›Im Schatten junger Mädchenblüte‹, S. 670–675.

Bd. 12: Philosophie der neuen Musik, Frankfurt am Main 1975.
Bd. 13: Die musikalischen Monographien: Versuch über Wagner/Mahler, Eine musikalische Physiognomik/Berg. Der Meister des kleinsten Übergangs, Frankfurt am Main 1971.
- Mahler. Eine musikalische Physiognomik, S. 149–320.

Bd. 14: Dissonanzen. Einleitung in die Musiksoziologie, Frankfurt am Main 1973.
- Über den Fetischcharakter in der Musik und die Regression des Hörens, S. 14–50.
- Das Altern der Neuen Musik, S. 143–167.

Bd. 15: Theodor W. Adorno/Hanns Eisler: Komposition für den Film. Theodor W. Adorno: Der getreue Korrepetitor. Lehrschriften zur musikalischen Praxis, Frankfurt am Main 1976.
- Komposition für den Film, S. 7–155.

Bd. 16: Musikalische Schriften I–III: Klangfiguren (I). Quasi una fantasia (II). Musikalische Schriften III, Frankfurt am Main 1978.
- Musikalische Warenanalysen, S. 284–297.
- Richard Strauss, S. 565–606.

Bd. 17: Musikalische Schriften IV: Moments musicaux. Impromptus, Frankfurt am Main 1982.
- Schubert, S. 18–33.

Bd. 18: Musikalische Schriften V, hg. v. Rolf Tiedemann/Klaus Schultz, Frankfurt am Main 1984.
- Kitsch, S. 791–794.

Bd. 19: Musikalische Schriften VI, hg. v. Rolf Tiedemann/Klaus Schultz. Frankfurt am Main 1984.
- Arabesken zur Operette, S. 516–519.
- Orpheus in der Unterwelt, S. 545–554.
- Zum ‚Anbruch'. Exposé, S. 595–604.
- Zum Jahrgang 1929 des ‚Anbruch', S. 605–608.

Bd. 20.1: Vermischte Schriften I, Frankfurt am Main 1986.

- Offener Brief an Max Horkheimer, S. 155–163.
Bd. 20.2: Vermischte Schriften II, Frankfurt am Main 1986.
- Die auferstandene Kultur, S. 453–464.

2 Nachgelassene Schriften, hg. v. Theodor W. Adorno Archiv

Abt. I: Fragment gebliebene Schriften
NL 1: Beethoven. Philosophie der Musik. Bd. 1, hg. v. Rolf Tiedemann, Frankfurt am Main 1993.
Abt. IV: Vorlesungen
NL 4: Ästhetik (1958/59). Bd. 3, hg. v. Eberhard Ortland, Frankfurt am Main 2009.
NL 4: Ontologie und Dialektik (1960/61). Bd. 7, hg. v. Rolf Tiedemann, Frankfurt am Main 2002.
NL 4: Probleme der Moralphilosophie (1963). Bd. 10, hg. v. Thomas Schröder, Frankfurt am Main 1996.
Abt. V: Vorträge und Gespräche
NL 5: Vorträge 1949–1968. Bd. 1, hg. v. Michael Schwarz, Berlin 2019.

3 Briefe und Briefwechsel, hg. v. Theodor W. Adorno Archiv

BW 1: Theodor W. Adorno – Walter Benjamin Briefwechsel 1928–1940, hg. v. Henri Lonitz, Frankfurt am Main 1994.
BW 3: Theodor W. Adorno – Thomas Mann Briefwechsel 1943–1955, hg. v. Christoph Gödde/ Thomas Sprecher, Frankfurt am Main 2002.
BW 4/1: Theodor W. Adorno – Max Horkheimer Briefwechsel 1927–1937, hg. v. Christoph Gödde/Henri Lonitz, Frankfurt am Main 2003.
BW 4/4: Theodor W. Adorno – Max Horkheimer Briefwechsel 1950–1969, hg. v. Christoph Gödde/Henri Lonitz, Frankfurt am Main 2006.
BW 7: Theodor W. Adorno – Siegfried Kracauer Briefwechsel 1923–1966, hg. v. Wolfgang Schopf, Frankfurt am Main 2008.

4 Briefwechsel in Einzelausgaben

Theodor W. Adorno – Paul Celan Briefwechsel 1960–1968, hg. v. Joachim Seng. In: Frankfurter Adorno Blätter VIII., Göttingen 2003, S. 177–202.
„So müsste ich ein Engel und kein Autor sein". Adorno und seine Frankfurter Verleger. Der Briefwechsel mit Peter Suhrkamp und Siegfried Unseld, hg. v. Wolfgang Schopf, Frankfurt am Main 2003.
Theodor W. Adorno – Alfred Sohn-Rethel Briefwechsel 1936–1969, hg. v. Christoph Gödde, München 1991.

5 Unveröffentlichte Manuskripte, Gespräche und Briefe

Typoskript zu *Die auferstandene Kultur*. Theodor W. Adorno Archiv, Frankfurt am Main, Sign. Ts 25510.
Manuskript zur *Ästhetischen Theorie*. Theodor W. Adorno Archiv, Frankfurt am Main, Sign. Ts 19237.
Ästhetik-Vorlesungen 1961/62. Theodor W. Adorno Archiv, Frankfurt am Main, Sign. Vo 6362.
Rundfunkdiskussion: Ist die Kunst heiter? Theodor W. Adorno Archiv, Frankfurt am Main, Sign. TA 162.
Adorno – Helms. Unveröffentlichter Briefwechsel. Theodor W. Adorno Archiv, Frankfurt am Main, Sign. Br 588.
Adorno – Lamprecht. Unveröffentlichter Briefwechsel. Theodor W. Adorno Archiv, Frankfurt am Main, Sign. Rv. 87.
Adorno – Le Cerf. Unveröffentlichter Briefwechsel. Theodor W. Adorno Archiv, Frankfurt am Main, Sign. Br. 870/1.
Adorno – Lübbe. Unveröffentlichter Briefwechsel. Theodor W. Adorno Archiv, Frankfurt am Main, Sign. Br. 936.
Adorno – Pollock. Unveröffentlichter Briefwechsel. Theodor W. Adorno Archiv, Frankfurt am Main, Sign. Br. 1151.
Adorno – Specht. Unveröffentlichter Briefwechsel. Theodor W. Adorno Archiv, Frankfurt am Main, Sign. Br. 1453.
Adorno – von Schenk. Unveröffentlichter Briefwechsel. Theodor W. Adorno Archiv, Frankfurt am Main, Sign. Br. 1309.

6 Gespräche

Etwas fehlt ... Über die Widersprüche der utopischen Sehnsucht. Ein Gespräch mit Theodor W. Adorno 1964. In: Rainer Traub/Harald Wieser (Hg.), Gespräche mit Ernst Bloch, Frankfurt am Main 1975, S. 58–77.

7 Einzelne Schriften, Vorlesungen, Aufsätze und Materialien

Zum Stil der Kulturindustrie. In: Die Umschau 3, 1948, H. 1, S. 48–51.
Kulturkritik und Gesellschaft. In: Karl Gustav Specht (Hg.), Soziologische Forschung in unserer Zeit. Ein Sammelwerk. Leopold von Wiese zum 75. Geburtstag, Köln/Opladen 1951, S. 228–240.
Adorno u. a., Der autoritäre Charakter. Studien über Autorität und Vorurteil, übers. u. hg. v. Institut für Sozialforschung, Frankfurt am Main, Dt. Erstausg., Amsterdam 1968.
Rundfunkautorität und Schlagersendung. In: Frankfurter Adorno Blätter VII., im Auftrag des Theodor W. Adorno Archivs, hg. v. Rolf Tiedemann, München 2001, S. 90–93.
Individuum und Gesellschaft. Entwürfe und Skizzen. In: Frankfurter Adorno Blätter VIII., im Auftrag des Theodor W. Adorno Archivs, hg. v. Rolf Tiedemann, Göttingen 2003, S. 60–94.

Forschungsliteratur

Agazzi, Elena, „Farben und Klänge gibt es in der Natur, Worte nicht". Benns Arbeit am lyrischen Experiment zur Zeit der *Statischen Gedichte*. In: Raul Calzoni/Massimo Salgaro (Hg.), „Ein in der Phantasie durchgeführtes Experiment". Literatur und Wissenschaft nach Neunzehnhundert, Göttingen 2010, S. 159–175.

Albert, Claudia/Marcus Gärtner, Die Rezeption der klassischen deutschen Literatur im ‚Dritten Reich' und im Exil. In: Hansers Sozialgeschichte der deutschen Literatur vom 16. Jahrhundert bis zur Gegenwart. Bd. 9: Nationalsozialismus und Exil 1933–1945, hg. v. Wilhelm Haefs, München 2009, S. 194–207.

Albrecht, Clemens, Einleitung. In: Albrecht u. a. (Hg.), Die intellektuelle Gründung der Bundesrepublik. Eine Wirkungsgeschichte der Frankfurter Schule, Frankfurt am Main 1999, S. 12–20.

Amrein, Ursula, Lyriktheorien der Nachkriegsmoderne. Adorno, Benn, Celan, Dresden 2013.

A.N. (vollständiger Name unbekannt, P.G.), Immer übers Ziel hinaus. In: Düsseldorfer Nachrichten, 18.06.1955.

Anacker, Ulrich, Natur und Intersubjektivität. Elemente zu einer Theorie der Aufklärung, Frankfurt am Main 1974.

Anders, Günther, Über Heidegger, hg. v. Gerhard Oberschlick, München 2001.

Andersch, Alfred, Das junge Europa formt sein Gesicht, 15. August 1946. In: Hans Schwab-Felisch (Hg.), Der Ruf – Eine deutsche Nachkriegszeitschrift, München 1962, S. 21–26.

Andersch, Alfred, Notwendige Aussage zum Nürnberger Prozeß, 15. August 1946. In: Hans Schwab-Felisch (Hg.), Der Ruf – Eine deutsche Nachkriegszeitschrift, München 1962, S. 26–29.

Anonym, Der Kreuzweg der deutschen Intelligenz. Ein Jahrhundert Soziologie des Geistes. In: Prisma 2, 1948, H. 16, S. 8–13.

Appel, Sabine, Oberflächlich aus Tiefe: Nietzsches Idee griechischer Heiterkeit im Rahmen einer Philosophie der Zukunft. In: Petra Kiedaisch/Jochen A. Bär (Hg.), Heiterkeit. Konzepte in Literatur und Geistesgeschichte, München 1997, S. 263–273.

Arendt, Hannah, Organisierte Schuld. In: Die Wandlung 1, 1946, H. 4, S. 333–344.

Aristoteles, Nikomachische Ethik, übers. u. komm. v. Franz Dirlmeier. In: Aristoteles, Werke in deutscher Übersetzung. Bd. 6, hg. v. Hellmut Flashar, Darmstadt 1979.

Aristoteles, Poetik. Griechisch/Deutsch,hg. v. Manfred Fuhrmann, Stuttgart 1982.

Árnason, Jóhann Páll, Von Marcuse zu Marx. Prolegomena zu einer dialektischen Anthropologie, Neuwied 1971.

Attia, Sandie, „Günter Eich [...], der neulich aus dem Chaos auftauchte und mir sehr schöne neue Arbeiten sandte": Wandlungen und Paradoxe des Gedichtbandes *Abgelegene Gehöfte*. In: Detlef Haberland (Hg.), Ästhetik und Ideologie 1945. Wandlung oder Kontinuität poetologischer Paradigmen deutschsprachiger Schriftsteller, Oldenburg 2017, S. 357–372.

Barner, Wilfried, Im Zeichen des „Vollstreckens": Literarisches Leben in der SBZ und frühen DDR. In: Barner u. a. (Hg.), Geschichte der deutschen Literatur von 1945 bis zur Gegenwart, 2. aktual. u. erw. Aufl., München 2006, S. 116–130.

Becker, Karina, Autonomie und Humanität. Grenzen der Aufklärung in Goethes *Iphigenie*, Kleists *Penthesilea* und Grillparzers *Medea*, Frankfurt am Main 2008.

Beckett, Samuel, Endspiel. Stück in einem Akt, übers. v. Elmar Tophoven. In: Beckett, Theaterstücke. Dramatische Werke I., Frankfurt am Main 1995, S. 101–151.
Behrens, Roger, Die Diktatur der Angepassten. Texte zur kritischen Theorie der Popkultur, Bielefeld 2003.
Behrens, Roger, Kulturindustrie, Bielefeld 2015.
Bender, Hans, Vorwort. In: Bender (Hg.), Mein Gedicht ist mein Messer. Lyriker zu ihren Gedichten, München 1961.
Bender, Hans, Einleitung. In: Bender (Hg.), Deutsche Gedichte 1930–1960, Stuttgart 1984.
Benhabib, Seyla, Kritik, Norm und Utopie. Die normativen Grundlagen der Kritischen Theorie, Frankfurt am Main 1992.
Benjamin, Walter, Gesammelte Schriften, hg. v. Rolf Tiedemann/Hermann Schweppenhäuser unter Mitwirkung v. Theodor W. Adorno/Gershom Scholem, Bde. I–VII. Frankfurt am Main 1974–1989.
- GS I.1 (1980): Goethes Wahlverwandtschaften, S. 123–201.
- GS I.1 (1980): Ursprung des deutschen Trauerspiels, S. 203–430.
- GS I.2 (1980): Über einige Motive bei Baudelaire, S. 605–654.
- GS I.2 (1980): Über den Begriff der Geschichte, S. 691–704.
- GS II.1 (1980): Zwei Gedichte von Friedrich Hölderlin, S. 105–126.
- GS II.1 (1980): Der Sürrealismus, S. 295–310.
- GS II.2 (1980): Franz Kafka. Zur zehnten Wiederkehr seines Todestages, S. 409–438.
- GS II.2 (1980): Der Autor als Produzent, S. 683–701.
- GS V.1–2 (1983): Das Passagen-Werk.
- GS VII.1 (1989): Das Kunstwerk im Zeitalter seiner technischen Reproduzierbarkeit. Zweite Fassung, S. 350–384.
- GS VII.1 (1989): Berliner Kindheit um neunzehnhundert. Fassung letzter Hand, S. 385–433.

Benjamin, Walter, Der Begriff der Kunstkritik in der deutschen Romantik. In: Benjamin, Gesammelte Schriften. Werke und Nachlass. Kritische Gesamtausgabe. Bd. 3, hg. v. Uwe Steiner, Frankfurt am Main 2008.
Benn, Gottfried, Probleme der Lyrik, Wiesbaden 1949.
Benn, Gottfried, Statische Gedichte, Wiesbaden 1949.
Benn, Gottfried, Ausdruckswelt. Essays und Aphorismen, Wiesbaden 1949.
Benn, Gottfried, Doppelleben. Zwei Selbstdarstellungen, Wiesbaden 1950.
Benn, Gottfried, Briefe an F.W. Oelze 1950–1956. Bd. II/2, hg. v. Harald Steinhagen/Jürgen Schröder, Wiesbaden 1980.
Benn, Gottfried, Der Schriftsteller und die Emigration. Rundfunkdiskussion mit Peter de Mendelssohn unter der Leitung von Thilo Koch. In: Benn, Sämtliche Werke, hg. v. Gerhard Schuster in Verbindung mit Ilse Benn (Bd. IV) und Holger Hof (Bd. VI–VII/2). Band VII/1: Gespräche und Interviews, Stuttgart 2003, S. 240–259.
Bergengruen, Werner, An die Völker der Erde. In: Die Deutsche Rundschau 69, 1946, H. 5, S. 92.
Bergengruen, Werner, Dies Irae. Eine Dichtung, 2. Aufl., München 1947, S. 41–43.
Bergengruen, Werner, Die heile Welt. Gedichte, München 1950.
Berger, Maxi, Von der Höhle des Löwen. Arbeit, Kunst und Selbstbewusstsein zwischen Autonomie und *fait social* bei Hegel, Beckett und Adorno. In: Marcus Quent/Eckardt Lindner (Hg.), Das Versprechen der Kunst. Aktuelle Zugänge zu Adornos ästhetischer Theorie, Wien/Berlin 2014, S. 203–222.

Berger, Thomas, Der Humanitätsgedanke in der Literatur der deutschen Spätaufklärung, Heidelberg 2008.
Bergfleth, Gerd, Umnachtung und Erleuchtung. In: Aufgang. Jahrbuch Denken, Dichten, Musik 4, 2007, S. 125–155.
Bergson, Henri, Das Lachen. Ein Essay über die Bedeutung des Komischen, Frankfurt am Main 1988.
Bibel. Einheitsübersetzung der Heiligen Schrift, hg. im Auftr. d. Bischöfe Dtlds., Stuttgart 1982.
Bindseil, Christiane, Ja zum Glück. Ein theologischer Entwurf im Gespräch mit Bonhoeffer und Adorno, Bielefeld 2011.
Blanchot, Maurice, Der literarische Raum, übers. v. Marco Gutjahr/Jonas Hock, Zürich 2012.
Bloch, Ernst, Erbschaft dieser Zeit. Bd. 4, Frankfurt am Main 1962.
Blumenberg, Hans, Arbeit am Mythos, Sonderausgabe nach der 5. Aufl., Frankfurt am Main 1996.
Boerner, Maria-Cristina, Symbolismus. In: Reallexikon der deutschen Literaturwissenschaft. Bd. 3, hg. v. Jan-Dirk Müller u. a., Berlin/New York 2007, S. 555–557.
Böschenstein, Bernhard, Theodor W. Adorno als Deuter Hölderlins. In: Georg Kohler/Stefan Müller-Doohm (Hg.), Wozu Adorno? Beiträge zur Kritik und zum Fortbestand einer Schlüsseltheorie des 20. Jahrhunderts, Weilerswist 2008, S. 252–266.
Böttiger, Helmut, „Nie wird der Geist eines modernen Staates unserer Auffassung von Geist entsprechen". Drahtzieher im Literaturbetrieb (1): Frank Thiess. In: Doppelleben. Literarische Szenen aus Nachkriegsdeutschland. Begleitbuch zur Ausstellung, erarb. v. Helmut Böttiger, Göttingen 2009, S. 12–33.
Böttiger, Helmut, „... alles Spätere ist bon mot und Wiener Walzer". Die Renaissance des Gottfried Benn. In: Doppelleben. Literarische Szenen aus Nachkriegsdeutschland. Begleitbuch zur Ausstellung, erarb. v. Helmut Böttiger, Göttingen 2009, S. 268–291.
Böttiger, Helmut, Die Gruppe 47. Als die deutsche Literatur Geschichte schrieb, 2. Aufl., München 2013.
Bohrer, Karl Heinz, Die Grenzen des Ästhetischen, München/Wien 1998.
Bollenbeck, Georg, Eine Geschichte der Kulturkritik. Von Rousseau bis Günther Anders, München 2007.
Borkenau, Franz, Technik und Fortschritt. In: Merkur 3, 1949, H. 7, S. 625–637.
Bormann, Alexander von, Frühe Nachkriegslyrik (1945–1950). In: Wilfried Barner u.a. (Hg.), Geschichte der deutschen Literatur von 1945 bis zur Gegenwart, 2. aktual. u. erw. Aufl., München 2006, S. 76–98.
Bourdieu, Pierre/Loïc Wacquant, Die Logik der Felder. In: Bourdieu/Wacquant (Hg.), Reflexive Anthropologie, 3. Aufl., Frankfurt am Main 2013, S. 124–146.
Breymayer, Reinhard, Hölderlin und die Heiterkeit. In: Petra Kiedaisch/Jochen A. Bär (Hg.), Heiterkeit. Konzepte in Literatur und Geistesgeschichte, München 1997, S. 111–160.
Brockmann, Stephen, „Der Besitz der Nation" – Der Streit um die Aneignung literarischer Tradition in Deutschland 1945–1949. In: Manuel Köppen/Rüdiger Steinlein (Hg.), Passagen. Literatur – Theorie – Medien. Festschrift für Peter Uwe Hohendahl, Berlin 2001, S. 257–275.
Bronfen, Elisabeth, Nur über ihre Leiche. Tod, Weiblichkeit und Ästhetik, München 1994.
Brunner, Karl, Die notwendige Erziehungskur. In: Nordwestdeutsche Hefte, 1946, H. 9, S. 31–33.
Bubner, Rüdiger, Kann Theorie ästhetisch werden? Zum Hauptmotiv der Philosophie Adornos. In: Burkhardt Lindner/W. Martin Lüdke (Hg.), Materialien zur ästhetischen Theorie Theodor W. Adornos. Konstruktion der Moderne, Frankfurt am Main 1980, S. 108–137.
Bühner, Björn, Kulturkritik und Nachkriegszeit. Zur Funktionalisierung bildungsbürgerlicher Semantik in den politisch-kulturellen Zeitschriften 1945–1949, Heidelberg 2014.

Bürger, Christa, Einleitung. Die Dichotomie von hoher und niederer Literatur. Eine Problemskizze. In: Bürger/Peter Bürger/Jochen Schulte-Sasse (Hg.), Zur Dichotomisierung von hoher und niederer Literatur, Frankfurt am Main 1982, S. 9–39.
Bürger, Jan, „Kluger Mann, witziger Mann". Drei Briefe von Gottfried Benn und Theodor W. Adorno. In: Zeitschrift für Ideengeschichte 6, 2012, H. 3, S. 101–108.
Busch, Kathrin, Elemente einer Philosophie der Passivität. In: Busch/Helmut Draxler (Hg.), Theorien der Passivität, München 2013, S. 15–31.
Butler, Judith, Giving an account of oneself, New York 2005.
Butler, Judith, Kritik der ethischen Gewalt, Frankfurt am Main 2007.
Byung-Chul, Han, Müdigkeitsgesellschaft. Burnoutgesellschaft, Berlin 2016.
Celan, Paul, Sprachgitter. In: Celan, Die Niemandsrose/Sprachgitter. Gedichte, Frankfurt am Main 1980.
Celan, Paul, Ansprache anlässlich der Entgegennahme des Literaturpreises der Freien Hansestadt Bremen. In: Celan, Gesammelte Werke. Bd. 3: Gedichte III. Prosa. Reden, Frankfurt am Main 1992, S. 185–186.
Celan, Paul – Erich Einhorn, Briefe, hg. u. komm. v. Marina Dmitrieva-Einhorn. In: Celan Jahrbuch 7, 1997/98, S. 7–49.
Celan an Siegfried Lenz am 27.01.1962. In: Paul Celan Die Goll-Affäre. Dokumente zu einer ‚Infamie', zusammenges., hg. u. komm. v. Barbara Wiedemann, Frankfurt am Main 2000, S. 554–555.
Celan, Paul, Spät und Tief. In: Celan, Werke. Historisch Kritische Ausgabe. Bd. 2: Der Sand aus den Urnen / Mohn und Gedächtnis, hg. v. Andreas Lohr unter Mitarbeit v. Holger Gehle, Frankfurt am Main 2003.
Celan, Paul, Werke. Historisch Kritische Ausgabe. Bd. 15: Prosa I, hg. v. Andreas Lohr/Heino Schmull, Frankfurt am Main 2014.
– Gespräch im Gebirg, S. 27–31.
– Der Meridian. Rede anläßlich der Verleihung des Georg-Büchner-Preises, S. 33–51.
Chong, Jin-Sok, Offenheit und Hermetik. Zur Möglichkeit des Schreibens nach Auschwitz: Ein Vergleich zwischen Günter Grass' Lyrik, der *Blechtrommel* und dem Spätwerk Paul Celans, Frankfurt am Main 2002.
Claussen, Detlev, Nach Auschwitz. In: Dan Diner (Hg.), Zivilisationsbruch. Denken nach Auschwitz, Frankfurt am Main 1988, S. 54–68.
Claussen, Detlev, Nach Auschwitz kein Gedicht? Ist Adornos Diktum übertrieben, überholt und widerlegt? In: Harald Welzer (Hg.), Nationalsozialismus und Moderne, Tübingen 1993, S. 240–247.
Cohn, Ruby, Samuel Beckett. The Comic Gamut, New Brunswick/New York 1962.
Dechert, Jens, Probleme der Lyrik. Die Neubestimmung der Lyrik nach 1945. In: Walter Delabar/Ursula Kocher (Hg.), Gottfried Benn (1886–1956). Studien zum Werk, Bielefeld 2007, S. 211–230.
Demirović, Alex, Der nonkonformistische Intellektuelle. Die Entwicklung der Kritischen Theorie zur Frankfurter Schule, Frankfurt am Main 1999.
Derrida, Jacques, Bleibe. Maurice Blanchot, übers. v. Hans-Dieter Gondek, Wien 2003.
Dieterich, Wolfram, Geburt des Menschen. Bekenntnis zu den geistigen Voraussetzungen einer zukünftigen Literatur. In: Prisma 2, 1948, H. 17, S. 14–16.
Dirks, Walter, Der Weg zur Freiheit. Ein Beitrag zur deutschen Selbsterkenntnis. In: Frankfurter Hefte 1, 1946, H. 4, S. 50–60.

Djassemy, Irina, Produktive Widersprüche in Adornos Kritik der Kulturindustrie. In: Zeitschrift für kritische Theorie 17, 2003, S. 107–142.
Döhl, Reinhard, Geschichte und Kritik eines Angriffs. Zu den Behauptungen gegen Paul Celan. In: Jahrbuch der Akademie für Sprache und Dichtung 1960, 1961, S. 101–132.
Dörr, Volker C., Mythomimesis. Mythische Geschichtsbilder in der westdeutschen (Erzähl-)Literatur der frühen Nachkriegszeit (1945–1952), Berlin 2004.
Dörr, Volker C., Mythos als diskursive und narrative Kategorie in der frühen Nachkriegsliteratur Westdeutschlands. In: Monika Schmitz-Ewans/Uwe Lindemann (Hg.), Komparatistik als Arbeit am Mythos, Heidelberg 2004, S. 305–318.
Dorfles, Gillo, Der Kitsch, Tübingen 1969.
Dubiel, Helmut, Wissenschaftsorganisation und politische Erfahrung. Studien zur frühen Kritischen Theorie, Frankfurt am Main 1978.
Duckheim, Simon, Glück aus philosophischer Perspektive. Zur Geschichte und Aktualität der Glücksforschung. In: Forum Wissenschaft: Glücksforschung – Interdisziplinäre Betrachtungen zum Streben nach Glück 29, 2012, H.1, S. 8–11.
Duckheim, Simon, Auf der Suche nach der versprengten Spur. Glück und Hoffnung bei Adorno und Benjamin, Würzburg 2014.
Eco, Umberto, Apokalyptiker und Integrierte. Zur kritischen Kritik der Massenkultur, Frankfurt am Main 1984.
Eichhorn, Peter, Kritik der Heiterkeit, Heidelberg 1973.
Engel, Manfred, „Neue Mythologie" in der deutschen und englischen Frühromantik. William Blakes *The Marriage of Heaven and Hell* und Novalis' *Klingsohr-Märchen*. In: Arcadia 26, 1991, S. 225–245.
Enzensberger, Hans Magnus, Die Steine der Freiheit. In: Merkur 13, 1959, H. 7, S. 770–775.
Eusterschulte, Anne, Apparition. Epiphanie und Menetekel der Kunst. Aspekte einer Ästhetik des Zur-Erscheinung-Kommens bei Theodor W. Adorno. In: Zeitschrift für Ästhetik und allgemeine Kunstwissenschaft 14, 2016, Sonderheft: Zur Erscheinung kommen. Bildlichkeit als theoretischer Prozess, S. 223–256.
Ette, Wolfram, Adorno und Beckett. Zur Gegenwart des Existenzialismus in Adornos Denken. In: Ette u.a. (Hg.), Adorno im Widerstreit, Freiburg/München 2004, S. 339–362.
Ette, Wolfram, Beckett als philosophische Erfahrung. In: Richard Klein/Johann Kreuzer/Stefan Müller-Doohm (Hg.), Adorno Handbuch. Leben – Werk – Wirkung, Stuttgart/Weimar 2011, S. 214–218.
Felman, Shoshana, Education and Crisis or the Vicissitudes of teaching. In: Felman/Dori Laub (Hg.), Testimony. Crisis of witnessing in literature, psychoanalysis and history, New York/London 1992, S. 1–56.
Felstiner, John, The Biography of a Poem. In: The New Republic 190, 02.04.1984, S. 27–31.
Finlayson, James Gordon, The Work of Art and the Promise of Happiness in Adorno. In: world picture 3, 2009, S. 1–22.
Finlayson, James Gordon, The Artwork and the *Promesse du Bonheur* in Adorno. In: European Journal of Philosophy 23, 2015, H. 3, S. 392–419.
Fischer, Ludwig, Dominante Muster des Literaturverständnisses. In: Hansers Sozialgeschichte der deutschen Literatur vom 16. Jahrhundert bis zur Gegenwart, hg. v. Rolf Grimminger, Bd. 10: Literatur in der Bundesrepublik Deutschland bis 1967, hg. v. Ludwig Fischer, München/Wien 1986, S. 179–213.
Frenzel, Ivo, Kritik und Verheißung. In: Frankfurter Hefte 11, 1956, S. 133–135.

Freud, Sigmund, Der Familienroman der Neurotiker. In: Freud, Gesammelte Werke. Bd. 7: Werke aus den Jahren 1906–1909, Frankfurt am Main 1999, S. 225–231.
Freud, Sigmund, Trauer und Melancholie. In: Freud, Gesammelte Werke. Bd. 10: Werke aus den Jahren 1913–1917, Frankfurt am Main 1999, S. 427–446.
Freud, Sigmund, Neue Folge der Vorlesungen zur Einführung in die Psychoanalyse. In: Freud, Gesammelte Werke. Bd. 15, Frankfurt am Main 1999.
Fricke, Stefan, Wider die Barbarei. Hans G Helms wird Siebzig. In: Neue Zeitschrift für Musik 3, 2002, S. 50–51.
Fricke, Stefan, Hans G Helms ist tot! Ein Nachruf. In: Neue Zeitschrift für Musik 3, 2012, S. 12.
Friedländer, Walther, Mit heilsam bösem Blick. In: Frankfurter Allgemeine Zeitung, 09.07.1955 (Theodor W. Adorno Archiv, Frankfurt am Main, Sign. Za 10/64).
Frisch, Max, Kultur als Alibi. In: Der Monat 7, 1949, S. 82–85.
Frisch, Max, Endlich darf man es wieder sagen. In: Sprache im technischen Zeitalter 22: Der Zürcher Literaturstreit, 1967, S. 104–109.
Fromm, Erich, Die Kunst des Liebens, Frankfurt am Main/Berlin/Wien 1980.
Früchtl, Josef, Radikalität und Konsequenz in der Wahrheitstheorie – Nietzsche als Herausforderung für Adorno und Habermas. In: Nietzsche Studien 19, 1990, S. 431–461.
Früchtl, Josef, Aufklärung und Massenbetrug oder Adorno demonstriert etwas uncool für den Film. In: Günter Seubold/Patrick Baum (Hg.), Wieviel Spaß verträgt die Kultur? Adornos Begriff der Kulturindustrie und die gegenwärtige Spaßkultur, Bonn 2004, S. 145–165.
Fuller, Gregory, Kitsch-Art. Wie Kitsch zur Kunst wird, Köln 1992.
Gamper, Michael, Masse lesen, Masse schreiben. Eine Diskurs- und Imaginationsgeschichte der Menschenmenge 1765–1930, München 2007.
Geiser, Walter, Die Aufgabe des Künstlers in unserer Zeit. In: Die neue Schau 19, 1949, H. 4, S. 104–105.
Gellhaus, Axel, Das Gespräch im Gebirg. Paul Celans impliziter Dialog mit Adorno über die Möglichkeit von Dichtung nach Auschwitz. In: Zeitschrift für deutsche Philologie, 2004, Sonderheft zu Bd. 123, S. 209–219.
Geml, Gabriele, Adorno über das Glück an den Kunstwerken. In: Leonhard Emmerling/Ines Kleesattel (Hg.), Politik der Kunst. Über Möglichkeiten, das Ästhetische politisch zu denken, Bielefeld 2016, S. 121–141.
Geulen, Eva, Entfremdung bei Schiller. In: Thomas Khurana u.a. (Hg.), Negativität. Kunst – Recht – Politik, Berlin 2018, S. 349–356.
Goebel, Gerhard, Kommentar. In: Stéphane Mallarmé: Gedichte. Französisch und Deutsch, übers. u. komm. v. Gerhard Goebel, Gerlingen 1993, S. 291–432.
Goethe, Johann Wolfgang, Iphigenie auf Tauris. In: Goethe, Gedenkausgabe der Werke, Briefe und Gespräche, hg. v. Ernst Beutler, Bd. 6: Die Weimarer Dramen, 2. Aufl., Stuttgart/Zürich 1952, S. 148–212.
Goethe, Johann Wolfgang, Maximen und Reflexionen. Bd. 12. In: Goethes Werke, textkritisch durchgeseh. u. mit Anmerk. verseh. v. Erich Trunz/Hans Joachim Schrimpf, Hamburg 1953.
Goethe, Johann Wolfgang, Aus meinem Leben. Dichtung und Wahrheit. Bd. 14, hg. v. Klaus-Detlef Müller. In: Goethe, Sämtliche Werke, hg. v. Dieter Borchmeyer u.a., Frankfurt am Main 1986.
Golz, Anita/Jochen Golz, „Ernst ist das Leben, heiter sey die Kunst!" Goethe als Redakteur des „Wallenstein"-Prologs. In: Karl-Heinz Hahn (Hg.), Im Vorfeld der Literatur. Vom Wert archivalischer Überlieferung für das Verständnis von Literatur und ihrer Geschichte, Weimar 1991, S. 17–29.

Greiner, Norbert, Beckett und das Lachen: Versuch, Adorno zu verstehen. In: Carsten Dutt (Hg.), Figurationen der literarischen Moderne. Helmuth Kiesel zum 60. Geburtstag, Heidelberg 2007, S. 116–136.

Grimm, Jacob und Wilhelm, Deutsches Wörterbuch. Bd. IV, 2. Abt., Leipzig 1877.

Grimm, Gunter E., Gottfried Benns Lyrik-Lektüren. In: Benn Forum. Beiträge zur literarischen Moderne 3, 2013, S. 153–166.

Grimm, Marc, Utopie oder Ursprung? Zur Wahrheit in Kunst und Sprache bei Theodor W. Adorno und Martin Heidegger. In: Grimm/Martin Niederauer (Hg.), Ästhetische Aufklärung. Kunst und Kritik in der Theorie Theodor W. Adornos, Weinheim/Basel 2016, S. 108–128.

Grimm, Reinhold, Die problematischen Probleme der Lyrik. In: Bruno Hillebrand (Hg.), Gottfried Benn, Darmstadt 1979, S. 206–239.

Groß, Pola, „Depression oder Fröhlichkeit?". Die Heiterkeitsdebatte der 1980er Jahre im Lichte des *Zürcher Literaturstreits*. In: Germanica 63: Heiterkeit – L'allégresse au cœur de l'écriture poétique et philosophique, 2018, S. 55–69.

Groß, Pola, Ist die Kunst heiter? Adornos Beitrag zum *Zürcher Literaturstreit*. In: Zeitschrift für deutsche Philologie 138, 2019, H. 4, S. 591–608.

Grossberg, Lawrence, Was sind Cultural Studies? In: Karl H. Hörning/Rainer Winter (Hg.), Widerspenstige Kulturen. Cultural Studies als Herausforderung, Frankfurt am Main 1999, S. 43–83.

Grossberg, Lawrence, Die Definition der Cultural Studies. In: Lutz Musner/Gotthart Wunberg (Hg.), Kulturwissenschaften. Forschung – Praxis – Positionen, Wien 2002, S. 46–68.

Groys, Boris, Die Topologie der Aura. Über Original, Kopie und einen berühmten Begriff Walter Benjamins. In: Neue Rundschau 113, 2002, H. 4, S. 84–94.

Gubar, Susan, Poetry After Auschwitz. Remembering What One Never Knew. Jewish literature and culture. o.O. 2006.

Günther, Herbert, Rezension: Dies Irae. In: Welt und Wort 1, 1946, H. 2, S. 58–59.

Gumbrecht, Hans Ulrich, Epiphanien. In: Joachim Küpper/Christoph Menke (Hg.), Dimensionen ästhetischer Erfahrung, Frankfurt am Main 2003, S. 203–222.

Habermas, Jürgen, Bewußtmachende oder rettende Kritik – die Aktualität Walter Benjamins. In: Siegfried Unseld (Hg.), Zur Aktualität Walter Benjamins, Frankfurt am Main 1972, S. 173–225.

Habermas, Jürgen, Theorie des kommunikativen Handelns. Bd. 1: Handlungsrationalität und gesellschaftliche Rationalisierung, 4. Aufl., Frankfurt am Main 1995.

Haefs, Wilhelm, Lyrik in den 1930er und 1940er Jahren. In: Hansers Sozialgeschichte der deutschen Literatur vom 16. Jahrhundert bis zur Gegenwart, hg. v. Rolf Grimminger, Bd. 9: Nationalsozialismus und Exil 1933–1945, hg. v. Wilhelm Haefs, München/Wien 2009, S. 392–416.

Hähnel, Klaus-Dieter, Das Comeback des Dr. Gottfried Benn nach 1945 (1949): Wirkung wider Willen? In: Zeitschrift für Germanistik 6, 1996, H. 1, S. 100–113.

Hainz, Martin A., Masken der Mehrdeutigkeit. Celan-Lektüren mit Adorno, Szondi und Derrida, Wien 2001.

Haller, Andreas Joachim, Das schreckliche Rätsel. Zur Dialektik von Kultur und Barbarei in der Kritischen Theorie Theodor W. Adornos. In: Carla Dauven van Knippenberg/Christian Moser/Daniel Wendt (Hg.), Texturen des Barbarischen. Exemplarische Studien zu einem Grenzbegriff der Kultur, Heidelberg 2014, S. 151–169.

Harbusch, Ute, Gegenübersetzungen: Paul Celans Übertragungen französischer Symbolisten, Göttingen 2005.
Hartung, Harald, Zeitgedicht in dieser Zeit. In: Frankfurter Hefte. Zeitschrift für Kultur und Politik 17, 1962, S. 59–62.
Hartung, Rudolf, NWDR-Sendung, 31.05.1955 (zit. nach: Sendemanuskript. Theodor W. Adorno Archiv, Frankfurt am Main, Sign. Za 10/12).
Haselhaus, Clemens, Deutsche Lyrik der Moderne. Von Nietzsche bis Yvan Goll, Bonn 1962.
Haynes, Doug, From Odysseus to Rotpeter. Adorno and Kafka, mimicry and hapiness. In: Julie Taylor (Hg.), Modernism and Affect, Edinburgh 2015, S. 185–202.
Hecken, Thomas, Intellektuelle und Kulturindustrie. In: Martina Groß/Hans-Thies Lehmann (Hg.), Populärkultur im Gegenwartstheater, Berlin 2012, S. 122–145.
Hegel, Georg Wilhelm Friedrich, Phänomenologie des Geistes. In: Hegel, Werke 3, Frankfurt am Main 1986.
Hegel, Georg Wilhelm Friedrich, Vorlesungen über die Philosophie der Geschichte. In: Hegel, Werke 12, Frankfurt am Main 1986.
Hegel, Georg Wilhelm Friedrich, Vorlesungen über die Ästhetik I–III. In: Hegel, Werke 13–15, Frankfurt am Main 1986.
Heidegger, Martin, Schöpferische Landschaft: Warum bleiben wir in der Provinz? Zitiert nach: Guido Schneeberger, Nachlese zu Heidegger. Dokumente zu seinem Leben und Denken, Bern 1962, S. 216–218.
Heidegger, Martin, Erläuterungen zu Hölderlins Dichtung, 3. Aufl., Frankfurt am Main 1963.
Heidegger, Martin, Bremer und Freiburger Vorträge: 1. Einblick in das was ist. Bremer Vorträge 1949. In: Heidegger, Gesamtausgabe Bd. 3: Unveröffentlichte Abhandlungen, Frankfurt am Main 1994.
Heidegger, Martin, Brief an Herbert Marcuse, 20.01.1948. In: Heidegger, Gesamtausgabe Bd. 16: Reden und andere Zeugnisse eines Lebensweges 1910–1976, Frankfurt am Main 2000, S. 430–431.
Heinrich, Michael, Grundbegriffe der Kritik der politischen Ökonomie. In: Michael Quante/David P. Schweikard (Hg.), Marx Handbuch. Leben – Werk – Wirkung, Stuttgart 2016, S. 173–193.
Heller, Agnes, Die Weltzeituhr stand still. Schreiben nach Auschwitz? Schweigen über Auschwitz? Philosophische Betrachtungen eines Tabus. In: Die Zeit 19, 07.05.1993, S. 61–62.
Helms, Hans, G: FA:M' AHNIESGWOW, Köln 1959.
Henning, Christoph, Glück in der Kritischen Theorie. Befreite Individualität und ihre Hindernisse. In: Dieter Thomä/Henning/Olivia Mitscherlich-Schönherr (Hg.), Glück. Ein interdisziplinäres Handbuch, Stuutgart/Weimar 2011, S. 282–291.
Hesse, Christoph, Das drastische Medium. Über Adornos Kritik des Films. In: Brigitte Marschall u. a. (Hg.), (K)ein Ende der Kunst. Kritische Theorie – Ästhetik – Gesellschaft, Wien/Berlin 2014, S. 105–120.
Hesse, Heidrun, Vernunft und Selbstbehauptung. Kritische Theorie als Kritik der neuzeitlichen Rationalität, Frankfurt am Main 1984.
Hessing, Jakob, Gedichte nach Auschwitz. In: Merkur 46, 1992, H. 2, S. 980–992.
Hetzel, Andreas, Dialektik der Aufklärung In: Richard Klein/Johann Kreuzer/Stefan Müller-Doohm (Hg.), Adorno Handbuch. Leben – Werk – Wirkung, Stuttgart/Weimar 2011, S. 389–397.
Hillebrand, Bruno (Hg.), Über Gottfried Benn. Kritische Stimmen 1912–1956, Frankfurt am Main 1987.

Hindrichs, Gunnar, Kulturindustrie. In: Hindrichs (Hg.), Max Horkheimer, Theodor W. Adorno: Dialektik der Aufklärung, Berlin/Boston 2017, S. 61–79.
Hippokrates, Ausgewählte Schriften. Bd. 1, hg. v. Hans Diller, Stuttgart 1994.
Hirsch, Michael, Funktionen der Funktionslosigkeit. Ästhetischer und politischer Messianismus nach Adorno. In: Marcus Quent/Eckardt Lindner (Hg.), Das Versprechen der Kunst. Aktuelle Zugänge zu Adornos ästhetischer Theorie, Wien/Berlin 2014, S. 67–86.
Hochhuth, Rolf, Der Stellvertreter. Ein christliches Trauerspiel, Reinbek bei Hamburg 1963.
Hochhuth, Rolf, Die Rettung des Menschen. In: Frank Benseler (Hg.), Festschrift zum achtzigsten Geburtstag von Georg Lukács, Neuwied/Berlin 1965, S. 484–490.
Hoeckner, Berthold, Apparitions. New Perspectives on Adorno and Twentieth-Century Music, Routledge 2006.
Höfer, Anja, Heiterkeit auf dunklem Grund. Zu einem zentralen Begriff in Goethes Kunstanschauung. In: Petra Kiedaisch/Jochen A. Bär (Hg.), Heiterkeit. Konzepte in Literatur und Geistesgeschichte, München 1997, S. 85–110.
Hölderlin, Friedrich, Sämtliche Werke, hg. v. Friedrich Beissner, Stuttgart 1943–1985.
- StA 1 (1943): Gedichte bis 1800.
- StA 2 (1951): Gedichte nach 1800.
- StA 3 (1957): Hyperion.
Hörisch, Jochen, Gedichte nach Auschwitz – Überlegungen zu einem berühmten Diktum Th. W. Adornos. In: Petra Bahr u. a. (Hg.), Protestantismus und Dichtung, Gütersloh 2008, S. 109–121.
Hofmann, Klaus, Poetry after Auschwitz – Adorno's dictum. In: German Life and Letters 58, 2005, H. 2, S. 182–194.
Hofmann, Richard Paul, Willensschwäche. Eine handlungstheoretische und moralphilosophische Untersuchung, Berlin 2015.
Hofmannsthal, Hugo von, Ein Brief [1902]. In: Hofmannsthal, Sämtliche Werke. Band XXXI: Erfundene Gespräche und Briefe, hg. v. Ellen Ritter, Frankfurt am Main 1991, S. 45–55.
Hogh, Philipp, Urteilsformen. Zum Verhältnis der Sprache zur Sprache der Kunst. In: Marc Grimm/Martin Niederauer (Hg.), Ästhetische Aufklärung. Kunst und Kritik in der Theorie Theodor W. Adornos, Weinheim/Basel 2016, S. 36–52.
Hohoff, Curt, Th. W. Adorno – Prismatisch. In: Wort und Wahrheit 10, 10.10.1955, S. 784–786 (Theodor W. Adorno Archiv, Frankfurt am Main, Sign. Za 10/81).
Hohoff, Curt, Der schräge Blick des Apokalyptikers. In: Die Tat, 6.11.1955 (Theodor W. Adorno Archiv, Frankfurt am Main, Sign. Za 10/85).
Holthusen, Hans Egon, Das verzweifelte Gedicht. Paul Celan. In: Holthusen, Plädoyer für den Einzelnen. Kritische Beiträge zur literarischen Diskussion, München 1967, S. 167–171.
Holtmeier, Ludwig/Cosima Linke, Schönberg und die Folgen. In: Richard Klein/Johann Kreuzer/Stefan Müller-Doohm (Hg.), Adorno Handbuch. Leben – Werk – Wirkung, Stuttgart/Weimar 2011, S. 119–139.
Horkheimer, Max, Neue Kunst und Massenkultur. In: Die Umschau 3, 1948, H. 4, S. 455–468.
Horkheimer, Max u.a., Wirtschaft, Recht und Staat im Nationalsozialismus. Analysen des Instituts für Sozialforschung 1939–1942, hg. v. Helmut Dubiel/Alfons Söllner, Frankfurt am Main 1984.
Horkheimer, Max, Nachtrag zu: Traditionelle und kritische Theorie (1937). In: Horkheimer, Gesammelte Schriften Bd. 4: Schriften 1936–1941, hg. v. Alfred Schmidt, Frankfurt am Main 1988, S. 162–225.

Horkheimer, Max, Zur Kritik der instrumentellen Vernunft. In: Horkheimer, Gesammelte Schriften Bd. 6: ‚Zur Kritik der instrumentellen Vernunft' und ‚Notizen 1949–1969', hg. v. Alfred Schmidt/Gunzelin Schmid Noerr, Frankfurt am Main 1991, S. 21–186.

Hu, Chunchun, Anschluss an die Moderne oder Anti-Moderne? Zur Poetik der deutschen Nachkriegsmoderne am Beispiel Gottfried Benn. In: Hans-R. Fluck/Jianhua Zhu (Hg.), Vielfalt und Interkulturalität der internationalen Germanistik, Tübingen 2014, S. 245–260.

Husserliana. Edmund Husserl Gesammelte Werke 11: Analysen zur passiven Synthesis. Aus Vorlesungs- und Forschungsmanuskripten (1918–1926), hg. v. Margot Fleischer, The Hague, Netherlands 1966.

Iser, Wolfgang, Die Artistik des Mißlingens. Ersticktes Lachen im Theater Becketts, Heidelberg 1979.

Irtenkauf, Wolfgang, Der Prismen-Feuerwerker Theodor Adorno. In: Eßlinger Zeitung, 23.04.1955 (Theodor W. Adorno Archiv, Frankfurt am Main, Sign. Za 10/3).

Jaeckle, Erwin, Der Zürcher Literaturschock. Bericht, München/Wien 1968.

Jaeger, Friedrich, Moderne. In: Enzyklopädie der Neuzeit. Bd. 8, hg. v. Friedrich Jaeger, Stuttgart 2008, S. 6–52.

Jaeschke, Walter, Hegel Handbuch. Leben – Werk – Schule, Stuttgart 2016.

Janz, Marlies, Vom Engagement absoluter Poesie. Zur Lyrik und Ästhetik Paul Celans, Frankfurt am Main 1976.

Jaspers, Karl, Die Schuldfrage, Heidelberg 1946.

Jauß, Hans Robert, Ästhetische Erfahrung und literarische Hermeneutik, 4. Aufl., Frankfurt am Main 1984.

Johann, Wolfgang, Das Diktum Adornos. Adaptionen und Poetiken. Rekonstruktion einer Debatte, Würzburg 2018.

Kafka, Franz, Die Sorge des Hausvaters. In: Kafka, Gesammelte Werke. Bd. 4: Erzählungen, hg. v. Max Brod, Frankfurt am Main 1976, S. 129–130.

Kafka, Franz, Tagebucheintrag vom 6.12.1921. In: Kafka, Tagebücher, hg. v. Hans-Gerd Koch/Michael Müller/Malcolm Pasley, Frankfurt am Main 1990.

Kafka, Franz, Betrachtung 40. In: Kafka, Nachgelassene Schriften und Fragmente II., hg. v. Jost Schillemeit, Frankfurt am Main 1992.

Kafka, Franz, Fragment vom Jäger Gracchus. In: Kafka, Nachgelassene Schriften und Fragmente I., hg. v. Malcolm Pasley, Frankfurt am Main 1993.

Kaiser, Gerhard, Benjamin. Adorno. Zwei Studien, Frankfurt am Main 1974.

Kaiser, Gerhard, „... ein männliches, aus tiefer Not gesungenes Kirchenlied ...": Emil Staiger und der Zürcher Literaturstreit. In: Mitteilungen des Deutschen Germanisten-Verbandes 47, 2000, H. 4, S. 382–394.

Kant, Immanuel, Kritik der praktischen Vernunft. In: Kant, Werke IV: Schriften zur Ethik und Religionsphilosophie, hg. v. Wilhelm Weischedel, Darmstadt 1963.

Kant, Immanuel, Kritik der Urteilskraft. In: Kant, Werke V: Kritik der Urteilskraft und Schriften zur Naturphilosophie, hg. v. Wilhelm Weischedel, Darmstadt 1966.

Karcher, Simon, Sachlichkeit und elegischer Ton. Die späte Lyrik von Gottfried Benn und Bertolt Brecht – ein Vergleich, Würzburg 2006.

Kardach, Magdalena/Marcin Gołaszewski, Macht und Kultur unter dem Einfluss der Kulturpolitik vor und nach 1945 am Beispiel des literarischen Werkes von Ernst Wiechert. In: Detlef Haberland (Hg.), Ästhetik und Ideologie 1945. Wandlung oder Kontinuität poetologischer Paradigmen deutschsprachiger Schriftsteller, Oldenburg 2017, S. 77–87.

Karthaus, Ulrich, Die Heiterkeit der Kunst. Zu Schillers Ästhetik. In: Sascha Feuchert/Joanna Jablowska/Jörg Riecke (Hg.), Literatur und Geschichte. Festschrift für Erwin Leibfried, Frankfurt am Main 2007, S. 271–282.
Kausch, Michael, Kulturindustrie und Populärkultur. Kritische Theorie der Massenmedien, Frankfurt am Main 1988.
Keller Simon, Richard, Dialectical Laughter. A Study of Endgame. In: Modern Drama 25, 1982, S. 505–513.
Keppler, Angela, Ambivalenzen der Kulturindustrie. In: Richard Klein/Johann Kreuzer/Stefan Müller-Doohm (Hg.), Adorno Handbuch. Leben – Werk – Wirkung, Stuttgart/Weimar 2011, S. 253–262.
Keppler-Seel, Angela/Martin Seel, Adornos reformistische Kulturkritik. In: Georg Kohler/ Stefan Müller-Doohm (Hg.), Wozu Adorno? Beiträge zur Kritik und zum Fortbestand einer Schlüsseltheorie des 20. Jahrhunderts, Weilerswist 2008, S. 223–234.
Kiedaisch, Petra (Hg.), Lyrik nach Auschwitz? Adorno und die Dichter, Stuttgart 1995.
Kiedaisch, Petra, Ist die Kunst noch heiter? Theorie, Problematik und Gestaltung der Heiterkeit in der deutschsprachigen Literatur nach 1945, Tübingen 1996.
Kiedaisch, Petra/Jochen A. Bär, Heiterkeitskonzeptionen in der europäischen Literatur und Philosophie. Einführung in die Geschichte eines Begriffs und seine Erforschung. In: Kiedaisch/Bär (Hg.), Heiterkeit. Konzepte in Literatur und Geistesgeschichte, München 1997, S. 7–30.
Kiesel, Helmuth, Geschichte der literarischen Moderne, München 2004.
Kiesel, Helmuth, Heiterkeit im Schatten der Weltkriege und des Holocaust. In: Germanica 63: Heiterkeit – L'allégresse au cœur de l'écriture poétique et philosophique, 2018, S. 17–36.
Kittler, Friedrich, Wie man abschafft, wovon man spricht: Der Autor von *Ecce homo*. In: Nietzscheforschung 20, 2013, S. 211–228.
Klein, Richard, Ideologiekritik oder kritische Hermeneutik? Methodologische Aspekte einer Musikphilosophie nach Adorno. In: Oliver Decker/Tobias Grave (Hg.), Kritische Theorie zur Zeit. Für Christoph Türcke zum sechzigsten Geburtstag, Springe 2008, S. 256–275.
Kleine, Marc, Ob es überhaupt noch möglich ist. Literatur nach Auschwitz in Adornos ästhetischer Theorie, Bielefeld 2012.
Kleine, Marc, Zum möglichen Ort der Dichtung Paul Celans in Adornos ästhetischer Theorie. In: Zeitschrift für deutsche Philologie 133, 2014, S. 291–307.
Kleist, Heinrich von, Über das Marionettentheater. In: Kleist, Werke und Briefe in vier Bänden. Bd. 3, hg. v. Siegfried Streller, Berlin/Weimar 1978, S. 473–480.
Kliche, Dieter, Kitsch. In: Ästhetische Grundbegriffe. Bd. 3, hg. v. Karlheinz Barck, Stuttgart 2001, S. 272–288.
Koch, Manfred, Schattenspiele am Ende der Geschichte. Zu Gottfried Benns *Statischen Gedichten*. In: Günter Butzer/Joachim Jacob (Hg.), Berührungen. Komparatistische Perspektiven auf die frühe deutsche Nachkriegsliteratur, München 2012, S. 305–322.
Koch, Manfred, Faulheit. Eine schwierige Disziplin, Springe 2012.
Koebner, Thomas, Die Schuldfrage. Vergangenheitsverweigerung und Lebenslügen in der Diskussion 1945–49. In: Thomas Koebner/Gert Sautermeister/Sigrid Schneider (Hg.), Deutschland nach Hitler. Zukunftspläne im Exil und aus der Besatzungszeit 1939–1949, Opladen 1987.
Kögler, Hans-Herbert, Autonomie und Anerkennung: Kritische Theorie als Hermeneutik des Subjekts. In: Rainer Winter/Peter V. Zima (Hg.), Kritische Theorie heute, Bielefeld 2007, S. 79–96.

König, Gottfried Michael, Nachwort. In: Hans G Helms: FA:M' AHNIESGWOW, Köln 1959, S. ix–xv.
Kogon, Eugen, Gericht und Gewissen. In: Frankfurter Hefte 1, 1946, H. 1, S. 25–37.
Kogon, Eugen, Das Ende der Termiten. In: Frankfurter Hefte 2, 1947, H. 15, S. 526–527.
Kolbenhoff, Walter, Wir wollen leben. In: Der Ruf 1, 1946/47, H. 3, S. 6–7.
Konersmann, Ralf, Kulturkritik, Frankfurt am Main 2008.
Korff, Hermann August, Humanismus und Romantik. Die Lebensauffassung der Neuzeit und ihre Entwicklung im Zeitalter Goethes. Fünf Vorträge über Literaturgeschichte, Leipzig [1924].
Korn, Karl, Masse – ein reaktionärer Begriff? In: Der Ruf 2, 1947, H. 22, S. 6.
Korte, Hermann, Deutschsprachige Lyrik seit 1945, 2. völlig neu bearb. Aufl., Stuttgart 2004.
Kracauer, Siegfried, Das Ornament der Masse. Essays, Frankfurt am Main 1963.
- Das Ornament der Masse, S. 50–63.
- Die kleinen Ladenmädchen gehen ins Kino, S. 279–294.
- Kult der Zerstreuung, S. 311–317.
Kracauer, Siegfried, Dumbo. In: Kristy Rawson/Johannes von Moltke (Hg.), Siegfried Kracauer's American Writings. Essays on Film and Popular Culture, Berkeley/Los Angeles/London 2012, S. 70.
Kramer, Sven, „Wahr sind die Sätze als Impuls…". Begriffsarbeit und sprachliche Darstellung in Adornos Reflexion auf Auschwitz. In: Kramer (Hg.), Auschwitz im Widerstreit. Zur Darstellung der Shoah in Film, Philosophie und Literatur, Wiesbaden 1999, S. 67–88.
Kramer, Sven, Adornos Begriff der Deutung und die Stellung der Hermeneutik in der kritischen Literaturwissenschaft. In: Kramer (Hg.), Bild – Sprache – Kultur. Ästhetische Perspektiven kritischer Theorie. Hermann Schweppenhäuser zum 80. Geburtstag, Würzburg 2009, S. 201–223.
Kramer, Sven, Walter Benjamin zur Einführung, 3. überarb. Aufl., Hamburg 2010.
Krankenhagen, Stefan, Auschwitz darstellen. Ästhetische Positionen zwischen Adorno, Spielberg und Walser, Köln 2001.
Kreuzer, Johann, Ästhetisches Tun: Die Verfahrensweise des poëtischen Geistes. In: Daniel Martin Feige (Hg.), Ästhetische und handlungstheoretische Perspektiven, Bielefeld 2015, S. 73–92.
Krolow, Karl, Intellektuelle Heiterkeit. Rede zur Verleihung des Georg-Büchner-Preises. In: Krolow, Ein Gedicht entsteht. Selbstdeutungen, Interpretationen, Aufsätze, Frankfurt am Main 1973, S. 195–203.
Kuby, Erich, Denazifizierung der Demokraten. In: Der Ruf 2, 1947, H. 11, S. 3.
Kuby, Erich, Die Geburt der Schuld. In: Der Ruf 2, 1947, H. 23, S. 1.
Kuby, Erich, Die Krise der Demokratie. In: Der Ruf 3, 1948, H. 2, S. 2.
Kuester, Martin, Parodie. In: Metzler Lexikon Literatur- und Kulturtheorie, hg. v. Ansgar Nünning, 5. Aufl., Stuttgart 2013, S. 585–586.
Kuhlmann, Hartmut, Ohne Auschwitz. In: Internationale Zeitschrift für Philosophie, 1997, H. 1, S. 101–110.
Kutschke, Beate, Kitsch: ein unerlaubtes Glück? Zum Kitschbegriff bei Adorno. In: Katrin Eggers/Nina Noeske (Hg.), Musik und Kitsch, Hildesheim/Zürich/New York 2014, S. 105–123.
Laermann, Klaus, „Nach Auschwitz ein Gedicht zu schreiben, ist barbarisch". Überlegungen zu einem Darstellungsverbot. In: Manuel Köppen (Hg.), Kunst und Literatur nach Auschwitz, Berlin 1993, S. 11–15.
Lanczkowski, Günter, Epiphanie. In: Historisches Wörterbuch der Philosophie. Bd. 2, hg. v. Joachim Ritter, Darmstadt 1984, Sp. 585–586.

Laurien, Ingrid, Politisch-kulturelle Zeitschriften in den Westzonen 1945–1949. Ein Beitrag zur politischen Kultur der Nachkriegszeit, Frankfurt am Main 1991.
Leenhouwers, A., Naivität/Pietät. In: Historisches Wörterbuch der Philosophie. Bd. 6, hg. v. Joachim Ritter, Darmstadt 1984, Sp. 363–364.
Lehmann, Hans-Thies, Der buchstäbliche Körper. Zur Selbstinszenierung der Literatur bei Franz Kafka. In: Gerhard Kurz (Hg.), Der junge Kafka, Frankfurt am Main 1984, S. 213–241.
Lehmann, Wilhelm, Entzückter Staub, Heidelberg 1946.
Leibniz, Gottfried Wilhelm, Monadologie (Französisch/Deutsch), übers. u. hg. v. Hartmut Hecht, Stuttgart 1998.
Leistenschneider, Christian, Formen des Ich. Identitätsproblematik und Figurenpoetik in der Prosa Gottfried Benns, Heidelberg 2015.
Lersch, Philipp, Der Mensch in der Gegenwart. In: Geistige Welt 1, 1946/47, H. 1, S. 2–22.
Lessing, Gotthold Ephraim/Moses Mendelsohn/Friedrich Nicolai, Briefwechsel über das Trauerspiel, hg. u. komm. v. Jochen Schulte-Sasse, München 1972, S. 52–57.
Levi, Primo, Ist das ein Mensch? Ein autobiographischer Bericht, aus dem Italienischen v. Heinz Riedt, 13. Aufl., München 2004.
Lévinas, Emmanuel, Die Spur des Anderen. Untersuchungen zur Phänomenologie und Sozialphilosophie, übers., hg. u. eingel. v. Wolfgang Nikolaus Krewani, 3. Aufl., Freiburg 1998.
Lévinas, Emmanuel, Jenseits des Seins oder anders als Sein geschieht, Freiburg 1998.
Lichtenberg, Georg Christoph, Schriften und Briefe. Bd. 2: Sudelbücher II: Materialhefte, Tagebücher, Darmstadt 1971.
Lindner, Burkhardt, „Il faut être absolutement moderne". Adornos Ästhetik: Ihr Konstruktionsprinzip und ihre Historizität. In: Lindner/W. Martin Lüdke (Hg.), Materialien zur Ästhetischen Theorie Adornos. Konstruktion der Moderne, Frankfurt am Main 1980, S. 261–309.
Lindner, Burkhardt, Herrschaft als Trauma. Adornos Gesellschaftstheorie zwischen Marx und Benjamin. In: Text + Kritik, 1983, Sonderheft: Theodor W. Adorno, S. 72–91.
Lindner, Burkhardt, Was heißt: Nach Auschwitz? Adornos Datum. In: Stephan Braese (Hg.), Deutsche Nachkriegsliteratur und der Holocaust, Frankfurt 1998, S. 283–300.
Linke, Cosima, Kritik der seriellen Musik. In: Richard Klein/Johann Kreuzer/Stefan Müller-Doohm (Hg.), Adorno Handbuch. Leben – Werk – Wirkung, 2. erw. u. aktual. Aufl., Stuttgart/Weimar 2019, S. 162–169.
Lorenz, Otto, Gedichte nach Auschwitz oder: Die Perspektive der Opfer. In: Text + Kritik, 1988, Sonderband: Gegenwartsliteratur, S. 35–53.
Lüdke, W. Martin, Zu reden wäre von der Echternacher Springprozession, Adorno und der Literatur nach Auschwitz. In: Akzente 26, 1979, S. 579–590.
Lüdke, W. Martin, Anmerkungen zu einer „Logik des Zerfalls": Adorno – Beckett, Frankfurt am Main 1981.
Lüdke, W. Martin, Der Kronzeuge. Einige Anmerkungen zum Verhältnis Th. W. Adornos zu S. Beckett, In: Text + Kritik, 1983, Sonderheft: Theodor W. Adorno, S. 136–149.
Lukács, Georg, Der höchste Grad des Realismus. In: Neues Deutschland, 8. Juli 1949, S. 3.
Lukács, Georg, Die Verdinglichung und das Bewußtsein des Proletariats. In: Lukács, Frühschriften II. Bd. 2: Geschichte und Klassenbewußtsein, Neuwied/Berlin 1968, S. 257–397.
Lukács, Georg, Die Theorie des Romans. Ein geschichtsphilosophischer Versuch über die Formen der großen Epik, München 1994.
Lukrez, Von der Natur. 2. Buch, hg. u. übers. v. Hermann Diels, München 1993.

Maase, Kaspar, Grenzenloses Vergnügen. Der Aufstieg der Massenkultur 1850–1970, 4. Aufl., Frankfurt am Main 2007.
Maiwald, Serge, Der massensoziologische Hintergrund der heutigen Kulturkrise. In: Universitas. Zeitschrift für Wissenschaft, Kunst und Literatur 4, 1949, H. 10, S. 1167–1178.
Mallarmé, Stéphane, Verskrise. In: Mallarmé, Sämtliche Dichtungen, übers. v. Carl Fischer/ Rolf Stabel, München/Wien 1992.
Mallarmé, Stéphane, Gedichte. Französisch und Deutsch, übers. u. komm. v. Gerhard Goebel, Gerlingen 1993.
Marcuse, Herbert, Zur Kritik des Hedonismus. In: Marcuse, Kultur und Gesellschaft I., Frankfurt am Main 1965, S. 128–168.
Marquard, Odo, Exile der Heiterkeit. In: Wolfgang Preisendanz/Rainer Warning (Hg.), Das Komische, München 1976, S. 133–151.
Martin, Bernd (Hg.), Martin Heidegger und das ‚Dritte Reich'. Ein Kompendium, Darmstadt 1989.
Marx, Karl/Friedrich Engels, Die deutsche Ideologie. In: Karl Marx/Friedrich Engels Werke. Bd. 3: 1845–1846, Berlin 1981.
Marx, Karl, Das Elend der Philosophie. Antwort auf Proudhons „Philosophie des Elends". In: Karl Marx/Friedrich Engels Werke. Bd. 4: Mai 1846 bis März 1848, Berlin 1980, S. 62–182.
Marx, Karl/Friedrich Engels: Die Bourgeoisie und die Konterrevolution. In: Karl Marx/Friedrich Engels Werke. Bd. 6: November 1848 bis Juli 1849, Berlin 1975, S. 102–124.
Marx, Karl, Das Kapital. Kritik der politischen Ökonomie. In: Karl Marx/Friedrich Engels Werke. Bd. 23: Das Kapital, Berlin 1977.
Marx, Karl, Ökonomisch-philosophische Manuskripte aus dem Jahre 1844. In: Karl Marx/ Friedrich Engels Werke. Erg. Bd. 1: Schriften bis 1844, Berlin 1981, S. 465–588.
Mayer, Hans, Nachdenken über Theodor W. Adorno. In: Mayer, Zeitgenossen. Erinnerung und Deutung, Frankfurt am Main 1999, S. 23–47.
Mb. (vollständiger Name unbekannt), Prismen. In: Die Gegenwart, 23.04.1955 (Theodor W. Adorno Archiv, Frankfurt am Main, Sign. Za 10/2).
Mehnert, Klaus/Heinrich Schulte, Deutschland-Jahrbuch, Essen 1949, S. 3–98.
Meinecke, Friedrich, Die deutsche Katastrophe. Betrachtungen und Erinnerungen, Wiesbaden 1946.
Meister, Max, Hitler. In: Die Gegenwart, 1946, H. 10/11, S. 21–22.
Menke, Bettine, Kafka-Lektüren. Über das Leben und dessen Allegorie. In: Ästhetik und Kommunikation 21, 1992, H. 79: Ästhetik nach Adorno, S. 79–94.
Menke, Christoph, Subjektivität. In: Ästhetische Grundbegriffe 5, hg. v. Karlheinz Barck u.a., Stuttgart 2003, S. 734–786.
Menke, Christoph, Die Kraft der Kunst, Berlin 2013.
Menzel, Wolfgang, Die deutsche Literatur, Stuttgart 1836.
Merlio, Gilbert, Die mythenlose Mythologie des Oswald Spengler. In: Silvio Vietta/Herbert Uerlings (Hg.), Moderne und Mythos, München 2006, S. 207–225.
Merseburger, Peter X., Der Verzicht auf die Utopie. In: Hannoversche Presse, 3.6.1955 (Theodor W. Adorno Archiv, Frankfurt am Main, Sign. Za 10/48).
Meyer, Theo, Nietzsche. Kunstauffassung und Lebensbegriff, Tübingen 1991.
M.F. [vollständiger Name nicht mehr ermittelbar, P.G.], Ist die Presse schlecht genug? In: Die Gegenwart 4, 1949, H. 14, S. 67.
Mieder, Wolfgang, „Entflügelte Worte": Modifizierte Zitate in Literatur, Medien und Karikaturen, Wien 2016.
Mögel, Ernst, Natur als Revolution. Hölderlins Empedokles-Tragödie, Stuttgart 1994.

Morat, Daniel, Von der Tat zur Gelassenheit. Konservatives Denken bei Martin Heidegger, Ernst Jünger und Friedrich Georg Jünger 1920–1960, Göttingen 2007.
Moritz, Karl Philipp, Versuch einer Vereinigung aller schönen Künste und Wissenschaften unter dem Begriff des in sich selbst Vollendeten. In: Moritz, Werke. Bd. 2, hg. v. Heide Hollmer/Albert Meier, Frankfurt am Main 1997, S. 943–949.
Müller, Enrico, „Ästhetische Lust" und „dionysische Weisheit". Nietzsches Deutung der griechischen Tragödie. In: Nietzsche-Studien 31, 2002, S. 134–153.
Müller, Stefan, Reflexivität als Gegenstand und Kritik. Strukturmerkmale negativer Dialektik in einer ästhetischen Logik. In: Marc Grimm/Martin Niederauer (Hg.), Ästhetische Aufklärung. Kunst und Kritik in der Theorie Theodor W. Adornos, Weinheim/Basel 2016, S. 129–145.
Müller-Doohm, Stefan, Die Macht des Banalen. Zur Analyse der Kulturindustrie. In: Martin Niederauer/Gerhard Schweppenhäuser (Hg.), „Kulturindustrie": Theoretische und empirische Annäherungen an einen populären Begriff, Würzburg 2018, S. 29–50.
Naumann-Beyer, Waltraud, Negative versus positive Dialektik. Goethes *Iphigenie*, gelesen von Adorno und Hans Robert Jauss. In: Wolfram Ette u.a. (Hg.), Adorno im Widerstreit, Freiburg/München 2004, S. 439–451.
Neuner, Florian, Im Zwischenreich von Sprache und Musik. Hans G Helms' bahnbrechende Sprachkomposition FA:M' AHNIESGWOW im Kontext. In: Neue Zeitschrift für Musik 4, 2011, S. 13–15.
Newmark, Catherine, Glück. In: Enzyklopädie der Neuzeit. Bd. 4, hg. v. Friedrich Jäger, Stuttgart 2006, Sp. 969–974.
Niederauer, Martin, Gehörte Dialektik. Über den Zusammenhang von Musik, Rezeption und Gesellschaft bei Adorno. In: Marc Grimm/Niederauer (Hg.), Ästhetische Aufklärung. Kunst und Kritik in der Theorie Theodor W. Adornos, Weinheim/Basel 2016, S. 180–197.
Niederauer, Martin/Gerhard Schweppenhäuser, „Kulturindustrie". Annäherungen an einen populären Begriff. In: Niederauer/Schweppenhäuser (Hg.), „Kulturindustrie": Theoretische und empirische Annäherungen an einen populären Begriff, Würzburg 2018, S. 1–28.
Niefanger, Dirk, Moderne in der Literatur. In: Enzyklopädie der Neuzeit. Bd. 8, hg. v. Friedrich Jaeger, Stuttgart 2008, S. 6–62.
Nierhoff-Wielk, Barbara, „A purposeful purposelessness" – Zufall in der Kunst von John Cage. In: Wulf Herzogrenrath/Nierhoff-Wielk (Hg.), „John Cage und...". Bildender Künstler – Einflüsse, Anregungen, Köln 2012, S. 254–270.
Nietzsche, Friedrich, Sämtliche Werke. Kritische Studienausgabe in 14 Bde. (KSA 1–14), hg. v. Giorgio Colli/Mazzino Montinari, München 1988.
- KSA 1: Geburt der Tragödie, S. 9–156.
- KSA 1: Unzeitgemäße Betrachtungen III, S. 335–428.
- KSA 1: Über Wahrheit und Lüge im außermoralischen Sinne, S. 873–890.
- KSA 3: Morgenröthe. Gedanken über die moralischen Vorurtheile, S. 9–332.
- KSA 3: Fröhliche Wissenschaft, S. 343–652.
- KSA 4: Also sprach Zarathustra, S. 7–416.
- KSA 5: Zur Genealogie der Moral, S. 245–412.
- KSA 6: Der Fall Wagner, S. 9–54.
- KSA 6: Nietzsche contra Wagner, S. 413–446.
- KSA 11: Nachgelassene Fragmente, S. 9–710.
- KSA 12: Nachgelassene Fragmente, S. 9–582.
- KSA 14: Vorrede zur zweiten Ausgabe, Reinschrift 2, S. 230–277.

Nonnenmann, Rainer, Mehr Wort- als Klangspiel. Hans G Helms' „Fa: m'Ahniesgwow" in Köln. In: MusikTexte. Zeitschrift für neue Musik 125, 2010, S. 81–82.

Nowak, Anja, Elemente einer Ästhetik des Theatralen in Adornos *Ästhetischer Theorie*, Würzburg 2012.

Oehler, Dolf, Charisma des Nicht-Identischen, Ohnmacht des Aparten. Adorno und Benjamin als Literaturkritiker: Am Beispiel Proust. In: Text + Kritik, 1983, Sonderheft: Theodor W. Adorno, S. 150–158.

Oeing-Hanhoff, Ludger, Geist. In: Historisches Wörterbuch der Philosophie. Bd. 3, hg. v. Joachim Ritter, Basel 1974, S. 154–157.

Oellers, Norbert, Die Heiterkeit der Kunst. Goethe variiert Schiller. In: Gunter Martens (Hg.), Edition als Wissenschaft. Festschrift für Hans Zeller, Tübingen 1991, S. 92–103.

Ohde, Horst, Die Magie des Heilen. Naturlyrik nach 1945. In: Hansers Sozialgeschichte der deutschen Literatur vom 16. Jahrhundert bis zur Gegenwart, hg. v. Rolf Grimminger, Bd. 10: Literatur in der Bundesrepublik Deutschland bis 1967, hg. v. Ludwig Fischer, München/Wien 1986, S. 349–367.

Olschner, Leonard, Adorno und das totgesagte Gedicht. Nachforschungen zur Genese einer Provokation. In: Manuel Köppen/Rüdiger Steinlein (Hg.), Passagen. Literatur – Theorie – Medien. Festschrift für Peter Uwe Hohendahl, Berlin 2001, S. 277–292.

Ovid, Tristia II. Bd. I., hg., übers. u. erkl. v. Georg Luck, Heidelberg 1967.

Peitsch, Helmut, Vom Faschismus zum Kalten Krieg – auch eine deutsche Literaturgeschichte. Literaturverhältnisse, Genres, Themen, Berlin 1996.

Petersdorff, Dirk von, Wie modern ist die ästhetische Moderne? Gottfried Benns Kunst-Vorstellungen in ihrer Entstehung und ihren Folgen. In: Zeitschrift für deutsche Philologie 118, 1999, Sonderheft, S. 165–185.

Petersen, Jürgen, Das Buch der Woche. Sendungsprotokoll Hessischer Rundfunk, Sendung vom 05.06.1955 (Theodor W. Adorno Archiv, Frankfurt am Main, Sign., Za 10/49).

Pothast, Ulrich, Die eigentlich metaphysische Tätigkeit. Über Schopenhauers Ästhetik und ihre Anwendung durch Samuel Beckett, Frankfurt am Main 1982.

Pritchett, Patrick, How to Write Poetry after Auschwitz. The Burnt Book of Michael Palmer. – In: Journal of Modern Literature 37, 2014, H. 3, S. 127–145.

Prokop, Dieter, Ästhetik der Kulturindustrie, Marburg 2009.

Prokop, Dieter, Theorie der Kulturindustrie, Hamburg 2017.

Proust, Marcel, Auf der Suche nach der verlorenen Zeit, übers. v. Eva Rechel-Mertens, Frankfurt am Main 1964.

Pütz, Peter, Nietzsche im Licht der Kritischen Theorie. In: Nietzsche Studien 3, 1974, S. 175–191.

Quent, Marcus, Bewegliches Denken – Kunst, Philosophie, Gesellschaft. In: Quent/Eckardt Lindner (Hg.), Das Versprechen der Kunst. Aktuelle Zugänge zu Adornos Ästhetischer Theorie, Wien 2014, S. 21–40.

Rabinbach, Anson, Die Debatte um die deutsche Schuld in den Kulturzeitschriften nach 1945. In: Daniela Münkel/Jutta Schwarzkopf (Hg.), Geschichte als Experiment. Studien zu Politik, Kultur und Alltag im 19. und 20. Jahrhundert. Festschrift für Adelheid von Saldern, Frankfurt am Main 2008, S. 135–144.

Rath, Norbert, „Nietzsche ist in gewissen kritischen Dingen weiter gegangen als Marx". Adornos Affinität zum Philosophen der Außenseiter. In: Andreas Schirmer (Hg.), Widersprüche. Zur frühen Nietzsche-Rezeption, Weimar 2000, S. 449–462.

Rath, Norbert, Negative. Glück und seine Gegenbilder bei Adorno, Würzburg 2008.

Rath, Norbert, „Bei Kafka schweigen die Sirenen". Paradigmen der Kritik von Montaigne bis Adorno, Würzburg 2018.
Rebentisch, Juliane, Die Liebe zur Kunst und deren Verkennung. Adornos Modernismus. In: Texte zur Kunst 13, 2003, H. 52, S. 79–85.
Recki, Birgit, Aura und Autonomie. Zur Subjektivität der Kunst bei Walter Benjamin und Theodor W. Adorno, Würzburg 1988.
Reemtsma, Jan Philipp, Der Traum von der Ich-Ferne. Adornos literarische Aufsätze. In: Axel Honneth (Hg.), Dialektik der Freiheit. Frankfurter Adorno-Konferenz 2003, Frankfurt am Main 2005, S. 318–362.
Reents, Friederike (Hg.), Gottfried Benns Modernität, Göttingen 2007.
Reents, Friederike, Benns Probleme der Stimmungslyrik. In: Benn Forum. Beiträge zur literarischen Moderne 3, 2013, S. 167–184.
Regensburger, Marianne, Adornos Geschäft mit dem Nichts. In: Die Zeit, 12. Mai 1955 (Theodor W. Adorno Archiv, Frankfurt am Main, Sign. Za 10/5).
Reichert, Klaus, Adorno und das Radio. In: Sinn und Form 62, 2010, S. 454–465.
Reitmayer, Morten, Kulturzeitschriften im Intellektuellen Feld der frühen Bundesrepublik. In: Daniela Münkel/Jutta Schwarzkopf (Hg.), Geschichte als Experiment. Studien zu Politik, Kultur und Alltag im 19. und 20. Jahrhundert. Festschrift für Adelheid von Saldern, Frankfurt am Main 2008, S. 61–73.
R.H. [vollständiger Name nicht mehr ermittelbar, P.G.], Kollektivschuld. In: Die Gegenwart, 1946, H. 2/3, S. 10–12.
Rhein, Johannes, Widerspiegelung – Vor-Schein – Ausdruck. Modelle ästhetischer Erkenntnis bei Lukács, Bloch und Adorno. In: Marc Grimm/Martin Niederauer (Hg.), Ästhetische Aufklärung. Kunst und Kritik in der Theorie Theodor W. Adornos, Weinheim/Basel 2016, S. 89–107.
Richter, Hans-Werner, Literatur im Interregnum. In: Der Ruf 1, 1946/47, H. 15, S. 10–11.
Richter, Hans Werner, Das ist die Bilanz! In: Neues Europa 4, 1949, H. 1, S. 5.
Richter, Hans-Werner, Warum schweigt die junge Generation?, 01. September 1946. In: Hans Schwab-Felisch (Hg.), Der Ruf – Eine deutsche Nachkriegszeitschrift, München 1962, S. 29–33.
Ridley, Hugh, Gottfried Benn. Ein Schriftsteller zwischen Erneuerung und Reaktion, Opladen 1990.
Ritsert, Jürgen, Das Nichtidentische bei Adorno – Substanz- oder Problembegriff? In: Zeitschrift für Kritische Theorie 4, 1997, S. 29–51.
Ritsert, Jürgen, Themen und Thesen kritischer Gesellschaftstheorie. Ein Kompendium, Weinheim/Basel 2014.
Rohkrämer, Thomas, Eine andere Moderne? Zivilisationskritik, Natur und Technik in Deutschland 1880–1933, Paderborn/München 1999.
Rühmkorf, Peter, Die unterkühlte Romantik des Lyrikers Paul Celan. In: Die Welt, 16.05.1959.
Rühmkorf, Peter, Die Jahre die Ihr kennt: Anfälle und Erinnerungen, Reinbek bei Hamburg 1972.
Ruttner, Florian/Tobias Ebbrecht/Karin Lederer, Der Pilot. Eine kurze Einführung in die Kulturindustrie. In: Ruttner/Ebbrecht/Lederer (Hg.), Zum aktuellen Stand des Immergleichen. Dialektik von Kulturindustrie – vom Tatort zur Matrix, Berlin 2008, S. 7–27.
Ryland, Charlotte, Re-Membering Adorno. Political and cultural agendas in the debatte about post-holocaust art. In: German Life and Letters 62, 2009, H. 2, S. 140–156.
Salisbury, Laura, Samuel Beckett. Laughing matters, comic timing, Edinburgh 2015.

Sauerwald, Gregor, Heiterkeit, das Heitere. In: Historisches Wörterbuch der Philosophie. Bd. 3, hg. v. Joachim Ritter, Basel 1974, Sp. 1039–1043.
Schäfer, Armin, Karl Krolow (1915–1999). In: Deutschsprachige Lyriker des 20. Jahrhunderts, hg. v. Ursula Heukenkamp/Peter Geist, Berlin 2007, S. 358–367.
Scheible, Hartmut, Was ist eigentlich „rettende Kritik"? Bemerkungen zu Berg, Benjamin, Adorno. In: Martin Lüdke/Delf Schmidt (Hg.), Literaturmagazin. Die innere Grenze, Reinbek bei Hamburg 1993, S. 128–150.
Scheichl, Sigurd Paul, Polemik. In: Reallexikon der deutschen Literaturwissenschaft. Bd. 3, hg. v. Jan-Dirk Müller u.a., Berlin 2007, S. 117–120.
Schiller, Friedrich, Wallenstein. In: Schiller, Werke und Briefe, hg. v. Otto Dann u. a., Bd. 4: Wallenstein, hg. v. Frithjof Stock, Frankfurt am Main 2000.
Schiller, Friedrich, Werke und Briefe, hg. v. Otto Dann u. a., Bd. 8: Theoretische Schriften, hg. v. Rolf-Peter Janz, Frankfurt am Main 1992.
– Über die ästhetische Erziehung des Menschen in einer Reihe von Briefen. S. 556–618.
– Über naive und sentimentalische Dichtung, S. 706–810.
– Über Bürgers Gedichte, S. 972–988.
– Tragödie und Komödie, S. 1047–1048.
Schiller, Friedrich, An Karl Gotthard Grass. In: Schiller, Werke und Briefe, hg. v. Otto Dann u. a., Bd. 12: Briefe II, hg. v. Norbert Oellers, Frankfurt am Main 2002.
Schilling, Klaus von, Scheitern an der Vergangenheit. Das deutsche Selbstverständnis zwischen Re-Education und Berliner Republik, Berlin/Wien 2002.
Schmidt, Alfred, Zum Begriff des Glücks in der materialistischen Philosophie. In: Schmidt: Drei Studien über Materialismus. Schopenhauer. Horkheimer. Glücksproblem, München/Wien 1977, S. 135–195.
Schmid Noerr, Gunzelin, Der Schatten des Widersinns. Adornos „Versuch, das Endspiel zu verstehen" und die metaphysische Trauer. In: Hans-Dieter König (Hg.), Neue Versuche, Becketts Endspiel zu verstehen. Sozialwissenschaftliches Interpretieren nach Adorno, Frankfurt am Main 1994, S. 18–62.
Schnädelbach, Herbert, Deutsche Philosophie seit 1945. In: Wolfgang Prinz/Peter Weingart (Hg.), Die sog. Geisteswissenschaften. Innenansichten, Frankfurt am Main 1990, S. 403–418.
Schneider, Christian, Die Wunde Freud. In: Richard Klein/Johann Kreuzer/Stefan Müller-Doohm (Hg.), Adorno Handbuch. Leben – Werk – Wirkung, Stuttgart/Weimar 2011, S. 283–295.
Schneider, Norbert Jürgen, „Promesse de bonheur". Historisch-kritische Nachfragen zu einer Denkfigur in der ästhetischen Theorie Adornos. In: Otto Kolleritsch (Hg.), Das gebrochene Glücksversprechen. Zur Dialektik des Harmonischen in der Musik, Graz 1998, S. 129–140.
Schneider, Wolf, Ameise gegen Individuum. In: Die deutsche Stimme 4, 1949, H. 3/4, S. 17–18.
Schörle, Eckart, Das Lach-Seminar. Anmerkungen zu Theorie und Praxis bei Adorno. In: WerkstattGeschichte 35, 2003, S. 99–108.
Schöttker, Detlev, Metamorphosen der Freude. Darstellung und Reflexion der Heiterkeit in der Literatur des 18. Jahrhunderts. In: Deutsche Vierteljahrsschrift für Literaturwissenschaft und Geistesgeschichte 72, 1998, S. 354–375.
Schöttker, Detlev (Hg.), Philosophie der Freude. Von Freud bis Sloterdijk, Leipzig 2003.
Schöttker, Detlev, Deutungskonkurrenzen. Zur Holocaustdebatte zwischen Celan, Adorno und Hannah Arendt. In: Merkur 62, 2008, H. 7, S. 578–587.
Schöttker, Detlev, Expressionismus, Realismus und Avantgarde – literatur- und medienästhetische Debatten im sowjetischen Exil. In: Hansers Sozialgeschichte der

deutschen Literatur vom 16. Jahrhundert bis zur Gegenwart, hg. v. Rolf Grimminger, Bd. 9: Nationalsozialismus und Exil 1933–1945, hg. v. Wilhelm Haefs, München/Wien 2009, S. 230–244.

Scholze, Britta, Adorno und das Glück. In: Richard Klein/Johann Kreuzer/Stefan Müller-Doohm (Hg.), Adorno Handbuch. Leben – Werk – Wirkung, 2. erw. u. aktual. Aufl., Stuttgart/Weimar 2019, S. 454–462.

Schopenhauer, Arthur, Die Welt als Wille und Vorstellung. Bd. 1, Stuttgart/Frankfurt am Main 1976.

Schramm, Moritz, Barbarische Lyrik. Bemerkungen zu Theodor W. Adornos Diktum und zur Poetik Paul Celans In: Text und Kontext 30, 2008, S. 7–38.

Schröder, Ernst, Ein Hammer und drei Nägel. Erfahrungen eines Schauspielers mit dem Dramatiker Samuel Beckett als Regisseur. In: o.A. (Hg.), Materialien zu Becketts Endspiel, Frankfurt am Main 1968, S. 112–117.

Schröder, Jürgen, Gottfried Benn und die Deutschen. Studien zu Werk, Person und Zeitgeschichte, Tübingen 1986.

Schulte-Sasse, Jochen, Kitsch. In: Historisches Wörterbuch der Philosophie. Bd. 4, hg. v. Joachim Ritter, Basel 1976, Sp. 843–846.

Schulz, Georg-Michael, Hermetismus. In: Metzler Literatur Lexikon. Begriffe und Definitionen, hg. v. Irmgard Schweikle/Günther Schweikle, Stuttgart 1990, S. 198.

Schweer, Christoph, Heimweh Heros Heiterkeit. Nietzsches Weg zum Überhelden, Würzburg 2018.

Schweikle, Irmgard, Symbolismus. In: Metzler Literatur Lexikon. Begriffe und Definitionen, hg. v. Schweikle/Günther Schweikle, Stuttgart 1990, S. 451–452.

Schweppenhäuser, Gerhard, Ein Wort für die Moral. Horkheimer und Adorno lesen Nietzsche. In: Rüdiger Schmidt (Hg.), Nietzsche im Exil. Übergänge in gegenwärtiges Denken, Weimar 2001, S. 93–102.

Schweppenhäuser, Gerhard, Kunst als Wunscherfüllung? Zur kritischen Theorie des Kitsches. In: Sven Kramer (Hg.), Bild – Sprache – Kultur. Ästhetische Perspektiven kritischer Theorie. Hermann Schweppenhäuser zum 80. Geburtstag, Würzburg 2009, S. 181–200.

Sedlmayr, Hans, Verlust der Mitte. Die bildende Kunst des 19. und 20. Jahrhunderts als Symbol der Zeit, Salzburg 1948.

Seel, Martin, Ästhetik des Erscheinens, München/Wien 2000.

Seel, Martin, Adornos Apologie des Kinos. In: Günter Seubold/Patrick Baum (Hg.), Wieviel Spaß verträgt die Kultur? Adornos Begriff der Kulturindustrie und die gegenwärtige Spaßkultur, Bonn 2004, S. 127–144.

Seel, Martin, Philosophie der Kontemplation, Frankfurt am Main 2004.

Seel, Martin, Aktive Passivität. Über den Spielraum des Denkens, Handelns und anderer Künste, Frankfurt am Main 2014.

Seng, Joachim, „Die wahre Flaschenpost". Zur Beziehung zwischen Theodor W. Adorno und Paul Celan. In: Frankfurter Adorno Blätter VIII., Göttingen 2003, S. 151–176.

Seubold, Günter, Wieviel Spaß verträgt die Kultur? Adornos Kritik der Kulturindustrie. In: Seubold/Patrick Baum (Hg.), Wieviel Spaß verträgt die Kultur? Adornos Begriff der Kulturindustrie und die gegenwärtige Spaßkultur, Bonn 2004, S. 17–40.

Sieber, Mirjam, Paul Celans „Gespräch im Gebirg". Erinnerung an eine „versäumte Begegnung", Tübingen 2007.

Silberbusch, Oshrat Cohen, Rire à tout prix? Theodor W. Adorno wider die falsche Versöhnung. In: Sans phrase. Zeitschrift für Ideologiekritik 11, 2017, S. 186–194.

Sohn-Rethel, Alfred, Geistige und körperliche Arbeit. Zur Epistemologie der abendländischen Gesellschaft, revid. u. ergänz. Neuaufl., Weinheim 1989.
Sonderegger, Ruth, Zwischen Amüsement und Askese. Bei Adorno, im Theater von René Pollesch und darüber hinaus. In: WestEnd. Neue Zeitschrift für Sozialforschung, 2006, H. 1, S. 131–145.
Sonderegger, Ruth, Ästhetische Theorie. In: Richard Klein/Johann Kreuzer/Stefan Müller-Doohm (Hg.), Adorno Handbuch. Leben – Werk – Wirkung, Stuttgart/Weimar 2011, S. 414–427.
Spaemann, R., Glück, Glückseligkeit. In: Historisches Wörterbuch der Philosophie. Bd. 3, hg. v. Joachim Ritter, Basel 1974, Sp. 679–707.
Sparr, Thomas, Celans Poetik des hermetischen Gedichts, Heidelberg 1989.
Sparr, Thomas, Zeit der *Todesfuge*. Rezeption der Lyrik von Nelly Sachs und Paul Celan. In: Stephan Braese (Hg.), Deutsche Nachkriegsliteratur und der Holocaust, Frankfurt 1998, S. 43–52.
Spengler, Oswald, Der Untergang des Abendlandes. Umrisse einer Morphologie der Weltgeschichte, 10. Aufl., München 1991.
Spicker, Friedemann, „Es denkt". Zur Wirkungsgeschichte einer Sudelbuchnotiz Lichtenbergs. In: Lichtenberg-Jahrbuch 2014, 2016, S. 131–154.
Staiger, Emil, Literatur und Öffentlichkeit. In: Sprache im technischen Zeitalter 22: Der Zürcher Literaturstreit, 1967, S. 90–97.
Stammler, Heinrich, Deutsche Lyrik seit 1945. In: The German Quarterly 29, 1956, S. 251–260.
Strümpel, Jan, Vorstellungen vom Holocaust. George Taboris Erinnerungs-Spiele, Göttingen 2000.
Stegmaier, Werner, Fünftes Buch: „Wir Furchtlosen". Die Zwischenzeit der Heiterkeit. In: Christian Benne/Jutta Georg (Hg.), Friedrich Nietzsche: Die fröhliche Wissenschaft, Berlin 2015, S. 129–150.
Stein, Peter, „Darum mag falsch gewesen sein, nach Auschwitz ließe kein Gedicht mehr sich schreiben" (Adorno). Widerruf eines Verdikts? Ein Zitat und seine Verkürzung. In: Weimarer Beiträge 42, 1996, S. 485–508.
Steiner, George, Der Dichter und das Schweigen. In: Steiner, Sprache und Schweigen. Essays über Sprache, Literatur und das Unmenschliche, Frankfurt am Main 1969, S. 74–97.
Steiner, George, The Long Life of Metaphor: An Approach to the „Shoah". In: Berel Lang (Hg.), Writing and the Holocaust, New York 1988, S. 154–171.
Steinert, Heinz, Kulturindustrie, Münster 1998.
Steinert, Heinz, Die Entdeckung der Kulturindustrie oder: Warum Professor Adorno Jazz-Musik nicht ausstehen konnte, Wien 1992.
Stendhal (Henri Beyle), De l'amour. Seule édition complète, Paris 1891.
Stendhal (Henri Beyle), Über die Liebe, übers. v. Walter Widmer, München 1953.
Stephan, Inge, Die Literatur der ‚Inneren Emigration'. In: Wolfgang Beutin u.a. (Hg.), Deutsche Literaturgeschichte. Von den Anfängen bis zur Gegenwart, 6. überarb. Aufl., Stuttgart 2001, S. 442–447.
Stern, Fritz, Kulturpessimismus als politische Gefahr. Eine Analyse nationaler Ideologie in Deutschland, Bern 1961.
Stollmann, Rainer, Aspekte einer Kritischen Theorie des Lachens und der Medien. Lachen: „revolutionärer Affekt" oder „bürgerlicher Sadismus"? In: Nach dem Film. URL: http://geschichte.nachdemfilm.de/content/aspekte-einer-kritischen-theorie-des-lachens-und-der-medien. 22.10.2010, S. 110 (abgerufen am 05.12.2019).
Streim, Gregor, Deutschsprachige Literatur 1933–1945, Berlin 2015.

Strich, Fritz, Freiheit der Dichtung. In: Welt und Wort 4, 1949, H. 8, S. 264–266.
Suhrkamp, Peter, Forderung an die Geistigen. In: Nordwestdeutsche Hefte 3, 1948, H. 2, S. 22–23.
Szondi, Peter, „Mühle in Auschwitz". Briefe an die Herausgeber. In: Frankfurter Allgemeine Zeitung, 25. Juni 1964.
Szondi, Peter, Celan-Studien, Frankfurt am Main 1972.
Szondi, Peter, Einführung in die literarische Hermeneutik. In: Szondi, Studienausgabe, hg. v. Jean Bollack, Bd. 5, Frankfurt am Main 1995, S. 71–91.
Teubner, Kim, „Celans Gedichte wollen das äußerste Entsetzen durch Verschweigen sagen". Zu Paul Celan und Theodor W. Adorno, Würzburg 2014.
Thiele, Martina, Publizistische Kontroversen über den Holocaust im Film, Münster 2001.
Thieß, Frank, Die innere Emigration. In: Münchener Zeitung, 18.08.1945.
Thieß, Frank, Heimkehr zu Goethe. In: Nordwestdeutsche Hefte, 1946, H. 1, S. 29–32.
Thieß, Frank, Umwege zum Ich. Ein Selbstporträt. In: Welt und Wort 1, 1946, H. 2, S. 45–48.
Thieß, Frank, Geist und Geschichte. In: Aussaat 1, 1946/47, H. 10/11, S. 4–11.
Tiedemann, Rolf, Begriff Bild Name. In: Michael Löbig/Gerhard Schweppenhäuser (Hg.), Hamburger Adorno-Symposium, Lüneburg 1984, S. 67–78.
Tiedemann, Rolf, „Nicht die Erste Philosophie sondern eine letzte". Anmerkungen zum Denken Adornos. In: Theodor W. Adorno, „Ob nach Auschwitz noch sich leben lasse". Ein philosophisches Lesebuch, Frankfurt am Main 1997, S. 7–27.
Tiedemann, Rolf, Iphigenie bei den Berliner Studenten. In: Tiedemann, Adorno und Benjamin noch einmal. Erinnerungen, Begleitworte, Polemiken, München 2011, S. 367–371.
Traverso, Enzo, Auschwitz denken. Die Intellektuellen und die Shoah, Hamburg 2000.
Trebeß, Achim, Entfremdung und Ästhetik. Eine begriffsgeschichtliche Studie und eine Analyse der ästhetischen Theorie Wolfgang Heises, Stuttgart/Weimar 2001.
Uhl, Michael, Rezension: Führer und Verführte. In: Der Ruf 1, 1946/47, H. 2, S. 14–15.
Valéry, Paul, Eupalinos oder der Architekt, übers. v. Rainer Maria Rilke, Frankfurt am Main 1990.
Valéry, Paul, Tanz, Zeichnung und Degas, aus dem Französischen v. Werner Zemp, Frankfurt am Main 1996.
Valk, Thorsten, Melancholie im Werk Goethes. Genese – Symptomatik – Therapie, Tübingen 2002.
Veerhoff, Johannes, Die Idee der wahren Aufführung. Adornos Entwurf einer *Theorie der musikalischen Reproduktion*. In: Marc Grimm/Martin Niederauer (Hg.), Ästhetische Aufklärung. Kunst und Kritik in der Theorie Theodor W. Adornos, Weinheim/Basel 2016, S. 159–179.
Verweyen, Theodor/Gunther Witting: Parodie. In: Reallexikon der deutschen Literaturwissenschaft. Bd. 3, hg. v. Jan-Dirk Müller u.a., Berlin 2007, S. 23–27.
Vesper, Achim, Kunst als Erschütterung der Kategorie des Sinns? Adornos Ästhetik und Hölderlin. In: Friedrich Vollhardt (Hg.), Hölderlin in der Moderne. Kolloquium für Dieter Henrich zum 85. Geburtstag, Berlin 2014, S. 195–209.
Velten, Hans Rudolf, Utopie. In: Enzyklopädie der Neuzeit. Bd. 13, hg. v. Friedrich Jaeger, Stuttgart 2011, Sp. 1160–1167.
Vinke, Eva, Heiterkeitsdiskurse. Annäherung an eine Tendenz in der Literatur 1945–60, München 2005.
Vogl, Joseph, Ort der Gewalt. Kafkas literarische Ehtik, München 1990.
Wälde, Martin, Passivität. In: Historisches Wörterbuch der Philosophie. Bd. 7, hg. v. Joachim Ritter, Basel 1976, Sp. 164–168.

Walther, Gerrit, Humanität. In: Enzyklopädie der Neuzeit. Bd. 5, hg. v. Friedrich Jaeger, Stuttgart 2007, Sp. 701–703.
Weber, Carl August, Deutsche Jugend und Demokratie. In: Der Ruf 2, 1947, H. 20, S. 7.
Weber, Carl August, Ehrenrettung des Konservativismus. In: Der Ruf 3, 1948, H. 16, S. 7.
Weber, Karl G., Selbstbild und Täuschung: Politisches Werben zwischen Beeinflussung und Manipulation, Pfaffenweiler 1996.
Weber, Nicole, „Kein Indianer mehr"? Kontinuitäten partikularer Moraldiskurse und literarischer Antisemitismus im Nachkriegswerk Wolfgang Weyrauchs. In: Detlef Haberland (Hg.), Ästhetik und Ideologie 1945. Wandlung oder Kontinuität poetologischer Paradigmen deutschsprachiger Schriftsteller, Oldenburg 2017, S. 301–323.
Wedekind, Frank, Werke Bd. 9: Dramatische Fragmente und Entwürfe, hg. v. Artur Kutscher, München 1921.
- Kitsch, S. 207–243.
- „Was ich mir dabei dachte". Kurzer Kommentar zu den Werken Frank Wedekinds von ihm selbst, S. 426.
Wedekind, Frank, Werke, hg. v. Elke Austermühl/Rolf Kieser/Hartmut Vinçon, Bd. 3/I, hg. v. Hartmut Vinçon, Darmstadt 1996.
- Der Erdgeist, S. 313–400.
- Die Büchse der Pandora, S. 477–540.
Wedekind, Frank, Kitsch. In: Wedekind, Werke, hg. v. Elke Austermühl/Rolf Kieser/Hartmut Vinçon, Bd. 8, hg. v. Hans-Jochen Irmer, Darmstadt 2003, S. 365–384.
Weigel, Sigrid, „Kein philosophisches Staunen" – „Schreiben im Staunen". Zum Verhältnis von Philosophie und Literatur nach 1945: Benjamin, Adorno, Bachmann. In: Deutsche Vierteljahrsschrift für Literaturwissenschaft und Geistesgeschichte 70, 1996, S. 120–137.
Weigel, Sigrid, Angelus Novus. In: Enzyklopädie jüdischer Geschichte und Kultur. Bd. 1, hg. v. Dan Diner, Stuttgart 2011, S. 94–100.
Weinberg, Manfred, Erhabenes/Erhaben. In: Metzler Lexikon Ästhetik, hg. v. Achim Trebeß, Stuttgart/Weimar 2006, S. 97.
Weinrich, Harald, Ironie. In: Historisches Wörterbuch der Philosophie. Bd. 4, hg. v. Joachim Ritter, Basel 1976, Sp. 577–582.
Weinrich, Harald, Kleine Literaturgeschichte der Heiterkeit, Opladen 2001.
Weinrich, Harald, Knappe Zeit. Kunst und Ökonomie des befristeten Lebens, München 2004, S. 15–24.
Wellershoff, Dieter, Gottfried Benn. Phänotyp dieser Stunde. Eine Studie über den Problemgehalt seines Werkes, Köln/Berlin 1958.
Wellmer, Albrecht, Das Versprechen des Glücks und warum es gebrochen werden muß. In: Otto Kolleritsch (Hg.), Das gebrochene Glücksversprechen. Zur Dialektik des Harmonischen in der Musik, Graz 1998, S. 16–37.
Welsch, Wolfgang, Adornos Ästhetik. Eine implizite Ästhetik des Erhabenen. In: Christine Pries (Hg.), Das Erhabene. Zwischen Grenzerfahrung und Größenwahn, Weinheim 1989, S. 185–213.
Wenzel, Peter, New Criticism. In: Ansgar Nünning (Hg.), Grundbegriffe der Literaturtheorie, Stuttgart 2004, S. 191–195.
Werber, Niels, Einleitung. In: Zeitschrift für Literaturwissenschaft und Linguistik 41, 2011, H. 161 (Semantik der Kulturkritik), S. 5–12.
Werber, Niels, Ameisengesellschaften. Eine Faszinationsgeschichte, Frankfurt am Main 2013.

Wesche, Tilo, Negative Dialektik: Kritik an Hegel. In: Richard Klein/Johann Kreuzer/Stefan Müller-Doohm (Hg.), Adorno Handbuch. Leben – Werk – Wirkung, Stuttgart/Weimar 2011, S. 317–325.

Wesche, Tilo, Dialektik oder Ontologie: Heidegger. In: Richard Klein/Johann Kreuzer/Stefan Müller-Doohm (Hg.), Adorno Handbuch. Leben – Werk – Wirkung, Stuttgart/Weimar 2011, S. 364–373.

Weyrauch, Wolfgang, Nachwort. In: Weyrauch (Hg.), Tausend Gramm. Sammlung neuer deutscher Geschichten, Hamburg u.a. 1949.

Wiedemann, Barbara, Die Goll-Affäre. In: Markus May/Peter Goßens/Jürgen Lehmann (Hg.), Celan Handbuch, Stuttgart 2012, S. 20–23.

Wiedemann, Barbara, Zeitgenössische Rezensionen. In: Markus May/Peter Goßens/Jürgen Lehmann (Hg.), Celan Handbuch, Stuttgart 2012, S. 23–27.

Wiggershaus, Rolf, Die Frankfurter Schule. Geschichte. Theoretische Entwicklung. Politische Bedeutung, München/Wien 1986.

Wilhelmy, Thorsten, Legitimitätsstrategien der Mythosrezeption. Thomas Mann, Christa Wolf, John Barth, Christoph Ransmayr, John Banville, Würzburg 2004.

Wilke, Tobias, Tückische Objekte. Dinglichkeit und Repräsentation bei Kafka. In: Colloquia Germanica 37, 2004, H. 1, S. 51–72.

Windisch, Hans, Führer und Verführte. Eine Analyse deutschen Schicksals, Chiemsee 1946.

Wussow, Philipp von, Logik der Deutung. Adorno und die Philosophie, Würzburg 2007.

Zabka, Thomas, Goethe: Dialektik des Klassizismus. In: Richard Klein/Johann Kreuzer/Stefan Müller-Doohm (Hg.), Adorno Handbuch. Leben – Werk – Wirkung, Stuttgart/Weimar 2011, S. 175–183.

Zelić, Tomislav, Zur Lyrik nach Auschwitz. Celans Sprachgitter und Benns Nur zwei Dinge. In: Zagreber Germanistische Beiträge 14, 2005, S. 73–88.

Zelle, Carsten, Über die ästhetische Erziehung des Menschen in einer Reihe von Briefen (1795). In: Matthias Luserke-Jaqui (Hg.), Schiller Handbuch. Leben – Werk – Wirkung, Stuttgart/Weimar 2005, S. 409–445.

Zilcosky, John, Poetry after Auschwitz? Celan und Adorno revisited. In: Deutsche Vierteljahrsschrift 79, 2005, S. 670–691.

Zima, Peter V., Diskurse der Negativität. Von Mallarmé und Valéry zu Adorno und Lyotard. Konstruktion und Krise des Subjekts zwischen Moderne und Postmoderne. In: Arcadia 33, 1998, H. 2, S. 285–311.

Zima, Peter V., Ästhetische Negation. Das Subjekt, das Schöne und das Erhabene von Mallarmé und Valéry zu Adorno, Würzburg 2005.

Zittel, Claus, „Incipit tragoedia, incipit parodia". Tragische Heiterkeit und ernste Parodie in Nietzsches „Also sprach Zarathustra". In: Acta neophilologica 5, 2003, S. 227–242.

Zuckermann, Moshe, Zum Begriff der Lyrik bei Adorno. In: Stephan Braese (Hg.), In der Sprache der Täter. Neue Lektüren deutschsprachiger Nachkriegs- und Gegenwartsliteratur, Opladen/Wiesbaden 1998, S. 31–41.

Zuckermann, Moshe, Einleitung. Kritische Theorie in Israel – Analyse einer Nichtrezeption. In: Zuckermann (Hg.), Theodor W. Adorno – Philosoph des beschädigten Lebens, Göttingen 2004, S. 9–24.

Zumbusch, Cornelia, Die Immunität der Klassik, Berlin 2014.

Personenregister

Andersch, Alfred 77, 93, 95, 96, 118
Arendt, Hannah 94
Aristoteles 2–4, 205, 307
Ausländer, Rose 26

Baudelaire, Charles 134, 158, 163, 252, 259, 321, 335, 346
Beckett, Samuel 11, 12, 19–21, 195, 197–225, 227, 233, 251, 255–257, 261, 318, 319, 322, 343, 369, 389
Benjamin, Walter 5, 6, 13, 18, 40, 51, 62, 73, 136, 151–155, 157–159, 163–165, 171, 176–178, 190, 273, 274, 227, 231, 240, 327, 328, 335, 342, 345–347, 367, 369, 373, 385, 387, 388
Benn, Gottfried 17, 68, 103, 104, 109–118
Bergengruen, Werner 17, 68, 103–105, 107, 108
Bergson, Henri 18, 215, 267, 268, 271, 311
Bloch, Ernst 8, 39, 221, 363
Boulez, Pierre 236, 237
Brecht, Bertolt 252, 266, 272
Butler, Judith 141, 142, 155, 156

Cage, John 236, 237
Celan, Paul 11, 21, 26, 27, 119, 195, 197, 241–261, 346, 389
Chaplin, Charlie 272–274, 340, 341, 354, 366, 384

Degas, Edgar 129–132, 134–136, 139
Derrida, Jacques 122, 124

Eco, Umberto 57, 339, 385
Eich, Günter 103, 105, 106, 249
Eisler, Hanns 325, 363, 385, 387
Engels, Friedrich 5, 56, 130, 268
Enzensberger, Hans Magnus 27, 38, 118

Frenzel, Ivo 33, 34, 36, 37
Freud, Sigmund 159, 211, 212, 216, 230, 233, 338, 345

Frisch, Max 89, 266, 267

Goethe, Johann Wolfgang 11, 19, 21, 98, 99, 115, 128, 147, 180–191, 240, 277–279, 287, 301, 334
Goll, Yvan 246, 247, 255, 256

Habermas, Jürgen 17, 18, 53, 54, 74, 75
Hegel, Georg Wilhelm Friedrich 4, 7, 18, 30, 35, 43–46, 48, 60, 125, 179, 208, 265, 275, 285–293, 298, 299, 302, 303, 321, 323, 338, 388
Heidegger, Martin 17, 84–86, 175, 293–295, 297, 298, 300, 364, 365
Helms, Hans G 11, 21, 118, 195, 197, 223–241, 251, 256, 261, 355, 389
Hochhuth, Rolf 201, 202, 220
Hölderlin, Friedrich 11, 18, 20, 21, 98, 128, 167, 170–180, 185, 188, 191, 202, 203, 265, 292–303, 307, 312, 314, 319, 321, 323, 389
Holthusen, Hans Egon 17, 103, 108, 248
Horkheimer, Max 1–3, 5, 6, 8, 17, 18, 31, 46–50, 52, 54, 55, 74, 79, 199, 212–215, 217, 270, 307, 348–366, 384, 385

Jaspers, Karl 68, 77, 92–94
Joyce, James 229–234, 251
Jünger, Ernst 97, 104

Kafka, Franz 11, 20, 21, 128, 141–156, 161, 179, 180, 189–191, 207, 227, 259, 319, 321, 335, 341, 378, 389
Kaléko, Mascha 108, 119
Kant, Immanuel 4, 50, 123, 124, 166, 231, 285, 287, 323, 333
Kleist, Heinrich von 98, 342
Kogon, Eugen 77, 83, 94, 96, 150
Kracauer, Siegfried 6, 30, 32, 34, 274, 354, 359, 360, 366, 367, 371
Krolow, Karl 103, 283, 284
Kuby, Erich 77, 82, 88, 89, 92, 94, 96

https://doi.org/10.1515/9783110657173-010

Leibniz, Gottfried Wilhelm 231
Lübbe, Hermann 31, 33
Lukács, Georg 30, 52, 53, 55–57, 64, 70, 101, 102, 118, 164, 201

Mallarmé, Stéphane 196, 236, 237, 240, 246, 389
Mann, Thomas 8, 83, 99, 138, 319
Marx, Karl 4, 6, 18, 22, 41–43, 45, 46, 53, 56, 57, 70, 71, 130, 131, 135, 139, 145, 152, 268, 303

Nietzsche, Friedrich 18, 61, 111, 121, 122, 133, 177, 210, 211, 265, 303–322

Ovid 148, 279, 280

Pollock, Friedrich 30, 49
Proust, Marcel 11, 12, 21, 39, 128, 138, 156–171, 176, 191, 230, 233, 234

Richter, Hans-Werner 77, 93–97
Rühmkorf, Peter 118, 247, 248

Sachs, Nelly 26, 27, 38, 108, 119

Schiller, Friedrich 18, 61, 69–71, 89, 98, 99, 130, 162, 219, 265, 275–287, 301, 312, 322, 333, 375
Schlegel, Friedrich 73, 275, 289, 290
Schönberg, Arnold 67, 198, 271, 361, 362
Schopenhauer, Arthur 304, 313, 337
Sohn-Rethel, Alfred 51
Spengler, Oswald 67, 72, 73, 75, 79, 119
Staiger, Emil 17, 114, 263–267, 284–287, 293, 320, 322
Stendhal 10
Sternberger, Dolf 77, 265
Stockhausen, Karlheinz 236, 237
Suhrkamp, Peter 31, 32, 34, 35, 83
Szondi, Peter 28, 126, 182, 243, 245, 248

Thieß, Frank 17, 78, 81–83, 91, 99, 103

Valéry, Paul 11, 21, 64, 128–140, 146, 165, 170, 179, 180, 191, 242, 326, 327, 377

Wagner, Richard 61, 304, 309, 310
Wedekind, Frank 160, 319, 321, 342, 364, 367, 375–380, 382, 383
Weinrich, Harald 263, 265, 278, 279, 281, 282, 289
Wiese, Leopold von 31

Werkregister

Werke Adornos (Auswahl)

Aldous Huxley und die Utopie 2, 31
Ästhetik-Vorlesung von 1958/59 9, 11, 14, 15, 21, 127, 128, 173, 174, 210, 292, 331–332, 336, 343
Ästhetik-Vorlesungen von 1961/62 10, 270, 330, 332–333, 335, 336, 382, 388
Ästhetische Theorie 1, 9, 10, 12–16, 19, 20, 22, 30, 117, 118, 132–134, 138, 140, 144–146, 152, 177, 193, 195–199, 203, 207–212, 215–223, 226–228, 231, 241, 244–246, 252, 253, 256–261, 278, 294, 303, 325, 326, 328–348, 360, 363–365, 369–371, 373, 384, 388
Aufzeichnungen zu Kafka 141–156, 189, 227, 378

Der Artist als Statthalter 128, 131–141, 377
Der Essay als Form 19, 20
Dialektik der Aufklärung 6, 12, 14, 16, 22, 23, 38, 46–49, 50, 54, 55, 79, 87, 118, 145, 193, 199, 213–215, 218, 226, 252, 269, 270, 272, 299, 303, 307, 308, 348–366, 384, 387
Die auferstandene Kultur 67, 79, 84, 89, 97, 100, 102

Engagement 129, 193, 202, 242, 244, 272, 274, 341, 358

Ist die Kunst heiter? 21, 263–323, 371

Jargon der Eigentlichkeit 85, 105, 364, 365
Jene zwanziger Jahre 242, 254

Kleine Proust-Kommentare 156–170, 389
Komposition für den Film 325, 363, 385, 387
Kulturindustrie-Kapitel 6, 16, 22, 54, 57, 79, 129, 136, 137, 140, 212, 214, 229, 264, 269, 270, 280, 302, 303, 309, 322, 326, 329, 338, 339, 348–366, 370, 371, 374, 375, 384, 385

Kulturkritik und Gesellschaft 6, 20, 21, 25–67, 79, 80, 84, 87–90, 97, 99–101, 105, 112, 114, 117, 118, 128, 134, 243, 244, 249, 251

Minima Moralia 6, 12–14, 31, 37, 39, 47, 125, 127, 128, 132, 143, 144, 149, 155, 167, 175, 178, 220, 274, 275, 300, 333, 340, 372, 373, 382

Negative Dialektik 2, 7, 22, 23, 25, 27, 39, 48, 49, 54, 124, 150, 163, 218, 221, 242–244, 253–255, 257, 271, 303

Ohne Leitbild, Eingriffe 12

Parataxis 170–180, 184, 188, 293–296, 299, 300, 302, 319, 324
Philosophie der neuen Musik 30, 34, 286
Prismen 12, 30–37, 67, 79, 89
Probleme der Moralphilosophie 142, 172, 303, 340

Rede über Lyrik und Gesellschaft 244, 249–252, 256, 259, 260
Résumé über Kulturindustrie 352, 355, 362

Standort des Erzählers im zeitgenössischen Roman 146, 229–231

Über den Nachlaß Frank Wedekinds 376–378, 380–382

Valérys Abweichungen 133, 134, 139, 158, 160, 242
Versuch, das Endspiel zu verstehen 197, 199–212, 221, 222, 224, 227
Voraussetzungen 164, 223–241

Zu Proust 156–170
Zum Klassizismus von Goethes Iphigenie 147, 180–191

Werke Anderer (Auswahl)

Also sprach Zarathustra (Nietzsche) 304, 314, 316
Auf der Suche nach der verlorenen Zeit (Proust) 39, 156–170
Ausdruckswelt (Benn) 110, 112–116

Berliner Kindheit um neunzehnhundert (Benjamin) 159, 227, 369, 373

Das Kapital (Marx/Engels) 41, 42, 145
Das Kunstwerk im Zeitalter seiner technischen Reproduzierbarkeit (Benjamin) 274, 345
Die Geburt der Tragödie (Nietzsche) 304–310, 313
Die Schuldfrage (Jaspers) 92–94
Die Sorge des Hausvaters (Kafka) 151, 152
Die Verdinglichung und das Bewußtsein des Proletariats (Lukács) 52, 53

Ein Bericht für eine Akademie (Kafka) 147
Endspiel (Beckett) 19, 145, 197–223, 343

FA:M' AHNIESGWOW (Helms) 223–241, 355
Fragment vom Jäger Gracchus (Kafka) 149, 153–155, 207, 208
Fröhliche Wissenschaft (Nietzsche) 304, 310, 311–317, 320

Gespräch im Gebirg (Celan) 242–245, 251, 255, 258–260

Hyperion (Hölderlin) 296–301

Iphigenie auf Tauris (Goethe) 19, 147, 180–191

Kritik der Urteilskraft (Kant) 50, 124, 285, 333

Meridian (Celan) 243, 249, 255, 257, 260
Mnemosyne (Hölderlin) 174, 175, 177, 178

Nietzsche contra Wagner (Nietzsche) 310

Odyssee (Homer) 12
Ökonomisch-philosophische Manuskripte (Marx) 45, 71, 131

Phänomenologie des Geistes (Hegel) 7, 43–45, 60, 180, 208, 323

Sprachgitter (Celan) 27, 244, 245, 247, 253, 256
Statische Gedichte (Benn) 112–113

Tanz, Zeichnung und Degas (Valéry) 129–132, 134–136
Traditionelle und kritische Theorie (Horkheimer) 1, 3, 55

Über Bürgers Gedichte (Schiller) 70, 89, 282, 283
Über den Begriff der Geschichte (Benjamin) 5, 62, 154, 164, 176, 346, 347, 387, 388
Über die ästhetische Erziehung des Menschen (Schiller) 69, 70, 89, 130, 275, 276, 280–282, 291
Über die Liebe (Stendhal) 10
Über einige Motive bei Baudelaire (Benjamin) 158, 163, 165, 227, 335
Ursprung des deutschen Trauerspiels (Benjamin) 231, 240

Vorlesungen über die Ästhetik I–III (Hegel) 285–292

Wallenstein (Schiller) 276–279, 281, 301

www.ingramcontent.com/pod-product-compliance
Lightning Source LLC
Chambersburg PA
CBHW031411230426
43668CB00007B/268